中国科学院教材建设专家委员会规划教材
全国高等医药院校规划教材
案例版™
供临床、预防、基础、口腔、麻醉、影像、药学、检验、护理、法医等专业使用

医学信息检索与利用

第2版

主　　编　黄晓鹂
副主编　李晓玲　黄晴珊　韩玲革　刘薇薇　方习国
编　　者　（以姓氏笔画为序）

方习国	蚌埠医学院	史继红	哈尔滨医科大学
刘卫平	河北北方学院	刘薇薇	大连医科大学
孙风梅	滨州医学院	李红梅	昆明医科大学
李树民	华北理工大学	李晓玲	复旦大学
唐　品	华北理工大学	谈伟文	华北理工大学
符礼平	复旦大学	黄晓鹂	华北理工大学
黄晴珊	中山大学	韩玲革	山西医科大学

科学出版社
北京

内 容 简 介

本教材重视信息素养教育，注重医学信息检索教学内容的传承、改革与创新，案例选择具有典型性，对案例教学法的实施有较强的针对性与适用性。教材共 10 章，内容包括四部分：第一部分介绍了信息检索基础知识，包括信息检索与检索原理、文献信息检索语言、文献信息数据库及文献信息检索技术。第二部分介绍了常用数据库的使用，包括常用文摘型期刊文献数据库、常用全文型期刊文献数据库、引文数据库及特种文献资源。第三部分对循征医学及证据检索、网络信息资源、图书馆资源与服务及信息共享与知识产权进行了介绍。第四部分介绍了医学信息管理与利用，包括检索策略制定与全文获取、文献信息分析、个人文献管理软件、文献利用与表达及信息利用道德规范。

本教材首先立足于为本专科教学服务，是一本实用性较强的新型教材，适用于医学院校各专业本专科学生使用；同时，也可作为医学研究生、医务工作者及医学科研人员学习的参考用书。

图书在版编目（CIP）数据

医学信息检索与利用 / 黄晓鹂主编. —2 版. —北京：科学出版社，2016.3
中国科学院教材建设专家委员会规划教材・全国高等医药院校规划教材
ISBN 978-7-03-047639-5

Ⅰ. ①医… Ⅱ. ①黄… Ⅲ. ①医药学–情报检索–医学院校–教材 Ⅳ. ①G252.7
中国版本图书馆 CIP 数据核字(2016) 第 049133 号

责任编辑：胡治国　王　超 / 责任校对：张怡君
责任印制：赵　博 / 封面设计：陈　敬

科 学 出 版 社 出版
北京东黄城根北街 16 号
邮政编码：100717
http://www. sciencep. com
天津文林印务有限公司 印刷
科学出版社发行　各地新华书店经销
*
2012 年 1 月第　一　版　开本：850×1160　1/16
2016 年 3 月第　二　版　印张：18 1/2
2020 年 1 月第七次印刷　字数：613 000
定价：59.80 元
（如有印装质量问题，我社负责调换）

前　言

21 世纪全球高等教育的理念正由知识教育向素质教育转变，信息素质作为其他各项素质的基础，已成为新世纪人才所需的基本素质。作为研究医学信息及信息检索原理、方法的一门实践性、应用性很强的专业基础课程，医学信息检索课程也从课程体系、教学内容、教学模式、教学方法、教材建设等方面进行全方位改革。在这种时代背景下，案例教学法（case-based teaching method，简称 CTM）作为一种注重解决实际问题，致力于提高学生综合素质，面向未来的现代化教学模式在我国医学信息检索教学中被积极采用。

案例教学法的引入极大地推动了我国医学信息检索课教学改革的发展进程；同时，案例教学法的广泛应用也对相关的教材建设提出了迫切要求。科学出版社和《医学信息检索与利用》（案例版）教材编写委员会紧紧抓住医学信息检索课教学改革的发展机遇期，在科学出版社的组织指导下，在参编老师的共同努力下，《医学信息检索与利用》（案例版）作为国内首套系列案例版教材之一，终于在科学出版社于 2012 年 1 月正式出版。

《医学信息检索与利用》（案例版）教材发行 4 年来，在全国高等医学院校得到了广泛使用，受到了教师与学生的好评。当前，在我国深化医学教育教学改革、全面推进教学质量工程建设之际，其教材内容亟待丰富与更新，许多新概念、新方法和新技术亟待融入其中，以适应信息时代高等医学教育改革的需要，适应医学生培养的需要。本教材作为中国科学院教材建设专家委员会规划教材、全国医药高等院校规划教材，在第 1 版及其使用情况的基础上，对内容进行了修改、调整与增补。在本次修订中，我们认真选择真实、典型的案例，与理论教学相结合，力求在案例选择与内容安排方面有所突破，以充分体现出案例版教材的特色。

在第 2 版教材的编写与修订过程中，我们始终贯彻教材编写的“三基”（基础理论、基本知识、基本技能）“五性”（思想性、科学性、先进性、启发性、适用性）原则，并力求突出以下特点：①重视信息素养教育。信息素养是一种适应信息化社会的基本能力，也是全球医学教育的基本要求，本教材以提高医学生信息素养、培养具有综合素质的医学人才为教学目标，较为详细地介绍了当前国内外信息素养标准及实践情况，使医学生对本课程有更深层次的理解。②注重医学信息检索教学内容的传承、改革与创新。重视基本概念、方法与原理的介绍，注重与教学案例的有机结合，着重培养医学生的辩证思维及对医学信息检索知识的综合运用能力。③案例选择具有典型性。案例是实施案例教学法的媒介。案例的择取与编写是案例版教材的核心内容。在案例的选择中，注重紧密结合医学信息检索教学内容，择取贴切、典型、具有说服力的案例，借此生动地展现医学信息检索过程，突出医学信息检索操作性、实践性强的教学特色。④对案例教学法的实施有较强的针对性与适用性。通过案例版教材，结合案例教学法，使学生从单纯学习医学信息检索知识，转变为应用所学知识去解决医学信息检索实际问题，有利于学生综合医学信息素养能力的培养。⑤适用范围较广。本教材首先立足于为本专科教学服务，是一本实用性较强的新型教材，适用于医学院校各专业本专科学生使用；同时，也可作为医学研究生、医务工作者及医学科研人员学习的参考用书。

本教材共 10 章，内容包括四部分：第一部分介绍了信息检索基础知识，内容包括信息检索与检索原理、文献信息检索语言、文献信息数据库及文献信息检索技术。第二部分介绍了常用数据库的使用，内容包括常用文摘型期刊文献数据库、常用全文型期刊文献数据库、引文数据库及特种文献资源。第三部分对循证医学及证据检索、网络信息资源、图书馆资源与服务及信息共享与知识产权进行了介绍。第四部分介绍了医学信息管理与利用，内容包括检索策略制定与全文获取、文献信息分析、个人文献管理软件、文献利用与表达及信息利用道德规范。

为了更好地完成此次教材编写与修订任务，科学出版社对教材编写人员在原有基础上进行了调整，并组织会议就本教材如何改进进行了认真的讨论。各位编者结合教材使用的具体情况提出了意见与建议，并认真地进行了编写，使本教材得以顺利完成。在此对科学出版社的大力支持表示感谢，对各位编者所付出的辛勤劳动表示感谢！

本教材在编写与修订过程中参考了不同媒体的文献资料，汲取了许多专家学者的有关研究成果，在此表示诚挚的感谢！

恳请同仁及读者对本教材中尚存的问题和不妥之处提出批评与建议。

黄晓鹂

2015年10月26日

目 录

绪论……1
第 1 节 信息素养……1
第 2 节 信息素养评价标准……2
第 3 节 医学信息素养教育……5
第 1 章 信息检索基础……8
第 1 节 信息与信息检索……8
第 2 节 信息检索系统……18
第 3 节 信息检索技术……23
第 2 章 文摘型数据库……29
第 1 节 中国生物医学文献服务系统……29
第 2 节 MEDLINE/PubMed……41
第 3 节 Embase……52
第 4 节 其他文摘型数据库……57
第 3 章 全文型数据库……62
第 1 节 中国知网……62
第 2 节 维普期刊资源整合服务平台……73
第 3 节 万方数据知识服务平台……79
第 4 节 Elsevier Science Direct……84
第 5 节 Ovid Full Text……89
第 6 节 SpringerLink……95
第 7 节 EBSCOhost 外文全文数据库……102
第 8 节 其他外文全文数据库……112
第 4 章 引文数据库……117
第 1 节 概述……117
第 2 节 Web of Science 核心合集……119
第 3 节 引文分析与评价工具……128
第 4 节 中国科学引文数据库……136
第 5 节 其他引文数据库……140
第 5 章 特种文献资源……150
第 1 节 学位论文……150
第 2 节 会议文献……155
第 3 节 专利文献……159
第 4 节 标准文献……164
第 6 章 循证医学及证据检索……169
第 1 节 概述……169
第 2 节 循证医学研究证据来源……173
第 3 节 循证医学研究证据检索……179
第 7 章 图书馆信息资源利用……191
第 1 节 馆藏资源的获取……191
第 2 节 图书馆信息服务……195

第 3 节 信息资源共享……196
第 4 节 医学电子图书……199
第 8 章 网络免费学术资源……204
第 1 节 概述……204
第 2 节 学术搜索引擎……208
第 3 节 网络免费学术资源获取与利用……216
第 9 章 信息共享与知识产权……227
第 1 节 知识产权概述……227
第 2 节 著作权……228
第 3 节 专利法……231
第 4 节 信息资源共享与知识产权保护……235
第 10 章 医学信息管理与利用……238
第 1 节 检索策略制定与全文获取……238
第 2 节 医学信息分析与研究……247
第 3 节 个人文献管理软件……250
第 4 节 信息利用与表达……260
第 5 节 信息利用道德规范……269
主要参考文献……276
附录……278
附录 1 《中国图书馆分类法》简表……278
附录 2 主题词及副主题词等级表……280
附录 3 常用名词中英文对照表……283
附录 4 常用网址……289

绪 论

21世纪是知识与信息的时代，信息化社会的发展对医学高等教育提出了更高的要求。在现有的医学高等院校的课程体系中，“医学信息检索与利用”课是一门主要以培养学生信息能力和信息意识为主的课程，在信息素养教育中一直占有主导地位。信息素养是信息社会人的整体素养的一部分，也是现代医学生所应具备的基本素质之一。作为未来从事医疗工作或医学研究工作的大学生，必须充分认识到信息素养的价值，全方位地提升自身的信息素养。

第1节 信 息 素 养

一、信息素养的概念

信息素养是伴随着信息产业的形成而出现的概念。信息素养的本质是全球信息化需要人们具备的一种能力，信息素养又被称为信息素质。其概念最早是由美国信息产业协会主席保罗·车可斯基（Paul Zurkowski）在1974年提交的一份报告中提出的，当时的解释是人们在解决问题时利用信息的技能，被概括为“利用大量的信息工具及主要信息资源使问题得到解决的技术和技能”。在这一时期对信息素养的定义多强调信息获取的技巧、信息的定位与信息利用等。

20世纪80年代以后，信息素养的内涵发生了深刻的变化，进一步得到扩展和明确。开始强调利用计算机进行检索的技能、对检索的信息进行评价，并重视了人的认知属性，即态度与意识。1989年美国图书馆协会（American Library Association，ALA）发表了总结报告，该报告认为信息素养是信息时代的一种生存技能，将信息素养的含义概括为：“具备信息素养的人，能够充分认识到何时需要信息，并能有效地进行检索、评价和利用所需的信息。”20世纪90年代以后，信息素养的概念进一步完善，逐步与终身学习关联起来。

目前，关于信息素养最具有代表性，也较权威的定义是2000年由美国大学与研究型图书馆协会（Association of College & Research Libraries，ACRL）制定的《高等教育信息素养能力标准》（Information Literacy Competency Standards for Higher Education）中提出的“能认识到何时何地需要信息，和有效地搜集、评估和使用所需信息的能力。”强调了信息素养中人的社会属性（如交流信息、传播信息的能力），充分重视了人的批判思维能力和信息评价能力，并强调信息素养是终身学习的必然要求。

二、信息素养的内涵

随着信息社会的发展，信息素养的内涵不断地丰富，从最初指向获取、处理、发布信息的能力，逐渐上升为一个含义广泛的综合性概念。信息素养不仅包括利用信息工具和信息资源的能力，获取、识别、处理、加工、传递和创造信息的能力，还包括批判性思维，以及解决实际问题的综合信息能力。根据目前被广泛认可的观点，信息素养的内涵包括信息意识、信息知识、信息能力和信息道德四个方面的内容。

（一）信息意识

信息意识是在信息社会中人们所必须具有的观念和意识，包括信息的主体意识、信息获取意识、信息传播意识、信息守法意识和信息创新意识等。主要体现在对信息价值的自觉认识及敏锐的判断力和分析力方面。概况而言，信息意识的能动作用主要体现在三个方面，一是信息意识影响其信息需求的准确表达；二是信息意识支配其信息行为；三是信息意识决定信息利用率。因此，信息意识是整个信息素养的前提。

（二）信息知识

信息知识是指涉及信息活动所必须具备的基本原理、概念和方法性知识。从狭义上讲主要包括：

①信息的基本知识。主要指信息的基本原理、信息的方法和原则等，包括信息的基本概念，文献学知识，信息检索原理和方法，对知识进行交流、传播和管理的知识，图书情报学知识等；②信息技术知识。包括信息技术的原理和操作技能等。从广义上讲还应包括传统的文化知识和外语水平。信息知识是信息素质不可或缺的内容，信息知识体现出人们对信息及信息技术的了解程度。信息知识是信息素养的基础。

（三）信息能力

信息能力是指人们有效利用信息设备和信息资源获取信息、加工信息以及创作和交流信息的能力。包括：①信息需求能力：能阐明自己的信息需求，并鉴别各种形式和类型的信息源；②信息获取能力：运用信息工具和技术获取信息的能力，涉及应用信息工具的能力、获取有效信息的能力、处理多种信息的能力、信息组织整合的能力及发挥信息效力的能力；③信息评价能力：能够主动地控制信息、驾驭信息。能把收集和检索到的信息进行组织、加工、整理、分析比较各种信息源，对其可靠性、有效性、权威性、时效性做出准确判断与评价，从中概括出主要观点，并能综合主要的观点重建新的概念；④信息处理和应用能力：能够利用各种手段阅读、提取、吸收、存贮信息，能够对信息进行组织、加工、分析，能够实现信息交流，能够有效地利用所获得的信息实现特定的目标；⑤信息创新能力：能够通过对众多信息的归纳、综合、抽象、评价等思维活动，找出倾向性、法规性、相关关系、因果关系等规律，得出创新的结论，具备系统性、创新性的信息思维方式。信息能力是信息素养的核心内容和重要组成部分。

（四）信息道德

信息道德是指在信息的采集、加工、存贮、传播和利用等活动的各个环节中，用来规范其间产生的各种社会关系的道德意识、道德规范和道德行为的总和。信息道德主要包括：①个人的信息活动应与社会的整体目标一致，并承担相应的社会责任和义务；②遵循信息法律与法则，能够抵制各种迷信的、污秽的、违法的、反动的信息，不制作、传播、消费不良信息；③不侵犯他人的知识产权、商业秘密和隐私权，正确处理信息创造、信息服务、信息使用三者之间的关系；④恰当使用与合理开发信息技术，不利用信息技术进行犯罪活动等。信息道德是信息素养的准则，是信息素养中不可缺少的一部分。

信息素养的四个方面是一个统一的整体，不可分割。信息意识对信息素养起着决定性作用，控制着信息行为的发生，信息意识是前提；信息知识是关于信息的理论与实用的知识，信息知识是信息素养的基础层次；信息能力是快速有效地获取信息、科学地分析与评价信息、处理信息、利用信息解决实际问题从而发挥信息的效益、创造信息、传递信息的能力等一系列与信息行为相关的能力，信息能力是信息素质的能力层次，也是信息素养的核心；而信息道德是信息行为所表现出的道德修养，是必须遵守的与信息获取及利用相关的政策、法律法规、社会伦理道德，信息道德是信息素质的思想保障。

第 2 节　信息素养评价标准

一、信息素养评价概述

信息素养评价是依据一定的目的和标准，采用科学的态度与方法，对个人或组织等进行的综合信息能力的考察过程。它既可以是对一个国家或地区的整体评价，也可以是对某个特定人的个体评价，具体地说就是要判断被评价对象的信息素养水平，并衡量这些信息素养对其工作与生活的价值和意义。群体评价往往是建立在个体评价的基础之上，因此，个体信息素养评价，是信息素养评价的基础和核心。

医学科学技术的日新月异，伴随而来的是医学文献信息的急剧增长，信息能力成为高素质医学人才必备的生存和发展的能力，也是信息时代高素质人才发展的重要基础，信息素养教育因此也成为高等医学教育的重要的组成部分。对医学生进行信息素养水平评估，一是可以让学生正确认识自己的优势与不足，增强提高信息素养的主动性；二是通过科学的测量与评价，准确地掌握医学生信息素养的状态，制定出科学的培养方案，促进医学生信息素养的提高。

二、高等教育信息素养评价标准

（一）国外信息素养评价标准

近年来，实施和推进信息素养教育的紧迫性已成为教育界的共识。信息素养教育的实施需要有一套明确的目标体系，同时针对专业不同、学生层次不同，教学的目标和手段也不尽相同。信息素养评价标准是评价个人信息素养能力、指导信息素养教育实践的指南。20世纪50年代末，美国大学与研究型图书馆协会指导委员会就开始为学术型图书馆拟定信息素养标准及指导方针，至今已形成了比较成熟的信息素养能力标准。英国、美国、澳大利亚、加拿大、德国、瑞典等国也拟定了各自的高等教育信息素养能力标准。2000年1月18日，美国大学与研究型图书馆协会指导委员会批准并颁布的《高等教育信息素养能力标准》，即ACRL标准，现已成为国际上公认的最具影响力的信息素养评估标准。该标准包括5项指标、22项二级执行指标和87项参考指标。其细则如下：

1. 能决定所需信息的种类和程度 包括：①能清晰、详细地表达自己的信息需求；②能确认各种类型和格式及潜在的信息源；③能考虑获取所需信息的成本和效益；④能重新评价所需信息的性质和范围。

2. 能高效地获取所需要的信息 包括：①能选用最适当的检索方法或检索系统获取所需信息；②能建构和实施有效的检索策略；③能运用各种方法检索在线信息或个人信息；④必要时能优化检索策略；⑤能写出摘要，记录和管理信息文件。

3. 能评判性地评价信息及其来源，并能把所遴选出的信息与原有的知识背景和评价系统结合起来 包括：①能概括所收集信息的中心思想和观点；②能明晰信息的评价标准，并对信息及其来源进行评价；③能综合主要思想和观点，创新理念；④能比较新旧知识的差异与联系，确定新知识的含义与特点；⑤能判断新知识对个人价值观的影响，并逐步调和冲突；⑥能通过与他人或者某一领域的专家、实践者对话，验证对信息的理解和解读是否正确；⑦能确定是否修正原来的观点。

4. 能有效利用信息达到某一特定的目的 包括：①能用新旧知识创造新的计划、新的作品及其他表现形式；②能修正原先制定的工作；③能与他人有效地交流，实现目标。

5. 懂得有关信息技术的使用所产生的经济、法律和社会问题，并能在获取和使用信息中遵守道德和法律 包括：①了解与信息和信息技术有关的道德、法律和社会经济问题；②遵守法律、法规、制度以及与信息资源获取和使用有关的行为规范；③能正确使用信息来源。

美国多个高校图书馆都依据《高等教育信息素养能力标准》，以图书馆为中心开展各种信息素质能力提升计划。该标准除在美国推广外，还在墨西哥、西班牙、澳大利亚、欧洲、南非等国家和地区得到了广泛的应用。《高等教育信息素养能力标准》是以高校学生为研究和应用对象，结合职业和专业背景，对特殊群体的信息素养进行更深入的研究，陆续出台了一系列专业信息素养标准或指南，如《科学、工程与技术领域信息素养标准》《英美文学专业研究能力指南》《人类学与社会学学生信息素养标准》。

（二）国内信息素养评价标准

我国也正在不断探索构建信息素养标准的思路和方法，并提出了信息素养能力评价的指标体系。目前，具有一定影响力的信息素养标准有三个：第一个是北京高校图书馆学会在借鉴美国《高等教育信息素养能力标准》的基础上，于2005年研究设计、编制完成的《北京地区高校信息素养能力指标体系》；第二个是中国科技信息研究所在其承接的联合国教科文组织的中国国民信息素养研究项目的基础上，于2005年完成的《我国高校学生信息素养综合水平评价指标体系》；第三个是教育部图工委信息教育工作组组织有关专家，在《北京地区高校信息素养能力指标体系》的基础上，于2008年修改编制而成的《高校大学生信息素养指标体系（讨论稿）》。其中，最具有代表性的是《北京地区高校信息素养能力指标体系》。

《北京地区高校信息素养能力指标体系》是我国第一个比较完整、系统的信息素养能力指标体系。该指标体系由7个一级指标（维度），19个二级指标（指标），61个三级指标（指标描述）组成，其中7个一级指标是：①能够了解信息以及信息素养能力在现代社会中的作用、价值与力量；②能够确定所需信息的性质与范围；③能够有效地获取所需要的信息；④能够正确地评价信息及其信息源，并且把选择的信息融入自身的知识体系中，重构新的知识体系；⑤能够有效地管理、组织与交流信息；⑥作为个人或群体的一员能够有效地利用信息来完成一项具体的任务；⑦了解与信息检索、利用相关的法律、伦理和社会经济问题，能够合理、合法地检索和利用信息。

三、医学信息素养评价标准

信息素养是所有学科、所有学习环境以及各层次的教育所共有的。但每个学科信息资源具有不同的个性，在学科课程学习时，需要学习和掌握学科信息利用方法，因此制定学科层次的信息素养评价指标体系来评估个体对某一学科信息认知、获取和评价能力是十分重要的。

由于医学教育的特殊性，信息素养作为一种获取、评价和利用信息的潜在能力，是今后临床医疗工作的重要条件和必备素质。医学生除了具备通用信息素质外，还应该具备适应医学专业需要的信息能力，而这个能力又与全球医学教育最低基本要求密切相关。就此，国际医学教育界对医学生的信息素养能力提出了具体要求，其中最著名的是 2001 年国际医学教育专门委员会制定颁布的《全球医学教育最低基本要求》。《全球医学教育最低基本要求》是指世界各地医学院校培养的医生都必须具备的基本素质，包括医学知识、临床技能、职业态度、行为和职业道德等方面。将这些领域所需的能力与信息素养内涵相比较可以看到，信息素养几乎渗透进了医学教育的所有领域。

我国对医学教育中的信息素养也提出了要求，具体体现在 2004 年 9 月发布的《本科医学教育标准——临床医学专业》（草案）中，包括毕业生应达到的基本要求和医学本科教育办学标准两个方面的内容，不仅对医学毕业生的能力提出相关的要求，对学校教学资源配置也提出了相应的要求，由此可见中国医学教育界已经认识到信息素养的重要性。医学生信息素养评价标准是将医学生毕业时应具有的信息素养能力具体化、细化的一个指标集合，是开展相关指标评价的基础，是评价医学生信息素养能力、指导医学生信息素养教育实践的指南。

我国《医学生信息素养能力指标体系（修订稿）》是由中国医学科学院医学信息研究所 2009 年 10 月编制出版的，该标准是通过对医学生信息素养能力现状进行调查，并借鉴国内外高等教育信息素养能力评价标准及全球医学教育最基本要求，初步建立的针对医学生信息素养能力进行评价的指标体系，主要包括 7 个一级指标、19 个表现指标和 66 个指标描述，其中一级指标和表现指标如下：

指标一　具备信息素养的医学生能够确定所需信息的性质和范围。

表现指标：

（1）具备信息素养的医学生能够明确表述信息需求。

（2）具备信息素养的医学生熟悉各种类型的信息源及其特点。

（3）具备信息素养的医学生能够考虑到影响信息获取的因素。

指标二　具备信息素养的医学生能够有效地获取所需信息。

表现指标：

（1）具备信息素养的医学生能够选择最适合的信息获取方法或信息检索系统来查找所需信息。

（2）具备信息素养的医学生能够组织和实施有效的检索策略。

（3）具备信息素养的医学生能够在必要时修正检索策略。

（4）具备信息素养的医学生能够根据需要，利用恰当的信息服务获取信息。

指标三　具备信息素养的医学生能够正确地评价信息及其信息源

表现指标：

（1）具备信息素养的医学生能够从收集到的信息中总结要点。

（2）具备信息素养的医学生能够运用初步的标准评估信息及其出处。

（3）具备信息素养的医学生能够确定新的知识对个人的价值体系是否有影响，并采取措施消除分歧。

（4）具备信息素养的医学生能够通过与其他人、学科专家和（或）行家讨论，有效地诠释和理解信息。

指标四　具备信息素养的医学生能够管理其获取的信息，并采用适当的方式交流表达信息

表现指标：

（1）具备信息素养的医学生能够有效地管理和组织信息。

（2）具备信息素养的医学生能够有效地与他人交流信息。

指标五 具备信息素养的医学生能够将选择的信息融入自身的知识体系，形成新的知识体系，并应用于医学科研与实践

表现指标：

（1）具备信息素养的医学生能够将选择的信息融入自身的知识体系中，重构新知识体系，综合主要观点形成新的概念。

（2）具备信息素养的医学生能够将选择的可靠信息应用于医学科研与实践，并通过医学科研与实践进一步验证信息。

指标六 具备信息素养的医学生能够了解信息素养是终身学习的重要组成部分，并关注专业领域的最新进展

表现指标：

（1）具备信息素养的医学生能够不断地吸收和积累本领域知识。

（2）具备信息素养的医学生能够利用各种方法和新兴技术把握本领域的发展趋势。

指标七 具备信息素养的医学生能够合理、合法地检索和利用信息

表现指标：

（1）具备信息素养的医学生能够了解与信息相关的伦理、法律和社会经济问题。

（2）具备信息素养的医学生能够遵循在获得、存储、交流、利用信息过程中的法律和道德规范。

《医学生信息素养能力指标体系（修订稿）》根据医学生的特点设置了相应指标，医学生可以根据该体系进行自我测评，了解自身信息素养能力的状况和不足，并通过学习实践不断提升信息素养，成为具备信息素养的医学人才。

第 3 节 医学信息素养教育

信息素养教育一般可分为综合信息素养教育（generic information literacy education）和专业信息素养教育（subject/discipline-specific information literacy education）。专业信息素养是高等教育人才培养的目标之一，医学信息素养教育属于专业信息素养教育范畴，是培养医学生能够根据学习或工作中的信息需求，从各种可能信息源中有效地检索、评价、筛选、分析和加工信息，用以促进专业学习和职业决策的素质结构。与综合信息素养教育相比，专业信息素养教育更多地关注专业学术信息的获取和处理，更强调为专业学习和职业决策服务。医学信息检索与利用课则是对医学生进行专业素养教育的具体课程。

一、医学信息检索与利用课程的产生与发展

我国医学文献检索教学最早萌芽于 20 世纪 50 年代后期，体现为医学图书馆对读者进行的参考咨询和宣传辅导工作。为了满足科技人员对文献检索知识的渴求，一些图书情报机构采取出版简报、印发传单和小册子等形式，宣传如何利用图书馆、参考工具书和重要检索刊物的编排和使用方法。虽然这些工作比较分散与零碎，其科学性、理论性、系统性都还没有达到作为对科技人员进行继续教育的一门课程的水平，但它却为医学文献检索课的诞生创造了条件。20 世纪 80 年代初期，我国医学图书情报界的有识之士敏锐地意识到，应当向全国广大的医务人员和医学生普遍、深入地开展医学文献检索教育。1982 年南京医学院图书馆馆长吴观国教授牵头，组织全国 10 余所医学院校有教学经验的教师编写出了我国第一部《医学文献检索》教材。医学文献检索作为医学高等院校的一门课程，不仅在实践上而且在理论上也形成了完整、独立的体系。因此，受到了原国家教委的首肯和高度重视。

1984 年国家教育部（教委）颁布了《关于在高等学校开设〈文献检索与利用课〉的意见》的通知，目的在于“提高大学生的自学能力和独立研究能力”，把学生由一个知识型人才培养成素质型人才，特别要注重学生自学和独立研究能力的培养，文献检索与利用的知识与技巧是自学和独立研究能力的重要方面。要求“凡是有条件的学校可以作为必修课，不具备条件的学校可作为选修课或先开专题讲座，然后逐步发展完善”。教育部颁布的这一文件，是我国开展与普及信息素养教育的重要举措之一。自此，我国各高等医药院校普遍开设了医学文献检索课。1992 年原国家教委下发了《文献检索课教学基本要

求》的通知，该通知成为医学文献检索课规范的依据。20世纪90年代中期，医学文献检索课不断走向成熟，呈现出理性和平稳的发展态势。进入21世纪，随着互联网的普及、图书馆自动化的发展和馆藏数字资源的逐渐丰富，传统医学文献检索课的教学内容、教学模式及教学方法等受到了极大的挑战。

教育部2001年工作要点中提出坚持用最新的科学文化成果教育学生，融传授知识、培养能力和提高素质为一体，促使学生广泛参与科研和社会实践，加大对学生创新精神与实践能力的培养力度。明确指出高等学校人才培养目标就是创新、求索和综合能力的培养。2002年1月，原教育部高等学校图书情报工作指导委员会在黑龙江大学召开全国高校信息素养教育学术研讨会，会议呼吁各高校重视信息素养教育，提出改革以文献检索课教学为主体的信息素养教育课程，加快教材建设，将文献检索教育转向信息素养教育。

在我国医学文献检索课的发展过程中，1990年10月全国医学文献检索教学研究会的成立是一标志性事件。全国医学文献检索教学研究会每两年举行一次全国性会议，为推动我国医学文献检索教学的发展、促进师资培养、规范教学内容、改进教学方法等起到了巨大的推动作用。2010年11月全国文献检索教学研究会在华中科技大学同济医学院举办的研究会成立二十周年庆典上，对研究会的工作进行了全面的总结，指出“我们的医学文检课教学及学科建设，应该遵循如下基本理念：顺应信息时代的发展，即我们所处的信息环境的变化；顺应信息技术的发展，即满足信息需求的技术支撑；顺应医学科学的发展，即医学文检课乃至医学信息服务的专业领域；顺应科学研究模式的发展，即如何为知识利用与创新提供有效服务；顺应医学教育改革的发展，即致力于培养创新性医学人才；将医学文检课及其教学，真正融入整个医学教育教学体系之中。”

二、医学信息检索与利用课学习目标

医学文献检索与利用课的学习目标与信息素养培养的主要目标有着基本的一致性。是使医学生“有能力通过生物医药学数据库或其他一切信息资源检索、管理、利用生物医药学信息，解决医疗、医学及相关领域的问题，做出正确的决策”具体说来，主要包括：

（1）能够意识到专业学习和专业工作中的信息需求，能够理解获取信息对学习、工作和科研的重要意义。能够定义、并明确地表述信息需求，能够识别各种潜在的信息资源的类型和形式，能够考虑获取所需信息的代价和受益、重新评估所需信息的性质和范围。

（2）能根据生物医药学领域的信息组织分布特点、所处的信息环境，选用恰当的调查研究方法，熟练地使用各种信息检索系统，包括选择数据库及其有效的检索策略，并且了解信息源收藏处，从而高效地检索和获取相关信息源。

（3）能够鉴别信息及其来源，将检出的信息融入自己的知识基础，包括能够概括信息的主要观点和思想、评价并比较信息的可靠性、权威性、时效性，综合重要观点形成新的概念，进行知识比较与引证。学习引用文献的方法、意义，开展科研相关课题的最新进展评估，热点研究等。

（4）在充分获取和筛选有效信息的基础上，能够撰写出文献综述类论文；能够应用信息来选择科研项目，在完成项目全过程中，不断借鉴、跟踪最新信息，实现整体科研情报调查研究工作。为完成科研项目不断借鉴、分析、表达信息，最终进行科研自主创新实践。

（5）了解利用信息所涉及的经济、法律和社会问题，合理合法地获取和利用信息，包括识别并研究印刷型、电子型信息环境的隐私和安全、免费和收费信息、审查制度和言论自由、知识产权、版权、电子讨论、网络礼仪、文献格式与引用格式等。

三、医学信息检索与利用课学习意义

1. 促进医学专业学习 医学信息检索是利用文献获取知识、信息的基本手段，是获取知识的捷径。因此，只有掌握了信息获取与利用的技能，才能对信息的价值进行判断，迅速选取有用的信息，发现信息中隐含的相互关系，掌握相关学科领域的专业知识，快捷而有效的丰富自己的知识，促进医学专业的学习，提高工作能力。

2. 提高科研创新能力 医学信息检索是科研工作的基础，是科技创新的基本保障。创新与信息获取具有很强的依赖关系，人们头脑中所进行的创新性思维活动，必须利用外界的信息为其提供方向、目标和动力，也就是为创新活动提供所需的原材料。越善于获取、开发和利用信息的人创新能力就越强，只有拥有高度敏感、自觉的信息观念，主动获取信息的意识，高超的信息检索能力的人，才能不断创新，提高科研创新的能力。

3. 培养终生学习能力 医学教育是终身教育，医学信息检索与终身教育息息相关。具备医学信息检索能力的医学生进入社会后，在工作中能及时跟踪、掌握医学科技发展的最新动态，获取各种重要医学信息和最新医疗手段，拓展知识面，创新诊疗工作。因而，信息素质是医学生投身社会后延伸教育和终身教育的基础。

四、医学信息检索与利用课教学内容与学习方法

1. 教学内容 《医学信息检索与利用》(案例版)的教学内容是由信息检索基础知识、常用数据库检索、循证医学及证据检索、图书馆资源与服务、网络免费学习资源、信息共享与知识产权以及医学信息管理与利用 7 个知识模块组成。内容既包括信息检索的概念、原理、分类、规则及技术等获取文献信息的基础知识，又包括常用中外文数据库的信息检索技术介绍，以及如何管理与利用所获得的医学信息等内容。7 个知识模块的内容相辅相成，共同构成了医学信息检索与利用课全面、系统、科学的教学内容体系。

2. 学习方法 医学信息检索是一门实践性很强的学科，因此在学习过程中要十分重视实践这一环节。学习过程中既要掌握本学科的专业知识，培养科学的信息需求意识，又要熟悉与医学信息检索相关的医学领域中各类文献信息的特点，这样才能快捷评价、筛选出有用信息，并与个人知识整合。医学信息检索的核心是文献信息的获取能力与利用水平，只有不断实践才能了解不同检索工具、不同检索语言的特点，了解各种文献信息来源，熟练使用各种检索工具。同时，通过对所得信息的整理、分析、归纳和总结，根据自己学习、研究过程中的思考，将各种信息进行重组，创造出新的知识和信息，达到终身教育的目的。

（华北理工大学　黄晓鹂）

思 考 题

1. 信息素养内涵包括哪几方面内容？
2. 信息素养的能力标准主要包括了哪几方面？
3. 国际上公认的最具影响力的信息素养评估标准是指哪一部？
4. 我国《医学生信息素养能力指标体系（修订稿）》一级指标包括哪些内容？
5. 如何理解信息素养教育在医学生全面素质教育中的重要地位？

第1章

信息检索基础

现代社会已进人信息时代。通信技术、计算机技术和声像技术等现代信息技术的发展及相互融合，拓宽了信息的传递和应用范围，使人们可随时随地获取和交换信息。在信息社会，医学信息量急剧增长，信息载体呈多样化，如何有效地检索和利用医学信息资源，是学习本门课程的学习目标。本章作为课程的基础理论部分，系统介绍了信息和信息检索的基础知识。主要包括：信息和信息资源的概念、特点和分类；信息检索的原理、类型、语言、途径和效果评价；信息检索系统的构成和功能；数据库的类型和结构以及信息检索技术等内容。

第 1 节　信息与信息检索

一、信　　息

案例 1-1-1

某大学生在选课时注意到有一门选修课程的名称是“信息资源共享”，平时也频频看到“信息”“信息资源”“信息资源共享”等词语，感到在当今这个知识经济、科技创新的时代，信息给人类社会带来了巨大变化，就对该课程非常感兴趣，欲对其进行深入了解。比如，什么是信息和信息资源？信息是如何进行分类的？信息具有哪些重要特征？带着这些问题他到图书馆查阅资料。

问题：

1. 信息的概念是什么？
2. 信息是如何进行分类的？
3. 信息具有哪些重要特征？

分析：

1. 信息是指物质存在或运动方式与状态的表现形式或反映，是现实世界事物的反映，它提供了客观世界事物的消息、知识，是事物的一种普遍属性。

2. 由于不同的事物具有不同的运动状态和运动方式，因而会产生不同的信息反映。从不同的研究和利用角度可以对信息进行多种方式的分类。按信息的属性划分有：①文字信息；②图像信息；③数值信息；④语音信息。

3. 信息有许多重要的特征，这些特征源于信息的基本属性。包括：①客观性；②可知性；③传递性。

（一）信息的概念

信息是指物质存在或运动方式与状态的表现形式或反映，是现实世界事物的反映，它提供了客观世界事物的消息、知识，是事物的一种普遍属性。王邵平编著的《图书情报词典》对信息的定义是：“信息一般指数据、消息中包含的意义，它可以使消息中所描述的事件的不肯定性减少。”在《辞海》中解释为“音信、消息”，作为科学术语，广义指事物属性的表征，狭义指系统传输和处理的对象。简单说信息就是人脑对事物或现象的反映，如人脑接收的关于天气、道路状况等。不同的事物具有不同的存在状态和运动方式，会表现出不同的信息，信息也就千差万别。信息本身不是实体，必须借助某种介质才能表现或传播，信息是可以感知和识别的，信息通过人的感官被传递和接收，人们通过信息载体的特征和差异性，可以识别各种信息。而信息又是可转换的，可以从一种形态转换为另一种形态。

信息是许多学科广泛使用的概念，在不同的学科领域有着不同角度的解释。在信息检索领域，一般将信息理解为关于现实世界事物存在的方式或运动状态的反映。信息有许多重要的特征，这些特征构成了信息的最重要的自然属性。作为信息的社会属性，信息已成为各行各业不可缺少的重要资源之一。借助信息人类才能获得知识，才能有效地组织各种社会活动。人类社会发展的历史就是人类不断认识信息、获取信息、掌握信息、传递信息、生产信息，并用其为人类服务、改造客观世界也改造主观世界的过程。随着信息社会的不断发展，信息的产生和积累愈来愈多、愈来愈复杂，人们需要获得、传递、掌握使用的信息量越来越大，用来解决的范围也日益广泛。

所谓医学信息，就是用语言、文字、符号、图像及影视数据等反映人类与疾病做斗争的过程中疾病运动状态及其变化方式的信息。

（二）信息的分类

信息普遍存在于自然界、人类社会以及人脑的思维活动中。由于不同的事物具有不同的运动状态和运动方式，因而会产生不同的信息反映。从不同的研究和利用角度可以对信息进行多种方式的分类。按信息的属性划分有：

1. 文字信息 文字是人们为实现信息交流、通信联系所创造的一种约定的象形符号。广义的文字还包括各种编码，如ASCII码、计算机中的二进制数字编码等。

2. 图像信息 图像是一种视觉信息，它比文字信息直接，易于理解。人工创造的图像，如一幅画、一张图片、一部电影，大自然的客观景象等都是抽象或间接的图像信息。随着多媒体技术的发展，各类图像信息库将会极大地丰富人类生活。

3. 数值信息 数值信息是“信息的数字形式”或“数字化的信息形式”。狭义的数据是指有一定数值特性的信息，如统计数据、测量数据以及计算机中区别于程序的计算数据。广义的数据是指计算机网络中存储、处理、传播的二进制数字编码。文字信息、图像信息、语音信息以及自然界直接采集的各种自然信息均可转换为二进制数码，网络中的数据通信、数据处理和数据库等就是广义的数值信息。

4. 语音信息 人讲话实际上是大脑的某种编码形式的信息转换成语音信息的输出，是一种最普遍的信息表现形式。音乐也是一种信息形式，是一种特殊的声音信息，它是通过演奏方式表达出来的丰富多彩的信息内容。

（三）信息的特征

信息的产生、传递、接收，是自然界和人类社会一种极为普遍的现象。人类正是通过对丰富多彩的信息的捕捉、感受、提炼、加工，来逐渐认识奇妙的大千世界。之所以如此，源于信息的基本属性。

1. 客观性 信息是客观事物普遍性的一种表征，而客观事物的物质客观性决定了表征其存在的信息的客观性。

2. 可知性 信息作为客观事物的反映，可被人类通过不同方式、不同方法、不同手段所感知和认识。因人类认识能力所限，只有尚未被感知和认知的信息内容，而不存在不能被感知和认识的信息。正因为如此，信息才成为人类认识世界的基础与前提。

3. 传递性 经人类感知（捕捉、获取）的信息，可以以各种方式，借助于各种载体或媒介广泛传递，为更多的人所接收与利用。

二、信息资源

案例 1-1-2

某医学生想申请大学生创新创业项目，但由于缺乏对专业前沿知识的了解，不知如何确定课题。指导教师为其提供了线索：目前，临床上止血带已经常规用于骨科四肢手术，它通过短时间阻断患肢的动静脉血运，减少四肢手术出血，清洁手术野便于手术操作。但是，在恢复血循环以后，常会出现肢体缺血-再灌注引起的全身器官及局部不良反应。通过这些信息，该大学生应如何通过文献检索确定研究课题及支持后续研究？

问题：

1. 什么是信息资源，信息资源的类型有哪些？

2. 什么是一次文献、二次文献、三次文献？该大学生应该如何选择阅读？

3. 该大学生在利用计算机检索系统查找文献的过程中，应如何全面查找相关文献？

分析：

1. 信息资源是人类在认识世界与改造世界过程中所产生、整理和记录的有用信息的集合。根据不同的划分标准，可将信息资源划分为不同的类型。

2. 按信息内容的加工级次划分，可分为一次文献、二次文献、三次文献。一次文献是作者以其本人的研究成果（如实验、观察、调查研究等的结果）为基本素材写成的原始创作。二次文献又称检索工具，是将大量无序、分散的一次文献收集、整理、加工、著录其特征如著者、篇名、分类、主题、出处等，并按一定的顺序加以排列，形成供读者检索一次文献线索的新的文献形式。三次文献是科技人员围绕某一专题，借助于二次文献，在充分研究与利用大量一次文献的基础上，经过阅读、分析、归纳、概括，撰写而成的新文献，或综述已取得的成果进展，或加以评论、预测发展趋势。该大学生可以在课题的不同阶段，选择不同加工级次的文献（详见正文中叙述）。

3. 全面查找相关文献时，要根据计算机检索系统的检索原理，对检索课题加以分析，明确检索范围，弄清主题概念，然后选用特定检索语言来表达主题概念，进行信息检索。同时涉及该主题概念的同义词、近义词要考虑周全，以防漏检。

（一）信息资源的概念

信息资源是人类在认识世界与改造世界过程中所产生、整理和记录的有用信息的集合。该概念有三层含义：①信息资源是信息的集合。一条或几条信息构不成信息资源。只有当信息达到一定的丰度和凝聚度，才能成为信息资源。因此，信息资源是多种多样的信息的总和或集合。②信息资源是经过人类选择的、对人类有用或能满足人类需求的那部分信息的总和或集合。有用性是一切资源的本质属性，信息资源也不例外。③信息资源是经过人类组织序化的信息的集合。与非信息资源相比，信息资源最显著的特征就是有序性。无序的信息不仅无法利用，还会造成信息通道的“堵塞”，而没有控制的、未经组织的信息将不能成为资源。

总之，信息资源是经过人类选取、组织、序化的有用信息的集合。

（二）信息资源的类型

人们认识事物往往是从区分事物开始，即比较和分类。而比较和分类的前提就是标准（分析事物的角度或维度）的选择与确立。对信息资源的认识及类型的划分也是如此。这种认识和划分的目的是借此深化对信息资源本质及规律的理解和认识。

因此，根据不同的划分标准，可将信息资源区分为不同的类型：

1. 按载体形式划分

（1）书写型：书写型信息资源一般指以手工书写或抄写方式记录在载体上，如书写在竹简、缣帛或纸张上的古代文献、书法作品、手稿、书信、原始记录等。这类文献一般具有一定的保存价值。

（2）印刷型：印刷型信息资源是以纸质材料为载体，以印刷为记录手段而生产的一种文献信息资源，如图书、期刊等。这类信息资源便于直接阅读，符合传统阅读习惯，因此成为人们信息交流和知识传递的最重要、最常用的媒介。但缺点是存储密度小、占用空间大，不宜长期保存。

（3）缩微型：缩微型信息资源是一种以感光材料为载体，用缩微照相方法为记录手段把文献缩小形成的复制文献。包括缩微胶卷、缩微胶片和缩微照片。缩微型信息资源具有载体体积小、存储密度高、成本低廉，便于保存等优点。缺点是必须借助于显微阅读器才能阅读。

（4）视听型：视听型信息资源是指利用声像技术直接记录声音、图像，然后通过播放手段给人以听觉、视觉感受的文献信息，可分为录音资料、录像资料和音像资料等，一般包括唱片、录音带、科技电影、幻灯片、电视片及录像带等。这种文献信息直接记录了声音和图像，起到了一般印刷品和缩微资料起不到的独特作用。

（5）电子型。电子型信息资源是一种采用电子手段并以数字形式存储、利用计算机及现代通讯方式提供信息的一种新型信息资源，如光盘数据库、网络数据库、电子图书、电子期刊、网络全文图书及电子地图等。电子出版物的问世是信息时代的重要标志，改变了传统书刊的物理形态，开辟了一种新的信息传播渠道，极大地提高了信息的传递速度，加快了社会信息化的进程。与传统信息资源相比，其优点是信息容量大，传递速度快，便于检索且效率高。

2. 按出版形式划分

（1）图书：图书是品种最多、数量最大、范围最广的常见出版物，内容一般比较成熟稳定，目的性和针对性强，是系统掌握各学科知识的基本文献信息资源。图书除了记录有知识信息这一本质特征外，联合国教科文组织（United Nations Educational，Scientific and Cultural Organization，UNESCO）对篇幅（除封面外）不少于 49 页的非定期出版物称为图书，以示与期刊等连续出版物的区别。图书一般分为两大类：一类是提供读者阅读的著作书籍，包括专著、教科书、单卷书、多卷书、丛书等；另一类是提供读者检索查阅的工具书，包括检索工具书和参考工具书两大类。

每一种正式出版的图书的版权页或其他明显部位都标有一个由 13 位数字组成的国际标准书号（international standard book number，ISBN），前三位数字代表图书，中间的 9 个数字分为三组，分别表示组号、出版社号和书序号，最后一个数字是校验码，如：ISBN 978-7-117-13475-0/R · 13476。这是一种国际通用的出版物的代号，代表某种特定图书的某一版本，具有唯一性和专指性。

（2）期刊：期刊也称杂志，是一种采用固定刊名，定期或不定期出版的连续出版物。有统一的版式和外观，使用年、卷、期连续编号，每期可刊载多个著者的多篇文章。期刊作为一种大众传播媒介，具有出版周期短、报道速度快、信息量大、内容新颖等特点，是一种利用率很高的文献信息资源。期刊按内容可分为学术性、科普性、动态性、检索性、娱乐性等类型。医学期刊是科技期刊中的一种类型，刊载能反映医学学科领域最新的理论、方法、技能等的论文、综述、病例报告等各种文献信息，是医学科学研究原始创作的首次记录。每一种期刊均有一个由 8 位数字组成的国际标准连续出版物号（international standard serial number，ISSN），例如：ISSN 0578-1426（中华内科杂志）。ISSN 同样具有唯一性和专指性，因而成为读者查询某种刊物的一个检索途径。

ISBN 和 ISSN 常被用做区分正式或非正式出版物的判断标准。

（3）特种文献：特种文献是出版形式比较特殊的文献的总称，又称非书非刊资料。包括科技报告、会议文献、专利文献、标准文献、学位论文、档案资料和产品资料等。这类文献信息具有形式独特、数量庞大、出版分散、知识新、价值高等特点，并有一定的保密性。这些文献一般不公开出版，普通图书馆也不收藏。但是，特种文献反映的有许多涉及了最新的研究和技术以及国家的法规、标准定义等信息，也是医学科研的重要信息源。

3. 按信息内容的加工级次划分

（1）一次文献：一次文献又称原始论文，是指以作者本人的工作经验、观察或实际科研成果为依据而创作的具有一定发明创造或一些新见解的文献。一次文献是科学发展的标志，由于内容具有创新性、资料与数据的原始性以及文献可在同一学科或者相关学科的多个期刊上发表，因此具有创新性、原始性和分散性。一次文献一般包括期刊论文、专著、科技报告、专利说明、学位论文等，是人们学习参考的最基本的文献类型，也是最主要的文献情报源，是产生二次文献、三次文献的基础，是文献信息检索的主要对象。一次文献的特点是：内容先进、成熟，叙述具体、详尽，数量庞大、分散。

案例 1-1-2 中，如果该大学生的研究课题已经确立，在课题研究过程中所需的文献资料多为实验方法等涉及细节的问题，而一次文献是作者以其本人的研究成果（如实验、观察、调查研究等的结果）为基本素材写成的原始创作，对研究过程进行了全面细致的记录，报道了新技术、新发明、新知识和新观点。这些文献，尤其是学位论文，提供翔实的实验条件、操作步骤和实验结果，可为该生的课题研究阶段提供参考。等到课题结题时，他可以把自己实验过程中涉及的实验对象、实验方法、实验结果等详细记录下来，撰写文章发表，形成一篇新的一次文献。

（2）二次文献：二次文献又称检索工具。是对一定范围、时间或类型的大量一次文献按其特征收集整理、压缩、加工，并按一定顺序组织编排、用于检索查找利用这些文献而编制的文献。如书目、索引、文摘、题录及相应的数据库。二次文献因其具有检索功能而被称为检索工具或检索系统。目前网上的 Yahoo 等主题指南、搜索引擎，是数据库与网页的信息集合，其功能作用等同于上述二次文献，所以称其为网络检索工具。网络检索工具同样是对采集到的网上信息进行加工整理，建立起存储和管理网络信息的索引数据库，为用户提供网络信息检索导引。

二次文献其主要功能是揭示和报道一次文献，提供查找一次文献的线索，帮助人们在较短的时间内获得大量的文献信息。作为检索工具，二次文献具有简明性、浓缩性、汇集性和系统性，是文献检索的主体。随着网络技术的飞速发展，二次文献数据库通过各种网络的链接方式与全文数据库链接，大大完善了二次文献数据库。也有很多二次文献数据库发展形成了知识网络的整合平台。案例 1-1-2 中，该大学生无论在课题研究的哪个阶段，都应该利用二次文献进行检索，获得与课题相关的一次文献阅读。

（3）三次文献：三次文献是在充分利用二次文献的基础上对一次文献做出系统和概括的论述，并加以分析综合编写而成的概括性文献。主要包括三种类型：①综述研究，如专题述评、总结报告、动态综述、进展通讯、信息预测及未来发展等；②参考工具书，如年鉴、手册、百科全书、词典、大全等；③文献指南，如专题文献指南、索引与文摘、工具书目录及书目之书目等。

与一次文献的产生所不同的是，三次文献是以现有的一次文献中的知识信息为基本研究素材，对其进一步的加工、整理、重组，使之成为更加有序化的知识产品。三次文献具有信息含量大、综合性强和参考价值大等特点。通过阅读某一专题的三次文献，就能比较全面地了解该专题当前的研究水平与研究动态。正是由于三次文献的这些特点，案例 1-1-2 中，该大学生在申报课题时应该选择这类文献进行阅读，全面了解“肢体缺血再灌注引起的全身器官损伤”的研究现状，找到有意义的研究内容，确定课题。这样就避免了阅读一次文献花费的大量时间。而且，随着该生在实验过程阅读文献量的增加，会对其研究领域有更深的了解，在此基础上，他可以把这些文献加工、整理成一篇新的综述（即三次文献），供他人阅读。

（4）零次文献：零次文献也称灰色文献，是指未经正式发表或未进入社会交流的最原始的文献，如实验数据、观测记录、调查材料、会议记录以及内部档案等。它是一次文献的素材，对一次文献的形成具有重要作用。这些未融入正式交流渠道的信息，往往反映的是研究工作取得的最新发现，或是遇到的最新问题，或是对某些问题的最新想法等。零次文献是启发科研人员的思路、形成创造性思维的最佳思维素材，它所提供的信息是其他方式无法提供的，所以也称之为特殊文献。

从零次文献、一次文献、二次文献到三次文献，是一个由分散到集中，由无序到有序，由博到略、由繁到简、由分散到集中的对知识信息进行不同层次的加工过程。它们所含信息的质和量是不同的，对于改善人们的知识结构所起到的作用也不同。零次和一次文献是最基本的信息源，是文献信息检索和利用的主要对象；二次文献是一次文献的集中提炼和有序化，是文献信息检索的工具；三次文献是把分散的零次文献、一次文献、二次文献，按照专题或知识的门类进行综合分析加工而成的成果，是高度浓缩的文献信息，它既是文献信息检索和利用的对象，又可作为检索文献信息的工具。

（三）信息资源的特征

信息资源是可利用的信息，它具有除“无限性”之外信息的所有性质。相对于其他非资源型信息，信息资源具有以下 4 个明显的特征。

1. 智能性 信息资源是人类所开发与组织的信息，是人类脑力劳动或者说认知过程的产物。人类的智能决定着特定的时期或特定个人的信息资源的量与质，智能性也可以说是信息资源的“丰度与凝聚度”的集中体现。信息资源的智能性要求人类必须将自身素质的提高和智力开发放在第一位，必须确立教育和科研的优先地位。

2. 有限性 信息资源只是信息的极有限的一部分，比之人类的信息需求，它永远是有限的。从某种意义上说，信息资源的有限性是由人类智能的有限性决定的。有限性要求人类必须从全局出发合理布局和共同利用信息资源，最大限度地实现资源共享，从而促进人类与社会的发展。

3. 不均衡性 由于人们的认识能力、知识储备和信息环境等多方面的条件不尽相同，他们所掌握的信息资源也多寡不等；同时，由于社会发展程度不同，对信息资源的开发程度不同，地球上不同信息资源的分布也不均衡，通常所谓的信息领域的“马太效应”就是与这种不均衡性有关的现象。不均衡性要求有关信息政策、法律和规划等必须考虑导向性、公平问题和有效利用问题。

4. 整体性 信息资源作为整体是对一个国家、一个地区或一个组织的政治、经济、文化、技术等的全面反映。整体性要求对所有的信息资源和信息资源管理机构实行集中统一的管理，从而避免人为的分割所造成的资源的重复和浪费。

三、信息检索

信息检索是指通过一定的方法，从信息集合中查出特定信息的过程。广义的信息检索包括信息的存储与检索过程；狭义的信息检索仅指信息的检索，即从信息的集合中找到特定信息的程序和方法。

（一）信息检索原理

任何信息检索系统都具有存储和检索功能。信息检索原理就是指通过一定的方法和手段使存储和检索这两个过程所采用的特征标识达到一致，以便有效地获取和利用信息。

1. 信息存储过程　信息存储过程是由信息专业人员完成的。信息专业人员根据收集到的原始文献的主题内容、学科归属以及其外表特征（标题、著者、来源、文种等）进行概念分析，选用特定的文献信息检索语言表达相应的文献特征，再转换成对应的文献信息特征标识（如：主题词、分类号、篇名、作者等），然后把这些特征性标识进行编排，按一定格式输入信息检索系统存储起来，完成信息的加工存储过程。

2. 信息检索过程　信息检索过程是用户根据信息需求，对检索课题加以分析，明确检索范围，弄清主题概念，然后选用特定检索语言来表达主题概念，形成检索提问标识，根据提问标识到检索系统中查找文献信息线索，对所查到的文献信息线索进行筛选，以确定需要阅读的文献。信息检索过程实际上是一个比较、匹配的过程，检索提问只要与检索系统中信息的特征标识相一致，即找到了符合要求的信息。就匹配运算而言，计算机检索和手工检索有很大的不同。计算机执行检索的过程，缺乏人脑的概念思维和应变性，只是严格地按照输入的字符去机械地比较匹配，遇到多一个空格、少一个字符、词性变化、同形异义、异形同义等情况，不能做出真实的判断，从而造成漏检。例如：“钠泵”有钠钾泵、Na^+-K^+-ATPase、 Na^+，K^+-ATPase、Na^+，K^+-ATP 酶、Na，K- ATP 酶、Na（+）K（+）交换 ATP 酶等多种表示形式，输入不同形式的检索词就会得到不同的检索结果。为了保证检索结果的全面性，需要考虑到“钠泵”的所有表达形式，将这些表达形式全部进行检索。

（二）信息检索类型

信息检索经历了手工检索、联机检索、光盘检索和网络检索等多个发展阶段，根据检索目的和检索对象的不同，信息检索可以分为文献型信息检索、数据型信息检索和事实型信息检索。

1. 文献型信息检索　文献型信息检索又称文献信息检索，通常以某些特定的文献为检索对象，其检索结果是切题文献或相关文献的线索或全文。因此，文献检索是一种相关性检索。根据检出内容，文献检索又可分为书目信息检索和全文信息检索。书目信息检索以检出文献线索和摘要为主，为读者提供文献的简要信息和获取全文的线索。全文信息检索以文献的全文信息为主，全文信息的阅读可为读者提供详细的信息，为研究提供参考和借鉴。文献型信息检索的内容深入具体，检索方法多样，是信息检索的主体。完成文献型信息检索主要借助于各种检索工具和文献数据库。案例 1-1-2 中研究生欲查找“肢体缺血再灌注损伤”方面的文献，属于文献型信息检索。

2. 数据型信息检索　数据型信息检索又称数值检索，检索对象为特定的数值数据，包括物质的各种理化参数、观测数据以及各类统计数字等数值类数据，也包括图表、化学结构式、计算公式等数据。检出的数据是经过专家测试、评价和筛选过的，可直接用于分析和研究。这类信息通常通过手册、指南、年鉴等参考工具书和数值型数据库获得。

3. 事实型信息检索　事实型信息检索以事项为检索目的和对象，又称事项检索。检索结果是有关某一事物的具体答案，如：概念、思想、人物、机构、疾病诊断和治疗、药物不良反应等非数值型信息。事实型信息检索一般借助于手册、词典、指南、年鉴等参考工具书和事实型数据库完成。

（三）信息检索语言

检索语言是根据文献信息存储与检索的需要而创造的用来描述文献特征和表达检索提问的人工语言。这种语言用在文献整序时称标引语言；用在编制索引工具时称索引语言。

检索语言是信息检索系统存储和检索信息时共同使用的一种约定性语言，也是连接信息存储和检索两个过程中标引人员与检索人员双方思路的渠道。如果没有检索语言作为标引人员和检索人员的共同语言，就很难使得标引人员对文献信息内容的表达和检索人员对相同文献信息内容需求的表达取得一致，信息检索也就不可能顺利实现。

各种检索语言的基本原理是一致的，但是它们在表达各种概念以及相互关系时所采用的方法不同，因而形成了不同类型的检索语言。按照检索语言所描述的文献信息特征的内容可分为描述文献外表特征的检索语言和描述文献内容特征的检索语言。

1. 描述文献外表特征的检索语言 文献的外表特征包括题目、作者、作者工作单位，文献发表时间、专利号、报告号等。描述文献外表特征的检索语言，是以文献的外表特征作为文献存储的标识和文献检索提问的出发点而设计的语言。一组外表特征只对应一篇唯一的文献。因此，利用文献的外表特征只能检出很少的文献。

2. 描述文献内容特征的检索语言 文献的内容特征需要我们深入到文献内容中间，寻找与文献的主题相关度较大的特征性标识。描述文献内容特征的检索语言，是以文献的内容特征作为文献存储的标识和文献检索提问的出发点而设计的语言。文献的内容特征与文献是一种模糊的对应关系，利用内容特征一次能检出一批文献。因此，狭义的检索语言主要是指描述文献内容特征的检索语言，这里我们也主要介绍此类检索语言。描述文献内容特征的检索语言按其结构原理主要分为分类检索语言、主题检索语言和代码检索语言三种类型。

（1）分类检索语言：分类检索语言用分类号来表达各种概念，将各种概念按学科性质进行分类和系统排列。分类检索语言包括等级体系分类检索语言和分析-综合型分类检索语言，它们统称为分类法系统。国内外比较重要的分类法系统有《杜威十进分类法》《美国国会图书馆分类法》《美国国立医学图书馆分类法》《中国图书馆分类法》等。

我国广泛使用的分类检索语言是《中国图书馆分类法》，简称《中图法》。它是我国绝大多数图书馆进行馆藏文献分类排架和编制分类目录的工具，在我国图书发行、数据库标引，以及网络信息资源组织与检索等领域也有广泛应用。《中图法》属于等级列举式分类体系，采用汉语拼音字母和阿拉伯数字组合的混合制号码作类目标识，用一个字母标记一个基本大类，在字母后用数字表示大类的下位类划分，号码的位数一般能反映相应类目的分类等级，每一个分类号代表特定的知识门类，例：

R5　内科学

R56　呼吸系及胸部疾病

R561　胸膜及胸腔疾病

R562　气管和支气管疾病

R562.1　气管疾病

R562.1+1　气管炎

R562.1+2　气管狭窄

R562.1+3　气管食管瘘

R562.2　支气管疾病

R563　肺疾病

R564　纵隔疾病

R565　膈疾病

目前最新版是2010年出版的第五版。第五版《中图法》分为五大部类，22个大类，51 881个类目（第五版《中图法》简表详见附录1）。此外，2001年6月出版了第四版的电子版1.0版。

（2）主题检索语言：主题检索语言是用语词来表达各种概念，将各种概念无论其相互关系，完全按字顺排列。主题检索语言具有专指性和直接性的特点，主要包括主题词和关键词两种类型。

1）主题词（Subject Headings）：又称“叙词”（Descriptor），是从文献的题名、摘要、章节标题或正文中抽取出来的，经人工规范化处理的，最能表达文中主题概念的语词。所谓规范化处理，就是在文献存储时，对文献中的同义词、近义词、拼写变异词、全称缩写等加以严格的控制和规范，使得同一主题概念的文献相对集中在一个主题下，从而体现了主题词的单一性。因此，主题词又叫人工受控语言。主题词的规范作用在于对同义词、近义词等进行归并，以保证一词输入，多词命中，避免由于计算机机械匹配造成的漏检。因此，检索“钠泵”方面的文献，如果利用“钠泵”的主题词“钠钾交换 ATP 酶”检索，就能同时获得用 Na^{+}-K^{+}-ATPase、Na^{+}，K^{+}-ATPase、Na^{+}，K^{+}-ATP 酶等不同形式书写的文章，这样不但保证了检索结果的查全率，还减少了多次输入检索词的操作。主题词由主题词表控制，主题词表设参照系统，以揭示主题词与非主题词之间的等同关系和某些主题词之间的相互关系。医学信息检索领域最具代表性、应用最广的主题词表是美国国立医学图书馆研制开发的 Medical Subject Headings（MeSH，医学主题词表），我国也研制开发了具有中医特色的《中国中医药学主题词表》。

2）关键词（Keyword）：关键词又称键词、自由词，是从文献的题名、摘要、章节标题或正文中抽取出来的，具有实质意义，并能表达文献主题内容的语词，但未经规范化处理，需由检索者在检索时加以控制使用。所以关键词又称后控语言或非规范化语言，属于自然语言范畴。用关键词标识文献信息，能够及时反映文献的最新信息，用法简单，一般科技人员不经系统训练也容易掌握和利用。但由于关键词直接标引文献信息，对同义词、近义词等未经严格规范，也不设参照系统显示词与词之间的关系，所以，同一主题概念的文献信息标引相对分散，导致漏检和误检的可能性比较大，如使用不当会影响检索效率。

由此可见，主题词与关键词都是从文献的题名、摘要、章节标题或正文中抽取出来的，具有实质意义，并能表达文献的主题内容的语词。它们最大的区别就是主题词经过了规范化处理，而关键词属于自然语言范畴，未经规范化处理，也不受主题词表控制。因而，比较主题词和关键词检索，主题词检索的效率高，但不易掌握；关键词检索的效率虽然不如主题词，但简单、方便，易被非专业人士熟练使用。

（3）代码检索语言：代码检索语言是根据文献信息中论述事物的代码作为标识，加以标引和排列的检索语言。代码检索语言是自然语言的一种，特别适用于专业人员检索有关特定专业的文献信息。例如：化合物的分子式索引系统、环状化合物的环系索引系统。

四、检 索 途 径

案例 1-1-3

某医学院教师在讲授呼吸内科学内容时，向同学们推荐了 2012 年钟南山主编的《呼吸病学》一书，因为该书与普通教材相比，内容上减少了基础理论部分，增加了临床病种及诊治部分，更加适用于临床工作者。一名学生决定去学校图书馆借阅《呼吸病学》，并想详细了解一下钟南山的详细信息。

问题：

1. 什么是检索途径？常用的检索途径有哪些？

2. 该学生到学校图书馆如何借阅《呼吸病学》？如何获得图书馆收藏的钟南山编写的图书的全部信息？

3. 该学生应如何获得钟南山的个人信息以及他的研究领域？这属于何种类型的信息检索？如何了解目前该领域的研究热点情况？如需进一步了解临床上非典型性肺炎的研究现状如何检索？

分析：

1. 检索途径是指检索文献信息的出发点和路线，在用检索语言有序存储文献的同时，也就形成了多个检索入口，为检索者提供了多条检索途径。常用的检索途径主要有：分类途径、主题途径、关键词途径、题名途径、著者途径、机构途径、引文途径等。

2. 该学生可以使用学校图书馆的书刊借阅系统，分别选择题名途径和著者途径检索即可获得所需信息。

3. ①该学生可通过网络或中国年鉴全文数据库的“名人录”等事实数据库检索钟南山的个人信息，属于事实型信息检索。②通过检索可知，钟南山是我国的呼吸病学专家，长期从事呼吸疾病的科研工作，尤其在哮喘、慢阻肺、慢性咳嗽、肺部感染、呼吸监护等研究领域都有重要突破与贡献。欲了解该领域目前的研究热点情况，可以通过分类检索途径检索。③如果想了解有关“非典型性肺炎”的研究现状，可根据课题具体内容，选择主题、关键词、题名、默认等检索途径进行检索。

检索途径是指检索文献信息的出发点和路线，在用检索语言有序存储文献的同时，也就形成了多个检索入口，为检索者提供了多条检索途径。不同的检索工具所提供的检索途径不完全相同，常见的检索途径主要有以下几种：

（一）分类途径

分类途径是根据文献内容所属的学科类别，按照类目名称或分类号查找文献的途径。通过分类途径检索文献信息时，首先要了解检索工具书或数据库所采用的分类体系，熟悉欲查文献信息所属的学科分类，选准大类类目，再逐层逐级地深入，直到检索到合适的类目。

案例 1-1-3 中，该学生想了解呼吸疾病的研究热点情况，由于期刊论文具有出版周期短、报道速度快、信息量大、内容新颖等特点，可在期刊论文数据库中选择分类检索途径检索，输入呼吸疾病在《中国图书馆分类法》中的类目名称“呼吸系及胸部疾病”或分类号“R56”，即可获得“呼吸疾病”方面的所有文献，根据这些文献的信息确定研究热点。如需进一步了解“支气管和肺部疾病的研究情况”，可选择输入“呼吸系及胸部疾病”的下位类目“气管和支气管疾病”“肺疾病”或对应的分类号“R562、R563”检索。

（二）主题途径

主题途径是以文献内容所涉及的主题概念为检索入口，利用主题索引查找文献的途径。利用主题途径查找文献，要根据所查内容选准检索词，然后按照主题索引或主题系统的参见提示，选择正确的主题词，根据课题检索需要，决定是否扩展主题词树状结构、组配相关联的副主题词，以便快速、准确地查找所需文献信息。

（三）关键词途径

关键词途径又称自由词检索途径，是以文献的题名、摘要、章节标题或正文中具有实质意义、并能表达文献信息主题内容的语词为检索入口查找文献的途径。关键词不受主题词表约束，同一概念用词取决于著者的偏爱，因此，利用关键词查找文献，应注意同义词、近义词，以免造成文献信息的漏检。

（四）题名途径

题名途径是以书名、刊名或文献的篇名作为检索入口，利用书名目录（索引）、刊名目录（索引）或题名索引查找文献的途径。利用题名中的字词或其中的一部分进行检索，其结果是所有题名中出现该字、该词或该部分的图书、期刊或文献。有些检索系统提供题名浏览功能，如按照字顺浏览图书、期刊的名称或按卷期浏览文献名称等。当选择期刊名称进行检索时，应注意外文数据库对刊名输入格式的不同要求，有的数据库要求输入期刊名的全称，有的则要求输入期刊名的标准缩写。

案例 1-1-3 中，该学生欲借阅《呼吸病学》，可在图书馆的书刊借阅系统中选择题名途径，输入图书名称“呼吸病学”检索获得该书的借阅信息。如需了解“非典型性肺炎”的研究情况，可以选择主题途径、关键词途径和题名途径检索。通过主题途径检索，需选择有主题检索功能的数据库，如“中国生物医学文献数据库”。在“主题检索”界面输入“非典型性肺炎”，但找不到相对应的主题词；改用“SARS”和“严重急性呼吸综合征”分两次检索，可在主题词索引中分别找到“SARS 病毒”和“严重急性呼吸综合征”，点击“主题检索”完成检索，最后将两次结果合并。选择关键词途径和题名途径检索时，为了保证检索结果的查全率，应输入检索词及其同义词：“严重急性呼吸综合征”“非典”“非典型肺炎”等。必要时将多个途径的检索结果合并。此外，还应注意模糊和精确匹配的问题。

（五）著者途径

著者途径是用文献中署名的作者、译者、编者的姓名或团体名称作为检索入口，利用著者索引或机构名称索引查找文献的途径。通过著者途径检索，可获得某一著者发表的所有文献。国外检索工具通常对著者途径比较重视，制定了详细的著者著录规则。在查看著者检索结果时，有时会出现同名同姓但不同人的现象，这时可根据文献主题、期刊名称和著者单位等信息加以区别。案例 1-1-3 中，选择“著者途径”，输入作者姓名“钟南山”检索，即可获得图书馆收藏的钟南山编写的全部图书信息。

（六）引文途径

引文途径是以引文（被引用文献，参考文献）为检索起点来查找引用文献的途径。由于被引用文献和引用文献在内容上相关联，所以通过一个作者、或一篇文献进行引文检索，常常可以获得一系列主题相关、内容上有所继承和发展的新文献。

（七）机构途径

机构途径检索是以机构（单位）名称为检索词，查找该机构学者发表的文献。由于一些数据库把机构名称并入了“地址（Address）”字段，所以还可按机构所在的城市名和国家名进行检索。使用机构途径检索时，需要注意机构名称的不同表达方式以及名称相同的不同机构的问题，可根据城市名称、邮编号码等其他信息进行区分。

（八）默认途径

默认途径又称缺省途径，主要针对计算机检索而言，是指在检索系统预先设定的多个字段中检索。如：在中国生物医学文献数据库中的“常用字段”，就是默认在中文标题、主题词、关键词、摘要 4 个字段中检索；中国学术文献网络出版总库中的“主题”，也是默认途径，默认在文献的中英文篇名、中英文关键词和中英文摘要字段中检索。因此，默认检索途径比选择某一字段检索得到的检索结果要多，但相关度小的文献也随之增多。如将案例 1-1-3 中的“非典型性肺炎的研究现状”的课题在中国生医学文献数据库中检索，通过主题途径、关键词途径、题名途径检索得到文献记录数量分别为 571 篇、154 篇和 363 篇，而通过默认途径检索得到的文献记录数量为 690 篇（检索时间为 2015 年 8 月 31 日）。

（九）其他途径

除了以上几种常用的检索途径外，一些检索系统还提供了许多其他检索途径。如：专利号检索、国际标准连续出版物编号检索、化学物质登记号检索、分子式检索等。

五、检索效果评价

检索效果是指利用检索工具实施信息检索时所产生的有效结果。检索效果的评价主要针对计算机检索而言。计算机检索效果如何，直接反映检索系统的性能和检索实践的优劣。根据 F.W.Lancaster 的阐述，判定一个检索系统的优劣，主要从质量、费用和时间三方面来衡量。其中，质量标准主要通过查全率与查准率进行评价。此外，Cranfield 在分析用户基本要求的基础上，提出了 6 项检索系统性能的评价指标，分别是收录范围、查全率、查准率、响应时间、用户负担和输出形式。综合两种评价指标，查全率和查准率直接影响检索结果的质量，是主要指标，它们与检索系统的收录范围、索引语言、标引工作和检索工作等有着非常密切的关系；与之相对应的，评价检索系统的检索误差的主要指标是漏检率和误检率，误差越大，检索效果质量越低。

（一）查全率（Recall ratio）和漏检率（Omission ratio）

查全率等于检索出的相关信息量与系统中的相关信息总量的百分比，是衡量信息检索系统检出相关信息能力的尺度；而漏检率指检索系统中的相关信息未被检中而造成的遗漏现象。即：

查全率=检中的相关信息量/系统中的相关信息总量×100%

漏检率=（1–检中的相关信息量/系统中的相关信息总量）×100%

查全率和漏检率是互补关系。由于检索系统的数据更新迅速，并大量采用关键词进行特征标引，作为用户不能了解系统中相关信息的实际数量，因此，查全率和漏检率实际上均为模糊指标。

（二）查准率（Precision ratio）和误检率（Fall-out ratio）

查准率等于检中的相关信息量与检索出的信息总量的百分比，是衡量信息检索系统检出信息准确度的尺度；误检率等于检索出的无关信息量与检索出的信息总量的百分比。即：

查准率=检中的相关信息量/检索出的信息总量×100%

误检率=（1–检中的相关信息量/检索出的信息总量）×100%

查准率和误检率是互补的关系。对于文献检索而言，由于文献检索是相关性检索，查准率和误检率实际上也是模糊指标。

（三）其他指标

1. 收录范围 收录范围是指信息检索系统收录的信息是否齐全，包括专业范围、时间范围、语种范围、期刊范围、文献类型等，全面的收录范围是保证查全率的基础。

2. 响应时间 响应时间是指从发出检索提问到获得检索结果平均消耗的时间。响应时间取决于检索系统本身的运行速度和网络通信传输速度。主要包括：①用户请求到服务器的传送时间；②服务器处理请求的时间；③服务器的答复到用户端的传送时间；④用户端计算机处理服务器传来信息的时间。另外，影响检索时间的因素还与检索者的检索技能有关。

3. 用户负担 用户负担是指用户为检索课题所投入的费用。

4. 输出形式 输出形式包括检索系统输出结果的类型（题录或全文）、方式（显示、保存、电子邮件发送、个性化定制、打印等）和最大输出量。

从以上几个指标可以清楚地看到，我们对所需信息的满足程度是相对的，无论哪一项指标都很难达到100%，但依据查全率和查准率的高低，可以判断检索结果的全面程度和精确程度，综合体现检索策略的优劣和检索质量的高低。查全率和查准率两者结合使用就能够反映一个检索系统的基本检索效果，但两者往往表现出一定的矛盾性，要想提高查全率，势必会放松检索范围和限制条件，则会检出很多不相关的文献，影响了查准率；反之，要想提高查准率，就会影响到查全率。在实际检索中，应当根据具体课题的要求，兼顾查全率、查准率以及其他评价指标，保证检索效果的质量。

第 2 节 信息检索系统

案例 1-2-1

某基层医院的一名医生接诊了一位患有“运动神经元疾病”的病人，由于此病在基层医院非常罕见，该医生想了解目前对此类疾病的临床诊治情况，但医院只订购了几种医学期刊，尽管该医生花费大量时间浏览了所有可利用的期刊，也只找到很少的几篇相关文献。

问题：

1. 该医生应该如何快速全面地获取发表在多个期刊上的相关文献？

2. 就现有客观条件，他应该如何检索和查看文献信息？

分析：

1. 该医生可采用文献信息检索系统查找发表在多个期刊上的相关文献。文献信息检索系统是具有选择、整理、加工、存储和检索信息功能的有序化信息资源的集合体，具有报道、存储和检索文献信息的功能。数据库是计算机信息检索系统的重要组成部分，一个计算机检索系统可以有一个或多个数据库，每个数据库都是一定专业领域信息的有序化集合。在期刊文献数据库中输入检索词，会检索出发表在数据库收录的所有期刊上的相关文献。

2. 该医生所在医院没有购买数据库资源，因此他可以利用网上免费提供检索题录和文摘的数据库进行检索，中文数据库如：中国学术文献网络出版总库、万方数据知识服务平台、维普期刊资源整合服务平台；外文数据库如 PubMed。依据课题所属学科选择专业范围（文档）；选择检索途径，输入检索词得到检索结果（记录，每一条记录即是一篇文献）；通过记录中的数据项目（字段）可了解该文献的详细信息。

一、信息检索系统的构成

信息检索系统是指根据人类对知识信息的普遍性需要，由一定的硬件设备和软件条件构成，具有选择、整理、加工、存储和检索信息功能的有序化信息资源集合体。计算机检索系统的构成要素主要包括信息资源、硬件设备、软件条件和人力资源。

（一）信息资源

信息资源是系统存储与检索的对象，是计算机检索系统的重要组成部分。一定专业范围内信息记录及其索引的集合构成数据库。一个计算机检索系统可以有一个或多个数据库。每个数据库都是一定专业领域信息的有序化集合。信息资源内容可以是文献信息，也可以是数值或事实等各类信息；其表述形式可以是文字、图像、声音等多种形式。存储信息是否广泛全面、检索信息是否迅速准确是衡量检索系统质量的标志。

（二）硬件设备

硬件设备是实现信息存储、管理及检索任务的各种物理设施的总称。它是信息检索系统构成和运行的物理结构基础，主要包括大型计算机主机（服务器）、存储器（硬盘或光盘）、网络（广域网、局域网或存储区域网等）、输入输出设备（键盘、打印机、鼠标等）、计算机终端及数据处理和数据传送的其他设备等。

（三）软件条件

软件条件是指与计算机检索相关的数据库系统软件及应用软件。系统软件（如操作系统）支持系统的基本运行，是各种不同类型应用软件功能得以实现的基础。应用软件（如全文阅读器）通常是基于各种不同操作系统开发的，直接使用并完成某种特定功能的程序。不同计算机检索系统的系统软件和应用软件的结构和用途不同，因此构成了其风格和功能的多样性。

（四）人力资源

人力资源是计算机检索系统生成与运行的主导因素。由于计算机只能被动地执行人类赋予它的各种指令，不能模拟人类的大脑进行思维，因此，构建信息检索系统的工作，如将系统的其他构成因素有机组合为一定结构、按照一定逻辑关系运行并呈现一定的功能等，都有赖于相关专业技术人员创造性的工作。计算机检索系统相关的人力资源包括：系统设计人员、信息加工标引人员、信息录入人员、检索人员和系统管理维护人员等。

二、信息检索系统的功能

（一）报道信息

随着科学的进步和人类认识能力的不断增强，新的研究成果不断产生，使得科技信息增长迅速，数量庞大；此外，由于现代科技交叉融合的趋势日渐增强，又使科技信息的发表及相关信息的发布异常分散，这为科研人员获取信息带来了障碍。为此，信息检索系统的建立成为必然。信息检索系统具有丰富、广泛的信息内容，而且这些内容是经过组织筛选后汇总起来的价值较高的信息，能满足用户的多种信息需求，使用户能有效利用各种信息资源。有的信息检索系统还提供外部资源链接和用于分析、评价信息的工具。

（二）存储信息

信息检索系统是一个有序化的信息资源集合体。杂乱无章的信息无法被有效的开发利用，不能称为信息资源，不能构成检索系统。因此，信息检索系统在建立时，对所藏分散的无组织的原始信息进行分析，按照一定的规则（如按照信息的主题内容或学科归属）进行整理、浓缩、提炼出特征性标识，并将这些特征性标识按照一定的逻辑顺序和科学体系加以编排存储，使之有序化，提供检索各种有效信息的工具，引导用户快速获取相关的信息内容，促进用户对信息有效获取和利用，大大缩短了研究人员从丰富的信息资源中找出有价值信息的时间。

（三）检索信息

信息检索系统报道和存储信息的目的是使用户能快速有效的获取信息。因此，检索信息是它的一项重要功能。检索信息是存储信息的逆过程，所以检索时要按照信息存储时所采用的特征性标识从多角度查找。目前，大多数信息检索系统提供非常强大的检索功能，如单库检索、跨库检索和基于统一检索平台的异种数据库之间的交叉检索等。信息检索系统检索功能的日臻完备，将大大提高用户的检索效率。

上述三项功能中，报道信息是基础，存储信息是手段，检索信息是目的。

总之，信息检索系统具有丰富的、经过筛选的、能满足用户多种信息需求的信息内容；并且这些内容按照一定的逻辑顺序和科学体系加以编排存储；提供强大的检索功能。正是由于信息检索系统的这些功能特点，本案例中的医生可以通过信息检索系统进行文献查找，从而提高检索效率。

三、数据库类型

数据库是指一定专业范围内的信息记录及其索引的集合体，是计算机信息检索系统的重要组成部分。对于数据库类型的划分有多种标准，按照数据库中存储的信息内容分类可以分为文献数据库、数值数据库、事实数据库和多媒体数据库。

1. 文献数据库（Literature database） 文献数据库主要存储文献资料。根据数据库收录文献时的详略程度不同，可分为书目数据库（bibliographic database）和全文数据库（full text database），书目数据库是机读的目录、索引和文摘检索工具（二次文献），检索结果是文献的线索而非原文。如中国生物医学文献数据库、MEDLINE/PubMed 等。全文数据库自 20 世纪 70 年代逐步发展起来，有的是印刷版全文的电子版，有的则是纯电子出版物。全文数据库存储的是原始文献的全文（一次文献），如国内三大期刊全文数据库（中国学术期刊网络出版总库、万方学术期刊数据库、中文科技期刊数据库全文版）、OVID 电子期刊全文数据库等。一般来说，与全文数据库相比，书目数据库具有回溯期长、收录期刊数量多、检索功能强大等优点，因此，利用书目数据库检索，检索效率高，能够实现要求较高的检索。文献数据库具有数据量大、数据结构复杂等特点。目前，在信息检索中，文献数据库所占比例最大，应用最广。

本案例欲了解目前对此类疾病的研究情况，可以选择此类型数据库；此外，考虑该医生所处客观条件，可以选择国内三大期刊全文数据库和 PubMed 等在网上提供免费检索题录和文摘的数据库检索。

2. 数值数据库（Numeric database） 数值数据库主要存储的是数值数据，如各种统计数据、科学实验数据、科学测量数据等。例如，医学上使用药物的各种理化参数、人体的各种数值、人口统计数据等都可收入数值数据库。用户提出查询要求，数据库以数值形式返回结果。数值数据库除了存储数据外，还存储对应的运算公式和规则，方便用户的检索。如美国国立医学图书馆编制的化学物质毒性数据库（Registry of Toxic Effects of Chemical Substances，RTECS），包含了 10 万多种化学物质的急慢性毒理实验数据。

3. 事实数据库（Fact database） 事实数据库提供问题的答案，存储内容为描述人物、机构、事物等对象的事实性信息。事实数据库既有文字叙述，有的也有数值数据、数学运算和逻辑运算规则，为用户提供多种服务。美国医生数据咨询库（Physician Data Query，PDQ）是一个综合的癌症数据库，它为医生提供癌症的治疗、遗传学和临床试验等最新研究进展的内容。国内维普期刊资源整合服务平台的“科学指标分析”模块，也是一个事实数据库。它通过对我国近年来国内近 200 个细分学科的科技论文的产出力、影响力及其分布情况的客观统计和描述，显示我国各学科领域的研究成果，同时还对各学科领域的研究绩效做了基于机构、学者、期刊、地区等维度的分析评价。

4. 多媒体数据库（Multimedia database） 多媒体数据库是数据库技术和多媒体技术相结合的产物，它存储文字、图像、视频、音频等多种信息。如美国国立卫生研究院的老年卫生知识库（NIH Senior Health）和美国国立医学图书馆的可视人计划（The Visible Human Project）数据库等。

四、数据库结构

数据库的结构可按照数据库的组成层次和组成方式进行划分。

（一）按照数据库的组成层次划分

按照数据库的组成层次划分，数据库由若干个文档组成，每个文档又由若干个记录组成，每条记录则包含若干字段。

1. 文档（File） 文档是指数据库中一部分记录的集合。许多大型的数据库为了方便用户检索，常把数据库按照时间范围或所属学科专业的不同将数据库划分为若干个文档，从这种意义上可以认为文档是组成大型数据库的子库，有的数据库称之为子集（subset）。

2. 记录（Record） 记录是构成数据库的一个完整的基本信息单元，每条记录描述了一个原始信息的外部特征和内容特征。书目数据库中的一条记录通常代表一条文献，其他类型数据库中的记录则代表某种信息单元，如：一组理化数值、一个机构信息、一种药物信息等。

3. 字段（Field） 字段是比记录更小的单位，是组成记录的数据项目。每个字段描述文献信息的某一内容或外表特征。书目数据库中有篇名、著者、文献出处、文摘、机构、语种等字段，反映一篇文献的具体特征。将记录细化成字段，有助于识别记录内容、选择字段进行检索和选择结果的输出格式。字段名称可用全称和缩写表示，如“篇名”字段用 Title（TI）表示，著者字段用 Author（AU）表示、文献出处字段用 Source（SO）表示等，这些缩写名称也被称为字段标识符。不同数据库的字段数量不同，字段标识符也不完全一致，同一个数据库的不同版本所用字段标识符也有差异。如：OVID 检索平台的 MEDLINE 数据库有 50 多个字段，“语种”段用“lg”表示，而在其免费检索的网络版 PubMed 数据库中则有 80 多个字段，“语种”字段用“LA”表示。

本案例以中国学术期刊网络出版总库和 PubMed 数据库为例检索和查看文献信息。

（1）中国学术期刊网络出版总库（详见第 3 章第 1 节）：按照所属学科专业的不同分为：基础科学、工程科技Ⅰ、工程科技Ⅱ、农业科技、医药卫生科技、哲学与人文科学、社会科学Ⅰ、社会科学Ⅱ、信息科技、经济与管理科学 10 个文档（10 大专辑）。在检索本案例时先选择“医药卫生科技”文档，输入检索词得到检索结果（即记录）。如图 1-2-1 所示，每条记录都由篇名、作者、作者单位、刊名、关键词、摘要、发表时间等字段组成。

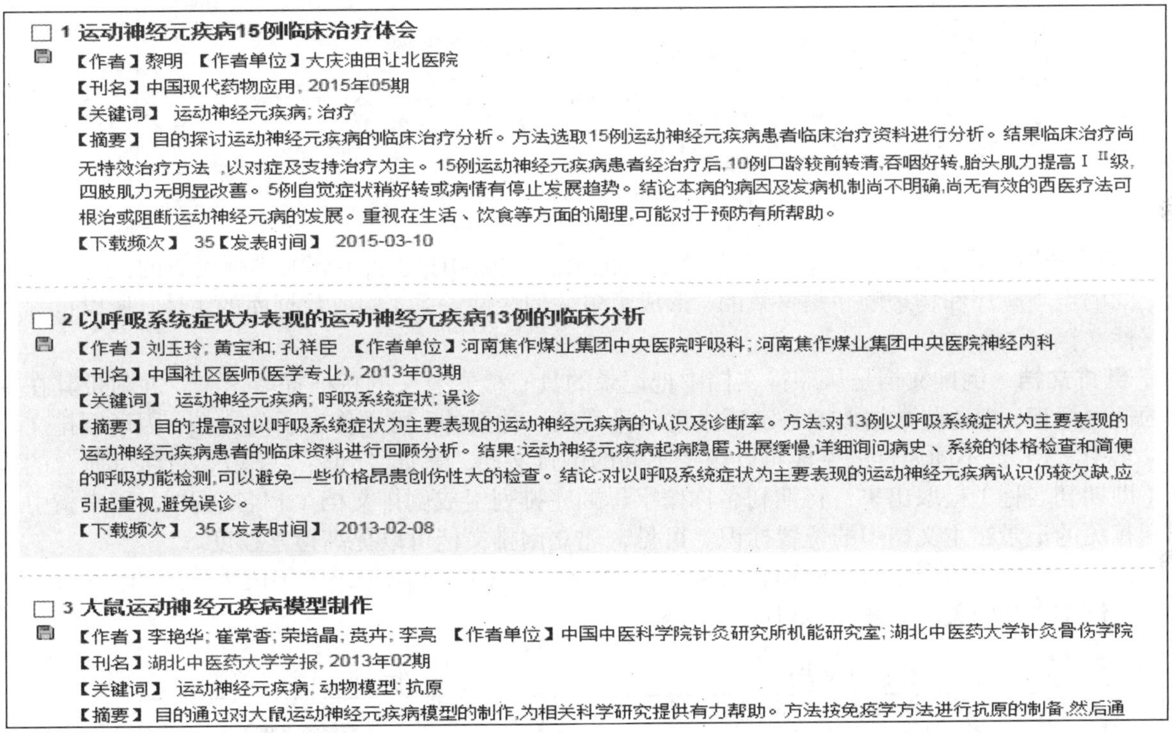

□ 1 **运动神经元疾病15例临床治疗体会**

【作者】黎明 【作者单位】大庆油田让北医院

【刊名】中国现代药物应用，2015年05期

【关键词】 运动神经元疾病；治疗

【摘要】 目的探讨运动神经元疾病的临床治疗分析。方法选取15例运动神经元疾病患者临床治疗资料进行分析。结果临床治疗尚无特效治疗方法 ，以对症及支持治疗为主。15例运动神经元疾病患者经治疗后，10例口龄较前转清，吞咽好转，胎头肌力提高Ⅰ Ⅱ级，四肢肌力无明显改善。5例自觉症状稍好转或病情有停止发展趋势。结论本病的病因及发病机制尚不明确，尚无有效的西医疗法可根治或阻断运动神经元病的发展。重视在生活、饮食等方面的调理，可能对于预防有所帮助。

【下载频次】 35【发表时间】 2015-03-10

□ 2 **以呼吸系统症状为表现的运动神经元疾病13例的临床分析**

【作者】刘玉玲；黄宝和；孔祥臣 【作者单位】河南焦作煤业集团中央医院呼吸科；河南焦作煤业集团中央医院神经内科

【刊名】中国社区医师(医学专业)，2013年03期

【关键词】 运动神经元疾病；呼吸系统症状；误诊

【摘要】 目的：提高对以呼吸系统症状为主要表现的运动神经元疾病的认识及诊断率。方法：对13例以呼吸系统症状为主要表现的运动神经元疾病患者的临床资料进行回顾分析。结果：运动神经元疾病起病隐匿，进展缓慢，详细询问病史、系统的体格检查和简便的呼吸功能检测，可以避免一些价格昂贵创伤性大的检查。结论：对以呼吸系统症状为主要表现的运动神经元疾病认识仍较欠缺，应引起重视，避免误诊。

【下载频次】 35【发表时间】 2013-02-08

□ 3 **大鼠运动神经元疾病模型制作**

【作者】李艳华；崔常香；荣培晶；贲卉；李亮 【作者单位】中国中医科学院针灸研究所机能研究室；湖北中医药大学针灸骨伤学院

【刊名】湖北中医药大学学报，2013年02期

【关键词】 运动神经元疾病；动物模型；抗原

【摘要】 目的通过对大鼠运动神经元疾病模型的制作，为相关科学研究提供有力帮助。方法按免疫学方法进行抗原的制备，然后通

图 1-2-1 中国学术期刊网络出版总库的记录信息

（2）PubMed（详见第 2 章第 2 节）：按照期刊所属学科专业和文献主题的不同，数据库分为临床核心期刊（Core clinical journals）、护理学期刊（Nursing journals）、牙科学期刊（Dental journals）、艾滋病（AIDS）、医学伦理学（Bioethics）、癌症（Cancer）、医学史（History of Medicine）、系统评价（Systematic Reviews）、毒理学（Toxicology）、MEDLINE 等 13 个子集（Subsets，13 个文档）。检索本案例可选择 MEDLINE 子集，输入检索词得到检索结果。如图 1-2-2 所示，每条记录都由若干个字段组成。其中，TI、AU、AD、AB 等均为字段标识符。

根据以上两个数据库检索到的文献的字段信息可以获得文献线索，需进一步查找文献全文以了解文献的详细内容（全文查找方法详见第 10 章第 1 节）。全文查找主要依据的记录信息包括文献的著者（AU）、篇名（TI）和出处（SO）三个字段，它们构成文献的基本信息。其中，“出处（SO）”字段是一个复合字段，包括论文所载期刊名称（英文刊名可为全称或标准缩写）、发表年、卷（期）和起止页码。

（二）按照数据库的组成方式划分

数据库是由大量记录构成的，但是分散杂乱的记录是无法检索的，只有对记录进行科学合理的组织，

建立起彼此相关的几个文档才能用于检索。按照数据库的组成方式划分，数据库的结构分为顺排文档和倒排文档。一般说来，一个数据库应建立一个顺排文档和若干个倒排文档，顺排文档和倒排文档相互关联才能完成检索。

```
PMID- 26170009
OWN - NLM
STAT- In-Process
DA  - 20150714
LR  - 20150719
IS  - 1471-2156 (Electronic)
IS  - 1471-2156 (Linking)
VI  - 16
DP  - 2015
TI  - Establishing the UK DNA Bank for motor neuron disease (MND).
PG  - 84
LID - 10.1186/s12863-015-0236-6 [doi]
AB  - In 2003 the Motor Neurone Disease (MND) Association, together with The Wellcome
      Trust, funded the creation of a national DNA Bank specific for MND. It was
      anticipated that the DNA Bank would constitute an important resource to
      researchers worldwide and significantly increase activity in MND genetic
      research. The DNA Bank houses over 3000 high quality DNA samples, all of which
      were donated by people living with MND, family members and non-related controls,
      accompanied by clinical phenotype data about the patients. Today the primary
      focus of the UK MND DNA Bank still remains to identify causative and disease
      modifying factors for this devastating disease.
FAU - Smith, Lucy
AU  - Smith L
AD  - Motor Neurone Disease Association, PO Box 246, Northampton, NN1 2PR, UK.
      lucy.smith@mndassociation.org.
FAU - Cupid, B C
AU  - Cupid BC
AD  - Motor Neurone Disease Association, PO Box 246, Northampton, NN1 2PR, UK.
      belinda.cupid@mndassociation.org.
FAU - Dickie, B G M
AU  - Dickie BG
AD  - Motor Neurone Disease Association, PO Box 246, Northampton, NN1 2PR, UK.
      brian.dickie@mndassociation.org.
FAU - Al-Chalabi, A
AU  - Al-Chalabi A
AD  - NIHR Biomedical Research Unit in Dementia, Department of Clinical Neuroscience,
```

图 1-2-2 PubMed 的记录信息

1. 顺排文档 顺排文档是以记录为单位，按记录的入藏顺序号从小到大排列而成的记录集合。各记录之间的逻辑顺序和物理顺序是一致的，形成了单一的线性关系，构成数据库的主体，所以也称主文档、线性文档。

2. 倒排文档 倒排文档是从顺排文档中把记录的具有检索意义的特征提取出来，并附带其在主文档中的位置标识，把这些数据按照一定顺序重新排列成一种新的、可用作索引的文档，因而倒排文档也称为“索引文档”。不同属性的字段可以组成不同的倒排文档，比如“刊名”字段，可将其所含的检索特征（即期刊名称）提取出来，将期刊名称按字母顺序排列组成倒排文档（刊名索引），用来指引与特定期刊相关的记录在主文档中的位置标识。可见，建立倒排文档可以提高检索速度。

顺排文档以文献的全记录为处理和检索单元，而倒排文档以文献记录的字段为处理和检索单元。顺排文档和倒排文档的关系如图 1-2-3 所示。

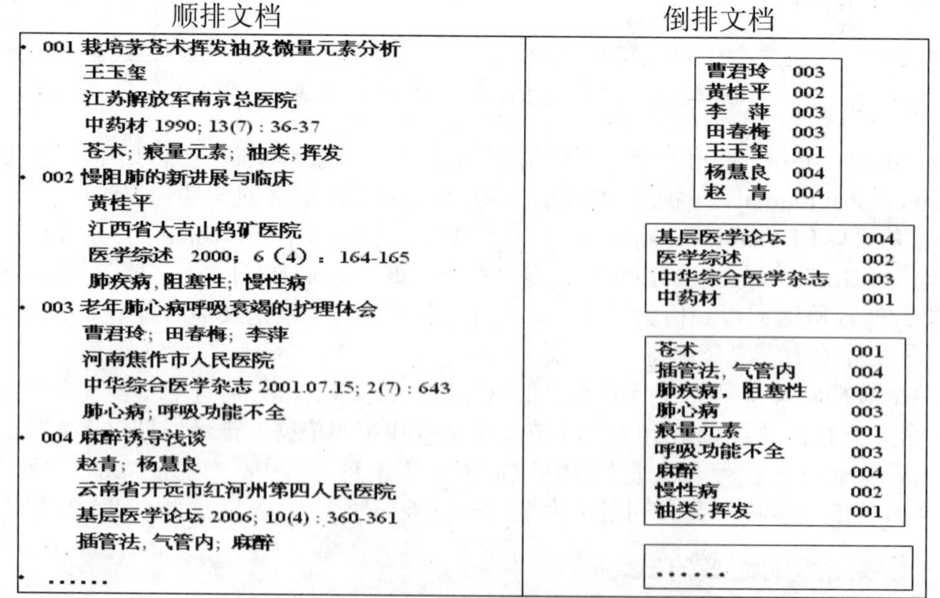

图 1-2-3 顺排文档与倒排文档关系示意图

第3节　信息检索技术

案例 1-3-1

硒是人体必需的微量元素，具有抗氧化、抗癌、抗衰老和提高机体免疫力等作用，缺乏可导致多种疾病。其与心脑血管疾病、肿瘤的关系得到普遍认可。某医学生在网站上发现了“硒在禽流感的防治方面也发挥了重要作用”的新闻报道，于是想了解一下学术文献中有关该方面内容的研究情况。

问题：

1. 检索该题目应该使用哪些检索词？
2. 如何构建检索表达式？

分析：

1. 该研究课题主要涉及的概念有“硒”和“禽流感”，可使用这两个检索词进行检索，同时考虑其同义词及英文形式的表述。检索“硒”的概念可用 Se、Selenium；检索“禽流感”的概念可用禽流感病毒、Bird（s）flu、Influenza in Bird（s）、Avian Influenza（s）、avian flu 等。

2. 根据不同数据库提供的检索功能，可采用布尔逻辑检索、截词检索、限定字段检索、加权检索等检索技术进行检索表达式的构建（正文中案例的体现仅是常用检索规则下的检索表达式，具体应用时还应考虑不同数据库对检索规则的具体要求）。

信息检索技术是指在计算机检索过程中为提高检索提问词与文献记录标引词的匹配效果而采用的相关技术。信息检索时使用检索技术，有助于更为准确、灵活的表达检索需求，提高检索效率。在计算机检索环境下，信息可以是文本、图像、视频、音频等形式，因此，信息检索技术主要包括文本信息检索技术、多媒体信息检索技术和可视化信息检索技术。

一、文本信息检索技术

文本信息检索是一种较为简单的匹配模式。用户在检索时，一个检索词常不能全面、准确地反映检索需求，这时就必须采用一定的技术和方法来表达或规定各个检索词之间的逻辑关系。常用的文本信息检索技术有：布尔逻辑检索、截词检索、限定字段检索、加权检索、位置检索等。

（一）布尔逻辑检索

布尔逻辑检索是一种常用的检索技术。在检索过程中，检索提问涉及的概念往往不止一个，而同一个概念又往往涉及多个同义词或相关词。为了正确地表达检索提问，系统中采用布尔逻辑运算符将多个简单概念的检索单元组配起来，成为一个具有复杂概念的检索表达式，用以表达用户的信息检索要求。常用的逻辑算符主要有以下三种，其含义和用法如图 1-3-1 所示，其中 A 圈代表含有 A 概念的文献集合，B 圈代表含有 B 概念的文献集合，图中阴影部分表示逻辑运算后的检索结果。

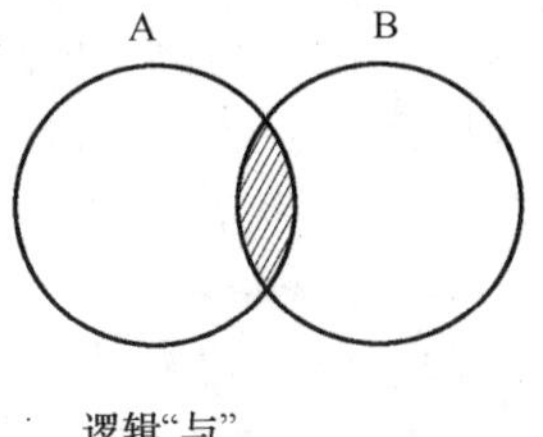

A　B

逻辑“或”
A or B

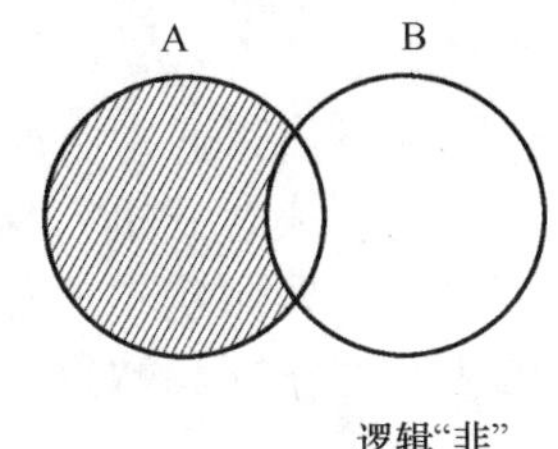

图 1-3-1　布尔逻辑关系图

1. 逻辑“与” 逻辑“与”也称逻辑“积”，用“and”表示，如检索表达式为“A and B”，检索结果是数据库中同时含有概念 A 和概念 B 的文献。它是一种用于交叉或限定关系的组配，可以缩小检索范围，有利于提高检索结果的专指性（即提高检索结果的查准率）。

2. 逻辑“或” 逻辑“或”也称逻辑“和”，用“or”表示，如检索表达式为“A or B”，检索结果是将含有概念 A 的文献集合与含有概念 B 的文献集合合并，形成一个新的集合。它是一种用于具有并列关系的组配，可以扩大检索范围，提高检索结果的查全率。图中两者共同的部分只计一次，避免了命中文献的重复出现。

3. 逻辑“非” 逻辑“非”也称逻辑“差”，用“not”表示，检索表达式为“A not B”，检索结果是在含有概念 A 的文献集合中，排除同时含有概念 B 的文献，它是一种用于从某一检索范围中排除不需要的概念的组配，可以缩小检索范围，提高检索结果的查准率。

在编制较为复杂的检索式时，会用到多个布尔逻辑运算符，当多种运算符同时出现在一个检索表达式时，其优先运算顺序为：not>and>or，如果想改变运算顺序，可以加括号，即先运算括号内的逻辑关系，再依次运算“非”“与”“或”关系。

本案例中，依据课题要求，“硒”和“禽流感”之间的逻辑运算关系为 and，同时为保证检索结果的查全率，加入其同义词，最终表达式为：硒 and（禽流感 or 禽流感病毒）；对应的英文表达式为：（Se or Selenium）and（Bird flu or Birds flu or Influenza in Bird or Influenza in Birds or Avian Influenza or Avian Influenzas or avian flu）。

布尔逻辑检索不能体现概念之间的语义关系。同时，它把概念之间的关系简单化，不能反映某个概念在检索需求中的重要程度，造成误检；此外，“逻辑非”运用尤其要慎重，当从含 A 概念的文献集合中排除含有 B 概念的文献时，会同时排除含有 A 概念的那部分文献，造成漏检。

（二）截词检索

截词检索也是一种常用的检索技术，尤其在西文检索中应用更为广泛。所谓截词（truncation），是指把检索词从某处截断，用特定的符号（即截词符号）代替被截去的一个或多个字符。截词检索按截断的位置来分，可有前截断、中截断和后截断三种类型。不同检索系统所用的截词符号不同，常用的有“?”和“*”。用“?”表示有限截词（即一个截词符代表 0～1 个字符）；用“*”表示无限截词（一个截词符代表 0～n 个字符）。下面以无限截词举例说明：①前截断，后方一致。如：*computer 表示 minicomputer，microcomputers 等；②中截断，前后一致。如：e*ology 表示 ecology，embryology，epidemiology，etiology 等；③后截断，前方一致。如：cardi* 表示 cardiac，cardiomyocytes，cardiography，cardiologists 等；截词检索相当于同时对同一概念检索词的不同词尾变化、检索词的单复数、词根相同的一类词以及同一词的拼法变异等进行检索，并用布尔逻辑运算符 or 组合检索结果，它能减少检索词的输入量，简化检索步骤，防止漏检，提高了检索结果的查全率。截词检索作为扩大检索范围的手段，一定要合理使用，否则会造成误检。

本案例中 Bird（s）flu、Influenza in Bird（s）和 Avian Influenza（s）可采用截词检索，检索表达式可为（Se or Selenium）and（Bird* flu or Influenza in Bird* or Avian Influenza* or avian flu）。

（三）限定字段检索

限定字段检索是指限定检索词在数据库记录中的一个或几个字段范围内查找文献信息的一种检索方法。数据库的记录通常由多个代表不同信息内容的字段组成，如不加限定，系统将在默认的若干字段或全部字段中检索，如将检索词限定在一个或几个字段范围内查找，可以缩小检索范围，提高结果的查准率。使用限定字段检索通常有两种方式：①利用数据库提供的限定字段的选项。选择字段后，直接输入检索词或布尔逻辑表达式进行检索；②利用字段限定符和字段标识符组合编辑检索表达式检索，不同数据库规定使用的字段限定符不尽相同。

如在中国生物医学文献数据库中检索本案例，可选择“中文标题”字段，输入检索表达式“硒 and（禽流感 or 禽流感病毒）”来提高检索结果的相关性；相对应的，如果在 PubMed 数据库中检索，其表达式为（Se[Title] or Selenium[Title]）and（Bird* flu[Title] OR Influenza in Bird*[Title] OR Avian Influenza*[Title] OR avian flu[Title]），其中[ ]为 PubMed 数据库的字段限定符。

（四）位置检索

位置检索也称邻近检索，它是一种利用记录中的自然语言进行检索的检索技术。词与词之间通过用位置算符组配，限定运算符两侧的检索词必须同时出现在同一记录（或指定某一字段）中。位置算符首先包含逻辑运算符“and”的含义，同时进一步限定出它连接的两个检索词之间的位置关系。不同的检索系统在是否设有位置算符及位置算符的种类和形式等方面不尽相同。此处简要列举主要的位置算符及其含义：①（W）-With：（W）表示该算符两侧的检索词必须按照输入顺序排列，且两者之间只允许有一个空格或标点符号，不允许有任何字母或词，（W）也可以简写为（）；②（*n*W）-*n*Words：（*n*W）表示在此算符两侧的检索词之间最多允许间隔 *n* 个词（实词或虚词），且两者的相对位置不能颠倒；③（N）-Near：（N）表示该算符两侧的检索词相邻，且位置可以颠倒；④（*n*N）-*n*Near：（*n*N）表示此算符两侧的检索词之间最多允许间隔 *n* 个词，且两者的顺序可以颠倒。位置检索可以提高文献的查准率。

（五）加权检索

加权检索的侧重点不在于判定检索词或字符串是不是在数据库中存在、与别的检索词或字符串是什么关系，而是在于判定检索词或字符串在满足检索条件后对文献的重要程度。检索时，先查找这些检索词在数据库记录中是否存在，然后计算存在的检索词的权值总和。权值之和达到或超过预先给定的阈值，该记录即为命中。通过加权，明确了各检索词的重要程度，使检索更有针对性，可以命中核心概念文献，因此它是一种缩小检索范围提高检准率的有效方法。不同检索系统，对权的定义、加权方式、权值计算和检索结果的判定等方面有不同的技术规范。

本案例中，由于检索词有多种表达形式，可在提供主题词检索功能的数据库中使用主题词检索，提高检索结果的查全率，并简化检索操作。分别输入硒（Selenium）和禽流感（Bird flu），查找相对应的主题词，选择“加权检索”，执行主题词检索，获得两个检索词的结果，再将这两个词的检索结果进行逻辑“与”组合，得到相关度较高的文献（即“硒”和“禽流感”为文献讨论的主要主题内容）。

（六）其他检索技术

1. 二次检索 也称“在结果中检索”，当查询到的文献过多时，输入新的检索提问标识，执行“二次检索”，系统将在前次查询的结果中进行查找（即是新检索提问标识和最后一次检索结果的提问标识进行了逻辑“与”组合），提高检索结果的查准率。

本案例也可以使用“二次检索”功能，先输入检索词“硒”，执行检索；在此结果的基础上再输入检索表达式：“禽流感 or 禽流感病毒”，同时勾选“二次检索”，执行检索得到最终结果。

2. 精确检索和模糊检索 精确检索是指所检索信息与输入的检索提问标识完全一致的匹配检索技术，而模糊检索是指所检索信息与输入的检索提问标识之间存在一定的差异，只要包含提问标识的文献都能被检出，不要求完全匹配。因此，执行“模糊检索”的检索结果要多于“精确检索”。

3. 智能检索 智能检索是指自动实现检索词、检索词对应主题词及该主题词所含下位词的同步检索。如在中国生物医学文献数据库中检索本案例，可利用“智能检索”，在检索词输入框中仅输入“硒”和“禽流感”即可。

4. 词组检索 词组检索是将一个词组（通常用双引号“ ”括起）作为一个独立运算单元，进行严格匹配，限定检索结果中的词语必须以同样的顺序出现，并且相邻，以提高检索的精确度和准确度。

以上简要介绍了主要的文本信息检索技术，在检索过程中，通常需要多种检索技术综合应用，才能保证较高的检索效率。

二、多媒体信息检索技术

多媒体信息检索是根据用户要求，对文本、图形图像、视频、音频等多媒体信息进行检索。随着多媒体技术、网络技术和信息数字化处理等高新技术的飞速发展，多媒体数量激增，为了便于人们快捷准确地获取多媒体信息，多种多媒体检索技术应运而生。

传统的基于关键字的图像检索技术主要是人工对图像用关键字进行注释，然后通过文本检索技术匹配关键字和图像的注释来搜索相关图像。这种图像检索技术不可避免地具有人工文本注释的主观性和不精确性。为解决这一问题，20 世纪 90 年代初期人们提出了基于内容的信息检索技术（content-based retrieval，CBR），这种检索技术是对文本、图像、音频、视频等媒体对象进行内容语义的分析和特征的提取，并基于这些特征进行相似性匹配的信息检索技术。它突破了关键词检索基于文本特征的局限，直接从媒体内容中提取特征线索（如：图像的形状特征、颜色特征、纹理特征，视频的动态特征，音频的音调特征等），具有相似性匹配的特点。以下主要介绍基于内容的信息检索技术。

（一）基于内容的图像信息检索技术

1. 基于颜色特征的图像检索 颜色特征是在图像检索中应用最为广泛的视觉特征。颜色内容包含对应于全局颜色分布和对应于局部颜色信息两个概念。按照全局颜色分布索引图像，可以通过计算每种颜色的像素个数并构造颜色灰度直方图来实现，可用于检索具有相似总体颜色内容的图像；局部颜色信息是指局部相似的颜色区域，考虑了颜色的分类和一些几何特征。

2. 基于纹理特征的图像检索 纹理特征是一种不依赖于颜色或亮色，反映图像中同质现象的视觉特征。它包含了物体表面结构组织排列的重要信息以及它们与周围环境的联系。一般对纹理的检索都采用示例查询方式。用户给出一个要检索的图像的例子，然后系统按照这个例子查找与它相似的图像。并将相似结果返回给用户，用户再进一步选择，达到检索的目的。

3. 基于形状特征的图像检索 物体和区域的形状是图像表达和图像检索中的另一重要特征。形状特征的表达必须以对图像中物体或区域的划分为基础。形状特征通常有轮廓特征和区域特征两种表示方式。轮廓特征使用物体的外边界，区域特征则使用物体的整个形状区域。采用该特征进行检索，可通过勾勒图像的形状或轮廓，从图像库中检索出形状相似的图像。

4. 基于空间关系特征的图像检索 图像中对象的所在位置和对象之间的空间关系是图像检索中非常重要的特征。空间关系特征有两种检索方法：一种是对图像进行自动分割，划分出其中所含的对象或颜色区域，然后根据这些区域对图像索引；另一种方法是简单地将图像均匀地划分成若干规则小块，再对每个图像小块提取特征建立索引。

（二）基于内容的视频检索技术

视频检索实际上属于图像检索的范畴。视频除了具有一般静态图像的特征外，还具有动态性的特点，它是一组按照时间顺序连续表现的图像。视频检索技术较为复杂，视频分割、代表帧和动态特征提取是基于内容的视频检索的关键技术。主要的视频检索方法有三种：①基于关键帧的检索：关键帧通常是一幅图像，因而可以采用与图像检索相似的方法，一旦检索到目标关键帧，用户就可以利用播放器观看它所代表的视频片段；②基于运动的检索：它基于镜头和视频对象的运动特征来检索，包括用运动方向和运动幅度等特征来检索运动的主体对象；③浏览：一般采用分层结构和集束分类技术进行视频浏览。

（三）基于内容的音频检索技术

音频检索是以波形声音为对象的检索。波形声音是模拟声音数字化而得到的数字音频信号. 音频可以是语音、音乐、自然界和合成的音响。传统音乐检索可以通过题名、作者或主题分类来进行，而基于内容的音乐检索除了这些途径外，还可以利用旋律片段来检索音频数据。在对音频信息数字化时，根据其内容进行采样. 通过采样可以在一定时间间隔内获取一次音频振幅信号；再对信号进行量化（量化等级用二进制的位数来表示，量化等级越高，振幅转换成的数值就越准确）；最后将采样和量化后的数据组织成数据库，通过该数据库可对音频信号进行检索。

三、可视化信息检索技术

信息化时代，数字化信息呈现出指数增长的态势，过量的信息成为获取有效信息的障碍。可视化信息检索技术可以将检索过程简单化，帮助我们从这些纷繁芜杂的海量数字化信息资源中，进行信息发现和知识挖掘，揭示其中的信息本质特征与规律。

（一）可视化信息检索概述

信息可视化（information visualization）是将抽象数据用可视化的形式表现出来，包括访问的结果以及数据各部分之间的关系，用以指导和加速查找过程。可视化检索是指把信息资源、用户提问、信息检索模型、检索过程以及检索结果中各种语义关系转换成图形，显示在一个二维或三维的可视化空间中，并向用户提供信息检索的过程。换句话说，可视化信息检索技术是利用信息可视化原理，以图形视觉化的方式，重新呈现检索结果的结构。透过这个视觉界面，用户可以很快了解检索结果之间的相互关系，从而快速决定浏览的次序，更快地找到他们所需要的信息。要进行可视化信息检索，首先要确定数据集，其次要确定数据集可视化对象及对象之间的逻辑关系，建立一个可视化的逻辑空间，再确定整个可视化的语义框架，最后通过一定算法将可视化的对象和它们之间的逻辑关系映射到这个语义框架中来。可视化信息检索系统在可视化对象（有文档、网站结点与超链接结构等）及表现形式（有几何图形、自然物质实物与图标等表现形式）上基本是相同的。

（二）可视化信息检索的优势

相对于传统信息检索，信息检索可视化在数据库检索中应用的优势体现在：

1. 检索过程的透明性 可视化信息检索改变了传统信息检索线性、一维的检索机制，通过检索过程及检索结果的透明化，帮助用户直接观察到信息的整体分布状况，并在可视的环境下进行信息浏览，有助于用户分析和判断检索词对检索的价值，多角度、多层次了解检索结果中文档之间、检索词与所检索到的文档之间的语义关系，从而更好地选择所需信息。

2. 结果输出的高效性 可视化信息检索中，用点或符号等视觉化方式显示信息分布，帮助用户在有限的屏幕空间内获取信息间的分布与联系，整体浏览检索结果，快速定位目标信息。

3. 反馈机制的有效性 可视化检索允许用户对检索结果进行动态可视的调整和过滤，增加了用户与系统之间的交互作用，使用户的信息处理能力和检索能力得到最大限度的发挥，克服了传统信息检索缺乏有效的反馈机制的缺陷。

（三）可视化信息检索的类型

在可视化信息检索系统中，信息可视化主要包括以下几方面的内容：

1. 表达式构造可视化 表达式构造可视化是通过检索接口或检索界面对检索词及其逻辑运算关系进行直观的、可视化的显示和表达，帮助用户快速、准确的构建出符合系统语法要求的检索表达式。

2. 检索过程可视化 检索过程的可视化指对用户在获取检索结果前的各个检索步骤，以及对各种交互活动进行可视化处理，包括操作方法可视化与操作过程可视化两方面。操作方法可视化指用户在与检索系统交互时，采用可视化的图标进行操作，无需输入复杂的命令行参数或者提问式；操作过程的可视化指用户以可视的方式执行并跟踪各个检索步骤。

3. 检索结果可视化 检索结果可视化是指将检索结果用图形、图像、动画等可视化方式显示，表达检索内容之间的相互联系，揭示检索内容的深层次含义。

4. 信息分析可视化 信息分析可视化是指将信息可视化与文献计量学、聚类分析等方法结合，生成具有各种属性的科学知识图谱，清晰、准确地表达学科、领域、专业、文献、著者间的关系，揭示学科领域间的结构以及研究热点、前沿和发展趋势等多方面的内容。信息分析可视化从多方面展现事物之间的联系，不但表示了事物的多个变量和属性，以助于用户辨别重要信息，还为用户提供了直观了解大量数据的途径。例如：国家科技图书文献中心的“国际科学引文数据库”提供检索结果的可视化分析功能。在此数据库中检索，可对检索结果进行“年文献量”、“年被引量”和“作者合著关系”的分析。该数据库收录案例 1-3-1 中“禽流感”的相关文献的作者合著关系如图 1-3-2 所示。

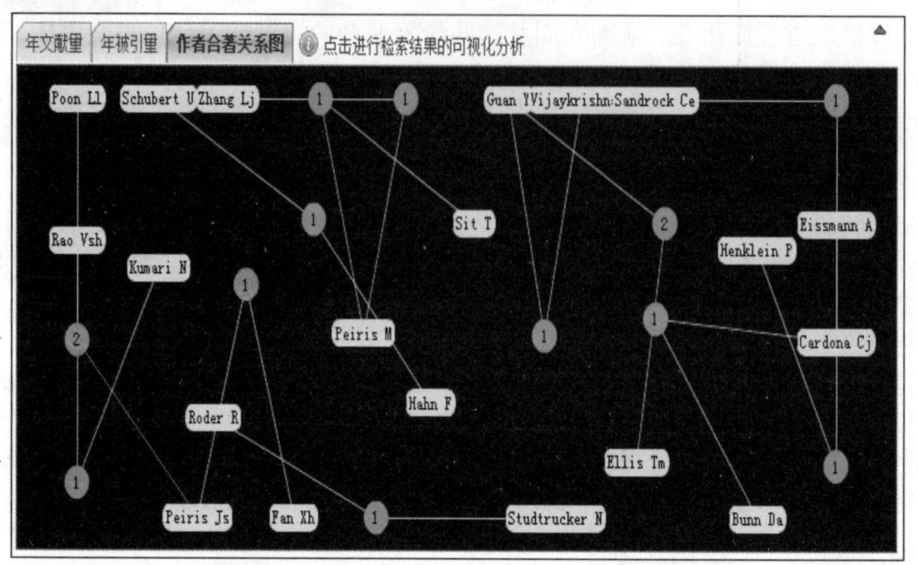

图 1-3-2 NSTL 国际引文数据库可视化检索结果分析界面

（华北理工大学 黄晓鹂 李树民）

思 考 题

1. 什么是信息资源，信息资源有几种类型？
2. 试述一次文献、二次文献和三次文献的区别和联系。
3. 信息检索的类型有哪些？
4. 数据库的类型有哪些？数据库的结构如何？
5. 什么是计算机检索语言？如何分类？
6. 比较主题词与关键词的异同点。
7. 常用的检索途径有哪些？
8. 常用的计算机检索技术有哪些？它们如何应用？

文摘型数据库

文摘型数据库是对期刊论文、会议论文、专利文献和学位论文等的外部特征（篇名、著者、出处）及内容特征（如主题词、分类号、关键词）进行加工处理，提供原始文献线索（如题录、文摘）的二次文献数据库。它具有收录学科文献全面、时间跨度长、更新迅速、专业性强及检索功能强大等特点。随着计算机技术和"一体化医学语言系统"（Unified Medical Language System）等技术的发展，文摘型医学数据库在检索技术和检索方法等方面有了长足的发展，加之与全文数据库链接功能的不断完善，文摘型数据库在文献信息检索和利用方面始终占有重要地位。

每个文摘型数据库的收录范围、检索方法和结果处理各有特色，只有充分了解各个数据库的特色功能，才能高效地利用这一类检索工具。本章将介绍常用的生物医学文摘型数据库及其检索方法。

第 1 节　中国生物医学文献服务系统

案例 2-1-1

某大学附属医院医生接诊一位病人，女性，27 岁，因反复上呼吸道感染 3 年，前来就诊，经化验检查发现病人 IgA 缺乏，临床这种病人并不多见，这位医生想检索一下这方面的文献资料，以了解本病的发病机制、治疗方法和预后情况，搜集 1994 年至今的中文参考文献，明确机制，以便更好地指导临床应用。

问题：

1. 该课题研究的范围是什么？应该选择什么数据库获得所需要的中文文献？
2. 该课题涉及哪些主题概念？这些概念的同义词、近义词有哪些？
3. 选择何种检索途径？
4. 如何制定检索策略？

分析：

1. 该课题研究的重点是 IgA 缺乏的病人如何提高其免疫力，预防各种并发症，特别是上呼吸道感染、胃肠道感染的问题，属于临床医学的研究范围，可以选择中文生物医学数据库（CBM）进行检索。目前国内收录医学文献最全，标引最规范，检索功能最完备的中文数据库是中国医学科学院医学信息研究所研制的中国生物医学文献服务系统（SinoMed），CBM 是其中最重要的期刊文献数据库，所以检索这个课题，我们选择它进行检索。

2. 该课题包含的主题概念有"IgA 缺乏、上呼吸道感染、病因、治疗、预后"；同义词有："免疫球蛋白 A 缺乏、IgA 缺乏症、免疫功能缺陷、感冒、鼻炎、发病机制、发病机制、药物疗法、免疫疗法"等。

3. 选择检索途径。选择常用的主题词和自由词两条检索途径。

4. 根据 SinoMed 的特点，将课题中所涉及的主要概念、次要概念、显性概念、隐性概念及其同义词用布尔逻辑运算符进行组合，或者借助于检索历史进行组合检索。

一、数据库概况

中国生物医学文献服务系统（SinoMed）是由中国医学科学院医学信息研究所开发研制的综合性生物医学文献数据库，其涵盖资源丰富，能全面、快速反映国内外生物医学领域研究的新进展；功能强大，是集检索、开放获取、个性化定题服务、全文传递服务于一体的生物医学中外文整合文献服务系统。

SinoMed由8个子库构成，各子库的收录范围及特点介绍如下：

中国生物医学文献数据库（CBM）：首版发行于1994年9月，收录1978年至今1800余种中国生物医学期刊以及汇编、会议论文的文献题录820余万篇，新增1989年以来中文参考文献410余万篇，全部题录均进行主题标引、分类标引，同时对作者机构、发表期刊、所涉基金等进行规范化加工处理，支持在线引文检索，辅助用户开展引证分析、机构分析等学术分析。

西文生物医学文献数据库（WBM）：收录世界各国出版的重要生物医学期刊文献题录2400余万篇，其中协和医学院图书馆馆藏期刊4800余种，免费期刊2400余种；年代跨度大，部分期刊可回溯至创刊年，全面体现协和医学院图书馆悠久丰厚的历史馆藏。

中国医学科普文献数据库：收录2000年以来近百种国内出版的医学科普期刊，文献总量达27万余篇，重点突显养生保健、心理健康、生殖健康、运动健身、医学美容、婚姻家庭、食品营养等与医学健康有关的内容。

北京协和医学院博硕学位论文库：收录1981年以来协和医学院培养的博士、硕士的学位论文全文，范围涉及医学、药学各专业领域及其他相关专业，前沿内容丰富，可在线浏览。

日文生物医学文献数据库：收录1995年以来90余种日本出版的日文重要生物医学学术期刊，部分期刊有少量回溯。

俄文生物医学文献数据库：收录1995年以来30余种俄国出版的俄文重要生物医学学术期刊，部分期刊有少量回溯。

英文会议文摘数据库：收录2000年以来世界各主要学/协会、出版机构出版的60余种生物医学学术会议文献，部分文献有少量回溯。

英文文集汇编文摘数据库：收录240余种（册）馆藏生物医学文集、汇编，以及能够从中析出单篇文献的各种参考工具书等资源。报道内容以最新出版的文献为主，部分文献可回溯至2000年。

SinoMed服务系统检索功能强大，方便易用。主要包括：智能检索、多内容限定检索、主题词表辅助检索、主题词与副主题词扩展检索、分类表辅助检索、定题检索、作者机构限定、多知识点链接检索、检出结果统计分析等功能，使检索过程更快、更高效，使检索结果更细化、更精确。原文服务方式多样，快捷高效，提供学位论文在线阅读、免费原文直接获取、非免费原文多渠道链接及在线索取等服务，为用户提供经济、便捷的全文获取途径，让用户在有效利用自己电子馆藏的同时，充分享受北京协和医学院图书馆的丰富馆藏资源。

二、检 索 方 法

（一）检索规则

1. 布尔逻辑组配检索 SinoMed服务系统常用的逻辑运算符有三种，分别为“AND”（逻辑与）、“OR”（逻辑或）和“NOT”（逻辑非），三者间的优先级顺序为：NOT>AND>OR，圆括号中的检索式最先运算。

2. 截词检索 SinoMed服务系统允许使用单字通配符“?”和任意通配符“%”进行截词（通配）检索，通配符的位置可以置首、置中或置尾。每个单字通配符“? ”替代任何一个字符，如检索式“血?动力”，可检索出含有以下字符串的文献：血液动力、血流动力等。任意通配符（%）替代任意个字符。如检索式“肝炎%疫苗”，可检索出含有以下字符串的文献：肝炎疫苗、肝炎病毒基因疫苗、肝炎减毒活疫苗、肝炎灭活疫苗等。

3. 模糊检索/精确检索 模糊检索也称包含检索，即在返回的检索结果中包含输入的检索词。模糊检索能够扩大检索范围，提高查全率。如无特殊说明，SinoMed系统中默认进行的是模糊检索。

精确检索：是检索结果等同于检索词的一种检索，适用于关键词、主题词、特征词、分类号、作者、第一作者、刊名、期字段。

4. 短语检索 又称强制检索，即对检索词用半角双引号进行标识，SinoMed服务系统将其作为不可分割的词组、短语在数据库的指定字段进行检索，便于检索含“-”“( )”等特殊符号的词语，如“β-内酰胺”。

（二）检索方式

SinoMed服务系统提供跨库检索与单库检索两种方式。

1. 跨库检索　SinoMed 服务系统支持对多个数据库进行同时检索，即跨库检索。在跨库检索界面可以进行快速检索、高级检索、主题检索、分类检索。查看检索结果时，可以选择浏览几个库的合并检索结果，也可以只选择某个感兴趣的数据库进行浏览。

跨库检索操作方法：①选择数据库；②选择“单字段检索”或“多字段检索”；③输入检索词或构建逻辑组配检索式；④限定时间范围，默认是全部年代；⑤点击“检索”按钮，检索完成；⑥选择检索结果进行浏览，如图 2-1-1 所示。

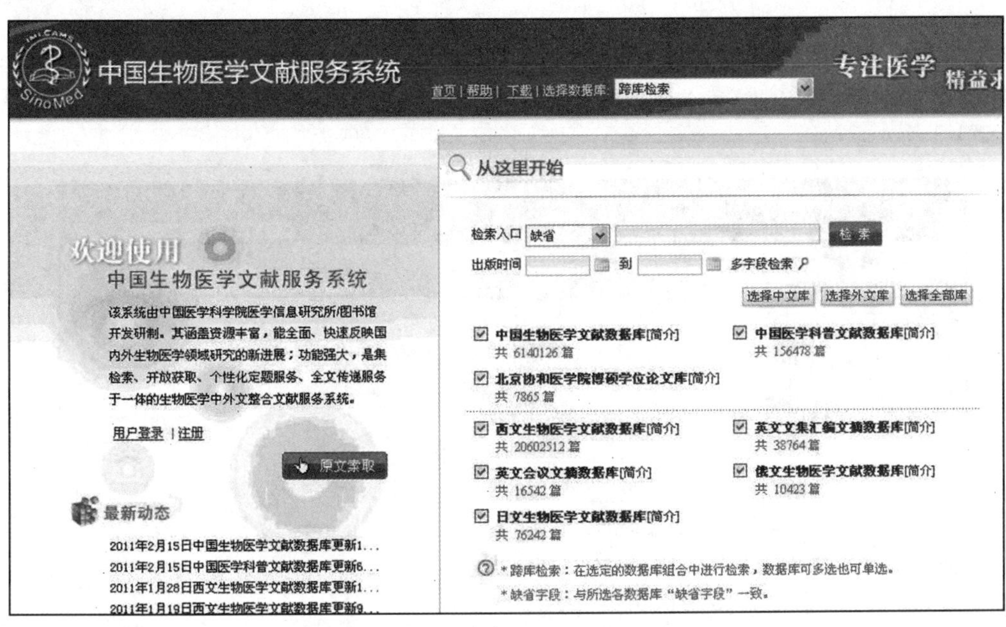

图 2-1-1　SinoMed 跨库检索界面

2. 单库检索　SinoMed 服务系统也可以对其中的单个数据库进行检索，并提供多种检索途径，如快速检索、高级检索、主题检索、分类检索、期刊检索、作者检索等。下面以 CBM 数据库为例介绍各种检索途径的使用方法。

（1）快速检索：快速检索是在数据库的全部字段内执行检索，且集成了智能检索功能，支持通配符和布尔逻辑组配检索，检索过程更简单，检索结果更全面。进入 CBM 数据库，默认状态便是快速检索界面，如图 2-1-2 所示。

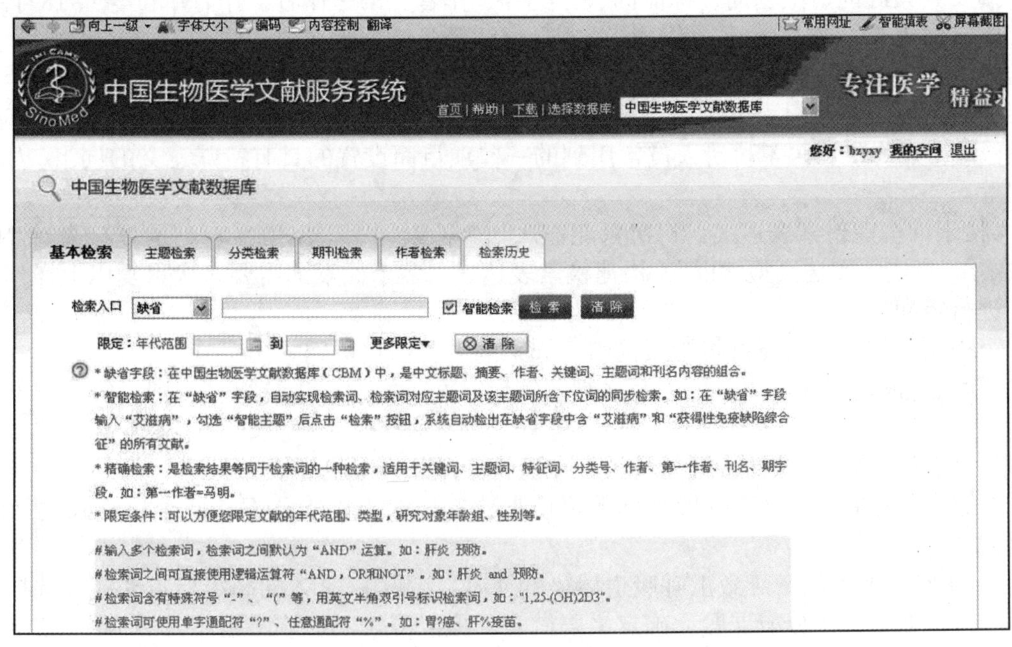

图 2-1-2　CBM 快速检索界面

在快速检索界面，输入单个检索词，系统会自动启动“智能检索”功能，检索包含该检索词及其同义词、主题词及其下位词的所有文献。如：在检索词输入框中输入“IgA 缺乏”，系统会自动检索出“IgA 缺乏、IgA 缺乏症、免疫球蛋白 A 缺乏、免疫球蛋白 A 缺乏症”等检索词的文献。

输入多个检索词，检索词之间默认为“AND”运算。如：“肝炎预防”。检索词之间可直接使用逻辑运算符“AND，OR 和 NOT”。如：“肝炎 and 预防”。检索词含有特殊符号“-”“(”等，用英文半角双引号标识检索词，如：“β-内酰胺”。检索词可使用单字通配符“?”、任意通配符“%”。如：胃?癌、肝%疫苗。

如果输入多个检索词或检索式，系统不支持智能检索。

（2）高级检索：支持多个检索入口、多个检索词之间的逻辑组配检索，方便用户构建复杂检索表达式，如图 2-1-3 所示。

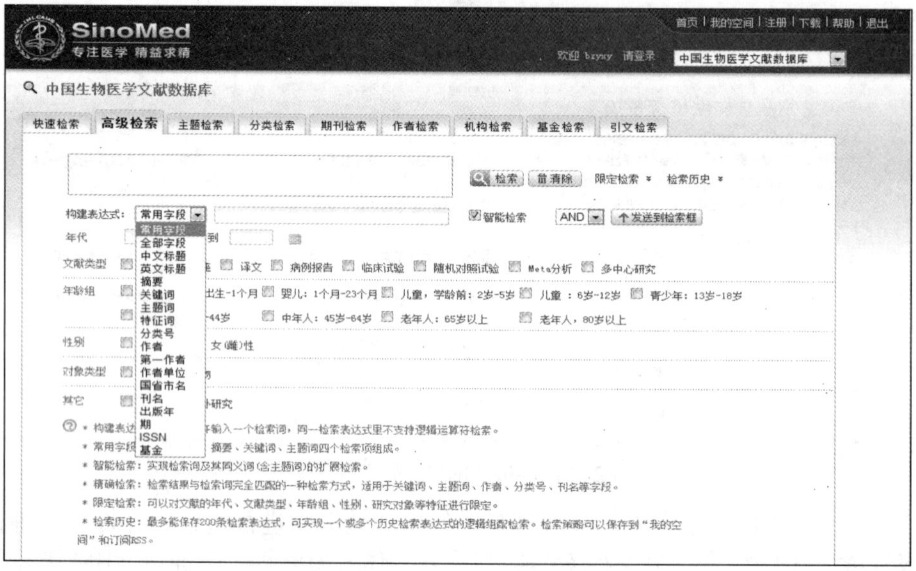

图 2-1-3　CBM 高级检索界面

检索步骤如下：

1）选择检索字段：通过检索字段的下拉菜单，可选择以下字段：常用字段、全部字段、中文标题、英文标题、摘要、关键词、主题词、特征词、分类号、作者、第一作者、作者单位等共 18 个字段。

常用字段：由中文标题、摘要、关键词、主题词四个检索项组成。

智能检索：实现检索词及其同义词（含主题词）的扩展检索。如：在常用字段输入“维生素 C”，勾选“智能检索”后点击“检索”按钮，系统自动检出含“维生素 C”和“抗坏血酸”的所有文献。

特征词：是特别为生物医学科研人员常用到的一些项目而设置的具有特殊意义的词组，如人类、动物、年龄组等。

2）输入检索词构建检索表达式：每次只能输入一个检索词，根据需要确定是否勾选“智能检索”或“精确检索”，点击“发送到检索框”，构建检索表达式，多个检索词需要多次重复以上操作，并选择逻辑运算符进行组配。

检索式：指用布尔逻辑运算符将检索词组合起来的一种情报提问式。

3）限定检索：根据课题需要，可以对文献的年代、文献类型、年龄组、性别、研究对象等特征进行限定。

4）检索：点击“检索”按钮，开始检索，浏览检索结果。

5）二次检索：是在已有检索结果基础上再检索，逐步缩小检索范围，两个检索式之间的关系为“AND”运算。

案例 2-1-1 检索“IgA 缺乏导致上呼吸道感染的文献”，利用 CBM 的高级检索功能，选择自由词途径进行检索。方法如下：①分析课题，确定主要概念，拟定检索词。该课题包含的检索词有：“IgA 缺乏、上呼吸道感染”；同义词有：“免疫球蛋白 A 缺乏、IgA 缺乏症、免疫功能缺陷、感冒、鼻炎”。

②制定检索策略，实施检索。先用与课题相关度最大的概念进行试检。首先用“IgA 缺乏”进行检索。在高级检索界面，选择“常用字段”，在检索词输入框中输入“IgA 缺乏”，勾选“智能检索”，限定检索年代“1994～2015”，点击“检索”按钮进行检索，检索到 91 篇文章，检出的文献量太少，用该检索词显然不够理想。③调整检索策略。用其所有同义词进行检索，共检索到 93 篇文章，经浏览阅读发现查出文献与课题要求吻合。④根据课题要求，将另外一个重要概念“上呼吸道感染”，及其同义词“感冒、鼻炎”加入到检索式中进行检索，检索到 244 246 篇文献。⑤在检索历史界面将前 2 个检索式进行 AND 组配，最终获得 10 篇符合课题要求的文章，如图 2-1-4 所示。

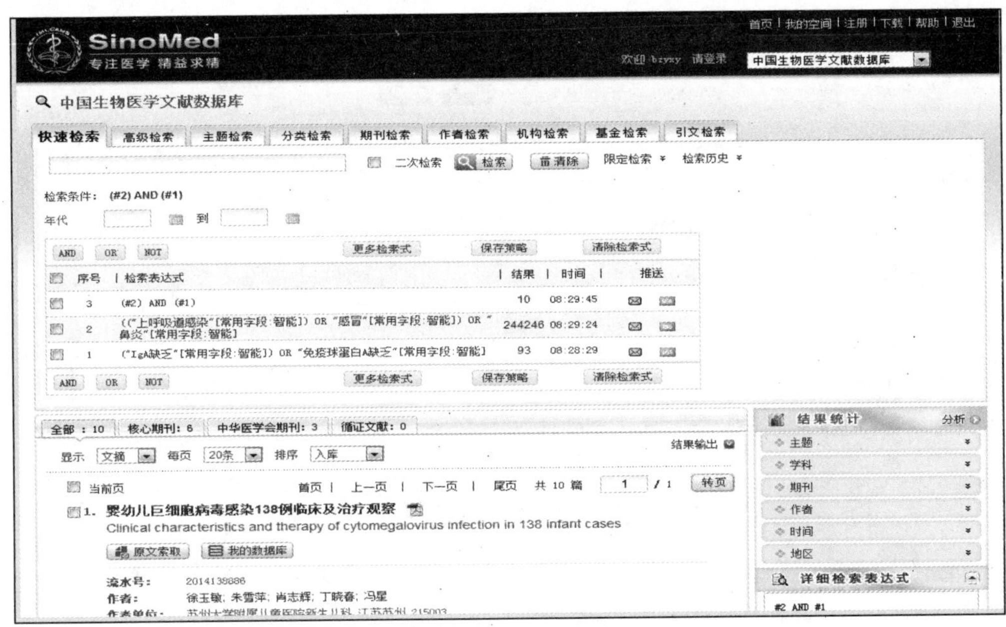

图 2-1-4　案例 2-1-1 高级检索结果界面

纵观以上检索过程可以发现，一次成功的检索常常要经历多次检索策略的调整才能完成。

（3）主题检索：主题检索又称主题词表辅助检索，指采取规范化的主题词基于主题概念进行检索，是 CBM 的特色检索功能，如图 2-1-5 所示。

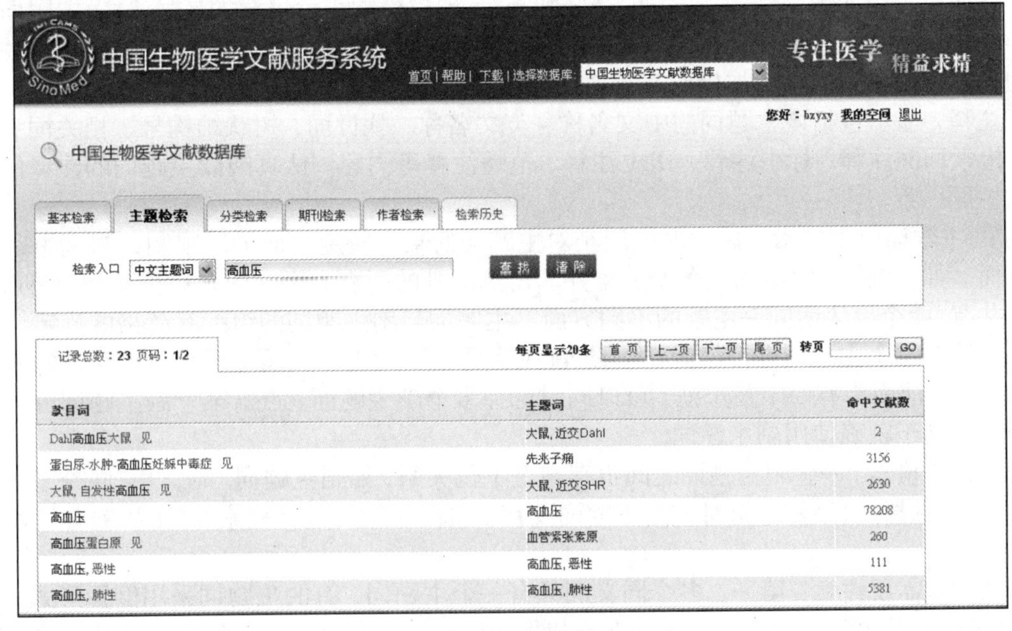

图 2-1-5　CBM 主题检索界面

具体检索步骤为：

1）点击界面上方的“主题检索”按钮，即进入主题检索界面。

2）选择“中文主题词”或“英文主题词”检索入口，输入检索词，点击“查找”按钮。

3）在主题词表中浏览选择主题词。

4）在主题词注释表中，浏览主题词注释信息和树形结构，选择是否扩展检索、加权检索，以及副主题词和副主题词扩展检索选项。点击“发送到检索框”。

5）点击“主题检索”按钮执行检索。

在“检索选项”中有“扩展检索”及“加权检索”选择，如图 2-1-6 所示。

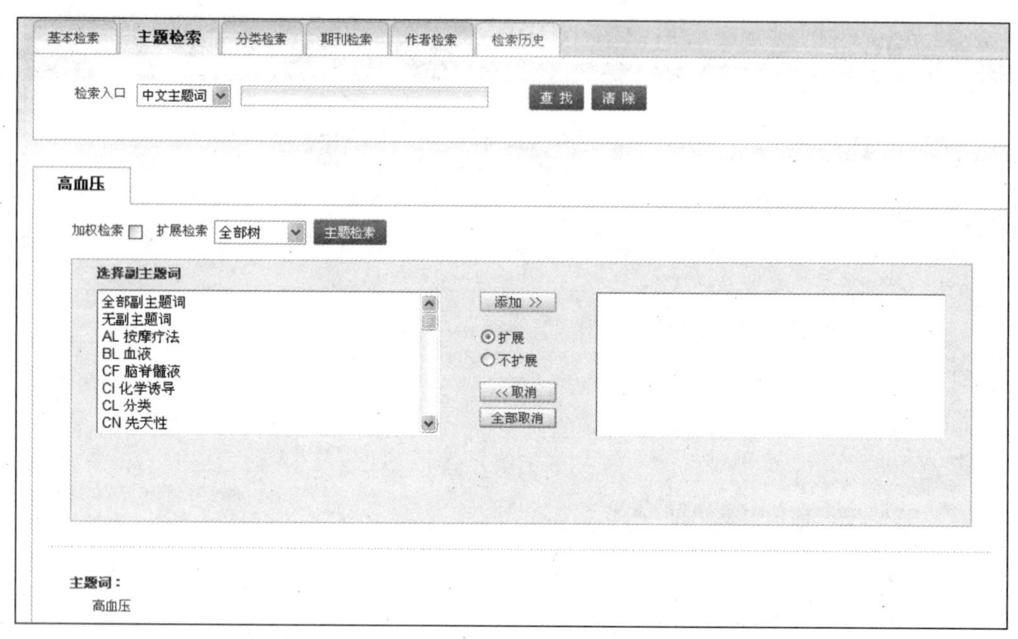

图 2-1-6 CBM 主题词扩展检索及加权检索界面

“扩展”检索是对当前的主题词及其所有下位主题词进行检索，“不扩展”检索则仅限于当前主题词的检索，默认状态为“扩展”检索，若不进行扩展检索选择“不扩展”选项。

“加权检索”表示对主题词进行加权检索，主题词“加权”表示主题词的重要程度，反映文章论述的主要内容。加权主题词用“*”表示，如“*肝肿瘤”。加权检索表示仅对加星号（*）主题词（主要概念主题词）检索，非加权检索表示对加星号主题词和非加星号主题词（非主要概念主题词）均进行检索。默认状态为非加权检索，若进行加权检索对“加权检索”选框进行标记。

主题词注释，显示包括该主题词的中文名称、英文名称、款目词、树状结构号、相关词、可组配的副主题词、检索回溯注释、标引注释、历史注释、范畴注释等内容。认真阅读主题词的注释信息，确认是否和检索主题一致。

主题词/副主题词组配检索。副主题词用于对主题词的某一特定方面加以限制，强调主题词概念的某些专指方面。如：“肝/药物作用”表明文章并非讨论肝脏的所有方面，而是讨论药物对肝脏的影响。副主题词一共有 94 个，表明同一主题的不同方面。主题词与副主题词的组配有严格的规定，不是所有的副主题词均能与每个主题词进行组配，“可组配副主题词”列出了当前主题词可以组配的所有副主题词，每个副主题词前面都有一个复选框，可以同时选择多个副主题词。点击某个副主题词可显示该副主题词的注释，有助于正确使用副主题词。

副主题词扩展检索。一些副主题词之间也存在上下位关系，如副主题词“副作用”的下位词包括“中毒”和“毒性”，选择“扩展”，指对该副主题词及其下位副主题词进行检索，“不扩展”检索则仅限于当前副主题词。

使用主题检索需要注意：第一，多个同义词只有一个主题词，有的主题词采用倒置形式，如“乙型肝炎”的主题词为“肝炎，乙型”，因此，在查找主题词时往往会出现找不到相应主题词的情况，可先截取检索词的一部分来查找，或者用其同义词逐一查找。第二，由于主题标引需要一定的时间，对于较新的文献可能会漏检，最好采用主题词与自由词相结合进行检索。第三，尽管基本检索途径也可进行主题词检索，但为了达到更好的主题检索效果，最好用“主题检索”功能进行检索。

案例 2-1-1 检索“IgA 缺乏导致上呼吸道感染的文献”，利用 CBM 的主题检索功能，选择主题词进行检索，方法如下：

①选择主题词检索，首先要拟定主题词，将分析出的主题概念逐一进行主题词转换。查询 CBM 主题词表的结果是：IgA 缺乏、上呼吸道感染、感冒、鼻炎都是主题词。

②进行组配检索。分别用 IgA 缺乏、上呼吸道感染、感冒、鼻炎进行主题词检索，为了查全率，选择扩展检索，不组配副主题词，然后在检索历史界面进行逻辑组配：IgA 缺乏 AND（上呼吸道感染 OR 感冒 OR 鼻炎），最后的检索结果是 0 篇文献，如图 2-1-7 所示。而用 CBM 的高级检索，检索到 10 篇，分析原因，可能与 CBM 主题词检索，查准率过高，把一些不很相关的文献给过滤掉了；另一种原因，可能是 CBM 标引不规范，导致漏检文献。所以，为避免这种情况，最好用主题词和自由词相结合进行检索。

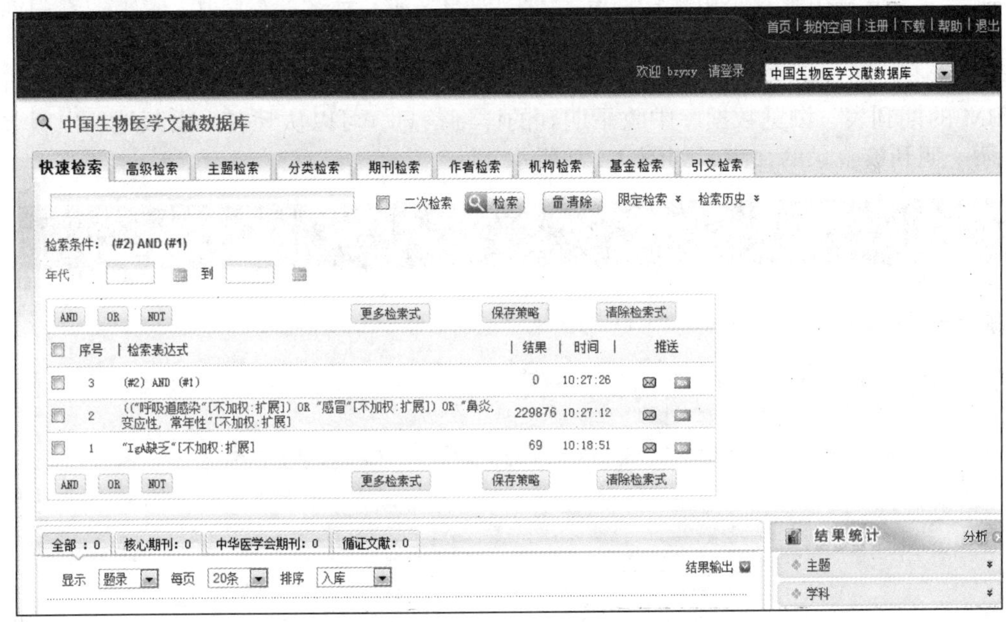

图 2-1-7　案例 2-1-1 主题检索结果界面

（4）分类检索：从文献所属的学科角度进行检索，具有族性检索的功能。检索入口包括类名和类号。CBM 是根据文献内容按《中国图书馆分类法》进行分类标引的，如图 2-1-8 所示。

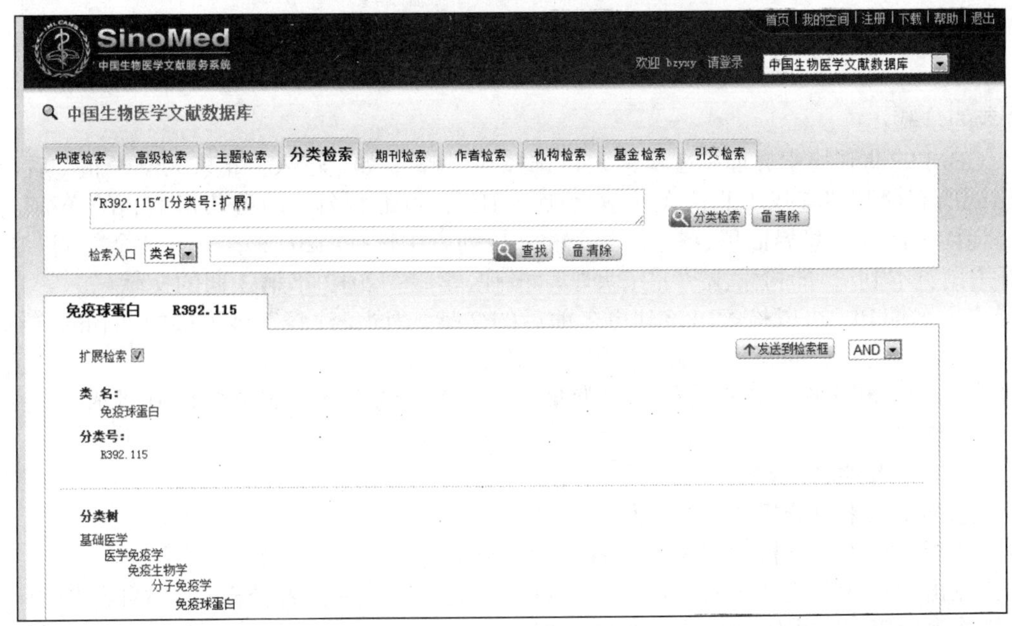

图 2-1-8　CBM 分类检索界面

分类检索步骤：

1）点击界面上方的“分类检索”按钮，即进入分类检索界面。

2）选择检索入口“类名”或“类号”，输入检索词，点“查找”按钮，在分类表中选择合适的类名或类号。同时，界面下方提供“分类导航”：CBM 根据《中图法》中的 R 类聚类所有医学文献，通过逐层点击“+”或“-”号，缩放分类目录，逐级展开浏览，点击合适的类名或类号，进入检索和注释界面。

3）在分类词注释详细界面，显示了该分类可组配的复分号、详细解释和所在的树形结构。可以根据检索需要，选择是否“扩展检索”，点击“发送到检索框”，再点击“分类检索”按钮，系统自动进行检索并显示检索结果。

扩展检索：表示对该分类号及其全部下位类号进行检索，不扩展表示仅对该分类号进行检索。

复分组配检索：系统自动将能够与分类号组配的复分号列出，选择“全部复分”表示检索当前分类号与其中任何一个复分号组配及不组配任何复分号的所有文献；选择“无复分”表示检索当前分类号不组配任何复分号的文献；选择某一复分号表示仅检索当前分类号与该复分号组配的文献。

（5）期刊检索：期刊检索提供从期刊途径获取文献的方法，并能对期刊的发文情况进行统计与分析，通过 CBM 的期刊表，浏览数据库中收录期刊的详细信息，可以从刊名、出版地、出版单位及主题词途径查找某一期刊被收录的文献，如图 2-1-9 所示。

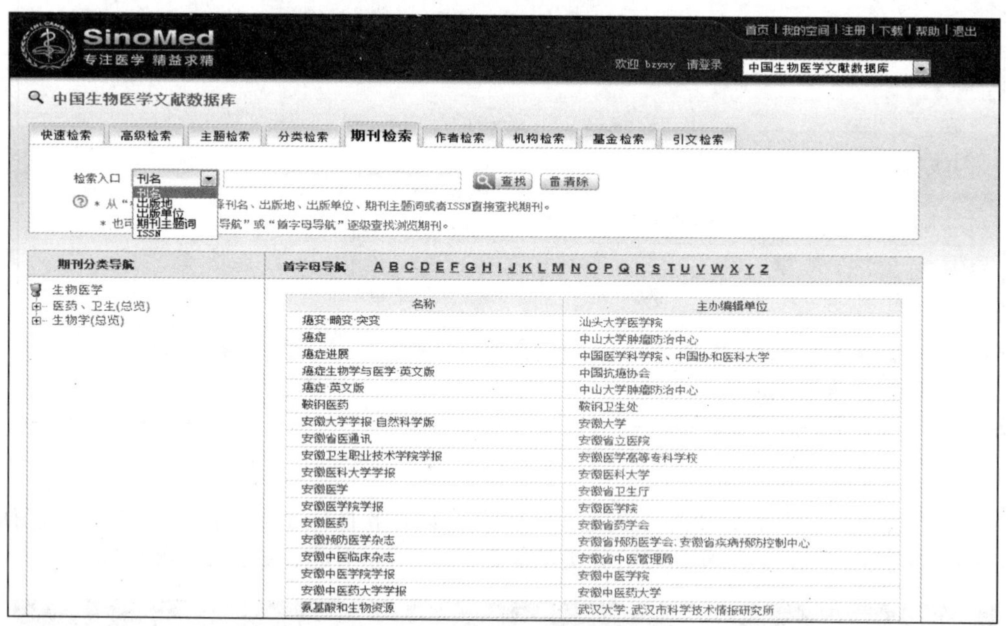

图 2-1-9　CBM 期刊检索界面

期刊检索的步骤：

1）进入 CBM 的期刊检索界面，在检索入口选择“刊名”，如：输入“北京大学学报”后，点击“查找”。在列出的所有期刊中查找“北京大学学报•医学版”，点击刊名，即可获得期刊的详细信息。

2）在期刊详细注释信息界面里，“全部年”的下拉列表中选择“2012 年”，在“全部期”中选择“第 3 期”。点击“浏览本刊”，即检索出“北京大学学报•医学版”2012 年第 3 期的文献。

3）选择含更名期刊，可以检索出该刊更名前后的文献。“词条注释”显示选中期刊的详细信息，包括主办单位、主编、刊号、创刊年、邮发代码、邮编、电话等。

（6）作者检索：利用作者检索功能可检索某一作者发表的文章，如图 2-1-10 所示。

作者检索的步骤：

第一步：输入作者姓名，勾选“第一作者”；

第二步：选择要检索或分析的“第一作者”姓名；

第三步：选择要检索或分析的“第一作者”所在机构；

第四步：点击“查找”或“分析”按钮，查看相应结果。第一作者分析是 CBM 新增的一项功能，能分析某机构作者以第一作者身份发表的论文情况。

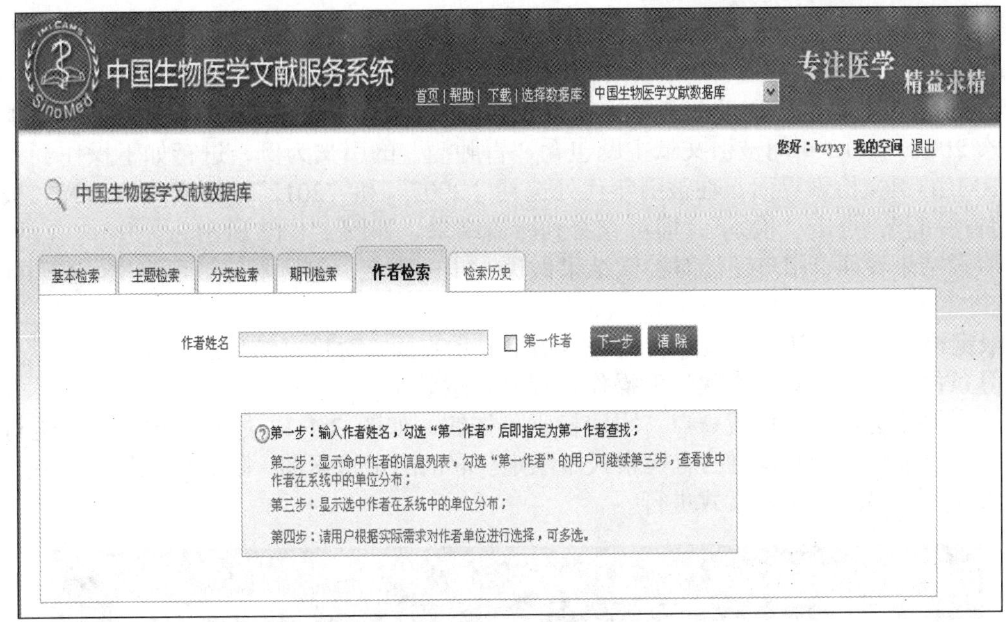

图 2-1-10 CBM 作者检索界面

（7）机构检索：机构检索是 CBM 新增的功能，可以了解指定机构及作为第一机构时论文发表情况和被引用情况。

以在“机构检索”中查找“滨州医学院附属医院”为例，可以进行如下操作：

第一步：在机构检索界面的机构名称处输入“滨州医学院附属医院”，点击“查找”；

第二步：浏览查找结果，在列出的所有机构名称中查找“滨州医学院附属医院”。点击机构名称、命中文献数或勾选机构前面的方框再点击“检索”即可查看该机构的发文情况，点击“第一机构命中文献数”则可查看该机构作为第一作者机构的发文情况，如图 2-1-11 所示。

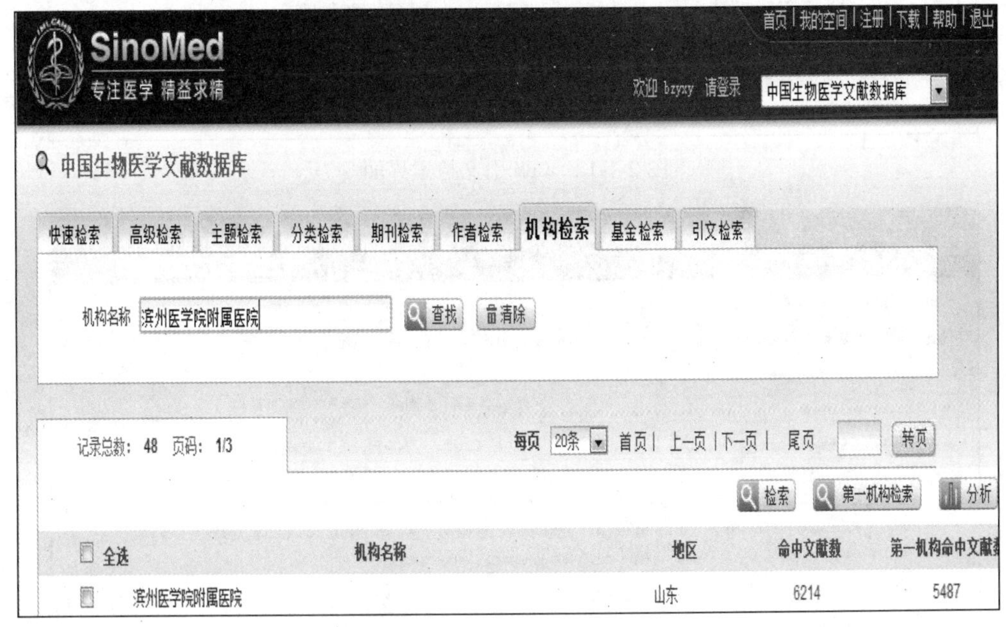

图 2-1-11 CBM 机构检索界面

（8）基金检索：基金检索是 CBM 新增的另一项功能，可帮助用户查找特定基金项目成果发表情况。以查找教育部资助的“长江学者奖励计划”基金的发文情况为例，可以进行如下操作：

第一步：在 CBM 基金检索界面，输入“长江学者奖励计划”，点击“查找”；

第二步：浏览基金查找结果，在列出的所有基金名称中选择“长江学者奖励计划”。点击基金名称、命中文献数或勾选基金前面的方框再点击“检索”均可查看该基金资助项目的成果发表情况。

（9）引文检索：引文检索是 CBM 新增的一项重要功能。支持从被引文献题名、主题、作者/第一作者、出处、机构/第一机构、资助基金等途径查找引文，帮助了解感兴趣文献在生物医学领域的引用情况。以检索 2007～2012 年间被引文献主题包含“胃肿瘤”的引文为例，进行如下操作：

进入 CBM 的引文检索界面，在被引年代处选择“2007”和“2012”，检索入口选择“被引文献主题”，输入“胃肿瘤”，点击“检索”，即可查看到所需结果，如图 2-1-12 所示。

在引文检索结果界面，用户还能对检索结果做进一步的限定，包括限定被引频次、被引年代、引文发表年代等。

（10）限定检索：指在高级检索界面和检索结果显示界面，对检索结果进行年代、文献类型、研究对象、性别等条件限定，以减少二次检索操作，提高检索效率。

在高级检索界面进行限定设置，点“限定检索”按钮，如图 2-1-13 所示，根据提示进行选择。限定检索可以在检索前限定，或者对已有检索式做限定。取消限定检索前，限定设置始终有效。建议限定检索放在检索课题的最后一个检索式进行。

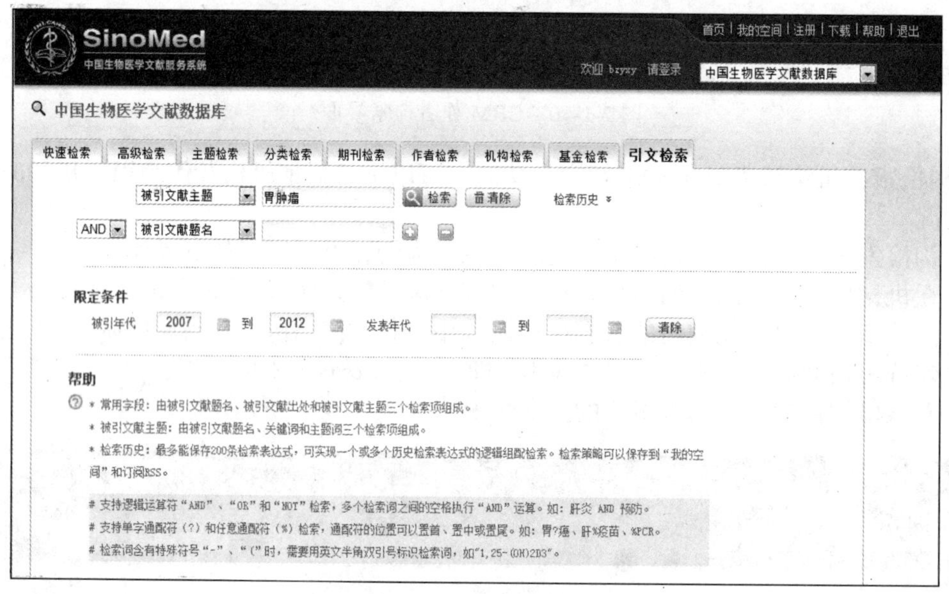

图 2-1-12　CBM 引文检索界面

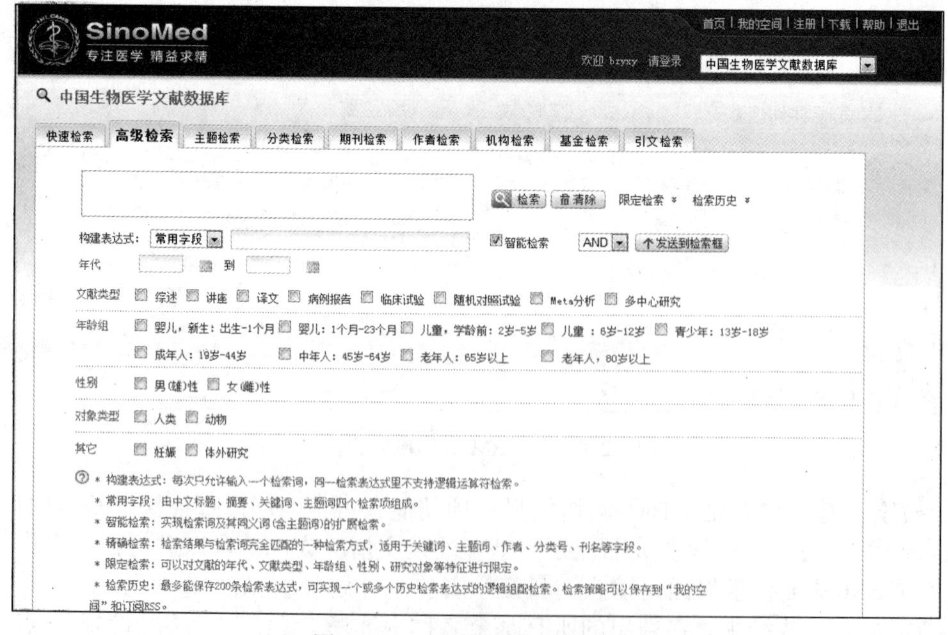

图 2-1-13　CBM 限定检索界面

（11）检索历史：显示所有执行过的检索历史记录，包括命中文献数、检索式、检索时间等，最多能保存 200 条检索表达式，可实现一个或多个历史检索表达式的逻辑组配检索。检索策略可以保存到“我的空间”和订阅 RSS。无意义的检索表达式选中后点击“删除检索史”可进行删除，系统退出后，检索历史清除，如图 2-1-14 所示。

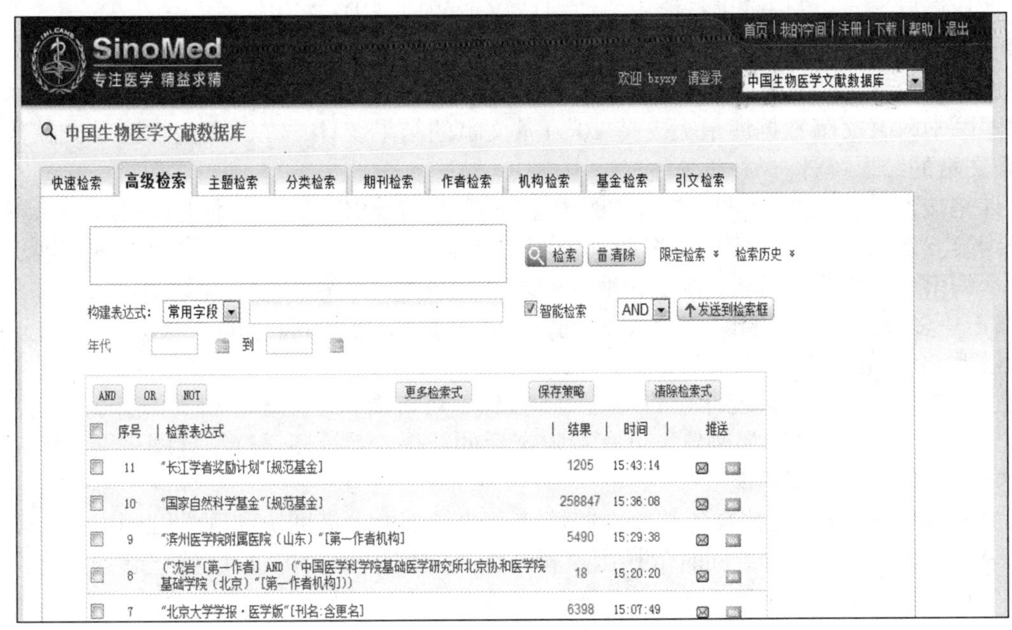

图 2-1-14　CBM 检索历史界面

三、检索结果管理

SinoMed 检索系统为检索结果提供了屏幕显示、打印、保存和发送电子邮件等多种处理方式。如图 2-1-15 所示。

1. 检索结果显示　检索结果界面可以设置显示的格式（题录、文摘）、每页显示的条数（20 条、30 条、50 条、100 条）、排序的规则（入库、年代、作者、期刊、相关度、被引频次），并且可以进行翻页操作和指定页数跳转操作。

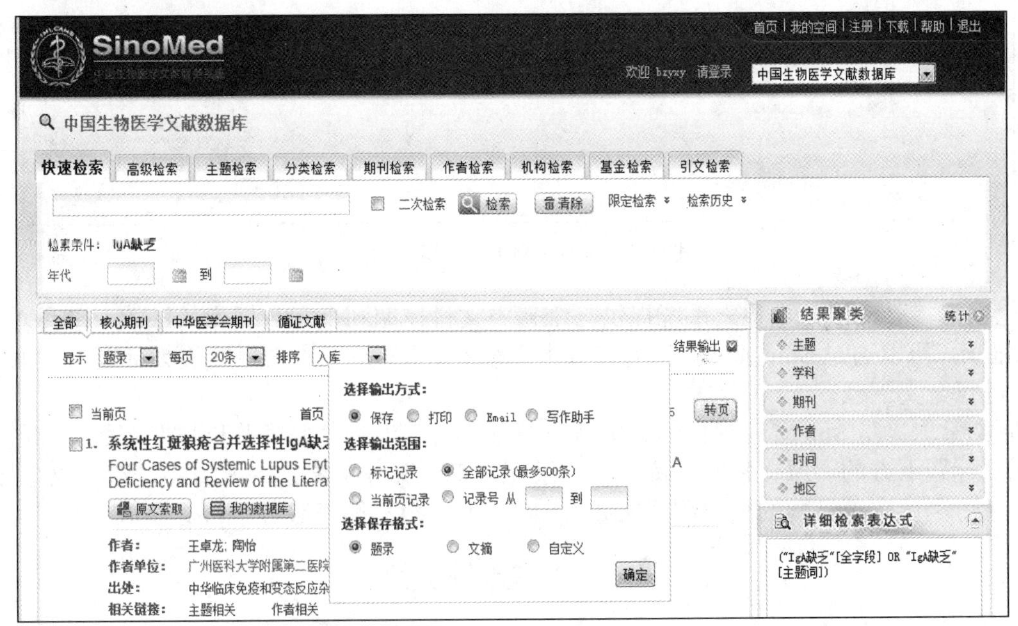

图 2-1-15　CBM 检索结果管理界面

2. 检索结果的分类 SinoMed 检索系统对检索结果从三方面进行了分类，分别为核心期刊、中华医学会期刊和循证医学文献。

3. 检索结果输出 在检索结果页面用户可根据需要，点击结果输出，选择输出方式（保存、打印、E-mail、写作助手）、输出范围（标记记录、全部记录、当前页记录、记录号）、保存格式（题录、文摘、自定义）。可对全部检索结果记录进行输出，或对感兴趣的记录进行输出。

4. 检索结果统计分析 检索结果界面右侧，按照主题、学科、期刊、作者、时间和地区 6 个维度对检索结果进行了统计，点击统计结果数量可以在检索结果界面中展示所需内容。在中国生物医学文献数据库和中国医学科普文献数据库最大支持 20 万条文献的结果统计，在西文生物医学文献数据库最大支持 10 万条文献的结果统计。

主题统计是按照美国国立医学图书馆《医学主题词表（MeSH）》中译本进行展示的，主题统计最多可以展示到第 6 级内容。学科统计是按照《中国图书馆分类法•医学专业分类表》进行展示的，学科统计最多展示到第 3 级内容。期刊、作者和地区的统计是按照由多到少的统计数量进行排序的，默认显示 10 条，点击更多显示统计后的前 50 条。时间统计是按照年代进行排序的，默认显示最近 10 年，点击更多显示最近 50 年的数据。

点击检索结果界面右侧结果统计处的“统计”按钮，可查看从主题、学科、作者、期刊、时间、地区六方面的分布统计。点击“结果浏览”可查看限定后的结果。系统还通过统计图来展示限定检索后的详细内容，并提供保存或打印功能。

5. SinoMed 原文获取 在整合各类原文链接信息的基础上，借助协和医学院图书馆丰富的馆藏资源和与维普等数据服务商的合作，同时依托国家科技图书文献中心（NSTL），建立起强大全文传递服务系统，如图 2-1-16 所示。

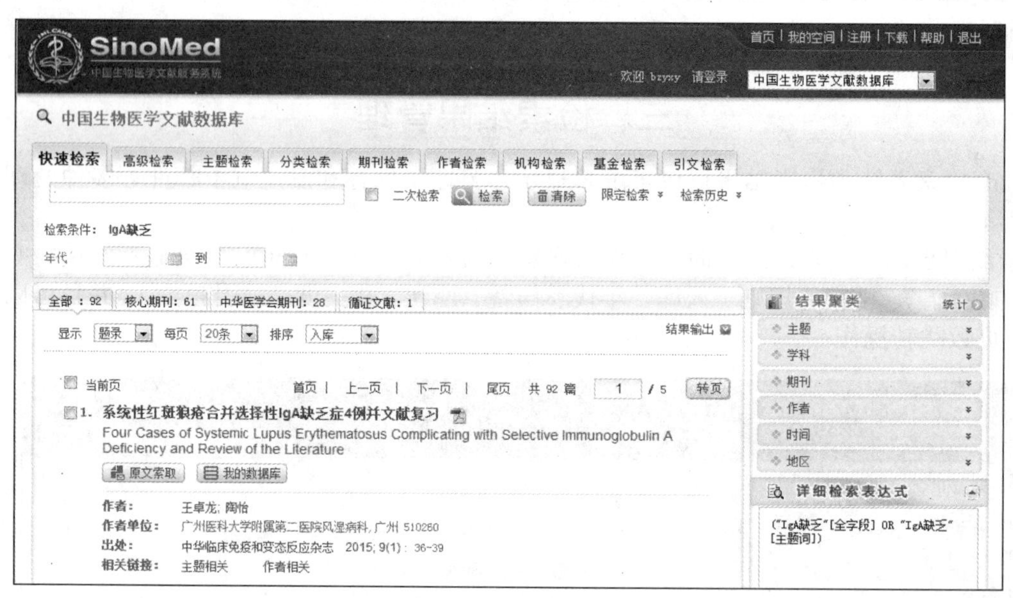

图 2-1-16 CBM 原文索取界面

（1）全文链接：SinoMed 检索系统提供与维普中文科技期刊全文数据库的链接，如果单位订购了维普中文数据库，可以通过 SinoMed 提供的维普中文全文链接功能，点击每篇文献标题右边的红色 PDF 图标 ，进行全文下载。

（2）原文索取：是 SinoMed 提供的一项特色服务，对于没有订购维普科技期刊数据库的单位，可通过点击文献标题下方的“原文索取”按钮，登录原文索取服务系统，一般需要付费获取全文。

此外，还可利用本馆订购的全文数据库如 CNKI、万方数据知识服务平台等获取全文。

四、个性化服务

个性化服务是 SinoMed 为用户提供的一项非常重要功能。用户注册个人账号后便能拥有 SinoMed 的“我的空间”权限，享有检索策略定制、检索结果保存和订阅、检索内容主动推送及邮件提醒、写作助手、引文追踪、使用统计等个性化服务。

（一）注册“我的空间”

登录 SinoMed，点击界面右上方的“我的空间”按钮，进入“我的空间”登录界面，点击“点即注册”，即可注册我的空间，如图 2-1-17 所示。

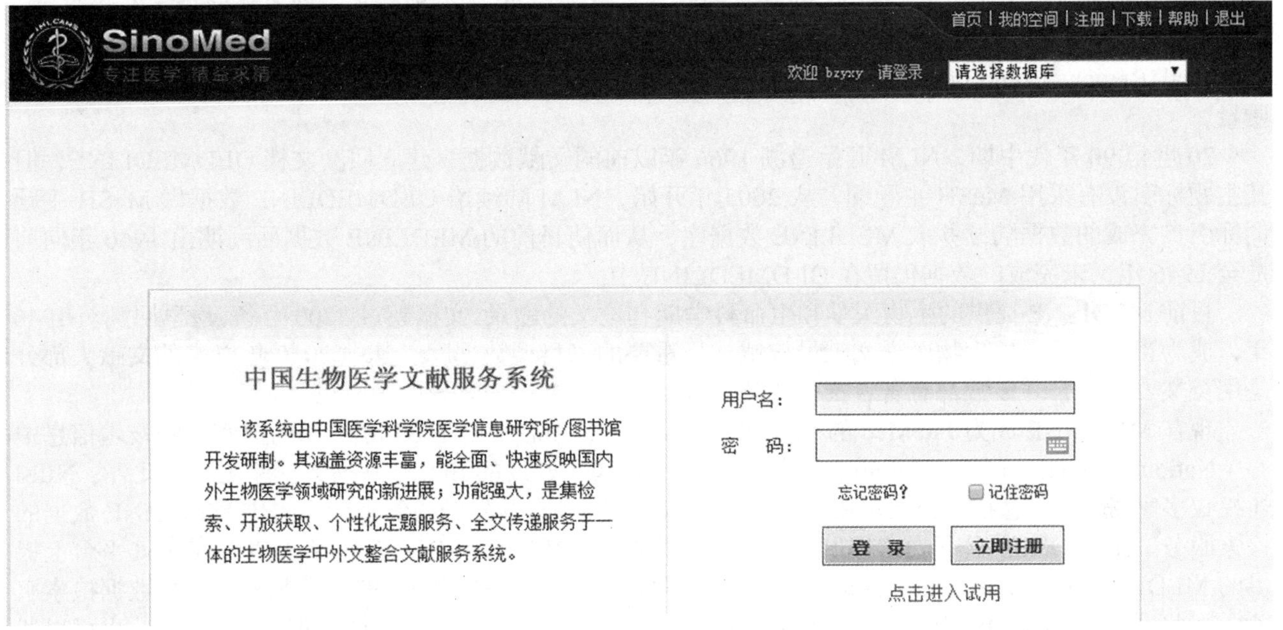

图 2-1-17　SinoMed 我的空间

（二）我的检索策略

在登录了“我的空间”的前提下，从检索历史界面，勾选一个或者多个记录，保存为一个检索策略，并且可以为这个检索策略赋予贴切的名称。保存成功后，可以在“我的空间”里对检索策略进行导出和删除操作。点击策略名称进入策略详细界面，可对策略内的检索表达式进行“重新检索”“删除”“推送到邮箱”和“RSS 订阅”。通过策略详细界面的“重新检索”，可以查看不同检索时间之间新增的数据文献。

（三）我的数据库

在登录了“我的空间”的前提下，从检索结果界面，可以把感兴趣的检索结果添加到“我的数据库”。在“我的数据库”中，可以按照标题、作者和标签查找文献，并且可以对每条记录添加标签和备注信息。

（滨州医学院　孙凤梅）

第 2 节　MEDLINE/PubMed

一、MEDLINE

（一）数据库概况

MEDLINE 是美国国立医学图书馆（National Library of Medicine，NLM）1964 年研制开发的医学文献分析及检索系统（Medical Literature Analysisi and Retrieval System，MEDLARS）的在线产品（即 MEDLARS online），其前身可追溯至 1879 年创刊、由 NLM 编辑出版的著名印刷型检索工具《医学索

引》(Index Medicus，IM)，当时的数据最早回溯至 1966 年，MEDLINE 同时合并了另外两个印刷型检索工具《牙科文献索引》(Index to Dental Literature）和《国际护理索引》(International Nursing Index)，其主题范围覆盖了生物医学和卫生保健，广泛包括生命科学、行为科学、化学以及与卫生、基础研究、临床护理、公共卫生、卫生政策制定或者相关教育活动有关的生物工程等领域，2000 年后又扩充了生物学、环境科学、海洋生物学、植物和动物科学以及生物物理学和化学等专业领域内容。

MEDLINE 收录了全世界出版的 5600 多种期刊，覆盖约 40 个语种，其中绝大部分是学术性期刊，但也有少量报纸、杂志和快讯等。出版商提交的期刊须经文献选择技术评审委员会（Literature Selection Technical Review Committee，LSTRC）审定，再推荐给 MEDLINE 数据库，保证了 MEDLINE 的选刊质量。

20 世纪 90 年代中期，NLM 开始追溯 1966 年以前的文献数据，建立回溯文档 OLDMEDLINE，但其主题标引没有采用 MeSH 主题词。从 2005 年开始，NLM 陆续给 OLDMEDLINE 数据做 MeSH 主题词标引，完成的数据陆续并入 MEDLINE 数据库，从而使目前的 MEDLINE 数据回溯期由 1966 年向前推至 1946 年，未完成的数据仍留在 OLDMEDLINE 中。

目前 MEDLINE 提供的生物医学和生命科学期刊论文的题录、文摘超过 2200 万条，最早回溯至 1946 年，成为当前查找全球生物医学文献最权威、最重要的书目型数据库。其中 2010 年以来的文献大部分是用英文发表的，并多数都有著者撰写的英文摘要。

现在 MEDLINE 成为 PubMed 的一个重要组成部分，而后者则是 NLM 下属的国家生物技术信息中心（National Center for Biotechnology Information，NCBI）开发的 Entrez 系列数据库之一。此外，NLM 还授权多家机构、信息技术公司租用 MEDLINE 数据，在各自开发的检索平台中提供 MEDLINE 数据的检索服务。比如 OVID 公司在 OvidSP 平台上提供的 MEDLINE、EBSCO 公司在 EBSCOhost 平台上提供的 MEDLINE with Full Text。其他如 CSA、ISI Web of Knowledge 等也都提供 MEDLINE 数据检索服务。因此，MEDLINE 数据库既可以作为 PubMed 数据库的一个子集从 NLM 网站直接检索，也可以通过很多其他获得数据使用权的检索服务系统进行检索。不同检索系统（或平台）检索界面风格迥异，检索规则也不尽相同。

（二）《医学主题词表》(*MeSH*)

MEDLINE 数据库有别于其他生物医学文献数据库的一个重要特色，就是它使用 NLM 研制的受控词表《医学主题词表》(*Medical Subject Headings*，*MeSH*）来标引和检索其文献数据。作为 MEDLINE 数据库所覆盖的生物医学专业术语的标准词汇表，MeSH 表成为标引人员在对 MEDLINE 的文献数据进行主题分析和主题标引以及用户进行文献检索时的重要指导性工具，对提高查全率和查准率具有十分重要的意义。现在 *MeSH* 表已经由印刷本发展为数据库产品 MeSH Database。

随着学科的发展、研究热点的变化、新旧概念的更替，*MeSH* 表每年更新，收录的主题词或删减或增加。2015 年 *MeSH* 收录医学主题词 27 455 个，副主题词 83 个，补充概念词 224 000 多个，款目词 220 000 多个。

1. 主题词（又称叙词，descriptors） 是一种规范化的检索语言，即受控词，用于对文献定位。MEDLINE 数据库中每条文献记录都根据其论述的主题或重点内容标出相应的主题词，规避作者词语表达多样化的问题，确保同一概念或主题的文献记录具有相同的检索标识，因此即使这些文献中使用了不同的名词术语，用户也能够通过这些统一、规范的检索标识检索出某个特定主题的全部文献。例如关于“夜盲症”的描述，可以有“nyctalopia”和“night blindness”两种形式，但词表确定用“night blindness”作为主题词，所以凡属该主题的文献记录，不论作者表达为“nyctalopia”还是“night blindness”，在数据库中一律标引为“night blindness”，而“nyctalopia”则作为款目词（entry terms）出现在词表的参照提示部分，形式为：“Nyctalopia see Night Blindness”。用户检索时便可依据该参照提示来选择相应的主题词，进而查全所需文献。

主题词多数为名词，可数名词多采用复数形式如 Heart Valves，不可数名词或表示抽象概念的名词采用单数形式如 Heart Rate。主题词可以是单个词，如 stomach，也可以是词组，如 stomach ulcer。词组形式的主题词一般采用自然语言的顺序，如 stomach ulcer，但当一组概念相近或具有族性关系的词组形式主题词中含有相同的中心词语时，则采用倒置的形式，将相同的中心词语前置，起修饰、限定作用的词语后置，并用“，”隔开，使得该组主题词在按字顺排列时能够集中排序，便于检索和选词。如：

Abortion，Habitual
Abortion，Induced
Abortion，Septic
Abortion，Therapeutic
……

根据每个主题词的词义概念和所属学科范畴，将全部主题词进行等级体系排列，形成树状结构表（Tree），全部主题词分门别类归入 16 个大类（详见附录 2），每个大类都是广义、泛指的主题词在最上层，狭义、专指的主题词在下层，这样层层细分，逐级展开，最多可达 12 级；同级别的主题词按字顺排列，有上下级隶属关系的主题词采用逐级缩格形式排列，以此来显示主题词之间的并列或隶属关系。有些主题词按其概念属性，会跨两个（或以上）的类别，因此会在树状结构表中多处出现，如“Anemia，Aplastic”既属于贫血范畴又属于骨髓疾病范畴。该等级体系的作用在于，用户可以借助它来进一步明确各主题词间关系及词义，从而调整选词以扩大或缩小检索范围，改善检索效果；而计算机检索系统可依据它来实现自动扩展检索，即用某一主题词及其所有下位专指主题词进行检索，满足族性检索要求。

MEDLINE 依据文献论述的内容选择特定的主题词进行标引，一般每条文献记录标引 10～12 个主题词。其中，对应文献重点论述内容的主题词作为主要主题词（MeSH Major Topic）用“*”标记出来，其余便是次要主题词（不带*）。用户在检索时，把某个主题词作为主要主题词来检索，即为加权检索，检出的文献数量比非加权检索要少，但查到的文献与要求检索的主题相关性更高，更切题。

2. 副主题词（qualifiers 或 subheadings） 用于对主题词进行限定，描述某个主题下某一方面的内容，使主题概念更加专指，而不需要增加主题词数量。例如，有关哮喘的药物治疗和饮食疗法，标引时只用一个主题词“哮喘”，同时组配副主题词“药物治疗”“饮食疗法”，标引形式为“哮喘/药物治疗”（或 asthma/drug therapy）、“哮喘/饮食疗法”（或 asthma/diet therapy）。

副主题词也有广义、泛指和狭义、专指之分。例如治疗方面的副主题词，泛指的有 Therapy（治疗），专指的有 Diet Therapy（饮食疗法），Drug Therapy（药物疗法），Radiotherapy（放射疗法），Surgery（外科手术）等；诊断方面的副主题词泛指的有 Diagnosis（诊断），专指的有 Radiography（放射照相术），Radionuclide Imaging（放射性核素成像），Ultrasonography（超声检查）等（详见附录 2）。

3. 补充概念（Supplementary Concept） 又称补充化学物质名称，用于标引 MEDLINE 中出现的化学物质和毒品等并在 PubMed 中可用化学物质名称字段[NM]进行检索的概念。

4. 款目词（entry terms） 是主题词的同义词或近义词，本身不能用于标引文献，在词表中作为参照提示，引见至相应的主题词。如维生素 C 的主题词是“Ascorbic Acid”，假如用户不知道这个主题词，只知道“Vitamin C”，可以借助词表中设置的参照提示“Vitamin C see Ascorbic Acid”找到相应的主题词。

二、PubMed

案例 2-2-1

创伤性颅脑损伤（traumatic brain injury，TBI）是致残率最高的外伤性疾病，常常导致患者终身感觉、行为、认知、情感等方面的功能障碍。流行病学显示：我国每年约有 28.7%（约 3.7 亿）的人口发病，将近 10%的发病患者死亡。其中创伤性脑出血（traumatic intracranial hemorrhage，TICH）是致死的最重要原因。在此认识基础上，某科研小组拟对“创伤性脑出血患者认知改变及执行功能障碍”有关问题做进一步的研究，需要检索国外相关研究的文献。

问题：

1. 该研究小组应该选择哪个外文数据库进行检索？
2. 该课题中蕴含的主题概念是什么？
3. 该课题可通过哪些检索方法检索？
4. 如何构建检索表达式？

分析：

1. PubMed 是一个免费的外文生物医学文献检索系统，涵盖了 MEDLINE 数据库的全部数据，其数据总量已经超过 2500 万篇，覆盖了世界上不同语种的生物医学期刊 5600 多种，并提供部分免费全文的链接，可以说是检索国外生物医学文献最重要的数据库，因此，本案例应首选 PubMed 进行检索。

2. 该课题中蕴含的主题概念表面看就是创伤性脑出血、认知和执行功能障碍这三个，但实际创伤性脑出血还有两个下位主题概念："创伤性大脑出血"和"创伤性脑干出血"，认知范畴又包括"认知不协调""理解力""意识"等 9 个主题概念，而研究执行功能障碍，"执行功能"这一概念也应该选用。

3. PubMed 提供基本检索、高级检索、主题词检索等功能，因此，本研究中的主题概念凡有对应主题词的应该选用主题词进行检索，没有对应主题词的可以直接用关键词检索，然后用布尔逻辑运算符组合，或借助于检索历史进行组合检索。

（一）数据库概况

PubMed（http：//www.ncbi.nlm.nih.gov/pubmed）是由美国国立医学图书馆下属的国家生物技术信息中心（National Center for Biotechnology Information，NCBI）开发并维护的一个网络生物医学文献数据库，它收录来自 MEDLINE、生命科学期刊和在线图书的文献记录 2500 多万条，数据回溯至 1946 年，学科范围包括医疗、护理、牙科、兽医、卫生保健系统和临床前科学的各个领域。1996 年开始在网上向用户免费提供 MEDLINE 检索。同时，它也是 NCBI 的 Entrez 生命科学综合信息检索系统的一个组成部分，并与 Entrez 系统中其他分子生物学资源以及外部相关网站相链接。

PubMed 收录的文献数据主要包括：①MEDLINE 数据（1946～，包括完成主题词更新后从 OLDMEDLINE 中转入的数据）：均经过 MeSH 词、出版物类型等各种标引，是 PubMed 数据的主体部分；②PreMEDLINE 数据：是一个过渡性数据集合，收录待标引加工的文献数据，完成 MeSH 词等各种标引后即转为 MEDLINE 数据；③OLDMEDLINE 数据（1946～1965）：即那些原主题标引还未被更新至 MeSH 词标引、尚未转入 MEDLINE 的数据；④其他各类未被 MEDLINE 收录但保留在 PubMed 中的数据，具体有：一些综合性科学期刊中部分生物医学文献被 MEDLINE 收录并做了 MeSH 词标引后剩下的超出 MEDLINE 收录原则范围的文献数据；某些期刊在被 MEDLINE 收录之前的卷期上发表的文献数据；未被 MEDLINE 收录但向 PubMed Central 提交全文的一些生物医学期刊的文献数据；获 NIH 基金支持的研究人员发表的文章的数据；NCBI Bookshelf 的图书或图书章节的书目数据；被 MEDLINE 收录的期刊，先于印刷版发表的电子文献数据。

这些数据作为检索结果显示时带有数据类型的标记，其中①～③分别标记为[PubMed-index for MEDLINE]、[PubMed-in process]、[PubMed - OLDMEDLINE]，④中的前几种情况的数据记录分别带有[PubMed-as supplied by publisher]或[PubMed]标记，最后一种情况的数据记录则带有[Epub ahead of print]标记。

虽为书目型文献数据库，但 PubMed 的数据记录大都提供相应出版商或全文服务机构的图标及链接（或者在 LinkOut 下面的 Full Text Sources 提供链接），方便用户在检索到所需文献的题录、文摘后，进一步免费或付费获取全文。其中可以免费获取的那部分全文，主要来自 NCBI 开发的免费生物医学期刊全文数据库 PubMed Central（PMC）、开放存取（Open Access）期刊以及各期刊网站免费提供的期刊全文或图书等。这些记录作为检索结果显示时，分别带有 Free PMC Article、Free Article（或 Free full text）或者 Books & Documents 等字样的标注。

PubMed 还提供了与 NCBI 开发并维护的其他分子生物学资源间的链接(通过 Resources 列表链接)，如遗传学数据库（OMIM）、核酸序列库（Nucleotide）、蛋白序列库（Protein）、大分子结构库（Structure）、基因组库（Genome）等，同时与 PMC、图书库（Bookshelf）等资源链接，可实现跨库检索。

（二）检索方法

PubMed 的检索方法大致可分为基本检索、高级检索、主题词检索和其他辅助检索。

1. 基本检索　位于 PubMed 首页，如图 2-2-1 所示。在该检索框可进行的检索有：自由词检索、著者检索、期刊检索、限定字段检索、布尔逻辑检索、强制检索、截词检索等。而且 PubMed 具有智能拼写检查及词语自动提示（输入框中输入检索词至少 2 个字符时就会出现与检索词拼写相近的词语的列表）功能，可帮助用户正确选词。

“自动词语匹配”（Automatic Term Mapping，ATM）是 PubMed 最具特色的检索功能之一，是一种智能化的检索。其工作原理是：用户输入的检索词（单词或短语）若未标明限定在哪个字段范围内检索，系统会自动将它依次到以下 6 个转换表中去匹配和转换：①MeSH 主题词转换表（MeSH translation table）；②刊名转换表（Journals translation table）；③作者姓名全称转换表（Full Author translation table）；④作者索引表（Author index）；⑤调研者或合作者姓名全称转换表[Full Investigator（Collaborator）translation table]；⑥调研者或合作者姓名索引表[Investigator（Collaborator）index]。

一旦在某个表中获得匹配的词（MeSH 词、作者姓名或刊名），该词会被用于检索，匹配过程即告结束，不再向下进行。如果在上述 6 个表中都找不到匹配的词，系统会将词组或短语拆分成单词，再用这些单词重新依次到这 6 个表中去匹配，这些单词间自动成为“AND”关系。如果仍找不到相匹配的词，就用这些单词在所有字段（all fields）中查找，各词间仍为“AND”关系。

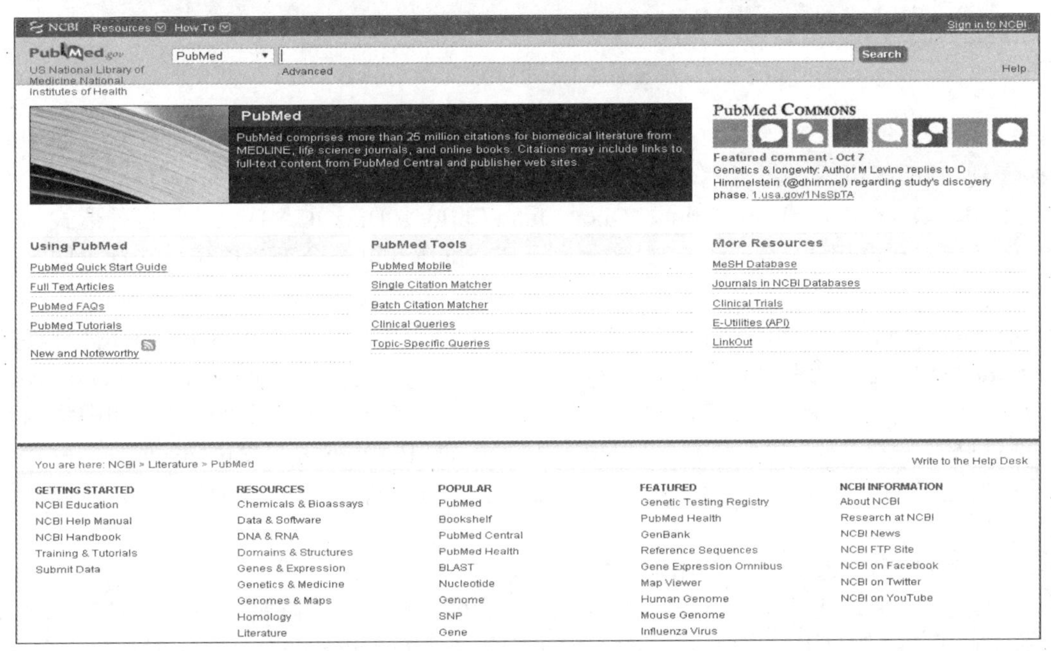

图 2-2-1　PubMed 首页

（1）自由词检索：直接以单词、短语或缩略语词作为关键词进行检索。例如 anaemia、HIF-1、hypoxia inducible factor1 等。

当用户输入的检索词恰好是 MeSH 词，PubMed 既会把它作为 MeSH 词（同时自动扩展它的所有下位概念主题词）来检索，同时还要用它在所有字段中进行检索。例如，输入检索词“anemia”，PubMed 会将这个检索转换为如下表达式：“anaemia” [All Fields]OR “anemia” [MeSH Terms]OR “anemia”[All Fields]；如果输入的检索词并非 MeSH 词，而且是词组或短语，例如“Hepatic Cirrhoses”，在经 MeSH 词转换表匹配到对应的 MeSH 词是“liver cirrhosis”后，除了遵循上述规则外，系统还会将短语拆分成单词在所有字段范围检索，单词之间的布尔逻辑关系为“AND”，因此，PubMed 实际将这个检索转换为如下表达式：“liver cirrhosis” [MeSH Terms]OR（“liver” [All Fields] AND “cirrhosis” [All Fields]）OR “liver cirrhosis” [All Fields] OR（“hepatic” [All Fields]AND “cirrhosis” [All Fields]）OR “hepatic cirrhosis” [All Fields]，如图 2-2-2 所示。需要注意的是，上述表达式中的 MeSH 词检索，如“anemia” [MeSH Terms]或者“liver cirrhosis” [MeSH Terms]，都是对该主题词及其所有下位概念主题词进行扩展检索。

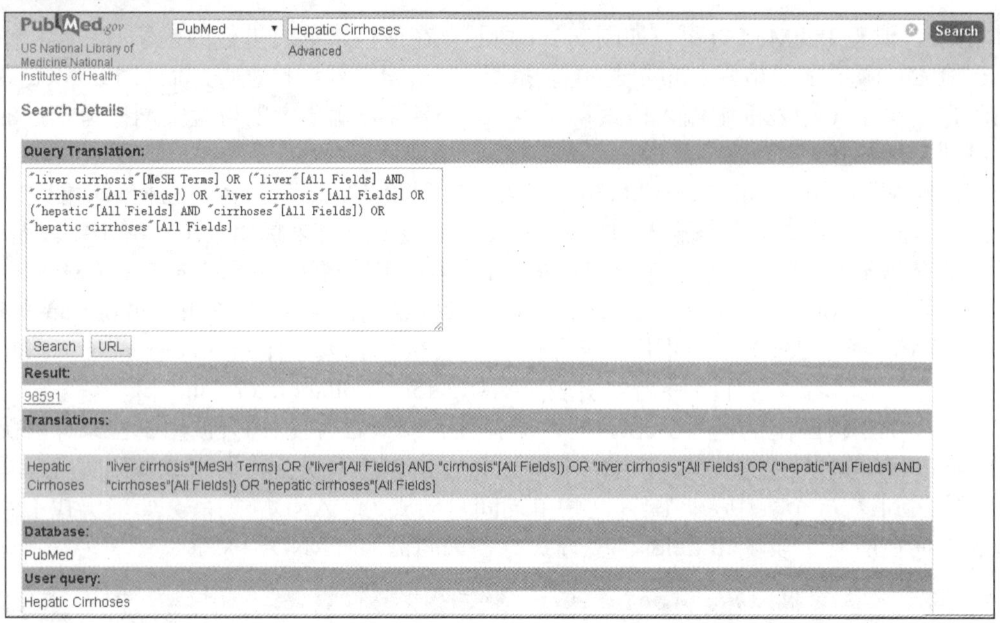

图 2-2-2　在 Search Details 中查看实际检索方案

（2）作者检索：输入作者姓名的全称或姓氏全称加名的首字母缩写均可进行检索，但用作者姓名全称只能检索到 2002 年以后有作者姓名全称署名的文献。如检索作者 Juan Carlos Diaz，输入的检索词可以有 Juan Carlos Diaz、Diaz Juan Carlos、Diaz，Juan Carlos、Diaz JC、Diaz J 等多种形式。但是相同姓氏、名的首字母缩写也相同的著者可能很多，为提高查准率，可结合著者单位、文章主题等信息进行筛选和判断。

（3）刊名检索：可以直接用刊名全称、MEDLINE 格式的标准缩写、ISSN（国际标准连续出版物号）和 Electronic ISSN（电子出版物国际标准连续出版物号）进行检索，如 American journal of hypertension 或 Am J Hypertens、0895-7061 或 1879-1905 等形式。中文刊名直接输入汉语拼音，如中华内科杂志，输入 Zhonghua Nei Ke Za Zhi。当刊名与 MeSH 词相同时，如 Brain injury、Pain management 等，会因为自动词语匹配所遵循的 6 个转换表顺序问题，首先匹配上 MeSH 主题词，造成误检，所以最好直接采用刊名字段限定检索。

（4）限定字段检索：PubMed 的 MEDLINE 显示格式中共有 84 个字段（Fields），而 PubMed 可以用于检索的字段有 51 个，此外有些字段只能浏览，不能用于检索。做限定字段检索时，表达式为“检索词[字段标识符]”。一般只限定在某一个字段范围内检索，如 asthma[TI]，即检索篇名中含有 asthma 的文献。但有时需要限定同时在若干个字段范围内检索，为此 PubMed 设置了合成字段[TIAB]（包括 Title、Abstract 字段）和[ALL]（代指除出版地、经翻译的篇名以及数据入库、加工、修改日期等字段之外的所有可检索字段）。例如前述自动词语匹配转换功能，就用到[ALL]字段。

（5）逻辑表达式检索：在基本检索的检索词输入框中，可直接使用布尔逻辑运算符（AND、OR 和 NOT）将若干检索词按照逻辑关系进行组合检索，运算符要大写。多个逻辑运算符同时出现在一个表达式中时，遵循自左向右运算、加括号改变运算顺序、括号内的逻辑关系优先运算的规则，例如：“vitamin c AND common cold”“common cold AND（vitamin c OR zinc）”、“arthritis NOT letter [pt]”等。如果直接输入两个（含）以上检索词，词间留空格，系统默认这些词之间是 AND 的逻辑组合关系。

（6）强制检索：将缩略语、词组或短语形式的检索词用半角的双引号（“”）扩起来，如“HIF-1”、“pulmonary edema”等，表示要求系统严格按照输入的词语形式进行检索，不允许拆分短语或做词语的匹配转换。此时，Automatic Term Mapping 连同主题词自动扩展检索功能被关闭，系统直接用输入的检索词到所有字段中查找，实际检索表达式为：“pulmonary edema”[All Fields]。

（7）截词检索：PubMed 采用检索词尾加截词符“*”方式实现截词检索，以提高查全率。例如输入 cardi*，可以检索出所有以“cardi”开头的词，如 cardiac、cardial、cardiogenic、cardiology、cardiovascular、carditis 等。截词检索时，系统关闭 Automatic Term Mapping 以及主题词自动扩展检索功能。

上述各种检索，均可通过 Search details 显示框（见本节“检索结果显示”的“辅助功能”部分）查看经过系统自动词语匹配后的实际检索式，以便随时修正检索方案，如图 2-2-2 所示。

2. 高级检索（Advanced Search）　在 PubMed 首页检索输入框下面点击“Advanced”，进入高级检索界面（Advanced Search Builder）。

高级检索界面包括构建检索表达式（Builder）和检索历史（History）两部分，如图 2-2-3 所示。其中 Builder 提供限定字段检索、多字段逻辑组合检索，同时右侧还有 Show index list 命令供用户查询作者、期刊、主题词等各种索引列表。History 部分则记录用户检索的每一个表达式，需要时可以对这些检索表达式再次做各种逻辑组合检索，还可以进行清除或保存检索表达式的管理操作。

（1）构建检索表达式（Builder）：①检索词输入框可以根据检索的实际需要来增加（点击第二行检索框右侧的加号），上下行之间可以进行 AND、OR、NOT 三种逻辑关系的运算，优先运算顺序自上而下。②每个输入框都带有字段列表（All Fields）可供限定字段检索使用，比如要输入的是关键词，可以选择 All Fields、Text Word、Title、Title/Abstract 等字段进行限定，如果选择 MeSH Major Topic、MeSH Terms 字段，就意味着进行主题词检索；如果要输入人名，则可以选择 Author、Author-Corporate、Author-First、Author-Full、Author- Last、Investigator、Investigator- Full 等字段。出版日期（Date- Publication）的输入格式为 YYYY/MM/DD，其中月份和日期可以不输入。③PubMed 的每一个可检索字段都有该字段全部词汇的字顺表，即索引列表（index list），可供浏览选词。例如，在输入框左侧选择了 MeSH Subheading 字段，点击输入框右侧的“Show index list”，即可显示出 MeSH 表中全部 83 个副主题词的字顺表，点击“Hide index list”即可关闭该索引列表。如果选择 All Fields，则显示所有索引列表的全部词汇。索引列表中每个词后面都有一个圆括号括起的数字，提示用该词可以检索到的文献记录的数量。④在检索输入框中输入检索词，点击“Add to History”可以在下面 History 部分预览该项检索的结果数量，点击该数字，即可看到检索结果。

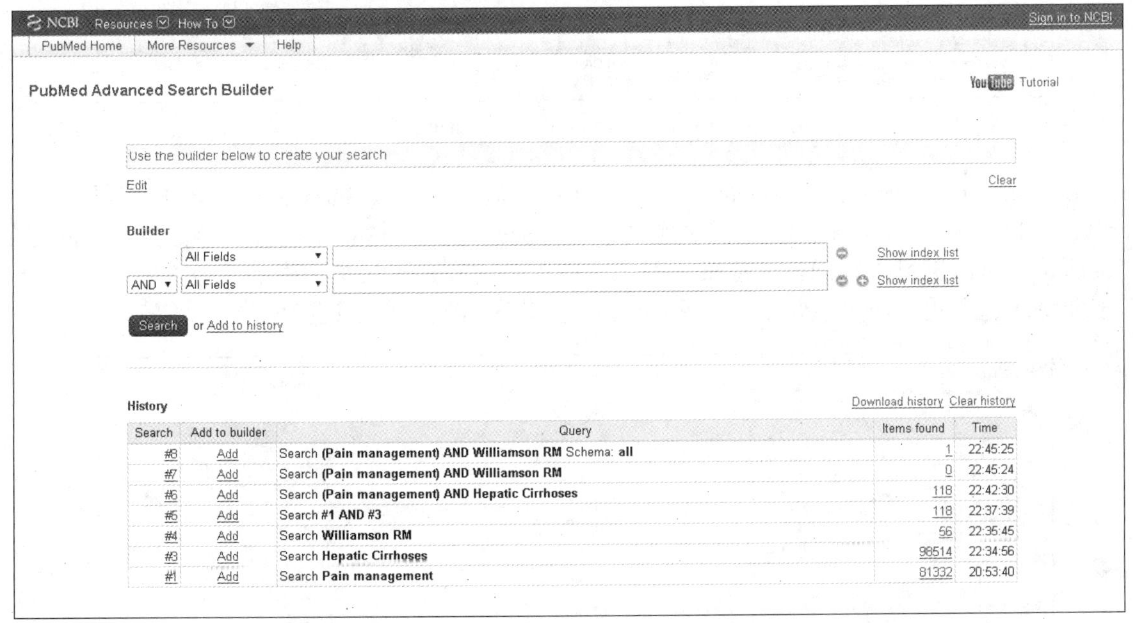

图 2-2-3　PubMed 高级检索界面

（2）检索历史（History）：记录检索过程中每一步的检索式、检索时间和检索结果数量，最多可保留 100 个检索式，若超量，系统自动删除最早的检索式，而且用户停止对该数据库的检索操作达 8h 后系统自动清空检索历史。点击检索式右侧的数量链接即可浏览该组结果的内容。在 History 部分，可以根据检索的需要，将之前产生的检索式用 AND、OR、NOT 进行逻辑关系再组合的检索：点击所需检索式左侧的“Add”，将它发送到 Builder 部分的输入框中；或者点击该检索式左侧的序号，在弹出的快捷菜单中，选择“AND（或者 OR、NOT）in builder”。此外，在弹出的快捷菜单中，还可以选择删除检索式（Delete from history）、显示检索结果（Show search results）、显示检索详情（Show search details）和保存检索式（Save in My NCBI）等操作。其中，保存检索式要用到 PubMed 提供的个性化服务 My NCBI。

在 History 列表的右上角，点击“Clear History”可以清空检索历史，点击“Download History”可以将检索历史下载保存为 CSV 文档，便于离线查看。

3. 主题词检索（MeSH Database） 在 PubMed 首页的 More Resources 栏目下（或者在 PubMed 首页左上角 Resources 列表中 Literature 下面）点击 MeSH Database，进入主题词检索界面。还可以直接在 PubMed 首页的检索输入框中输入检索词，同时在其左侧数据库列表中选择 MeSH，进行检索。在随后出现的检索结果界面中会显示可供查询匹配的主题词，如图 2-2-4 所示，从中选择相匹配的主题词，点击进入该主题词详细信息界面。

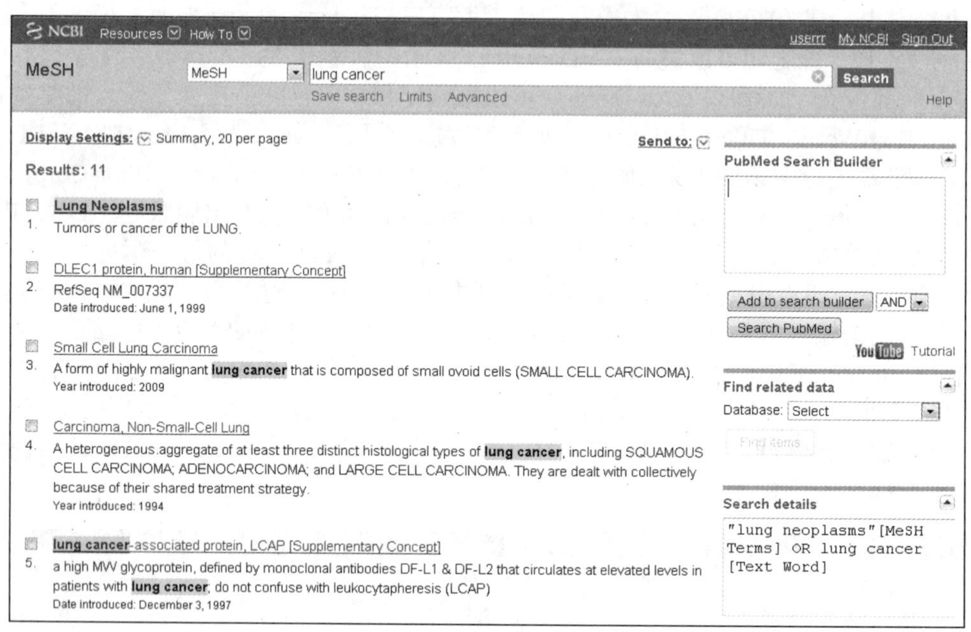

图 2-2-4 PubMed 主题词检索界面-查询匹配的主题词

MeSH Database 提供规范化主题词的定义、注释、副主题词（Subheadings）、树状结构号（Tree Numbers）、款目词（Entry Terms）、相关主题词参见（See Also）、树状结构等内容信息，如图 2-2-5 和图 2-2-6 所示。可以进行主题词扩展检索（即用所选主题词及其树状结构中的下位主题词来检索）、加权检索（即将所选主题词作为主要主题词来检索）、主题词组配副主题词检索。

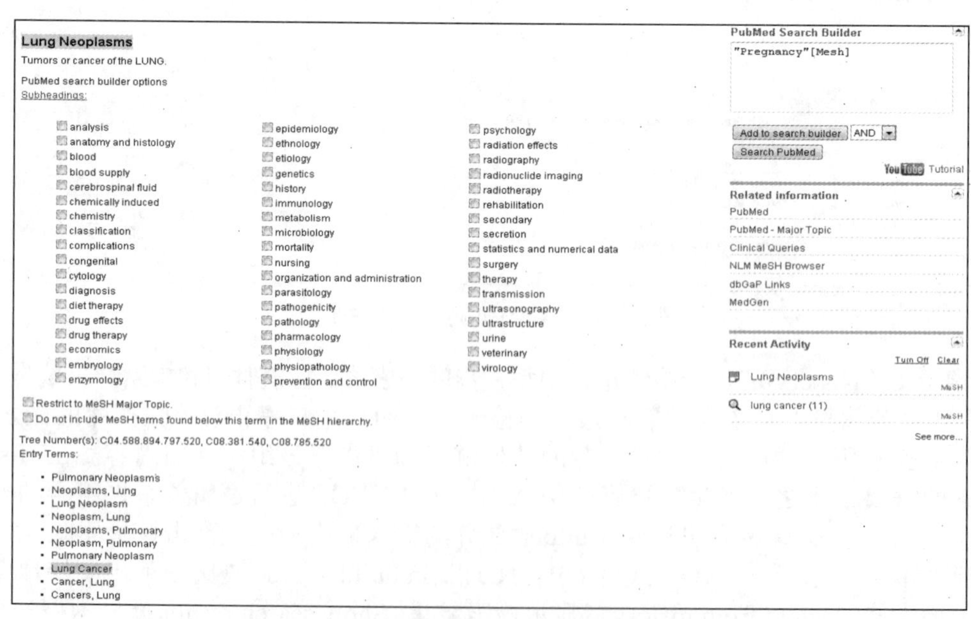

图 2-2-5 主题词详细信息 1——定义及组配的副主题词

在图 2-2-5 所示界面中，选择了副主题词、是否加权检索（Restrict to MeSH Major Topic，勾选此项即为加权检索）、是否扩展检索（Do not include MeSH terms found below this term in the MeSH hierarchy，不勾选此项即为默认执行扩展检索），点击“Add to search builder”将检索表达式添加到检索框，如果需要，也可以用 AND、OR、NOT 选项进行逻辑组合，然后再点击“Search PubMed”执行检索。

如果不做上述任何一项选择，直接点击“Add to search builder”和“Search PubMed”，就意味着对该主题词进行全面检索（包括所有副主题词），而且是不加权、默认扩展检索；或者在界面右侧的 Related information 中点击第一项——PubMed，作用相同。但如果选第二项——PubMed-Major Topic，作用与勾选“Restrict to MeSH Major Topic”选项一样，就是进行加权检索。此外款目词是与主题词概念相同或相近的一些词语，有助于对主题词的辨义和选择。

在图 2-2-6 所示界面中，相关主题词参见（See Also）为用户提供了与当前所选主题词内容有关联的其他主题词，而树状结构是为用户提示与当前所选主题词处于同一等级体系中的其他上级或下级主题词。两者作用相同，都是提供参考，便于用户根据课题检索的要求来决定是否进一步选用这些相关主题词或上、下级主题词去检索。

此外，主题词检索还可以用高级检索界面的限定字段（MeSH Terms 或 MeSH Major Topic 字段）检索。

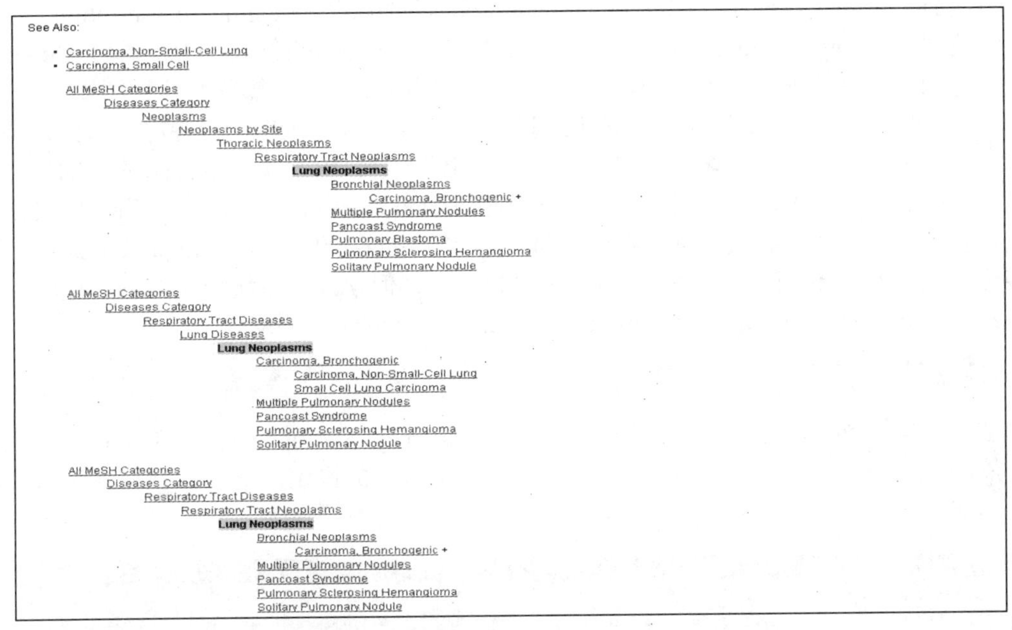

图 2-2-6　主题词详细信息 2——主题词树状结构

本例中“创伤性脑出血”和“认知”在 MeSH Database 中分别可以匹配到相应的主题词“脑出血，创伤性”（Brain Hemorrhage，Traumatic）和“认知”（Cognition），通过树状结构可看到它们各自有若干下位主题词，并可利用主题词扩展检索功能分别完成对这两个主题词以及它们各自的下位主题词的检索。“执行功能障碍”没有对应的主题词，但是“执行功能”有，可以在基本检索中用“执行功能障碍”（“executive dysfunction”，为避免系统执行自动词语匹配时将该短语拆分并表达为“executive AND dysfunction”，这里加双引号进行强制短语检索）作为关键词进行检索，在 MeSH Database 中用主题词“执行功能”（executive function）进行检索，然后在检索历史里以逻辑关系 OR 将这两者进行组合。最后在检索历史中以逻辑关系 AND 将“创伤性脑出血”“认知”和“执行功能障碍”这三部分的检索结果进行组合。在 Search History 中查看上述操作，步骤如下：

#5（“Cognition” [Mesh]OR（“Executive Function” [Mesh]OR “executive dysfunction”））AND “Brain Hemorrhage，Traumatic” [Mesh]

#4　executive dysfunction

#3　“Executive Function” [Mesh]

#2　“Cognition” [Mesh]

#1 “Brain Hemorrhage，Traumatic” [Mesh]

4. 其他辅助检索 PubMed 主页还提供了期刊检索、临床查询、特定主题查询、特定文献检索等特色检索服务。

（1）期刊检索（Journals in NCBI Databases）：是在 NLM Catalog（提供 NLM 馆藏期刊、图书、音像、计算机软件、电子资源和其他材料的书目数据超过 140 万条）中检索 NCBI 全部数据库涉及到的所有期刊 3 万余种，提供每种期刊的刊名（包括全称、缩写）、ISSN 号（包括印刷版和电子版）、创刊年、是否被 MEDLINE 收录、所属子集、出版商、语种、出版地、主题词、NLM ID 等信息。可以通过关键词、刊名全称、缩写、ISSN 号进行检索，也可以根据主题词（MeSH）按主题类别去浏览查找所需期刊。需要注意的是，在该库中检索所得只是期刊信息，不是期刊所刊载的文章。要进一步查找该刊被 PubMed 收录的文章，只要选中该刊，点击界面右侧的“Add to search builder”和“Search PubMed”即可。

（2）临床咨询（Clinical Queries）：临床咨询是专门为临床医生设计的，帮助用户更快捷地检索 PubMed 中属于临床研究范畴的文献。包括三部分：①Clinical Study Categories，专门对临床疾病的诊断、治疗、病因、预后及临床预测指南进行查询，并提供敏感性（Broad）和特异性（Narrow）选项，以便调节检索结果的查全率和查准率；②Systematic Reviews，用于查找系统评价、Meta 分析、临床试验综述、循证医学文献、指南等；③Medical Genetics 用于查找医学遗传学的文献，也可以进一步优化检索结果，从中筛选 Diagnosis（诊断）、Differential Diagnosis（鉴别诊断）、Clinical Description（临床描述）、Management（处理）、Genetics Counseling（遗传咨询）、Molecular Genetics（分子遗传学）、Genetics Testing（遗传测试）等内容。在检索词输入框中输入检索词，可同时显示三个部分的检索结果。

（3）特定文献检索（Single Citation Matcher 和 Batch Citation Matcher）：特定文献检索是根据文献的某些已知特征（如篇名、著者姓名、刊名、卷期页、出版年），检索该特定文献的详细信息。分为单篇引文匹配（Single Citation Matcher）和批量引文匹配（Batch Citation Matcher）两种。前者是采用填写表单的形式。著者姓名的输入必须注意姓在前全拼，名在后取首字母，如 smith ja 或 jones k。后者可供同时查找多篇文献的 PubMed ID 号和 PubMed Central ID 号，但须按照系统设定好的顺序输入各篇的书目信息，格式为：journal_title|year|volume|first_page|author_name|your_key|。

（三）检索结果管理

1. 检索结果显示 PubMed 检索结果的显示可通过 Display Settings 下拉菜单设定，包括显示格式（Format）、每页显示数量（Items per page）和排序（Sort by）的设定。此外，在检索结果界面还提供了其他相关功能的链接，如图 2-2-7 所示。

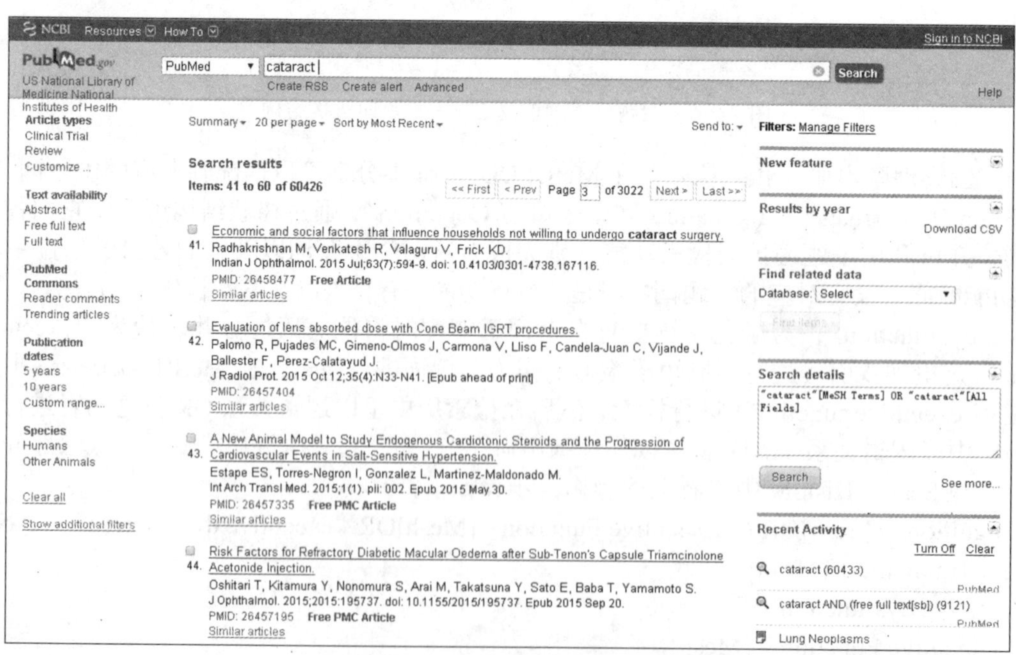

图 2-2-7 PubMed 检索结果显示界面

（1）检索结果显示格式：有 Summary、Summary（text）、Abstract、Abstract（text）、MEDLINE、XML、PMID List 等，这里仅就常用的几种做简要介绍。①Summary/Summary（text），是系统默认的显示格式，包括篇名（非英文篇名英译后加方括号）、作者、团体作者、期刊出处（刊名缩写、年、卷、期、页码）、DOI 标识码、电子版优先出版（Epub ahead of print）提示、无文摘（No abstract available）提示、综述（Review）提示、非英文文献的原文语种标识、PMID 号、相似文献（Similar articles）链接、免费全文（Free Article 或 Free PMC Article）链接，如图 2-2-7 所示。②Abstract/Abstract（text）：包括期刊出处、DOI 标识码、电子版优先出版提示、篇名、非英文文献的原文语种注释、作者、协作者、团体作者、作者单位地址、文摘、评论文章及出处的参见信息、关键词、PMID、数据加工状态（如 PubMed-in process 等）、PMCID、免费全文提示（Free full text）或 PMC 免费全文链接（Free PMC Article）、相似文献（Similar articles）链接、全文来源机构（包括免费和付费）的图标及链接、出版物类型（Publication Types，但一般仅标注 Review 等，期刊论文作为最常见类型不予标注）、MeSH 主题词、人名主题词、化学物质名词、补充概念、第二来源数据库记录号、基金支持信息，但是 Abstract（text）格式没有出版物类型、MeSH 主题词等数据。③MEDLINE：包括全部字段，字段标识符采用 2 个字符，这种格式适于将记录输出到参考文献管理软件中。

此外，当显示单篇文献记录的文摘格式时，如果该文献可获取全文（无论付费还是免费）或相关信息，在其文摘下面还会出现 LinkOut-more resources，提示不同的全文或相关信息的来源网站（包括各出版商、集成商、图书馆、数据库等）。

（2）检索结果显示数量：系统默认每屏显示 20 条。也可根据浏览的需要选择每屏显示 5 条、10 条、20 条、50 条、100 条或 200 条。

（3）检索结果排序：PubMed 的检索结果默认按记录入库的时间降序（Most Recent）排列。用户可根据需要，选择按相关度（Relevance）、出版时间（Publication Date）、第一作者（First Author）、末位作者（Last Author）、期刊名称（Journal）或篇名（Title）排序。

（4）针对某次检索所得结果，在显示界面的右侧，系统还提供了以下辅助功能：①按年度统计的检索结果数量（Results by year）；②推荐与当前输入的检索词相关的检索词语（Related searches）；③筛选出当前检索词检索到的 PMC 数据库全文中的图片（PMC Images search for…），只简要显示前 4 个图片，点击“See more”可以查看该组筛选结果的全部图片记录；④筛选出篇名含有你的检索词的文章（Titles with your search terms），只简要显示前 3 条文献记录，点击“See more”可以查看该组筛选结果的全部文献记录；⑤检索相关数据（Find related data），即在 Database 下拉列表中选择 NCBI 的其他数据库，随后会出现与所选数据库相应的数据选项（Option），再从中选择所需数据类型，点击“Find items”即可获得检索词在该数据库中的检索结果；⑥查看检索细节（Search details），即查看本次检索经过系统自动词语匹配后的实际检索方案，如图 2-2-2 所示，并允许用户对它进行修改。例如用户要检索期刊 Blood Research 上的文章，输入检索词“blood research”，检索后查看 Search Details，系统实际采用的方案是：“Blood Res”[Journal] OR（“blood”[All Fields] AND “research”[All Fields]）OR “blood research”[All Fields]。这样的检索方案虽然会获得很多的检索结果，但是在全部字段检索的结果显然不符合用户的要求，因此可以删除后面的部分，只保留“Blood Res”[Journal]，然后点击 Search 命令再次检索；此外，利用 URL 按钮，如图 2-2-2 所示，可为某一检索式及其检索结果建立 URL，保存下来，以便今后能快捷地打开该检索式的检索结果界面；⑦记录最新的 5 次检索操作（Recent activity），并随操作的增加滚动更新记录，主要包括检索表达式和检索结果数量，查看数据库帮助或者下载全文等操作也会被记录下来。点击检索表达式即可进行检索结果的回顾，点击“See more”可查看之前更多的（限最近 8h 内）操作活动。

2. 检索结果的筛选　在检索结果页面的左侧，PubMed 设置了过滤器（Filters），供用户对检索结果按不同条件进行筛选，如图 2-2-7 所示。筛选条件有：文献类型（Article types）、文本可获得性（Text availability）、PubMed 论坛（PubMed Commons）、出版日期（Publication dates）、生物物种（Species）、语种（Languages）、性别（Sex）、主题（Subjects）、期刊类别（Journal categories）、年龄组（Ages）和字段限定（Search fields）。

系统默认显示的筛选条件有五个：①Article types，默认显示的选项是 Clinical Trial 和 Review，如要选择其他文献类型，点击下面的“Customize…”命令；②Text availability，有 Abstract、Free full text

和 Full text 三个选项；③PubMed Commons，有 Reader comments 和 Trending articles 两个选项；④Publication dates，选项有 5 years、10 years 和自定义时间范围（Custom range…）；⑤Species，有 Humans 和 Other Animals 两个选项。如果需要显示其他更多的条件，点击“Show additional filters”，打开“Additional filters”列表，从中勾选所需条件，点击“Show”按钮完成设置。

3. 检索结果输出 在检索结果显示区的右上角点击“Send to”，下拉列表中提供的输出方式有 File、Clipboard、Collections、E-mail、Order、My Bibliography、Citation manager 共 7 种选择。①File 是将检索结果以.txt 文件形式保存到本地；②Clipboard 是剪贴板，是供临时存储检索结果的一个免费空间，可多次存入以便集中打印或存盘，在检索结果显示界面，被存入剪贴板的这些记录会出现橙色的“Item in clipboard”字样，同时界面右上角会出现“Clipboard：n items”，提示有多少条记录存入了剪贴板，可以随时点击该数字进入剪贴板查看保存的内容，剪贴板存储的最高限量为 500 条，而且在停止对 PubMed 或任何 NCBI 其他数据库的操作达 8h 后，系统会自动清空剪贴板，也可以在剪贴板界面点击“Remove from clipboard”或“Remove all items”自主选择删除部分记录还是彻底清空剪贴板；③Collections 是将检索结果保存到 My NCBI 账户中的 Collections 存储空间，一次最多可保存 1000 条；④E-mail 是将检索结果发送到指定的邮箱中，一次最多可发送 200 条；⑤Order 是向出版商或全文服务机构订购检索结果的全文文献；⑥My Bibliography 是将 PubMed 中检索得到的自己的文献记录保存到 My NCBI 账户中的 My Bibliography 存储空间，一次最多可保存 500 条；⑦Citation manager 是将检索结果保存为适用于导入文献管理软件的文件格式，一次最多可保存 200 条。上述 7 种输出方式中，File 和 E-mail 两种方式在输出时可以自行选择文献记录的不同详略格式，如 Summary、Abstract、MEDLINE 等，还可以选择排序方式，如相关度、出版日期、篇名、作者等。

（四）个性化服务（My NCBI）

My NCBI 是 PubMed 为用户提供的免费个性化服务功能。用户首先注册获取 My NCBI 账户，登录后可对账户内保存的检索式（Saved Searches）、检索结果（Collections、My Bibliography）、过滤器（Filters）等做个性化设置。

将检索式保存到 My NCBI 账户可便于今后需要时再次运行（run）检索，保存检索式时可以选择是否需要用 E-mail 定期发送最新检索结果，可以设定发送周期、发送的格式、数量等，设置后系统会按照用户的设定自动运行已保存的检索式并向用户发送检索结果，为用户提供定题检索服务。检索式可以永久保存或限期保存，可以对保存的检索式进行编辑、修改、删除等管理。

检索结果保存到 My NCBI 账户，可以是永久的、多次的，不同检索式的结果，形成多个 collections，可以进行归并、下载到本地、删除等管理。

此外，还可以对过滤器进行个性化设置，选择自己最常用的筛选条件，如 Review、Free Full Text 等，设置为每次显示检索结果的同时系统自动从中筛选出符合这些条件的文献记录，但是这个功能要在进行 PubMed 检索前预先登录 My NCBI 账户才能实现。

（华北理工大学 谈伟文）

第 3 节 Embase

案例 2-3-1

过敏性鼻炎（allergic rhinitis）和支气管哮喘（bronchial asthma）是儿童最常见的呼吸道过敏性疾病。流行病学显示哮喘儿童中合并过敏性鼻炎者高达 80%，发病率逐年升高，其规范化的诊断与治疗尤为重要。小儿呼吸专科黄医生想全面系统地了解国外有关儿童支气管哮喘合并过敏性鼻炎的治疗进展，特别希望能找到可靠的临床证据，并能长期跟踪获取最新的信息。

问题：

1. 想全面系统地检索某种疾病的治疗进展，除了常用的 PubMed 数据库外，还要考虑用什么文摘型数据库？

2. 希望利用文摘型数据库强大的检索功能，又能够快速地找到高质量的临床证据，该考虑用什么数据库？

分析：

1. Embase 是整合荷兰医学文摘 Embase 和美国医学文摘 MEDLINE 去重后合并而成的网络版生物医学与药理学文摘型数据库；与 PubMed 相比，含较多欧洲和亚洲的生物医学刊物；黄医生想全面系统地了解某一疾病药物治疗最新进展及高质量临床证据，除了常用的 PubMed 数据库外，还要充分利用检索医药学证据的重要数据库 Embase。

2. Embase 在高级检索、疾病检索和药物检索等检索途径中提供循证医学（EBM）选项，包括 Cochrane Review、Systematic Review、Controlled Clinical Trial、Randomized Controlled Trial 和 Meta Analysis。可按需要快速限制检索词，例如选择 Cochrane Review 和 Meta Analysis 获取高质量临床证据。

一、数据库概况

Embase（http://www.Embase.com）是由印刷型检索工具荷兰《医学文摘》发展而来。2003 年，爱思唯尔（Elsevier）公司整合荷兰医学文摘 Embase（Experpta Medica Database，1974 年至今）和美国医学文摘 MEDLINE（1966 年至今），去重后合并而成的网络版生物医学与药理学文摘型数据库 Embase；目前该库收录了 90 多个国家或地区出版的 8500 多种期刊，含较多欧洲和亚洲的生物医学刊物；累计约 3000 多万条记录。

Embase 收录的学科范围包括药物研究、药理学、制药学、药剂学、毒理学、人体医学、基础生物医学、生物医学工程、卫生保健、精神病学与心理学、替代与补充医学等。数据每日更新，每年新增记录超过 100 万条。另外，Embase 建立了回溯库 Embase Classic，包含 1947～1973 年 3400 多种学术期刊中 180 多万篇生物医学及药理学文献的记录。此外，从 2009 年开始，Embase 还增加收录期刊（包括增刊）中的会议记录，目前已有 30 多万条会议摘要。

Embase 提供 Emtree 主题词表检索，能有效地提高检索效能。与同类生物医学文摘型数据库相比，Embase 收录期刊量大，突出药物文献、医疗设备和临床疾病信息，是检索医药学证据来源的必备检索工具。

二、检 索 方 法

（一）检索规则

Embase 使用自然语言检索，检索词之间默认 AND 为运算符，进行词组检索时需加单（双）引号或短横线；可用逻辑运算符 AND、OR、NOT 进行组配检索；支持使用截词符检索："*" 表示 0 至多个字符，"？" 表示 1 个字符；也可进行位置检索，位置算符 NEAR/n 和 NEXT/n 均表示两个检索词的间隔小于 n 个单词，用 NEAR/n 链接的两个词出现的次序可变，而用 NEXT/n 链接的两个词出现次序是不可变的；支持字段检索，Embase 共有 43 个可检索字段，字段限制符有 "：" 和 "/" 两种。

（二）检索方法

Embase 提供多种检索途径，包括关键词检索（Search）和浏览（Browse）检索。关键词检索又细分为快速检索（Quick Search）、高级检索（Advanced Search）、药物检索（Drug Search）、疾病检索（Disease Search）、医疗设备检索（Device Search）及文章检索（Article Search），浏览检索包括主题浏览（Emtree）、期刊浏览（Journals）和作者浏览（Authors）。图 2-3-1 为 Embase 数据库主页。

1. 快速检索（Quick Search）　是 Embase 默认的检索界面，简单易用，注重查全。按检索规则输入单词、词组或检索表达式，若要查找特定词组或短语要加引号，系统默认对其进行宽泛检索（Search as broadly as possible），即对检索词自动在 Emtree 词表中找到相关主题词及其下位词进行主题词扩展检索，再将检索词在全字段作关键词检索，与主题检索结果进行“逻辑或”运算，获得查全率高的检索结果。快速检索界面提供对出版时间的选择。本案例中，在检索词输入框中输入‘allergic rhinitis’‘bronchial asthma’‘therapy’，系统自动进行宽泛检索，检索式为（‘allergic rhinitis’/exp OR ‘allergic rhinitis’）

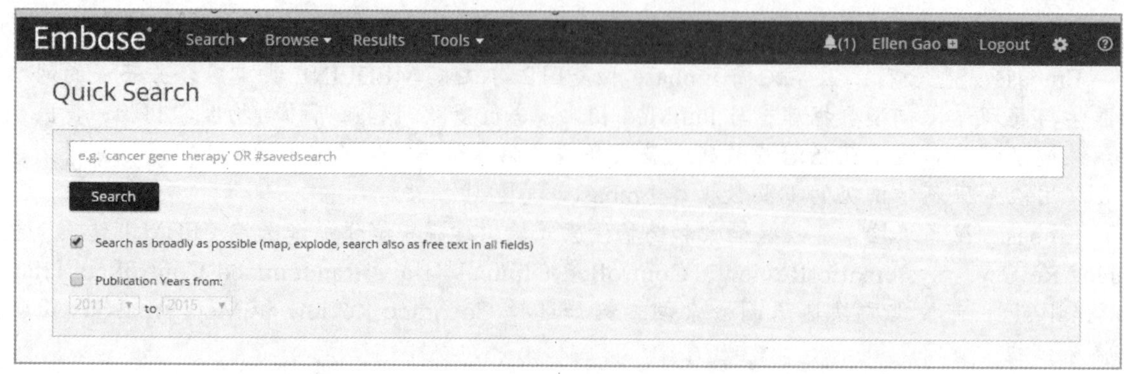

图 2-3-1　Embase 主页

AND（‘bronchial asthma’/exp OR ‘bronchial asthma’）AND（‘therapy’/exp OR ‘therapy’），再在结果界面限制 1～12 岁儿童，得到近 2000 条检索结果。

2. 高级检索（Advanced Search）　检索界面如图 2-3-2 所示，按检索规则及字段限制（field limits）编制复杂的检索式，如‘cancer gene therapy’/exp OR ((treatment OR therapy) NEAR/3 fluorouracil):ab，或输入检索词，如本例‘allergic rhinitis’‘bronchial asthma’‘therapy’，再选择选项进行限制，包括：匹配（Mapping）、出版日期（Date）、记录来源（Sources）、字段（Fields）、快速限定（Quick Limits）、循证医学（EBM）、出版类型（Pub.types）、语种（Languages）、性别（Gender）、年龄组（Age）和动物研究类型（Animal）等 11 项选项。可依检索课题需求通过选择一项或几项来提高查全率或查准率。与其他数据库比较，在字段检索中，Embase 提供了几个独特的与药物相关的字段，如药物制造商名（MN）、药物商品名（TN）、仪器制造商名（DF）、仪器商品名（DN）等，进行药物相关检索时，可利用这些特有的药物字段进一步限制，如 glaxo：mn（表示用“葛兰素”在药物制造商字段检索），dupont：df（表示用“杜邦”在仪器制造商字段检索）。

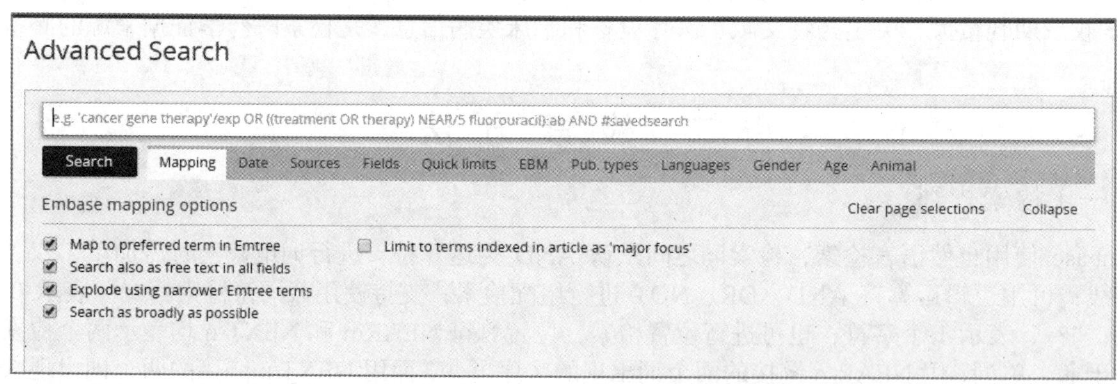

图 2-3-2　Embase 高级检索界面

高级检索界面的检索词匹配项分为 5 个选项：①Emtree 主题词对照检索（Map to preferred term in Emtree）：系统将检索词自动转换成主题词进行检索。如检索‘Mad Cow Disease’，术语对照为‘Bovine Spongiform Encephalopathy’。②也作自由词在全字段中进行检索（Search also as free text in all fields）。③扩展下位词及派生词（Explode using narrower Emtree terms）：对检索词对应主题词的下位词进行扩展检索。④对检索词进行宽泛检索（Search as broadly as possible）：对检索词对应主题词进行扩展检索并同时对检索词的同义词进行检索，提高查全率。⑤主题词加权检索（Limit to terms indexed in articles as ‘major focus’）：仅检索检索词是主要主题词或反映核心内容的文献，提高查准率。

本案例中，黄医生若要了解该课题相关的临床证据：在高级检索界面中，输入‘allergic rhinitis’

‘bronchial asthma’‘therapy’检索词，在 EBM 选项中，选择“Cochrane Review”、“Systematic Review”、“Meta Analysis”，在 Age 选项中，选择 1～12 岁年龄组，得到 36 条检索结果。

3. 药物检索(Drug Search)　专门针对药物进行检索，是 Embase 最具特色的检索途径。在 Drug Name 输入框中输入药物名称（Drug Name）检索药物信息。输入的药物名称既可以是单个药物、一组药物或化合物，也可以是药物通用名(generic name)、商名品(proprietary name)、实验室代码(laboratory code)、CAS 号或化学名（chemical name）。系统对输入的检索词强制转换匹配 Emtree 药物主题词检索，同时默认为扩展检索。需要注意的是许多药物名称带有非字母数字字符，检索此类药物时要将这些字符转换成系统规定的形式才能检索。对检索词的修饰及限定与高级检索类似。为增加药物检索深度，提高查准率，系统提供了 17 个药物副主题词(Drug Subheadings)和 47 种投药方式(Routes of Drug Administration)。

药物副主题词是对药物某一或某几方面做进一步的限制，如药物不良反应(Adverse Drug Reaction)、药物分析（Drug Analysis）、药物配伍（Drug Combination）、药物对照（Drug Comparison）、药物浓度(Drug Concentration)、药物开发(Drug Development)、药物剂量(Drug Dose)、药物相互作用(Drug Interaction)、药物疗法(Drug Therapy)、药物毒性(Drug Toxicity)、内源性物质(Endogenous Compound)、药剂学（Pharmaceutics）、药物经济学（Pharmacoeconomics）、药代动力学（Pharmacokinetics）等；检索时还可按 Shift 或 Ctrl 键选中多个链接，并可选择它们之间的布尔逻辑符 and 或者 or。

投药方式分类详细，如口腔给药（Buccal drug administration）、硬外膜给药（Epidural drug administration）、吸入给药（Inhalational drug administration）等，共 47 种，如图 2-3-3 所示。检索时还可按 Shift 或 Ctrl 键选中多个投药方式，并可选择它们之间的布尔逻辑符 and 或者 or。

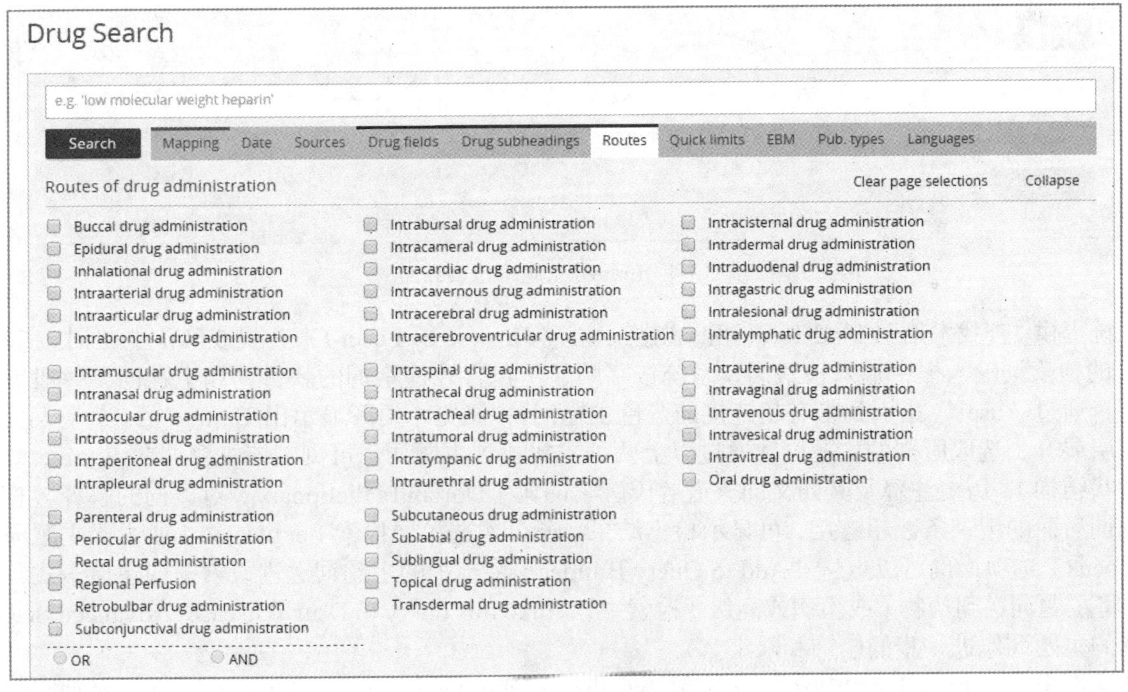

图 2-3-3　Embase 药物检索界面

4. 疾病检索（Disease Search）　可通过疾病名称或与疾病症状相关的检索词进行检索。对检索词的修饰及限定与高级检索类似。为加深疾病信息检索的深度，提高查准率，疾病检索界面提供了 14 个疾病副主题词(Disease Subheadings)，如疾病并发症(Complication)、先天性缺陷(Congenital disorder)、诊断(Diagnosis)、疾病处理(Disease management)、抗药性(Drug resistance)、药物治疗(Drug therapy)、病因学（Etiology）、预防（Prevention）、放射治疗（Radiotherapy）、康复（Rehabilitation）、不良反应（Side effect）、外科治疗（Surgery）、治疗（Therapy）等，能更精确地检索疾病的某一类或几类分支的相关文献。本案例中，在检索框中输入‘allergic rhinitis’‘bronchial asthma’，在“Disease Subheadings”中选择“drug therapy”和“therapy”，在 EBM 选项中选择“Cochrane Review”“Systematic Review”“Meta Analysis”，在 Age 选项中选择 1～12 岁年龄组，得到 12 条检索结果。

5. 文章检索（Article Search） 用于迅速查找某篇具体文献。在作者、期刊名称及其缩写、期刊卷、期及文章首页数、CODEN 号（统一刊名缩写代码）、ISSN 号（国际标准连续出版物编号）等限制项中输入一项或多项检索词，点击 Search 按钮进行检索。

6. Emtree 主题词检索 类似于 MeSH 是 PubMed 数据库的主题词表，Emtree 是 Embase 对所收录的生物医学文献进行主题分析、标引和索引时使用的主题词表，它包含 5.6 万多条主题词（也称优先词或术语），从一般到专指，呈多级树状结构。Emtree 主题词表在药物和药剂学术语及同义词（已含 23 万多条）方面尤为突出，包括药品术语在多国的通用名称，如 INN（国际非专利药名）、USAN（美国通用药名）和 BAN（英国通用药名）等，化合物名称、所有权名称（商标名）和实验室代码（研究药品）等。

Emtree 主题词检索是 Embase 常用的检索途径，检索界面如图 2-3-4 所示，界面上方的“检索式构建”（Query Builder）用于组合多个主题词（包括副主题词）并结合检索规则构建较为复杂的检索式，点击 Search 直接显示检索结果。如有需要，可点选“将检索式送到高级检索中”（Take this query to Advanced Search），对检索词作进一步修饰和限定后再显示检索结果。

图 2-3-4 Emtree 主题词检索界面

系统提供“查找术语”（Find Term）和“浏览术语”（Browse by Facet）来查找或确认主题词。在“Find Term”的检索词输入框中输入检索词，系统按字顺显示包含该检索词的款目词和主题词，一般黑色为款目词，通过“use:”指引到带有超链接的蓝色主题词；“浏览术语”显示出 Emtree 的 15 个大类，依分类层层展开，选取所需的主题词。通过以上两种方式找到主题词，可浏览该主题词在 Emtree 中的位置（树状结构）、历史注释及其同义词、道兰氏医学词典（Dorland's dictionary）对该词的解释。直接点击主题词后面的记录条数超链接，可显示检索结果；还可勾选扩展检索（explosion）或主要主题词（As major focus）选项；也可以点选“Add to Query Builder”将选中的主题词送进检索框构建检索式，或者点选“将主题词送到药物（或疾病或高级）检索中”（Take this query to Drug /Disease /Advanced Search），对所选的主题词作进一步的修饰和限定。

本案例中，在 Find Term 中分别输入检索词 allergic rhinitis 和 bronchial asthma，系统自动匹配相应的主题词为 allergic rhinitis 和 asthma，分别点选“Take this query to disease Search”，按上文“疾病检索”所述方法限制副主题词、循证医学和年龄组，再在结果界面将两次主题检索结果合并起来。

7. 期刊检索（Journals） 提供期刊浏览和检索功能，仅限于 Embase 收录的期刊，不包括 MEDLINE 独有刊。按刊名字顺浏览期刊，选中某一期刊名称，按卷、期显示某期的文章。浏览某本期刊时，可按刊内检索（Search within this Journal）和卷内检索（Search within this Volume）至高级检索界面进行相关检索；刊名后的“about”超链接提供期刊和出版商信息，有出版商、联系信息及出版周期等信息。

8. 著者检索（Author） 通过系统的作者索引库，根据著者姓名来检索文献。在著者检索框中按姓的全称在前，名字首字母在后的格式输入著者姓名，输入时姓与名之间空一格，名与名之间用“.”或空格分隔，如“Smith J.A.”。当作者名称较长或不确定时，可只输入姓名的一部分，系统将显示与前方一致的所有姓名，再从中选中著者进行检索。

三、检索结果管理

检索结果界面（Session Results）分为左右两部分，左栏显示结果过滤器（Results Filters），可对检索结果作进一步限制和提炼，显示的过滤器有：数据来源（Sources）、药物（Drug）、疾病（Disease）、医疗设备（Devices）、研究类型（Study type）、刊名（Journal title）、出版类型（Publication type）、作者（Authors）、刊名（Journal titles）、会议摘要（Conference Abstracts）和出版时间（Publication year）等。图 2-3-5 为本案例通过"疾病检索"途径的检索结果界面。

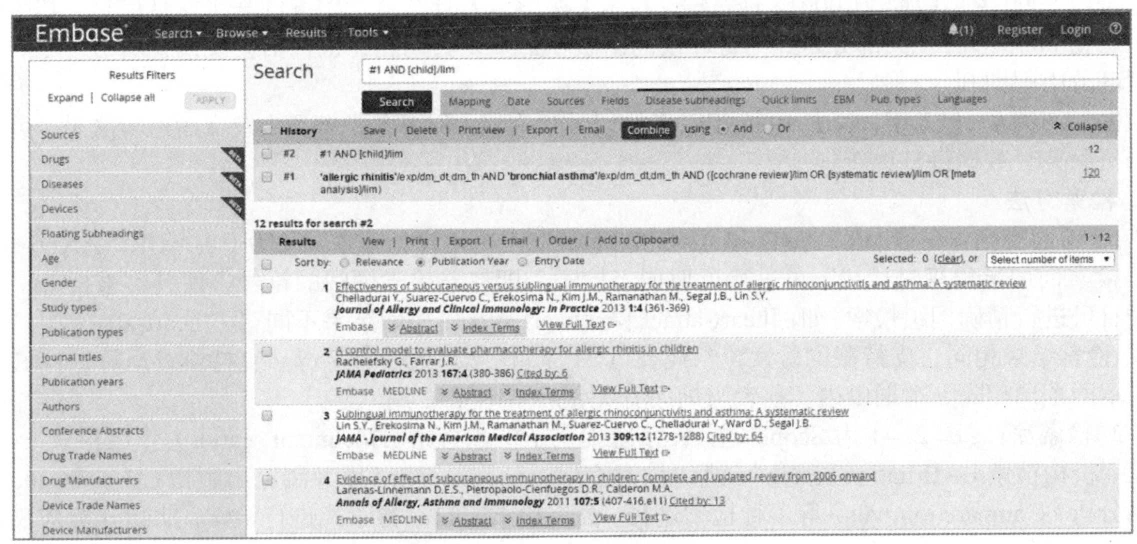

图 2-3-5　Embase 检索结果界面

右栏为检索史区和检索结果显示区。检索史区显示检索式及其命中条数。可通过组合（Combine）按钮，对检索式进行逻辑运算，如：((#1 OR #2）AND #3）NOT #4；可对检索式进行保存、删除、打印、电邮、导出（Export）和设置电子邮件提醒（Alerts）。检索结果显示区显示命中的记录，并可对命中记录进行浏览、打印、输出、订购全文及将选中的记录存贮到剪贴板中。在每条记录中，点选文章题名可进入该文章的全记录格式，显示所有字段的信息，并提供相关文献"Related Articles"链接点。在结果显示区每条记录下可分别点选"Abstract"和"Index Terms"显示相应的文摘或标引结果，点选"View Full Text"链接全文，Embase 通过 STM(国际科学、技术和医学出版商联合会)提供全文链接，如 Elsevier ScienceDirect、Springer-Verlag、Thieme、Cell Press、Catchword、Karger Online Journals 等，若用户具备相应数据库的使用权，即可直接获取全文。

Embase 提供了一些个性化信息服务。在主页点击 Register 按钮进行免费注册，获得一个用户账号。通过账号登录后，可保存检索式和剪贴板中的记录，对保存的内容可进行编辑；还可对选中的检索式设置电子邮件提示（Email Alerts），系统将定期以电子邮件方式发送最新检索结果。本案例中，黄医生想长期关注该课题并获取相关的更新信息，则需要注册个人账号，选中满意的检索式，选择 Email Alerts，选择更新频率、邮寄内容及方式即可。

（中山大学　黄晴珊）

第 4 节　其他文摘型数据库

文摘型数据库是系统、全面检索文献信息的重要检索工具，深受用户的欢迎和出版机构的重视，除本章前 3 节介绍的数据库外，还有其他许多著名的文摘型数据库，例如带有引文检索功能的 Web of Science（SCI，参见第 4 章第 2 节）和 Scopus 数据库，包含生命科学及医学信息的 BIOSIS Previews（《生物学文摘》网络版）和 SciFinder Web（《化学文摘》网络版），包含生物医学工程、生物材料、食品等信息的 Ei Compendex（《工程索引》网络版），包含生命科学及医学信息的 Biological Abstracts《生物学文摘》和 Chemical Abstracts《化学文摘》，包含生物医学工程、生物材料、食品等信息的 Engineering Index《工程索引》，还有其他文种的文摘型数据库如俄罗斯《医学文摘杂志》和日本《医学中央杂志》等。下面简单介绍 Scopus、BIOSIS Previews 和 Ei Compendex 数据库的使用。

一、Scopus

1. 数据库概况 Scopus（http：//www.scopus.com）是由 Elsevier 制作的大型文摘索引数据库。收录来自全球 5000 家出版商 21 000 多种科学、技术、医学以及社会科学领域的学术文献信息，其中医学领域出版物 6800 多种。大部分是经同行评议的出版物，主要为期刊，也包括会议录、丛书、专利，其中包括部分中国期刊。

数据库回溯至 1823 年，其中 1996 年以来的记录含文摘（84%包括摘要）及文后参考文献，可提供引文分析服务。数据每日更新。

2. 检索方法

（1）检索规则：支持 OR、AND 和 AND NOT 布尔逻辑运算，运算次序为（）>OR>AND>AND NOT。检索词加半角双引号 “” 可进行近似词组检索，即忽略检索词间的符号，使其不被拆分；利用大括号{}可进行精确词组检索。如：{heart-attack}与{heart attack}检索结果不同，但“heart-attack”与“heart attack”检索结果相同。支持截词检索，？代替 1 个字母，*替代任意字母。支持位置运算，PRE/*n* 和 W/*n* 表示两个词相隔 *n* 个词以内，前者与词序有关，后者则无关。

（2）检索途径：图 2-4-1 为 Scopus 主页，系统提供了文献检索（Document search）、作者检索（Author search）、机构检索（Affiliation search）、高级检索（Advanced search）以及浏览出版物（Browse sources）和期刊分析（Compare journals）等多种检索途径。高级检索需自编检索式进行检索；期刊分析是 Scopus 的特色检索途径，可对比不同期刊自 1996 年起每年的 SJR（SCImago Journal Rank）、SNIP（CWTS Journal Indicators）、被引总次数（Citations）、收录文章总量（Docs）、年度引用零次数的文章占该年度总篇数的百分比（Percent Not Cited）、综述文章百分比（Percent Reviews）等信息。

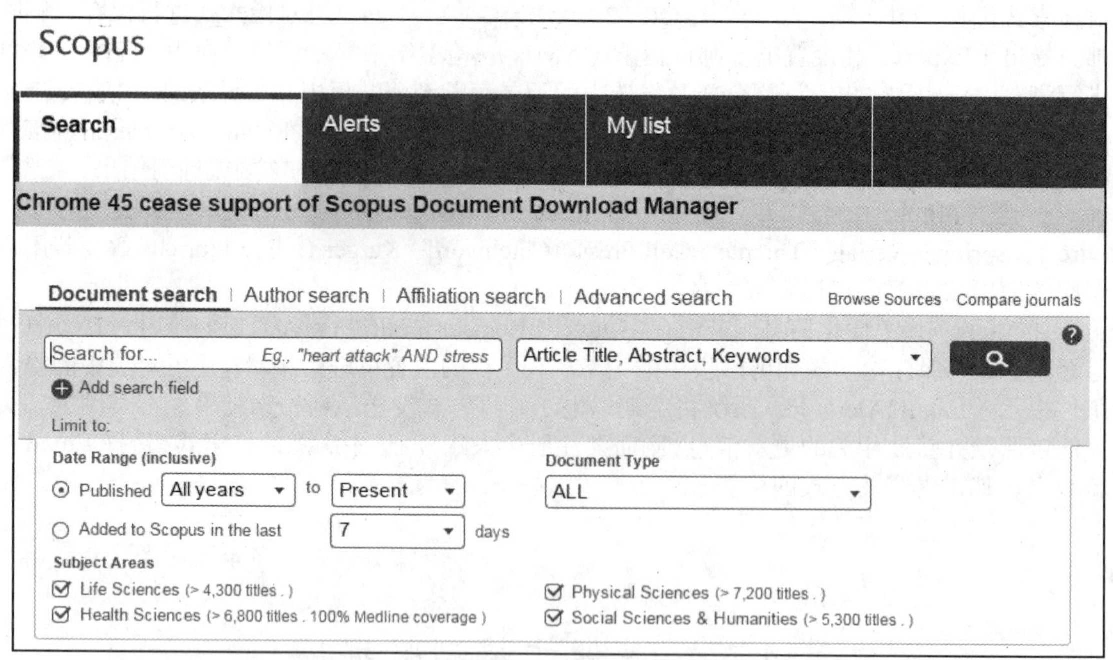

图 2-4-1 Scopus 主页

3. 检索结果管理 检索结果可打印、发送邮件及导出到本地盘或文献管理软件，可设置 Alert 推送服务。此外，通过分析及精炼检索结果，可从出版年、刊名、作者、机构、国家、文献类型和主题七个方面对结果进行图示分析；还可查看论文被其他文献引用的情况；通过引文分析功能，发现研究热点并判断发展趋势；提供拥有权限的全文访问链接。

二、BIOSIS Previews 数据库

1. 数据库概况　BIOSIS Previews（BP）是世界著名的生命科学文摘型数据库，由美国生物科学信息服务社（BIOSIS）编辑出版。由生物学文摘（Biological Abstracts，BA）和生物学文摘/技术报告、综述、会议（Biological Abstracts/ Reports，Reviews and Meeting，BA/RRM）两部分内容组成。

BP 收录了来自世界上 90 个国家和地区的 6000 多种生物学和生命科学期刊，以及 1700 多个相关的国际会议和 21 000 多条美国专利信息。涵盖的学科范围主要包括三方面：一是传统生物学。包括分子生物学、植物学、生态与环境科学、微生物学、医学、药理学、动物学等；二是交叉学科。农业、生物化学、生物医学、生物技术、实验医学、临床医学、兽医学、遗传学、营养学、药物学、公共卫生等；三是相关领域。仪器、实验方法等。内容偏重于基础和理论方法的研究。最早文献可回溯至 1926 年，数据每周更新。

2. 检索方法　国内用户利用 BP 主要通过 Dialog 联机系统或整合于 Web of Scinece（WOS）平台或 Ovid 平台的网络版 BP。本节以 WOS 平台上的 BP 为例简介其使用方法。

BP 的检索规则与 WOS 的检索规则相同，参见第 4 章第 2 节。

BP 主页如图 2-4-2 所示，提供基本检索（Basic Search）和高级检索（Advanced Search）两种检索途径。基本检索直接输入检索词，选择限制字段进行检索；高级检索则需要编制复杂检索式进行检索。两种检索方式都提供多种字段限定检索。

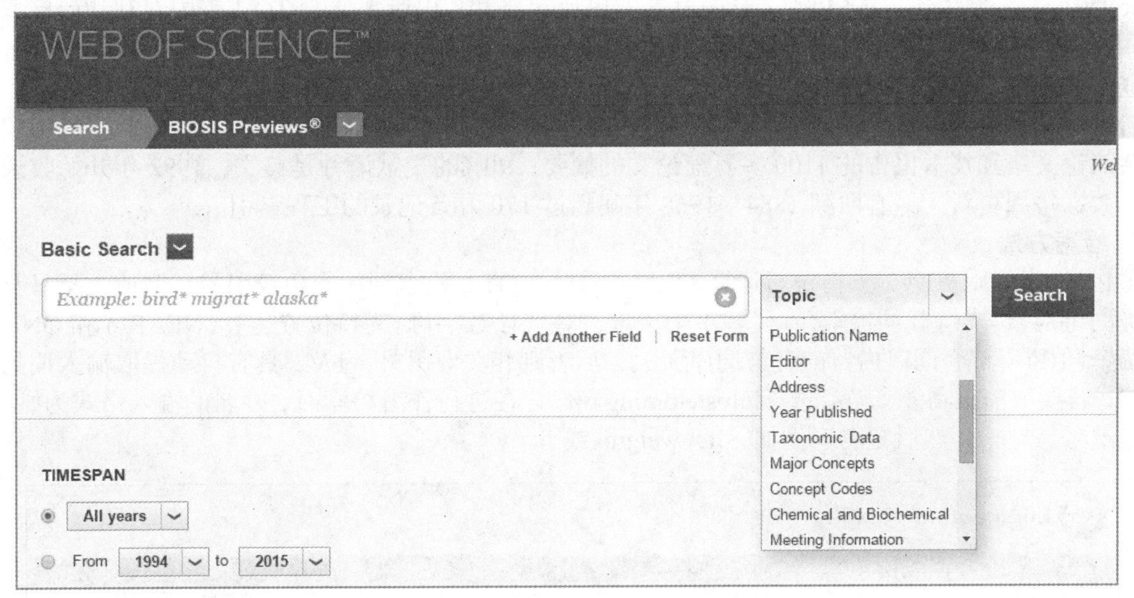

图 2-4-2　BIOSIS Previews 主页

与其他文摘型数据库相比，BP 有与生物学专业相关的特色字段，如：

（1）分类数据（Taxonomic Data）：采用自然分类系统反映每种生物体的生物分类信息，即按照界、门、纲、目、科、属、种对生物体进行分类。通过输入生物分类名称或生物分类代码等对生物分类数据进行检索，也可点击“List”进入生物体分类（Organism Classifiers）进行关键词检索或浏览上位生物体分类等级表（Super Taxa Hierarchy）和生物分类系统编码表（Biosystematic Code），选择某一类目，用 Add 添加到检索框中。

（2）主要概念（Major Concepts）：通过输入学科主要概念名称进行相关领域的大范围检索，主要概念是涉及生命和生物学领域的相关词汇，反映了文献所涉及的较大范围的学科领域，BP 中的主要概念共有 168 个。

（3）概念代码（Concept Codes）：概念代码是一个五位数的编码，每一个编码对应一个学科名称，用于反映文献的学科领域，它相当于主要概念之下的次级概念，比主要概念的专指度更高，BP 共有 571 个概念代码。检索时可用代码或名称，其结果相同。

（4）化学和生化物质（Chemical and Biochemical）：通过输入化学物质、基因名称、序列名称或化学物质登记号 CAS 等对化学数据表、基因名称数据表、序列数据表进行检索。

（5）生物分类注释（Taxa Notes）：即对生物体的分类进行解释说明，输入自然分类系统中界、门、纲、目、科的名称。

3. 检索结果管理

（1）检索结果的显示：BP 检索结果的显示格式有简要格式（Summary）和全记录格式（Full Record）。简要格式为常规的题录内容，全记录格式还显示摘要、作者信息、研究方向、主要概念、概念代码、分类数据、文献信息、参考文献篇数、引证关系图、创建引文跟踪、相关记录链接等。

（2）检索结果的输出、分析和提炼：BP 基于 WOS 检索平台，同样可输出检索结果并对检索结果进一步的分析、提炼。其方法与 WOS 的相同，此处不再叙述。

三、Engineering Village 2

1. 数据库概况 美国《工程索引》（The Engineering Index，EI）创刊于 1884 年，现由美国工程信息公司（The engineering Information Incorporation）编辑出版。EI 主要收录工程技术文献的大型检索系统，是国际三大著名检索系统之一，也是国际通用的文献统计源。EI 有印刷版、光盘版、联机版和 Web 版（EI Compendex Web）4 种出版形式。

Engineering Village 2（EV2）检索平台提供了多种工程数据库，除核心数据库 Ei compendex Web（即 EI Web 版）外，还收录了 INSPEC（英国电气工程师学会 IEE 出版）、USPTO（美国专利和商标局的全文专利数据库）、Espcene（欧洲各国专利局及欧洲专利局（EPO）和世界知识产权组织（WIPO）和日本所登记的专利）等 12 个数据库。

Ei compendex 涵盖了工程和应用科学领域的各学科，收录了 1969 年至今的选自 5600 多种工程类期刊、会议论文集和技术报告的 1100 多万篇论文的摘要；90%的文献语种是英文，1992 年开始收录中国期刊。数据每周更新。另有回溯 1884～1968 年间超过 170 万条记录的工程索引。

2. 检索方法

（1）检索规则：EV2 支持逻辑运算 OR、AND、NOT。检索词加半角双引号“”或大括号{}可进行精确词组检索。支持截词检索，? 代替 1 个字母，*替代任意字母。支持位置运算，NEAR/n 和 ONEAR/n 表示两个词相隔 n 个词以内，前者与词序无关，后者则相关。另外，EV2 具有自动提取输入词的词根的功能，若要取消该功能，需点选“autostemming off”。在进行作者检索时，姓名的输入格式为姓在前，接着是逗号、空格，然后是名。例如，li，weiguo 或 li，w*。

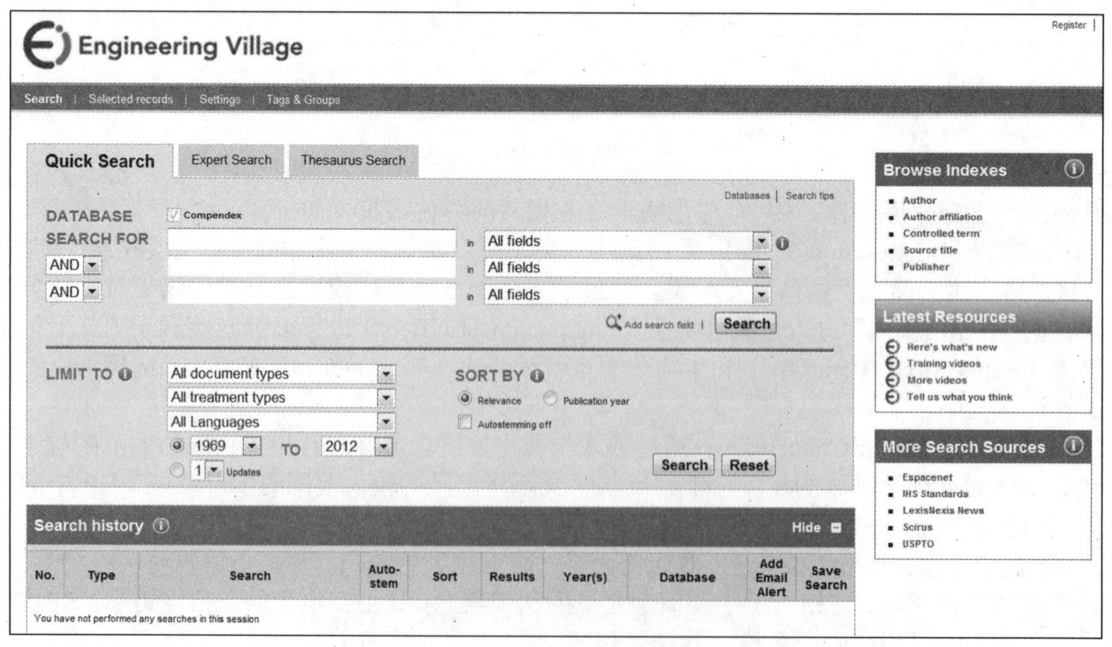

图 2-4-3 Engineering Village 2 检索首页

（2）检索途径：通过网址 http：//www.engineeringvillage.com 登录 EV2 检索界面如图 2-4-3 所示。系统提供快速检索（Quick Search）、专家检索（Expert Search）和叙词检索（Thesaurus Search）。快速检索与其他文摘型数据库检索相似，专家检索需自编检索式，叙词检索即是主题词检索，要先通过叙词表确定主题词再进行检索。

3. 检索结果管理　检索结果可打印、发送邮件及导出到本地盘或文献管理软件，可保存检索式，设置 Alert 提醒服务。此外，系统还提供对检索结果做进一步的提炼（Refine results），每条记录均提供在 Scopus 数据库中的被引次数，系统也提供拥有权限的全文访问链接。

（中山大学　黄晴珊）

思　考　题

1. CBM 的检索方法有哪些？

2. 简述 CBM 高级检索步骤。

3. 用 CBM 检索小儿侵袭性流感嗜血杆菌感染的临床研究的文献。（分别用高级检索和主题检索，并对比其检索结果。）

4. 用 CBM 检索白细胞介素 12（IL-12）对慢性乙型肝炎的治疗意义的文献。（分别用高级检索和主题检索，并对比其检索结果。）

5. 在 CBM 中检索由马泽发表的脑外伤引起的尿崩症的文献。

6. PubMed 的主要特点是什么？

7. PubMed 的主要检索方法有哪些？各有何特点？

8. 利用 PubMed 检索血透（Hemodiafiltration）引起丙型肝炎传播的相关文献，要求显示结果包括文献的摘要和主题词。

9. 利用 PubMed 检索 2005～2013 年发表的有关阿司匹林预防心血管疾病的英文综述文献。查看检索结果中是否有免费全文？如有，下载一篇全文。

10. 用 PubMed 检索 2013～2015 年在临床核心期刊上发表的，以消化性溃疡穿孔（Peptic Ulcer Perforation）为主题词的文献（要求：检出文献的原文语种为英文，且有免费全文）。

11. 与 PubMed 相比，EMBASE 数据库有什么特色？

12. 利用 EMBASE 数据库检索“近五年来干细胞治疗克罗恩病”的循证医学的相关文献。

13. 在 EMBASE 中结合药物检索及疾病检索两种检索途径，检索“免疫抑制剂雷帕霉素在肾移植中的应用”的相关文献。

第3章

全文型数据库

学术期刊是科研人员获取国内外学术信息的重要途径之一。期刊全文数据库主要收集了某一学科或多学科的学术期刊，其具有检索方法简单、获取期刊全文方便、输出方式多样、更新速度较快等特点，随着计算机网络技术的不断发展，期刊全文数据库的功能不断增强，一般可以通过注册提供个性化服务，有的可以通过所在平台提供文献分析、写作管理等功能。

目前，中文期刊全文数据库主要有中国知网（CNKI）、万方数据知识服务平台及维普资讯网等。外文期刊全文数据库种类繁多，形式多样。既有出版商直接将其出版的期刊在网上发行，也有学协会网站的期刊栏目，还有数据集成商发行的网络电子期刊。中外文期刊全文数据库大多采用 IP 登录方式提供服务，用户可直接联网使用，部分数据库还同时建有镜像网站为用户提供服务。中外文期刊全文数据库均提供 PDF 格式全文外，还提供其他格式的全文，如 CNKI 还提供 CAJ 格式全文，一般外文数据库还提供 HTML 格式全文。

期刊全文数据库虽然在不同平台，它们的检索界面也各不相同，但它们的检索方法基本类似，使用期刊全文数据库，应对其收录范围、学科范畴、检索功能予以掌握，这样才能更好地利用期刊全文数据库，当然利用好各数据库平台为用户提供的各种个性化服务功能，也可以节省大量的精力与时间。本章主要介绍常用的中外文医学期刊全文数据库。

第1节　中国知网

案例 3-1-1

近年来，我国中东部地区雾霾日益严重。有报告显示，中国最大的 500 个城市中，只有不到1%的城市达到世界卫生组织推荐的空气质量标准，与此同时，世界上污染最严重的 10 个城市有 7 个在中国。雾霾中的大量细颗粒物 PM2.5 对人体有很大的伤害。某医学院附属医院的一名医生想就雾霾对人体健康的影响做进一步的深入研究，拟选择中国知网进行文献检索。

问题：

1. 中国知网的收录范围如何？
2. 应如何选择主题概念？
3. 利用该数据库选择哪几种检索方法进行文献检索？

分析：

1. 中国学术期刊网络出版总库是国内著名中文期刊全文数据库，收录学术期刊 8100 多种，核心期刊收录率达 96%；独家授权期刊 1600 种；优先出版期刊 3000 种。利用该数据库进行检索基本上能满足需求。
2. 分析本案其显性主题概念包括雾霾、健康，隐性主题概念包括 PM2.5、二氧化硫和氮氧化物。
3. 中国知网提供了一框式检索、高级检索、专业检索等检索方式，可利用这些检索方式检索该案例。

一、数据库概况

中国知网（China National Knowledge Infrastructure，CNKI）是国内最大的中文数据库，中国知网上提供检索服务的知识发现网络平台的核心资源有：中国学术期刊网络出版总库、中国博士学位论文全文数据库、中国优秀硕士学位论文全文数据库、中国重要会议论文全文数据库、中国重要报纸全文数据库、中国年鉴全文数据库、中国图书全文数据库、中国引文数据库等，文献类型有学术期刊、博士学位论文、优秀硕士学位论文、工具书、重要会议论文、年鉴、专著、报纸、专利、标准、科技成果、知识元、古籍等。

中国学术期刊网络出版总库（China Academic Journal Network Publishing Database，CAJD），是 CNKI 知识发现网络平台中影响最大和利用率最高的数据库，收录自 1915 年至今出版的期刊，部分期刊回溯至创刊。以学术、技术、政策指导、高等科普及教育类期刊为主，内容覆盖自然科学、工程技术、农业、哲学、医学、人文社会科学等各个领域。截至 2015 年 9 月，收录国内学术期刊 8100 种，核心期刊收录率达 96%，独家授权期刊 1600 种，优先出版期刊 3000 种，全文文献总量达 4400 多万篇。产品分为基础科学、工程科技Ⅰ、工程科技Ⅱ、农业科技、医药卫生科技、哲学与人文科学、社会科学Ⅰ、社会科学Ⅱ、信息科技、经济与管理科学十大专辑，168 个专题。

二、检 索 方 法

CNKI 知识发现网络平台根据检索的需求，提供了跨库检索和单库检索方式。

（一）跨库检索

登录 CNKI 中国知网主页（http：//www.cnki.net），如图 3-1-1 所示，系统提供了一框式检索、高级检索和出版物检索等多种面向不同需求的检索方式。

图 3-1-1　中国知网主页

1. 一框式检索　系统默认的检索方式为一框式检索，在检索词输入框里直接输入自然语言或多个检索短语即可检索。系统不但可以提供简单智能检索功能，而且能识别大小写拼音字母；并根据选取的检索项提示与之相关的词，具有理解关键词类别的功能（当检索项类型与系统理解的关键词类型不一致时，系统给出相应建议）等智能提示功能，能够快速定位检索词，减少用户的输入时间。系统提供限定字段的选择，默认“全文”，这里的“主题”字段并非主题词检索，而是指在题名、关键词和摘要字段中同时检索。系统默认的“文献”检索，是指在中国学术期刊网络出版总库、中国学术辑刊全文数据库、特色期刊数据库、中国重要会议论文全文数据库、商业评论数据库、中国优秀博硕士学位论文全文数据库、国际会议论文全文数据库、中国重要报纸全文数据库等数据库中进行检索。也可通过“跨库选择”按钮选择要检索的数据库进行检索。

2. 高级检索　高级检索是比一框式检索复杂的一种检索方式，提供了更多的组合条件，如文献全文、篇名、主题、关键词等文献内容特征控制条件以及发表时间、支持基金、文献来源、作者等检索控制条件等。点击主页右侧的“高级检索”按钮进入高级检索界面，如图 3-1-2 所示。

图 3-1-2 中国知网跨库检索高级检索界面

各项限定具体说明如下：

（1）检索文献内容特征限定：平台可限定的基于文献内容特征的检索项包括主题、篇名、关键词、摘要、全文、参考文献、中图分类号。在内容特征限定项下拉框中，选择限定的检索项，并在其后的检索词输入框中输入一个检索词。如果在一个检索项内检索两个关键词，可在并列的第二个检索词输入框中输入另一个关键词，并选择“并含”“或含”或“不含”的逻辑关系。点击检索项前的“+”号，可增加一个检索词输入框。

（2）发表时间限定：在发表时间后的输入框中选择时间范围，输入时间范围时点击“从”后面的日期输入框，在弹出的日历中选择准确的日期，再点击“到”后面的日期输入框，在弹出的日历中选择准确的日期。

（3）文献来源限定：在检索中可限定文献的来源范围，可直接在检索词输入框中输入来源名称关键词，也可以点击检索词输入框后的“…”，从列表中选择文献来源自动添加到检索词输入框中。文献来源包括期刊来源、博士学位授予点、硕士学位授予点、报纸来源、年鉴来源和辑刊来源等。

（4）支持基金限定：可限定基金支持项目的相关文献，直接在检索词输入框中输入基金名称的关键词，也可以点击检索词输入框后的“…”按钮，在弹出的基金列表中选择支持基金自动添加到检索词输入框中。

（5）作者限定：在作者限定下拉框中选择“作者”或“第一作者”，在检索词输入框中输入作者姓名，并在作者单位输入框中输入作者单位名称，可以限定检索某单位范围内的作者，用于排除不同单位作者同名的情况。如果检索多个作者合著的文献，点击作者检索项前的“+”号，可增加一个检索词输入框，最多可增加四个检索词输入框。

本案例中，检索“雾霾对人体健康的影响”，需注意查全同义词，除检索“雾霾”外，还需检索“PM2.5”和“二氧化硫”和“氮氧化物”，因此，使用高级检索方式检索时应点击文献内容特征限定中的“+”三次，增加三行检索词输入框，在第一行第一个检索词输入框内输入“雾霾”，在与其并列的检索词输入框内输入“健康”，选择检索词输入框前的检索项为“关键词”，行内逻辑关系选择“并含”；在第二行第一个检索词输入框内输入“PM2.5”，在与其并列的检索词输入框内输入“健康”，检索项为“关键词”，行内逻辑关系选择“并含”；在第三行第一个检索词输入框内输入“二氧化硫”，在与其并列的检索词输入框内输入“健康”，检索项为“关键词”，行内逻辑关系选择“并含”；在第四行第一个检索词输入框内输入“氮氧化物”，在与其并列的检索词输入框内输入“健康”，检索项为“关键词”，行内逻辑关系选择“并含”；四行检索词输入框之间的逻辑关系均选择“或者”，再点击“检索”完成检索操作，检索结果如图 3-1-3 所示。另外，还可利用系统提供的二次检索功能检索本案例。

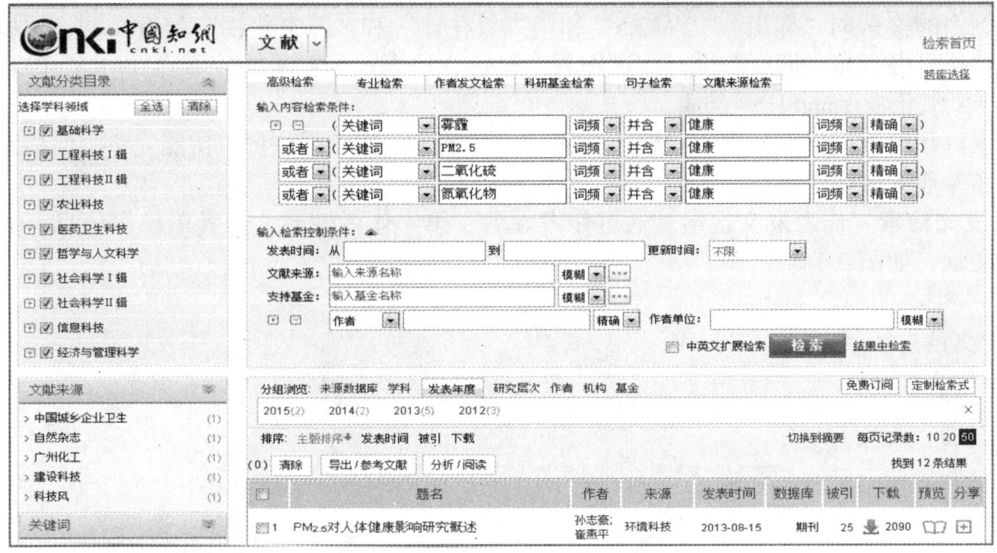

图 3-1-3　中国知网案例检索界面

（6）其他：跨库检索平台提供了词频、精确或模糊匹配检索、中英文扩展检索等功能，可帮助用户控制检索结果的准确度。

1）词频：除了选择“中图分类号”检索项外，检索词输入框后“词频”选项均可控制该检索词在检索项中出现的次数要大于等于选择的次数。

2）检索词匹配模式：匹配模式通过检索项后的下拉菜单选项控制，包括“精确匹配”和“模糊匹配”。精确匹配表示检索结果包含与输入检索词完全相同的词语。模糊匹配表示检索结果包含检索词中的词素。

3）中英文扩展检索：在检索词输入框输入检索词后，通过该功能，系统可以自动使用该检索词对应的中文扩展词和英文扩展词进行检索。

3. 专业检索　专业检索是所有检索方式里面比较复杂的一种检索方法，需要按照系统规定的语法，使用逻辑运算符和关键词构造检索式进行检索。专业检索一般用于图书情报专业人员进行课题查新、信息分析等工作，如图 3-1-4 所示，跨库专业检索支持对以下检索项的检索：SU=主题，TI=题名，KY=关键词，AB=摘要，FT=全文，AU=作者，FI=第一责任人，AF=机构，JN=中文刊名 & 英文刊名，RF=引文，YE=年，FU=基金，CLC=中图分类号，SN=ISSN，CN=统一刊号，IB=ISBN，CF=被引频次。可使用“*”“+”“–”等运算符构建检索表达式，并可使用“AND”“OR”“NOT”等逻辑运算符和括号将表达式按照检索目标组合起来。所有符号和英文字母都必须使用英文半角形式。“AND”“OR”“NOT”三种逻辑运算符的优先级相同，如要改变组合的顺序，可使用英文半角圆括号“（）”将条件括起。逻辑运算符前后要空一个字节；使用“同句”“同段”“词频”时，需用一组西文单引号将多个检索词及其运算符括起。

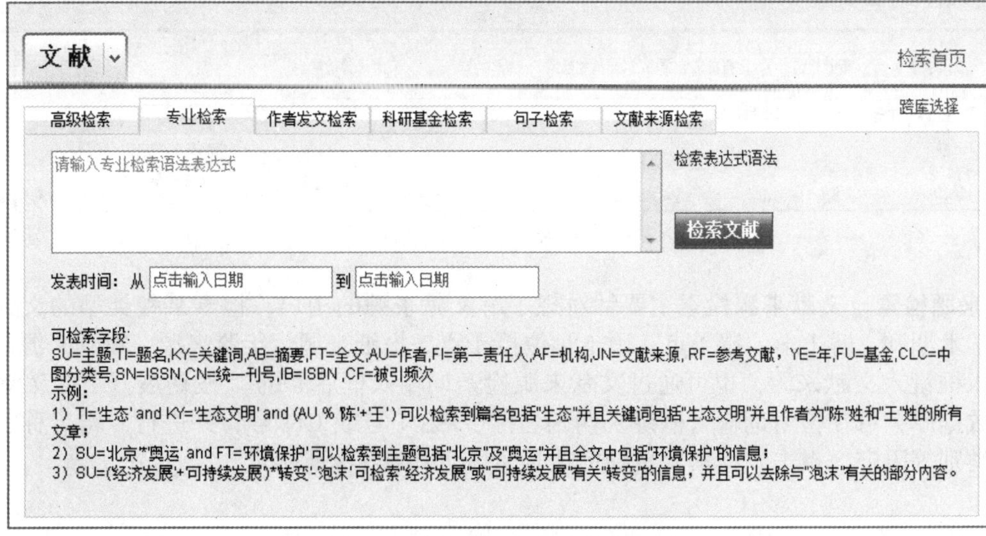

图 3-1-4　中国知网专业检索界面

在本案例中的检索词“雾霾”“PM2.5”和“二氧化硫”和“氮氧化物”为近义词，可以用“逻辑或”组合放在括号内，与“健康”进行“逻辑与”运算，检索式为：（KY=雾霾 or KY=PM2.5 or KY=二氧化硫 or 氮氧化物）and KY=健康。

专业检索可在检索词输入框内一次输入检索式完成检索，优点是快捷，功能完善，但检索式的构造比较复杂，非专业人员使用困难。

4. 作者发文检索 作者发文检索是通过作者姓名、第一作者姓名、作者单位等信息，查找某作者发表的所有文献，如图 3-1-5 所示。

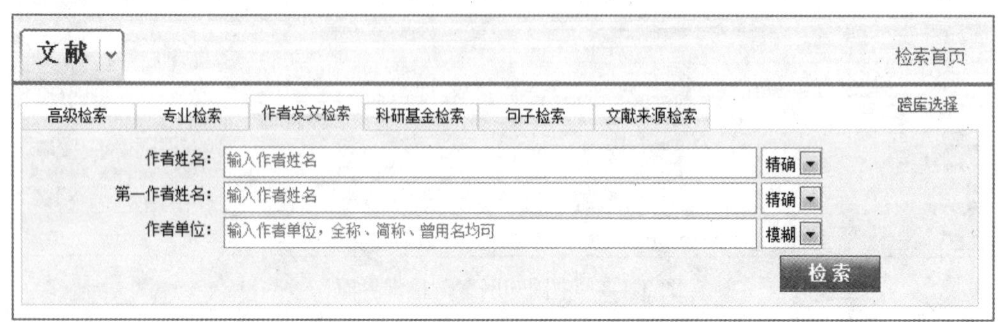

图 3-1-5 中国知网作者发文检索界面

5. 科研基金检索 科研基金检索是通过科研基金名称，查找带有科研基金资助的文献。点击按钮选择基金，然后点击“检索”按钮检索即可，其界面如图 3-1-6 所示。

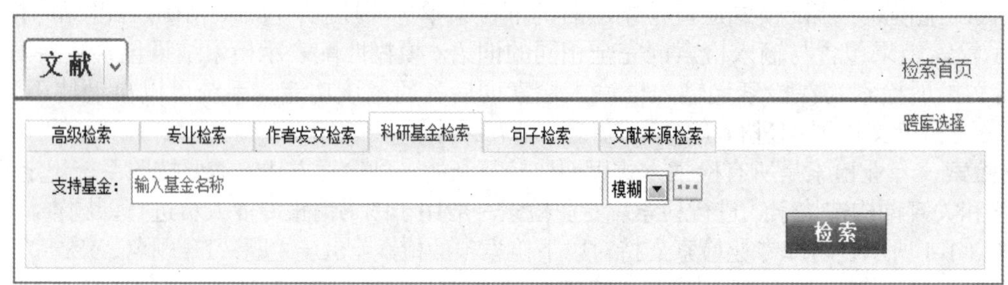

图 3-1-6 中国知网科研基金检索界面

6. 句子检索 句子检索用来检索文献正文中所包含的某一句话，或者某一个词组等文献，可以点击⊞和⊟按钮，在同一句或者同一段中检索。界面如图 3-1-7 所示。

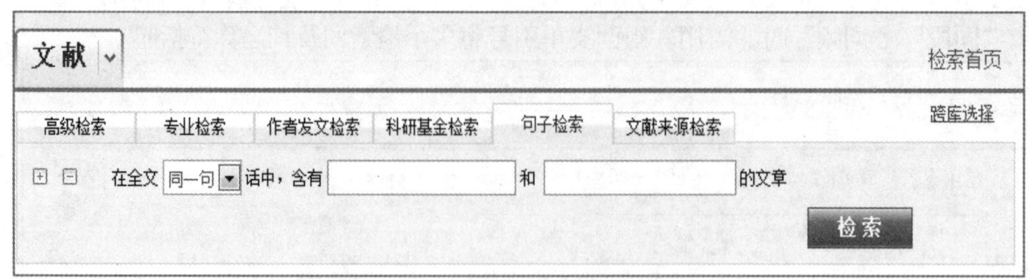

图 3-1-7 中国知网句子检索界面

7. 文献来源检索 文献来源检索主要针对想了解文献来源的用户，检索某种类型的文献。文献来源类别包括学术期刊、博士学位授予点、硕士学位授予点、报纸来源、年鉴来源、辑刊来源。在文献来源检索词输入框键入文献来源，也可通过文献来源检索词输入框后面的按钮展开下拉菜单，系统默认来源期刊数据库，可在检索词输入框键入期刊名称、ISSN 号或 CN 号，并进行专辑名称、收录来源与核心期刊类别等限定，点击“检索”按钮完成检索，如图 3-1-8 所示。

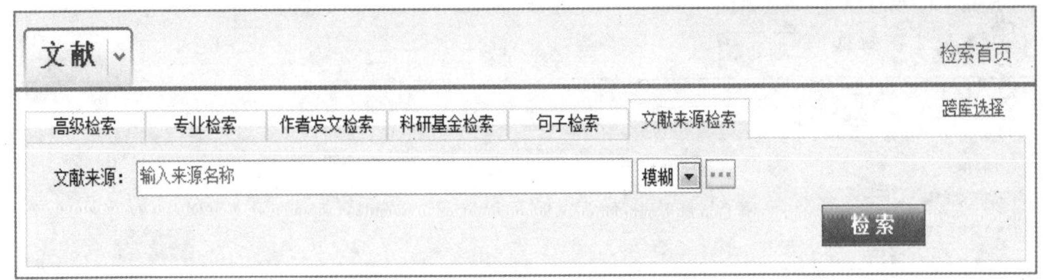

图 3-1-8　中国知网文献来源检索

8. 出版物检索　在中国知网主页右侧点击“出版物检索”进入导航首页，如图 3-1-9 所示。在检索词输入框中输入检索词，选择检索字段，检索字段包括来源名称、主办单位、出版者、ISSN、CN、ISBN，系统默认“来源名称”，点击检索即可。系统在该页提供了字母导航和专辑分类导航。左侧文献分类目录帮助读者快速定位导航的分类；系统提供了一些热门的特色导航的推荐文献：期刊、会议、年鉴、工具书、报纸等。

图 3-1-9　中国知网出版物检索界面

（二）单库检索

在中国知网主页点击文献类型名称，可进入某一具体数据库进行单库检索。系统为不同的数据库提供了统一的检索界面。在单库检索中，不同数据库按其所收录文献特征的不同，提供不同的检索项目及检索控制项设置，但不同数据库的检索界面和检索方法类似，这里仅以中国学术期刊网络出版总库为例，介绍其检索方法。中国优秀博硕学位论数据库以及会议论文全文数据库的检索方法见第 5 章第 1 节与第 2 节的相关内容。

点击文献类型“期刊”，在检索词输入框中输入检索词可进行一框式检索，方法和规则同跨库检索。点击右侧的“高级检索”，进入期刊单库高级检索界面，如图 3-1-10 所示，系统提供“文献检索”和“期刊导航”两种检索方式。

1. 文献检索　文献检索功能同样提供基本检索、高级检索、专业检索、作者发文检索、科研基金检索、句子检索以及来源期刊检索等功能，检索方法与前述跨库检索功能基本相同，所不同的是期刊数据库除提供跨库检索共有的主题、篇名、关键词、摘要、全文、参考文献、中图分类号字段外，还提供作者、单位、基金以及符合期刊文献特征的刊名、ISSN、CN、期等字段。在基本检索状态下可以对期刊来源类别进行选择、限定，期刊来源类别包括：全部期刊、SCI 来源期刊、EI 来源期刊、核心期刊和 CSSCI 期刊。

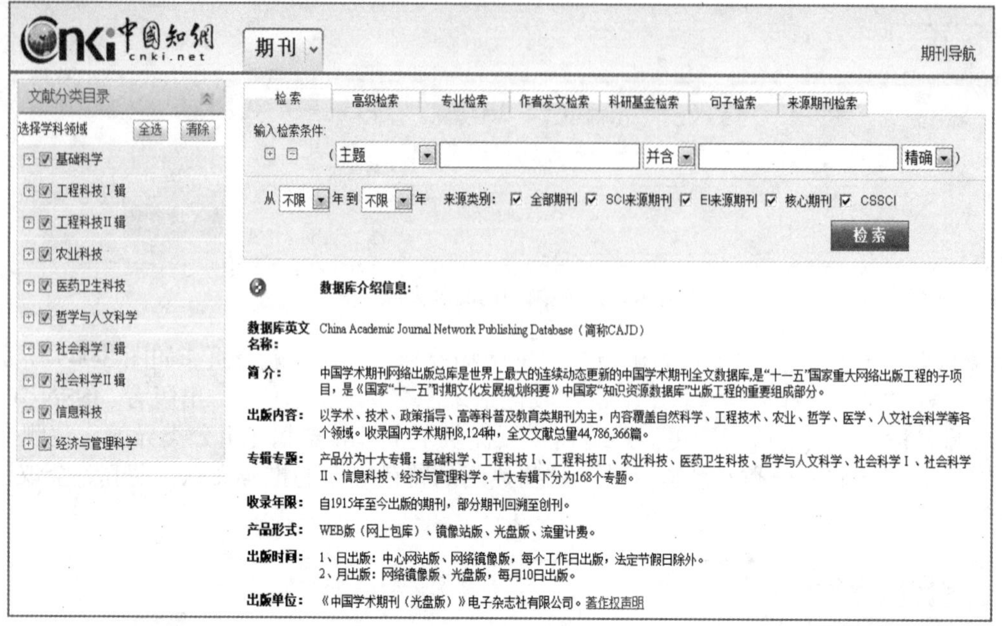

图 3-1-10　中国学术期刊网络出版总库检索界面

2. 期刊导航检索　期刊导航将期刊作为研究对象，从各种角度对期刊进行分类，供用户检索特定期刊信息和特定期刊上发表的文献。期刊导航检索分为期刊检索途径和导航浏览途径两种，如图 3-1-11 所示。

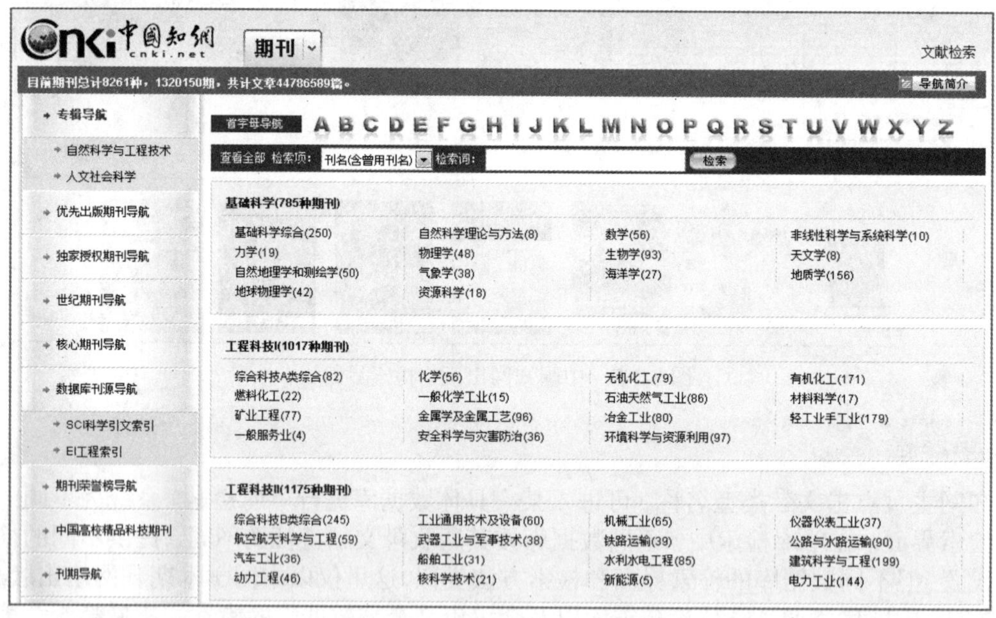

图 3-1-11　中国学术期刊网络出版总期刊导航界面

（1）期刊检索：在期刊“检索项”的下拉列表中选择“刊名（含曾用刊名）、ISSN 或 CN”后，在检索词输入框中输入相应的检索词进行检索，获得目标期刊。

（2）导航浏览：导航浏览分为首字母导航和学科分类导航两种途径，可按照刊名汉语拼音首字母顺序（A～Z）和学科类名逐级浏览期刊的基本信息并进行检索。

除以上两种方式外，系统按期刊的不同属性对期刊进行分类，提供了专辑导航、优先出版期刊导航、独家授权期刊导航、世纪期刊导航、核心期刊导航、数据库刊源导航、期刊荣誉榜导航、中国高校精品科技期刊、刊期导航、出版地导航、主办单位导航、发行系统导航。点击导航名称，可逐级浏览其所属期刊的基本信息及刊载的文章。

3. 期刊导航检索结果显示

（1）期刊导航显示模式：在期刊导航界面，系统提供图形方式、列表方式和详细方式三种显示模式，默认按图形方式显示。用户可根据不同需求对检索结果进行排序，系统提供“默认排序”“复合影响因子”“综合影响因子”“被引次数”和“期刊名称”等排序方式。

（2）期刊页面显示模式：通过导航或者检索到某种期刊后，则进入该期刊的详细信息界面。内容包括期刊信息、在本刊内检索、本刊出版总汇和默认期目录。还提供了“查看本刊出版统计报表”“同类期刊”和“本刊缺少的刊期”等内容，有的期刊页面还提供了检索所有期刊的功能。通过这些功能，可对期刊进行检索或在刊内检索、收藏、定制、RSS 订阅或在线投稿等操作。

（三）知网节

知网节是中国知网平台知识网络中相关知识信息交汇节点的简称，内容不仅包含单篇文献详细信息，还是各种扩展信息的入口汇集点，它是以一篇文献、一个作者、一个单位或一个概念作为节点主题。知网节所扩展的信息通过概念相关、事实相关等方法提示知识之间的关联特征，达到知识扩展的目的，有助于新知识的学习和发现，帮助实现知识获取和知识发现。点击检索结果中单篇文献的篇名进入知网节界面，如图 3-1-12 所示。

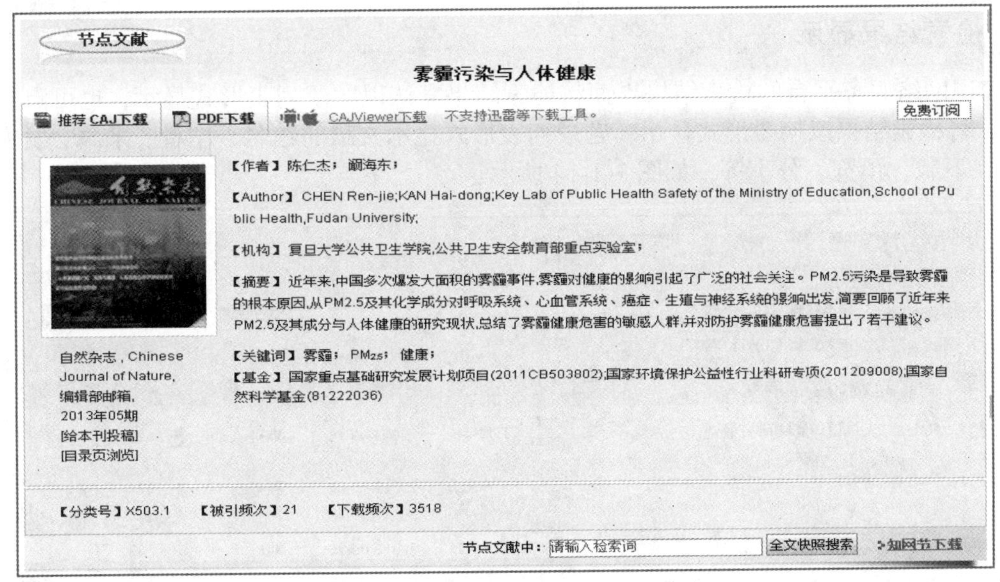

图 3-1-12　中国知网知网节界面

在 CNKI 知识发现网络平台上，每个数据库自成体系，不同数据库之间又相互关联，每篇文献都形成一个知网节，并与其他数据库中的各类文献相互关联。

1. 节点文献信息　包括：篇名（中文/英文）、下载阅读方式、作者、作者基本信息、摘要（中文/英文）、关键词（中文/英文）、分类号、被引频次、下载频次、节点文献全文快照搜索、知网节下载等。不同类型的知网节包含的信息不同。

2. 文献网络图示　“本文链接的文献网络图示”中包含本文的引文网络和本文的其他相关文献两部分，并以图形形式显示出来，如图 3-1-13 所示。

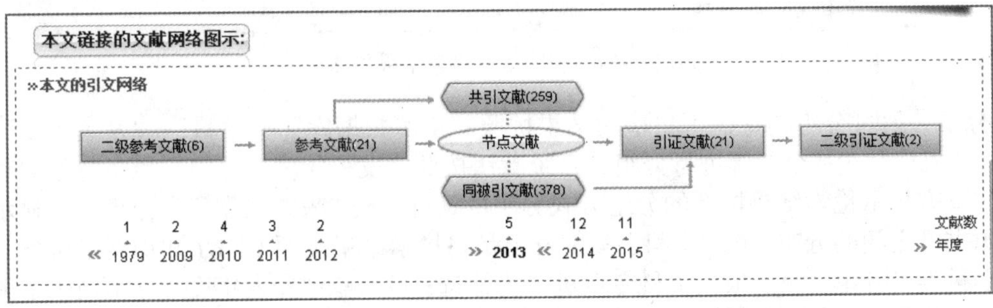

图 3-1-13　中国知网知网节-本文链接的文献网络图示界面

在“本文的引文网络”部分包括：二级参考文献、参考文献、引证文献、二级引证文献、共引文献、同被引文献。通过“参考文献”“二级参考文献”可了解本文研究的相关背景；通过“引证文献”“二级引证文献”可了解本文的后续研究；通过“共引文献”可了解哪些文献与本文有相同的研究兴趣；通过“同被引文献”可了解哪些文献与本文一起被后来的研究所关注；每种文献的数量标示在标题后面，用括号括起来，如：参考文献（21）。

点击任意类型文献的题名，该类文献将在图表下面显示出来。涉及的数据库有中国学术期刊网络出版总库、中国优秀博硕士学位论文全文数据库、中国重要会议论文全文数据库和中国重要报纸全文数据库等数据库的文献。每个库中的文献在首页显示 10 条。在下拉框中，可以选择某一个数据库的详细信息，默认是显示“全部”。

知网节上的每一节点链接信息都是动态的，随着平台资源的变化而增减。知网节上拥有大量的链接点（蓝色超链接），点击任意链接点，便可直接获得相应内容。如点击文献出处中的期刊名称，可以链接到该期刊的详细信息页面；点击相关文献作者、相关研究机构，可以获得数据库收录的该作者或作者单位发表的所有文献。

三、检索结果管理

（一）检索结果显示

CNKI 知识网络服务平台的检索结果界面将检索结果默认以题录列表形式显示，也可点击“切换到摘要”按钮，将检索结果以摘要形式显示。题录列表形式显示文献的题名、作者、来源、发表时间、数据库、被引、下载、预览、分享等，如图 3-1-14 所示。

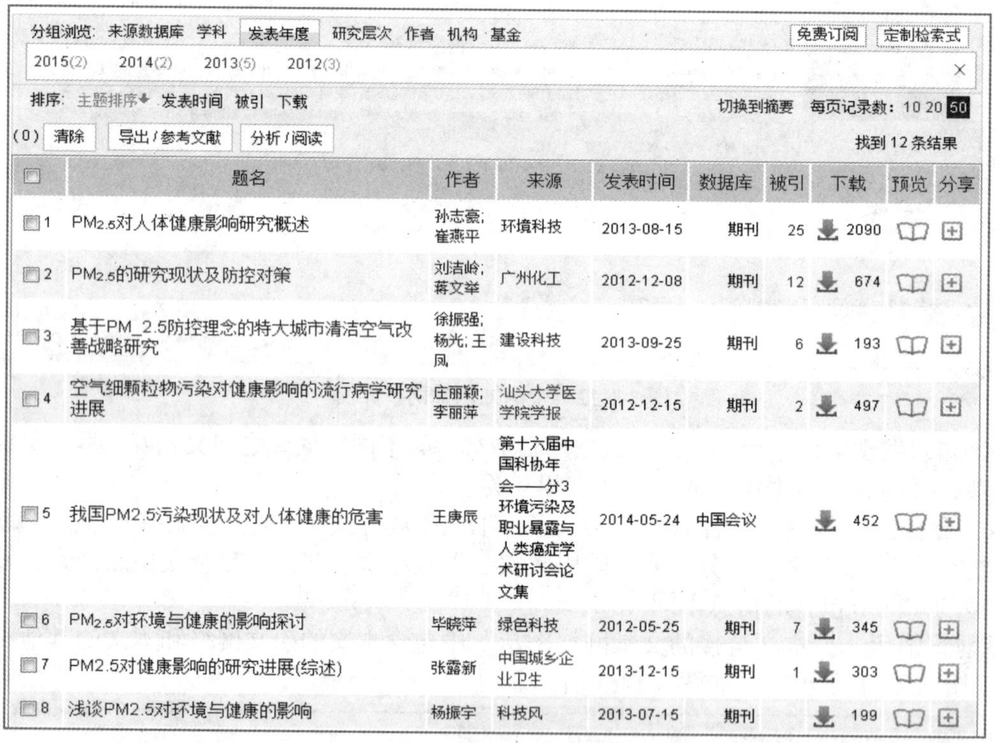

分组浏览：来源数据库 学科 发表年度 研究层次 作者 机构 基金　免费订阅 定制检索式

2015(2) 2014(2) 2013(5) 2012(3)

排序：主题排序 发表时间 被引 下载　切换到摘要 每页记录数：10 20 50

(0) 清除 导出/参考文献 分析/阅读　找到 12 条结果

	题名	作者	来源	发表时间	数据库	被引	下载	预览	分享
1	$PM_{2.5}$对人体健康影响研究概述	孙志豪;崔燕平	环境科技	2013-08-15	期刊	25	2090		
2	$PM_{2.5}$的研究现状及防控对策	刘洁岭;蒋文举	广州化工	2012-12-08	期刊	12	674		
3	基于PM_2.5防控理念的特大城市清洁空气改善战略研究	徐振强;杨光;王凤	建设科技	2013-09-25	期刊	6	193		
4	空气细颗粒物污染对健康影响的流行病学研究进展	庄丽颖;李丽萍	汕头大学医学院学报	2012-12-15	期刊	2	497		
5	我国PM2.5污染现状及对人体健康的危害	王庚辰	第十六届中国科协年会——分3环境污染及职业暴露与人类癌症学术研讨会论文集	2014-05-24	中国会议		452		
6	$PM_{2.5}$对环境与健康的影响探讨	毕晓萍	绿色科技	2012-05-25	期刊	7	345		
7	PM2.5对健康影响的研究进展(综述)	张露新	中国城乡企业卫生	2013-12-15	期刊	1	303		
8	浅谈PM2.5对环境与健康的影响	杨振宇	科技风	2013-07-15	期刊		199		

图 3-1-14　中国知网检索结果界面

1. 分组分析　通过分组浏览，可将检索结果按照“来源数据库”“学科”“发表年度”“研究层次”“作者”“机构”“基金”等进行分组，系统默认按照“发表年度”分组，点击分组名称，系统即可在分组名称下方显示检索结果按新的分组方式分组的情况。按“来源数据库”分组可以显示查到的文献在不同资源类型之间的分布；按“学科”类别分组是将检索结果按照 CNKI 知识网络服务平台的学科导航专辑和学科类目分组，便于根据学科专业进一步筛选；按文献“发表年度”分组便于了解相关主题的年发文量和变化趋势，并可预测未来的研究热度；按“研究层次”分组有助于了解整个学科领域相关情况；按“作者”分组可以帮助研究者找到和跟踪学术专家；按“机构”分组可帮助用户找到有价值的研究单位；按“基金”分组便于了解国家和地方政府对这一领域的科研投入情况。系统默认在显示每次检索结果的同时还会在检索结果界面左侧自动过滤出其中的文献来源、关键词、检索历史、浏览历史、下载历史和近期关注等内容。

2. 排序分析　CNKI 知识网络服务平台为检索结果提供了不同的排序方法，包括“主题排序”“发表时间”“被引”“下载”等排序方式，系统默认“主题排序”。①主题排序：根据检索结果与检索词的主题相关程度进行排序，与检索词最相关的文献排在最前面；②发表时间：按文献发表的时间顺序排序，最新的文献排在最前面；③下载频次：根据文献被下载次数进行降序排列，下载频次最多的文献排在最前面；④被引频次：根据文献被引用次数进行降序排列，被同行认可度高的高频次被引文献排在最前面。

系统提供了原文在线预览功能，可以直接预览到原文。目前提供的在线预览的数据库有期刊、博士、硕士、会议、报纸、年鉴以及统计数据。读者可以方便把自己感兴趣的文献分享到新浪、人人网、开心网等各网站的微博。

系统提供了推送功能，可以关注文献的引文频次、检索主题和期刊的更新以及 E-mail、手机短信订阅更新提醒功能，点击“免费订阅”实现订阅功能。

（二）检索结果分析与阅读

检索结果分析与阅读是 CNKI 知识网络服务平台的新功能，通过在线分析功能，可查阅文献间的引证关系；系统支持单篇和多篇文章在线阅读，多次检索结果汇聚同时阅读。

1. 查看文献间的引证关系　勾选要分析的文献，点击“分析/阅读”按钮进入“文献管理中心—分析”界面，再次选择要分析的文献，最多可分析 150 篇文献，点击“分析”按钮进入文献分析中心，如图 3-1-15 所示。图例：B 为选中文献（蓝色），A 为 B 的参考文献（绿色），C 为 B 的引证文献（黄色），箭头关系为 A←B←C，球大小表示引用次数多少。

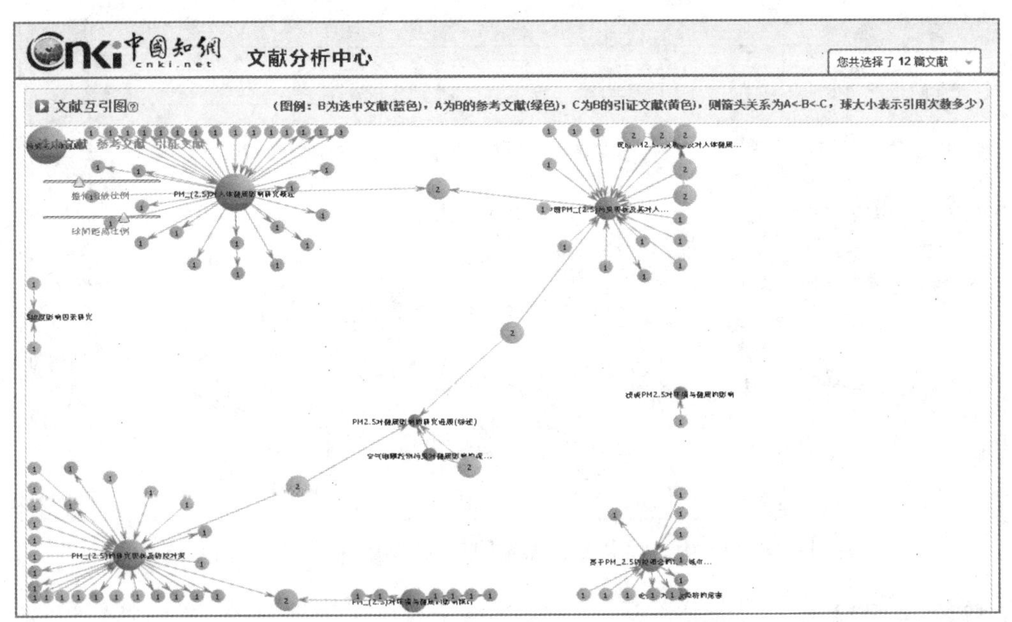

图 3-1-15　中国学术文献网络出版总库文献分析界面

系统还在该界面下方列出所分析文献的“参考文献”“引证文献”“文献共被引分析”“关键词文献”“读者推荐分析”“H 指数分布”以及“文献分布情况”等，如图 3-1-16 所示，文献分布包括文献的“来源分布”“年分布”“机构分布”“基金分布”等。

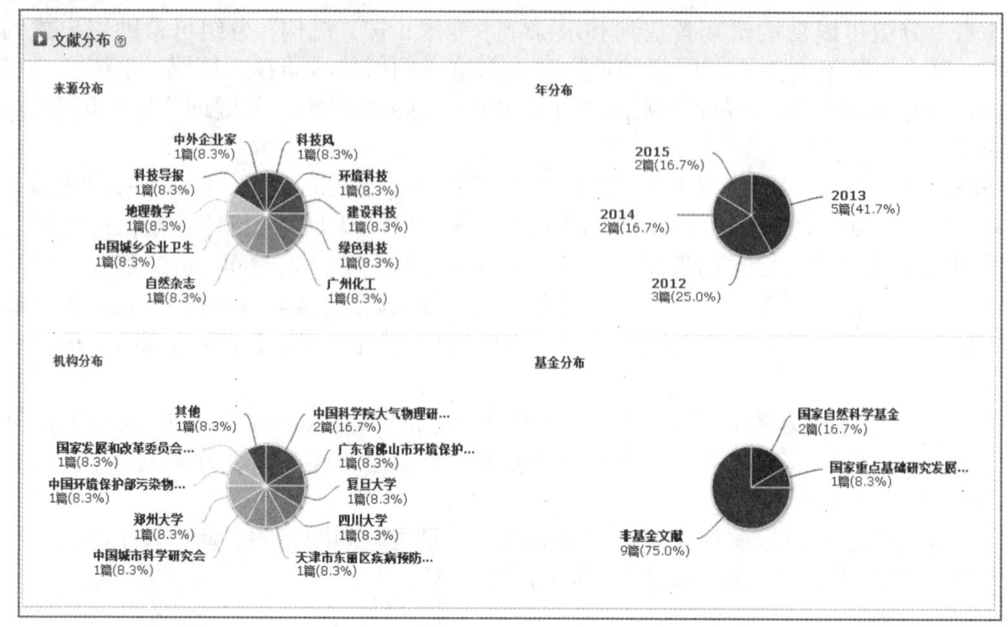

图 3-1-16 中国学术文献网络出版总库文献分布图

2. 单篇和多篇文章在线阅读 勾选要阅读的文献，点击“分析/阅读”按钮，再次选择要阅读的文献，最多同时可阅读 50 篇文献，点击“阅读”进入在线阅读界面，如图 3-1-17 所示，可在界面左侧的“论文集合”下方进行多篇文献相互切换在线阅读。

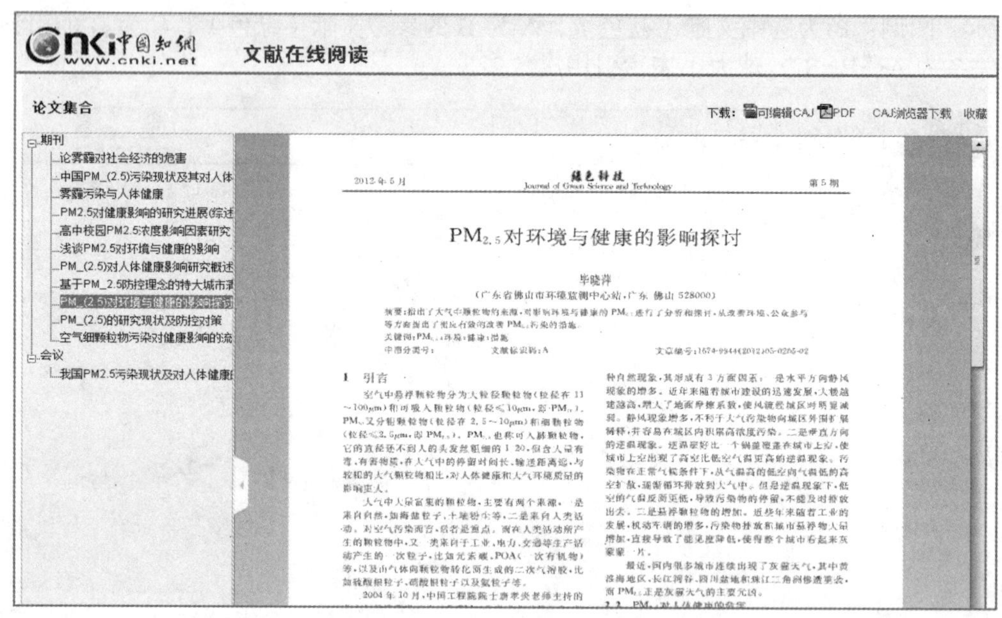

图 3-1-17 中国学术文献网络出版总库文献在线阅读界面

（三）检索结果输出

1. 题录下载 在检索结果列表中，可以通过点击“全选”或对需要保存的记录做标记，点击“导出/参考文献”按钮进入“文献管理中心—导出”界面，勾选要导出的文献，再点击“导出/参考文献”按钮，根据需要选择要下载的题录格式，系统提供了 CAJ-CD 格式引文、查新（引文格式）、查新（自定义引文格式）、CNKI–Learning 等九种格式，系统默认 CAJ-CD 格式引文，然后进行“复制剪贴板”“打印”“导出”等操作，题录可以批量下载，但最多不能超过 500 条。

2. 全文下载 CNKI 知识网络服务平台的全文提供了两种格式，在检索结果界面点击篇名进入知网节界面，点击“CAJ 下载”或“PDF 下载”按钮，下载对应格式的全文；或在检索结果界面，点击⬇图标直接下载 CAJ 格式的全文。CAJ 格式（China Academic Journal）用 CAJViewer 来阅读，PDF 格式（Portable Document Format）用通用的 Adobe（Acrobat）Reader 阅读。全文不能批量下载，每次只能下载 1 篇。通过全文浏览器，可实现文献的存盘、打印、文本选择等功能。

四、个性化服务

（一）个人数字图书馆

根据使用对象的不同，CNKI 机构数字图书馆，分为机构馆数字图书馆（以下简称“机构馆”）和个人数字图书馆（以下简称“个人馆”）。机构/个人馆可以按照机构/个人的个性化知识需求，定制并自动推送“中国知网”相关的各类文献知识资源和科研情报信息。个人馆用户申请加入单位的机构馆，可免费下载使用单位订购的资源，即个人数字图书馆加入所在单位的机构数字图书馆后，可向机构馆管理员申请漫游账号服务，当个人数字图书馆获得漫游审批后，个人就可以不受机构 IP 范围的限制，在任何地方登录个人馆免费使用关联机构馆的资源、功能和服务。

（二）数字化学习研究（E-Learning）

CNKI 还提供了数字化学习（E-Learning）探究式学习工具，借助 E-Learning 可展现知识的纵横联系，洞悉知识脉络，有效管理学习资料。E-Learning 还提供多种格式文件的管理、阅读、记录笔记等功能的一站式服务，可构建便利的文献阅读和笔记管理平台。

（华北理工大学　唐　品）

第 2 节　维普期刊资源整合服务平台

案例 3-2-1

2015 年 5 月 30 日，来自韩国的首例中东呼吸综合征疑似病例确诊后，韩国中东呼吸综合征（MERS）疫情出现暴发。历时两个月，截至 2015 年 7 月 27 日零时，最后一名隔离对象解除隔离。我国和韩国、中东地区人员往来较多，疫情输入我国的风险显著增加。某疾病预防控制中心的一名研究员欲针对“中东呼吸综合征 MERS（Middle East Respiratory Syndrome，MERS）诊疗”进行研究。拟选择维普期刊资源整合服务平台的“期刊文献检索”进行检索。

问题：

1. 该平台“期刊文献检索”收录范围有哪些？
2. 如何提炼本题的主题概念？
3. 在该平台可以选择哪些检索方法？

分析：

1. 维普期刊资源整合服务平台的中文科技期刊资源收录 1989 年至今的中文期刊 12 000 多种，部分刊回溯至 1955 年，其中核心期刊 1957 种，分为社会科学、自然科学、工程技术、农业科学、医药卫生、经济管理、教育科学和图书情报 8 个专辑 36 个专题。全文保障文献 4000 余万篇。本案例可选择该数据库进行检索。

2. 本案例涉及的主题概念包括中东呼吸综合征、MERS、Middle East Respiratory Syndrome、诊疗、诊断、治疗。

3. 维普期刊资源整合服务平台“期刊文献检索”提供了基本检索、传统检索、高级检索等功能。

一、数据库概况

维普期刊资源整合服务平台是维普资讯有限公司推出的，中文科技期刊资源一站式检索及提供深度服务的平台，是一个由单纯提供原始文献信息服务过渡延伸到提供深层次知识服务的整合服务系统。

维普期刊资源整合服务平台在结构上包含“期刊文献检索”“文献引证追踪”“科学指标分析”“高被引析出文献”和“搜索引擎服务”五大功能模块，各功能模块可以独立使用，同时，整合系统还支持各功能模块内容上的互联互通和互相验证。用户在整合平台上做一次搜索就可以获取从一次文献保障到二次文献分析、再到三次文献情报析出的全部相关内容，也可以从二次文献、三次文献直接看到一次文献，从而使知识服务功能得以有效提升。其中“期刊文献检索”提供多种灵活的检索方式，支持多途径的全文保障服务。该平台的中文科技期刊资源收录 1989 年至今的中文期刊 12 000 多种，部分刊回溯至 1955 年，其中核心期刊 1957 种，分为社会科学、自然科学、工程技术、农业科学、医药卫生、经济管理、教育科学和图书情报 8 个专辑 36 个专题。全文保障文献 4000 余万篇。

本节以期刊文献检索为例介绍其使用方法。

二、检 索 方 法

维普期刊资源整合服务平台（http://lib.cqvip.com/）主页如图 3-2-1 所示，界面默认期刊文献检索。该界面除提供基本检索、高级检索和传统检索外，还提供期刊导航和检索历史功能。

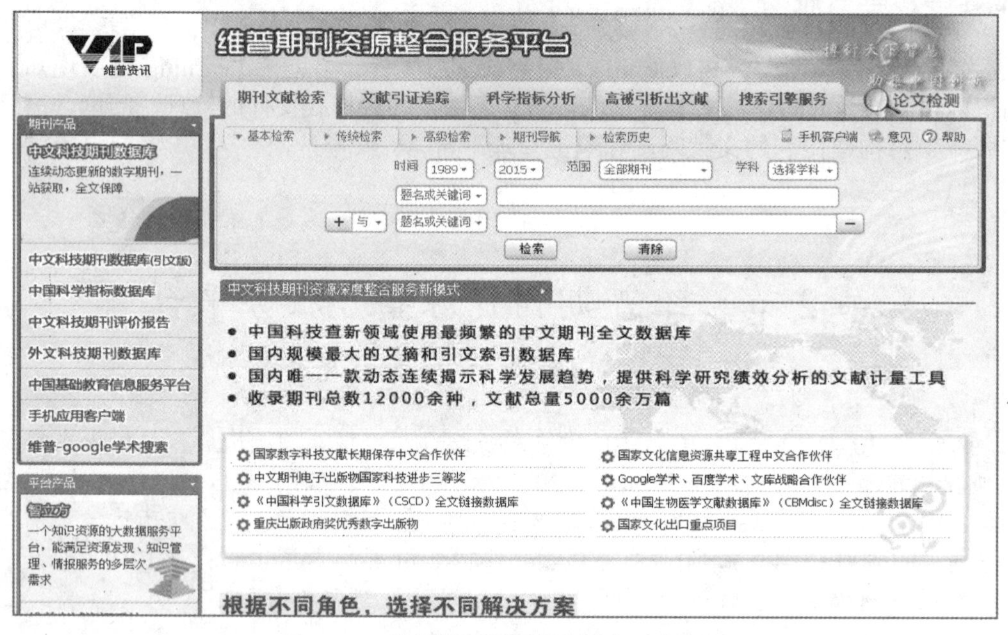

图 3-2-1 维普期刊资源整合服务平台主页

（一）基本检索

基本检索是期刊文献检索默认的检索方式。在基本检索界面可以对时间范围、期刊范围、学科等进行限定条件检索。可以选择从 1989 年以来任何时间范围；限定检索期刊的范围包括全部期刊、核心期刊、EI 来源期刊、SCI 来源期刊、CAS 来源期刊、CSCD 来源期刊、CSSCI 来源期刊；限定检索的学科范围包括中国医学、基础医学、临床医学、药学等 45 个学科，利用复选框可以对查询主题做详细的学科定位，使检索结果更明确且针对性更强；可以选择的检索字段包括任意字段、题名或关键词、题名、关键词、文摘、作者、第一作者、机构、刊名、分类号、参考文献、作者简介、基金资助、栏目信息，共 14 个检索字段；系统默认两个输入行，点逻辑“+”或逻辑“–”可增加或减少检索词输入框的数量，最多可增加检索词输入框 3 个，可选择使用逻辑“与”、逻辑“或”、逻辑“非”的逻辑关系组配检索框内输入的检索词。在检索结果界面可以进行“重新搜索”，也可以在第一次的检索结果基础上进行二次检索，包括“在结果中搜索”“在结果中添加”“在结果中去除”三种方式，根据课题的需要可以缩小或扩大检索范围。

在本案例中拟定的检索词包括：“中东呼吸综合征”或“MERS”或“Middle East Respiratory Syndrome”“诊疗”或“诊断”或“治疗”，检索字段可限定为题名或关键词。在基本检索界面只能进行相对简单的逻辑组配，因此本案例的两组检索式需分两步完成。第一步在第一个检索词输入框中输入“中东呼吸综合征”，在第二个检索词输入框中输入“MERS”，在第三个检索词输入框中输入“Middle East Respiratory

Syndrome”，逻辑运算方式选择逻辑或，点击检索完成第一步检索；第二步先点击逻辑“+”将检索词输入框增加到三个，然后在第一个检索词输入框中输入“诊疗”，在第二个检索词输入框中输入“诊断”，在第三个检索词输入框中输入“治疗”，逻辑运算方式选择逻辑或，点击检索完成第二步检索。在“检索历史”中将两步检索结果进行逻辑与组合即为本案例的检索结果。

（二）高级检索

点击检索主界面的“高级检索”按钮，即可进入高级检索界面。高级检索提供多重检索方式，可运用逻辑关系组配，查询同时满足几个检索条件的文献，使检索更加准确快捷。高级检索提供向导式检索和直接输入检索式检索两种方式。

1. 向导式检索　向导式检索采用分栏式检索词输入方法，如图 3-2-2 所示，可直观地输入检索词并做直观的检索限定和布尔逻辑组配。向导式检索的检索操作严格按照检索词输入框由上到下的顺序进行，而不是逻辑“非”比逻辑“与”优先运算，在检索时可根据检索需求选择检索字段，选择逻辑“与”、逻辑“或”，逻辑“非”的组配关系。还可进行相应字段扩展信息的限定，有利于提高查准率。

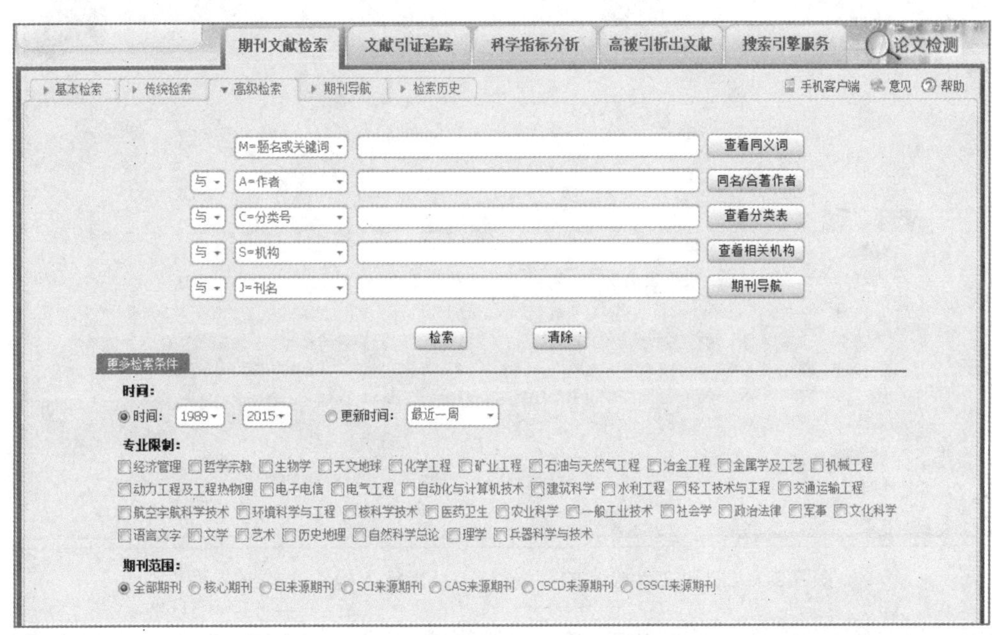

图 3-2-2　期刊文献检索高级检索-向导式检索界面

高级检索界面右侧的扩展按钮可提示与输入词相关的检索词，实现检索词的扩展功能。在扩展按钮左侧的输入框中输入相应检索词，再点击其对应的扩展按钮，系统即可给出与输入词相应的信息。扩展按钮分别是“查看同义词”“同名/合著作者”“查看分类表”“查看相关机构”“期刊导航”。

（1）“查看同义词”可以查看用户输入词的同义词或近义词，比如用户输入“艾滋病”，点击“查看同义词”，系统即可给出艾滋病的同义词“获得性免疫缺陷综合征”相关同义词和近义词，可以全选或选择其中部分词来扩大检索范围。“查看同义词”功能只适用于题名或关键词、题名、关键词三个检索字段，对其他字段此功能关闭。

（2）“同名/合著作者”可供用户查看所在不同单位的同名作者，比如用户可以输入“王洪阳”，点击“查看同名/合著作者”按钮，即可显示不同单位同名作者，用户可以从给出的列表中选择作者单位来限制作者范围，勾选单位数量最多不超过 5 个。“同名/合著作者”功能只适用于作者、第一作者字段。

（3）点击“查看分类表”，系统会弹出“分类表”页，通过勾选、添加，可以得到相应的分类信息。

（4）点击“查看相关机构”可查看与用户输入的检索机构相关的机构，比如用户输入“北京大学”，点击“查看相关机构”按钮，即可显示北京大学所属全部机构的列表，勾选机构数量最多不能超过 5 个。

（5）输入刊名后点击“期刊导航”，可链接到期刊检索结果界面，点击刊名，可查看期刊详细信息以及查找该刊登载的期刊文献。

在“更多检索条件”中，用户可以根据检索需要，可对“时间”“专业限制”“期刊范围”做进一步限定，缩小检索范围，获得更准确、更符合要求的检索结果，如图 3-2-2 所示。

在本案例中使用向导式高级检索需分两步检索完成。第一步：在第一个检索词输入框中输入“中东呼吸综合征”，在第二个检索词输入框中输入“MERS”，在第三个检索词输入框中输入“Middle East Respiratory Syndrome”，逻辑运算方式选择逻辑或，点击检索完成第一步检索；第二步：在第一个检索词输入框中输入“诊疗”，在第二个检索词输入框中输入“诊断”，在第三个检索词输入框中输入“治疗”，逻辑运算方式选择逻辑或，点击检索完成第二步检索。在“检索历史”中将两步检索结果进行逻辑与组合即为本案例的检索结果。

2. 直接输入检索式检索 高级检索界面下方提供了直接输入检索式的检索方法，如图 3-2-3 所示，用户可在检索词输入框中直接输入由逻辑运算符、字段标识符号及检索词等构成的检索式，并可使用更多检索条件进行相关检索条件限制。字段代码为：U=任意字段、M=题名或关键词、K=关键词、A=作者、C=分类号、S=机构、J=刊名、F=第一作者、T=题名、R=文摘。

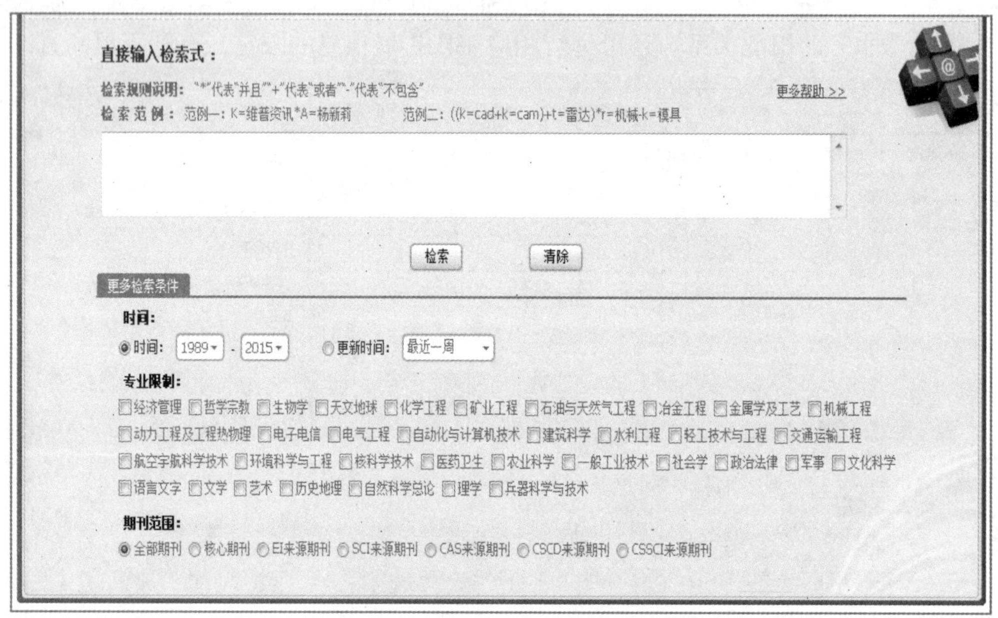

图 3-2-3 期刊文献检索的高级检索-直接输入检索式检索界面

检索式中可使用的逻辑算符包括逻辑与“*”、逻辑或“+”、逻辑非“–”。在检索表达式中，运算符不能作为检索词进行检索，运算符号的优先次序为：逻辑非“–”＞逻辑与“*”＞逻辑或“+”，可运用括号“（ ）”改变优先级，括号内的逻辑式优先执行。检索词中带有*、+、–、（ ）、《 》等特殊字符必须用半角双引号括起来，不在双引号内的*、+、–按逻辑运算符“与”“或”“非”处理。

在本案例中，可构建检索式如下：（M=中东呼吸综合征+M=MERS+M=Middle East Respiratory Syndrome）*（M=诊疗+M=诊断+M=治疗）。直接输入检索式的方式比较简便，功能强大，适合复杂课题的检索，但由于需要用户对检索式的构造规则有一定的了解，该方式适用于专业的图书馆工作人员，其他用户适合使用向导式检索。

（三）传统检索

点击检索主界面的“传统检索”按钮，即可进入传统检索界面。传统检索使用专用的检索界面，如图 3-2-4 所示。该界面检索功能丰富，可实现同义词索引、同名作者等特殊检索需求。

检索词输入框中输入检索词，勾选“同义词”或“同名作者”、选择“期刊范围”“检索年代”和“检索入口”处的检索字段，点击“检索”按钮完成检索。如果需要在检索结果的基础上继续检索，可在检索框内继续输入检索词，选择逻辑关系，选择检索限定，点击“二次检索”按钮。也可同时在左侧导航树中选择分类导航限制；还可在检索词输入框中直接输入组合检索式直接检索；并可以通过该界面切换到“高级检索”界面和“期刊导航”界面。

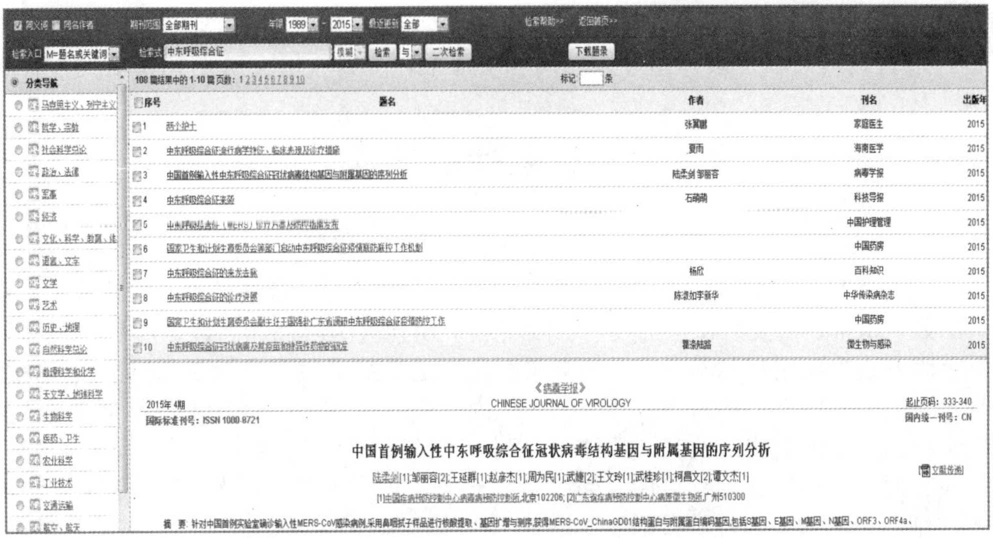

图 3-2-4　期刊文献检索的传统检索界面

使用传统检索方法检索本案例，“中东呼吸综合征”或“MERS”或“Middle East Respiratory Syndrome”“诊疗”两组检索式需分四步检索。第一步在“检索入口”处选择默认“题名或关键词”，在检索词输入框内输入“中东呼吸综合征”，点击“检索”；再在检索结果界面的检索词输入框内输入“MERS”，“检索入口”处选择默认“题名或关键词”，选择逻辑关系“或”，点击“二次检索”，实现在“中东呼吸综合征”检索结果中检索，同理，在检索词输入框内输入“Middle East Respiratory Syndrome”，检索字段与逻辑关系不变，点击“二次检索”，第四步在上一步检索结果的基础上，检索词输入框内输入“诊疗”，在“检索入口”处选择默认“题名或关键词”，选择逻辑关系“与”，点击“二次检索”，完成检索。

由于传统检索不提供检索历史功能，只能使用系统提供的二次检索功能，使得检索效果不理想，对于复杂的检索式最好选择高级检索或专业检索。

（四）期刊导航

点击“期刊导航”按钮，进入期刊导航界面，该界面提供按期刊名或 ISSN 号检索和导航两种方式，如图 3-2-5 所示。期刊导航包括按刊名字顺浏览、期刊学科分类导航、核心期刊导航、国内外数据库收录导航、期刊地区分布导航。期刊导航各方式之间可以进行切换。

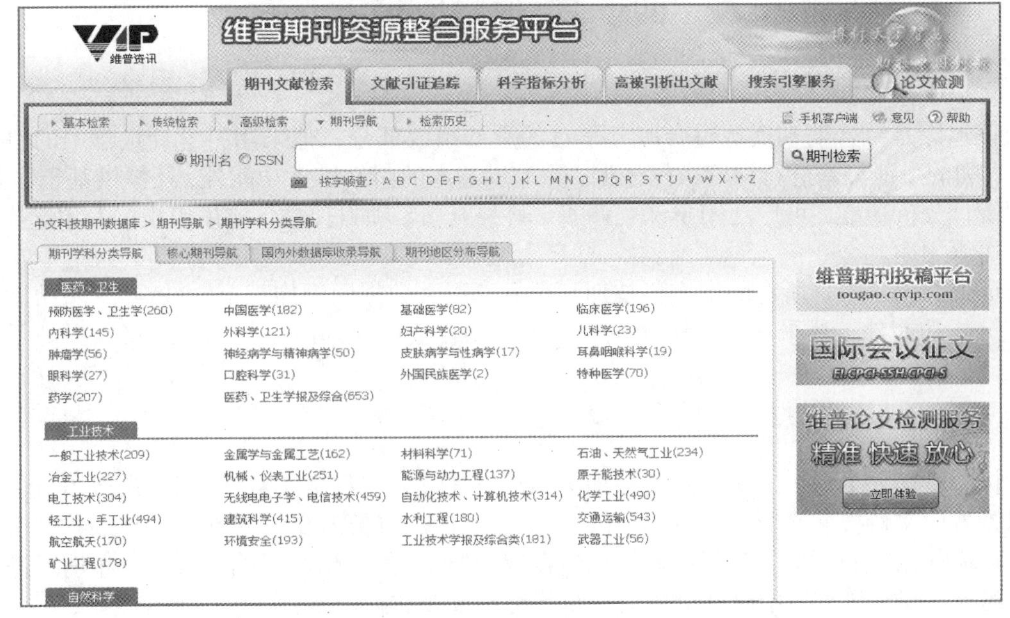

图 3-2-5　期刊文献检索的期刊导航界面

在期刊导航界面，使用检索功能或使用浏览功能找到所需期刊后，可按期刊收录的刊期查看该刊收录的文章；也可进行刊内文献检索，还可查看期刊引证报告、查看引文版期刊索引或查看高影响力期刊等。

三、检索结果管理

（一）检索结果显示

检索结果界面可以显示检索式、检索结果数量以及检索结果。检索结果显示默认为文摘格式，包括题名、作者、出处、基金、摘要。在“出处”字段增加了期刊被国内外知名数据库收录最新情况的提示标识，与基金字段一起帮助用户判断文章的重要性。检索结果每页最多显示 20 条记录，可按时间筛选：全部、一个月内、三个月内、半年内、一年内、当年内发表的文献。在检索结果界面点击“被引期刊论文”“被引学位论文”“被引会议论文”“被引专利”“被引标准”“被引图书专著”可链向“文献引证追踪”的相应界面。在该界面标有“在线阅读”“下载全文”和“文献传递”的链接。点击文献题名可查看文献的详细信息和知识节点链接。

（二）检索结果输出

1. 题录下载 在检索结果界面，全选或部分勾选检索结果列表前的复选框，点击“导出”按钮可将选中的文献题录以文本、参考文献、XML、NoteExpress、Refworks、EndNote 格式复制或导出，还可以按照需要选择字段，自定义导出。除此之外，系统还提供文本格式的打印功能。

2. 全文下载 在检索结果界面，点击“下载全文”“在线阅读”和“文献传递”分别可将文献下载保存到本地磁盘、进行在线全文阅读和申请文献传递。其中文献传递是对不能直接下载全文的数据，通过委托第三方社会公益服务机构提供的原文传递服务。全文不能批量下载，每次只能下载一篇。全文格式为 PDF 格式。

（三）检索历史

检索历史是维普期刊资源整合服务平台新增的个性化服务功能。在进行一次检索操作后，系统自动保存用户检索历史，点击检索历史中保存的检索式可进行该检索式的重新检索；选中检索历史中的检索式并选择“与”“或”“非”逻辑组配，可进行组配检索。检索历史中最多允许保存 20 条检索表达式。在基本检索、高级检索中均可利用检索历史的组配功能进行组配检索，目前传统检索不支持检索历史功能。无意义的检索表达式选中后点击“删除检索史”可进行删除。

四、其 他 功 能

（一）文献引证追踪

文献引证追踪是维普期刊资源整合服务平台的重要组成部分，他采用科学计量学中的引文分析方法，对文献之间的引证关系进行深度数据挖掘，除提供基本的引文检索功能外，还提供基于作者、机构、期刊的引用统计分析功能，可广泛用于课题调研、科技查新、项目评估、成果申报、人才选拔、科研管理、期刊投稿等用途。

文献引证追踪包含维普所有的中文科技期刊数据，引文数据回溯加工至 2000 年，除帮助用户实现强大的引文分析功能外，还采用数据链接机制实现到维普资讯系列产品的功能对接，提高了资源利用效率。

（二）科学指标分析

科学指标分析是一个提供三次文献情报加工的动态连续分析型事实数据库，通过运用科学计量学有关方法，以维普中文科技期刊数据库近 10 年的千万篇文献为计算基础，对我国近年来各省市地区、高等院校、科研院所、医疗机构、各学科专家学者等的科技论文的产出和影响力及其分布情况进行客观描述和统计，揭示不同学科领域中研究机构的分布状态及重要文献产出，适用于课题调研、科技查新、项目评估、成果申报等用途。同样采用数据链接机制实现到维普资讯系列产品的功能对接及定位。

（三）高被引析出文献

高被引析出文献是一个基于期刊参考文献筛选出的一次文献资源。从国内出版的 12 000 多种期刊，近 20 年引用的 9000 余万条参考文献中，解析出 800 万篇各个领域中高被引量的文献资源，并提供这些文献的全文资源保障，包括学位论文、会议论文、标准、专利、图书等，以帮助用户更便捷的利用这些被其他研究者高度关注的析出文献资源。

（四）搜索引擎服务

搜索引擎服务是一个基于谷歌和百度搜索引擎为机构用户读者提供服务的拓展支持工具，采用一键式的检索方式，机构用户只需输入检索词，即可获得基于谷歌或百度搜索引擎的维普期刊资源，图书馆可以通过授权的后台对本单位的信息进行定期更换。

（华北理工大学　唐　品）

第 3 节　万方数据知识服务平台

案例 3-3-1

糖尿病是一组由多病因引起的以血糖升高为特征的终身代谢性疾病。随着生活水平的提高，生活方式的改变和人口老龄化，糖尿病的患病率呈现出世界性的上升趋势，全球每年约造成 130 万人的死亡。糖尿病的急、慢性并发症，尤其是慢性并发症累及多个器官，致残、致死率高，严重影响患者的身心健康。因此，提高对糖尿病的认识，对早期预防、及时治疗有极其重要的意义。某医院的医生欲通过万方学术期刊全文数据库的检索，了解近三年国内同行在“饮食和运动干预对糖尿病患者影响”研究情况，并在此基础上撰写一篇论文，向《中华糖尿病杂志》投稿。

问题：

1. 万方学术期刊全文数据库的收录范围有哪些?
2. 如何提炼本题的主题概念?
3. 万方学术期刊全文数据库提供哪些检索方法？本案例可以选择哪些检索方法？通过什么检索途径进行检索?
4. 如何获得《中华糖尿病杂志》的编辑部地址或邮箱?

分析：

1. 万方学术期刊全文数据库是万方数据知识服务平台的重要组成部分，该数据库收录了 1998 年以来 7800 余种期刊，其中收录中国医药卫生领域的期刊 1361 余种，包括中华医学会和中华医师协会独家授权的数字化出版期刊 200 多种。
2. 本案例的主题概念包括“糖尿病”“饮食”和“运动”。
3. 万方学术期刊全文数据库提供了简单检索、高级检索、专业检索和学术期刊导航等检索方法；本案例可选择简单检索、高级检索和专业检索方法进行检索；检索途径选择“题名”或“关键词”途径。
4. 通过期刊检索或浏览的功能，可获得《中华糖尿病杂志》的期刊信息，通过浏览期刊信息，可了解该刊的栏目设置以及与编辑部联系地址或电子邮箱，进而可以向编辑部投稿。

一、数据库概况

万方数据知识服务平台（http：//g.wanfangdata.com.cn/），如图 3-3-1 所示，提供检索、多维知识浏览等多种人性化的信息揭示方式及知识脉络、查新咨询、论文相似性检测、引用通知等多元化增值服务。

图 3-3-1　万方数据知识服务平台主页

目前平台的资源包括中国学术期刊数据库、中国学术会议文献数据库、中国学位论文数据库、中外标准数据库、中外专利数据库、中国科技成果数据库、中国特种图书数据库、中国法律法规数据库、中国机构数据库、中国专家数据库、外文文献数据库、中国学者博文索引库、地方志等资源。

中国学术期刊数据库是万方数据知识服务平台的重要组成部分，集纳了多种科技、人文和社会科学期刊的全文内容。分为哲学政法、社会科学、经济财政、教科文艺、基础科学、医药卫生、农业科学和工业技术等 8 大类 94 个类目。目前收录了 1998 年以来 7800 余种科技期刊，其中核心期刊 3200 余种，中国医药卫生领域期刊 1361 种，包括中华医学会和中华医师协会独家授权数字化出版期刊 200 多种，优先出版 37 种，期刊论文总数量近 3200 万条，每年约增加 200 万条，每周两次更新。

万方数据知识服务平台提供跨库检索和单库检索功能，本节重点介绍中国学术期刊数据库的检索方法，学位论文、会议论文等数据库检索详见第 5 章第 1 节与第 2 节的相关内容。

二、检 索 方 法

（一）跨库检索

万方数据知识服务平台首页默认为跨库检索界面，如图 3-3-1 所示，在跨库检索界面提供“一框式”检索和高级检索两种检索方式。“一框式”检索指在系统默认检索界面输入框中直接输入检索词，系统自动在期刊论文、学位论文、会议论文、外文文献等数据库中进行检索。使用“一框式”检索，用户可以方便地检索到全文。在检索词输入框中输入检索词时，系统提供智能推荐检索词的功能。检索词输入框中也可以直接输入检索表达式。系统在检索结果界面提供了二次检索、出版状态聚类、学科聚类、论文类型聚类、发表时间聚类、来源刊聚类、检索词推荐等功能，还提供了含有该词的知识脉络分析和相关学者的链接。点击“高级检索”，进入“查新/跨库”界面，在该界面可选取需要进行检索的数据库，达到缩小检索范围的目的；还可对检索字段、模糊/精确、时间限定等进行选择，三个检索框之间关系可选“与”“或”“非”，系统默认为逻辑与的关系，点击“+”或“–”，可增加或减少输入行，最多可增加 3 个输入行。如果输入一段文本（如：科学技术要点、立项报告正文等），系统提供推荐检索词的功能。在高级检索的检索结果界面系统提供各个文献类型库中命中的篇数和各年代命中篇数，可查看检索结果的高频关键词，并提供相关检索词。

（二）单库检索

在万方数据知识服务平台首页点击“学术论文”“期刊”“学位”“会议”等链接，可以分别进入不同的数据库进行单库检索，本节主要以期刊文献数据库为例介绍单库检索的功能。点击“期刊”链接，进入期刊文献数据库检索首页，系统提供简单检索、高级检索、专业检索和期刊导航等方式。

1. 简单检索　简单检索是系统默认的检索方式，如图 3-3-2 所示。在该界面可进行“检索论文”和“检索刊名”的切换，系统默认“检索论文”，在输入框中输入 1 个或多个检索词时，会出现包含该检索词的智能推荐列表，可供选择使用，点击“检索”按钮；在检索结果界面，系统提供了二次检索，可通过对标题、作者、关键词、刊名和起止年的限定，点击“在结果中检索”，进一步缩小检索范围，达到理想的检索效果；提供“仅全文”“某某大学已购全文的”的链接。每条题录提供引用通知，当所订阅的论文被其他论文引用时，系统通过 E-mail 或 RSS 订阅的方式进行自动通知。

图 3-3-2　万方数据知识服务平台简单检索界面

本案例中主要检索有关饮食和运动干预对糖尿病患者影响方面的文献，在简单检索界面系统默认论文检索状态下，检索词输入框中输入“糖尿病”，点击“检索论文”，在检索结果界面，在“关键词”检索词输入框中输入代表逻辑与的检索表达式“饮食+运动”，在“起始年”检索词输入框中输入“2013”，在“结束年”检索词输入框中输入“2015”点击检索，即可获得切题文献。

如果选择刊名检索，在检索词输入框中输入全部或部分期刊名称，点击“检索刊名”按钮即可。本例中要获得《中华糖尿病杂志》的联系方式，可在检索词输入框中输入“中华糖尿病杂志”，点击“检索刊名”，在含有该检索词的刊名列表中，点击刊名“中华糖尿病杂志”，在刊名检索结果界面，系统提供了论文阅读、征稿启事、统计分析、动态、关于本刊，系统默认论文阅读界面，在该界面显示了最新一期目录、收录总汇和相关学者，点击“关于本刊”系统提供了期刊简介、主要栏目、期刊信息和获奖情况，还提供了本刊论文、全部论文、期刊刊名、征稿启事，其中期刊信息包括该刊的主管单位、主办单位、主编、ISSN、CN、编辑部地址、邮编、电话和 E-mail 等，可通过该刊的期刊信息，找到 E-mail 和编辑部地址，进而通过 E-mail 或邮局发信进行投稿。

2. 高级检索　高级检索功能是在指定的范围内，通过增加检索条件满足用户更加复杂的要求，实现精准检索。点击“高级检索”按钮，进入高级检索界面，如图 3-3-3 所示，系统设置全部、主题、题名或关键词、题名、创作者、作者单位、关键词、摘要、日期、期刊-来源、期刊-期等字段；提供模糊和精确两种模式，系统默认模糊模式；三个检索框之间关系可选“与”“或”“非”，系统默认为逻辑“与”的关系，点击“+”或“–”，系统会增加或减少一个输入行，最多可增加 3 个输入行。还提供起始时间限定。

本案例可使用高级检索，在第一行检索词输入框中输入“饮食”，选择关键词字段，在第二、第三行检索词输入框中分别输入“运动”和“糖尿病”，选择关键词字段，它们之间逻辑关系分别选择“或”和“与”，时间限定在 2013～2015，点击检索，即可得到切题文献。

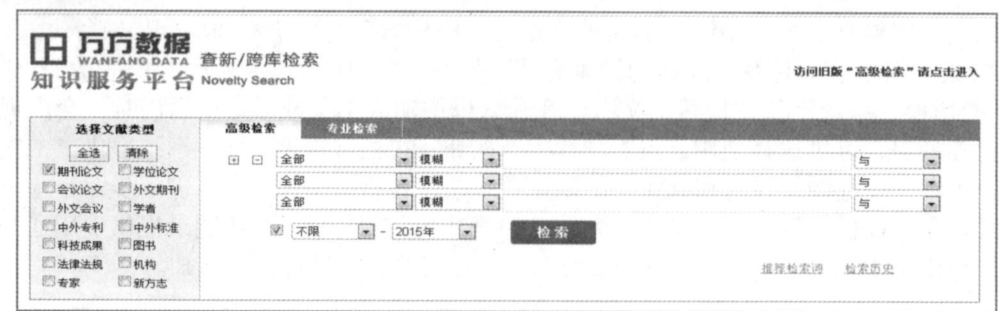

图 3-3-3　万方数据知识服务平台高级检索界面

3. 专业检索　专业检索需要检索人员根据系统的检索语法编制检索式进行检索，如图 3-3-4 所示。检索表达式使用 CQL 检索语言，含有空格或其他特殊字符的单个检索词用引号（“”）括起来，多个检索词之间根据逻辑关系使用逻辑符号“*”（与）、“+”（或）、“^”（非）连接。可检字段有：主题、题名或关键词、题名、创作者、作者单位、关键词、摘要、日期、来源等；系统提供在检索词输入框中直接输入检索式，选择起始时间，点击“检索”按钮执行检索。

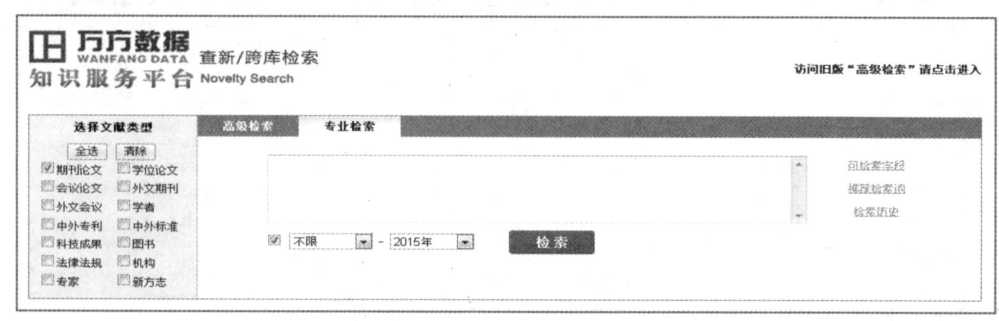

图 3-3-4　万方数据知识服务平台专业检索界面

在本案例中，将根据课题需要编写的检索表达式“关键词：（饮食）+关键词：（运动）*关键词：（糖尿病）”输入到检索框里，起始年限定到 2013，点击检索即可。

4. 期刊导航　万方知识服务平台学术期刊数据库提供了学科分类导航、地区导航和首字母导航三种期刊导航方式，以实现期刊快捷地浏览和查找。在学术期刊的首页以期刊封面的形式列出了本周更新期刊和全部分类目录，点击目录名称即可查看该分类下的期刊。

（1）学科分类导航：在期刊的主页选择需要查看的学科，进入期刊导航结果界面，系统自动将该学科分类下的期刊全部列出。

查看导航结果：在导航结果列表的顶部列出二级学科分类目录及各类期刊数量，可以点击不同的学科分类，浏览不同学科的期刊。点击“核心刊”按钮，可以查看属于该学科的核心期刊。用 RSS 可订阅任意期刊，网络用户在不打开网站内容页面的情况下可以及时了解所关注期刊的更新情况，系统还提供近 1 个月的下载排行。本案例中可以通过期刊浏览的功能，找到《中华糖尿病杂志》，在学术期刊数据库主页的学科分类中的医药卫生类目下，点击“内科学”，通过浏览可找到该刊，点击“中华糖尿病杂志”，可得到该刊的期刊信息，进而获得 E-mail 或编辑部的地址进行投稿。

查看期刊详细信息：在导航结果或检索结果界面上点击期刊名称，进入期刊的详细信息界面，在该界面设置了论文阅读、征稿启事、统计分析、动态和关于本刊栏目。系统默认论文阅读，该界面中的“收录总汇”提供了系统收录期刊所有年代各期论文的链接，最新一期目录以期刊整本阅读的方式提供给用户浏览。还提供了相关期刊、相关学者等的推荐链接，在检索框中可进行全部论文、本刊论文、期刊刊名和征稿启事的检索。点击“关于本刊”，可以查看期刊简介、期刊信息、主要栏目、获奖情况等主要信息，有征稿启事的期刊可在检索文献时直接投稿。

（2）地区分类导航：地区分类导航将期刊按照发行地进行分类。在期刊首页选择某一地区后，如：“北京”，系统自动列出北京出版发行的全部期刊的刊名和数量。还可以点击“核心刊”和“优先出版”，了解北京出版发行的期刊中核心刊和优先出版的相关信息。

（3）首字母分类导航：在期刊首页将刊名按照首字母 A～Z 排列，选择某一字母，如：“Z”，系统自动列出以此字母为首的期刊数量及刊名。还可以点击“核心刊”和“优先出版”了解该字母为首的期刊中核心期刊和优先出版的相关信息。

三、检索结果管理

（一）检索结果显示

1. 检索结果排序　检索结果可以按“相关度优先”“新论文优先”“经典论文优先”和其他方式进行排序，并可以在不同的排序方式之间进行切换。系统默认按照“相关度优先”排序。相关度优先是指与检索词最相关的文献优先排在最前面。“新论文优先”指的是发表时间最近的文献优先排在前面。经典论文优先是指被引用次数比较多，或者发表在水平较高的期刊上的、有价值的文献排在前面。

2. 检索结果分组　检索结果可以按照学科类别、发表年份和期刊等条件分组，选择相关分组标准，可以达到限定检索，缩小检索范围的目的。

3. 查看期刊论文详细信息　在检索结果界面点击文献标题，进入期刊论文详细信息界面，如图 3-3-5 所示，它不仅包含了单篇文献的详细信息，如题名、作者、作者单位、期刊名称、摘要、关键词等，该界面还提供了参考文献、引证文献、“本文读者也读过”文献、相似文献、相关博文、相关学者、相关检索词等信息和链接，提供作者和关键词等的文献特征链接以及文后参考文献的 PDF 链接。

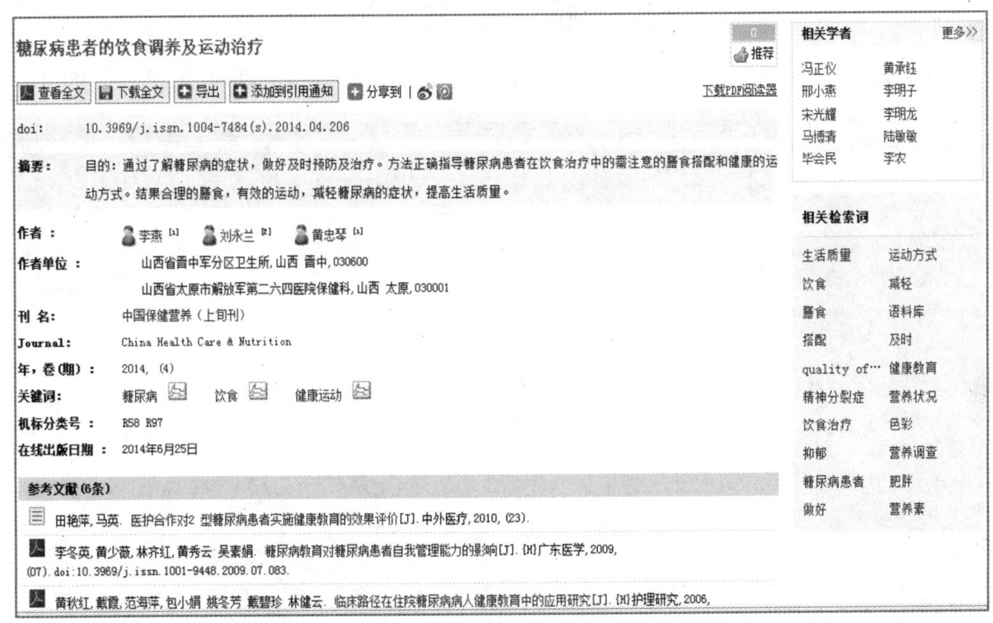

图 3-3-5　万方数据知识服务平台期刊论文详细信息界面

（二）检索结果输出

1. 题录下载　在期刊文献简单检索结果界面每一条题录下方都有“导出”按钮，点击“导出”按钮，系统自动将此条题录信息加入到导出列表，此操作可多次使用；在高级检索结果界面，通过复选框选择所需的题录，点击同一“导出”按钮即可。系统提供“参考文献格式”“NoteExpress”“Refworks”“NoteFirst”“Endnote”“自定义格式”和“查新格式”等导出文献格式，系统默认“导出文献列表”，可以全选或部分勾选所需文献题录，也可以删除部分或全部题录，点击“导出”按钮，题录按照所选文献格式导出并保存下来，最多可导出 50 条。点击“复制”，题录按照所选文献格式保存到剪贴板上。

2. 全文下载　在检索结果界面可以点击“下载全文”或“查看全文”按钮，根据需要打开或保存期刊论文全文。全文不能批量下载，每次只能下载一篇，全文格式为 PDF 格式。有的期刊论文可以通过原文传递获得全文。

（华北理工大学　唐　品）

第 4 节　Elsevier Science Direct

一、数据库概况

爱思唯尔（Elsevier）出版集团是全球最大出版商和信息提供商之一，服务内容涉及科学、医疗、法律、商务和风险管理等多个领域，总部设立在荷兰的阿姆斯特丹。从 1997 年开始提供在线电子期刊全文服务，ScienceDirect（http：// www.sciencedirect.com）系统是其核心产品，目前在其平台上可为用户提供经同行评审的期刊超过 2500 种及 3 万种的电子图书，其中除提供爱思唯尔出版的全部期刊 2000 余种外，还提供柳叶刀（*The Lancet*）、细胞（*Cell*）等高影响因子期刊，目前数据库收录全文文献总数已超过 1300 万篇，每年新增文献 50 余万篇。爱思唯尔出版社出版的期刊种类多，学术价值很高，大部分期刊被 EI、SCI 和 SSCI 等著名的二次文献数据库所收录，其中 SCI 收录超过 1400 种。

在 ScienceDirect 平台上，其全部文献的题录及文摘可免费为用户提供，即用户可免费检索该平台上的全部文献，但全文的提供要根据订购情况，书刊题名或文献题名带有绿色图标表示可以获得全文（▤），橙黄色图标表示为开放获取的免费全文（▤），灰色图标表示为用户只能查阅摘要内容（▤）。其全文可提供 PDF 及 HTML 两种格式文件。

二、检 索 方 法

Elsevier ScienceDirect 为用户提供浏览（Browse）和检索（Search）两种功能，如图 3-4-1 所示。

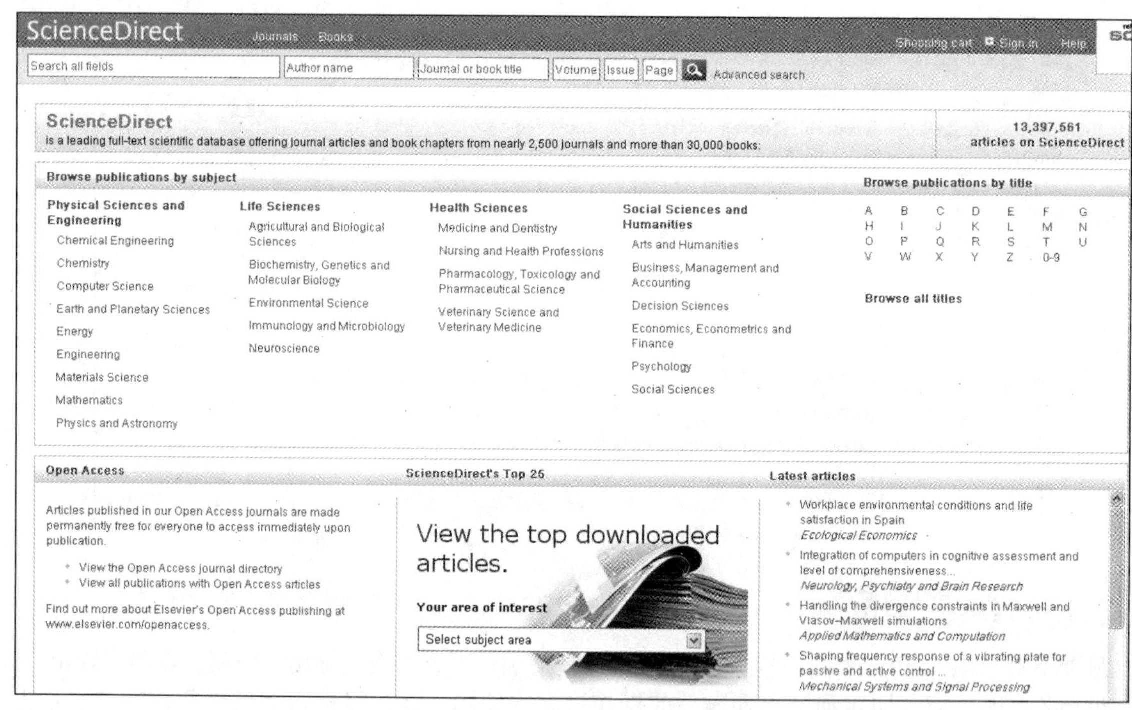

图 3-4-1　Elsevier ScienceDirect 主页

（一）浏览

系统提供多种浏览方式，既可在主页中直接点击“Journal”或“Book”打开期刊及图书的目录进行浏览，也可以在数据库主页的浏览区按主题浏览出版物“Browse publications by subject”、按出版物名称字顺进行浏览“Browse publications by title”、通过“View the Open Access journal directory”浏览开放获取期刊目录，也可通过“View all publictions with Open Access articles”打开有开放获取文献的全部期刊目录，各学科领域下载前 25 名热点文章的浏览“View the top downloaded articles”及最新文献的浏览“Latest articles”等。

在出版物列表中，每种期刊或图书后都显示有该文献的相关信息，包括全文访问权限（All access types）、文献类型（All publication/All journals/All books…）。同时还提供按学科主题筛选（Filter by subject）各学科出版物的功能。

在检索文献时，只需按其中某种浏览方式调出期刊列表，然后按一定顺序查到期刊并通过其链接打开所查期刊界面，在该界面提供有期刊回溯卷期列表，再通过当期期刊目次表找到所查文献即可。

1. 按出版物名称字顺浏览　Elsevier ScienceDirect 平台将所有的期刊和图书按名称字母顺序排序，若题名中含有 a，an，the 等不定冠词和定冠词无论在题名开头还是题名中间都不参与排序。

2. 按学科主题浏览　Elsevier ScienceDirect 平台将书刊分为物理科学与工程（Physical Sciences and Engineering）、生命科学（Life Sciences）、卫生科学（Health Sciences）、社会科学与人文（Social Sciences and Humanities）四个大类，共包涵 24 个学科。每个学科下又包含若干二级学科分类，在二级学科分类下再按照书刊名称字顺进行排列，供用户进一步查找期刊。各学科的书刊之间可能会有交叉重复。

3. 开放获取期刊目录浏览　通过此项功能打开的期刊目录，表示期刊中全部文献均为开放获取文献。

4. 查看全部有开放获取文献的期刊目录　通过此项功能打开的期刊目录，表示这些期刊中全部或部分文献为开放获取文献。

5. 各学科下载排名前 25 名的热点文献浏览　Elsevier ScienceDirect 基于全球用户的下载情况，推出此项免费服务，即向用户推荐在其平台上各学科被下载次数最多的前 25 篇文章，数据每季度更新，用户可根据自己的需要选择相应的学科分类查看某一学科的前 25 篇文章，在文章列表中，可直接点击相关文章阅读或下载。此外，用户还可以免费注册订阅个性化的 Elsevier ScienceDirect Top 25 Hottest Articles 季刊，按季度追踪某一学科的最新文章排名。

（二）检索

在主页上点击“Advanced Search”即可进入检索界面。检索途径分为基本检索、高级检索和专家检索三种方式，同时在检索结果列表的界面还提供二次检索功能。

案例 3-4-1

某医学院校老师在家里检索 PubMed 时，查到一篇题录为“Heiberg J, Redington A, Hjortdal VE. Exercise capacity and cardiac function after surgical closure of ventricular septal defect - Is there unrecognized long-term morbidity? Int J Cardiol. 2015 Aug 28;201:590-594”的综述文章，他想查看这篇文章的全文。

问题：

1. 应在哪个数据库中查找全文？
2. 通过哪种检索方法检索？

分析：

1. 在 PubMed 系统中检索到的文章，在其文摘显示格式中，如果文章是来源于某一全文数据库，则会有该数据库的链接，这篇文章有“ELSEVIER FULL-TEXT ARTICLE”图标，表示其全文来源于 Elsevier ScienceDirect 数据库。通过此图标链接，如果这位老师在家里有此数据库的访问权限，则可直接打开全文；如果没有访问权限，那么就可以利用文章题录信息，在校园网上通过 Elsevier ScienceDirect 查找全文。

2. 利用文章题录信息查找全文时可以直接利用 Elsevier ScienceDirect 的基本检索功能完成。

1. 基本检索（Search）基本检索出现在该数据库包括主页在内的几乎所有检索界面。如图 3-4-2 所示。基本检索是通过将检索词限定在全部字段（All fields）、著者姓名（Author name）、期刊或图书题名（Journal or Book title）、卷（Volume）、期（Issue）、起始页码（Page）等字段来快速查找所需文献的方法。

在基本检索中，各字段之间的逻辑关系为“AND”；“全部字段”输入框里可以输入一个或几个检索词进行检索，不区分大小写，词之间没有先后顺序，默认是单词检索，如果要检索词组或短语，则要使用引号，如“Liver Cirrhosis”。

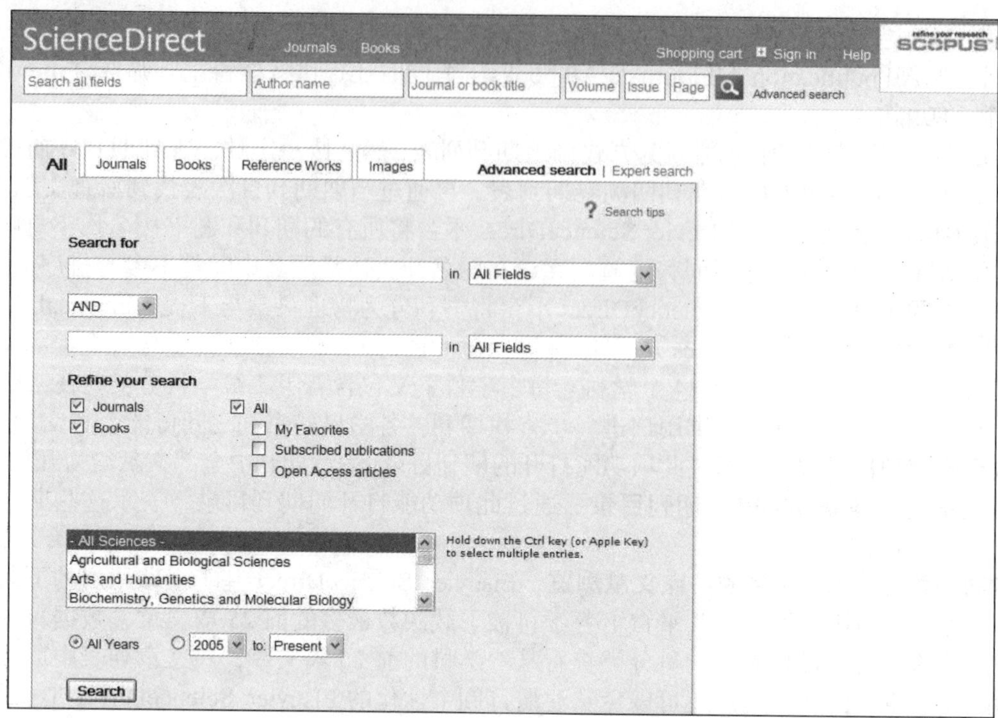

图 3-4-2 Elsevier ScienceDirect 高级检索界面

案例 3-4-2

2015 年 5 月，某校一名研究生通过新闻报道了解韩国发生了 MERS 疫情，他对此发生了兴趣，想了解一下究竟什么是 MERS，是否有有效的疫苗可以预防该疾病？他用中文数据库检索后，找到了有关 MERS 的文章，了解 MERS 是由 MERS 冠状病毒引起呼吸综合征，目前国内仅有表达 MERS 冠状病毒 S 蛋白的重组疫苗病毒的实验研究文献，他还想查找几篇外文相关文献进一步了解疫苗的情况。

问题：

1. 应该选择什么数据库解决这一问题？
2. 此问题的检索词是什么？
3. 该问题可通过哪些检索方法检索？

分析：

1. 这一问题只是想查找几篇关于 MERS 疫苗的外文文献，因此在检索外文文献时，直接选择外文全文数据库检索即可。Elsevier ScienceDirect 数据库是众多外文期刊全文数据库之一，他出版的期刊种类较多，学术价值较高，该研究生所在学校又恰好订购了 Elsevier ScienceDirect，因此利用这个数据库可查到所需文献。
2. 检索词为（MERS OR Middle East Respiratory Syndrome）、疫苗（Vaccine）。
3. 这一问题利用 Elsevier ScienceDirect 平台的高级检索功能即可完成。

2. 高级检索（Advanced Search）在高级检索中，提供两个检索词输入框，检索词之间可以进行逻辑组配，同时还提供多种条件限定功能，可限定检索资源范围，可以检索全部文献类型，也可以选择检索某种文献类型，如：期刊、图书、参考工具书和图片等，还可以选择检索最喜欢的期刊、有访问权限的期刊或开放获取的期刊等；可以对检索词进行字段限定，可限定的字段包括全部字段（All Fields）、题名，文摘，关键词（Title，Abstract，Keywords）、著者（Authors）字段、特殊著者（Specific Author）、来源书刊（Source Title）、文章题目（Title）、关键词（Keywords）、文摘（Abstract）、参考文献（References）、标准书号（ISBN）、标准刊号（ISSN）、作者所属机构（Affiliation）、全文（Full Text）等；此外还可以限定检索结果的主题范围及出版时间，如图 3-4-2 所示。

案例 3-4-2 可以利用高级检索这一功能，分别将检索词 MERS 与中东呼吸综合征、疫苗输入到检索框内进行检索，即可检索出相关文献。其中 MERS 与中东呼吸综合征在同一检索框内用逻辑“或”（OR）

组配，与第二检索框内的疫苗之间的逻辑关系是“与”（AND）的关系，检索词所限定的字段可以根据具体情况限制到题名、文摘或全文字段。

3. 专家检索（Expert Search）　在专家检索中，提供检索式或检索指令输入框，如图 3-4-3 所示。在检索式输入框内，可以输入用逻辑算符组配的检索式，也可以使用各种检索技术对检索词进行截词、控制词与词之间的位置关系等。在专家检索界面中，系统也提供检索资源范围、资源类型、主题范围及出版时间的限定功能。专家检索适合能熟练掌握检索语言和检索技术、了解字段名称及含义的检索人员使用。

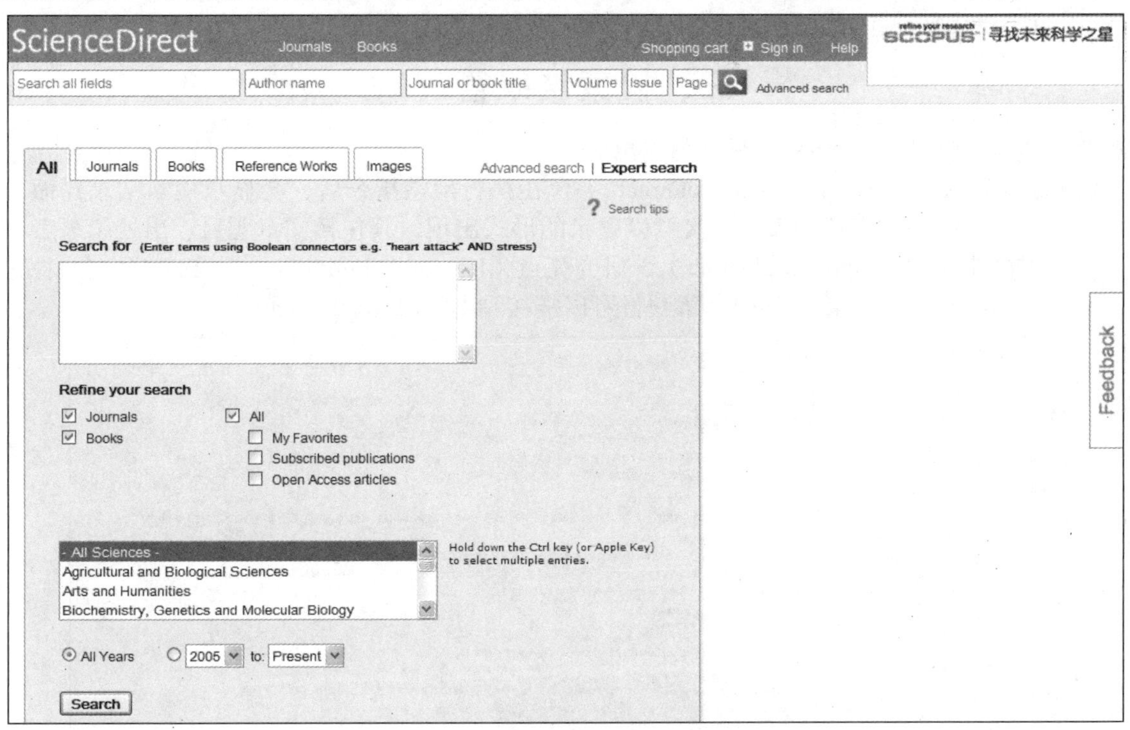

图 3-4-3　Elsevier ScienceDirect 专家检索界面

4. 二次检索　在检索结果显示的界面，系统提供二次检索功能，如图 3-4-4 所示，即精炼过滤检索结果（Refine filters），是通过把检索结果按出版年限（Year）、出版物名称（Publication title）、主题（Topic）和文献类型（Content Type）进一步进行筛选。

（三）个性化服务功能

Elsevier ScienceDirect 平台为用户提供免费注册个人账户功能。在主页点击登录（Sign in），打开登录界面后，原有用户直接输入用户名、密码登录，而初始用户点击“Not registered?”进行注册，按要求输入相关信息后即可申请到个人账户。用户登录后，可进行个人详细信息的维护与设置（Change personal details & settings）、个人通报的管理（Manage my alerts）、修改密码（Change password）、查看电子收藏书刊报告（View Electronic Holdings Reports）及退出个人账户（Sign out）。

1. 个人详细信息的维护与设置　在此可修改注册时所填写的个人信息，并可添加职称、电话、通信地址、所在国家、省市等详细信息；如果使用 ReWorks 管理文献，也可以设置将检索结果自动输出到个人的 ReWorks 中；可进行检索设置，当查看检索历史策略时，有直接显示检索结果和显示检索式列表两种显示方式选择；通报设置格式有两种可选择，分别是网页格式（HTML）和文本格式（Plain text）。

2. 个人通报的管理　可以帮助用户跟踪研究领域最新进展。

（1）书刊通报（Journal and book-series alerts）：帮助用户对感兴趣的期刊进行跟踪。可以先按学科分类进行筛选期刊，选择好学科分类后，点击应用（Apply），然后在期刊列表中，选中感兴趣期刊，点击期刊名称，进入期刊详细页面，再选择添加期刊方式即可。

（2）主题通报（Topic alerts）：用户希望对某一学科主题文献进行跟踪时，可采用此功能，系统将全部文献分为 25 个主题，在每一主题下，有若干专题列表供用户选择，用户可根据需要选择一个或多个专题进行跟踪。

（3）检索通报（Search alerts）：用户在检索某一课题后，在检索结果列表的上方点击保存检索通报（Save search alert）后，可将其设置成课题通报，当系统更新这一课题方面的文章时，用户将在第一时间得到通报。检索通报可以设置为日、周或月通报，当不再使用检索通报或在一段时间内不使用，也可将其设置为暂停（Inactive）状态；当检索式设置为检索通报后，检索式即保存在个人账户中，在账户中可以对其进行重新编辑、设置和删除。

3. 修改密码 重新设置登录密码。

4. 查看电子收藏书刊报告 此处提供 4 种格式的书刊目录下载链接。下载书刊目录可以了解数据库提供资源的详细情况，并可以将书刊目录添加到本馆馆藏数据库中，为用户利用提供方便。

三、检索结果管理

检索结果的管理包括检索结果的显示与输出。

1. 检索结果的显示 Elsevier ScienceDirect 平台在执行检索指令后，会显示检索结果界面，如图 3-4-4 所示。在检索结果的文章列表中，文章以题录的形式出现，其包括文章题目、出处、著者、文摘（Abstract）、图文摘要（Graphical abstract）、研究亮点（Research highlights）、PDF 全文及补充内容（Supplementary content）等链接，其中文章题目可以链接到 HTML 全文界面。

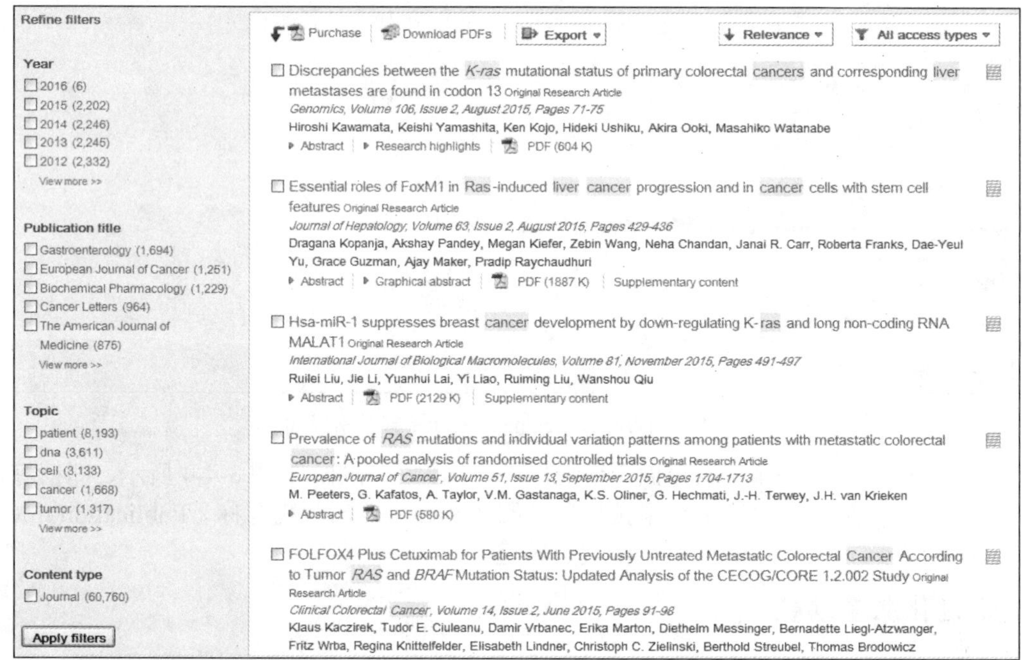

图 3-4-4 Elsevier ScienceDirect 检索结果界面

2. 检索结果的输出 Elsevier ScienceDirect 平台在其检索结果列表上方提供购买（Purchase）、批量下载 PDF 全文（Download PDFs）、输出（Export）、检索结果排序方式及获取全文方式（All access types）等链接。

（1）购买：读者可根据需要单篇购买没有访问权限的文章。

（2）批量下载 PDF 全文：允许用户一次性批量下载多篇选中 PDF 全文（不能获取全文的可以选择下载其文摘），但每次最多可下载 20 篇 PDF 全文，当下载文章超过 20 篇时，仅能下载前 20 篇。

（3）结果输出：可以选择将检索结果直接输出至“Mendeley”和“RefWorks”两种文献管理软件；也可以将检索结果以文件形式输出，文件输出格式根据用户输出文章的用途可有三种方式选择，即 RIS 格式（RIS format（for EndNote，Reference Manager，ProCite））、Bib TeX 格式和文本格式（Text）；同时提供文献输出内容的选项，有题录（Citations Only）和题录+摘要（Citations and Abstracts）两种选项。

（4）检索结果排序方式：Elsevier ScienceDirect 平台提供两种检索结果排序方式，分别是按相关度和时间排序。

（5）获取全文方式：检索结果也可以按获取全文方式即开放获取文献和开放文档进行筛选。

（大连医科大学 刘薇薇）

第 5 节　Ovid Full Text

一、数据库概况

美国Ovid公司(Ovid Technologies INC.)隶属于全球五大出版集团之一的荷兰威科(Wolters Kluwer)集团旗下的健康出版事业集团。是世界著名的数据库提供商之一，目前有包涵人文、科技等多领域数据库 300 余个，包括电子期刊全文、二次文献、电子图书等多种类型，绝大部分数据库是在 Ovid 平台上为用户提供服务。

Ovid 全文期刊数据库共收录了多个出版商和学协会提供的 3000 余种生物医学期刊，进入该数据库后，首先显示的是数据库选择界面，如图 3-5-1 所示。在数据库选择界面中的数据库列表中，是用户所在机构订购的数据库，在此可根据需要点击所要使用的数据库进入单库检索模式，也可以同时选择多个数据库进行多库检索。在数据库列表中，期刊全文数据库有两个链接，分别是“Journals@Ovid Full Text”和“X X X Journals@Ovid”，前者包含其 Ovid 全部全文期刊的文献题录和文摘信息，可供用户免费检索使用，所检索到的结果，仅本机构订购的文献可获得全文，没有订购的期刊仅能获得文献题录、文摘等信息；后者仅包含本机构所订购的期刊，在此库中检索到的文章全部能获取到全文。数据库列表中的每个数据库均有“ⓘ”，点击此图标可打开该数据库的说明界面，了解数据库的详细信息。

Ovid 平台具有以下特点：检索界面直观，易于掌握和使用，检索途径较多；不同数据库在同一平台上检索使用，减少用户使用障碍；Ovid 全文的文章可在其平台上的其他数据库中提供全文链接，方便获取全文；为用户提供个性化服务，如提供个人空间，用于研究项目的管理，还可以根据需要设置保存检索式、自动文献传递及最新期刊目次通报等功能；结果显示、输出方式灵活多样；可链接多种（网络、数据库及馆藏）资源等；提供 PDF 及 HTML 两种格式的全文。

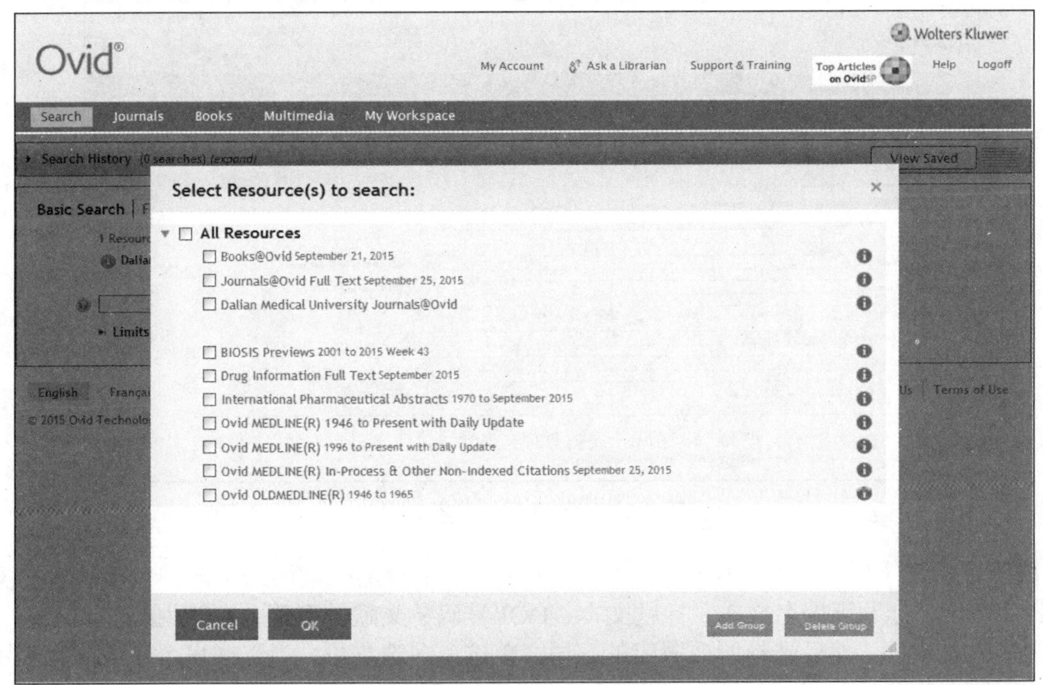

图 3-5-1　Ovid 数据库选择界面

二、检 索 方 法

全文数据库的检索功能有检索（Search）、浏览（Journals）和辅助检索，此外，Ovid 平台还提供个性化服务功能。

（一）检索

包括基本检索、引文检索、字段限定检索、高级检索、多字段限定检索。

1. 基本检索（Basic Search）是该数据库的默认检索模式，如图 3-5-2 所示。基本检索提供自然语言检索，即利用此方法检索时，用户可以不必考虑检索语言和语法规则，自由输入检索词或提问语句，系统会自动分析检索语句，在选择包含相关检索词后，系统可将所输入的检索词的各种词形加以搜集并检索，还可以将常用的缩写自动转换为全称，如输入“AIDS”，系统将其转换成“Acquired immunodeficiency syndrome”。利用基本检索功能时应尽量使用名词来表达检索语义，以提高检索效率。

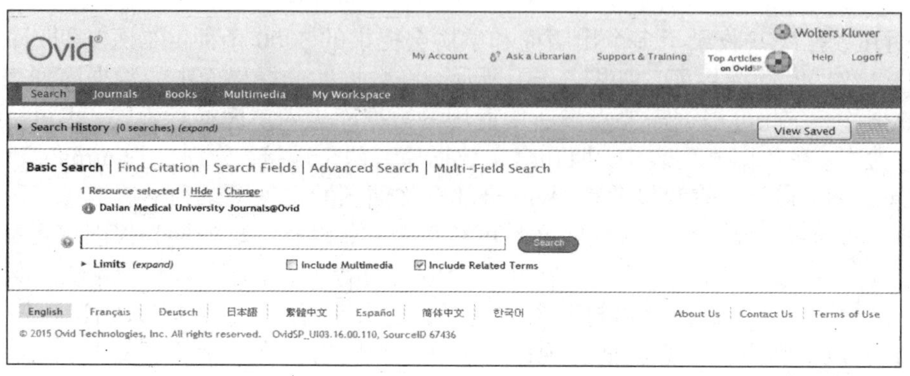

图 3-5-2　Ovid 基本检索界面

2. 题录检索（Find Citation）如图 3-5-3 所示，是利用文章题目、期刊名称、著者姓名、文章出版的年、卷、期及首页页码、出版者、索取号码和数字文献识别符等信息来查找特定文献的方法。

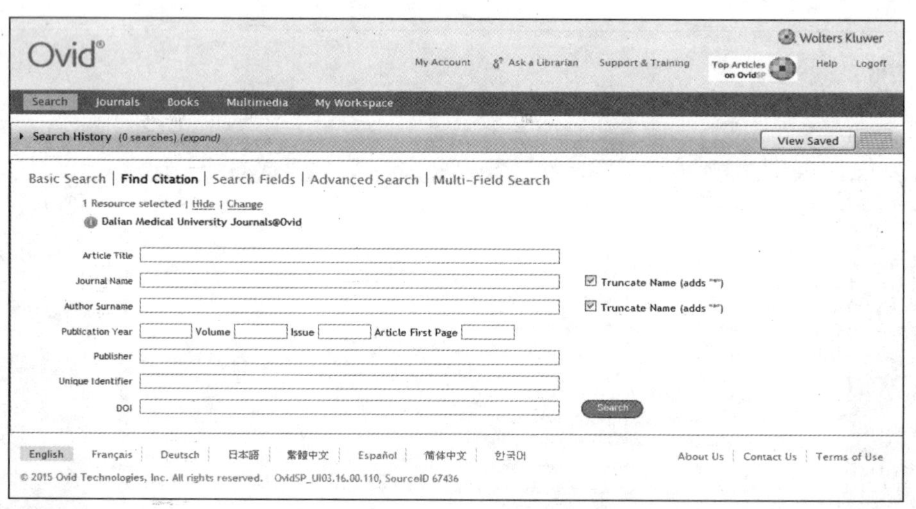

图 3-5-3　Ovid 题录检索界面

3. 字段限定检索（Search Fields）系统为用户提供 27 个限定检索词的字段，包括著者、文摘、索取号、著者关键词、标题下署名文本、标题文本、DOI 号码、文献类型等，在使用此项功能时，在检索词输入框内输入检索词，然后选择所要限定的字段，单选、多选均可，当选择多个字段时，表示检索词出现在任一字段即为命中记录。

4. 高级检索（Advanced Search）提供关键词、著者、题名关键词及刊名的检索途径，在检索时可选择包含多媒体资源（Include Multimedia），如图 3-5-4 所示。

（1）关键词检索（Keyword）：是指在文章的标题、文摘、全文及标题文本等字段中检索所输入的关键词，可使用“$”或“*”进行截词检索。它是高级检索界面中默认的检索途径。

（2）著者检索（Author）：用于在数据库中查找某人所发表文章的检索途径。在检索时输入著者姓名，要求姓在前，名在后（仅用首字母即可），姓名间用空格分开。

（3）篇名关键词检索（Title）：将检索词或词组限定在文献题目中，可使用“$”或“*”进行截词检索。

（4）期刊检索（Journal）：此项检索途径要求必须输入期刊的全称或全称的开头部分加截词符号（*或$），不能用缩写刊名检索，也不能用刊名中的关键词进行检索。

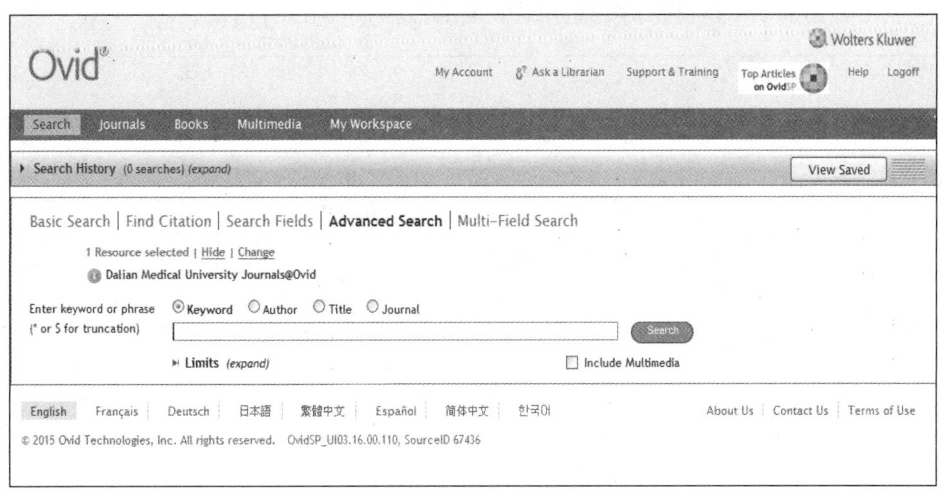

图 3-5-4　Ovid 高级检索界面

5. 多字段限定检索（Multi-Field Search）系统提供三个检索词输入框，如果需要输入多个检索词，也可通过点击“+Add New Row”增加检索词输入框。检索词之间可用“AND”“OR”“NOT”进行逻辑组配，每个检索词后的限定字段可在 27 个字段中任意选择。

案例 3-5-1

某医学院附属医院血液科医生，在浏览该学院图书馆主页时，发现学院图书馆新订购了 OvidSP 期刊全文数据库，他在其宣传资料及数据库指南中了解到该数据库收录的期刊包含许多临床医学期刊，他想了解在这个数据库中血液病学方面的期刊收录情况。

问题：

1. OvidSP 期刊全文数据库有多少种血液病学方面的期刊？都是什么期刊？

2. 如果有自己关注的期刊，是否可以随时跟踪浏览其最新出版的文章？怎么才能实现这一功能？

分析：

1. 想了解 Ovid 数据库收录血液病学期刊的情况，可以通过数据库浏览功能中的按学科主题浏览期刊的方式完成，在学科主题导航栏中，临床医学的内科学主题下，即可找到血液病学的期刊，点击其链接，即可打开该项数据库的全部血液病学的期刊列表。

2. 如果在 Ovid 期刊全文数据库中有自己要长期关注的期刊，可以在 OvidSP 平台上申请注册个人账户，注册成功后，就可以拥有个人空间，利用其中的最新期刊目次通报功能，就可以设置自己要跟踪浏览的期刊，当数据库对这些期刊进行数据更新时，就可以收到有最新期刊目次的邮件。

（二）浏览

1. 期刊的浏览　在 Ovid 平台上的数据库选择界面及各数据库的检索界面点击“Journals”，即可打开期刊浏览界面。在浏览界面中包括期刊检索框、期刊浏览导航栏和期刊列表。期刊检索框内可直接输入所检索的期刊名称；期刊浏览导航栏中提供 4 种期刊浏览方式，一是按访问权限浏览期刊，可选择浏览本单位订阅期刊或浏览 Ovid 全部全文期刊；二是按期刊名称字顺（A～Z）浏览期刊，即按期刊全称的首字母顺序浏览期刊；三是按学科主题浏览期刊，系统将其所收录的期刊按主题分十六大类，每一大类下又分成若干个子类，个别子类目下还细分出下一级类目，在每一终级类目下有相对应的期刊数，点击类目链接即可调出该类期刊列表，如图 3-5-5 所示。利用学科主题浏览方式，用户可以方便地了解在数据库中有哪些与自己专业相关的期刊；四是浏览用户在个人账户中设置的感兴趣期刊，在期刊列表中，通过刊名链接，可进入该期刊卷期浏览界面，也可以对某种期刊定制 RSS 和 E-mail 的自动提醒功能，并可以根据需要在个人空间中设置感兴趣的期刊目次通报等。

案例 3-5-1 可以直接利用学科主题浏览功能，在学科主题导航栏中，临床医学主题下，即可找到血液病学的期刊，点击其链接，即可打开该数据库中全部血液病学的期刊列表。

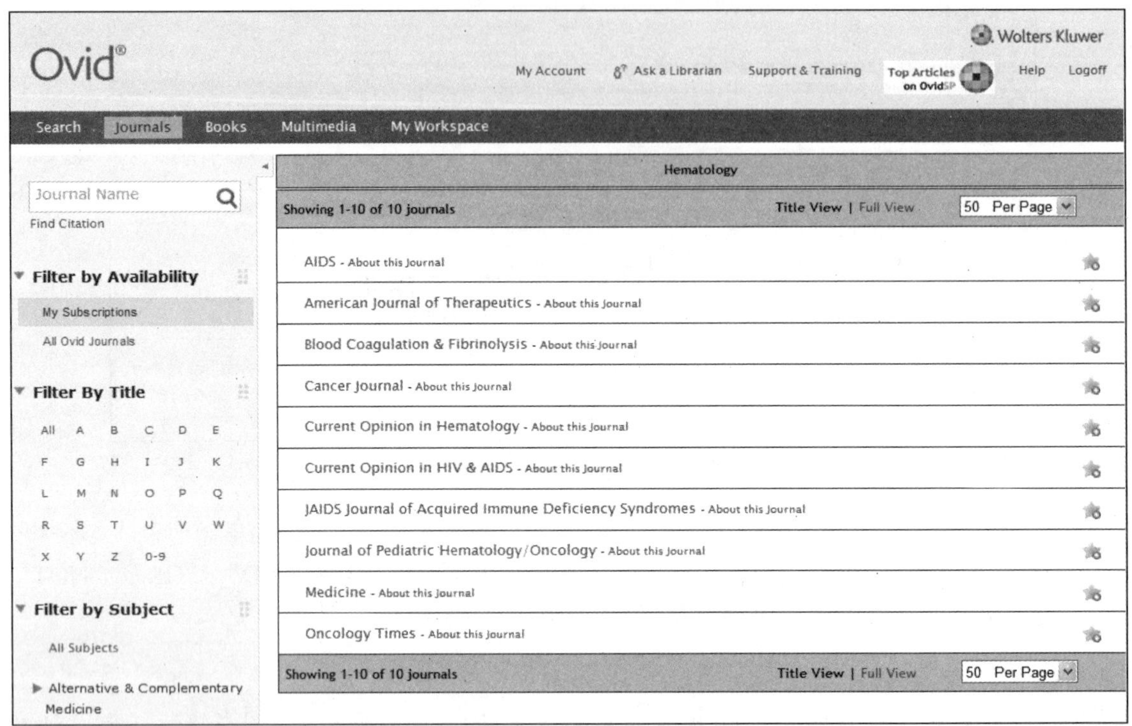

图 3-5-5 Ovid 血液病学期刊浏览界面

2. 多媒体资源的浏览 在 Ovid 平台上的数据库选择界面及各数据库的检索界面点击“Multimedia”，即可打开多媒体资源的浏览界面。此处显示的多媒体资源，主要包括作者对其成果形成的背景介绍及与文章内容相关的多媒体资料等。

（三）辅助检索

辅助检索功能包括条件限定选项、功能链接、检索式显示栏、检索结果的管理工具、命令检索及相关资源链接等。

1. 条件限制选项（Limits）对检索结果进行多种条件限制，条件限制分为外部选项和附加选项两部分，外部选项是通过点击检索词输入框下的“Limits”打开，有日更新数据（Daily Update）、带文摘的论文（Articles with Abstracts）、原始论文（Original Articles）、心理学论文（PsyARTICLES）、综述（Review Articles）、出版年限（Publication Year），外部选项可通过“Edit Limits”进行自定义；点击附加限定选项（Additional Limits）打开限定检索界面，在此还提供有图片的论文（Articles with Graphics）、有文摘的论文（Articles with Abstracts）、期刊所属子辑（Journal Subsets）及出版类型（Publication Types）等选项。

2. 功能链接 有个人账户（My Account）、咨询邮件的发送（Ask a Librarian）、用户支持与培训（Support & Training）、每月 Ovid 平台下载排名前 50 的文章（Top Articles on OvidSP）、在线帮助（Help）、退出系统（Logoff）、换库检索功能（Change）及其他语种界面的选择等。

3. 检索式显示栏（Search History）其默认方式是关闭的，点击“Search History”即可打开，其位置可通过光标拉动设置在检索词输入框的上方或下方。检索式显示栏包括检索式选择框、检索式序号、检索式、检索结果的文献篇数、检索类型及显示结果按钮，在检索式显示栏下方还有功能按钮，检索式删除指令（Remove Selected）、检索式保存指令（Save Selected）、组合检索（Combine selections with）

及保存检索历史（Save Search History），这些功能必须在已有检索式存在的情况下才能被激活使用，此外还有查看已保存过的检索式（View Saved）。

4. 检索结果的管理工具（Results Tools）在检索结果文章列表的显示界面中，如图 3-5-6 所示。在检索信息中列出检索词（You searched）、检索到的文章数（Search Returned）、检索结果排序（Sort By）及检索结果显示格式的设置（Customize Display）等；当对检索结果不满意时，还可通过筛选功能“Filter By”按照文章出版的年限、期刊及出版类型等再次筛选。

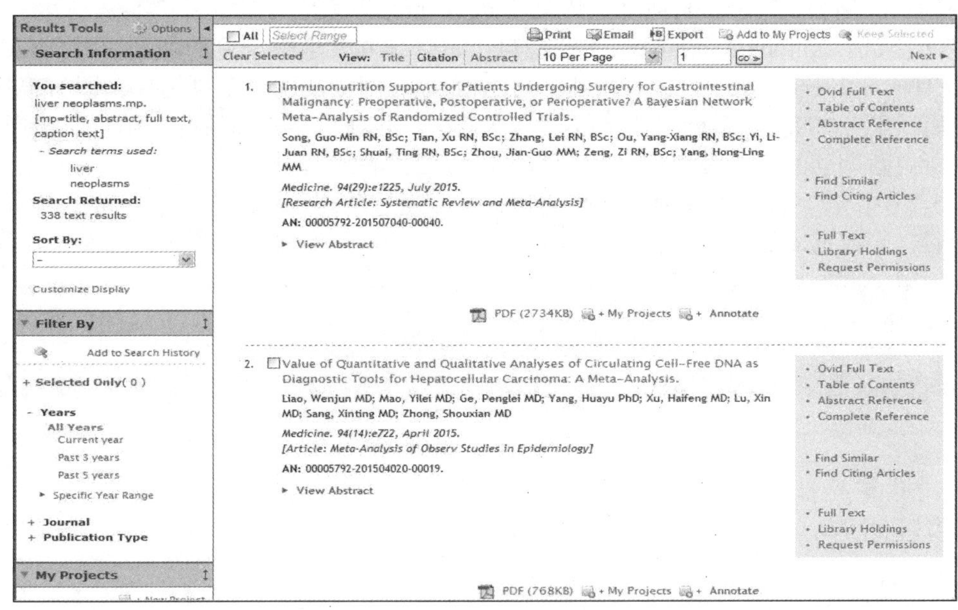

图 3-5-6　Ovid 检索结果显示界面

5. 指令检索（Command Search）在高级检索的关键词检索界面中使用。高级检索指令包括逻辑组配、字段限定、邻近及截词检索等。

（1）逻辑组配检索：用“and”“or”“not”表示词与词之间的逻辑关系。

（2）字段限定检索：顺序输入检索词及前后均缀有圆点的字段名称，格式为：检索词.字段名称.，如 liver cancer.ab.表示文章的文摘中必须含有 liver cancer 一词。

（3）邻近检索：又称位置检索。其算符为“adj”。“adj”插于两个检索词间表示两个检索词要相邻，但词序不限，在邻近符号后可加数字限制两词之间的最大距离，数字范围可在“0～255”。如：chronic adj3 brain injury，表示在 chronic 与 brain injury 之间最多插入三个词或字符。

（4）截词检索：“$”和“*”是无限截词符，两者功能完全相同；“#”和“？”是通配符，两者在单词中虽然均代表任意字母，但也不尽相同，“#”表示所在位置必须有一个字母，而“?”则可缺省，即有无字母均可。

6. 相关资源的链接功能　Ovid 平台的链接功能也是非常强的，不仅在其平台上的各数据库间的资源可以相互链接，还可以与其他外部资源进行链接，包括图书馆馆藏书目数据库、其他平台的外文期刊全文数据库及网络免费期刊资源等，为用户提供各种资源的无缝链接，以便用户获取。

（四）个性化服务

Ovid 平台为用户提供免费申请个人账户，登录后，可使用个人空间（My Workspace）。每申请一个账号可得到 50M 的存贮空间，用于贮存课题相关的文献信息、检索式等内容。个人空间提供我的项目管理、保存检索策略及设置自动文献传递、最新期刊目次通报、安装功能插件等管理功能。

1. 我的项目管理（My Projects）是用于保存课题相关的文件，包括检索结果、检索式或从其他资源中获取的课题相关文献内容，这些内容可以以文件形式上传至个人空间。

2. 保存检索策略及设置自动文献传递（My Searches & Alerts）检索策略的保存有四种类型供选择，

即临时的（Temporary）、永久的（Permanent）、自动文献传递（AutoAlert（SDI））及保存在个人项目（My Projects）中。检索式保存后，可以对检索式进行更名（Rename）、复制（Copy）、删除（Delete）、编辑（Edit）、显示（Display）及发送检索结果链接（E-mail Jumpstart）等操作。当把检索式保存为自动文献传递方式后，系统会出现参数设置界面，包括接收文献通报的时间频率、传递方式的选择等，传递方式有三种，即电子邮件、RSS 及直接发送到个人空间的项目管理中。

3. 期刊目次通报（My eTocs）在个人空间中点击“My eTocs”，则会出现电子邮件地址输入框，将希望接收期刊目次通报的 E-mail 地址输入后，进入期刊设置界面，如图 3-5-7 所示，在期刊列表“Additional eTOC Subscriptions Available”中选择自己感兴趣并要追踪浏览的期刊，用“Add”键将其发送到“Active eTOC Subscriptions”中，所接收的目次通报有两种文件类型可选择，即 HTML 或 TXT，期刊选择完成后，点击“Update”即可激活期刊目次通报。此项功能是当系统对用户所选择期刊进行数据更新时，其所更新期刊的目次表将自动发送到用户所设置的邮箱中。

在案例 3-5-1 中，若要长期跟踪浏览某些期刊，可以通过期刊目次通报功能完成，将所要跟踪的期刊设置并激活后，当数据库对这些期刊进行数据更新时，就可以收到有最新期刊目次的邮件。

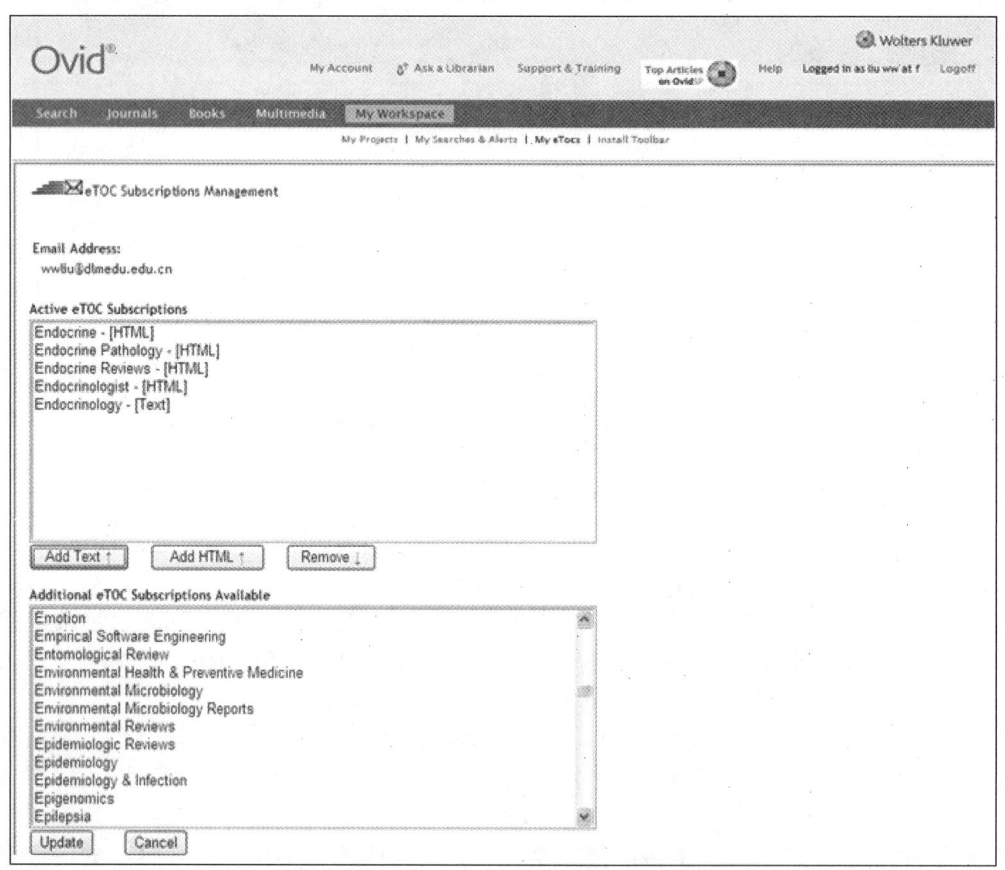

图 3-5-7　Ovid 期刊目次通报的期刊设置界面

4. 安装功能插件（Install Toolbar）此插件可以在用户检索其他数据库或网络资源时帮助用户快速、方便地将课题相关内容保存在个人项目管理中。具体做法是点击“Install Toolbar”链接到 Ovid 公司的培训与文件下载网站，根据用户所用浏览器的类型选择相应的工具按钮下载软件，下载安装后即可在网络浏览器的工具栏中出现“Add to My Projects”的按钮，在检索其他数据库或网络资源时，可以直接点击此按钮将所检索到的网络资源直接保存在个人项目管理中。

三、检索结果的管理

包括检索题录、全文的显示与输出。

1. 题录的显示与输出

（1）题录的显示：执行检索指令后，检索结果的题录信息列表会出现在检索界面的下方，包括：记录顺序号、复选框、文章题目、著者、出处及各种链接等。在题录列表上方，有输出检索记录范围、清除选择、显示文献格式等选项。

（2）题录的输出：在检索结果文章列表的上方，有选择输出范围、打印、发送 E-mail、输出及将检索结果保存在个人项目管理等选项，如图 3-5-6 所示。①输出记录的选择（Select）：在输出题录时，需要先选择输出记录的范围，Ovid 系统输出文章题录每次不能超出 200 条，因此在输出记录数大于 200 条时，需要多次输出，而不能直接选"全部（All）"；如果需要单篇挑选文献时，可直接在每篇题录前的复选框中做出选择，选择完毕后，点击"Keep Selected"即可将所选择的文献列表显示出来。②打印（Print）：可根据需要选择打印的字段和格式，也可选择是否输出检索历史，然后点击"Print Preview"，则会预览所要打印的文献列表，利用浏览器的打印功能，可完成检索结果的打印。③发送邮件（E-mail）：当选择"E-mail"时，系统会显示发送邮件的界面，将接收检索结果的邮箱地址填写到地址栏后，选择将检索结果作为邮件正文或附件进行发送，也可对所发送检索结果中所包含记录的字段、格式进行设置，同时可选择是否在邮件中发送检索策略和文献的全文链接地址。④输出（Export）：首先是输出格式的选择，系统提供多种输出格式，包括"Microsoft""PDF"文本及多种文献管理软件的输出格式，也可对所发送检索结果中所包含记录的字段、格式进行设置。⑤将检索结果保存在个人项目管理（Add to My Projects）：即可将检索结果直接保存在个人空间的个人项目管理中，保存的项目可以是已有的项目，也可以是重新建立的新项目。

2. 全文的显示与输出

（1）全文的显示：在检索结果的文章列表中有 HTML 和 PDF 两种格式的全文链接。点击"Ovid Full Text"可显示 HTML 格式的全文，HTML 格式的全文中具有相关信息的链接，如文章大纲可与正文内容的链接、图表的链接及参考文献的书目信息或全文链接等，便于阅读及扩大文献信息的搜索范围，此外，HTML 格式全文还提供文献图表文件下载、PDF 格式全文、相似文献及引用文献等的链接；点击"PDF"图标即可打开并显示 PDF 全文。

（2）全文的下载：HTML 格式的全文在保存时，只能保存文本，其中所包含的图表要单独保存，即通过鼠标右键将图表另存为图片文件，而 PDF 格式的全文打开后直接保存即可。

（大连医科大学　刘薇薇）

第 6 节　SpringerLink

一、数据库概况

案例 3-6-1

某临床医生欲广泛浏览国外有关肾肿瘤研究的文献，以便从中发现适合自己的科研选题。由于是初步筛选，为节省经费，希望能首先找一些免费文献进行浏览。

问题：

1. 根据这个要求，可以选择哪个数据库？
2. 要浏览国外有关肾肿瘤研究的文献，怎样进行检索？
3. 怎样能够找到免费的外文全文？

分析：

1. 本例主要是要浏览国外有关肾肿瘤研究的文献，所以适合选择外文全文数据库，目前有多家外文全文数据库可供选择，SpringerLink 是一个集期刊、图书、参考工具书、丛书和实验室指南等多种文献类型于一体的电子出版物平台，目前医学类期刊 900 多种，文献量近 156 万篇，医学类图书 3 万多种，按章节划分达 66 万多条记录，实验室指南近 6000 册，另有近 130 种医学类参考工具书，可作为本案例的选择之一。

2. 除检索功能外，许多外文期刊全文数据库往往还同时提供按字顺或主题分类进行浏览的功能，但是各数据库的主题分类在类目设置、分类粗细上是有差异的。SpringerLink 平台提供的按学科分类浏览的功能，其 24 个大类划分既针对完整的出版物如期刊、图书等，也针对基本数据单元如期刊文章、图书章节等，而且还提供了较细的分支学科划分。因此，在按学科分类浏览时，比 ScienceDirect、Wiley Online Library 等数据库有着更显著的优势，正好适合解决本案例的需求。

3. 该平台的医学类期刊中，有 240 余种开放存取或免费的期刊，其文章数量达 26 万多篇，此外还有免费的图书章节 600 多个和若干实验室指南。读者均可免费浏览、下载其全文。除此之外的其他文献记录，仅限免费浏览题录和文摘，但若读者所在单位已经订购该数据库，同样可以浏览、下载其全文。

德国施普林格（Springer）出版社成立于 1842 年，经历了百余年的发展，2004 年春与荷兰 Kluwer Academic Publishers 合并，成为世界上最大的科学、技术和医学（STM）出版集团之一，全称为 Springer 科学与商业媒体集团（Springer Science+Business Media）（http：//www.springer.com/cn）。

SpringerLink（http：//link.springer.com）是 Springer 出版社于 1996 年推出的产品，是全球首个电子期刊全文数据库，目前已经发展成为一个将期刊、图书、会议录、参考工具书和丛书整合于一体的一个电子出版物平台，在线提供 3000 多种同行评议期刊、18 万余种图书，4600 多种丛书、500 多种电子参考书和近 4 万种实验室指南。该平台出版物按学科门类分为 24 个大类（discipline），即：建筑与设计、天文、生物医学、商务与管理、化学、计算机、地球科学与地理、经济、教育与语言、能源、工程、环境科学、食品科学与营养、法律、生命科学、材料、数学、医学、哲学、物理、心理学、公共卫生、社会科学、统计。目前，SpringerLink 平台中的期刊论文、图书章节、参考工具书条目、实验室指南等各类型文献记录（scientific documents）总计 945 万多条，其中医学 235 万多条，公共卫生 15 万多条，生命科学 154 万多条，如图 3-6-2 所示。

SpringerLink 可免费检索，可免费在线浏览检索结果的目次、摘要，还可以导出单篇文献的题录（Citation）。全文内容则需要访问权限，用户能否获取全文因各自所在单位订购情况而异，全文受限的文献记录可以通过“Look Inside”命令预览前两页内容，以便在订购之前了解其内容是否合乎自己的需要。SpringerLink 平台中也有少数开放获取（Open Access，OA）期刊和免费的期刊、图书、实验室指南等，其中期刊有 500 多种，图书和实验室指南近 200 种。而即使访问受限的期刊，有些也会免费提供个别文章的全文。目前，平台中可免费获取的的期刊论文、图书章节、参考工具书条目、实验室指南等各类型文献记录（scientific documents）总计 52.5 万多条，其中医学 26.5 万多条，公共卫生 3.4 万多条，生命科学 11 万多条。

二、检 索 方 法

SpringerLink 平台提供浏览功能、检索功能和个性化服务功能。

（一）浏览

平台提供按学科门类浏览（Browse by discipline）功能。前述 24 个学科门类在平台主页的左侧，如图 3-6-1 所示，点击某个学科进入，所有属于该学科的文献记录，从完整出版物如图书、期刊、丛书、参考工具书和实验室指南，到从中析出的文献基本单元如期刊文章、图书章节、参考工具书条目等，全部混排在一起并按出版时间降序或升序（Newest First 或 Oldest First）排列。在这里，用户可以按出版日期（Date Published）筛选文献，可以灵活选择某个特定年份或年份区间（Show documents published in 或 between）。

在页面左侧边栏的顶端，利用“包括只能预览的文献”（Include Preview-Only content）这一选项，用户可以按有无全文访问权限筛选浏览文献，勾选此选项浏览该学科全部文献记录，反之，仅浏览有全文访问权限的文献记录。在左侧边栏还可以按出版物类型（Content Type）、学科（Discipline）、分支学科（Subdiscipline）和语种（Language）四个条件做进一步精细化筛选，并可获得与各筛选条件对应的文献记录数量，如图 3-6-2 所示。被选中的筛选条件右侧带有去除命令⊗，用它可以随时去除相应的筛选条件，以达到扩大浏览范围的目的。

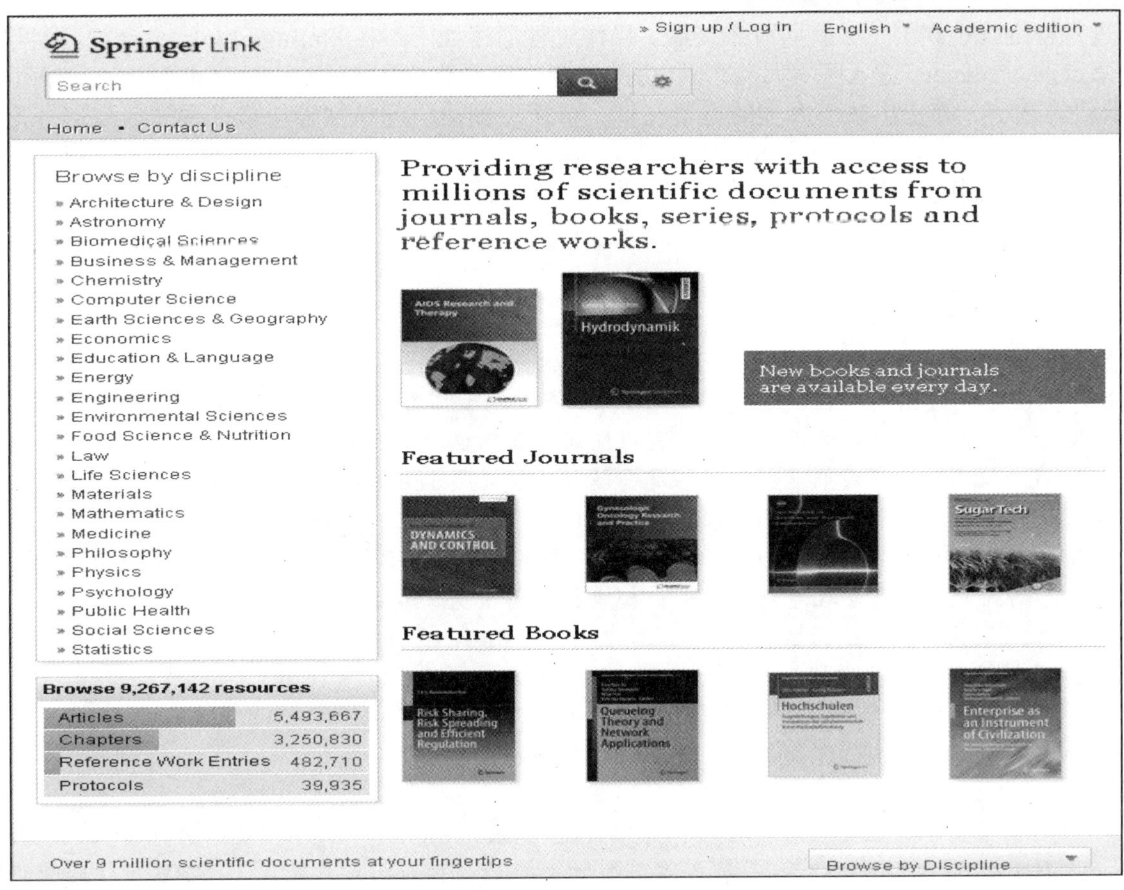

图 3-6-1　SpringerLink 主页

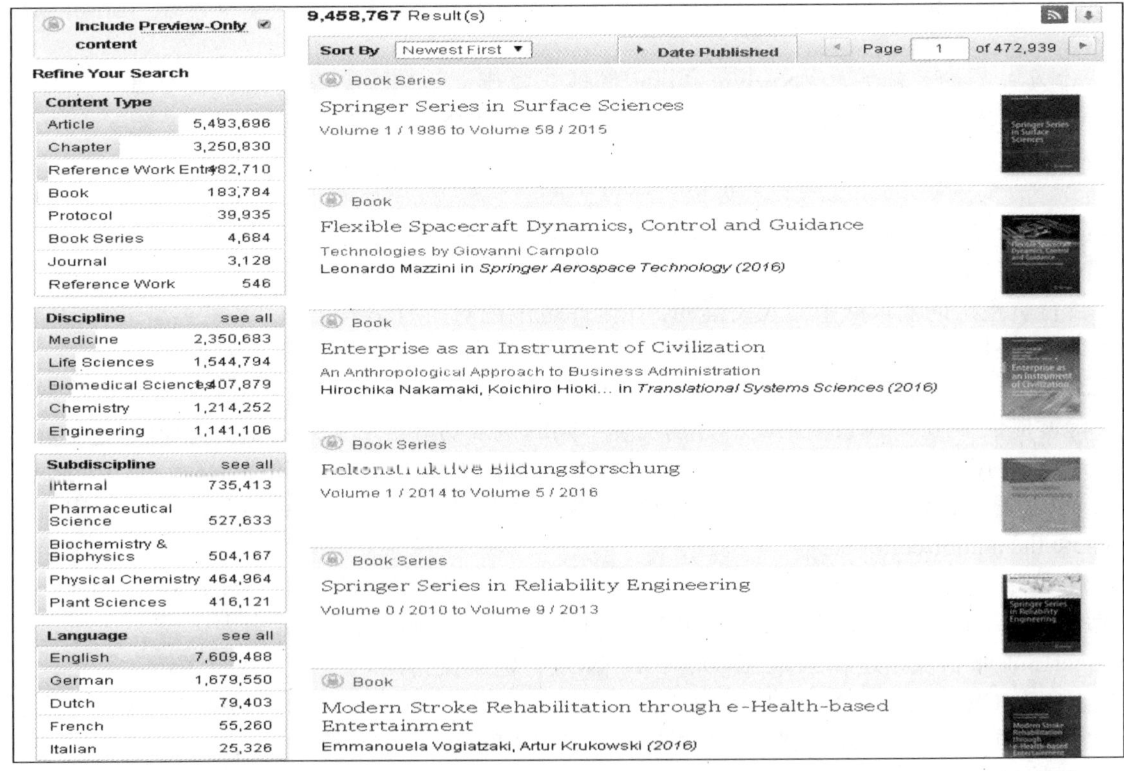

图 3-6-2　SpringerLink 浏览及检索结果显示页面

利用左侧边栏的精细化筛选功能可达到多条件、深层次限定浏览内容的目的。

案例 3-6-1 的问题，可以利用上述浏览功能，结合学科、分支学科精细筛选功能、全文访问权限筛选功能进行精细筛选和浏览，获取所需文献。操作过程简述如下：在 SpringerLink 平台首页左侧学科导航栏中点选 Medicine，进入医学大类之后，去除左侧边栏顶端 Include Preview-Only content 选项的“√”（系统默认勾选），筛选出医学大类的免费文献，再从左侧边栏的精细筛选条件中先后点选分支学科 Oncology 和 Nephrology（点击 see all 可以查看全部分支学科），获得肾肿瘤方面的免费文献。而且可以继续从左侧边栏中进一步选择分支学科、文献类型、语种等条件，逐步接近最佳检索结果。

（二）检索

案例 3-6-2

慢性乙型肝炎（Chronic Hepatitis B，CHB）是一种不断进展的疾病，其患者每年发展为肝硬化的比率为 0.4%～14.2%。在我国，每年约有 30 万人死于与乙肝有关的肝脏疾病。抗病毒治疗是慢性乙型肝炎最根本的治疗方法，目前公认的抗病毒药物主要有干扰素类和核苷（酸）类似物两大类。2006 年美国 FDA 正式批准新型核苷类药物替比夫定（Telbivudine，LdT）用于治疗慢性乙型肝炎，成为继拉米夫定、阿德福韦和恩替卡韦上市后，获准的第 4 个治疗慢性乙型肝炎的核苷类似物，其临床应用至今已近十年。一位肝病科医生想要了解近年来国外替比夫定在临床应用中采用的治疗方案、耐药的监控与管理等研究情况，拟查找国外有关文献，并需要获取全文。

问题：

1. 本案例涉及哪些主题概念？如何选择检索词？
2. 根据本案例的检索要求，可以选择哪个（些）数据库？
3. 如果选择 SpringerLink 数据库，怎样进行检索？

分析：

1. 分析检索要求，主要涉及药物名称替比夫定（Telbivudine，LdT）、疾病名称慢性乙型肝炎（Chronic Hepatitis B，CHB）和病毒名称乙型肝炎病毒（hepatitis B virus，HBV），检索词即“Telbivudine”（或者 LdT）“Chronic Hepatitis B”（或者 CHB）“hepatitis B virus”（或者 HBV）。
2. 本例要浏览国外相关文献，有多个外文全文数据库可供选择。结合本节内容，SpringerLink 也是一个不错的选择。
3. 作为一个全文数据库，SpringerLink 提供免费检索、浏览文献题录、摘要服务，只是在获取全文时才涉及权限问题。故可以直接在 SpringerLink 平台上利用其检索功能完成此检索任务。

SpringerLink 平台默认输入的检索词及各种运算符均无大小写敏感或拼写检查。

1. 简单检索 位于 SpringerLink 平台的左上方位置，如图 3-6-1 所示。

在平台首页检索词输入框中输入关键词，在全库范围内对所有学科类别、文献类型进行检索。也可以先进入某一学科类别，然后再输入关键词，在该学科类别范围内对所有类型文献进行检索。

2. 高级检索 点击简单检索输入框右侧的齿轮图标，选择 Advanced Search，进入高级检索界面。

高级检索提供了 6 个检索输入框，分别实现不同的检索功能，从上到下依次为逻辑关系 and 运算（with all of the words）、精确匹配（with the exact phrase）、逻辑关系 or 运算（with at least one of the words）、逻辑关系 not 运算（without the words）、限定篇名字段检索（where the title contains）、限定著者字段检索（where the author/editor is）。

检索框下面还提供了按出版日期和按全文访问权限筛选检索结果的功能，如图 3-6-3 所示。

3. 指令检索 在简单检索输入框中直接输入用各种运算符构建的复杂检索表达式。

SpringerLink 平台支持逻辑运算 AND、OR、NOT，但不支持用+、–符号代替逻辑运算符；优先运算顺序是 NOT，OR，AND，复杂的逻辑表达式中需要优先运算的部分用西文的括号“（ ）”括起。支持截词检索，通配符“*”代表 0 到任意个字符，“?”代表任意 1 个字符，截词符前给出的字符不宜少于 3 个；支持自动匹配具有相同词干的词语，如输入检索词“running”，返回的检索结果还包括含有“runner”“run”“ran”等词语的记录。支持强制短语检索，运算符为西文的双引号，确保短语或词组不会被拆分成单词。支持临近检索，运算符 near 表示其左右两个检索词相邻距离在 10 个词之内，词序不限，0near 表示其左右两个词必须紧邻且词序不变，要限制相邻距离小于 10 个词，在 near 后面加斜线和数字，如“near/4”表示两词相邻距离在 4 个词之内。

如果输入两个以上检索词，之间空格，系统默认为是 and 关系，又由于逻辑运算符只对紧邻其前后的两个词进行运算，所以假如用词组或短语检索，要加上引号，确保该词组或短语作为一个整体来参与逻辑关系运算。例如要检索“塑料瓶或水污染”，如果输入：plastic bottles OR water pollution，根据上述规则，系统会处理为：plastic AND（bottles OR water）AND pollution，明显不符合原意，应该输入：“plastic bottles” OR “water pollution”。

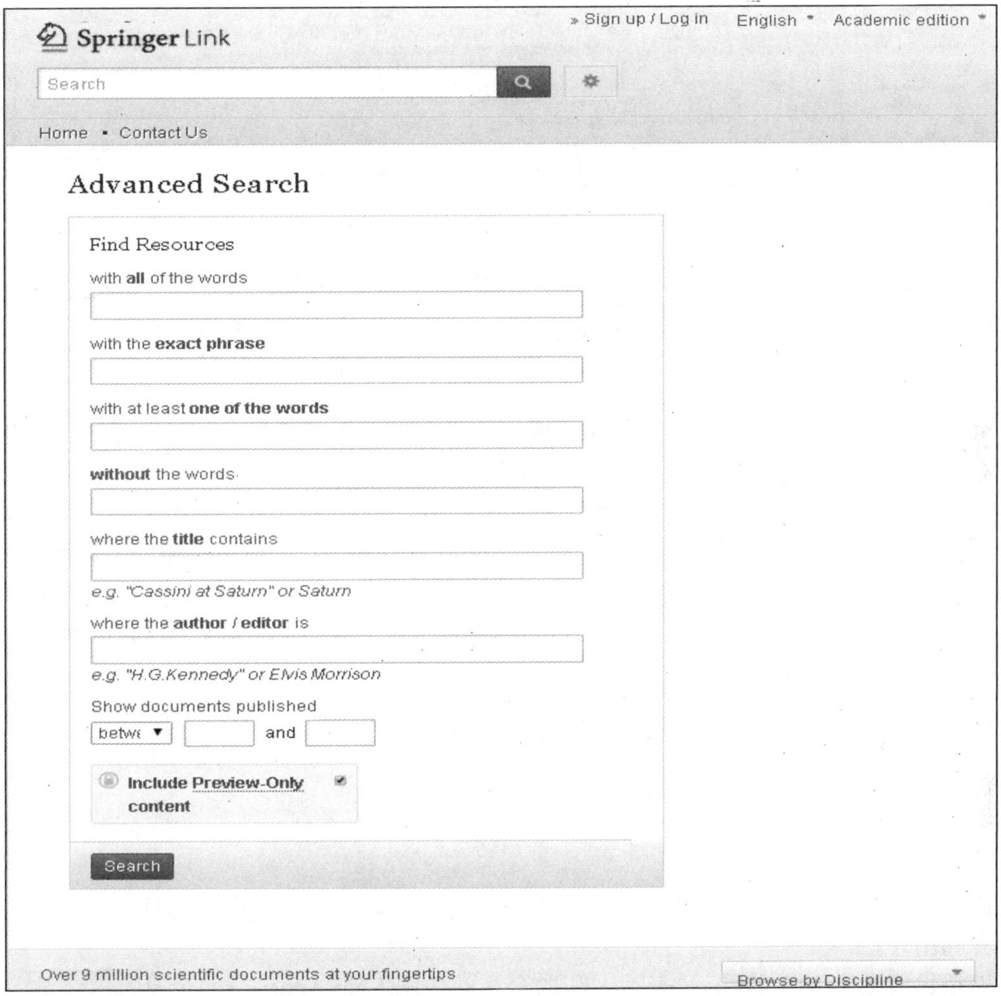

图 3-6-3 SpringerLink 高级检索界面

案例 3-6-2 涉及两个方面问题，一个是药物替比夫定，一个是乙肝的抗病毒治疗，因此检索时要用到药物名称“替比夫定”（Telbivudine，LdT）、疾病名称“慢性乙型肝炎”（Chronic Hepatitis B，CHB）和病毒名称“乙型肝炎病毒”（hepatitis B virus，HBV），为了查全，每个概念的全称和缩写都用来检索，而且为了保证系统不将短语拆成单词进行检索，采用强制短语检索，因此检索表达式设计为：Telbivudine or LdT and “Chronic Hepatitis B” or CHB or “hepatitis B virus” or HBV。像这样涉及主题概念较多、每个概念又有多种表达形式、概念之间逻辑关系复杂的检索要求，即使 SpringerLink 的高级检索功能也难以胜任，所以采用指令检索方式，将这一表达式直接输入到简单检索界面的检索词输入框中，执行检索，结果显示共有 506 条记录（2015 年 11 月），其中免费的有 81 条，查看左侧边栏可知 81 篇全部为期刊论文，除一篇为德文文献外，其余均为英文，并可知这 81 篇文章的学科分布情况，如图 3-6-4 所示。

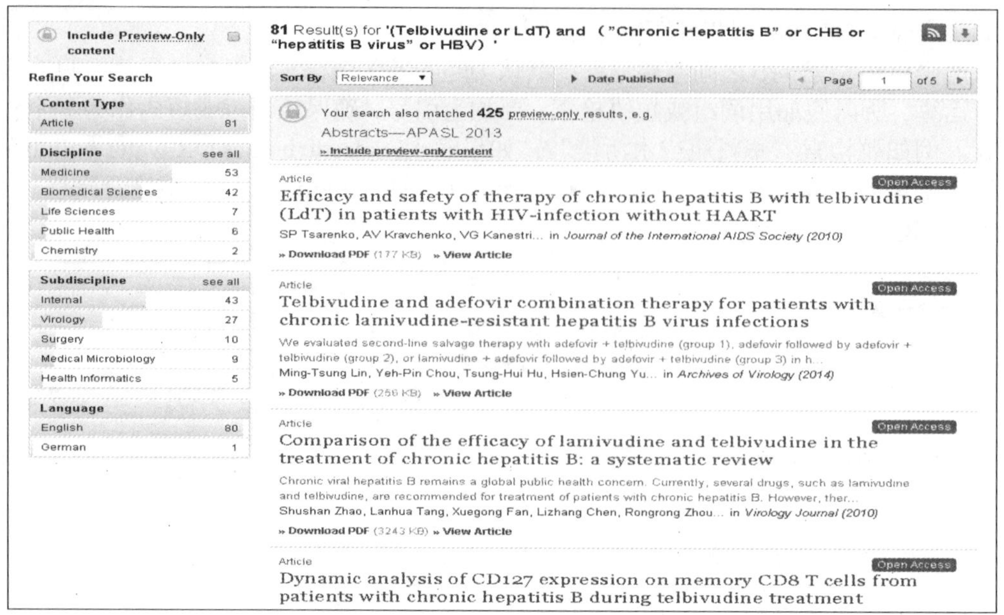

图 3-6-4　案例 3-6-2 检索结果显示页面

本例也可以先用 PubMed 进行检索，得到的检索结果会带有出版机构的标识，并链接到相应的数据库或网站。标有 SpringerLink FULL-TEXT ARTICLE 的文献题录，便可通过该链接到 SpringerLink 平台去获取全文（需要有访问权限）。因为 SpringerLink 中的文献未经 MeSH 标引，像本例中的三个主题概念均有全称、缩写两种表达形式，需要一一列出才能尽可能查全。而用 PubMed 检索，可以利用其辅助工具 MeSH Database 进行主题词检索，以求较好的查全率和查准率。这种将书目数据库 PubMed 与全文数据库 SpringerLink 互相配合来检索并获取文献的方式，既可发挥 PubMed 的强大检索功能，避免因 SpringerLink 本身检索功能局限而漏检，又可以方便地获取全文。

三、检索结果管理

检索结果管理主要包括检索结果的显示与输出。

（一）检索结果的显示

SpringerLink 平台检索结果列表中，每一条目均以题录+摘要片段的形式出现，包括文章题目、文摘片段、著者和出处。

检索结果条目前面带有标记的表示无获取全文的权限（No Access），带有 Open Access 标记的表示是开放获取期刊论文，可获取全文；这两种标识都没有的文献记录，或者是本身属于免费的，或者是机构或个人已经付费获得了访问权限，如图 3-6-4 所示。

同时每一检索结果条目前面都标明其文献类型，如 Article、Chapter、Protocol 等。

凡是有访问权限的，在条目下面会提供 PDF 全文下载（Download PDF）、HTML 全文浏览（View Article）命令，而访问全文受限的条目下面会提供内容预览（Look Inside）和获取访问权限（Get Access）命令。

检索结果可按相关度（Relevance）、出版时间升序或逆序排列，系统默认的是按相关度排序；对检索结果的精细化筛选，无论是按出版日期、全文访问权限、文献类型、学科、分支学科还是按语种，其功能均同前面浏览功能中所述，而且各部分内容布局也与浏览功能的结果显示页面相同，如图 3-6-2 和图 3-6-4 所示。

点击任意一条记录的标题，可以进入该条记录的详细内容界面。如果它是一篇期刊文章或某一图书章节，则界面中显示该文献的出处、DOI、文献类型、标题、作者、摘要、关键词等信息，并提供 PDF 全文下载链接、相关文献（Related Content）的链接、补充材料（Supplements）的链接、参考文献（References）及其全文付费订购渠道（CrossRef）或免费获取来源（如 PubMed Central）的链接等；如果是一种期刊，则界面中显示期刊最新一期发表的文章目录（Latest Articles）、该期刊的编辑出版单位、

ISSN 号以及是否开放存取等出版信息，并提供特定卷期的搜索框（Find your Volume or Issue）和浏览全部卷期的命令（Browse Volumes & Issues）；如果是一种图书，则显示该书的著者、章节目录（Table of contents）、ISBN 号等信息，如图 3-6-5 和图 3-6-6 所示。

在这文献记录详细内容界面的右上方还提供期刊或图书的封面图片及预览（Look Inside）命令，下面提供有关该文献的文献计量数据，如它的引证文献（Citations）数量、题录信息及全文（假如有访问权限）的链接、它在 Twitter、Facebook 等社交媒体上受到同行关注的频次（Social Shares）等，如图 3-6-5 所示。

图 3-6-5　检索结果单篇文献详细内容显示页面 a

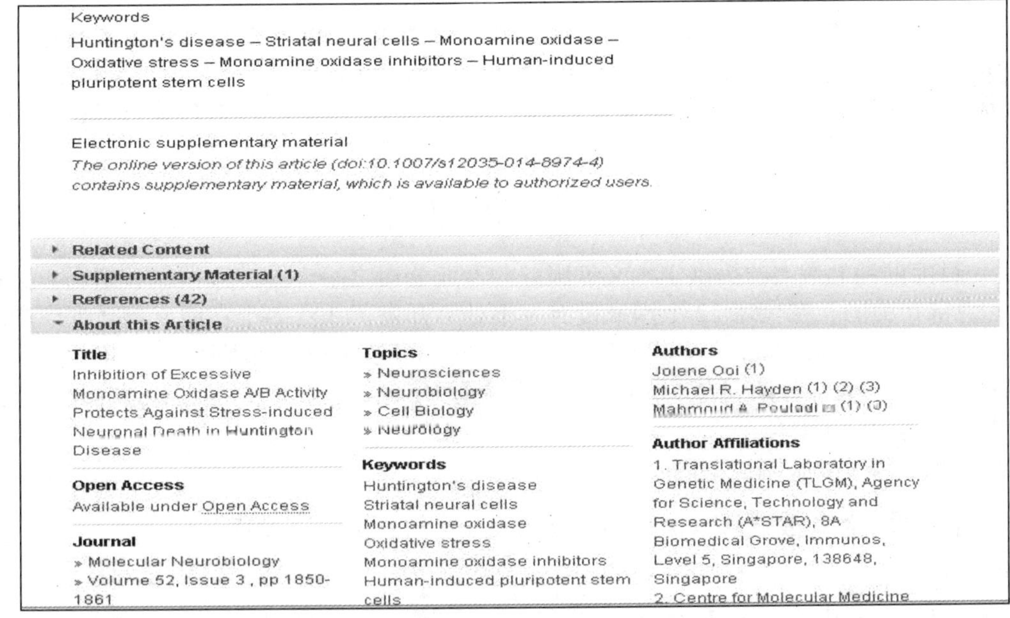

图 3-6-6　检索结果单篇文献详细内容显示页面 b

（二）检索结果的输出

SpringerLink 平台的检索结果，题录可以批量下载也可以单篇下载，全文则只能单篇下载。

在检索结果页面点击右上角的⬇，如图 3-6-4 所示，可以批量下载题录，文件格式为.CSV，包括篇名、作者、来源出版物名称、出版年、卷、期、DOI 号和 URL；在文献记录详细内容界面的右侧，点击导出文献题录（Export citation）命令，如图 3-6-5 所示，可以单篇下载，内容比批量下载的稍多一些，还包括文章的起止页码、出版商等信息。导出时有 ProCite（RIS）、Reference Manager（RIS）、RefWorks（RIS）、BookEnds（RIS）、EndNote（RIS）、PubMed（txt）、Text only（txt）和 BibTeX（BIB）共 8 种格式可以选择以适应不同文献管理软件。还有将此文章添加到一个名为 Papers 的参考文献管理软件（Add to Papers）的功能。

该页面还提供了将当前浏览的文章分享（Share）到 Facebook、Twitter 和 Linkedin 三家社交媒体的功能，如图 3-6-5 所示。

（华北理工大学　谈伟文）

第 7 节　EBSCOhost 外文全文数据库

案例 3-7-1

某医生因临床治疗病人的需要，需要检索 2011～2012 年间在“nature medicine”杂志上发表的有关“肺癌治疗”方面的外文文献全文。

问题：

1. 该读者应该用什么数据库才能迅速准确的检索到这篇文章？
2. 本课题包含哪些检索条件及检索词？
3. 我们应该通过哪些方法进行检索？

分析：

1. 该文章属于一篇医学外文全文文献，只能在收录外文医学文献的全文数据库中检索。在此，我们可以选择 EBSCOhost 外文全文数据库进行检索。EBSCOhost 是目前世界上最大的提供学术文献服务的专业公司之一，提供数据库，期刊、文献订购及出版等服务，开发了 300 多个在线文献数据库产品，涉及自然科学、社会科学、生物医学、人文艺术等多学科领域。

2.分析课题　该课题包含以下检索条件，文章发表的年代（2011～2012 年）、文章发表的期刊名称（nature medicine）、文章的关键词（lung cancer、Treatment）、有全文的文献记录。

3.我们利用 EBSCOhost 外文全文数据库的基本检索及高级检索功能都可以找到这篇文章。

一、数据库概况

EBSCO 是目前世界上最大的提供学术文献服务的专业公司之一，提供数据库、期刊、文献订购及出版等服务，总部在美国，在全球 22 个国家设有办事处。开发了 300 多个在线文献数据库产品，涉及自然科学、社会科学、生物医学、人文艺术等多学科领域。很多期刊可回溯到 1965 年或期刊创刊年，最早可追溯至 1918 年。大部分期刊自 1990 年开始收录全文，收录全文期刊的品种逐年增长，部分全文期刊的收录年限长达 30～120 年。

EBSCOhost 数据库主要包括以下内容：

（一）综合学科全文数据库（Academic Search Premier，ASP）

收录年限：1887 年至今。

收录范围：涵盖多元化的学术研究领域，包括物理、化学、航空、天文、工程技术、教育、法律、医学、语言学、农学、人文、信息科技、通讯传播、生物科学、公共管理、社会科学、历史学、计算机、军事、文化、健康卫生医疗、艺术、心理学、哲学、国际关系、各国文学等。

数据内容：13 600 多种刊物的索引及摘要，4700 多种全文期刊，其中 4000 多种为专家评审（peer-reviewed）及 840 多种非期刊类全文出版物，如书籍、专著、报告和会议论文等。特别的是 ASP 有近 2000 种全文期刊同时收录在 SCI/SSCI/AHCI。

（二）商管财经全文数据库（Business Source Premier，BSP）

收录年限：1886 年至今

收录范围：涵盖商管财经相关领域文献，如金融、银行、国际贸易、商业管理、市场营销、投资、房地产、经济学、企业经营、财务、能源管理、信息管理、知识管理、工业工程管理、保险、法律、税收、电信通讯等。

数据内容：约收录 5100 多种期刊索引及摘要，其中逾 2200 种全文期刊（1120 多种专家评审期刊）及 29 000 多种的非刊全文出版物（如案例分析，专著，国家及产业报告等）。

（三）教育资源信息中心（Educational Resorrce Information Center，ERIC）

本数据库为美国教育部教育资源信息中心所提供之国家级教育学书目数据库。ERIC 包含超过 140 万条文献记录，超过 33 万篇全文。时间可追溯到 1966 年。

（四）教师参考中心（Teacher Reference Center，TRC）

提供 280 多种最畅销的教师和管理员期刊和杂志的索引和摘要。主题涵盖：评估、最优方法、当代教育研究、继续教育、课程研发、基础教育、高等教育、教学多媒体、语言艺术、学校管理、教师教育等，旨在为职业教育者提供帮助，回溯至 1984 年。

（五）报刊资源库（Newspaper Source，NS）

全文型数据库，收录近 300 多种各类报刊全文（涵盖美国各州报纸、国际各大报如 Christian Science Monitor，U.S.A Today，The Washington Post 等）及 The New York Times 和 The Wall Street Journal - Eastern Edition 索引及摘要。回溯至 1995 年。

（六）MEDLINE 数据库

文摘型数据库。美国国家医学图书馆（National Library of Medicine）医疗档案专业版，共收录 1946 年至今 5 600 多种期刊的索引与摘要，包含 Index Medicus，the International Nursing Index 及 Index to Dental Literature，提供专业 MeSH（Medical Subject Headings）检索。

（七）地区商业报纸（Regional Business News，RBN）

全文型数据库。此数据库提供了地区商业出版物的详尽全文收录。Regional Business News 涵盖美加地区 100 多种商业期刊、报纸和新闻专线，数据每日更新。

（八）环境保护（GreenFILE）

全文型数据库。内容针对影响环境的人为因素的研究资源，并且提出了在个人、企业及地区政府、乃至国家各个层级所应采取的措施，从而有效控制人为影响。提供跨学科、多主题信息，反映环境与农业、教育、法律、健康和科技等领域的联系。61.2 万条索引及摘要，9100 多份开放获取全文资源，回溯至 1913 年。

（九）图书馆信息科学与技术文摘（Library，Information Science & Technology Abstracts，LISTA）

文摘型数据库。内容涵盖了图书馆分类、编目、书目学、在线信息检索、信息管理等主题。通过 EBSCOhost 平台，图书馆信息科学与技术数据库（LISTA）提供超过 700 种的期刊、图书、研究报告和会议录的索引，最早的记录回溯到 1965 年。该数据库是在信息科学领域内收录信息回溯时间最长，持续时间最长的数据库。

（十）生物医学全文期刊数据库（Medline Complete）

生物医学全文期刊数据库为目前单一数据库中，唯一能够提供最多 Medline 全文期刊的在线数据库；提供近 2546 种被 Medline 索引文献所收录的全文期刊，其中近 1704 种为 2012 SCI 的全文期刊；

并且有将近 1200 种独特的全文期刊收录于其他的 EBSCOhost 数据库中。

二、检 索 方 法

EBSCOhost 检索界面提供了英文、法文、德文、西班牙文、繁体中文、简体中文等多种显示方式，以下的介绍以英文显示界面为例。系统默认的基本检索界面如图 3-7-1 所示，自上而下分别是通用工具区和检索区。

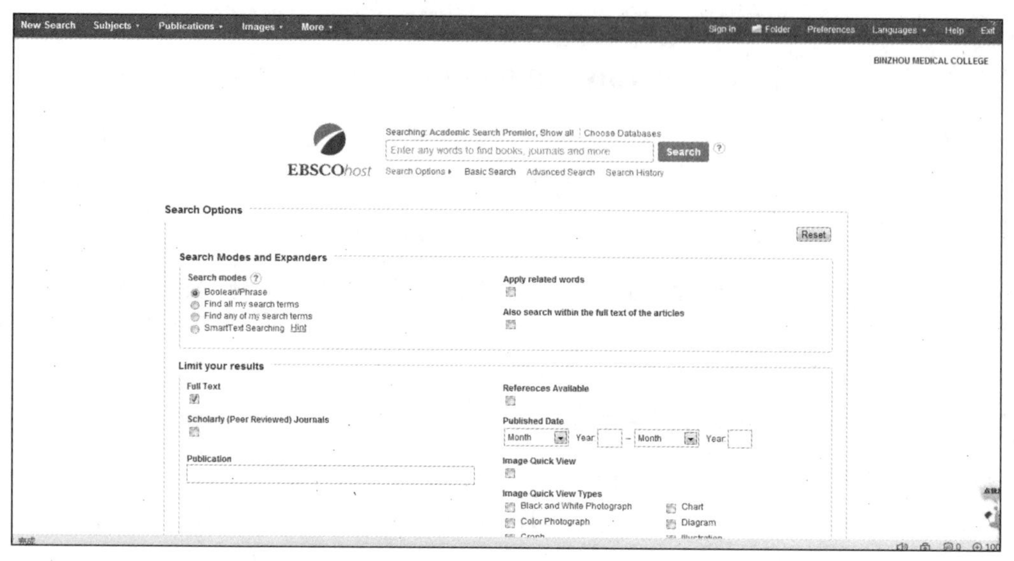

图 3-7-1 EBSCOhost 检索界面

通用工具区主要包括：新检索（New Search），用于返回预设的默认检索画面；检索功能选择标签，包括出版物（Publications）、科目（Subjects）、图像（Images）等检索功能；登录（Sign in），用以访问个性化帐户；文件夹（Folder），显示读者在系统文件夹中保存的检索式、检索结果等信息；首选项（Preferences），用于设定使用偏好，读者可以根据自己的需求设置检索结果清单中每页显示的文章数及文章信息的详尽程度；语言（languages），系统同时提供英、法、德、西班牙语、繁体中文、简体中文等多种语言的检索界面，可通过点击相应按钮进行转换；帮助（Help），为读者提供可在线浏览和检索的使用手册；退出（Exit）命令用于退出 EBSCOhost 检索系统。

检索区主要包括：检索词输入框，用于输入检索词或检索式进行检索；选择数据库（Choose Databases），进行单一数据库检索或是多个数据库检索；检索选项（Search Options），用于设定检索条件提高查准率；基本检索（Basic Search），提供关键词、主题及出版物检索等功能；高级检索（Advanced Search），提供关键词、主题及出版物检索等功能；检索历史（Search History），显示检索历史记录。

EBSCOhost 数据库检索规则包括：①布尔逻辑（Boolean Logic）检索，常用的逻辑运算符有三种，分别为“AND”（逻辑与）“OR”（逻辑或）和“NOT”（逻辑非），三者间的优先级顺序为：NOT＞AND＞OR，圆括号中的检索式最先运算。②截词符号，（*）代表任意个字符，例如 econ* 可以检索到 economy，economic，economically，etc。③通配符（？），可代替一个字符，例如 organi?ation 可以检索到 organisation or organization；（#）可代替多个字符，behavio#r will 可以检索到 behavior or behaviour。④短语检索，用双引号（“”），可以检索到固定格式的词组，位置顺序保持不变。

EBSCOhost 数据库可分为基本检索和高级检索两种检索方式。在基本检索和高级检索界面，又分别可以进行关键词（Keyword）、主题、出版物、图像、索引（Indexes）等多种检索。

（一）基本检索

EBSCOhost 数据库的基本检索界面较为简洁，检索区内只提供一个检索词输入框，可输入单词、词组或短语、检索表达式，点击 Search 按钮，系统自动执行检索。支持截词检索、位置检索和字段限定检索。如果要使用可选的“限定条件”或“扩展条件”，单击“检索选项”链接进行设置即可，如图 3-7-2 所示：

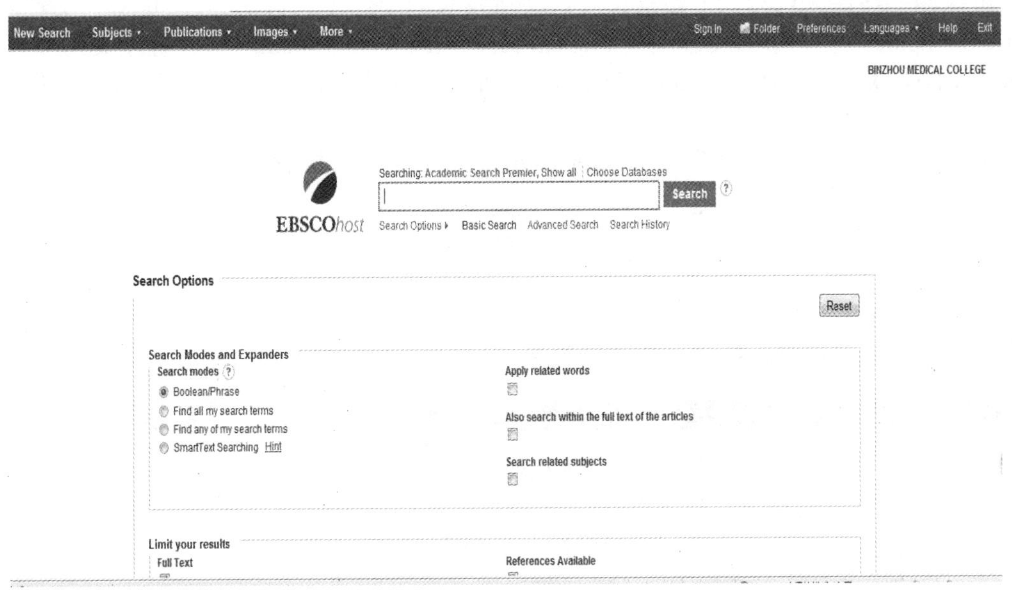

图 3-7-2　EBSCOhost 数据库基本检索界面

（二）高级检索

在高级检索区内提供多个检索词输入框，并为每组检索词增设限定检索字段，可指定各组检索词之间的逻辑运算符。并可显示历次检索指令和检索结果，便于进一步进行检索，如图 3-7-3 所示。

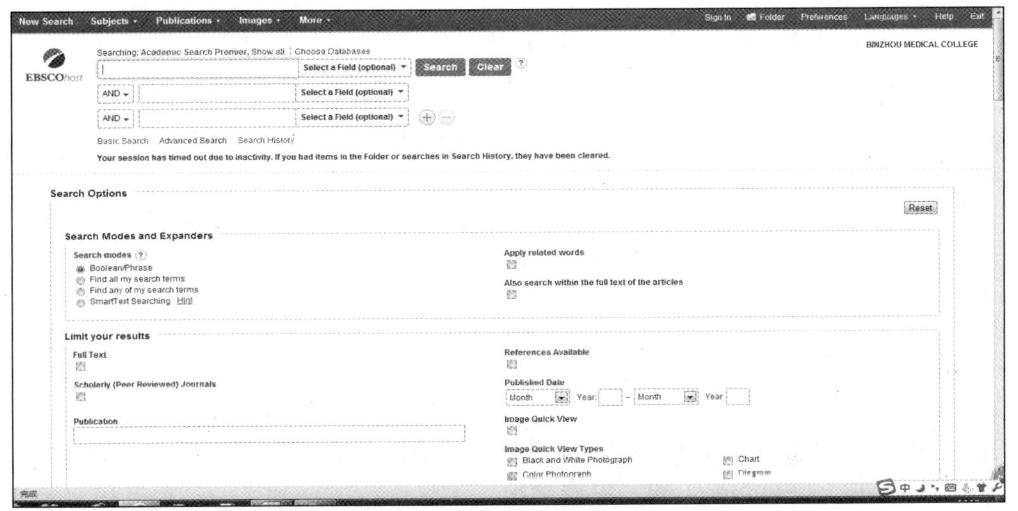

图 3-7-3　EBSCOhost 数据库高级检索界面

设置扩展条件（Search Modes and Expanders）：在检索框下面有限定条件的设置选项。“检索模式”（Search modes）选项栏中可以设定布尔逻辑运算/词组、查找全部检索词语、查找任何检索词及智能文本检索等。若希望 EBSCOhost 将同义词或单复数一同检索，勾选“运用相关词语”（Apply related words），如键入“car”会检索到 car 和 automobile；或键入“policy”会检索到 policy 和 policies。若检索词较冷僻，可勾选“同时在文章全文范围内搜索”（Also search within the fulltext of the articles），只要该篇文章的全文中有所键入的检索词，就会被纳入检索结果清单。

限制结果栏目中可以设置有全文的文献（Full Text）、出版物种类（Publication Type）、学术（同行评审）期刊、出版时间等。

案例 3-7-1，检索 2011～2012 年间在“nature medicine”杂志上发表的有关“肺癌治疗”方面的外文全文文献。利用 EBSCOhost 数据库的高级检索，方法如下：

（1）分析课题：该课题包含以下检索条件，文章发表的年代（2011～2012 年）、文章发表的期刊名称“nature medicine”、文章的关键词“lung cancer、Treatment、therapy”、有全文的文献记录。

（2）进入 EBSCO 主页，选择 Academic Source Premier 数据库，点击“OK”按钮，进入基本检索界面。

（3）在第一个检索框中输入检索式“therapy OR treatment”，并限定所有文本字段。

（4）在第二个检索框中输入 lung cancer，并限定所有文本字段，逻辑运算符选择 AND。

（5）在第三个检索框中输入期刊名称“nature medicine”，并限定期刊名称字段，逻辑运算符选择 AND。

设定限制条件，选“全文”，出版时间：2011.01～2012.12。

（6）点击“检索”按钮执行检索，并显示检索结果，共检索到相关文献 46 篇，如图 3-7-4 所示。

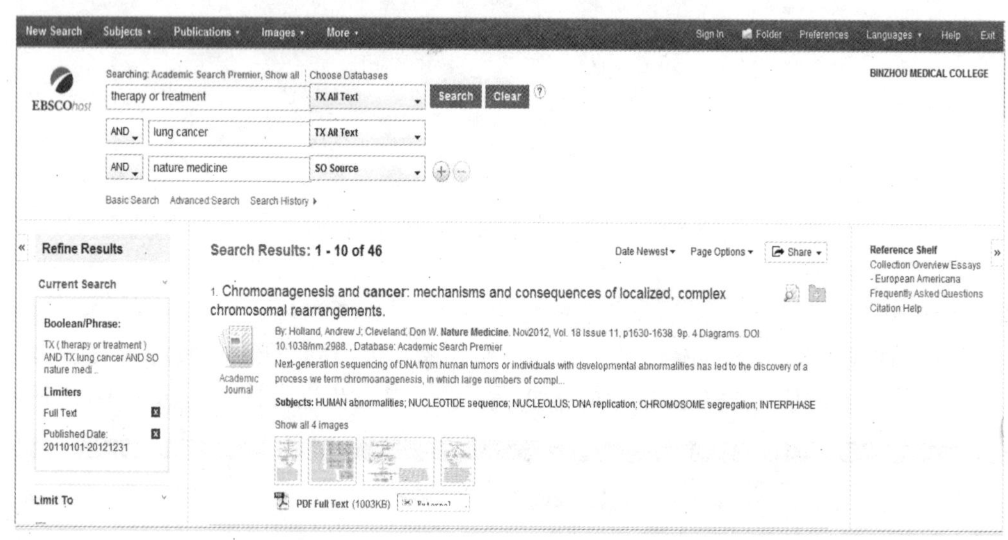

图 3-7-4　案例检索界面

（三）主题检索

利用规范化的主题词进行检索，检索效率高，相关性大。在基本检索或高级检索界面点击工具栏上“主题（Subjects）”按钮进入主题检索界面，如图 3-7-5 所示：

检索步骤：

（1）在检索框中输入检索词，选择排序方式（按字母或相关度），然后点击“浏览”（Browse）按钮，显示相关主题词。

（2）勾选一个或多个主题词，组配合适的副主题词，选择逻辑运算符进行逻辑组配。

（3）勾选“扩展项”（Explode）和“主概念项”（Major Concept）：“扩展项”是指当使用扩展词汇功能时候，就创建了一个可以扩展的主题词的搜索。主题词会扩展找到所有相关词汇，包括上位词和下位词，即和主题词相关的，含义更广的或者含义更精确的词汇；“主概念项”当选择主概念的选项时，说明检索主题词时，选择的词是文章的重点时才会有结果，可以用副主题词限制检索结果，提高检索的精确度，也可以用重要主题词揭示文章的主概念。同时勾选“扩展项”和“主概念项”会检索到所有和主题词相关的文章，包括所有的下位词，而且所有文章的主题词都是文章的重点。

（4）点击“检索”（search database）按钮执行检索，获取检索结果。

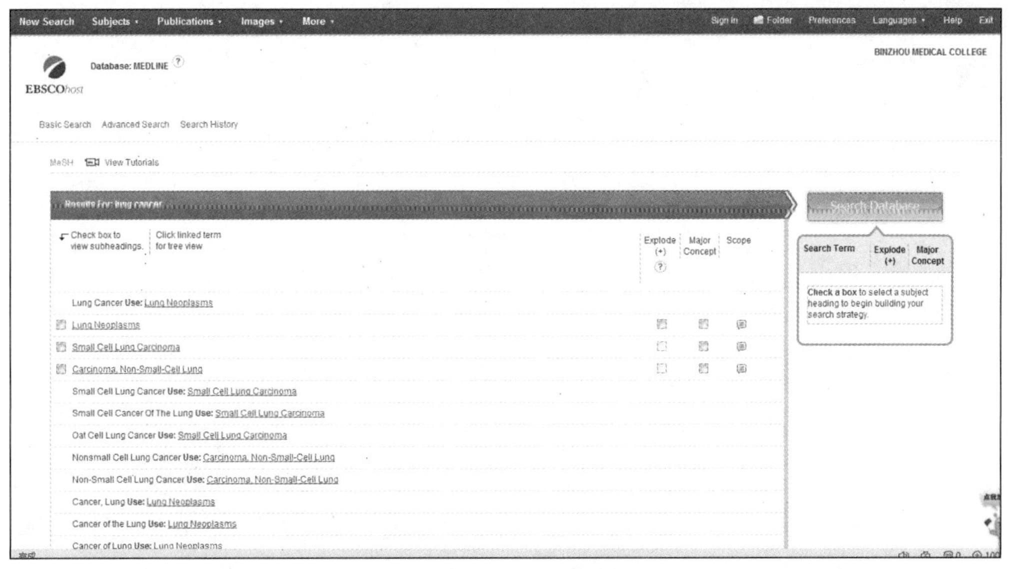

图 3-7-5 EBSCOhost 主题检索界面

（四）出版物检索

在基本检索或高级检索界面点击“出版物”（Publications）按钮进入出版物检索界面，如图 3-7-6 所示。

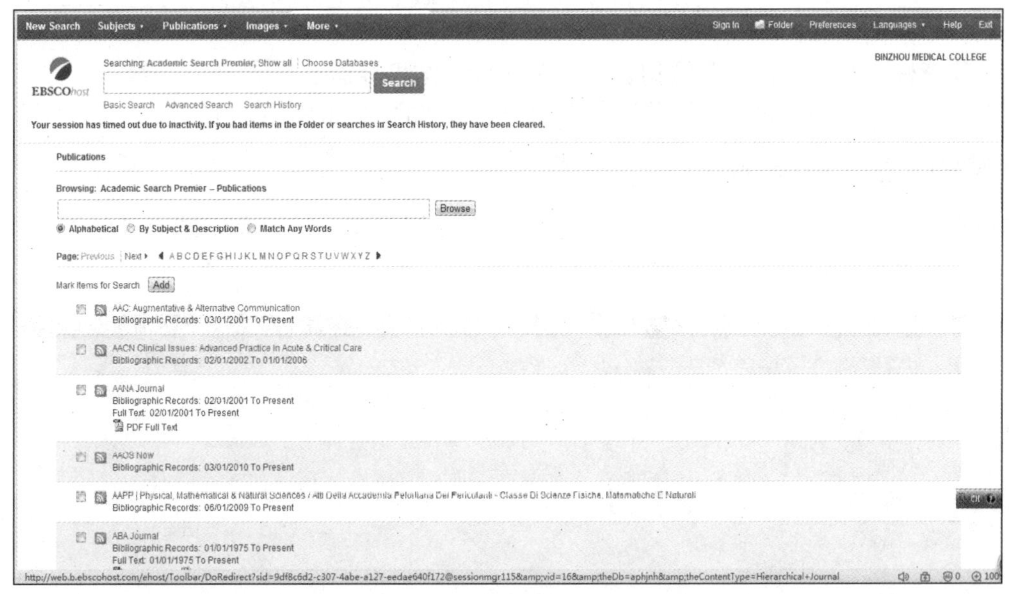

图 3-7-6 出版物检索界面

出版物检索是用来查找 EBSCOhost 数据库收录期刊的目录列表，按字母顺序排列，点击与出版物名称首字母相同的字母进行浏览检索，或在“浏览出版物”检索框中输入检索词，并选择匹配方式（按字母顺序、主题和说明、匹配任意关键字）进行检索，在检索结果列表中显示刊名链接、收录年代、文献类型（文摘/全文）等，勾选刊名前面的方框，点击“添加”（Add）按钮，要检索的期刊添加到检索框中，再点击“检索”按钮即可显示该刊上发表的文章。或者点击刊名链接，进入期刊详细信息界面，再点击年代、卷期链接，即可查到该期所刊载的文章。

（五）图像检索（Images）

在基本检索或高级检索界面点击“图像”按钮，进入图像检索界面，如图 3-7-7 所示：

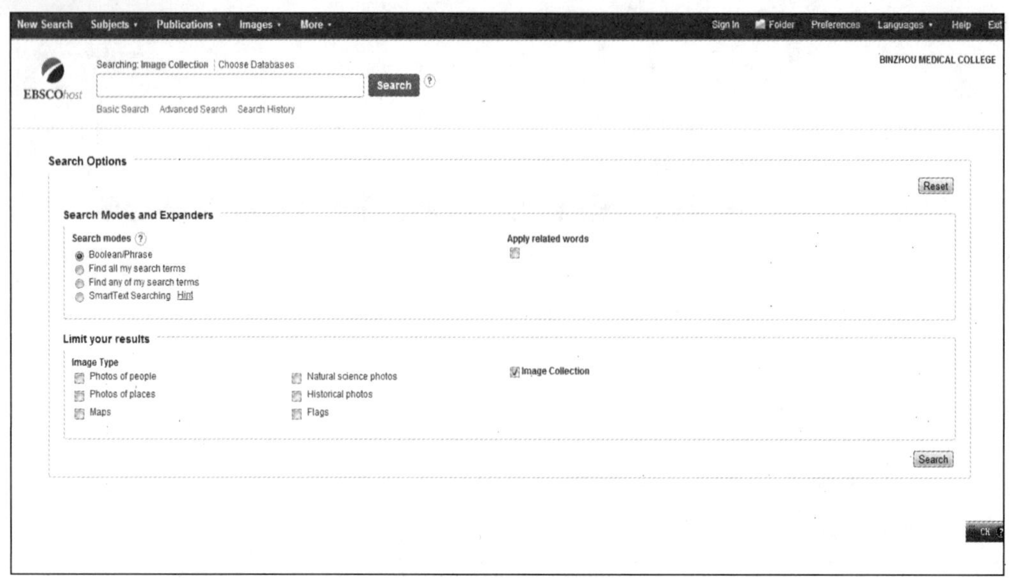

图 3-7-7 图像检索界面

检索步骤：

（1）在检索框中输入检索词或检索式。

（2）限制检索结果，选择图像的类型：包括人物图片（Photos of people）、自然科学图片（Natural science photos）、地图（Maps）等。在类目左边的方框中做上标记即为选中，可选一类，也可选多类。

（3）选择“检索模式和扩展条件”。

（4）点击检索框右边的“检索”按钮，即可进入检索结果界面。

（5）点击检索结果列表左边的小图像，即可看到放大的图像和图像说明。

（六）索引检索（Indexes）

在基本检索或高级检索界面点击“更多”（More）按钮，在下拉菜单中选择“索引”，即可进入索引检索界面，如图 3-7-8 所示：

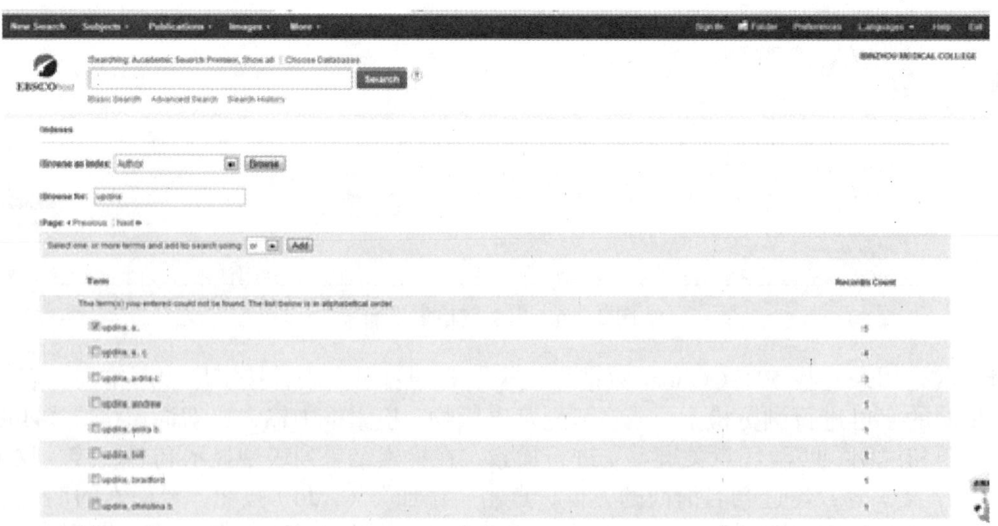

图 3-7-8 索引检索界面

系统提供 18 个字段的检索词索引，可浏览选择的索引字段有：著者（Author）、入库时间（Entry Date）、地理标注（Geographic）、ISSN、期刊名（Journal Name）、关键词（Author-Supplied Keywords）、语种（Language）、文献类型（Document Type）、主题词（Subject Terms）、出版年（Year of Publication）等，根据检索需要，在“浏览索引”框的下拉窗口中选择一种索引字段，点击“浏览”按钮，显示出相应的索引词及其在数据库中命中的文献记录数，浏览该索引，选择一个或多个检索词，并选择逻辑算符，然后点击“添加”按钮，检索词被添加到检索框中，点击“检索”按钮，获得检索结果。

三、检索结果管理

（一）检索结果显示

结果列表屏幕有三列分别是限制检索条件，缩小结果范围区、所有文献记录显示区和相关图片显示区。如图 3-7-9 所示：

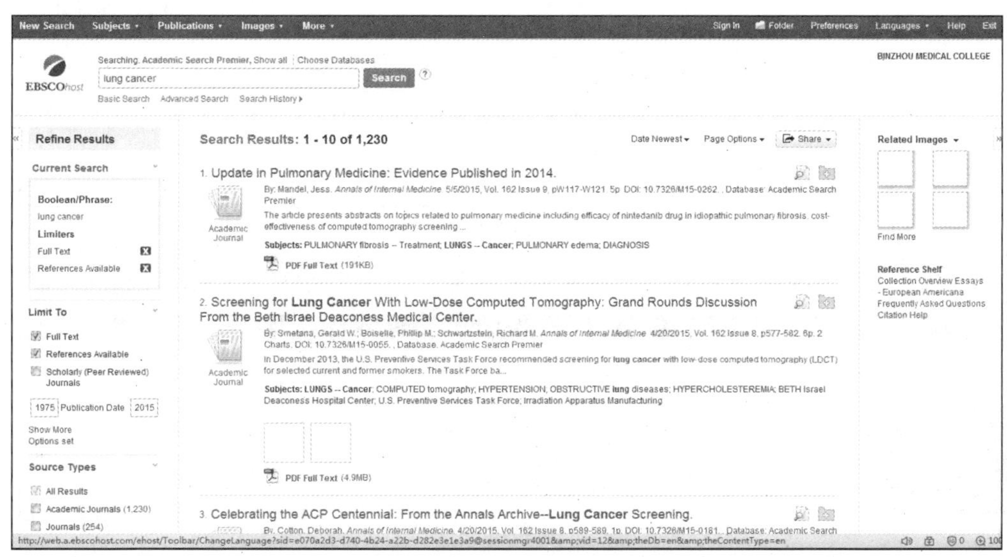

图 3-7-9　检索结果显示界面

所有结果显示在结果列表屏幕中心位置，命中的文献首先以题录方式显示，显示内容包括文献题名、著者、刊名、卷期、页数、文摘、主题词、全文链接等，通过文章标题链接可查看引文信息或全文，将鼠标放到“预览”图标上，可以查看摘要，通过“PDF 全文”链接可查看 PDF 格式全文。

检索结果可按照日期（Date Ascending）、期刊字顺（Source）、相关度（Relevance）进行排序，方法：点击页面上方的“最近日期”（Date Newest）下拉菜单即可进行选择。

还可以对页面显示方式进行设置，EBSCOhost 数据库的显示格式有标准（Standard）、题目（Title Only）、简介（Brief）、详细（Detailed）等格式。并可以设置每页显示的数量，最多可以每页显示 50 条记录。方法：点击页面上方的“页面设置”（Page Options）下拉菜单即可进行选择。

缩小结果范围：按照来源文献类型（Source Types）、主题（Subject）、出版物（Publication）、地区（Geography）等以缩小结果的范围。

限制结果范围：限定条件包括全文（full text）、有参考（References Available）、学术（同行评审）期刊（Scholarly（Peer Reviewed）Journals）、出版日期（Publication Date）等。在“结果列表”中应用左侧的限定条件，选择所显示的任一限定条件，将显示修正后的检索结果。

相关信息：当有其他信息来源（如图像、博客和 Web 新闻）可供使用时，将会在页面右侧显示。

（二）打印/E-mail/保存检索结果

EBSCOhost 数据库检索系统中有一个临时的个人收藏夹，在一次检索过程中，检索者可随时将需要进一步处理的文章存入收藏夹中，以便检索完成后集中处理。使用方法：在检索结果界面，点击文章标题右侧的文件夹图标可以将该篇文章加入文件夹，要查看文件夹中的项目，单击“文件夹视图”（Folder View）链接即可。或者注册你自己的 My EBSCOhost 文件夹，点击上方工具栏中的登录按钮，这样可以永久性保存添加入文件夹中的结果。

对收藏夹中的检索结果和单篇文献都可以进行打印、保存、发送电子邮件、导出等处理，如图 3-7-10 所示：

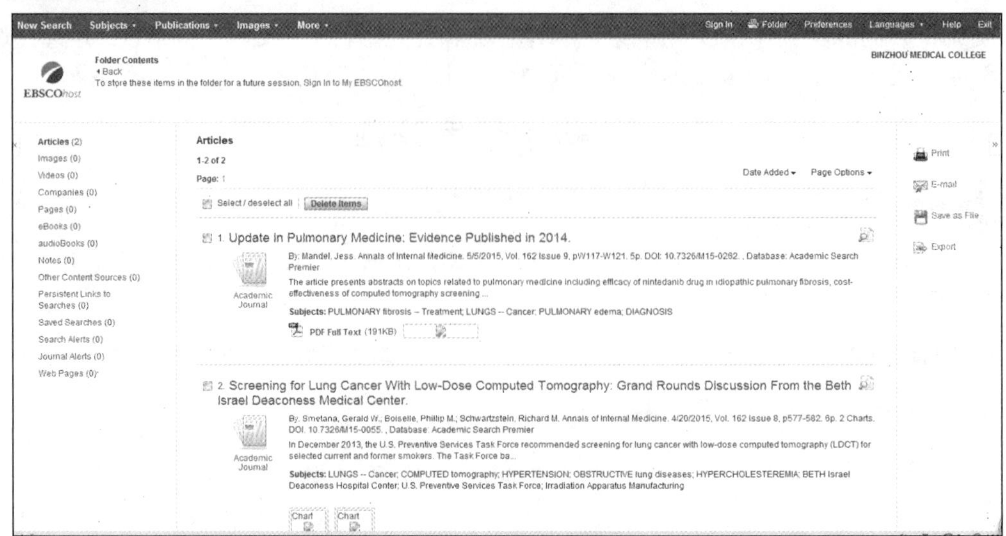

图 3-7-10 收藏夹显示界面

电子邮件（E-mail）：在收藏夹中，点击 E-mail 按钮，会出现如图 3-7-11 所示界面：

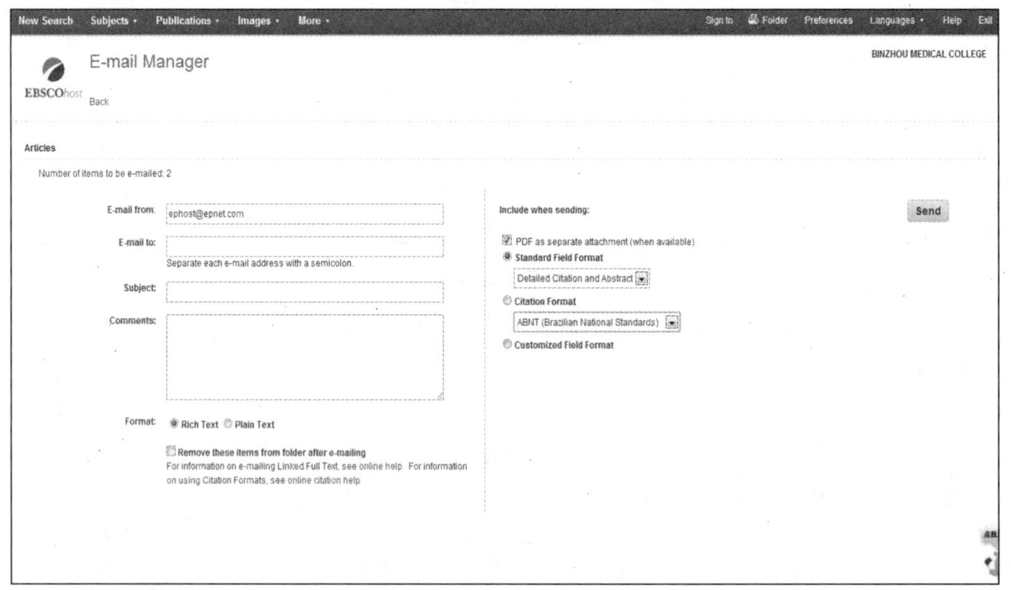

图 3-7-11 E-mail 功能界面

输入 E-mail 地址及邮件标题，如需键入多个 E-mail 地址，以分号“；”分隔。若选中“电邮以后从文件夹删除这些对象”(Remove these items from folder after E-mailing)，则 E-mail 完成后，已被 E-mail 的条目将被删除。可以选择发送时文献显示格式，包括 HTML 格式全文（HTML Full Text when available）、标准字段格式（Standard Field Format）、引文格式（Citation Format）、自定义格式（Customized Field Forma），默认的是详细的引文和摘要格式。

存盘（Save as File）：可以保存题录文摘信息、保存该篇文章的永久链接、保存书目信息、HTML 格式全文等。

打印（Print）：在收藏夹中，点击“打印”（Print）按钮，出现如图 3-7-12 所示界面：

选择“打印以后从文件夹删除这些对象”（Remove these items from folder after printing），则已被打印的条目将被删除。若选中“detailed citation and abstract”，则会打印详细引文和摘要；否则，只会打印简短的索引数据。如：文章名、期刊名、年卷期等。点击“Estimate number of pages”可显示预计打印页数。EBSCOhost 数据库 PDF 的全文用 PDF 浏览器提供的打印功能打印。

导出（Export）：在收藏夹中，点击 Export 后，可将检索结果按如下格式导出：直接导出到 EndNote、ProCite、CITAVI 或 Reference Manager，直接导出到 EndNote Web、通用文献目录管理软件、XML 格式引文，直接导出到 RefWorks。

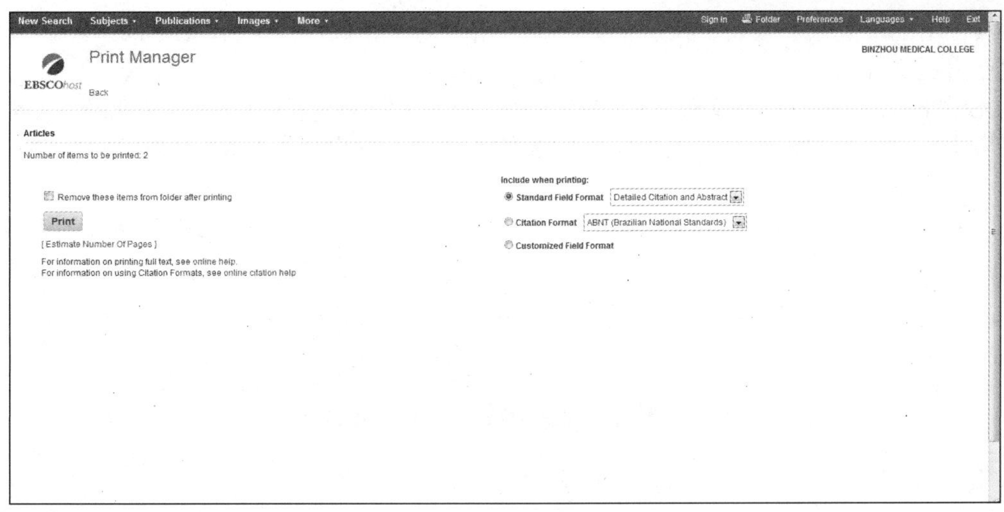

图 3-7-12　检索结果打印界面

（三）EBSCOhost 数据库的全文翻译功能

EBSCOhost 数据库提供全文翻译功能，打开 HTML 格式显示的全文，在文献上方有“翻译”（Translate）按钮，可以对原文语种进行翻译，比如英文翻译成中文，如图 3-7-13 所示。

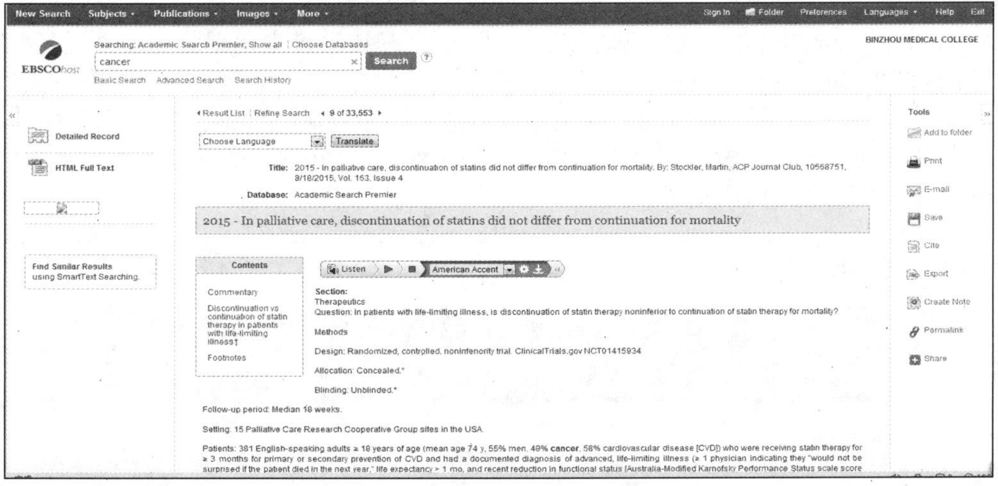

图 3-7-13　全文翻译功能界面

（四）EBSCOhost 数据库的个性化服务

利用 My EBSCOhost，可以创建免费的个人文件夹，用户在现有的检索中扩展对 EBSCOhost 检索结果的利用。个人文件夹简便易创建，而且任何用户都可以利用 EBSCOhost 平台创建，如图 3-7-14 所示：

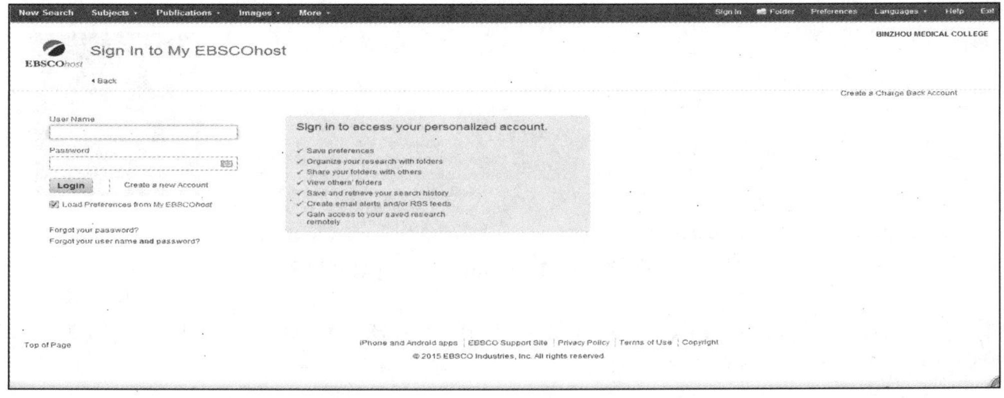

图 3-7-14　登录“My EBSCOhost”界面

点击工具栏上的“登录”按钮，在这个页面中点击“创建新账户”（Create a new Account），填写完相应区域点击提交即可。

我的 EBSCOhost 用户可以在文件夹中储存图片、视频、搜索链接、检索条件记录、搜索快讯、期刊快讯等。从个人文件夹中，用户可以打印，发邮件，保存，导出检索结果，包括图片和视频等。

（滨州医学院　孙风梅）

第 8 节　其他外文全文数据库

一、Wiley Online Library

（一）数据库概况

Wiley Online Library（http：//onlinelibrary.wiley.com）是 John Wiley & Sons 公司开发的综合性网络出版在线服务平台。收录有 600 余万篇来自 2300 多种期刊的文献，还有超过 1.8 万种的在线电子图书及百种以上的丛书、实验室指南和各种数据库等，涉及内容包括生命科学、医学、物理、社会及人文等多种学科。2010 年 8 月推出新平台 Wiley Online Library，新平台界面简洁易用，功能更加完善。

（二）检索方法

1．浏览　Wiley Online Library 提供两种浏览方式，分别是按学科主题浏览和按书刊名称字顺浏览。

（1）主题浏览（Browse by Subject）：系统将全部主题分为 17 个大类，每个大类下又分为若干二级主题，在浏览时，仅需点击所要浏览的二级主题即可进入该主题浏览界面，在此界面中，系统会列出该主题重点推荐的四种书刊，同时在界面中会显示三级主题（TOPICS）的选项，点击各主题会显示相应主题的书刊列表，如图 3-8-1 所示。

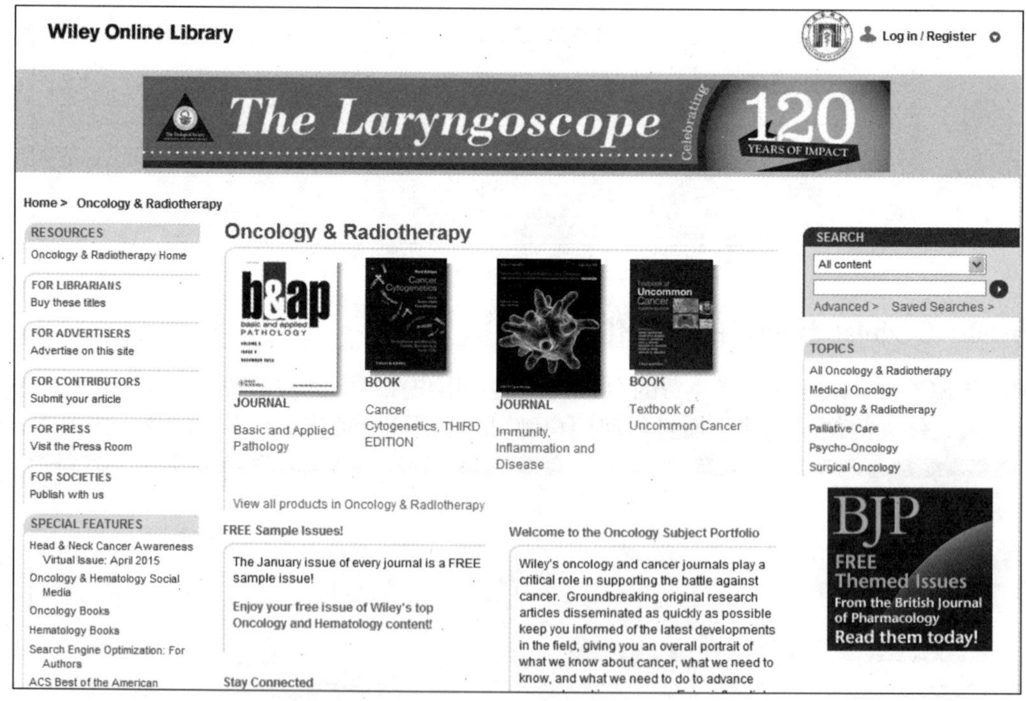

图 3-8-1　Wiley Online Library 主题浏览界面

（2）按书刊字顺浏览（Publications）：在主页中直接按书刊名称的首字母顺序浏览书刊或是在任意界面中点击“Publications”均可打开书刊列表。

2. 检索

（1）基本检索：直接在检索词输入框内输入检索词进行检索，检索词可限定在文献内容中或书刊名中。

（2）高级检索：在检索词输入框内输入检索词。检索词输入框可根据需要增加，检索词之间可进行逻辑组配，同时检索词的可限定字段除在任意字段外，还提供 12 个可限定字段。

3. 个性化服务　Wiley Online Library 的主页提供注册申请个人账户的功能，个人账户可以用来保存检索式、检索结果、期刊目录通报、查阅订单等，同时还提供漫游账号的注册、激活与刷新的功能。

（三）检索结果的管理

检索结果以题录的形式提供文献列表，同时有文摘、全文及参考文献列表的链接。检索结果可按相关度与发表日期排序，题录可以直接输出（Export Citation）文本格式，或选择输出各种文献管理软件需要的格式。

二、Emerald

（一）数据库概况

Emerald（http：//www.emeraldinsight.com/）是由 University of Bradford 下属的 Emerald 出版集团在 1967 年创立，以出版商业、管理、图书馆学、社会科学、工程、语言等专业期刊为主。Emerald 数据库平台提供近 300 种全文期刊，300 多种管理学期刊的独立评论，2500 余种图书，450 多个教学案例等，Emerald 平台还提供专栏服务，包括作者专栏（For Authors）、图书馆员专栏（For Librarians）、学者专区（Research Zone）、学习专区（Learninging Zone）、教学专区（Teaching Zone）等，如图 3-8-2 所示。

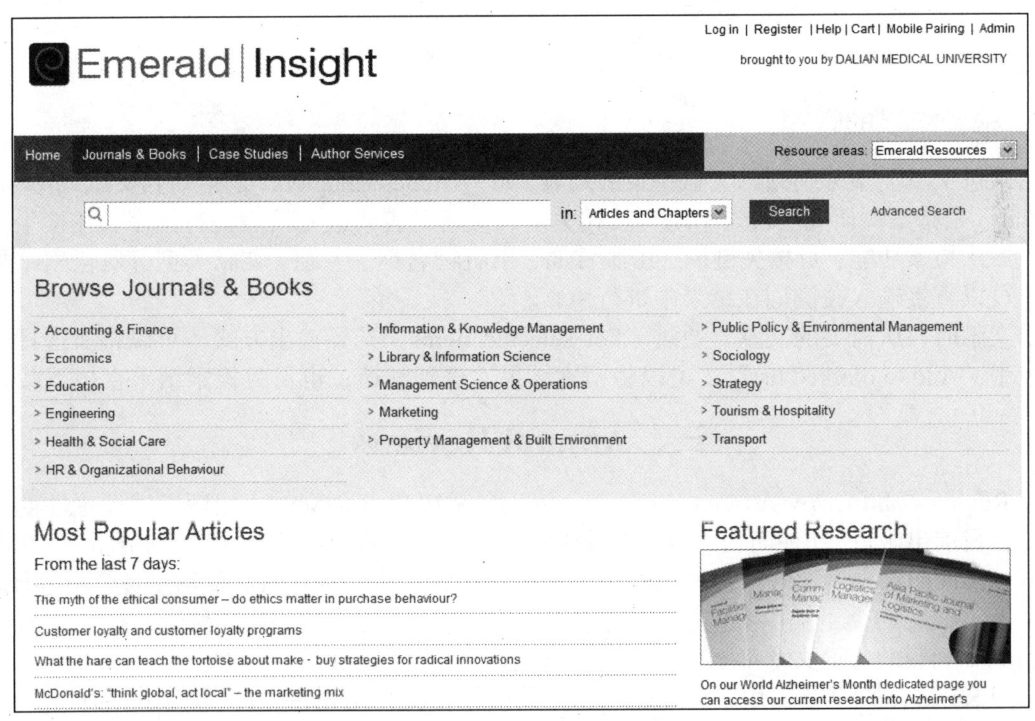

图 3-8-2　Emerald 数据库主页

（二）检索方法

数据库提供浏览及检索两种检索功能。

1. 浏览　提供按书刊名称字顺和学科主题两种浏览方式。

2. 检索　提供快速检索和高级检索两种方式。

（1）快速检索（Search）：在 Emerald 的各界面中都有快速检索的检索词输入框，可直接将检索词输入，并可将其限定在期刊论文或图书章节、教学案例中进行检索。

（2）高级检索（Advanced search）：提供三个检索词输入框，提供 12 个可限定字段供选择，检索词输入框之间可以进行逻辑组配。还提供出版时间范围及检索资源范围等的限定，如图 3-8-3 所示。

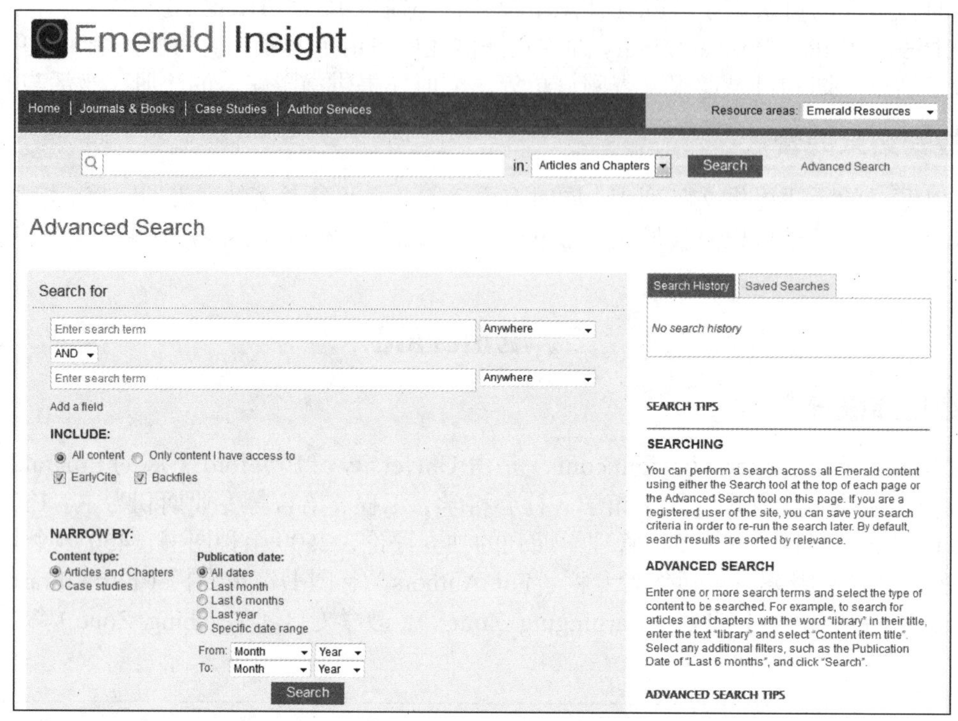

图 3-8-3　Emerald 数据库高级检索界面

（三）检索结果的管理

检索结果按文献类型分别列出文献题录的列表，如“Articles/Chapters”是指期刊文献或图书的章节，“Case Studies”是指案例研究。检索结果可按相关度、最新发表或最先发表进行排序。在检索结果显示界面还提供二次检索功能，可按关键词、出版日期、出版物名称、主题、文献类型等对检索结果进行二次筛选，也可以直接输入关键词在结果中进行检索。

在输出文献时，所需要的文献，通过“For selected items”选择输出方式，可以将所选择文献加入到标记列表中“Add to marked list”；可以将检索结果发送到邮箱；也可将检索结果直接下载。

三、Annual Reviews

Annual Reviews（http：//www.annualreviews.org）是在 1932 年创立的以出版综述评论性期刊为主的一家出版社，目前出版近 50 种期刊，内容涉及生物医学、生命科学、物理学和包括经济学在内的社会科学等领域。Annual Reviews 为年刊，每种期刊每年只出版一期，所有的文章均是各学科领域的权威、顶尖科学家撰写而成的，主要内容包括回顾各学科最前沿的研究进展，为学科研究提供方向性指导。Annual Reviews 刊载的每篇文章都至少要引用 130 篇以上的参考文献，平均每篇文章 30 页。根据 JCR 统计，Annual Reviews 期刊是引用率最高的期刊，其出版的所有期刊在各自领域均排名前十。

Annual Reviews 平台提供期刊浏览和检索功能，支持个性化设定。

检索结果以文献题录列表显示，支持题录与全文下载，提供用于多种文献管理软件的输出格式。

四、Science

《Science》周刊（http：//www.sciencemag.org/magazine）由美国科学促进会（American Association for the Advancement of Science，AAAS）出版，1880 年创刊。《Science》是综合性科学期刊，其所包含的

科学新闻报道、综述、分析、书评等部分，都是权威的科普资料，该期刊也适合一般读者阅读，目前该网站全文回溯至 1880 年。

《Science》网站还包括《今日科学》（Science Now）《科学快讯》（Science Express）《信号转导知识环境》（Science Signaling）和科学职业网（Science Careers）等资源。

《Science》网站提供快速检索和高级检索两种检索功能，也可按期刊出版卷期进行浏览。

五、Nature

英国著名杂志《Nature》周刊（http：//www.nature.com）是世界上最早的国际性科技期刊，1869 年创刊。报道和评论全球科技领域里最重要的突破。其办刊宗旨是“将科学发现的重要结果介绍给公众，让公众尽早知道全世界自然知识的每一分支中取得的所有进展”。

Nature 平台提供期刊浏览和检索两种功能，其浏览功能分为按刊名和按学科主题分类两种方式，检索功能包括快速检索和高级检索两种方式。

综述案例

某校研究生在检索“Hallet J，Gayet B，Tsung A，Wakabayashi G，Pessaux P; 2nd International Consensus Conference on Laparoscopic Liver Resection Group. Systematic review of the use of pre-operative simulation and navigation for hepatectomy: current status and future perspectives. J Hepatobiliary Pancreat Sci. 2015 May; 22（5）: 353-362.”这篇文章全文时，他遇到了困难。

问题：

面对馆丰富的图书馆电子资源，哪个数据库能有这篇文献的全文？难道需要到一个个期刊全文数据库中查找吗？有没有比较方便快捷的方法解决这个问题呢？

分析：

当我们需要查找具体的一篇文章全文时，在已经知道其题录信息而不了解其所在数据库时，不要直接到各个数据库中去找这篇文章的全文，一定要借助导航工具来解决这一问题。可以借助数据库的导航功能，如 PubMed、OvidSP 等平台均有全文导航功能；也可借助导航工具，如百链、知识发现系统等；还可以利用图书馆自建的期刊导航数据库等，详见第 10 章第 1 节。

通过导航工具找到或直接链接到文章所在的全文数据库中下载全文。

（大连医科大学 刘薇薇）

思 考 题

1. 简述中国知网提供哪些检索方法。
2. 利用中国知网跨库检索平台检索“2010 年以来华北理工大学教师发表的有关尘肺研究的相关文献”，并以“CAJ-CD 格式引文”保存题录，下载一篇最新文章的 CAJ 和 PDF 格式的全文。
3. 用中国知网查找《中国综合临床》的期刊信息，写出其 ISSN 号、创刊年、出版地、主办单位及电子邮箱地址。
4. 维普期刊资源整合服务平台在结构上包含哪些功能模块？
5. 维普期刊资源整合服务平台的期刊文献检索提供哪些检索方式？
6. 在维普期刊资源整合服务平台上，分别用基本检索、高级检索和传统检索三种方法检索“有关吸烟与肺癌关系”方面的文献，比较他们的检索效果有何不同。
7. 万方数据知识服务平台包括哪些资源？
8. 万方学术期刊数据库的检索途径有哪些？
9. 通过万方学术期刊数据库查找《中国工业医学杂志》的期刊信息、主要栏目以及获奖情况。
10. 利用 Elsevier ScienceDirect 查找下列文章的全文：Paige Yellen，David A. Foster. Inhibition of fatty acid synthase induces pro-survival Akt and ERK signaling in K-Ras-driven cancer cells. Cancer Letters，2014，353（2）：258-263.
11. 利用 Elsevier ScienceDirect 的图像检索功能查找乳腺癌的病理学研究方面的图片。

12. 利用 Elsevier ScienceDirect 检索近三年有关禽流感方面的文献。

13. 利用 Ovid 期刊全文数据库检索下列文献的全文，并将其 PDF 格式全文保存在 D 盘。

Gratzinger，Dita；Million，Lynn；Kim，Youn H. Occult Dermal Lymphatic Involvement Is Frequent in Primary Cutaneous Anaplastic Large Cell Lymphoma. American Journal of Dermatopathology. 2015,37(10): 767-770.

14. 在 Ovid 平台申请一个个人账户，并练习将上题文章的全文保存在"My Projects"中。

15. 在 Ovid 期刊全文数据库中检索有关核爆炸所致辐射损伤的文章。

16. 利用 SpringerLink 查找下列文章的全文：Reich-Erkelenz D, Schmitt A, Falkai P. Unravelling basic mechanisms in addiction and neuropsychiatric disorders. Eur Arch Psychiatry Clin Neurosci. 2015 Dec；265（8）：633-5. doi：10.1007/s00406-015-0645-6. PubMed PMID：26459020.

17. 利用 SpringerLink 的学科分类浏览功能查找有关儿童公共卫生方面的免费全文共有多少篇，并了解 SpringerLink 平台中该主题范畴的出版物有哪些类型，分别有多少种？

18. 利用 SpringerLink 检索近三年高血压与心肌纤维化相关关系研究方面的文献。

19. EBSCOhost 数据库的主要检索方法有哪些？

20. 简述 EBSCOhost 数据库高级检索步骤。

21. 利用 EBSCOhost 全文数据库检索下列文献，写出你所用的检索词、检索式、检索途径、检索出的文献数量。

（1）类风湿性关节炎（rheumatoid arthritis）并发心肌炎（myocarditis）。

（2）优生流产（eugenic abortion）。

（3）在 EBSCO 所有数据库中检索作者 Klein，JD 写的文章。

（4）请检索 2006 年发表在 Academic Medicine 杂志上的文章，并打开全文。

22. 利用 Wiley Online Library 检索下列文献的全文：Yuko Minami，Masaaki Kawai，Tsuneaki Fujiya，Masaki Suzuki，Tetsuya Noguchi，Hideaki Yamanami，Yoichiro Kakugawa and Yoshikazu Nishino. Family history，body mass index and survival in Japanese patients with stomach cancer：a prospective study. International Journal of Cancer. 2015，136（2）：411-424.

23. 利用 Emerald 数据库检索并保存下列文献的全文：Emmanuel E. Baro. A survey of information literacy education in library schools in Africa. Library Review，2011，60（3）：202-217.

第4章

引文数据库

科学研究是一个承前启后、不断继承与发展的过程，同时也是一个信息不断积累与更新的过程，任何一项科学研究都是在综合和借鉴前人研究成果和研究方法的基础上完成的。全世界每年发表大量科技文献，这些文献都不是孤立的，文献之间相互影响、相互联系、相互引用，构成一个巨大的文献网，为人们提供了关联度极高的文献资源空间。引文作为科技文献的重要组成部分，为科研工作者获取知识，查找信息提供了新的思路。引文索引揭示了科学研究之间引证与被引证的关系，从文献之间相互引证的角度，提供新的检索途径，提高检索结果的相关性。本章简要介绍了引文索引的基本概念和作用，重点通过实例对 Web of Science 核心合集、NSTL 国际科学引文数据库、中国科学引文索引数据库、中国引文数据库、中文科技期刊数据库（引文版）等常用引文数据库的检索方法、检索结果分析等功能做详细说明。同时介绍了 Web of Science 核心合集的引文分析与评价工具——期刊引证报告和基本科学指标。

第1节　概　　述

案例 4-1-1

科研选题是科研工作的重中之重，集中体现了科研的“创新性”。一个创新的设想和选题需要研究人员拥有坚实的专业基础理论和系统的专门知识和技能，并及时准确地掌握本研究领域发展的前沿和动向，对本研究领域的历史与现状有全面的认识。为此，需要科研人员大量阅读相关文献，形成比较完整的知识框架。但是面对浩如烟海的数据和信息，如何获得高质量的文献和有效信息，更加重要。

问题：

1. 科研选题应该利用什么检索工具？
2. 引文索引有什么作用？

分析：

1. 引文索引就是以文献之间的引证关系为基础编制的一种索引，不仅提供文献信息，更重要的是提供研究的思路。将过去、现在以至将来的相关文献信息连接起来；将不同学科、不同领域的相关研究连接起来。研究人员由此可以发现许多过去不知道然而却非常重要的信息，从而产生许多新的创意与发现。这也正是引文索引巨大价值所在。
2. 引文索引能够帮助用户分析、追踪研究热点；评估学术论文的影响力；评估机构或国家的科研实力；评价学术期刊的质量；评估科研人员的学术水平。

一、基本概念

引文（Citation）是指被引用的文献，即文献后所附的参考文献（References），其著者称为被引著者（Cited Author）。

引用文献（Citing Paper）又称引证文献，是指文献后附有参考文献的文献，其著者称为引用著者（Citing Author）。作者引用自己发表的文献称为作者自引，同一期刊上文献的互相引用是期刊自引，两者统称自引（Self-Citation）。

来源文献（Source Article）指引文数据库收录的文献，对应引用文献。引文数据库中的文献引用与被引用信息都是从来源文献中获得。引文数据库的被引文献索引中可以查到来源文献的所有参考文献。

同被引（Co-citation）是指两篇（或多篇）文献同时被别的文献引用，则称这两篇（或多篇）文献具有同被引关系。同时引用这两篇（或多篇）文献的文献越多，则同被引强度越高，说明他们的关系越密切。

引文耦合（Bibliographic Coupling）是指引证文献通过参考文献建立的耦合。耦合强度取决于共有参考文献的数量。

引文检索（Cited Reference Search）是以被引文献为检索起点来检索引用文献的过程。

二、引 文 索 引

文献之间的引证关系反映了科学之间的内在联系，通过追溯文献间的引证关系，可以找到一系列内容相关的文献，并组成一个完整的检索体系。引文索引就是以文献之间的引证关系为基础而编制的一种索引。通过一篇被引用文献，可以发现一篇到十几篇甚至几十篇关于这个主题的其他论文。而每一篇新查到的文献又提供了一系列用以继续查找的新引文。

虽然不同著者、不同类型的论文提供的参考文献质量不同，但是，优秀科学文献的评定标准以及把良好的参考文献作为学术水平标志的做法，使引文索引的质量更高，引文索引的检索效果更好，能够查到尽可能多的相关文献并把不相关文献降到最低限度。

引文索引交叉往来于不同学科之间，跳跃往返于不同时代，能够反映科学发展的曲折轨迹，而且克服了由于语义问题引起的检索局限性和复杂性。

三、引文索引的作用

引文索引在学术交流和科研评价中的作用主要表现在以下几个方面：

（一）分析、追踪热点研究领域

通过引文索引可以检索到各个国家、地区、学科领域的高被引文献，通过引文分析，追踪一个理论的发展轨迹，一个学科的研究热点，从而测定对当前研究的影响，提供重要的、新兴交叉学科的早期预警，确定进展突然加速的研究领域，判断科学发展的宏观态势。

（二）评估学术论文的影响力

评价学术论文的价值和影响力主要从以下几个方面：

（1）刊载论文的期刊的权威性和影响力，如在 Nature、Science 等权威期刊上发表的文章是水平相对较高的。

（2）论文的文献类型是否为研究性论文（Article）、专著。

（3）论文的被引频次和被引半衰期。

（4）论文是否被权威检索工具收录，如 SCI、EI 等。

（三）评估机构或国家的科研实力

文献被引总频次在一定程度上能反映一个机构或国家的科研总体实力，文献总被引频次主要取决于文献发表数量和文献本身的学术质量。

（四）评估科研人员的学术水平

利用引文索引，通过文献数量和被引次数对科研人员的科学活动进行跟踪或评价。但是引文统计不能用于对不同学科领域的科研人员进行比较，不同学科发展态势不同、被引频次和被引模式不同。引文索引评估科研人员的学术水平有其合理性，也有其适用范围，是同行评议的一种有效辅助手段，不可绝对。

（五）评价学术期刊的质量

学术期刊质量的评价因素很多，目前国际上统一采用的计量指标有：期刊影响因子、被引频次和即年指数等。这些计量指标也是指引读者投稿和图书馆选刊的重要工具。

四、我国引文索引的发展

我国引文索引的研制起步较晚，1987 年中国科技信息研究所对中国科技人员在国外发表的论文数量和被引用情况进行统计分析，建立了《中国科技论文与引文数据库》（Chinese Science and Technology Paper Citation Database，CSTPCD）。1989 年中国科学院文献信息中心研制成功《中国科学引文数据库》（Chinese Science Citation Database，CSCD）；1988 年南京大学中国社会科学研究评价中心开发研制的《中文社会科学引文索引》（Chinese Social Sciences Citation Index，CSSCI）用来检索中文人文社会科学领域的论文收录和被引用情况。近年来，中国期刊全文数据库和中文科技期刊数据库也开发了《中国引文数据库》（Chinese Citation Database，CCD）和《中文科技期刊数据库》（引文版），《中国生物医学文献数据库》也能提供引文检索，我国引文索引及其数据库建设已初具规模。

第 2 节　Web of Science 核心合集

案例 4-2-1

哈尔滨医科大学杨宝峰院士在抗心律失常和离子通道研究领域中，首次提出抗心律失常药物作用最佳靶点学说。2007 年在《Nature Medicine 》13 卷第 4 期上发表文献《The muscle-specific microRNA miR-1 regulates cardiac arrhythmogenic potential by targeting GJA1 and KCNJ2》。该研究被 Nature Medicine 评为“2007 年生命科学十大进展之一”。

从事相关研究工作的学者希望了解该课题发展的全貌及趋势,找到与该课题相关的高影响力论文？这个领域的研究有哪些最新进展？有没有应用到新的领域中?最权威的研究机构、活跃的研究人员、文献的高产国家有哪些？相关文献发表在哪些期刊上等?

问题：

1. 快速检索到某一领域或专题相关的高质量信息应该使用哪个数据库?
2. 该课题中蕴含的主题概念是什么？
3. 如何有效地分析检索到的文献?

分析：

1. Web of Science 是 Thomson Reuters 公司的学术信息资源整合平台。该平台整合了所有学科门类的学术期刊、专利、会议录、图书、化学反应以及各种经过严格评估和筛选的高质量信息。其中影响力最大的数据库是 Web of Science 核心合集
2. 该课题蕴含的主题概念主要包括：microRNAs、室性心律失常（ventricular arrhythmias）、心脏肥大（cardiac hypertrophy）、心肌细胞（cardiomyocytes）等概念。
3. 根据 Web of Science 核心合集的检索特点，运用分析检索结果、精炼检索结果、创建引文报告、检索历史等功能充分挖掘相关信息。

一、数据库概况

Web of Science（WOS，曾名 Web of　Knowledge）是 Thomson Reuters 公司的学术信息资源整合平台。该平台整合的书目数据库有 Web of Science 核心合集、Current Contents Connect、Derwent Innovations Index、BIOSIS Previews、MEDLINE、SciELO Citation Index、中国科学引文索引数据库等，其中 Web of Science 核心合集、Derwent Innovations Index、中国科学引文索引数据库有引文检索功能。分析工具有期刊引证报告（Journal Citation Reports）和基本科学指标（Essential Science Indicators）。

WOS 影响力最大的数据库是 Web of Science 核心合集，由九个索引组成，内容包含来自数以千计的学术期刊、书籍、丛书、报告、会议及其他出版物的信息。包括三个著名的引文索引数据库、两个会议录文献引文索引数据库、两个图书引文数据库和两个化学数据库，内容涵盖所有学科门类。

（一）科学引文索引扩展版（Science Citation Index Expanded，SCI-Expanded）

收录 8300 多种科技期刊，最早可回溯至 1900 年。涵盖的学科有：农学、天文学、生物学、化学、材料科学、植物学、物理学、数学、医学、计算机科学、外科学、生物化学、神经科学、肿瘤学、儿科学、药理学、精神病学、兽医学等 150 个自然科学领域。

（二）社会科学引文索引（Social Science Citation Index，SSCI）

收录 2900 多种社会科学期刊，并选择性收录 3500 多种世界一流科技期刊的相关内容。最早可回溯至 1900 年。涵盖的学科有：人类学、哲学、政治科学、法律、公共卫生学、历史学、心理学、精神病学、社会问题、行业关系等 50 个社会科学领域。

（三）艺术与人文科学引文索引（Art & Humanities Citation Index，A&HCI）

收录 1600 多种世界领先的艺术与人文科学期刊，选择性收录 6000 多种自然科学和社会科学期刊的相关内容，最早可回溯至 1975 年。涵盖学科有：考古、音乐、艺术、文学、历史学、建筑、古典文学、舞蹈、戏剧、诗歌、哲学、语言学、宗教等领域。

（四）科学会议录引文索引（Conference Proceedings Citation Index–Science，CPCI-S）

收录 1990 年至今自然科学领域的会议录文献，包括：农学、生物化学、生物学、生物工艺学、化学、计算机科学、工程学、环境科学、医学、物理等。

（五）社会科学与人文科学会议录引文索引（Conference Proceedings Citation Index-Social Science & Humanities，CPCI-SSH）

收录 1990 年至今社会科学、艺术和人文科学领域的会议录文献，包括：心理学、社会学、公共卫生学、管理学、经济学、艺术、历史学、文学和哲学等。

（六）化学反应数据库（Current Chemical Reactions，CCR Expanded）

收录 1985 年至今摘自著名期刊和 36 家专利授予机构的单步骤或多步骤新合成方法。所有方法均带有总体反应流程，且每个反应步骤都配有详细和准确的图形表示。同时收录 14 万条来自法国工业产权局（INPI）的化学反应记录，最早回溯至 1840 年。

（七）化学物质索引（Index Chemicus，IC）

收录 1993 年以来的国际一流期刊报道的最新有机化合物的化学结构与评论数据，其中许多记录显示了从最初的原料到最终产品的整个化学反应过程。是有关生物活性化合物和天然产品最新信息的重要信息源。

（八）科学图书引文数据库（Book Citation Index-Science，BKCI-S）

收录 2005 年（版权日期）至今自然科学的多学科索引。涵盖的学科有：农学、工程学、生物学、化学、生命科学、临床医学、物理学、计算机科学等。

（九）社会科学与人文科学图书引文数据库（Book Citation Index-Social Science & Humanities，BKCI-SSH）

收录 2005 年（版权日期）至今社会科学以及人文科学文献的多学科索引。涵盖的学科有：历史学、心理学、经济学、社会科学与行为科学、教育学、应用科学等。

二、检索规则

Web of Science 核心合集主要包括以下一些检索规则：

（一）检索运算符

支持逻辑运算符 AND、OR、NOT、NEAR 和 SAME 用于组配检索词，扩大或缩小检索范围，遵循 NEAR>SAME>NOT>AND>OR 的运算顺序。

1. 提供 NEAR/x 位置限定 使用 NEAR/x 可查找由该运算符连接的检索词之间相隔指定数量单词的记录。如果只使用 NEAR 而不使用/x，将查找由 NEAR 连接且彼此相隔不大于 15 个单词的记录。如果期刊、书籍、会议录文献或其他类型著作的标题中包含单词 NEAR，检索时用引号将其括起。

2. 提供 SAME 位置限定 使用 SAME 将检索限制为出现在同一地址字段的记录，用括号将检索词括起来。例如：AD=(McGill Univ SAME Quebec SAME Canada)查到在“地址”字段中出现 McGill University 以及 Quebec 和 Canada 的记录。在其他字段，如“主题”和“标题”中使用时，SAME 与 AND 的作用完全相同。

3. 检索运算符不区分大小写 系统默认空格为 AND 逻辑运算。

（二）短语检索

检索词用引号括起来，表示精确查找短语，适用于“主题”和“标题”字段检索。如果输入以连字号、句号或逗号分隔的两个单词，则检索词也视为精确短语。注意检索精确匹配的短语时，不要在引号内使用$符号。

（三）通配符

在大多数检索式中都可以使用通配符*、$和?，但是，通配符的使用规则会随着字段的不同而不尽相同。

（四）其他

1. 检索词不区分大小写 检索词可以使用大写、小写或混合大小写。

2. 撇号 撇号视为空格，是不可检索字符。例如，Paget's OR Pagets 可查找包含 Paget's 和 Pagets 的记录。

三、检索方法

Web of Science 核心合集提供基本检索、作者检索、被引参考文献检索、高级检索和化学结构检索多种检索方法。输入检索词之前通过“TIMESPAN”（时间跨度）指定检索时间段。利用“MORE SETTINGS”（更多设置）选择打开或关闭“出版物名称自动建议”功能；选择显示在“检索”页面上的默认检索字段数量（1 或 3 个字段）；通过登录保存以上选择的设置。

（一）基本检索（Basic Search）

基本检索是 Web of Science 核心合集默认检索界面，提供的检索字段有主题（Topic）、标题（Title）、作者（Author）、作者标识符（Author Identifiers）、团体作者（Group Author）、编者（Editor）、出版物名称（Publication Name）、出版年（Year Published）、地址（Address）、会议（Conference）、语种（Language）、文献类型（Document Type）、基金资助机构（Funding Agency）、授权号（Grant Number）、入藏号（Accession Number）、增强组织信息（Organization-Enhanced）、DOI、PubMed ID 等。主题字段，是同时在 Title、Abstract、Author Keywords、增补关键词（Keywords Plus）4 个字段中进行检索。

本案例输入“microRNAs”，点击“添加另一字段”，检索框输入“ventricular arrhythmias”、全部选“主题”字段，如图 4-2-1 所示。点击“检索”，检索结果如图 4-2-2 所示，抗心律失常药物作用最佳靶点的一篇文章被引 530 次，是哈尔滨医科大学杨宝峰院士的一篇文章。

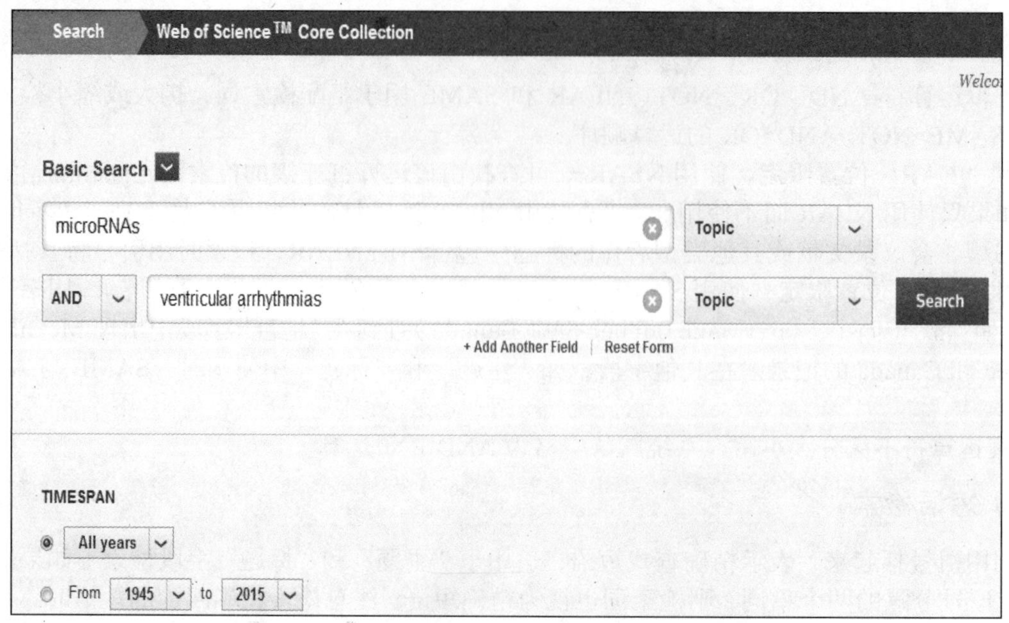

图 4-2-1　Web of Science 核心合集基本检索界面

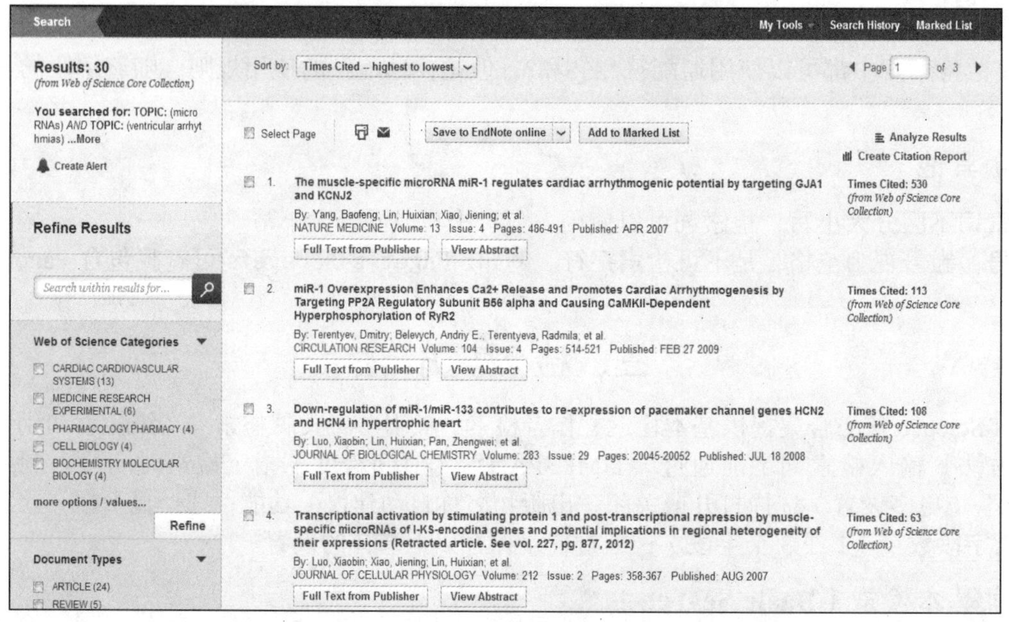

图 4-2-2　Web of Science 核心合集基本检索结果界面

（二）作者检索（Author Search）

是一种作者甄别检索，通过对研究领域和机构的筛选，准确获得某作者的所有文献。作者检索的流程，如图 4-2-3 所示。

1. 输入作者姓名（Enter Author Name）　在“姓氏”字段中输入作者的姓氏，在“姓名首字母”字段中最多输入 4 个名字首字母。单击“Add Author Name Variant”增加姓名输入框检索作者姓名的多个不同拼写形式，可以检索最多 5 种不同拼写形式。利用“Exact Matches Only”精确匹配。

2. 选择研究领域（Select Research Domain）　选择作者研究领域。

3. 选择机构（Select Organization）　选择作者研究机构。

本案例，在“姓”输入框内输入 Yang，在“首字母”框内输入名字首字母 BF，点击“选择研究领域”，选 LIFE SCINECES BIOMEDICINE，点击“选择组织”，选 HARBIN MEDICAL UNIVERSITY，点击“完成检索”，得到杨宝峰院士发表的文献，如图 4-2-4 所示。

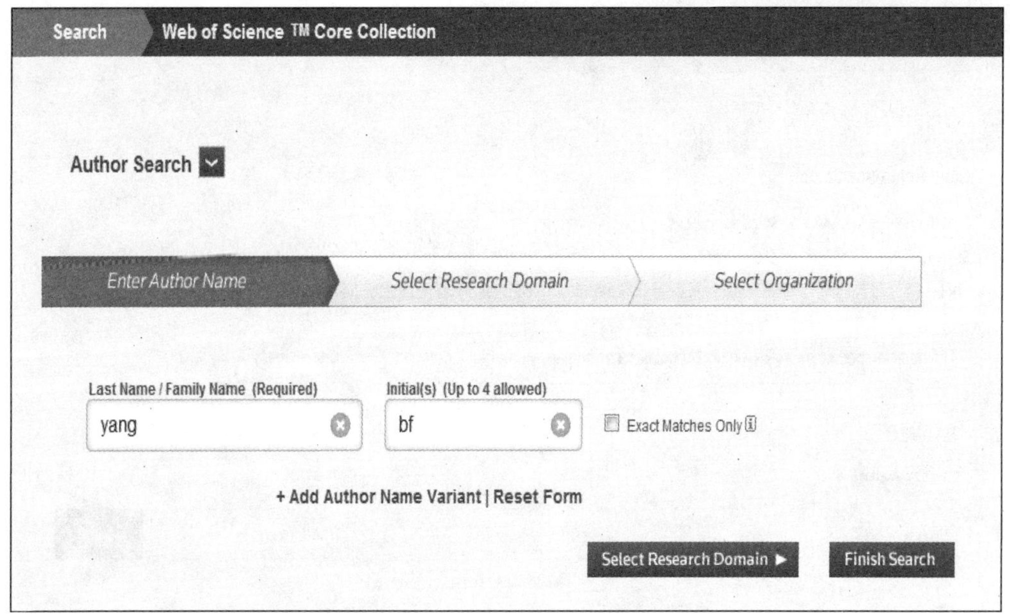

图 4-2-3　Web of Science 核心合集作者检索界面

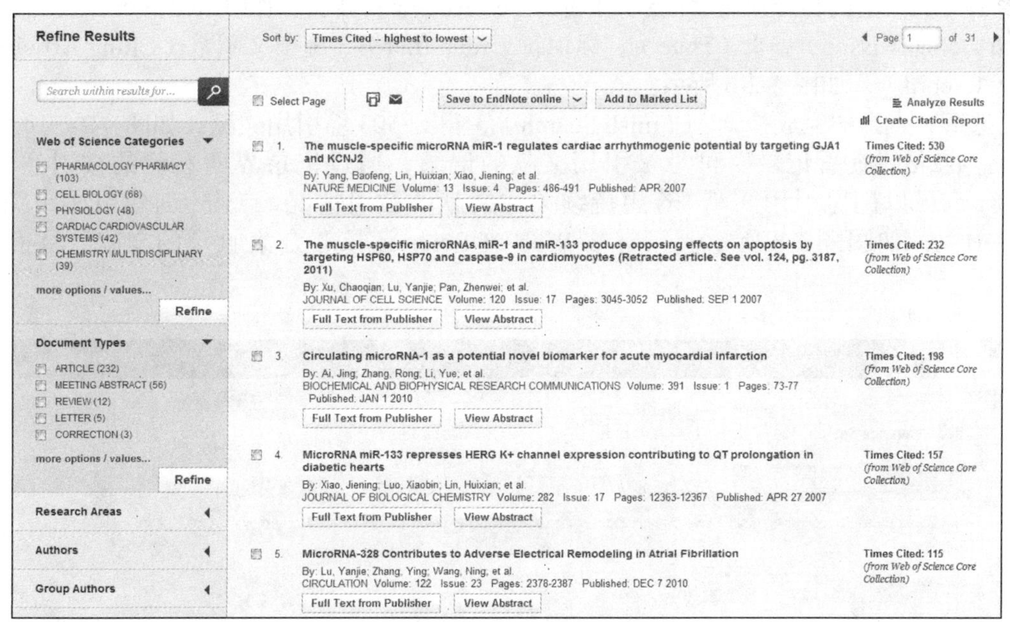

图 4-2-4　Web of Science 作者检索结果界面

（三）被引参考文献检索（Cited Reference Search）

通过被引用文献获得引用文献。检索字段有被引作者（Cited Author）、被引著作（Cited Work）、被引年份（Cited Years）、被引卷（Cited Volume）、被引期（Cited Issue）、被引页码（Cited Pages）、被引标题（Cited Title）。多字段检索时，字段之间默认逻辑 AND 的关系。例如检索杨宝峰院士 2007 年在 Nature Medicine 上发表的文献“The muscle-specific microRNA miR-1 regulates cardiac arrhythmogenic potential by targeting GJA1 and KCNJ2”被引用情况，如图 4-2-5 所示。

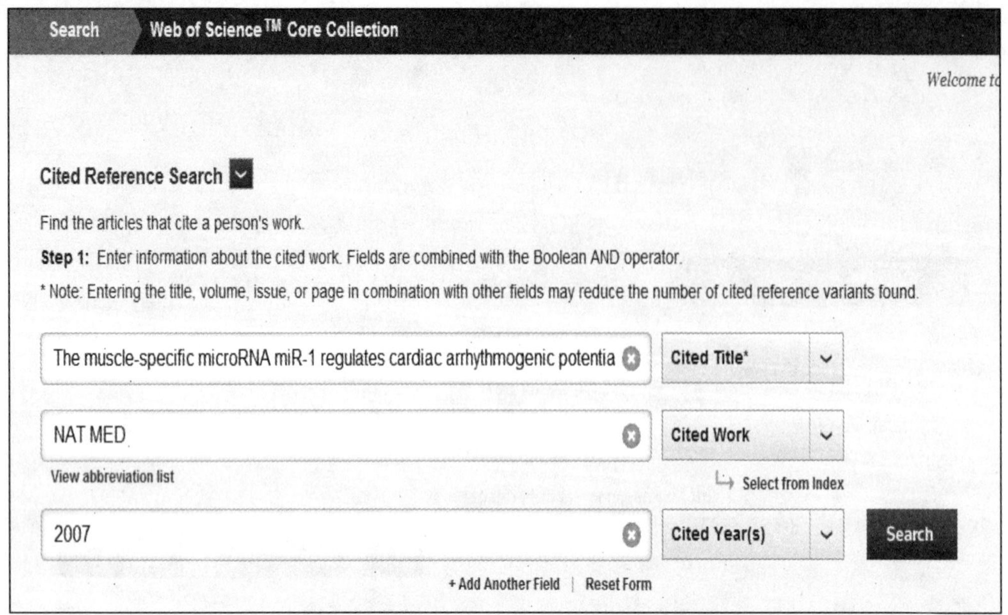

图 4-2-5 Web of Science 核心合集被引参考文献检索界面

每篇参考文献从左至右分别显示：被引作者（Cited Author）、被引著作（Cited Work）、出版年（Year）、卷（Volume）、期（Issue）、页（Page）、标识符（Identifier）、施引文献数（Citing Articles）、查看记录（View Record），如图 4-2-6 所示。

勾选复选框，点击“完成检索”（Finish Search），得到 503 篇引用文献，如图 4-2-7 所示。

点击图 4-2-6“查看记录”可见被引用文献的记录，通过记录界面右侧的被引频次（Times Cited）链接，也可以浏览引用文献。若想持续关注文献的被引情况，点击“创建引文跟踪”（Create Citation Alert），如图 4-2-8 所示。只有被 Web of Science 核心合集收录的文献，才有“查看记录”链接。

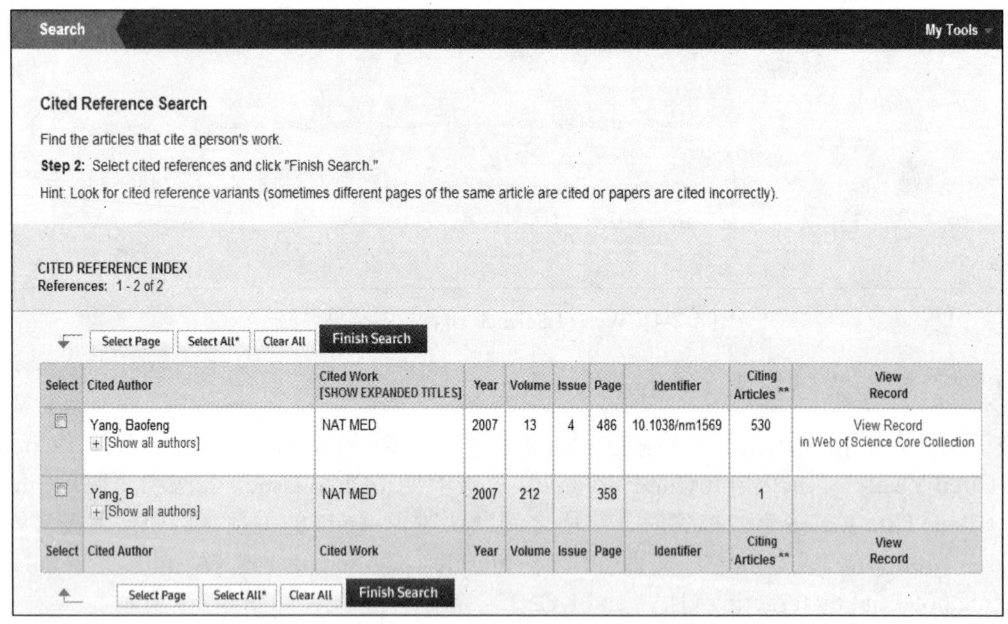

图 4-2-6 Web of Science 核心合集被引文献索引界面

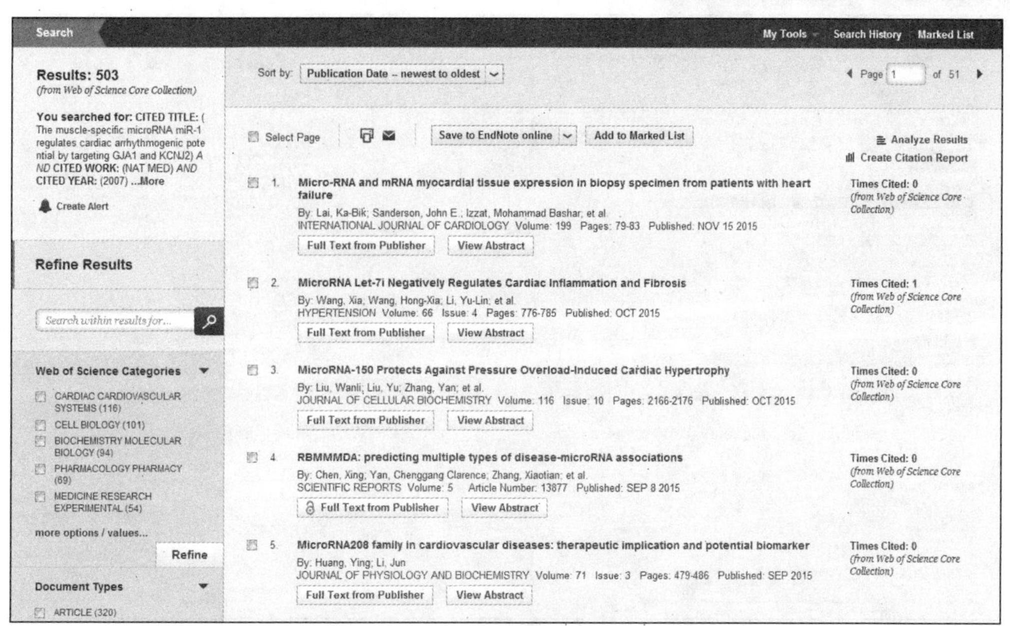

图 4-2-7　Web of Science 核心合集被引参考文献检索结果界面

图 4-2-8　Web of Science 核心合集文献记录

（四）高级检索（Advanced Search）

只限于来源文献检索，不用于引文检索。高级检索可以在检索词输入框中直接输入带字段标识符的检索词或检索式，如 SO=（Cell Biology*）、TI=（“global warming” OR “climate change”）；可以保存检索历史，创建跟踪服务；可以对检索历史中使用过的检索式进行组配检索，如#1 AND #2。结果显示在界面底部的“检索历史”中，如图 4-2-9 所示。

（五）化学结构检索

在 Current Chemical Reactions 和 Index Chemicus 数据库中，通过化学结构图或化合物数据、化学反应数据的文本词检索化合物信息和化学反应信息。化学结构检索界面分为三个部分：化学结构图（通过化学结构图检索）、化合物数据（通过化合物名称、化合物生物活性、分子量等检索）、化学反应数据（通过反应关键字、化学反应备注、气体环境、回流标记、温度、时间、压力等检索）。

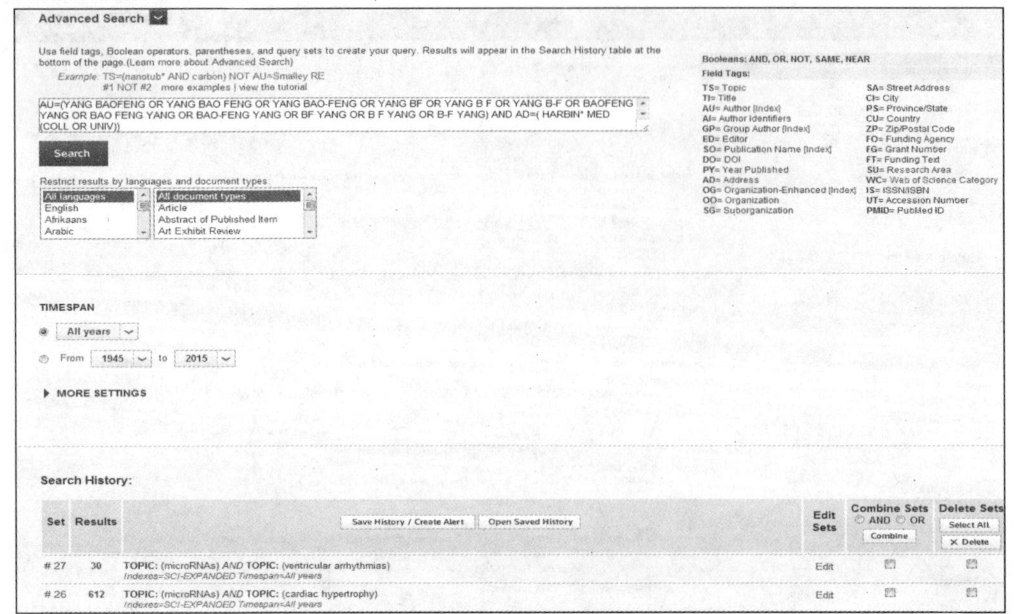

图 4-2-9　Web of Science 核心合集高级检索界面

四、检索结果管理

（一）输出记录（Output Records）

勾选需输出文献前面的复选框，选择打印、E-mail 或保存至 EndNote Online 等输出方法。“保存至”下拉菜单中有多种可供选择的文献管理软件，如果想保存至 Note Express 文献管理软件，选择“保存为其他文件格式”。

（二）检索历史（Search History）

检索历史在高级检索界面底部，可以编辑检索式，组配检索式、删除检索式，检索历史的“保存历史/创建跟踪”（Save History/Create Alert），可以把检索历史保存到远地服务器或本地计算机上以备日后调用，或定期获得这一课题的最新文献。这项服务需免费注册后才能使用，最多保存 40 条检索式。定题跟踪服务创建成功后，电子邮箱每周或每月会收到与保存的检索式相匹配的新文献。如果只需要保存检索历史，不需要创建定题跟踪服务，不要勾选“电子邮件跟踪”选项。利用“打开保存的检索历史”（Open Saved History）调用已保存检索式。

（三）精炼检索结果（Refine Results）

精炼检索结果功能在“检索结果”页面左侧。可以在“结果内检索”（Search Within Results for）框中输入检索词精炼检索结果。也可以通过选择类别（Web of Science Categories）和文献类型（Document Types）进一步精炼检索结果。最常出现的类别显示在列表顶部，括号中的数字表示包含该类别的记录数量。单击“更多选项/分类”（More Options/Values）链接可以按记录数显示该类别的前 100 项。要进一步精炼检索结果，使用“分析检索结果”。

（四）分析检索结果（Analyze Results）

从研究方向（Research Areas）、作者（Authors）、团体作者（Group Authors）、编者（Editors）、出版物名称（Source Titles）、丛书名称（Book Series Titles）、出版年（Publication Years）、机构扩展（Organizations- Enhanced）、基金资助机构（Funding Agencies）、语种（Languages）、国家/地区（Countries/Territories）、开放获取（Open Access）各个字段中提取数据值，对记录进行分组和排序，有助于从宏观把握检出文献的各种分布情况，可以在特定的研究领域中查找最受欢迎的作者，或者生成一个按记录数排序的机构列表。本案例中有关抗心律失常药物作用最佳靶点的文献按机构分析结果，如图 4-2-10 所示。

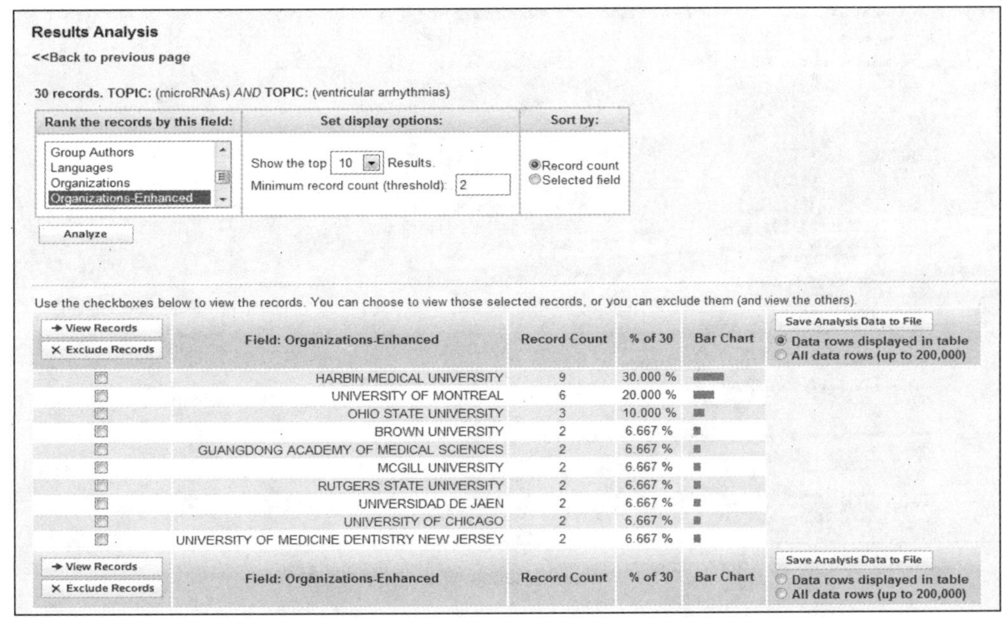

图 4-2-10　Web of Science 核心合集检索结果机构分析界面

“分析检索结果”分析对象有：常规检出文献、引用文献、标记列表中的记录。

（五）创建引文报告（Create Citation Report）

在检索结果、被引参考文献检索结果、施引文献、标记结果列表界面可以对检索结果创建引文报告。

引文报告提供检索结果的综合引文统计信息，这些统计信息包括：找到的结果数（Results found）、被引频次总计（Sum of the Times Cited）、去除自引的被引频次总计（Sum of the Times Cited Without Self-citations）、施引文献（Citing Articles）、去除自引的施引文献（Citing Articles Without Self-citations）、每项平均引用次数（Average Citations per Item）、h-index。h-index 用橙色水平线表示。此线上方总共有“h”个论文，它们的施引文献数大于等于“h”。例如，h-index 为 20 表示有 20 篇论文至少被引用 20 次。h-index 取决于可访问数据的回溯深度和选择的入库时间。

引文报告中的两个直方图显示检出文献近 20 年来每年发表的论文数（Published Items in Each Year）和每年的引文数（Citations in Each Year），直观显示课题的研究历程和被关注程度。如图 4-2-11 所示为杨宝峰院士发表的通讯地址为 HARBIN* MED（COLL OR UNIV）的 318 篇文献引文报告。

直方图下列出每篇检出文献的总被引频次，默认从高到低排序，直观显示高被引文献。通过限制年份范围或删除引文报告中的一些记录，可以改变引文报告。“引文报告”功能不适用于包含 1 万篇以上论文的检索结果。如果检索结果超出此限制，则会看到显示“引文报告功能不可用（Citation Report Feature not Available）[?]”。

（六）创建引文跟踪（Create Citation Alert）

通过单击一篇文献“全记录”页面的“创建引文跟踪”按钮来创建引文跟踪服务，时刻掌握这篇文献被引用情况。创建引文跟踪之后，每当有人引用了这篇文献，电子邮箱就会收到引用文献的信息。跟踪服务有效期一年，可以随时续订跟踪服务。

如果要修改或删除已创建的引文跟踪服务，点击主页上“我的工具（My Tools）”下拉菜单中的“保存的检索式和跟踪”（Saved Searches & Alerts）在新窗口可以修改和删除。

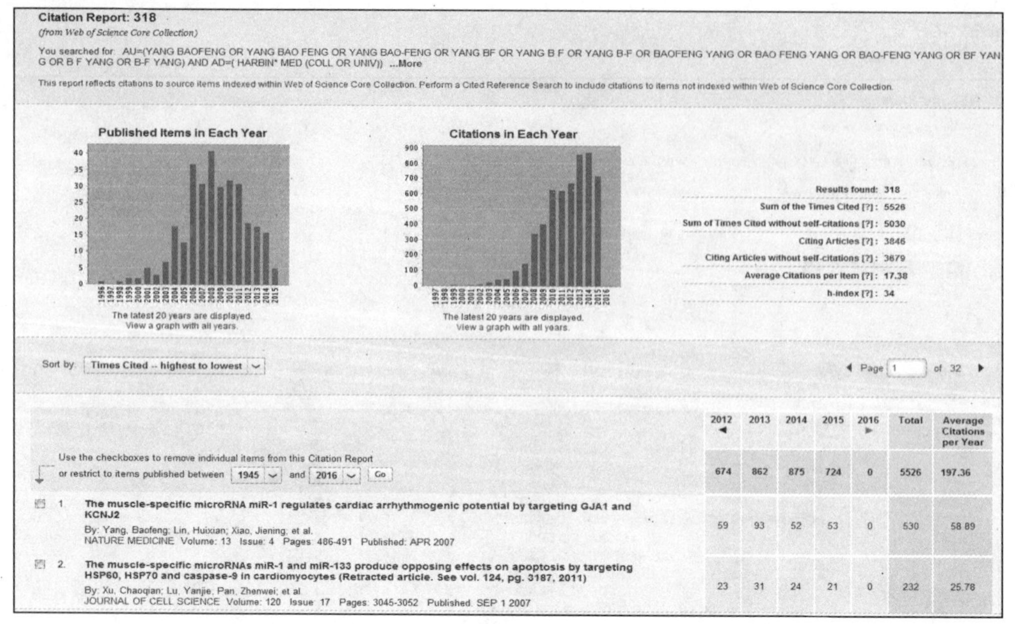

图 4-2-11 Web of Science 核心合集引文报告

五、个性化功能和服务

用户免费注册并登录后，进入“我的工具”（My Tools）可使用系统提供的个性化服务，主要有：Save Searches & Alerts、EndNote™、ResearchID。

（一）保存的检索式和跟踪（Save Searches & Alerts）

显示用户创建的引文跟踪和保存的检索式，也可以对感兴趣的期刊进行跟踪，定期获得相关文献、期刊目录和检索结果。

（二）EndNote™

免费的网络版个人文献管理工具。用于存放用户检索结果，以便随时访问和使用。可创建符合各种出版样式的参考文献列表，方便撰写论文。

（三）ResearchID

为全球每位学术研究人员提供唯一的身份识别号码，帮助研究人员管理自己的著作清单，跟踪被引频次和 h 指数，让全世界的学者看到自己的研究成果。同时，通过 ResearchID 可以找到全世界的学者，确定潜在的合作者，了解他们的研究动态，与他们联系合作。

第 3 节　引文分析与评价工具

案例 4-3-1

研究生在科研选题时，要了解研究课题的总体情况，把握课题发展趋势及研究前沿，了解课题在不同学科的分布情况，启发自己的科研选题。确定该研究领域有影响力的国家、机构、个人、论文和出版物，找到高水平的研究论文。

问题：

1. 如何确认各研究领域期刊的影响力，并找到适合投稿的期刊？

2. 如何明确所在机构在学科中的影响力，找到高水平论文、高被引论文？如何查找各学科的研究前沿？

分析：

1.《期刊引证报告》收录期刊的影响因子、即年指数、引文量和发文量等统计数据。可以查询到：哪些期刊被引用的频率最高？哪些期刊在本学科中影响力最大？哪些期刊发文量最多？哪些学科文献被利用最广泛等。

2. 基本科学指标（ESI）从引文分析的角度对国家、机构、期刊、论文、科学家进行统计和排序，统计指标包括发文量、文献被引次数、篇均被引次数。通过这些引文数据对科研绩效和发展趋势进行长期的定量分析。

一、期刊引证报告

（一）数据库概况

期刊引证报告（Journal Citation Reports，JCR）是一个独特的多学科期刊评价工具。通过对参考文献的标引和统计，JCR 在期刊层面衡量某项研究的影响力，显示引用和被引期刊之间的相互关系。

JCR 包括自然科学（Science Edition）和社会科学（Social Sciences Edition）两个版本。其中，JCR-Science 涵盖来自 83 个国家或地区，约 2 千家出版机构的 8.5 千多种期刊，覆盖 176 个学科领域。JCR-Social Sciences 涵盖 52 个国家或地区 713 家出版机构 3 千多种期刊，覆盖 56 个学科领域。JCR 每年出版一次，大约在 6 月底发布上一年度引文数据。

JCR 可以帮助图书馆员和信息专家管理和规划期刊馆藏、协助馆藏期刊的保留或剔除、决定期刊存档；帮助出版商和编辑评价期刊的市场影响力、提升期刊竞争力；帮助作者识别合适期刊投稿、确认期刊的学术地位；帮助学生和教师发现相关研究领域的文献；帮助信息分析人员跟踪各学科期刊的发展趋势、研究期刊之间的引证关系。

JCR 中涉及的期刊数据：

总引用次数（Total Cites）：某一特定期刊的文章在 JCR 出版年被引用的总次数。

影响因子（Journal Impact Factor）：期刊在过去两年发表的论文在当前 JCR 年的平均被引次数。

去除自引的影响因子（Journal Impact Factor Without Self Cites）：去除期刊自引后计算得到的期刊影响因子，为新增指标。

五年影响因子（5 Year Journal Impact Factor）：期刊论文过去 5 年的平均被引次数，即过去五年期刊的被引次数除以五年的论文总数。

立即指数（Immediacy Index）：用期刊中某一年中发表的文章在当年被引用次数除以同年发表文章的总数得到的指数，反映期刊中论文得到引用的速度。

可引用论文量（Citable Items）：旧版中的 JCR-Current Articles，代表某特定期刊当年发表的文章总数。

被引半衰期（Cited Half-life）：一种期刊从当前年度向前推算引用数占截至当前年度被引用期刊的总引用数 50%的时间。

引用半衰期（Citing Half-life）：该期刊引用的全部参考文献中，较新一半是在多长一段时间内发表的，为新增指标。

特征因子（Eigenfactor®）：以过去五年期刊发表的论文在该 JCR 年被引总数为基础计算，同时考虑在期刊网络中引文较多的期刊的贡献。Eigenfactor®不受期刊自引影响。

论文影响力（Article Influence Score）：“0.01*Eigenfactor Score”/X，其中 X=5 年某期刊发表论文总数除以 5 年全球所有期刊论文总数，该指标反映了该期刊论文在发表后第一个 5 年的平均影响力。Article Influence 的平均值为 1，如该值大于 1，说明当前期刊中的每篇论文的影响力高于平均水平；如果该值小于 1，说明该期刊中的每篇论文的影响力低于平均水平。

期刊数（Journals）：某一特定学科分类下的期刊总数。

论文数（Articles）：某一特定学科分类下的论文总数。

总引用次数（Total Cites）：某一特定学科下期刊的文章在 JCR 出版年被引用的总次数。

中值影响因子（Median Impact Factor）：将某一学科内期刊按照影响因子排序，处于中间位置的期刊的影响因子。

学科集合影响因子（Aggregated Impact Factor）：表示某个学科领域里 JCR 出版年所有期刊的论文（Article）与综述（Review）引用该学科过去 2 年所有期刊发表的文章的情况。

学科集合立即指数（Aggregated Immediacy Index）：表示某一特定学科下 JCR 出版年所有期刊引用同一年所有期刊中文章的情况。

学科集合被引半衰期（Aggregated Cited Half-life）：表示某学科下的所有期刊从当前 JCR 出版年向前推算，引文数占截至当前年度被引用期刊的总引用数 50%的时间。

学科集合引用半衰期（Aggregated Citing Half-life）：表示某学科下的所有期刊从当前 JCR 出版年向前推算，参考文献数量达到这些期刊发表的论文中总的参考文献数的 50%所需要的时间。

（二）检索方法

JCR 主页，如图 4-3-1 所示。可以根据多个选项来筛选期刊数据集，包括学科、JCR 版本、年份、分区、出版社、国家/地区、影响因子区间等；也可以查看期刊的更名历史。

JCR 分为期刊排名模式和学科排名模式浏览数据：

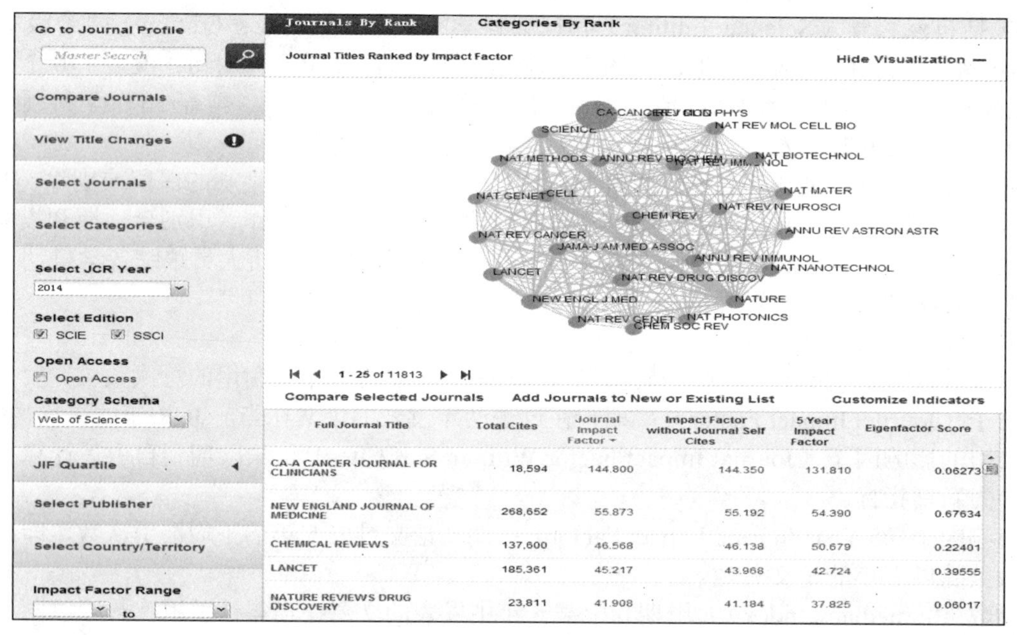

图 4-3-1　JCR 主页

1. 期刊排名　JCR 主页默认期刊排名模式，如图 4-3-1 所示。

（1）Go to Journal Profile：输入期刊全称、期刊缩写、刊名关键字或 ISSN 号检索期刊，具有自动提示刊名功能。

（2）Compare Journals：对期刊进行多角度比较。

（3）View Title Changes：查看过去 2 年中刊名发生变化的期刊列表。

（4）Select Journals：选定多本需要查看的期刊。

（5）Select Categories：限定期刊的具体学科。

（6）Select JCR Year：选择 JCR 年份与版本。

（7）Category Schema：限定学科分类方式，Web of Science 或 Essential Science Indicators。

（8）JIF Quartile：限定期刊影响因子分区。

（9）Select Publisher：限定出版社，输入出版社名称关键字，具有名称自动提示功能。

（10）Select Country/Territory：限定期刊所在的国家或地区。

（11）Impact Factor Range：限定期刊影响因子范围。

（12）Average JIF Percentile Range：限定平均影响因子百分位范围。

（13）Visualization：期刊视图，节点大小代表期刊的影响因子，点击节点可获取该期刊详细信息；

连线粗细代表期刊间的引证强度。

（14）Compare Selected Journals：勾选期刊进行比较。

（15）Add Journals to New or Existing List：选择期刊保存至自定义表单，方便日后查阅。

（16）Customize Indicators：通过自由选择相关的期刊指标进行展示。

2. 学科排名　学科排名模式，如图 4-3-2 所示。

（1）Select Journals：查找某特定期刊，显示其所在 Web of Science 学科的总体期刊情况。

（2）Select Categories：限定 Web of Science 学科。

（3）Category：点击某学科，显示该学科全部期刊的总体情况。

（4）通过点击 Journals 的数字或结点，查看某学科分类下的期刊列表。

（5）点击 Aggregated Impact Factor 的数字，可以查看该指标的具体计算公式与方法。

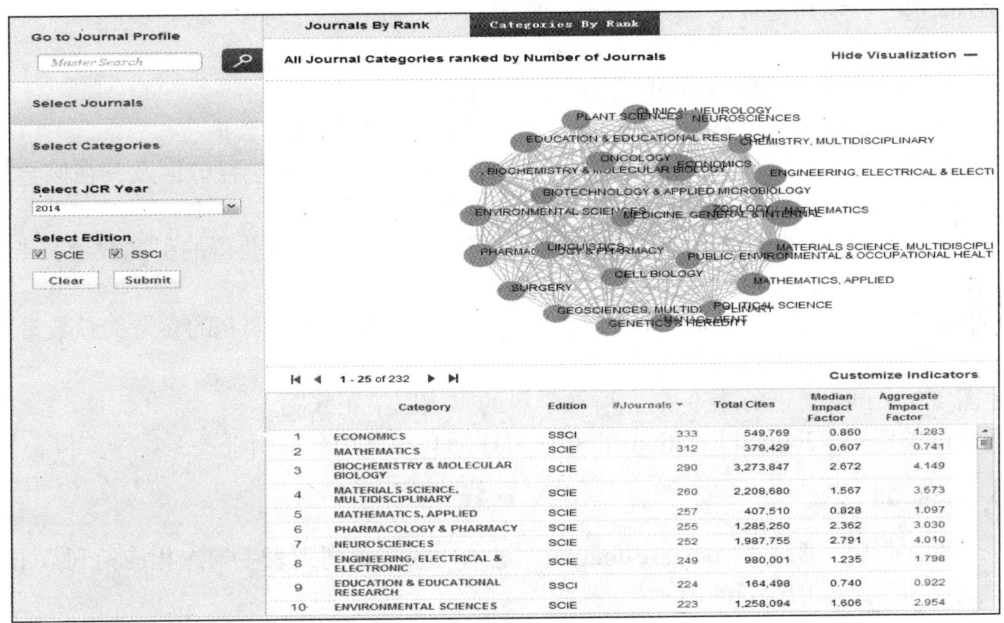

	Category	Edition	#Journals	Total Cites	Median Impact Factor	Aggregate Impact Factor
1	ECONOMICS	SSCI	333	549,769	0.860	1.283
2	MATHEMATICS	SCIE	312	379,429	0.607	0.741
3	BIOCHEMISTRY & MOLECULAR BIOLOGY	SCIE	290	3,273,847	2.672	4.149
4	MATERIALS SCIENCE, MULTIDISCIPLINARY	SCIE	260	2,208,680	1.567	3.673
5	MATHEMATICS, APPLIED	SCIE	257	407,510	0.828	1.097
6	PHARMACOLOGY & PHARMACY	SCIE	255	1,285,250	2.362	3.030
7	NEUROSCIENCES	SCIE	252	1,987,755	2.791	4.010
8	ENGINEERING, ELECTRICAL & ELECTRONIC	SCIE	249	980,001	1.235	1.798
9	EDUCATION & EDUCATIONAL RESEARCH	SSCI	224	164,498	0.740	0.922
10	ENVIRONMENTAL SCIENCES	SCIE	223	1,258,094	1.606	2.954

图 4-3-2　JCR 学科排名模式界面

（三）检索结果管理

期刊检索结果界面可以获得以下信息，如图 4-3-3 所示。

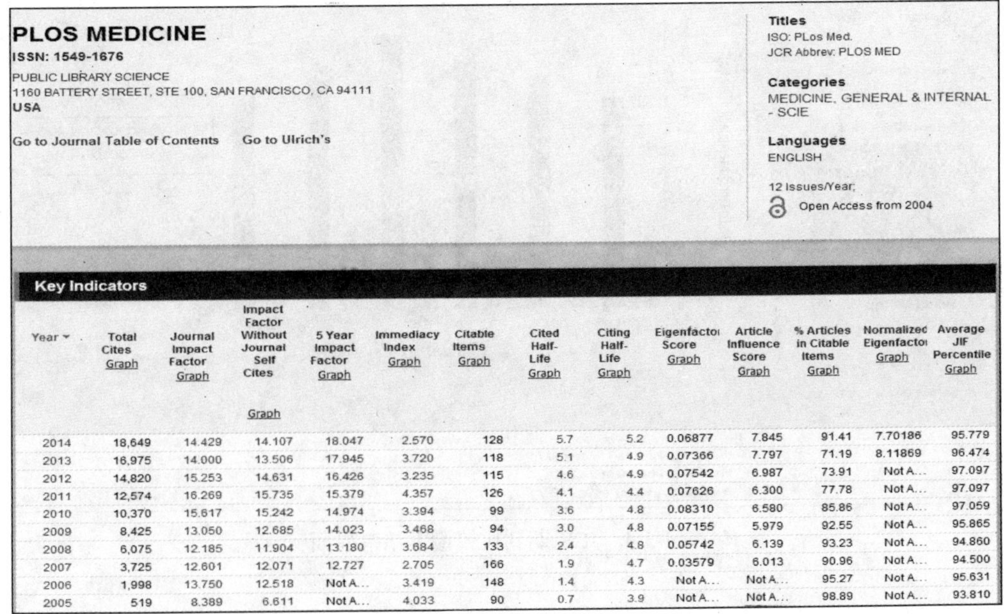

Year	Total Cites Graph	Journal Impact Factor Graph	Impact Factor Without Journal Self Cites Graph	5 Year Impact Factor Graph	Immediacy Index Graph	Citable Items Graph	Cited Half-Life Graph	Citing Half-Life Graph	Eigenfactor Score Graph	Article Influence Score Graph	% Articles in Citable Items Graph	Normalized Eigenfactor Graph	Average JIF Percentile Graph
2014	18,649	14.429	14.107	18.047	2.570	128	5.7	5.2	0.06877	7.845	91.41	7.70186	95.779
2013	16,975	14.000	13.506	17.945	3.720	118	5.1	4.9	0.07366	7.797	71.19	8.11869	96.474
2012	14,820	15.253	14.631	16.426	3.235	115	4.6	4.9	0.07542	6.987	73.91	Not A...	97.097
2011	12,574	16.269	15.735	15.379	4.357	126	4.1	4.4	0.07626	6.300	77.78	Not A...	97.097
2010	10,370	15.617	15.242	14.974	3.394	99	3.6	4.8	0.08310	6.580	85.86	Not A...	97.059
2009	8,425	13.050	12.685	14.023	3.468	94	3.0	4.8	0.07155	5.979	92.55	Not A...	95.865
2008	6,075	12.185	11.904	13.180	3.684	133	2.4	4.8	0.05742	6.139	93.23	Not A...	94.860
2007	3,725	12.601	12.071	12.727	2.705	166	1.9	4.7	0.03579	6.013	90.96	Not A...	94.500
2006	1,998	13.750	12.518	Not A...	3.419	148	1.4	4.3	Not A...	Not A...	95.27	Not A...	95.631
2005	519	8.389	6.611	Not A...	4.033	90	0.7	3.9	Not A...	Not A...	98.89	Not A...	93.810

Source Data
Rank
Cited Journal Data
Citing Journal Data
Box Plot
Journal Relationships

Journal Source Data

	Citable Items			Other
	Articles	Reviews	Combined	
Number in JCR Year 2014 (A)	117	11	128	62
Number of References (B)	6,046	990	7,036	1,570
Ratio (B/A)	51.7	90.0	55.0	25.3

图 4-3-3 JCR 期刊检索结果界面

（1）迅速识别一种期刊是否是 Open Access 期刊。

（2）查看期刊分年度详细信息列表。

（3）点击“Graph”查看该指标的年度变化趋势图。

（4）点击数字，可链接至 Web of Science 获取文章详细信息及引用数据。

5. 期刊排名情况（Rank） 展示期刊过去五年的 Web of Science 学科分区及其在该学科领域的排名情况；过去两年 ESI 学科的分区及其在该学科领域的排名情况。

6. 期刊的被引情况（Cited Journal Data） 分年度展示目标期刊所获得的引文数量及被引半衰期；分年度展示对目标期刊进行引用的期刊及其引文数量。

7. 期刊的参考文献情况（Citing Journal Data） 分年度展示目标期刊的参考文献数量及引用半衰期；分年度展示目标期刊引用过的期刊及其引用文章的数量。

8. 箱线图（Box Plot） 展示目标期刊所在学科的影响因子箱线图。

9. 期刊引用关系图（Journal Relationships） 目标期刊与该期刊的引证关系。

（四）比较两种期刊

在期刊排名模式下，通过“Compare Journal”进入，或在期刊列表中勾选相应期刊点击“Compare Selected Journal”进入，如图 4-3-4 所示。

选择比较期刊的分区或发展趋势，输入期刊名称，添加进行比较的期刊（两本或多本），选择进行比较的 JCR 年份（通过 shift 按键选择多于一年进行比较），选择进行比较的指标。

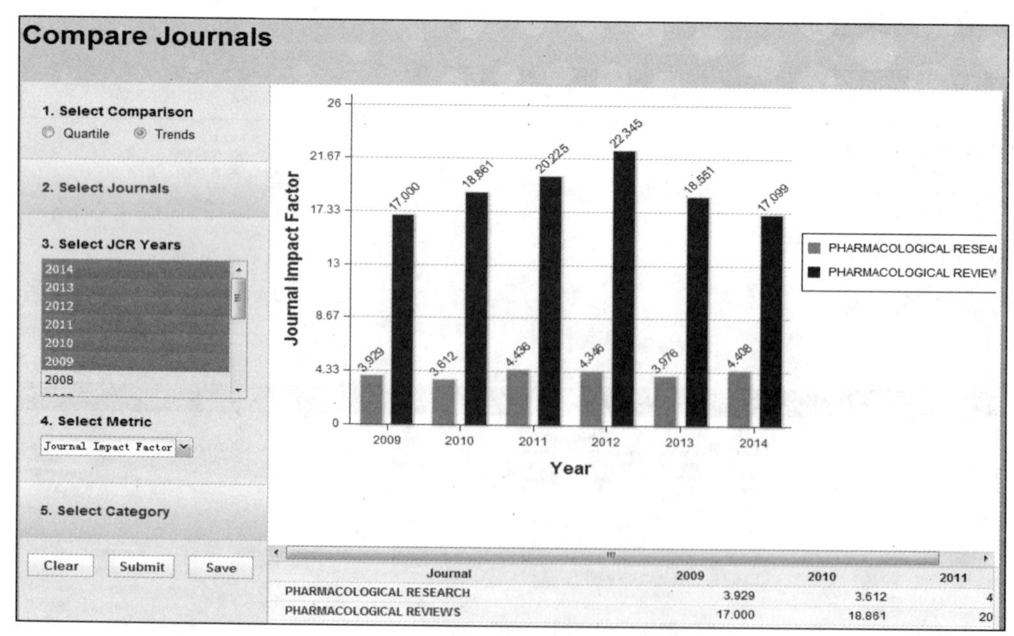

图 4-3-4 JCR 期刊比较检索结果界面

（五）数据导出

（1）下载生成的图表用 PDF 形式；下载具体的数据采用 CSV 或 XLS 格式。

（2）将结果保存至自定义文件夹。

（3）下载该 JCR 年全部期刊指标信息。

二、基本科学指标

（一）数据库概况

基本科学指标数据库（Essential Science Indicators，ESI）是汤森路透于 2001 年推出基于 Web of Science 核心合集的深度分析型研究工具。收录全球 1.2 万多种学术期刊，提供十年滚动数据，每两个月更新一次。

ESI 分为 22 个学科：农业科学、生物学与生物化学、化学、临床医学、计算机科学、经济学与商学、工程学、环境科学与生态学、地球科学、免疫学、材料科学、数学、微生物学、分子生物学与遗传学、综合交叉学科、神经科学与行为学、药理学与毒理学、物理学、植物学与动物学、精神病学与心理学、社会科学总论、空间科学研究领域。

ESI 基于期刊论文发表数量和引文数据从引文分析的角度发现自然科学和社会科学中的重大趋势；按研究领域对国家、期刊、论文和机构进行排名；确定具体研究领域中的研究成果和影响；评估潜在的合作机构，对比同行机构。

ESI 中涉及的概念：

高被引论文（Highly Cited Paper）：按照同一年同一个 ESI 学科发表论文的被引用次数由高到低进行排序，排在前 1%的论文。

热点论文（Hot Paper）：ESI 某学科最近两年发表的论文，最近两个月里被引用次数进入前 0.1%的论文。

高水平论文（Top Paper）：高被引论文和热点论文取并集后的论文集合。

研究前沿（Research Fronts）：一组高被引论文，通过聚类分析确定的核心论文。论文之间的共被引关系表明这些论文具有一定的相关性，通过聚类分析方法测度高被引论文之间的共被引关系而形成高被引论文的聚类，再通过对聚类中论文题目的分析形成相应的研究前沿。

学科基准值（Field Baselines）：即评价基准线，是指某一 ESI 学科论文的分年度期望被引次数。它是衡量研究绩效的基准，是帮助理解引文统计的标尺。

篇均被引次数（Citation Rates）：按照近十年间各年来进行统计，表示各学科每年的篇均被引次数。

百分位（Percentiles）：每年发表的论文达到某个百分点基准应至少被引用的次数，用来衡量论文引用的活跃度。

学科排名（Field Rankings）：提供近十年的论文总数、被引次数、篇均被引次数和高被引论文数。

引用阈值（Citation Thresholds）：在某一 ESI 学科中，将论文按照被引次数降序排列，确定其排名或百分比位于前列的最低被引次数。

ESI 学科阈值（ESI Thresholds）：近十年，某一 ESI 学科被引次数排在前 1%的作者和机构，或排在前 50%的国家或期刊的最低被引次数。

高被引论文阈值（Highly Cited Thresholds）：近十年，某一 ESI 学科被引次数排在前 1%的论文的最低被引次数。

热点论文阈值（Hot Paper Thresholds）：近两年，某一 ESI 学科最近两个月被引次数排在前 0.1%的论文的最低被引次数。

（二）检索方法

ESI 提供 3 种检索途径，ESI 主界面如图 4-3-5 所示。

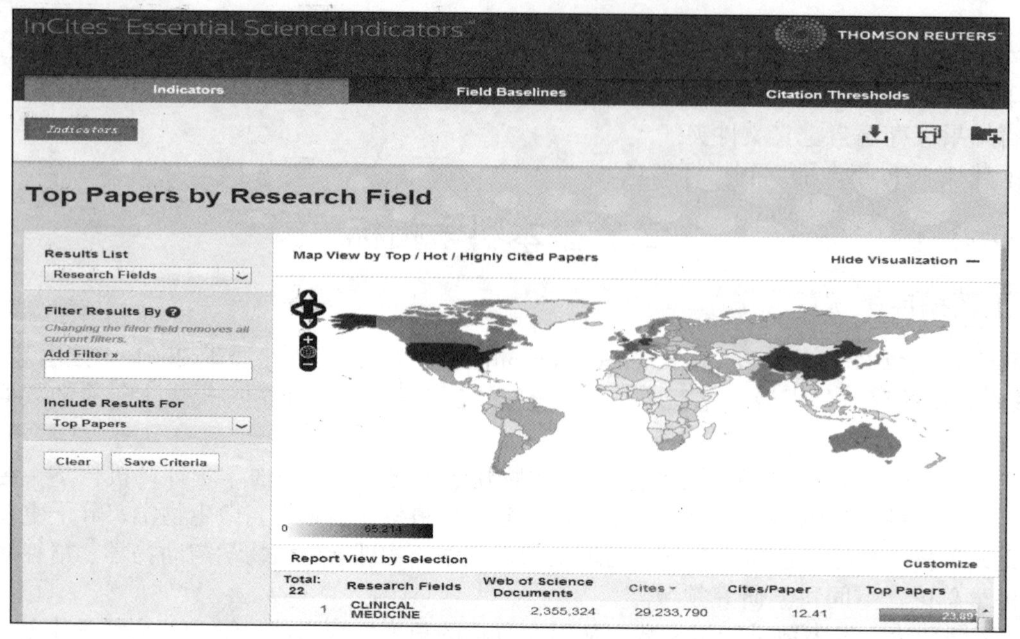

图 4-3-5 ESI 主界面

1. 数据指标（Indicators） 从研究领域（Research Fields）、作者（Authors）、机构（Institutions）、国家/地区（Countries/Territories）、期刊（Journals）、研究前沿（Research Fronts）等多个选项来筛选数据。还可以选择不同的文献类型，包括高水平论文、高被引论文和热点论文等；点击“Show Visualization”和“Hide Visualization”显示或隐藏可视化地图。通过点击“Customize”自定义结果区中显示的指标。

北京大学有 19 个学科进入 ESI，从左至右依次显示研究领域、论文数、被引次数、篇均被引次数、高被引论文数量，如图 4-3-6 所示。

Highly Cited Papers by Research Fields

Results List: Research Fields

Filter Results By: Changing the filter field removes all current filters.

Add Filter »: × PEKING UNIV

Include Results For: Highly Cited Papers

Clear　Save Criteria

Map View by Top / Hot / Highly Cited Papers　　Show Visualization +

Report View by Selection　　Customize

Total: 20	Research Fields	Web of Science Documents	Cites	Cites/Paper	Highly Cited Papers
1	CHEMISTRY	7,327	115,495	15.76	154
2	PHYSICS	9,026	103,332	11.45	162
3	CLINICAL MEDICINE	7,322	75,104	10.26	80
4	GEOSCIENCES	2,907	38,491	13.24	77
5	MATERIALS SCIENCE	2,423	35,416	14.62	70
6	MOLECULAR BIOLOGY & GENETICS	1,571	29,683	18.89	26
7	BIOLOGY & BIOCHEMISTRY	2,448	29,407	12.01	25
8	ENVIRONMENT/ECOLOGY	1,649	22,111	13.41	27
9	NEUROSCIENCE & BEHAVIOR	1,541	19,503	12.66	14
10	ENGINEERING	2,766	18,962	6.86	59
11	PHARMACOLOGY & TOXICOLOGY	1,605	17,377	10.83	9

图 4-3-6 北京大学 ESI 各学科高被引论文界面

点击上图包含有论文数目的蓝色条形图，会出现 Indicators Documents 界面，如图 4-3-7 所示。选择下拉菜单中的选项进行论文排序；选择 Customize Documents 自定义各类指标；点击论文题目，ESI 自动链接到 Web of Science 数据库中，获取每一篇论文的详细信息；点击被引次数，显示被引趋势图，并可以将此趋势图导出、下载；点击作者、期刊、学科分别获得相关信息。

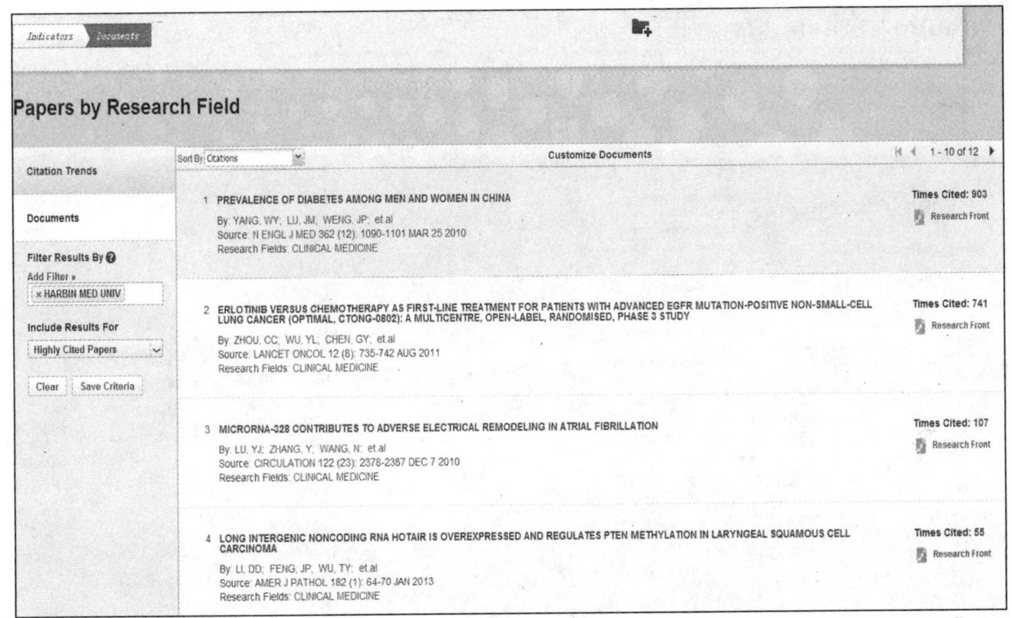

图 4-3-7 ESI Indicators Documents 界面

2. 学科基准值（Field Baseline） 点击进入学科基准值选项，可以分别选择篇均被引次数、百分位或学科排名。同时提供学科基准值以及所选子项基准值的解释说明，方便对于各项指标的理解与运用。结果区的第一栏为 ESI 的 22 个学科，分年度显示各学科论文的被引用情况是否达到了全球平均水平。

如图 4-3-8 所示，2012 年临床医学（CLINICAL MEDICINE）学科发表的论文截至到目前的篇均被引次数为 7.22。因此，如果一篇发表在 2012 年的临床医学的论文截至到目前的被引次数不低于 7.22，则该论文的被引表现达到全球平均水平。

Field Baselines

Baselines are annualized expected citation rates for papers in a research field.

Citation Rates *are yearly averages of citations per paper.*

Citation Rates | Percentiles | Field Rankings

RESEARCH FIELDS	2005	2006	2007	2008	2009	2010	2011	2012
ALL FIELDS	23.03	21.04	19.17	16.87	14.77	12.37	9.60	6.88
AGRICULTURAL SCIENCES	17.46	16.00	13.92	11.45	9.88	8.29	6.30	4.47
BIOLOGY & BIOCHEMISTRY	32.88	29.84	26.59	23.64	20.84	16.92	12.91	9.14
CHEMISTRY	22.97	21.19	19.32	18.44	16.25	14.36	11.59	8.99
CLINICAL MEDICINE	27.13	24.43	21.11	18.44	16.08	13.17	10.16	7.22
COMPUTER SCIENCE	7.62	7.17	10.06	9.04	8.34	6.72	5.15	3.42
ECONOMICS & BUSINESS	18.74	16.58	13.66	10.89	9.23	7.28	5.25	3.27
ENGINEERING	10.70	10.66	10.20	9.02	8.56	7.26	5.77	4.05
ENVIRONMENT/ECOLOGY	28.03	24.83	22.30	19.61	16.38	13.80	10.82	7.60
GEOSCIENCES	22.51	21.15	18.15	16.60	14.79	11.92	9.57	6.59
IMMUNOLOGY	39.77	35.35	32.48	28.35	24.72	20.04	15.44	10.67
MATERIALS SCIENCE	16.54	15.58	16.03	14.28	13.23	11.97	9.74	7.39
MATHEMATICS	8.15	7.51	6.79	6.13	5.26	4.40	3.39	2.20
MICROBIOLOGY	32.40	28.75	25.71	22.29	19.61	16.46	11.75	8.25
MOLECULAR BIOLOGY & GENETICS	51.52	47.46	43.73	36.71	31.93	25.79	19.94	13.28
MULTIDISCIPLINARY	76.44	73.77	64.79	55.38	52.55	44.16	28.72	19.81
NEUROSCIENCE & BEHAVIOR	36.54	32.80	30.26	25.87	22.52	18.45	14.07	9.79
PHARMACOLOGY & TOXICOLOGY	25.14	24.03	21.25	18.83	15.90	13.23	9.99	7.23

图 4-3-8 ESI 学科基准值检索界面

3. 引用阈值（Citation Thresholds） 可以分别选择 ESI 学科阈值、高被引论文阈值或者热点论文阈值。同时提供引用阈值以及所选子项阈值的解释说明，方便对于各项指标的理解与运用。结果区以 ESI 的 22 个学科为出发点，分别从作者、机构、期刊、国家等不同层次来给出被引阈值。

如图 4-3-9 所示，总被引次数进入全球前 1%的药理学与毒理学（PHARMACOLOGY & TOXICOLOGY）学科的机构要求发表论文的最低总被引次数为 2771 次。

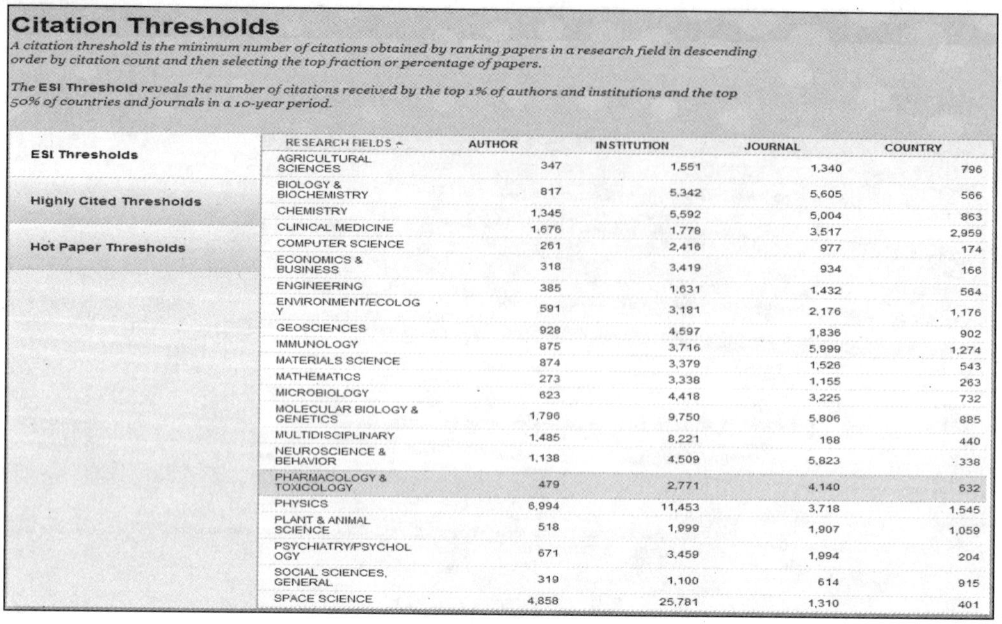

Citation Thresholds

A citation threshold is the minimum number of citations obtained by ranking papers in a research field in descending order by citation count and then selecting the top fraction or percentage of papers.

The **ESI Threshold** *reveals the number of citations received by the top 1% of authors and institutions and the top 50% of countries and journals in a 10-year period.*

ESI Thresholds

Highly Cited Thresholds

Hot Paper Thresholds

RESEARCH FIELDS ▲	AUTHOR	INSTITUTION	JOURNAL	COUNTRY
AGRICULTURAL SCIENCES	347	1,551	1,340	796
BIOLOGY & BIOCHEMISTRY	817	5,342	5,605	566
CHEMISTRY	1,345	5,592	5,004	863
CLINICAL MEDICINE	1,676	1,778	3,517	2,959
COMPUTER SCIENCE	261	2,416	977	174
ECONOMICS & BUSINESS	318	3,419	934	166
ENGINEERING	385	1,631	1,432	564
ENVIRONMENT/ECOLOGY	591	3,181	2,176	1,176
GEOSCIENCES	928	4,597	1,836	902
IMMUNOLOGY	875	3,716	5,999	1,274
MATERIALS SCIENCE	874	3,379	1,526	543
MATHEMATICS	273	3,338	1,155	263
MICROBIOLOGY	623	4,418	3,225	732
MOLECULAR BIOLOGY & GENETICS	1,796	9,750	5,806	885
MULTIDISCIPLINARY	1,485	8,221	168	440
NEUROSCIENCE & BEHAVIOR	1,138	4,509	5,823	338
PHARMACOLOGY & TOXICOLOGY	479	2,771	4,140	632
PHYSICS	6,994	11,453	3,718	1,545
PLANT & ANIMAL SCIENCE	518	1,999	1,907	1,059
PSYCHIATRY/PSYCHOLOGY	671	3,459	1,994	204
SOCIAL SCIENCES, GENERAL	319	1,100	614	915
SPACE SCIENCE	4,858	25,781	1,310	401

图 4-3-9 ESI 引用阈值检索界面

在 ESI 主界面可以分别点击三个按钮来下载 PDF、CSV 或 XLS 格式的数据文件，或将结果发送到电子信箱，或保存在本地的文件夹中。

第 4 节 中国科学引文数据库

案例 4-4-1

哈尔滨医科大学附属第一医院中医科的张亭栋教授创新性地研究了白血病的砒霜（三氧化二砷）疗法，不仅为全世界白血病人的治疗带来了福音，而且其进一步研究，还有望对其他癌症的治疗产生积极效果。在中国中医科学院研究员屠呦呦以疟疾的青蒿素疗法打开了诺贝尔奖的闸门之后，张亭栋的白血病砒霜疗法，被认为是中国大陆继屠呦呦之后，有希望获得诺贝尔生理学或医学奖的中国大陆重量级科技成果。由于张亭栋教授英文论文较少，如何利用中文数据库系统了解相关研究？

问题：

1. 用哪一个数据库能系统获得国内研究论文情况？

2. 如何制定检索策略？

分析：

1. 中国科学引文数据库收录我国数学、物理、化学、天文学、地学、生物学、农林科学、医药卫生、工程技术、环境科学和管理科学等领域出版的中英文科技期刊。对交叉学科和新学科的发展研究具有十分重要的参考价值，被誉为“中国的 SCI”。

2. 根据中国科学引文数据库的特点，充分运用结果限定与二次检索、相关文献检索、全文获取与开放链接等功能，挖掘相关信息。

一、数据库概况

中国科学引文数据库（Chinese Science Citation Database，CSCD； http://sciencechina.cn/search_sou.jsp）是由中国科学院文献情报中心于 1989 年创建，是中国科学文献服务系统（http://sciencechina.cn）的一个子系统，收录我国数学、物理、化学、天文学、地学、生物学、农林科学、医药卫生、工程技术、环境科学和管理科学等领域出版的中英文科技核心期刊和优秀期刊千余种。

中国科学引文数据库是我国第一个引文数据库，曾获中国科学院科技进步二等奖。中国科学院文献情报中心 1995 年出版我国的第一本印刷本《中国科学引文索引》，1998 年出版我国第一张中国科学引文数据库检索光盘，1999 年出版基于中国科学引文数据库和 SCI 数据，利用文献计量学原理制作的《中国科学计量指标：论文与引文统计》，2003 年中国科学引文数据库推出网络版，2005 年出版《中国科学计量指标：期刊引证报告》。2007 年中国科学院国家科学图书馆与美国 Thomson-Reuters Scientific 合作，中国科学引文数据库将以 ISI Web of Knowledge 为平台，实现与 Web of Science 的跨库检索，中国科学引文数据库是 ISI Web of Knowledge 平台上第一个非英文语种的数据库。

中国科学引文数据库已在我国科研院所、高等学校的课题查新、基金资助、项目评估、成果申报、人才选拔以及文献计量与评价研究等多方面作为权威文献检索工具获得广泛应用。主要包括：自然基金委国家杰出青年基金指定查询库； 第四届中国青年科学家奖申报人指定查询库；自然基金委资助项目后期绩效评估指定查询库；众多高校及科研机构职称评审、成果申报、晋级考评指定查询库；自然基金委国家重点实验室评估查询库；中国科学院院士推选人查询库；教育部学科评估查询库；教育部长江学者查询库；中科院百人计划查询库。

二、检 索 方 法

（一）简单检索

分为引文检索和来源文献检索，如图 4-4-1 所示。

1. 引文检索 引文检索的字段包括：被引作者（引文的前 3 位作者姓名）、被引第一作者、被引来源、被引机构、被引实验室、被引文献主编。点击“+”增加检索词输入框，用“与”或者“或”对检索词进行逻辑组配，可以限定论文被引和论文发表的时间范围。检索词添加“”表示精确检索，反之则是模糊检索。

2. 来源文献检索 系统默认为来源文献检索，来源文献检索的字段包括：作者、第一作者、题名、刊名、ISSN、文摘、机构、第一机构、关键词、基金名称、实验室、ORCID、DOI。点击“+”增加检索词输入框，用逻辑运算符“与”或者“或”对检索词进行组配，也可以用“”来区分是精确检索还是模糊检索，可对论文发表时间和学科范围进行限定。

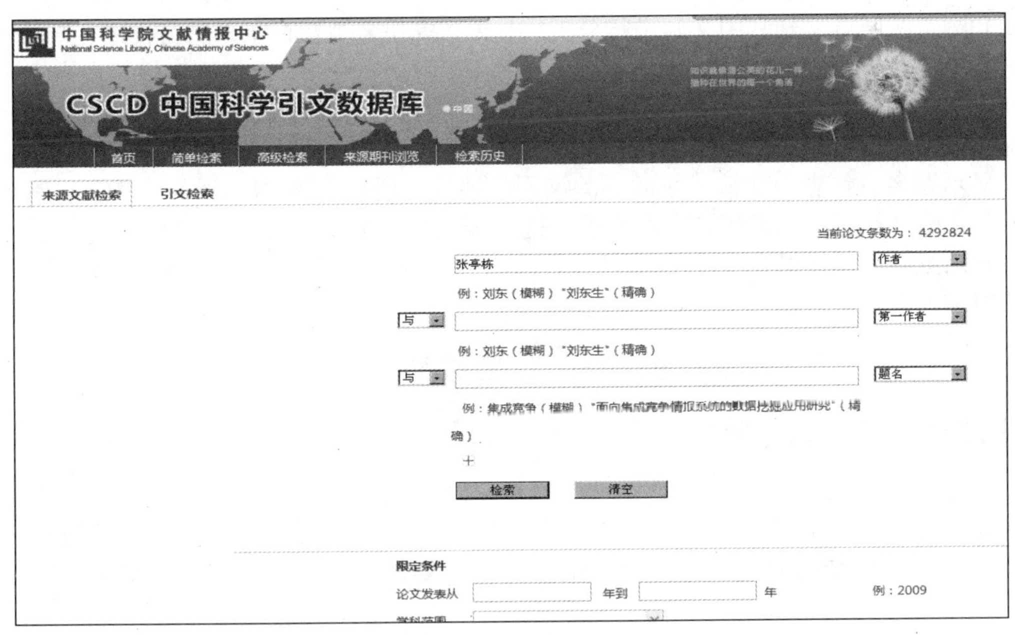

图 4-4-1 中国科学引文数据库简单检索界面

（二）高级检索

提供来源文献检索和引文检索，系统默认为引文检索，如图 4-4-2 所示。

高级检索界面上半部分是检索词输入框，可供输入由字段名称、检索词及布尔逻辑运算符构造的检索表达式，默认检索为模糊检索，如果在字段名称后加入“_EX，”表示精确检索。

可以利用高级检索界面下半部分的检索辅助区域来构造检索式，在检索辅助区域列出了引文检索和来源文献检索的所有字段，选择字段，填入检索词，选择逻辑运算符号，选择是否“精确”检索，然后点击“增加”按钮，自动生成相应的检索式即可出现在上半部分的检索词输入框中。通过增加论文被引时间、出版时间、核心库进一步限定检索结果。高级检索可以使用截词符号，%代表多个字符，？代表一个字符。

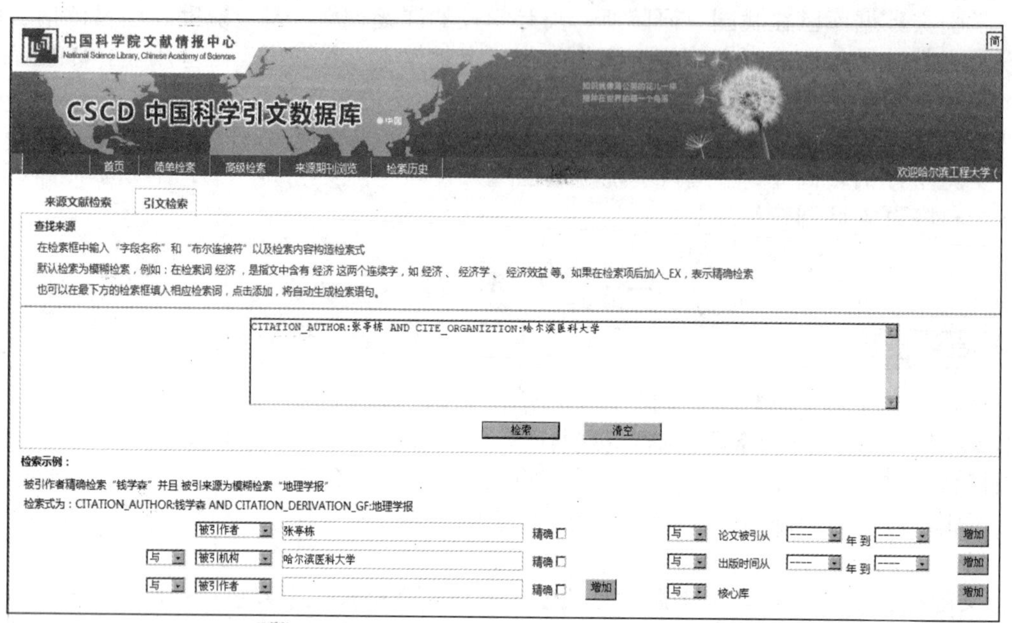

图 4-4-2 中国科学引文数据库高级检索的引文检索界面

（三）来源期刊浏览

来源期刊浏览按照英文刊和中文刊进行分类，中文刊按刊名拼音首字母进行排序，英文刊按刊名英文首字母进行排序，点击首字母即可浏览相应期刊，显示刊名、ISSN、收录年代。点击“刊名”可以浏览该期刊收录年代范围、学科、每年每卷每期发表论文的数量，选择某一卷期，查看该期刊相应卷期的具体来源文献信息，包括文献的题名、作者、来源、被引频次，可以进行结果限定，点击题名的“详细信息”，显示题名、作者、文摘、来源、关键词、地址、语种、ISSN、学科、基金、参考文献、引证文献和相关文献，作者、关键词、来源都可以进一步链接，进行检索。

来源期刊浏览界面还提供刊名检索，在“刊名检索”的下拉框中选择检索字段“刊名”或“ISSN”，输入相应的检索词进行检索。

三、检索结果管理

（一）结果限定与二次检索

来源文献检索和引文检索的检索结果可以通过“结果限定”来限定检索结果。来源文献检索结果可以从来源、年代、作者和学科四个方面来进行结果限定；引文检索结果可以从被引出处、年代和作者三个方面来进行结果限定。选择检索结果前面的复选框，然后点击“结果限定”按钮，显示限定的检索结果。

二次检索在检索结果题录显示的最下方，选择字段，输入检索词，点击“检索”按钮，即可对检索结果进行再次筛选。

（二）检索结果排序、显示和输出

来源文献检索和引文检索的检索结果都可以进行排序，点击结果输出列表中的标题栏（字段名称），实现相应字段的排序。来源文献检索结果可以按照题名、作者、来源和被引频次进行排序，引文检索结果可以按照作者、被引出处和被引频次进行排序，如图 4-4-3 所示。

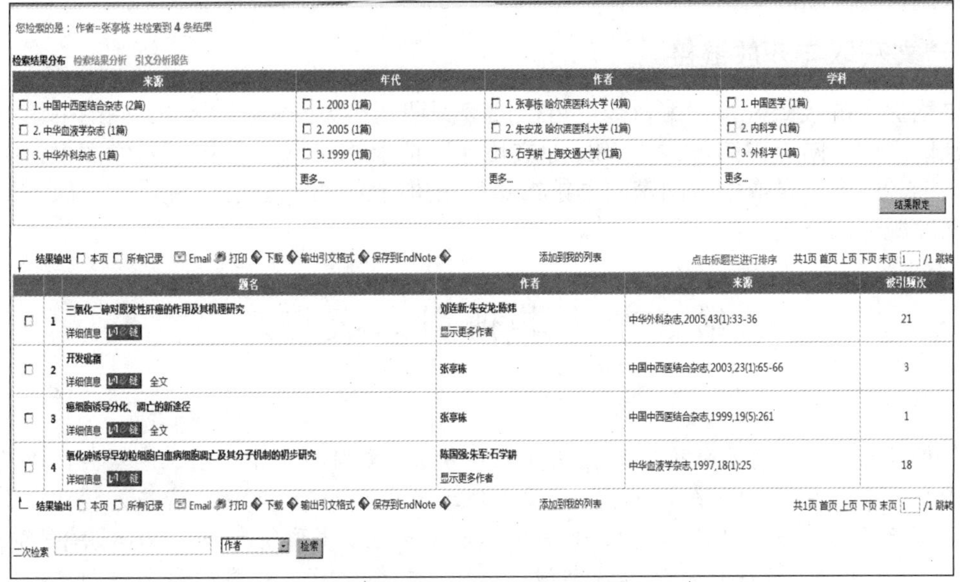

图 4-4-3　中国科学引文数据库引文检索结果界面

每页默认显示 20 条文献记录。检索结果可以通过勾选每条记录前的选择框，或者直接选中“本页”或者“所有记录”进行输出结果的选择，检索结果提供三种输出方式：E-mail、打印和下载。

（三）相关文献检索

相关文献包括作者相关、关键词相关和参考文献相关，如图 4-4-4 所示。

1. 作者相关　指与本文作者共同发表文章的作者检索。在“作者相关”选项弹出的作者列表中选择作者，检索所选择作者发表的所有文献。选择两个或以上的作者，表示检索所选择的两个或以上作者共同发表的所有文献。

2. 关键词相关　指查看与本文相同关键词的文献。在“关键词相关”选项弹出关键词列表中选择关键词，检索所选择关键词的所有文献。选择两个或以上的关键词，表示检索同时出现所选择的两个或以上关键词的所有文献。

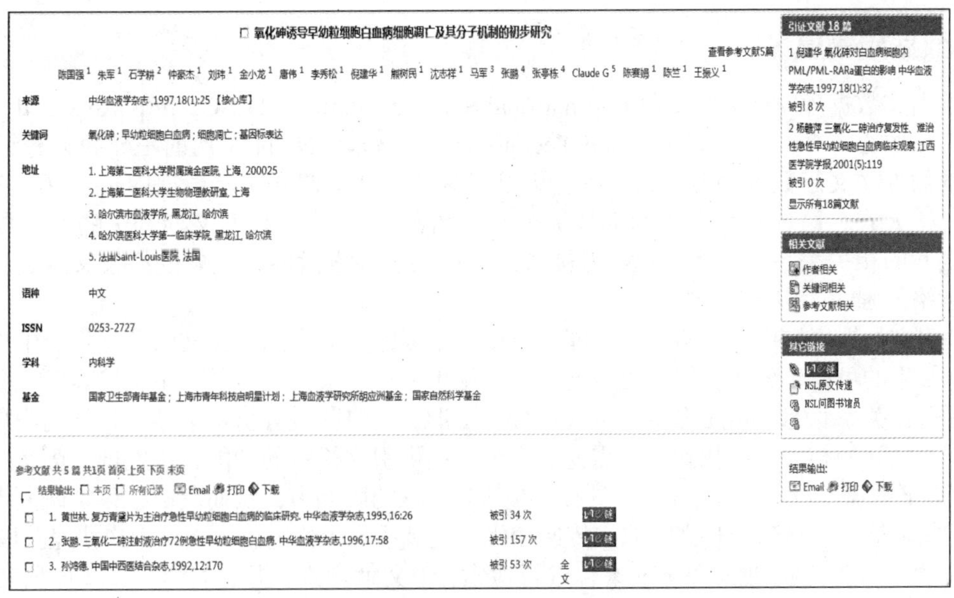

图 4-4-4　中国科学引文数据库引文相关检索结果界面

3. 参考文献相关 指查看与本文具有共同参考文献的文献。直接点击“参考文献相关”即可查看与本文具有共同参考文献的文献。

（四）全文获取与开放链接

检索结果均提供链接服务，“编辑部”可以链接到期刊相关网站，“NSL 问图书馆员”链接到中国科学院文献信息中心网上咨询台，“NSL 原文传递”请求 NSL（中国国家科学图书馆）原文传递，或者通过全国期刊联合目录或中国国家图书馆馆藏目录进行馆藏信息检索。提供扩展服务链接到中国科学院机构知识库服务网格进行检索。

第 5 节 其他引文数据库

案例 4-5-1

在生命科学领域，研究蛋白质结构有三种主要方法：X 射线晶体衍射、核磁共振以及单颗粒冷冻电子显微镜（冷冻电镜）。早在冷冻电镜技术还远未成熟的 2007 年，清华大学就在上述三种方法中选择了重点发展冷冻电镜技术。2013 年初，冷冻电镜技术取得突破。2014 年被 Science 评为“年度十大发现”之一。冷冻电镜技术帮助施一公团队破解结构生物学的最大难题之一，得到剪接体近原子水平的分辨率。欲了解哪些学者、机构在进行这一方面的研究工作？这些研究成果都发表在哪些期刊上？文献所属学科的分布情况和学科交叉情况如何？

问题：

1. 用哪些引文数据库能获得国内外交叉学科和新学科的发展研究？
2. 如何制定检索策略？

分析：

1. 国际科学引文数据库是了解世界科学研究与发展的强大工具，中国引文数据库是目前国内最大最全的引文数据库。利用中文数据库的引文检索功能，拾遗补缺。

2. 充分运用引文数据库的分析功能，从作者，机构，学科、年代、基金等角度深入分析检索结果，全面了解冷冻电镜技术。

一、NSTL 国际科学引文数据库

（一）数据库概况

国际科学引文数据库（Database of International Science Citation，DISC；http://disc.nstl.gov.cn）是国家科技图书文献中心（National Science and Technology Library，NSTL）历时三年投入建设的以科学引证关系为基础的外文文献数据服务系统。系统集成了 NSTL 外文期刊文献数据库（1.7 万多种外文期刊）和优选的理、工、农、医各学科领域的部分优秀西文期刊（3000 多种西文期刊）的引文数据，揭示和计算了文献之间的相关关系和关系强度，为科研人员提供了检索世界上重要的科技文献、了解世界科学研究与发展脉络的强大工具。

国际科学引文数据库提供文献检索的功能，可以从集成的大规模的外文文献数据集合中检索和浏览信息。提供检索结果的可视化分析功能，可以通过检索结果分组、关键词云图、论文发表年代分布、被引年代分布、作者合作关系状态、引用强度等可视化分析图形，实时联机分析检索结果，帮助用户在大量的检索集合中根据文献间的相关关系找到自己需要的文献。提供引文检索的功能，以发现一篇文献的被引用情况、一个作者的论文影响力、一种期刊、图书、专利等文献的影响力，从而获取在科学研究中产生重要影响的有价值的文献信息。与 NSTL 文献原文传递和代查代借系统无缝链接，支持用户快速获取文献全文。

国际科学引文数据库提供三个文献集合进行检索：①文献检索：提供 NSTL 文献库所有来源刊文献的检索；②引文库收录文献检索：提供 NSTL 国际科学引文数据库中收录的来源期刊文献的检索；③参考文献检索：提供 NSTL 国际科学引文数据库中收录的来源期刊文献的参考文献检索。

（二）检索方法

国际科学引文数据库的检索方法有：

1. 快速检索 是最简单快捷的检索方式。用户只需输入检索词，点击“快速检索”按钮，系统将在默认的题名、刊名、摘要、ISSN、作者字段内进行检索，任一项中与检索条件匹配者均为命中记录。

2. 高级检索 数据库默认的检索方式，如图 4-5-1 所示。用户可以选择检索字段(作者、题名、ISSN、文摘、关键词、机构、出版时间、被引时间、刊名）；对检索词进行逻辑组配（与、或）；默认显示 3 个检索词输入框，点击“+增加检索条件”按钮可自行增加。

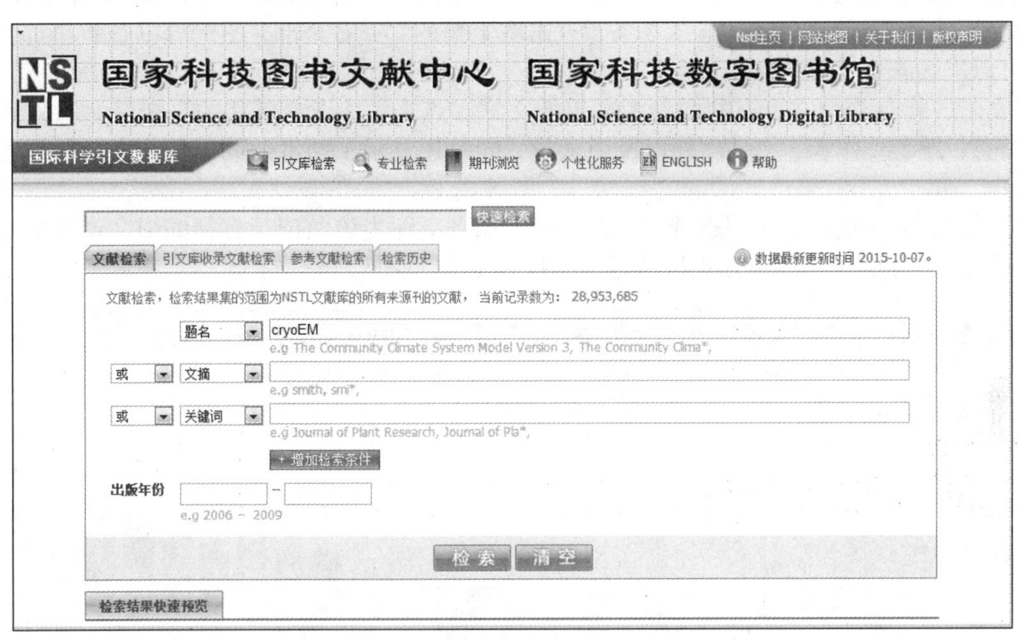

图 4-5-1 国际科学引文数据库高级检索界面

3. 专业检索 提供可以自定义复杂检索式的功能。逻辑运算符包括 AND、OR、NOT；选择“精确”意味着进行严格精确匹配。为了方便用户构造检索式，特意提供了检索子条件的添加面板。

4. 期刊浏览 提供国际科学引文数据库来源期刊浏览，页面提供期刊名首字母的选择和基于刊名、ISSN 的期刊检索功能。同时还提供期刊来源文献详细信息的细览页面，显示信息包括题名、作者、出处、被引次数等信息。

（三）检索结果管理

国际科学引文数据库检索结果管理分为检索结果概览和检索结果细览。

1. 检索结果概览 检索结果概览界面大致可分为三个模块：检索结果列表，检索结果可视化分析、检索结果分组，如图 4-5-2 所示。

（1）检索结果列表：显示了文献题名、作者、出处（刊名+年卷期）、被引次数等信息。用户可以对检索结果进行排序，排序方式有：第一作者、题名、出版年、被引频次。提供将数据下载到本地的功能，勾选要下载的记录，点击表格右上角的“数据下载”按钮，即可下载并保存数据。提供针对特定记录的数字资源链接服务，帮助用户在权限范围内直接获取全文，或者通过 NSTL 原文传递、馆藏目录以及 Web 检索等方式获得全文信息。提供对检索式的 RSS 定制，用户登录之后，点击表格右上角的“检索条件 RSS”，可以定制当前所用检索条件，当该检索条件有新结果时，会通过 RSS 自动推送给用户。

（2）检索结果可视化分析：提供“年文献量”“年被引量”“作者合著关系图”对检索结果集进行可视化分析。①年文献量：检索结果集文献在各年度的数量分布图。柱状图，横坐标代表时间，单位年；纵坐标代表文献量，单位篇。鼠标放于条形图上可显示具体数量。图形可链接，点击可获得该年的文献记录，相当于按年代分组。②年被引量：检索结果集文献各年被引量分布图。柱形图，横坐标代表时间，单位为年；纵坐标代表被引量，单位次。鼠标放于柱形图上可显示具体被引次数。③作者合著关系图：

检索结果集中出现频次 Top20 的作者之间的合作关系图。字体大小代表作者本身的权重大小，发文量越多权重越大；连线上的数字代表作者之间的合作强度，用两者共同发表的论文篇数来衡量。点击作者姓名，可以查看结果集中该作者所发表的论文集合。

（3）检索结果分组：提供从作者、期刊、年代、关键词等角度对结果集进行限定和筛选。

关键词分组是从检索结果的关键词集合中抽取权重符合一定标准的关键词，以提供结果限定及主题概览，字体越大则代表该关键词出现频次越高。

2. 检索结果细览 针对每一篇文献，系统提供了详细信息的细览界面，显示信息包括题名、作者、机构、文摘、出处、关键词、参考文献、引证文献、相关文献、个性化服务以及原文传递服务等。

参考文献、引证文献都是默认显示 3 条，点击右上角的“查看全部”图标可以查看全部文献；单击题名链接可以进入查看文献详情。

“相关文献”指与当前文献有共同参考文献的文献。点击“参考文献相关”链接，可以查看相关文献的基本信息：题名、作者、文献出处以及引文量，同时还显示了两者的同引耦合度，即两者共同引用的文献篇数。

在浏览详细记录的时候，可以选择“引文推送”服务。即当该条记录有新的引文产生的时候，系统可以自动向用户进行推送，推送方式包括电子邮件和 RSS 两种。

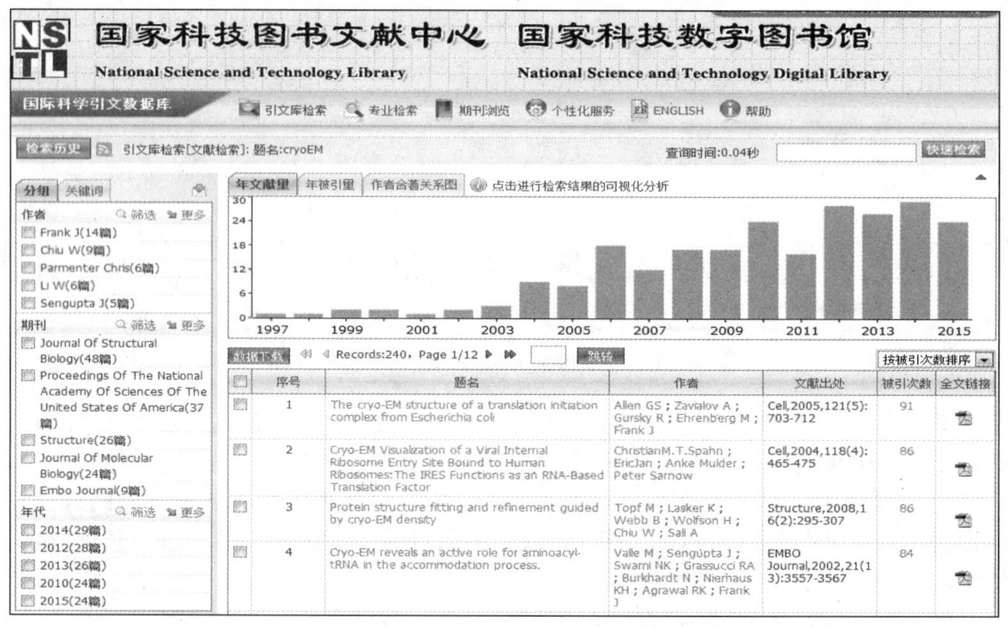

图 4-5-2 国际科学引文数据库检索结果列表界面

（四）个性化服务

NSTL 国际科学引文数据库为注册用户提供个性化服务，包括：

1. 我的检索历史 提供对检索历史的永久保存、查看、删除、RSS 订阅以及邮件订阅等功能。

2. 我的期刊列表 对用户收藏的期刊进行管理，通过“RSS 订阅”或者“电子邮件推送”进行期刊订阅，系统将自动推送该期刊的最新目次信息到用户的 RSS 阅读器或者邮箱。

3. 我的引文推送 对用户选择定制的引文进行管理，引文推送列表显示了用户已经定制的文献列表（题名、被引次数、订阅方式等），可以进行定制方式更改或者删除。

4. 显示定制 可以进行起始页定制和结果显示定制，起始页（默认检索方式）定制指根据用户需要，将起始页选择为“文献检索”“引文库收录文献检索”“参考文献检索”；结果显示定制指根据用户的需要，设置结果显示的方式，主要是每页可以显示的检索结果条数。

二、中国引文数据库

（一）数据库概况

中国引文数据库（Chinese Citation Database，CCD；http://ref.cnki.net）是中国知网的一个子数据库，引文数据来源于中国学术期刊网络出版总库、中国博士学位论文全文数据库、中国优秀硕士学位论文全文数据库、中国重要会议论文全文数据库、中国重要报纸全文数据库、中国图书全文数据库、中国年鉴全文数据库等。

主要功能包括引文检索、检索结果分析、作者引证报告、文献导出、数据分析器及高被引排序等模块。

高被引排序包括高被引作者、高被引期刊、高被引院校、高被引医院、高被引文献、高被引学科六个排序表。鼠标放在“选择学科”，会自动弹出所有学科供选择。选择对象高被引排序，按发文量、核心期刊、SCI、EI、基金文献、被引频次、他引频次、他引率、H 指数等指标降序排列。

（二）检索方法

中国引文数据库提供文献检索、作者检索、机构检索、期刊检索、基金检索、学科检索、地域检索、出版社检索八种检索方式。

1. 文献检索　分为简单检索、高级检索和专业检索三种检索方式。

（1）简单检索：数据库默认检索界面，可根据不同对象进行简单检索，有文献检索、作者检索、机构检索、期刊检索、基金检索、学科检索、地域检索、出版社检索。文献检索可选择字段有主题、题名、关键词、摘要、作者、单位或文献来源，如图 4-5-3 所示。

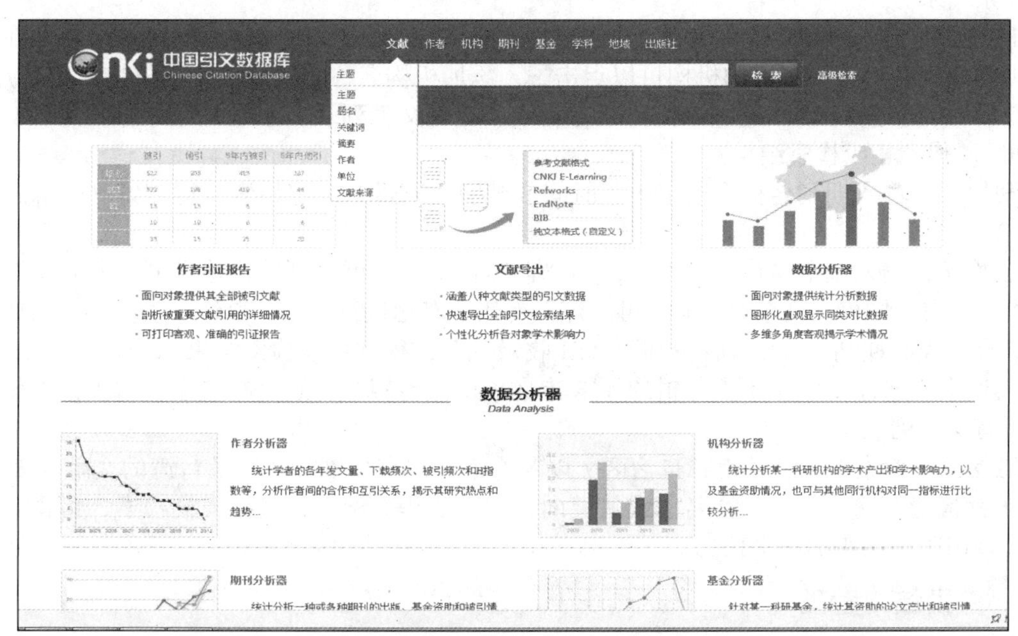

图 4-5-3　中国引文数据库简单检索界面

（2）高级检索：包含学科类别、来源文献范围和检索条件三部分，如图 4-5-4 所示。学科类别指 CNKI 十大专辑 168 个专题，可选择全部专辑，也可在特定专辑或专题类别下进行限定检索。来源文献范围可选择引文来自于期刊、学位论文、会议论文三个数据库。引文类型分为期刊、学位论文、会议论文、报纸、图书、专利、标准、年鉴以及外文引文。检索条件包含主题、题名、关键词、摘要、作者、第一责任人、单位、文献来源、基金、参考文献等项，可以限定出版时间和被引时间。

图 4-5-4 中国引文数据库高级检索界面

（3）专业检索：根据检索需求编写检索表达式，进行专业检索。检索语句参考“检索表达式语法”。

2. 作者检索 在检索词输入框输入作者姓名，系统自动推荐前十名同姓名作者。勾选确定的作者单位信息，系统自动输入“作者单位”及“曾经单位”。选择“核心期刊”“SCI 收录刊”“EI 收录刊”得到相应检索结果。

3. 机构检索 输入机构名，勾选确定的机构名称，点击确认，得到需要的检索结果。在“机构名称”输入机构曾用名，曾用名多的机构可以点击⊞，添加机构名称，勾选确定的机构名称，点击确认。可限定某专辑、专题进行检索，得到该机构某专辑或某专题文献列表。选择“核心期刊”“SCI 收录刊”、“EI 收录刊”，得到相应检索结果。

4. 期刊检索 输入期刊名称，选定出版时间或被引时间进行限定检索，得到该刊全部或某时段文献列表。

5. 基金检索 输入基金名称或关键词，如“自然科学”，可得到符合检索词的所有基金名称，勾选确定的基金名称，即可实现基金检索。可限定某专辑、专题进行检索，得到该基金某专辑或专题的文献列表。选择“核心期刊”“SCI 收录刊”“EI 收录刊”，得到相应检索结果。

6. 学科检索 选择 CNKI 十大专辑的 168 专题中的某专辑或专题进行检索，得到该专辑或专题在某时段的所有文献列表。

7. 地域检索 检索省（直辖市、自治区）以及香港、澳门特别行政区及台湾的文献发表情况。

8. 出版社检索 输入某出版社名称或关键词，如“清华大学”，选择模糊检索，可得到符合该检索词的所有该出版社出版的图书信息。

（三）检索结果管理

1. 结果显示 分为列表显示和摘要显示，如图 4-5-5 所示。

（1）列表显示：显示题名、作者、来源、年、被引、他引、下载。除下载其他均可实现超链接。不限制被引时间时，只显示总被引频次。限制被引时间，被引频次字段显示——总被引频次（限制时间内的被引频次）。

（2）摘要显示 显示题名、作者、来源、年、期、摘要、关键词、被引频次、他引频次、下载频次，可实现超链接。期刊或学位论文引用频次、下载频次不能实现超链接。

2. 结果统计 统计文献总数、总被引、总他引、篇均被引、篇均他引。

图 4-5-5　中国引文数据库检索结果列表显示界面

3. 结果排序　默认按照相关度排列，也可以按照出版时间、被引频次、他引频次倒序排列。

4. 结果分组　分为文献类型分组、被重要期刊引用的文献、年分组。

5. 结果筛选　可以选当前页，即当前页面的 50 条记录；也可以根据需要选择某几条；也可以全选。

6. 结果分析　可以对检索结果进行作者分析、机构分析、出版物分析、基金分析、学科分析、出版年分析。冷冻电镜的学科分析，如图 4-5-6 所示。

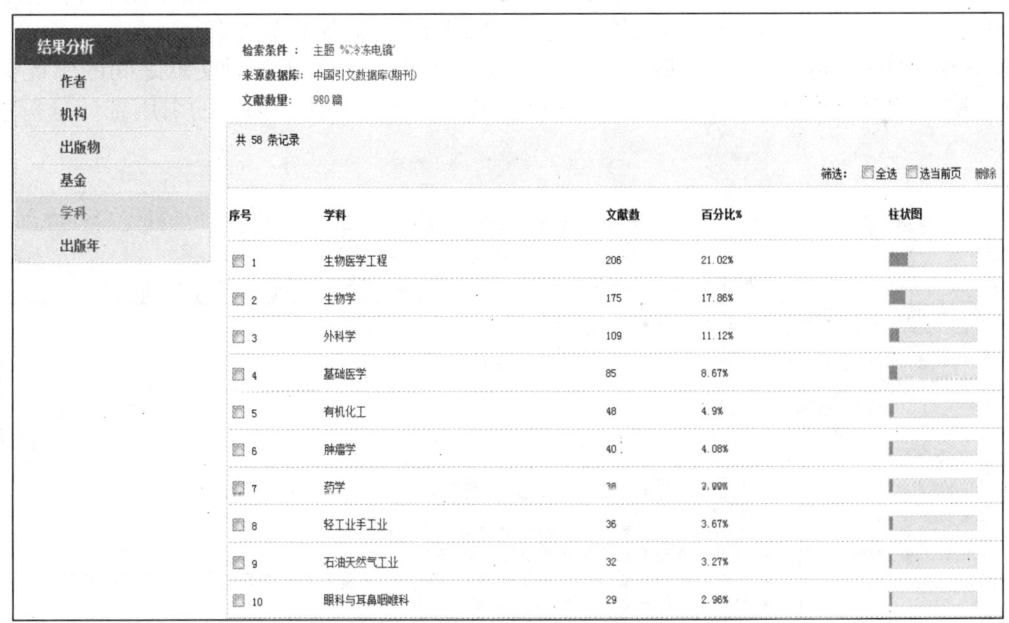

图 4-5-6　中国引文数据库检索结果学科分析界面

（四）数据分析器

1. 作者分析器　包括该作者发文量、各年被引量、下载量统计、作者被引排名、作者引用排名、合作作者排名、基金发文排名、基金被引排名、期刊分布、关键词排名、H 指数。

2. 机构分析器　统计机构发文量、各年被引量、篇均被引率、各年引文量、篇均引文量、基金发文排名、基金被引排名、作者发文排名、作者被引排名、学术合作机构、学科发文统计、学科被引统计、期刊发文排名、期刊被引排名、H 指数。

3. 期刊分析器

（1）单期刊分析：包括发文量、下载量、各年被引量、篇均被引率、各年引文量、篇均引文量、引文类型、引文语种、期刊被引排名、期刊引用排名、作者发文排名、作者被引排名、机构发文统计、机构被引统计、基金发文排名、基金被引排名、省市发文统计、省市被引统计、学科发文统计、学科被引统计、H 指数、影响因子、关键词统计。

（2）多期刊分析：包括发文量、基金发文量、下载量、各年被引量、篇均被引率、各年引文量、篇均引文量、H 指数、影响因子。

4. 基金分析器 包括发文量、各年被引量、作者发文排名、作者被引排名、机构发文统计、机构被引统计、学科发文统计、学科被引统计、省市发文统计、省市被引统计、H 指数。

5. 学科分析器 发文量、各年被引量、学科引用排名、学科被引排名、基金发文排名、基金被引排名、作者发文排名、作者被引排名、机构发文统计、机构被引统计、省市发文统计、省市被引统计、H 指数。

6. 地域分析器 包括发文量、各年被引量、基金发文排名、基金被引排名、作者发文排名、作者被引排名、机构发文统计、机构被引统计、学科发文统计、学科被引统计、期刊发文排名、期刊被引排名、H 指数。

7. 出版社分析器 包括发文量、各年被引量、学科发文统计、学科被引统计、H 指数。

三、中文数据库中的引文检索

（一）中文科技期刊数据库（引文版）

1. 数据库概况 中文科技期刊数据库（引文版）（Chinese Citation Database），简称 CCD，是重庆维普资讯有限公司维普期刊资源整合服务平台的重要组成部分，是目前国内规模最大的文摘和引文索引型数据库。收录 8000 多种中文科技期刊，引文数据回溯至 2000 年。通过数据链接与维普资讯系列产品对接定位，可广泛用于课题调研、科技查新、项目评估、成果申报、人才选拔、科研管理、期刊投稿等，帮助科研人员、编辑出版人员、科研管理人员、图书馆员提高工作效率。

2. 检索方法 中文科技期刊数据库（引文版）采用引文分析方法，对文献之间的引证关系进行深度数据挖掘，除提供基本的引文检索功能外，还提供基于作者、机构、期刊的引用统计分析功能，如图 4-5-7 所示。

图 4-5-7 中文科技期刊数据库（引文版）检索界面

（1）基本检索：针对所有文献按被引情况进行检索，提供 8 个检索入口，快速定位相关信息。

（2）作者索引：提供关于作者的科研产出与引用分析统计，检索并查看作者的学术研究情况。

（3）机构索引：提供关于机构的科研产出与引用分析统计，全面了解机构的科研实力。

（4）期刊索引：提供关于期刊的科研产出与引用分析统计，全面展示期刊的学术贡献与影响力。

3. 检索结果管理　中文科技期刊数据库（引文版）检索结果管理分为检索结果概览和检索结果细览。

（1）检索结果概览：按被引量返回与检索主题相关的文献。以期刊论文引用统计为主，同时析出有价值的图书、学位论文、专利、标准、会议论文。通过“查看参考文献”“查看引证文献”从一组文献（课题/领域）出发探寻科学研究的来龙去脉，越查越旧，越查越新，越查越深。支持排除自引的“引用追踪”，可同时查看多篇文章的被引用情况及年代分布情况，敏锐发现研究热点和趋势。综合数量与质量计算作者或一组文献的 H 指数，并附三种 H 指数相关功能图，如图 4-5-8 所示。

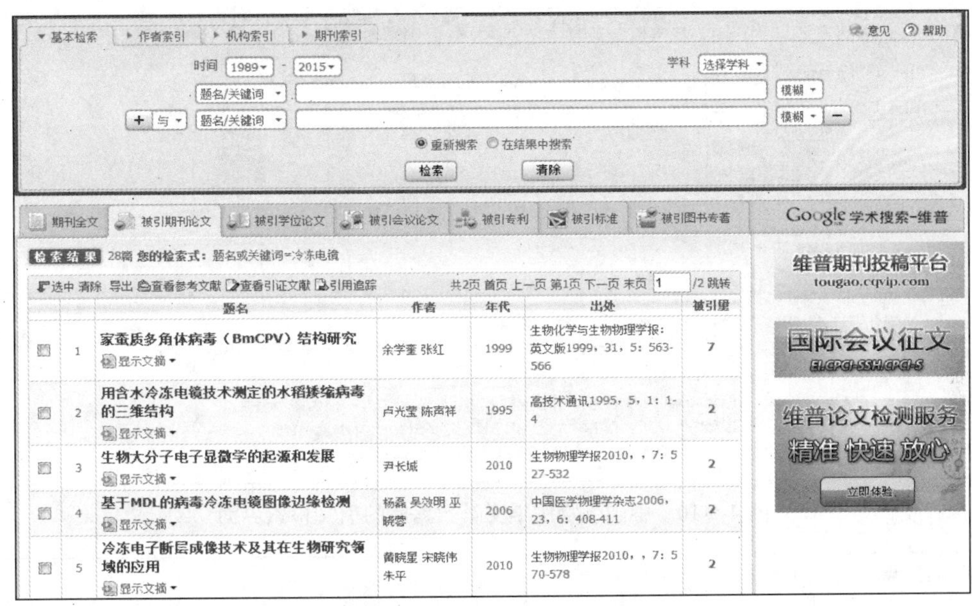

图 4-5-8　中文科技期刊数据库（引文版）检索结果概览界面

（2）检索结果细览：在揭示文摘信息的同时，对相关“参考文献”“引证文献”“耦合文献”作知识节点链接，从一篇文献出发探寻科学研究的来龙去脉，如图 4-5-9 所示。通过“查看全文”与《中文科技期刊数据库》对接，获取全文。可以查看该篇文献所在学科最近 10 年的高影响力作者、高影响力机构、高影响力期刊、高被引论文，获取最有价值的信息，提高科研与工作效率。

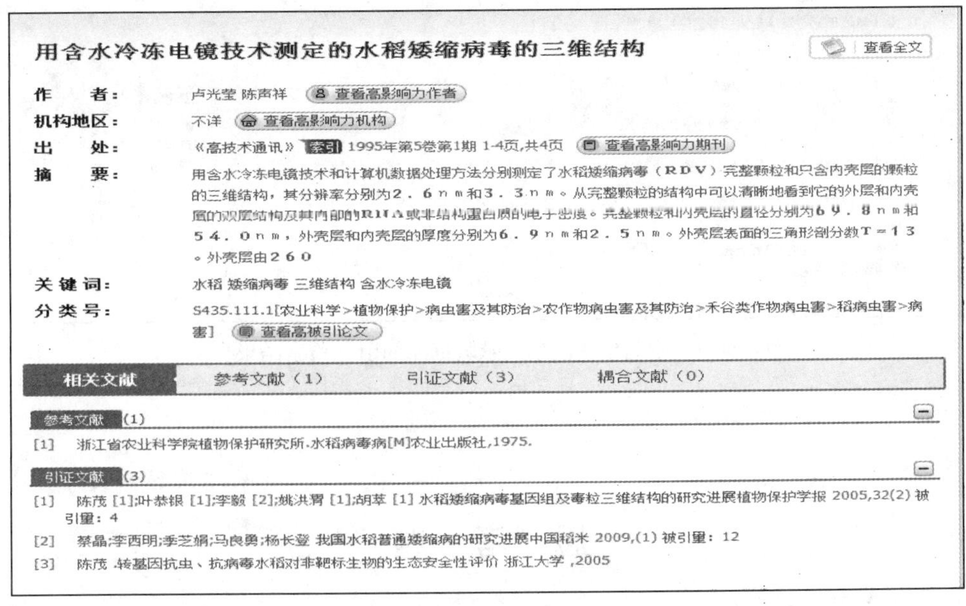

图 4-5-9　中文科技期刊数据库（引文版）检索结果细览界面

（二）中国生物医学文献数据库

中国生物医学文献数据库（CBM）提供引文检索，通过被引文献题名、主题、作者、第一作者、出处、机构、第一机构、基金途径查找引文，如图 4-5-10 所示。在引文检索结果界面，可以对检索结果做进一步限定，包括限定被引频次、被引年代、引文发表年代等。检索结果如图 4-5-11 所示。

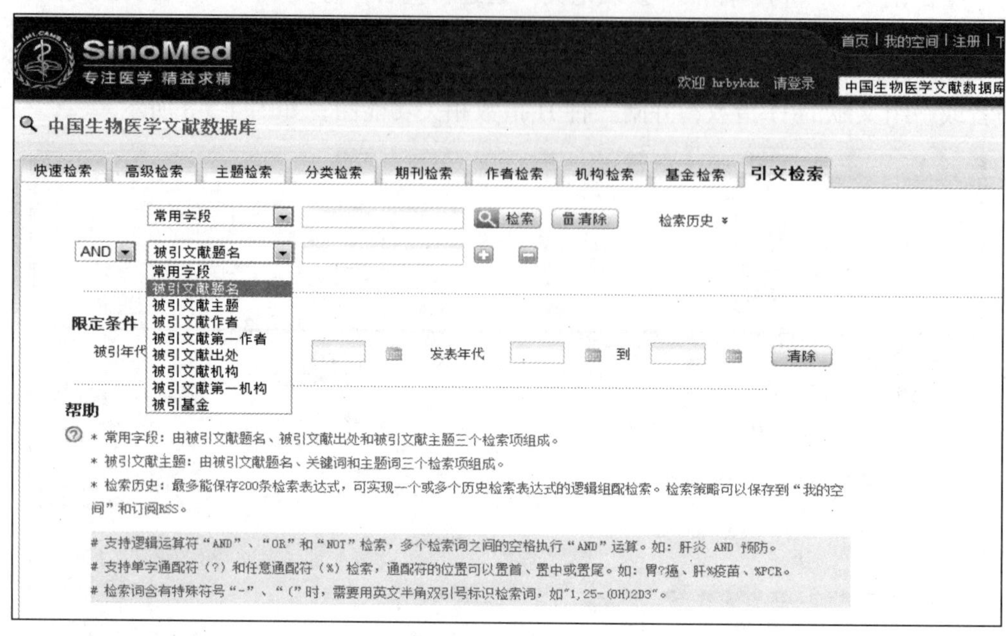

图 4-5-10 中国生物医学文献数据库的引文检索界面

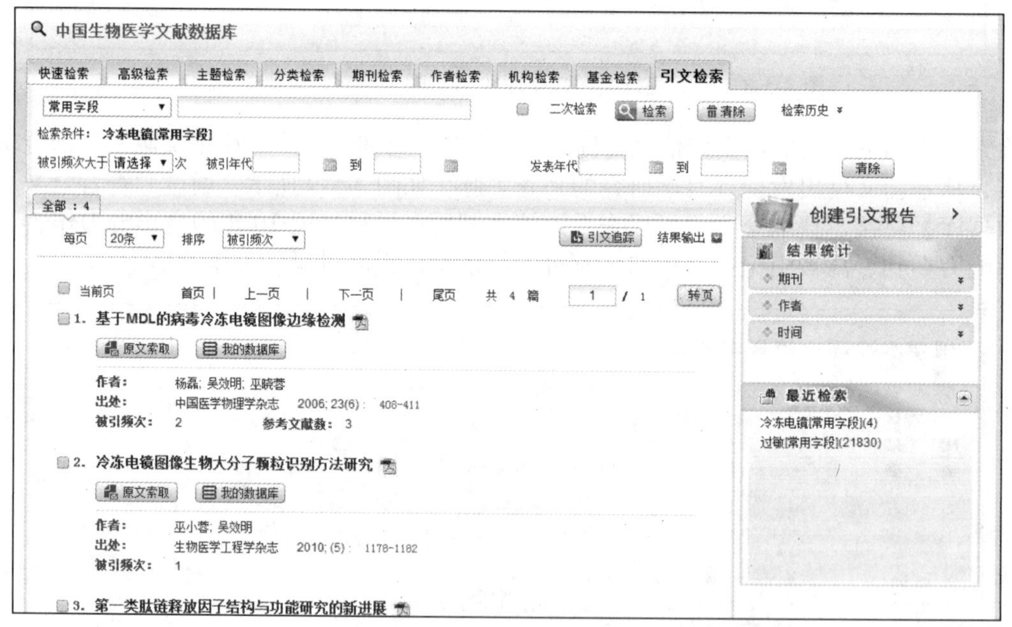

图 4-5-11 中国生物医学文献数据库的引文检索结果界面

（哈尔滨医科大学 史继红）

思 考 题

1. 为什么要使用引文索引？
2. 引文索引的作用是什么？

3. Web of Science 核心合集由哪些索引组成？其中最著名的三个引文索引是什么？

4. Web of Science 核心合集检索规则有哪些？

5. Web of Science 核心合集有哪些检索途径？

6. 创建定题跟踪服务与创建引文跟踪服务有什么异同？

7. Web of Science 核心合集有哪些个性化服务功能？

8. 利用 JCR 查找我国被收录的期刊及其各项指标？

9. 利用 JCR 比较免疫学领域的两本或多本期刊的影响因子？

10. 利用 ESI 获取某机构在各 ESI 学科的高水平论文、高被引论文和热点论文？

11. 利用 ESI 明确某领域最具影响力的研究人员？

12. 利用中国科学引文数据库与其他引文数据库检索，比较张亭栋教授白血病的砒霜疗法的检索结果，了解中文引文数据库的异同？

13. 利用国际科学引文数据库分析哪些学者、机构在进行冷冻电镜技术研究？

14. 利用国际科学引文数据库分析冷冻电镜技术作者合作关系图？

15. 利用中国引文数据库分析你所在学校的发文量、基金发文排名、作者发文排名、学科发文统计？

特种文献资源

特种文献是指那些公开或内部发行、出版形式与收藏单位都比较特殊的科学资料，其内容比较新颖、科技含量较高、类型复杂多样，能够从多个侧面反映当前科技发展的前沿动态和水平，因而具有较高的学术利用价值。主要包括学位论文、专利文献、会议文献、标准文献、科技报告、政府出版物、产品说明书等。

第 1 节　学 位 论 文

案例 5-1-1

某医科大学临床专业学生对肺栓塞疾病的研究比较感兴趣，面临毕业考研，为了能够做出正确的决策，选择到适合自己报考兴趣的研究方向及学校、导师，欲了解国内相关专业硕士招生情况（如：学位授予单位、学科研究方向、导师及承担课题情况）。

问题：

1. 该生可以通过什么方式了解硕士招生信息？
2. 国内常用的学位论文数据库有哪些？
3. 学位论文通常有哪些检索字段？
4. 本案例的需求包含了哪些显性、隐性检索点？

分析：

1. 选择考研报考方向及学位授予单位时，考生可通过各高校及科研院所发布的硕士招生简章了解相关信息。另外，一些学位论文数据库也提供了辅助查询功能。通过学位论文数据库检索，可获知论文题名、导师姓名、学位授予单位、研究方向、学生姓名、论文摘要等重要信息。

2. 国内常用的学位论文数据库有： CNKI 中国优秀博、硕士学位论文数据库；万方数据知识服务平台的中国学位论文数据库、国家科技图书文献中心（NSTL）中文学位论文数据库等。

3. 学位论文的检索字段一般有：论文篇名、论文作者、学位授予单位、学位年度、分类号、导师姓名、研究方向/学科、论文级别等，可根据需求或已知条件分别检索。

4. 本案例需求包含显性检索点：主题/关键词/摘要—肺栓塞；隐性检索点： 采用分类导航系统逐层递进找到“医药卫生科技—呼吸系统疾病—肺疾病—肺栓塞”类目；论文级别-硕士学位。

学位论文（Dissertation）是高等院校和科研院所的毕业生为获得相应的学位，在导师的指导下撰写完成的、具有一定独创性、学术性的研究论文，具有科学性、学术性、逻辑性、规范性等特点。学位论文一般与导师的科研方向、承担的课题相关，并且附有大量的参考文献，在一定程度上能够反映学生的科研能力，提供相关科研进展情况，是一种重要的文献信息资源。目前，我国的学位论文主要由国家图书馆、中国科学技术信息研究所和学位授予单位授权收藏，检索时主要通过网络版数据库资源进行。

一、国内学位论文

（一）中国优秀博、硕士学位论文全文数据库

1. 概况　中国知识基础设施工程（CNKI，http://www.cnki.net）的系列产品中包含 2 个学位论

文库《中国博士学位论文全文数据库》（China Doctoral Dissertations Full-text Database，CDFD）和《中国优秀硕士学位论文全文数据库》（China Master's Theses Full-text Database，CMFD），以全文数据库的形式连续、动态出版我国博士、硕士学位论文，论文主要来自全国 985、211 工程等重点高校，内容覆盖基础科学、工程技术、农业、哲学、医学、人文、社会科学各个领域，按学科划分为十大专辑、168 个专题。目前收录全国 429 家培养单位的优秀博士论文，收录 683 家培养单位的优秀硕士论文，收录年限可回溯至 1984 年。截至 2015 年 10 月，共收录 27 余万篇博士学位论文（医药卫生科技专辑 6 余万篇）、240 余万篇硕士学位论文（医药卫生科技 29 余万篇）。

2. 检索方法　系统提供快速检索、标准检索、专业检索、科研基金检索、句子检索、学科分类导航等方法。下文以中国优秀硕士学位论文全文数据库为例介绍其检索方法。

（1）标准检索：中国优秀硕士学位论文全文数据库标准检索界面如图 5-1-1 所示，检索方法如下：

1）选择学科领域：默认全部学科领域，也可根据课题需要，选择特定的一个或多个专辑、一个或多个专题范围内检索。

2）设置检索控制条件：包括学位授予年度、数据库更新时间、学位授予单位、优秀论文级别、论文支持基金、作者、作者单位。默认全部范围内检索。

3）设置内容检索条件：检索字段包括主题、题名、关键词、摘要、目录、全文、参考文献、中图分类号、学科专业名称等。“+”可用来增加检索式；多条检索式可进行组配检索。

4）点击“检索文献”，显示检索结果。

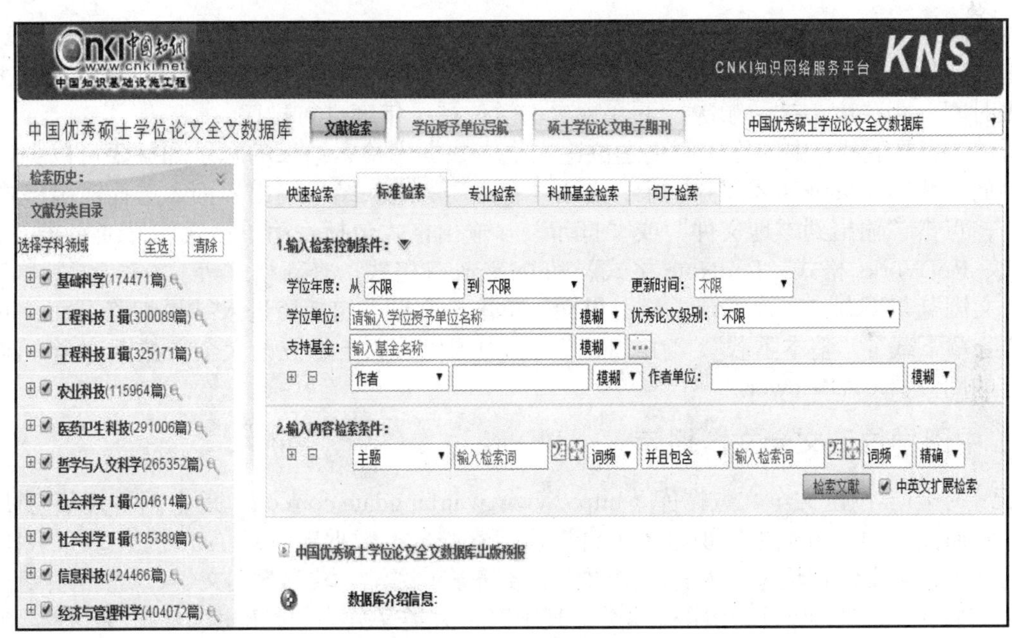

图 5-1-1　中国优秀硕士学位论文全文数据库标准检索界面

本案例可选择“主题/关键词：肺栓塞”“论文级别：硕士”，浏览检索结果，进一步确定相对应的学位授予单位、学科专业设置、导师姓名、承担课题情况等。

（2）专业检索：根据课题要求及页面提示的可检索字段，构建复杂检索式。检索时分别输入检索字段及相应的检索词，确定检索式之间的逻辑关系，设定检索的学科范围，点击“检索文献”显示检索结果，如图 5-1-2 所示。

（3）导航浏览检索：利用学科领域的分类导航系统或学位授予单位导航系统直接进行浏览检索。方法为逐层点击专辑、专题或目录，直到找到与检索需求最相关的类目，直接点击类目后的“检索”按钮即可获得某一类或某一学位授予单位的全部相关论文。

本案例可采用分类导航系统“医药卫生科技—呼吸系统疾病—肺疾病—肺栓塞”顺序逐层展开类目，点击“肺栓塞”类目后的放大镜图标，浏览相关论文，获取相关招生单位及其学科专业设置、导师姓名等情况。如：大连医科大学、新疆医科大学、河北医科大学、浙江大学、吉林大学、天津医科大学、山西医科大学等单位研究肺栓塞疾病的硕士学位论文较多。

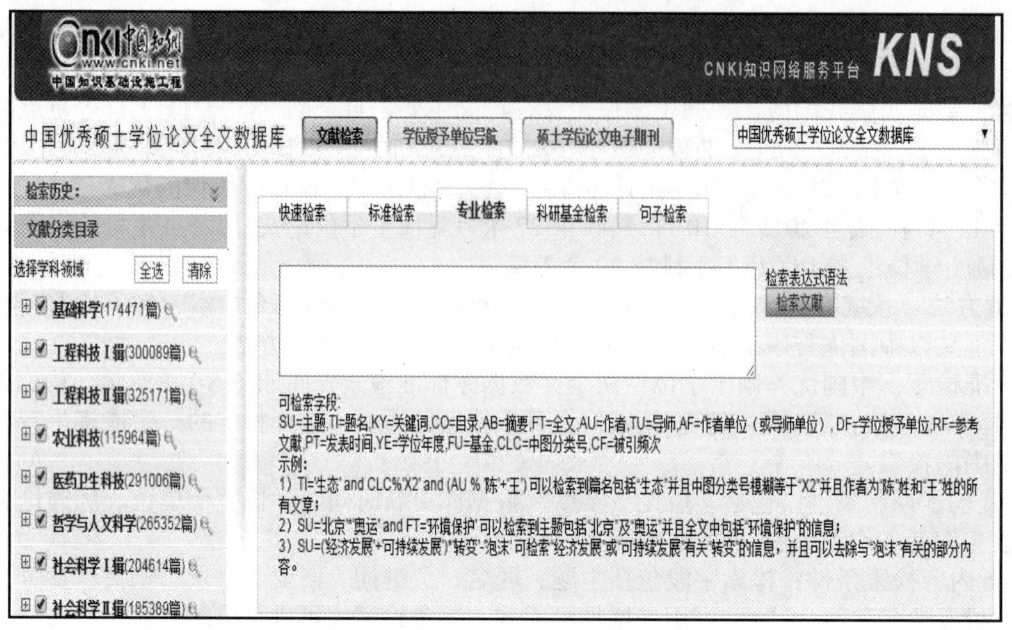

图 5-1-2　中国优秀硕士学位论文全文数据库专业检索界面

3. 检索结果管理　检索结果可以按摘要和列表两种格式显示，也可按学科类别、学位授予单位、研究资助基金、导师、学科专业、研究层次、中文关键词、学位年度等进行筛选、分组浏览检索结果。还可按发表时间、相关度、被引频次、下载频次、学位授予年度进行排序。

（1）题录、摘要下载：中国优秀硕士学位论文全文数据库检索结果的题录和摘要可以免费下载。在结果显示界面，选择本页全部或部分题录，点击“存盘”，进入结果输出界面，选择输出格式（默认为引文格式），点击“输出到本地文件”或“打印”。输出格式包括：简单格式、详细格式、引文格式、自定义格式、RefWorks 格式、EndNote 格式、NoteExpress 格式、查新格式等。

（2）全文浏览与下载：在检索结果显示界面，单击论文题名链接，进入结果细览页面，可选择“分页下载”“分章下载”“整本下载”“在线阅读”。中国优秀硕士学位论文全文数据库全文浏览必须下载安装特定的阅读器 CAJViewer。

（二）中国学位论文全文数据库

1. 概况　中国学位论文全文数据库（http://www.wanfangdata.com.cn）是中国科技信息研究所万方数据公司开发研制，由万方数据知识服务平台提供检索服务。数据库收录了 1977 年以来我国学位授予单位提供的博士、硕士学位论文，内容涵盖哲学、经济学、法学、教育学、文学、历史学、理学、工学、农学、医学、军事学、管理学 12 个学科大类，其中医学大类又分为“基础医学、临床医学、口腔医学、公共卫生与预防医学、中医学、中西医结合、药学、中药学”8 个二级类目。截至 2015 年 10 月，共收录学位论文 333 余万篇。

2. 检索方法　系统提供简单检索、高级检索、专业检索、学科专业目录浏览检索、学校所在地浏览检索等方法。

（1）高级检索：根据课题需求，检索时选择查询字段，输入检索词，设定论文发表时间（1977~2011）、设定结果排序方式、每页显示记录数，点击“检索”，如图 5-1-3 所示。①可选字段：论文标题、作者、导师、摘要、关键词、全文、学校、专业。②排序方式：相关度优先、经典论文优先、新论文优先。

（2）经典检索：检索时选择字段名，输入相应的检索词，利用“逻辑与”关系进行复杂检索的运算。可检索字段包括：标题、作者、导师、学校、专业、中图分类、关键词、摘要、全文。

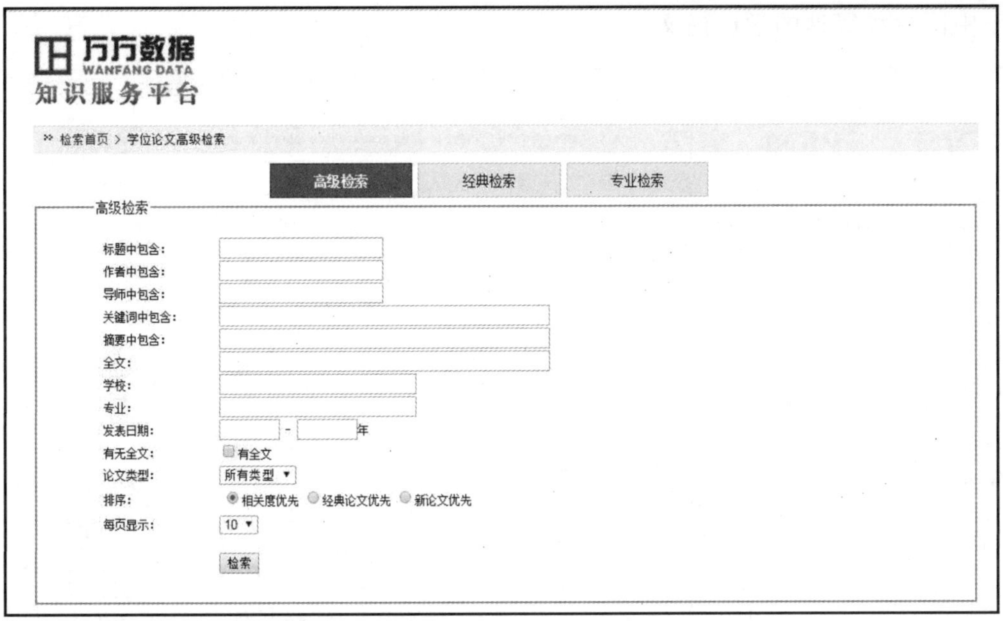

图 5-1-3　中国学位论文全文库高级检索界面

3. 检索结果管理　检索结果显示页面，每页显示 10 条记录，每条记录包括：论文题名、作者、学科/专业、学位授予单位、学位年度、关键词等内容，同时列出了“查看全文”“下载全文”“导出”“引用通知”“查看目录”链接。可按照论文的学科分类目录、授予学位类型（硕士/博士）、授予学位年份分组浏览结果。在检索结果中选择记录，点击“导出”按钮。导出文件格式：参考文献格式、NoteExpress 格式、RefWorks 格式、NoteFirst 格式、EndNote 格式、自定义格式、查新格式。

二、国外学位论文

（一）ProQuest 博硕士论文数据库

1. 概况　ProQuest 博硕士论文数据库（ProQuest Digital Dissertations & Theses，PQDT，http://pqdtopen.proquest.com/）由美国 ProQuest 公司出版，提供国外高质量学位论文全文，主要收录了欧美国家 2000 余所高等院校提交的优秀博硕士论文，学科涉及理、工、医、农、人文、社会科学等领域，目前 PQDTOPEN 网站提供 1951~2015 年学位论文的检索。我国教育部 CALIS 中心组织国内部分高校、科研单位以及公共图书馆联合采购了 PQDT 的部分学位论文全文，成员馆可通过 CALIS 全国文理中心（北京大学图书馆）、中国科学技术信息研究所、上海交通大学图书馆三个镜像站共享订购的资源，截止 2015 年 10 月，中国集团可以共享的论文已经达到 53 余万篇。

2. 检索方法　系统提供基本检索（Search）、高级检索（Advanced Search）、按学科专业浏览（Browse by Subject）；可检索字段包括：作者（Author）、论文题目（Title of dissertation/thesis）、出版号（Publication number）、学位授予单位（School/Institution）、导师（Advisor）、关键词（Keywords）等。

国内镜像站点 PQDT 的高级检索界面如图 5-1-4 所示，检索方法：根据课题要求，选择检索字段（标题、摘要、学科、作者、导师、来源等），输入相应的检索词，检索式进行逻辑组配，限定检索条件（出版年度、学位级别、语种等），点击“检索”按钮。

（二）美国网络学位论文数字图书馆

1. 概况　美国网络学位论文数字图书馆（Networked Digital Library of Theses and Dissertations，NDLTD，http://docs.ndltd.org/dspace）是由美国国家自然科学基金支持的一个网上学位论文共建、共享联盟，为用户提供免费学位论文题录和摘要，部分可获取论文全文。目前全球有 200 多家图书馆及研究机构加入成员单位，收录的学位论文有来自德国、丹麦等欧洲国家和中国香港、中国台湾等地的学位论文。

PQDT OPEN

With PQDT Open, you can read the full text of open access dissertations and theses free of charge.
About PQDT Open

Find Open Access Dissertations and Theses Search Tips

Search Clear

Date degree received: from Any year to Any year

More Search Options ^ Hide options

Author:
Title of dissertation/thesis:
Publication number:
School/Institution:
Advisor:
Keywords (dissertation topic):

Search Clear

ProQuest

图 5-1-4 PQDT 高级检索界面

2. 检索方法 NDLTD 提供简单检索（Search）、高级检索（Advanced Search）、浏览等方法。

（1）简单检索：在 Search Documents 检索词输入框中直接输入检索词，点击“Go”按钮即可。

（2）高级检索：检索界面如图 5-1-5 所示，系统提供 3 个检索词输入框，可选择检索字段（Keywords、Author、Title、Subject、Abstract、Series、Sponsor、Identifier、Language 等），布尔逻辑算符有 AND、OR 和 NOT。

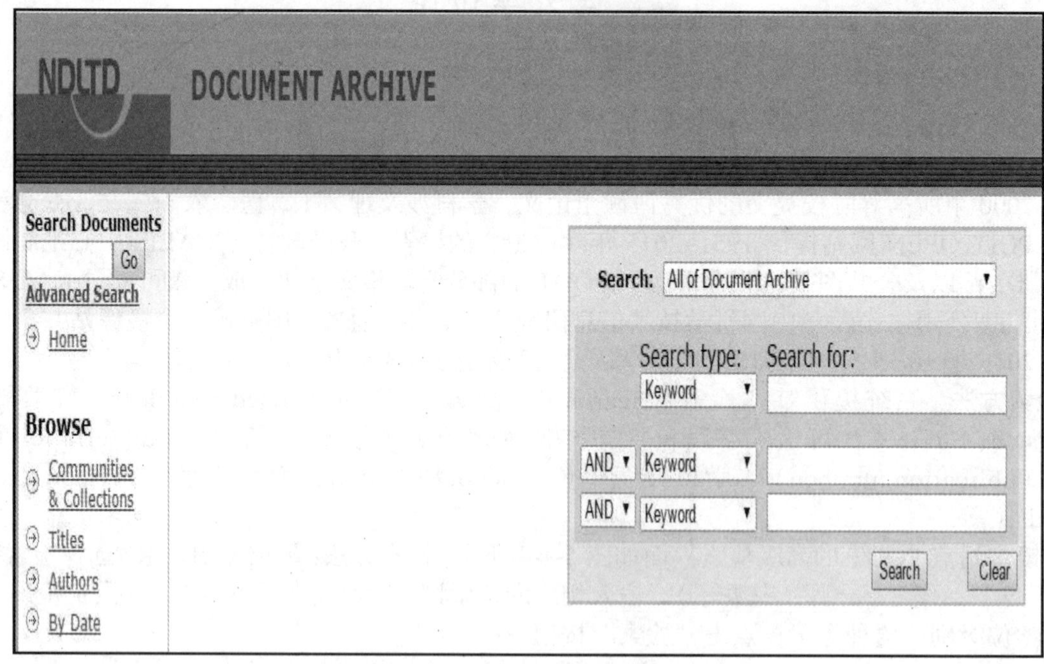

图 5-1-5 NDLTD 高级检索界面

第 2 节　会 议 文 献

案例 5-2-1

某学生欲了解国内外糖尿病最新研究进展情况，并想获取本学科相关的学术会议信息，如何能够满足该学生的信息需求？

问题：

1. 该学生可以通过什么方式了解学科前沿动态？
2. 国内外常用的会议论文数据库有哪些？
3. 会议论文通常有哪些检索字段？
4. 检索会议信息常用哪些资源？

分析：

1. 会议文献能够反映学科的最新发展动态，选择会议论文数据库可以快速掌握学科动态及发展趋势，了解国内外领军人物及同行的研究进展情况。
2. 国内外常用的会议论文数据库有：CNKI 中国重要会议论文数据库；中国学术会议论文数据库、国家科技图书文献中心（NSTL）中外会议论文库、会议论文引文索引等。
3. 会议论文的检索字段一般有：论文篇名、作者、会议名称、会议主办单位、会议年度、会议地点、学科、论文级别（国家级、地区级）等。
4. 检索会议信息常用资源：首席医学网-医学会议、HON 在线会议信息、学术会议网医学会议预报、学/协会网站会议信息栏目、搜索引擎等。

会议文献（Conference　Literature）是指各类学术会议的资料和出版物，一般包括学术报告、会议录、论文集等。会议信息是指会议组织者或学、协会在会议前后发布的有关会议的消息，如会议主题、参会人员、会议召开的时间、地点等。由于重要的医学会议都会有一些国内外的行业领军人物、主要专家学者参加并作大会主题报告，会议文献往往包含了许多新问题、新观点、新成果，具有专业性和针对性强、内容新颖、传递情报迅速等特点。因此，医学会议文献对于医学工作者来说，是获取最新医学信息、掌握学科前沿动态的重要信息源。

一、国内会议文献

（一）中国重要会议论文全文数据库

1. 概况　中国重要会议论文全文数据库（http://www.cnki.net）主要收录我国 1999 年以来中国科协系统及国家二级以上学会、协会、高等院校、科研院所以及政府机关举办的重要学术会议以及在国内召开的国际会议上发表的文献。截止到 2015 年 10 月，累积会议文献总量约 250 余万篇，其中，国际会议文献约占 20%，全国性会议文献超过总量的 70%，部分重点会议文献回溯至 1953 年。全部论文按学科领域划分为十大专辑、168 个专题；其中医药卫生专辑收录约 76 万篇论文。

2. 检索方法　系统提供了快速检索、高级检索、专业检索、作者发文检索、科研基金检索、句子检索、来源会议检索方式，还可使用学科领域分类导航系统进行浏览检索。

中国重要会议论文全文数据库高级检索界面如图 5-2-1 所示，检索方法：

（1）选择学科领域：默认全部学科领域，也可根据课题需要，选择特定的一个或多个专辑、一个或多个专题范围内检索。

（2）输入检索条件：可检索字段有：主题、篇名、关键词、摘要、全文、论文集名称、中图分类号、参考文献等。“+”可用来增加检索式；多条检索式可进行组配检索。

（3）设置检索控制条件：包括会议时间、更新时间、会议名称、会议级别、支持基金、报告级别、论文集类型、语种、作者、第一作者、作者单位等。默认全部范围内检索。

（4）点击检索按钮，显示检索结果。

本案例可选择：“主题/篇名/关键词：糖尿病；会议级别：国际/全国；会议时间：2013~2015”。

3. 检索结果的管理

（1）检索结果显示方式：摘要显示、列表显示。每页记录数：10、20、50。

（2）分组浏览：可按学科类别、发表年度、主办单位、基金、研究层次、作者、单位进行分组浏览。

（3）排序：默认主题排序方式，还可按会议召开时间、被引频次、下载频次进行排序。

（4）结果导出：选择记录，点击“导出/参考文献”。

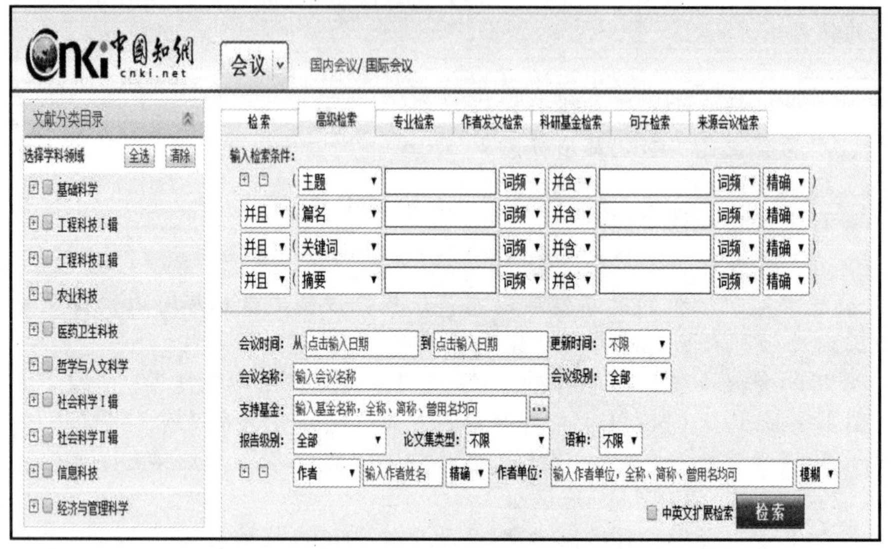

图 5-2-1 中国重要会议论文全文数据库高级检索界面

（二）中国学术会议论文数据库

1. 概况 中国学术会议论文数据库（http://www.wanfangdata.com.cn）由万方数据知识服务平台提供服务，收录了1998年以来由国家级学会、协会、研究会组织召开的各种全国性学术会议论文，目前收录数据达292余万条，内容覆盖自然科学、工程技术、农林、医学等各个领域，设置为20个学科类目。

2. 检索方法 系统提供简单检索、高级检索、经典检索、专业检索、学科领域分类浏览、会议主办单位浏览检索等方式。

高级检索界面如图5-2-2所示，检索方法：根据课题需求，选择查询字段，输入检索词，设定会议时间（1998~2015）、设定结果排序方式、每页显示记录数，点击“检索”。①可选字段包括论文标题、作者、摘要、关键词、全文、会议名称、主办单位。②排序方式包括相关度优先、经典论文优先、最新论文优先。结果导出：参见“第5章第一节中的中国学位论文全文库”。

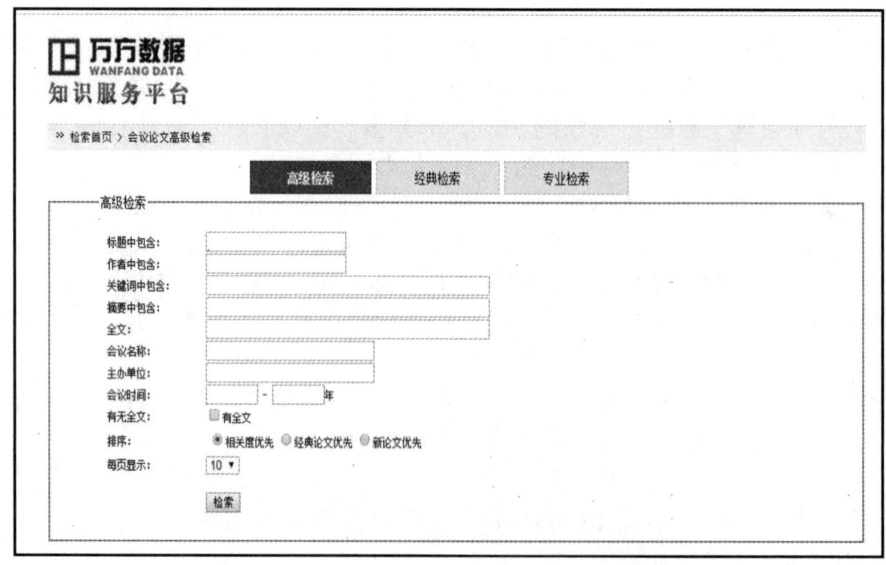

图 5-2-2 中国学术会议论文数据库高级检索界面

（三）中国医学学术会议论文数据库

中国医学学术会议论文数据库（China Medical Academic Conference，CMAC）由中国人民解放军医学图书馆开发研制，收录了 1994 年以来中华医学会所属专业学会、各地区分会以及全军等单位主办的全国性医学学术会议出版的会议论文集。内容涉及基础医学、临床医学、预防医学、药学、医学生物学、中医学、医院管理及医学情报等方面，目前收录 55 余万条记录。检索字段包括：会议名称、主办单位、论文作者、论文题名、会议日期、地址、关键词、摘要等。

二、国外会议文献

（一）WOSP 会议索引数据库

美国科学情报研究所的会议索引数据库（Web of Science Proceedings，WOSP；http://www.isiknowledge.com）由两个数据库组成：科学技术会议引文索引（Conference Proceedings Citation Index - Science，CPCI-S）和社会科学及人文科学会议引文索引（Conference Proceedings Citation Index - Social Science & Humanities，CPCI-SSH）。WOSP 汇集了世界上最新出版的会议录资料，包括以专著、丛书、期刊、预印本、来源于期刊的会议论文等形式出版的国际会议论文文摘及参考文献索引信息，提供综合全面、多学科的会议论文资料，是目前查找世界上权威会议文献最主要的检索工具。WOSP 收录了 1990 年以来超过 11 万个重要的国际会议，内容覆盖 256 个学科。

（二）OCLC 中的会议论文数据库

美国联机计算机图书馆中心（Online Computer Library Center，OCLC；http://www.oclc.org）总部设在美国的俄亥俄州，是世界上最大的提供文献信息服务的机构之一。OCLC 系统中包含 2 个重要的会议数据库：一个是国际学术会议论文索引（PapersFirst），是 OCLC 为在世界各地会议上发表的论文所编纂的索引，来源于世界范围召开的大会、座谈会、博览会、研讨会、专业会、学术报告会上发表的论文，收录 1993 年以来 810 余万条记录，可通过馆际互借获取全文；另一个是国际学术会议录索引（ProceedingsFirst），是 PapersFirst 的关联库，OCLC 为世界各地的会议录所编纂的索引，提供 46 万余条记录。

（三）国家科技图书文献中心外文会议数据库

国家科技图书文献中心外文会议数据库（National Science and Technology Library，NSTL，http://www.nstl.gov.cn）主要收录了 1985 年以来世界各主要学协会、出版机构出版的学术会议论文，部分文献有少量回溯。学科范围涉及工程技术和自然科学各专业领域。每周更新，目前收录 745 余万条记录。如图 5-2-3 所示，NSTL 外文会议数据库的检索界面包括：

图 5-2-3　NSTL 外文会议数据库检索界面

1. 检索区 构建检索式，多行检索式可进行逻辑组配检索。可选择的检索字段包括：题名、作者、关键词、会议时间、会议名称、ISBN 号、文摘。

2. 设置查询条件 ①馆藏范围：中国科学院文献情报中心、中国科学技术信息研究所、机械工业信息研究院、冶金工业信息标准研究院、中国化工信息中心、中国农业科学院图书馆、中国医学科学院图书馆等成员单位，可任选其一，默认全部范围。②查询范围：包括全部记录、含文摘记录、含引文记录、可提供全文记录，默认全部记录。③时间范围：可限定入库日期。④出版年：1985 年以来的时间段，默认全部年。⑤查询方式：模糊查询、精确查询。

三、国内外医学会议信息

（一）首席医学网-医学会议

首席医学网（http：//conference.9med.net）隶属于北京华夏世通信息技术有限公司，网站与各大医学学会、医学期刊、医学研究机构、医药院校等专业机构合作，提供医学学术资源分享。如图 5-2-4 所示，其医学会议栏目设置了会议分类导航、会议名称搜索、周期性会议、近期会议、最新会议、会议课件、会议专题、会议动态等快速浏览入口，每年发布最新医学会议信息 5000 多条。

图 5-2-4　首席医学网-医学会议主页

（二）HON 在线会议信息

HON 在线会议信息是由健康网络基金会（Health On ther Net Foundation，HON；http://www.hon.ch/med.html）发布的医学会议信息栏目，提供全球范围内医学学术会议等医药卫生信息。如图 5-2-5 所示，可按会议时间、关键词字顺或学科分类、会议地点浏览和检索会议。可直接输入检索词，在全文中检索会议信息。

（三）学术会议网医学会议预报

学术会议网医学会议预报（http://www.medical.theconferencewebsite.com/）提供免费查询国际上医学会议信息。系统设有简单检索（Search）和高级检索（Advanced Search）方式，可按学科专业浏览或限定检索（Specialty）。高级检索界面如图 5-2-6 所示，检索字段包括：会议名称/缩写/关键词（Title/Abbreviation/Keyword）、会议地点（Location）、会议日期（Start Date-End DatE）等。

图 5-2-5　HON 在线会议信息主页

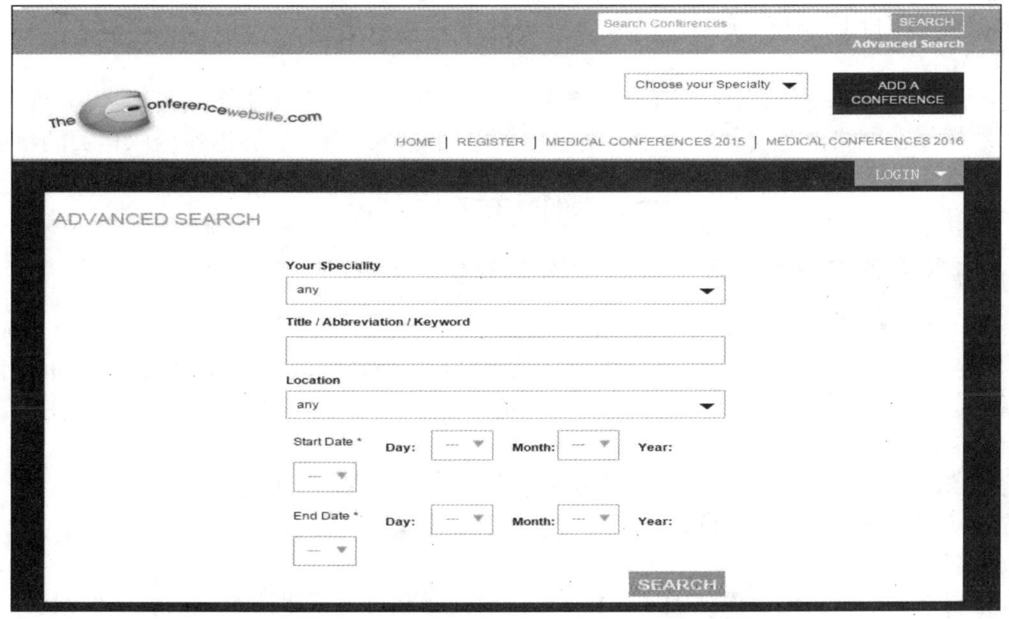

图 5-2-6　学术会议网医学会议预报高级检索界面

第 3 节　专 利 文 献

案例 5-3-1

某医院正在开发研制一种治疗胰腺疾病的药物，拟申报国家发明专利，欲全面获取国内外同类药物的专利信息。

问题：

1. 如何获取同类药物的专利信息？
2. 国内外常用的专利信息检索资源有哪些？
3. 专利信息检索常用的字段有哪些？

分析：

1. 获取同类药物的专利信息，可通过查询记录发明创造信息的官方文件，即专利文献，如专利说明书、专利公报、专利索引、专利文摘、专利分类表、专利数据库等。专利说明书详细记载着发明的实质性内容及专利权范围，是专利文献的核心内容，也是专利检索的最终目的。

2. 国内外常用的专利信息检索资源包括：中国国家知识产权局“专利检索及分析系统”（SIPO）、中国知识产权网“专利信息服务平台”、欧洲专利局 Espacenet 专利数据库、美国专利商标局网站专利数据库、德温特创新索引数据库（DII）、世界知识产权数字图书馆国际专利数据库（IPDL）、国家科技文献图书中心“中外专利数据库”等。

3. 专利检索常用的字段包括：专利名称、摘要、关键词、发明人、专利权人、申请号、申请人、发明人、公开号、IPC 号等。

专利（Patent）是指获得专利权的发明创造。专利权是国家专利主管机关授予申请人在一定时间内享有的不准他人任意制造、使用或销售其专利产品或者使用其专利方法的权利。

专利文献（Patent Document）是指记录有关发明创造信息的文件，是实行专利制度的国家或组织在审批专利过程中产生的官方文件及其出版物的总称，包括专利说明书、专利公报、专利索引、专利文摘、专利分类表、专利数据库等。专利说明书是专利文献的核心内容，上面记载着发明的实质性内容及付诸实施的具体方案，并提出专利权范围。专利检索的最终目标是获取专利说明书。专利文献具有内容新颖完整、报道翔实、技术含量高的特点，在医学以及新药的开发研制方面具有重要的意义。

专利文献增长速度非常快，95%以上的最新技术首先在专利文献中报道。目前，世界许多知识产权组织将专利数据库在网络上免费开放，专利文献检索更加便捷，用户能够迅速获取相关的核心技术。

一、国内专利文献

（一）中国国家知识产权局“专利检索及分析系统”

1. 概况 中国国家知识产权局（State Intellectual Property Office，SIPO； http://www.sipo.gov.cn）“专利检索与查询”栏目提供专利检索及分析、中国专利公布公告查询、中国及多国专利审查信息查询、中国专利事务信息查询等功能。专利检索系统提供免费检索，可对中外专利联合检索、中国专利检索、外国及港澳台专利检索。

2. 检索方法 专利检索及分析系统提供常规检索、表格检索、药物专题检索等方法。

（1）常规检索：检索字段包括自动识别、检索要素、申请号、公开（公告）号、申请（专利权）人、发明人、发明名称。

（2）表格检索：表格检索界面如图 5-3-1 所示，根据专利可检索字段设置的表格检索功能，系统默认各检索字段之间为“逻辑与”的关系。系统提供的主要检索字段包括：申请号、申请日、公开（公告）号、公开（公告）日、发明名称、IPC 分类号、申请（专利权）人、发明人、优先权号、优先权日、摘要、权利要求、说明书、关键词、代理人、专利代理机构等。

其中，IPC 分类号信息查询：提供 IPC 分类表查询和按 IPC 分类表浏览、检索专利文献。国际专利分类（International Patent Classification，IPC）于 1968 年诞生于欧洲。目前使用的第 8 版，结合了功能分类原则及应用分类原则，共 8 个部、128 个大类、640 个小类，小类之下还分有大组和小组，类目总数达 6 万个，适用面较广。

IPC 国际专利分类大类表：A 部:生活必需（农、轻、医）；B 部：技术操作、交通运输；C 部：化学、冶金；D 部：纺织、造纸；E 部：固定建筑物；F 部：机械工程、照明、采暖、武器、爆破；G 部：物理（仪器）；H 部：电学。

本案例类目：A 部——人类生活必需；A61 医学或兽医学、卫生学；A61P 化合物或药物制剂的治疗活性；A61p1 治疗消化道或消化系统疾病的药物；A61p1/18 治疗胰腺疾病的药物，如胰酶。可直接按分类号：A61p1/18 查询，浏览检索结果，下载相关专利文献。

（3）药物专题检索：药物专题检索是基于药物专题库的检索功能，为从事医药化学领域研究的用户提供检索服务。用户可以使用此功能检索出西药化合物和中药方剂等多种药物专利。系统提供高级检索、方剂检索和结构式检索等多种检索模式，方便用户快速定位文献。

图 5-3-1　专利检索及分析系统表格检索界面

3. 检索结果管理　可免费浏览检索结果，包括申请号、申请日、公开（公告）号、公开（公告）日、发明名称、IPC 分类号、申请（专利权）人、发明人、优先权号、优先权日、代理人、代理机构，还可进一步点击链接“文献详细信息”“查看法律状态”“查看申请（专利权）人基本信息”。

（二）CNIPR 专利信息服务平台

1. 概况　由知识产权出版社创建的中国知识产权网（China Intellectual Property Net，CNIPR；http://search.cnipr.com/）设立了“专利信息服务平台”，主要提供对中国专利和国外（美国、日本、英国、德国、法国、加拿大、EPO、WIPO、瑞士等 90 多个国家和组织）专利的检索。

2. 检索方法　专利信息服务平台提供中外专利混合检索、IPC 分类导航检索、运营信息检索、中国专利法律状态检索、中国失效专利检索。检索方法包括表格检索、逻辑检索、二次检索、过滤检索、同义词检索等。

如图 5-3-2 所示，专利信息服务平台表格检索的检索字段包括：申请（专利）号、申请日、公开（公告）号、公开日、名称、摘要、权利要求书、说明书、申请（专利权）人、发明（设计）人、国际专利主分类号、国际专利分类号、地址、国省代码、同族专利、优先权、代理机构、代理人、名称/摘要、法律状态、名称/摘要/权利要求书等。

二、国外专利文献

（一）Espacenet 专利数据库

1. 概况　欧洲专利组织（European Patent Organisation）通过 Espacenet 网站（http://worldwide.espacenet.com/）免费提供专利检索服务，提供 1836 年至今 90 多个国家和地区的 9000 余万条专利文献记录。

2. 检索方法　系统主要提供智能检索、高级检索、分类检索三种检索方式。

（1）智能检索（Smart Search）：按任意顺序输入发明人或申请人姓名、号码、日期、关键字和类别，点击“Search”，系统默认在 worldwide database 中检索。结果显示页面，点击导航搜索，从下拉菜单中选择 EP 或 WIPO，可以缩小搜索范围。

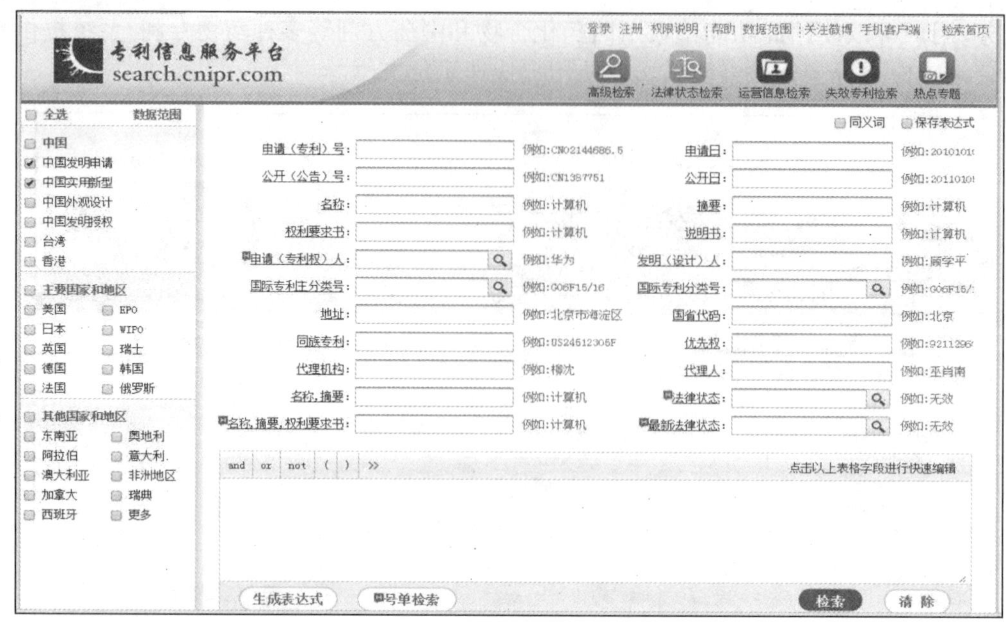

图 5-3-2 专利信息服务平台表格检索界面

（2）高级检索（Advanced Search）：高级检索界面如图 5-3-3 所示，提供的检索字段有：题名关键词（Title）、摘要关键词（Title or absract）、申请号（Application number）、优先权号（Priority number）、申请人（Applicants）、发明人（Inventors）、IPC 号等。

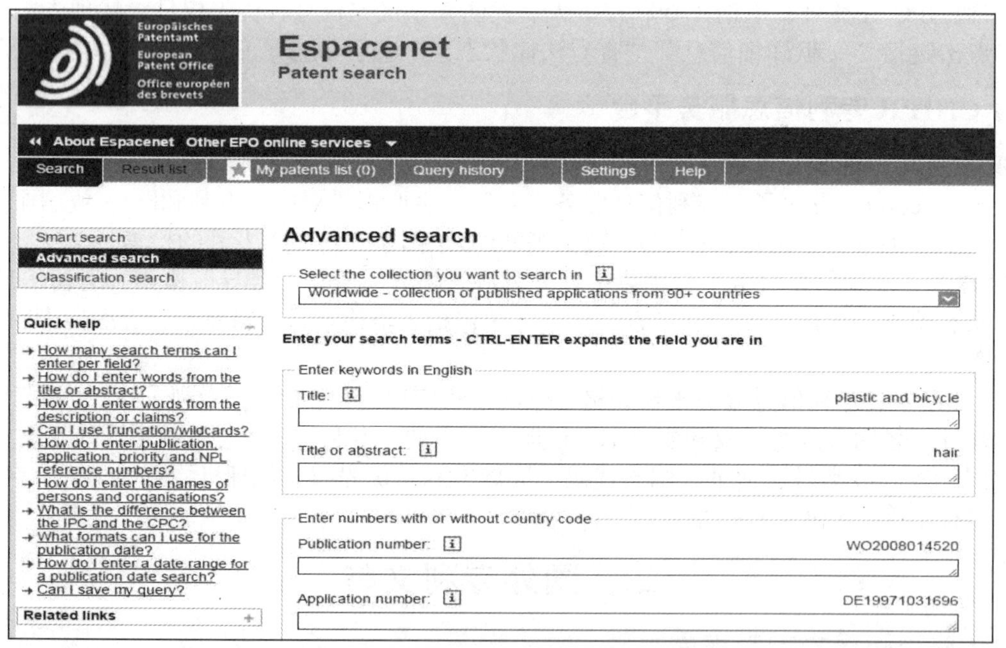

图 5-3-3 Espacene 高级检索界面

（3）分类检索（Classification Search）：利用合作专利分类系统 CPC 号进行检索。可直接输入相应的分类号检索，也可先输入关键词查找相应的分类号后再检索相关专利。

3. 检索结果管理 检索结果包括著录项目（专利基本信息）、文本式说明书、利权要求、专利附图、专利说明书全文、法律状态信息等。

（二）美国专利商标局专利数据库

1. 概况 美国专利商标局专利数据库（http://patft.uspto.gov）由美国专利商标局（United States Patent and Trademark Office，USPTO）提供，包括专利授权数据库（Issued Patents）和专利申请数据库（Patent

Applications）两部分，可提供 1790 年至今的全文图像说明书以及 1976 年至今的全文文本说明书，数据库每周更新一次。

2. 检索方法　系统提供了三种检索方式：快速检索（Quick Search）、高级检索（Advanced Search）、专利号检索（Number Search）。可检索专利首页的内容，包括：著录项、文摘、专利权项。专利说明书的下载需付费。图 5-3-4 所示为美国专利商标局专利检索界面。

该网站提供的相关资源包括：专利分类检索（Searching by Class）、专利法律状态检索（Public PAIR）、专利权转让检索（Assignment Database）、专利律师和代理人检索（Attorneys and Agents）、生物序列检索（Sequence Listings）。

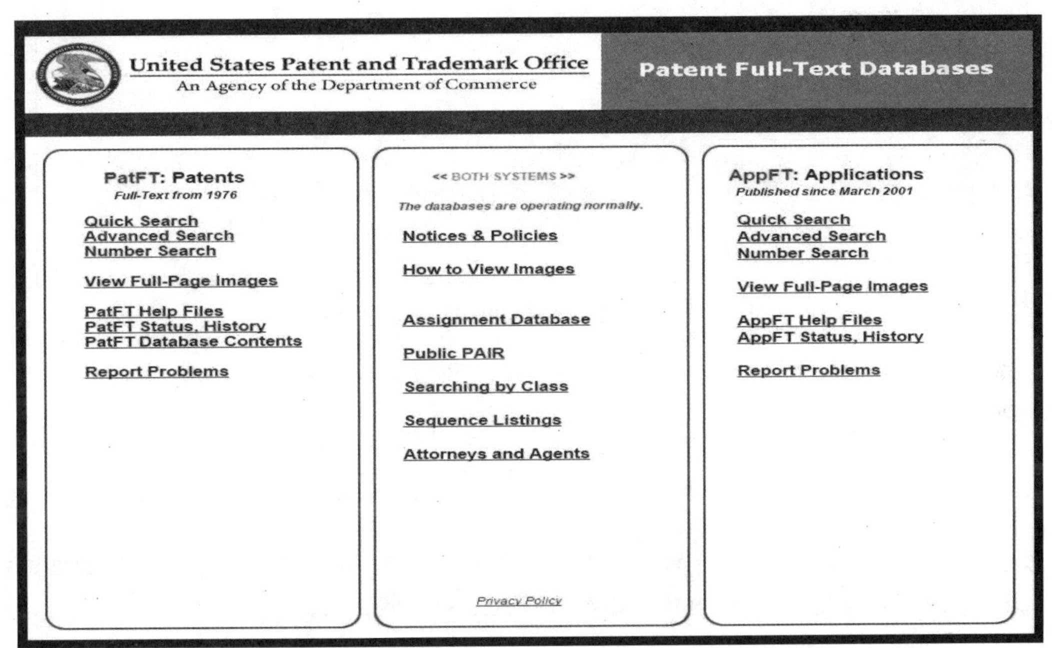

图 5-3-4　USPTO 专利检索界面

（三）德温特创新索引数据库

德温特创新索引数据库（Derwent Innovations Index^{SM}，DII）是 Derwent 公司出版的报道专利和专利引文的商业数据库，由 Derwent World Patents Index（DWPI）和 Patents Citation Index（PCI）有机地整合在一起，目前集成于 ISI Web of Knowledge 平台，收录世界上 1963 年以来 40 多个专利机构超过 2170 万件专利记录信息，范围广、数据量大，同时具备了检索专利信息及了解专利的引用情况的功能。DII 专利检索提供的检索字段有：主题词、专利权人、专利发明人、标题、摘要等，辅助检索工具中可以使用德温特分类代码、德温特手工代码等进行检索。

（四）世界知识产权数字图书馆国际专利数据库

世界知识产权组织（World Intellectual Property Organization，WIPO）于 1998 年组织建立了国际专利数据库（WIPO PATENTSCOPE，http://patentscope.wipo.int/search），其目的是为政府机构和个人用户提供电子化知识产权信息服务，目前收录 4800 余万条专利记录。如图 5-3-5 所示，PATENTSCOPE 专利检索界面提供的检索字段包括：首页（Front Page）、WIPO 公布号（WIPO Publication Number）、申请号（Application Number）、公布日（Publication Date）、标题（Title）、摘要（Abstract）、申请人名称（Applicant Name）、国际分类（International Class）、发明人名称（Inventor Name）、局代码（Officer Code）、中文说明书（Description）、中文权利要求书（Claims）等。

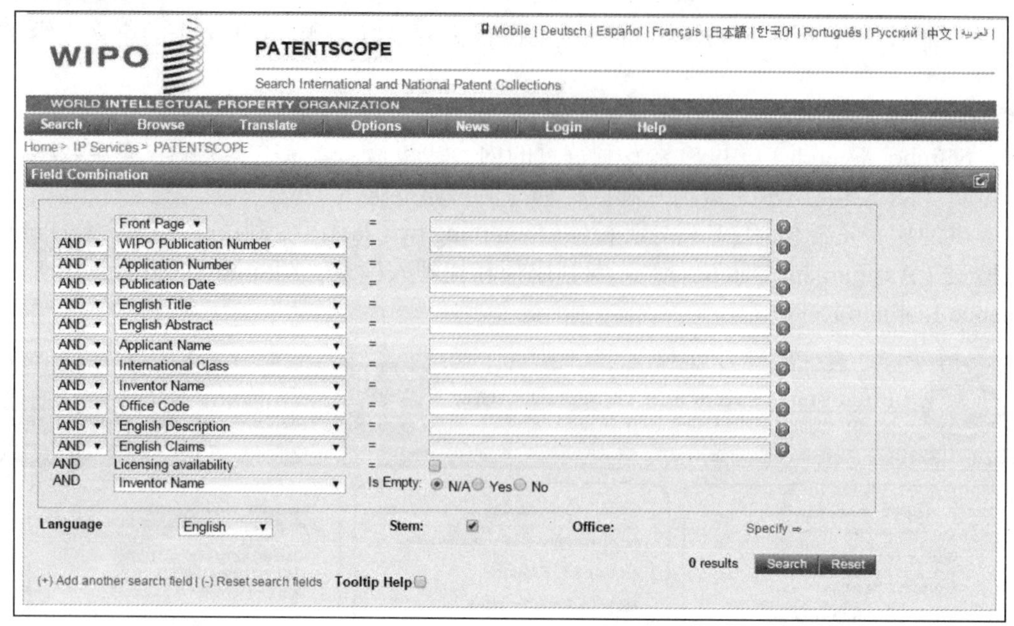

图 5-3-5 PATENTSCOPE 专利检索界面

第 4 节 标 准 文 献

案例 5-4-1

某学生在医院实习中，参与了一些企业职工健康体检工作，从中发现有些人员带有明显的职业病倾向，因而想对职业病相关的国内外诊断标准情况进行了解。

问题：

1. 标准的制定是否有专门机构？
2. 检索标准文献常用的资源有哪些？
3. 标准文献通常有哪些检索字段？
4. 本案例的需求包含了哪些显性、隐性检索点？

分析：

1. 标准属于特种资源，具有较强的权威性、规范性、法律性和时效性等特点，是经过权威机构认定和批准的标准化工作成果。通过国际、国内的标准化组织机构认定的资源获得的标准信息才能保证真实、可靠。

2. 检索标准文献常用的资源有：CNKI 标准数据库（包括“国家标准全文数据库”“中国行业标准全文数据库”“中国标准数据库”“国外标准数据库”）、万方数据知识服务平台“中外标准数据库”、中国国家标准化管理委员会网、ISO 国际标准化组织在线等。

3. 标准文献的检索字段一般有：标准号、标准名称、关键词、起草单位、起草人、采用标准号、发布日期、中国标准分类号、国际标准分类号、发布单位、摘要、被代替标准等。可根据需求或已知条件分别检索。

4. 本案例需求包含显性检索点：标准名称/关键词/全文-职业病；隐性检索点：可采用文献分类目录“中标分类”导航系统逐层递进找到“医药、卫生、劳动保护—卫生—职业病诊断标准”类目；标准级别-国家标准、国际标准。

标准（Standard）是公认的权威机构批准的标准化工作成果，是科研、生产、交换和使用的技术规定，也是质量管理和质量保证的依据。技术标准（Technical Standard）是标准文献的主体，是具有法律效力的文件。

标准文献具有较强的权威性、规范性、法律性和时效性等特点，也包括国家颁布的消费品安全法、药典、政府标准化管理机构的有关文件等，需要定期修订。

标准文献通常按使用范围划分为：国际标准、国家标准、行业标准和专业标准、企业标准、地方标准等类型。按标准状态可分为：现行标准、即将实施标准、被替代标准、废除标准等。

一、CNKI 标准数据总库

CNKI 的《标准数据总库》是国内数据量最大、收录最完整的标准数据库，目前下设 3 个标准检索数据库，用户可根据各级分类导航系统进行浏览或检索，免费下载题录和摘要。

（一）CNKI 国家标准全文数据库

CNKI 国家标准全文数据库收录了 1950 年至今由中国标准出版社出版的，国家标准化管理委员会发布的国家标准，共计标准约 4 余万条。如图 5-4-1 所示，CNKI 国家标准全文数据库设置了中国标准分类导航、国际标准分类导航、学科导航三种浏览方式。分类导航设置了 24 个类目，其中与医药卫生较为相关的类目有：医药、卫生、劳动保护；食品；农业、林业等。医药、卫生、劳动保护类目下设有：综合；医药；医疗器械；卫生；劳动安全技术；劳动保护管理；消防；制药、安全机械与设备。

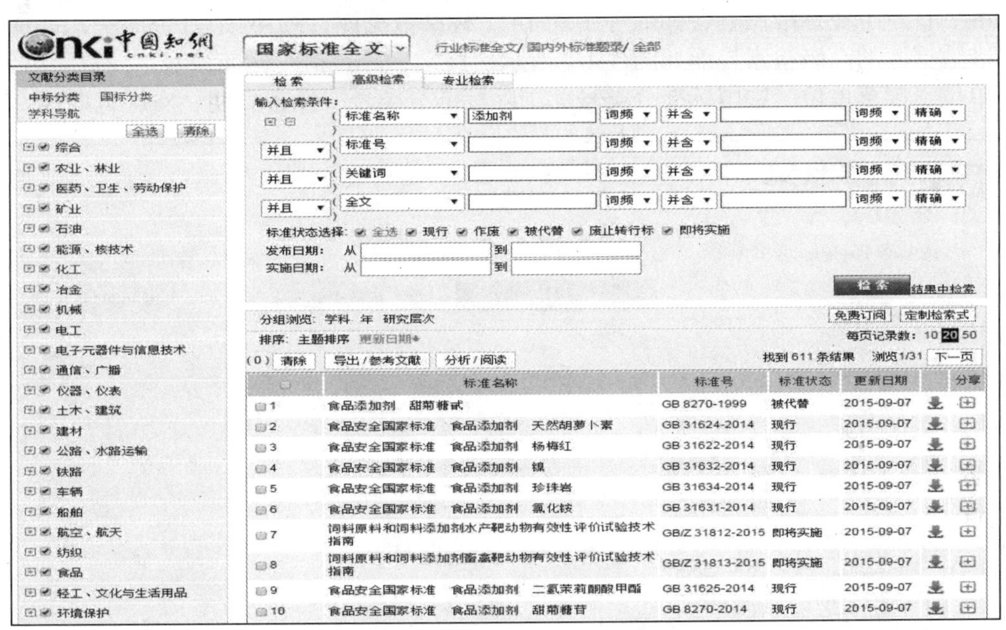

图 5-4-1 CNKI 国家标准全文数据库

检索字段：标准名称、标准号、起草单位、起草人、采用标准、发布日期、中国标准分类号、国际标准分类号等。

标准状态可选择：全选、现行、作废、被代替、废止转行标、即将实施。

（二）CNKI 中国行业标准全文数据库

CNKI 中国行业标准全文数据库收录了现行、废止、被代替以及即将实施的行业标准，全部标准均获得权利人的合法授权。目前，《中国行业标准全文数据库》（SCHF）收录了 1950 年至今电子、轻工、黑色冶金、有色金属、稀土、中医药、卫生、医药、纺织、林业、煤炭、烟草等近 30 个行业标准的数据 1.6 万余条。可以通过全文、标准号、中文标准名称、起草单位、起草人、出版单位、发布日期、中国标准分类号、国际标准分类号等检索项进行检索。

（三）CNKI 国内外标准题录数据库

《国内外标准题录数据库》是国内数据量最大、收录最完整的标准数据库，分为《中国标准题录数据库》（SCSD）和《国外标准题录数据库》（SOSD）。《中国标准题录数据库》（SCSD）收录了所有的中国国家标准（GB）、国家建设标准（GBJ）、中国行业标准的题录摘要数据，共计标准 27 余万条；《国外标准题录数据库》（SOSD）收录了世界范围内重要标准，如：国际标准（ISO）、国际电工标准（IEC）、欧洲标准（EN）、德国标准（DIN）、英国标准（BS）、法国标准（NF）、日本工业标准（JIS）、美国标准（ANSI）、美国部分学协会标准（如 ASTM，IEEE，UL，ASME）等 18 个国家的标准题录摘要数据，共计标准 38 余万条。可以通过标准号、中文标题、英文标题、中文关键词、英文关键词、发布单位、摘要、被代替标准、采用关系等检索项进行检索。

本案例可选择《国内外标准题录数据库》，导航系统选择中标分类类目“医药、卫生、劳动保护—卫生—职业病诊断标准”；检出结果中包含世界各国有关职业病的诊断标准。

二、万方数据知识服务平台“中外标准数据库”

万方数据知识服务平台“中外标准数据库”（http://www.wanfangdata.com.cn）是由万方数据知识服务平台提供的标准题录检索。综合了由国家技术监督局、建设部情报所、建材研究院等单位提供的相关行业的各类标准题录。包括中国国家标准、中国行业标准、国际标准化组织标准、国际电工委员会标准、欧洲标准、美国国家标准学会标准、美国材料试验协会标准、美国电气及电子工程师学会标准、美国保险商实验室标准、美国机械工程师协会标准、英国标准化学会标准、德国标准化学会标准、法国标准化学会标准、日本工业标准调查会标准等中外 14 个标准数据库，约 40 余万条记录，每月更新。

中外标准数据库的高级检索界面如图 5-4-2 所示，检索字段包括：标准编号、任意字段、标题、关键词、发布单位、起草单位、中国标准分类号、国际标准分类号、发布日期、实施日期等。

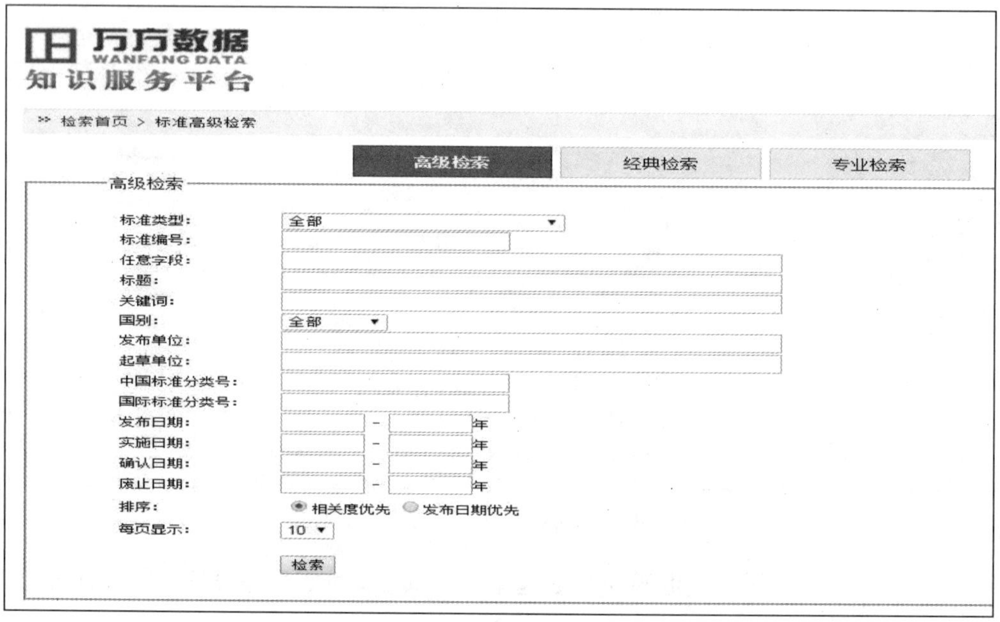

图 5-4-2　中外标准数据库高级检索界面

另外，万方数据公司还新设立了标准管理服务平台，可检索 163 万条标准数据，包括：ITU 国际电信标准 1 万余条；ISO 国际标准化组织标准 4.7 万条；ASME 美国机械工程师协会标准 0.4 万余条；IEEE 美国电气电子工程师学会标准 0.4 万余条；SAE 美国激动工程师协会标准 6.2 万条；通信行业标准约 4 万条；石油化工行业标准 0.4 万条；农业行业标准 0.4 万条；机械行业标准约 2 万条；电力行业标准 0.2 万条等。

三、中国国家标准化管理委员会

中国国家标准化管理委员会（Standardization Administration of the People’s Republic of China，SAPR；http://www.sac.gov.cn）（中华人民共和国国家标准化管理局）由国家质检总局管理，是国务院授权的履行行政管理职能、统一管理全国标准化工作的主管机构。

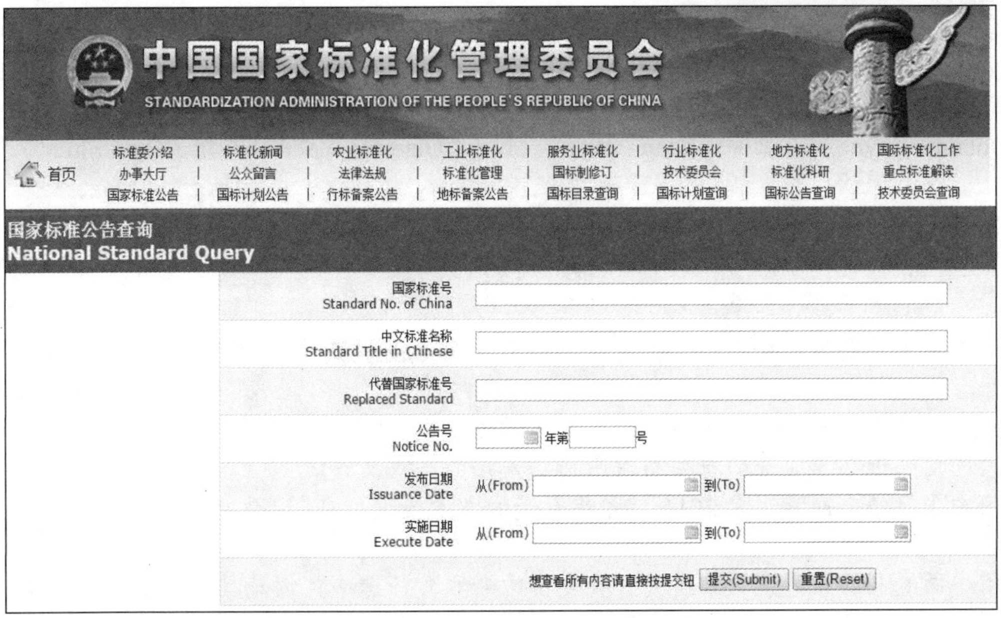

图 5-4-3　国家标准公告查询界面

中国国家标准化管理委员会网设立了中外标准信息平台，包括中欧标准信息平台、中德标准信息平台、中美标准信息平台、中英标准信息平台、中澳新标准信息平台、中韩标准信息平台等，提供各个行业的标准信息。信息查询栏目包括国家标准公告查询、强制性国家标准全文公开、国家标准目录查询、国家标准计划查询、专业标准化技术委员会查询、行业标准备案公告信息查询、地方标准备案公告信息查询、计划社会公示等。国家标准公告查询界面如图 5-4-3 所示，提供的检索字段包括国家标准号、中文标准名称、代替国家标准号、公告号、发布日期、实施日期等。

四、ISO 国际标准化组织在线

国际标准化组织（International Organization for Standardization，ISO；http://www.iso.org/）是国际上最权威的标准制定单位，也是世界上最大的非政府性标准化专门机构，其主要活动是制定国际标准，协调世界范围内的标准化工作。ISO 在线网址可查询国际标准信息，网站提供简单检索、高级检索、分类浏览与扩展检索等方式。

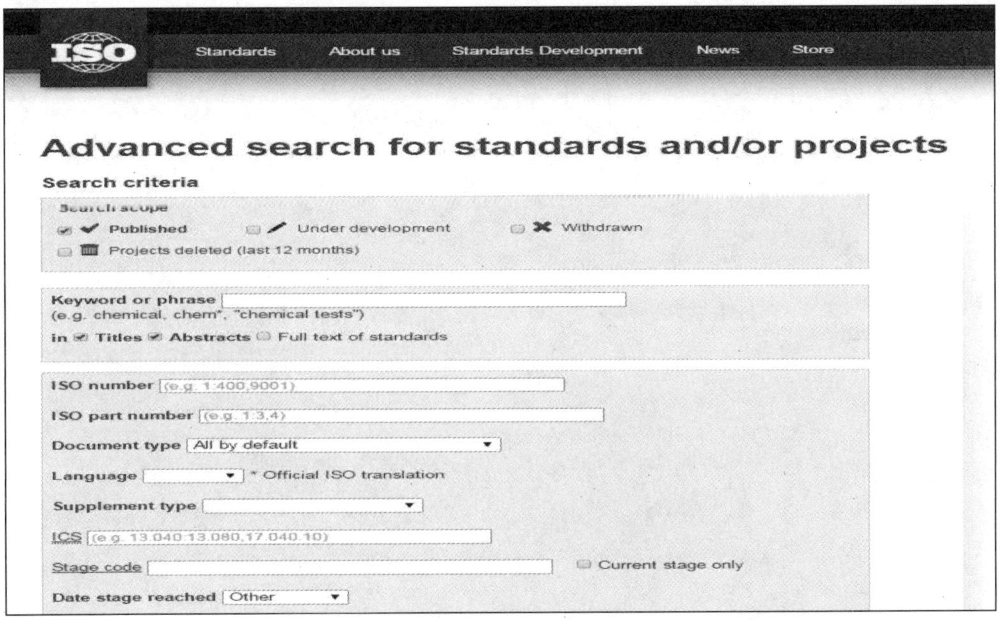

图 5-4-4　ISO 国际标准高级检索界面

高级检索界面如图 5-4-4 所示，可选择检索范围:颁布标准（Published standards）、即将实施标准（standards under development）、撤销标准（Withdrawn standards）、废除标准（Projects deleted –last 12 months）等。检索字段包括：关键词或短语（Keyword or phrase）、ISO 标准号码（ISO number）、文档类型（Document type）、语种（Language）、日期（Date）、标准委员会（Committee）等。

（山西医科大学　韩玲革）

思　考　题

1. 检索有关中医药治疗胃炎的学位论文，写出 1 篇的论文篇名、作者、导师、学位授予单位、学位授予时间。
2. 检索近 3 年有关脑损伤与细胞凋亡关系的学位论文。
3. 检索国内外近 2 年召开的有关高血压药物治疗的会议文献。
4. 利用中华医学会网站浏览 2016 年即将召开的学术会议信息，记录其中一条会议名称、主办单位、地点、时间。
5. 使用中国专利检索系统检索有关肝炎疫苗的专利，任选一件浏览其说明书全文。
6. 利用美国专利商标局网站的专利数据库，检索上海药物研究院在美国申请专利的情况。
7. 学位论文的特点？常用的检索资源有哪些？常用的检索字段有哪些？
8. 检索专利文献常用的资源有哪些？常用的检索字段有哪些？
9. 检索会议文献常用的资源有哪些？常用的检索字段有哪些？
10. 检索最新的有关血管支架的国家标准、国际标准。

循证医学及证据检索

循证医学（Evidence-Based Medicine，EBM），又称证据医学。最早出现于20世纪90年代初的美国，其方法与内容来源于临床流行病学。此后，循证医学的浪潮席卷了整个医学界与全世界。它的出现使传统的生物-心理-社会医学模式发生了深刻的变革。专家学者们坚信它将彻底改变21世纪的医学实践模式。循证医学正是一场将知识转化为医疗卫生服务质量和效率的革命。

第1节 概 述

案例6-1-1

某女性患者，62岁，反复心慌、胸闷5年余。体检：P130次/分，心律不齐，第一心音低钝。心电图诊断为快速型心房纤颤。经治医生记得，一篇权威的学术文献中提及：治疗快速型心房纤颤，需首先降低心室率，β受体阻断剂是首选药物，其降低死亡率的作用优于传统药物利多卡因。考虑到治疗的长期性及药物可能的不良反应，医生决定在向患者推荐此治疗前，查找有无权威医学证据支持这种观点。如果有，应如何科学、正确、分步骤的获取相关证据，以应用于此类病人的治疗，使病人获得满意的服务。

问题：

1. 何谓循证医学？循证医学实践的类别和步骤有哪些？
2. 循证医学研究证据有哪些？

分析：

1. 循证医学是指如何遵循证据进行医学决策的科学。循证医学实践的类别可分为两种类型：循证医学最佳证据的提供者和最佳证据的应用者。实践步骤包括：①提出明确的临床问题；②系统检索相关文献，全面搜集证据；③严格评价、找出最佳证据；④应用最佳证据，指导临床实践；⑤后效评价。

2. 循证医学研究证据的分类多种多样。按照研究方法分类可分为原始研究证据和二次研究证据。原始研究证据指的是对直接在患者中进行单个有关病因、诊断、预防、治疗和预后等试验研究所获得的第一手数据，进行统计学处理、分析、总结后得出的结论。二次研究证据指的是对多个原始研究证据再加工后得到的更高层次的证据，主要包括随机对照试验、系统评价、临床实践指南、临床决策分析、临床证据手册、卫生技术评估报告和卫生经济学研究等。

一、循证医学的概念

循证医学（Evidence-Based Medicine，EBM）也称“证据医学”“求证医学”“实证医学”，是遵循科学证据的临床医学。是指临床医生对病人诊治，应该有充分的科学依据，任何决策都需建立在科学证据的基础上，而这种科学证据也应是当前最佳证据。著名临床流行病学家David Sackett教授将其定义为“慎重、准确和明智地应用所能获得的最好研究证据来确定患者的治疗措施”。其核心思想是：医疗决策应以最新的系统研究结果为主要依据，而不能单凭医生个人的临床经验或依据零星文献上的报告来处理病人。

循证医学不同于传统医学，它强调任何医疗决策都应建立在最佳科学研究证据基础上。寻找最佳科学证据、甄别证据的科学质量、筛选出最佳证据，是实践循证医学的基本步骤，贯穿循证医学实践的始终。循证医学并非要替代临床医生的技能和经验，而是以此为基础促进临床医学更好地发展和完善。

二、循证医学的起源和发展

（一）循证医学的起源

循证医学的观念源于20世纪80年代。1972年，英国流行病学家Archibald Leman Cochrane在其专著《Effectiveness and efficiency：random reflections on health services》（《疗效与效益：医疗保健中的随机对照实验》）中首次讨论了医疗保健如何才能做到既有疗效、又有效益的问题，提出各临床专业应对所有的随机对照实验结果进行整理做出评价，并不断收集新的结果以更新这些评价，从而为临床治疗实践提供可靠依据。Cochrane 明确指出随机对照实验在评价治疗效果中的重要性，对循证医学做出了重要贡献。20世纪80年代初，美国内科学专家David L Sackett 教授用临床流行病学的方法和原理探索临床问题，在加拿大McMaster大学率先对住院医师进行以“病人问题为中心的学习”（problem-based learning，PBL）课程培训，探索基于临床问题的研究，以提高临床疗效，为循证医学的产生奠定了方法学和人才基础。1990年，美国著名卫生经济学家 David Eddy 在美国医学会杂志 JAMA 上发表的“Practice policies：where do they come from?”一文中首次提出“Evidence-based”一词，并指出：“医疗决策要以证据为基础，且要对相关证据进行甄别、描述和分析”。之后，加拿大和英国发起轰轰烈烈的循证医学运动。循证医学一词的正式提出则是1992年由Gordon Guyatt，Brian Haynes，David Sackett在JAMA上发表的“Evidence-based medicine：A new approach to teaching the practice of medicine”一文中提出的，其核心内容是培养医生解读医学文献的能力。

（二）国外循证医学的开展情况

1992年，在英国内科医生Lain Chalmers的推动和领导下，由英国国家卫生服务部支持成立了世界上第一个循证医学实践机构——英国循证医学中心。1993年10月，来自11个国家的77名循证医学倡导者联合成立了Cochrane协作网（http://www.cochrane.org/），如图6-1-1所示。这是一个国际性的非营利性的循证医学学术团体，为了纪念循证医学思想的先驱——已故的Archibald Leman Cochrane，协作网决定以他的名字命名该团体，翻译成中文称为“考科蓝协作组织”，意为考证科学证据的蓝图。Cochrane 协作网旨在通过制作、保存、传播和更新医学各领域的系统评价，为临床治疗实践和医疗卫生决策提供可靠的科学依据，它的任务是通过编写、维护更新、传播卫生保健诊疗效果的系统评价，为制定高质量的卫生决策提供依据。国际Cochrane协作指导委员会是协作网的最高领导决策机构。1996

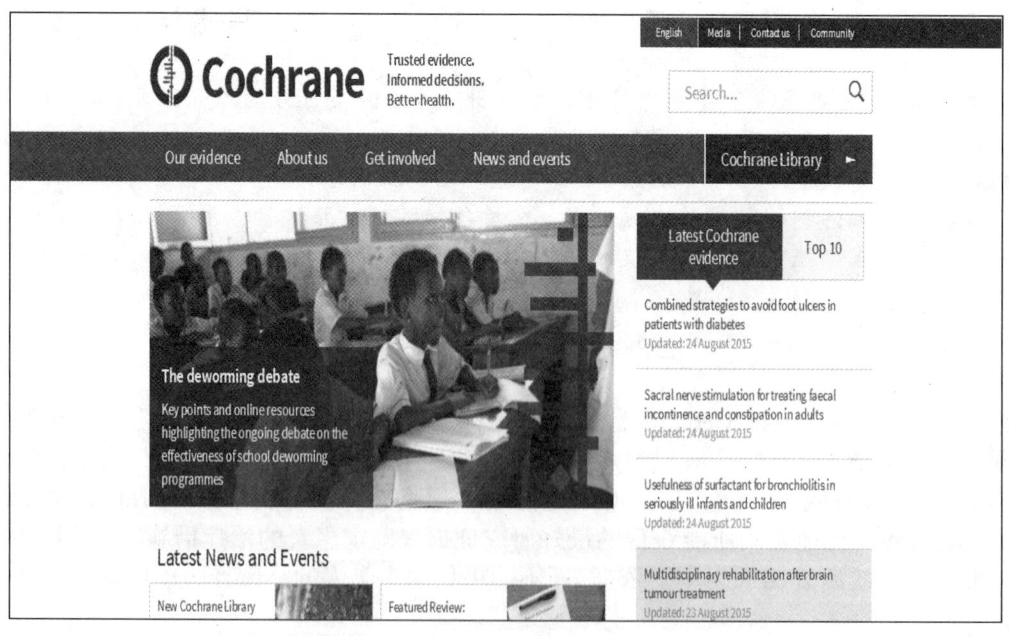

图6-1-1 Cochrane Collaboration 主页

年 David Sackett 在 BMJ 上发表的文章对循证医学的含义做了明确的修正，至此循证医学已开始转变为"临床实践的新模式"。1997 年，Muir Gray 出版的《循证医疗卫生决策》（Evidence-Based Decision Making in Heath Care）一书，奠定了循证医学的总体思想框架。2000 年，MEDLINE 将"循证医学"收录为主题词，有关循证医学及其主题的文献以每年 10%的速度递增。2011 年 1 月 24 日，世界卫生组织（WHO）宣布 Cochrane 协作网获得世界卫生大会席位，允许其为 WHO 健康决议献计献策。

近十余年来，国外循证医学发展迅速，并与医学各个领域相结合，产生了循证医疗（Evidence-Based health care）、循证诊断（Evidence-Based diagnosis）、循证决策（Evidence-Based decision-making）、循证医疗卫生服务购买（Evidence-Based purchasing）等分支领域；循证医学与临床各专业结合，产生了循证外科（Evidence-Based surgery）、循证内科（Evidence-Based internal）、循证妇产科（Evidence-Based gynecology & obstetrics）、循证儿科（Evidence-Based pediatrics）、循证护理（Evidence-Based nursing）等分支学科。国外学者在医疗卫生领域中对循证医学研究的重点是：①临床实践的研究；②科研工作中循证医学的研究；③卫生政策中循证医学的研究；④教育界中循证医学的研究；⑤技术评估；⑥循证医学专栏研究。循证医学教育已成为国外医学院校医学生的必修课程，全科医生和临床各科医生必须接受循证医学教育。通过学习基本理论和方法，使循证医学在日常医疗实践中得以应用，从而有力促进和提高医疗质量。

（三）国内循证医学的开展情况

20 世纪 70 年代，吴英恺教授率先在北京首钢建立了心血管病预防网，为我国流行病的研究和基层心血管病的防治奠定了基础。1986 年，刘力生、龚兰生教授主持的国家公关课题——老年收缩期高血压临床试验和上海硝苯地平老年高血压实验，开创了我国大样本随机试验。1997 年，经中国卫生部批准在华西医科大学成立了中国循证医学中心（The Chinese Cochrane Center）；8 月，华西医科大学承办了我国第一次 Cochrane 协作网学术研讨会，11 月卫生部成立了协调领导小组，指导中国的循证医学工作。1998 年，华西医科大学获美国纽约中华医学基金会、澳大利亚、Ausaid 和 WHO 的经费资助举办了 3 期培训班，培养了我国循证医学的骨干，建立了中国临床研究资料库。1999 年，中国循证医学中心经国际 Cochrane 协作网指导委员会正式批准注册成为国际 Cochrane 协作网的第十五个中心。2000 年春，中国医学科学院和美国合作开展循证医学项目研究。2000 年 11 月在广州市成立了广东循证医学科技中心。2001 年，中国循证医学中心出版了期刊《中国循证医学》。2002 年启动建设循证医学教育部网上合作研究中心分中心和卫生部中国循证医学中心地区实践中心。自 2002 年起，国内分 3 批建立了 12 个分中心。2004 年，国内又建立循证医学教育部网上合作研究中心，下设北京、上海、广州 3 个分中心。我国的循证医学研究具体表现在以下几个方面：①负责收集、翻译本地区发表的和未发表的临床试验报告，建立中国循证医学临床试验资料库，并提交国际临床试验资料库；②开展系统评价，并为撰写系统评价的中国协作者提供支持和帮助；③培训循证医学骨干；④翻译循证医学知识、宣传循证医学学术思想；⑤组织开展高质量的随机对照试验及其他临床研究。中国循证医学中心不仅为临床医、护、医技、管理、后勤人员普及循证医学知识和技能，还对图书情报工作人员进行循证医学培训，尤其是对查询 Cochrane Library 等信息资源的检索技能培训，吸收他们参与循证医学的专项培训和研究。

2000 年初以来，国内众多医学杂志，包括中华医学系列杂志，开始大力宣传循证医学思想，并结合临床各科的临床实践，纷纷以述评的方式在杂志上发表专家论文，引导临床医生接受循证医学思想。但就目前国内的总体现状来看，循证医学还是一个新领域，特别是在如何提供证据、产生证据方面，所开展的临床科研工作远不能满足循证医学方法学的要求。

三、循证医学实践的类别和步骤

循证医学所指的实践活动不仅仅是临床上对个体病人的诊治，还包括医疗卫生法规和政策的制定、医疗卫生服务组织和管理、医疗卫生技术准入、新药审批、医疗保险计划的制订、临床指南和统一服务流程的制定、病人对服务项目的选择、医疗事故法规诉讼等一切与医疗卫生服务有关的活动和行为。

（一）循证医学实践的类别

循证医学实践的类别可分为两种类型：一种是循证医学最佳证据的提供者（doer），一种是最佳证据的应用者（user）。

最佳证据的提供者，是由一批颇具学术造诣的临床流行病学家、各专业的临床学家、临床统计学家、卫生经济学家、社会医学家和医学信息工作者共同协作，根据临床医学实践中存在的某些问题，从目前全世界2万余种生物医学期刊每年所发表的文献中，收集、分析、评价以及综合最佳的研究成果（证据）为临床医生实践循证医学提供证据。

最佳证据的应用者，为从事临床医学的医务工作者，包括医疗管理和卫生政策的决策者。为了患者诊治决策、卫生管理和政策决策的科学化，应联系实际问题，去寻找、认识、理解和应用最佳最新的科学证据。层出不穷的临床科学证据，只有被临床医生熟知和应用，才能对疾病的诊治产生重大影响。

科学证据的提供者和应用者，都应具有临床的业务基础和相关学科的知识和学术基础，但要求的程度有所不同。证据的提供者本身也可以是应用者；而应用者本身的深化发展也可以成为提供者。

（二）循证医学实践的步骤

循证医学实践的基本过程，就是结合临床经验与最佳证据对病人进行处理。这个过程包括提出问题、检索证据、评价证据、结合临床经验与最佳证据对病人进行处理及效果评价，其中每个步骤都具有丰富的内涵和科学的方法。其具体步骤如下：

1. 提出临床实践中的问题 将在临床表现、诊断、治疗、预防、预后、病因各方面的临床情况转换为一个可以回答的问题形式。这里强调的是临床医生必须准确地采集病史、查体及收集有关实验结果，占有可靠的一手资料，经过仔细分析论证后，方可准确地找出临床存在而需解决的问题。

2. 寻找回答上述问题的最佳证据 根据提出的临床问题，确定检索词，利用计算机检索系统或手工检索系统，检索相关文献，整理出与需要回答的问题有关的最好证据。

3. 评价证据的正确性、作用大小和临床实用性 通过综合分析和统计学处理，得出可靠的最佳证据。在评价时常根据证据性质分为若干个等级（详见后述）。

4. 应用最佳证据，指导临床决策 在研究证据实施前要考虑以下3个问题：①资料提供的研究结果是否正确可靠；②结果是什么；③这些结果对处理自己的病人有无帮助。将严格评价出的最佳证据用于临床实践，指导临床决策，服务于临床。

5. 对所做的工作进行评价 临床医生通过实践，获得的成功经验或失败教训应进行具体分析和评价，从中获益，以便在下一次实施中加以改正。

总之，实践循证医学的关键，就是不断基于具体的临床问题，将医师的临床经验、当前最好的证据和患者的需求相结合，寻求最佳解决方案和最佳解决效果的过程，需要医师的不断探索、实践和学习。

四、循证医学研究证据的类型与分级

（一）循证医学研究证据的类型

循证医学证据是指有效的、与临床相关的研究证据。这些证据可以是基础方面的研究，但更主要的是来自患者的临床研究。国内外有关证据来源的分类多种多样。①按照研究方法分类：分为原始临床研究证据和二次研究证据。原始研究证据又分为随机对照试验、队列研究、病例-对照研究和无对照的研究；二次临床研究证据又包括系统评价、Meta 分析、临床实践指南和卫生技术评估。②按照研究问题分类：分为病因临床研究证据、诊断临床研究证据、预防临床研究证据、治疗临床研究证据、预后临床研究证据。③按照获得渠道分类：分为公开发表的临床研究证据和灰色文献。

（二）循证医学研究证据的分级

尽管循证医学研究证据的类型很多，但因其质量和可靠性不同，可分为多个级别。自1979年Fletcher将研究证据分级到2002年3月牛津循证医学中心的证据水平评价标准，循证医学研究证据被不同的方法分为不同的级别来表示证据研究质量的高低及可靠程度。目前常用的是2001年美国纽约州立大学下州医学中心的新9级证据，如图6-1-2所示。在所有证据中，系统评价及Meta分析是级别最高的证据。

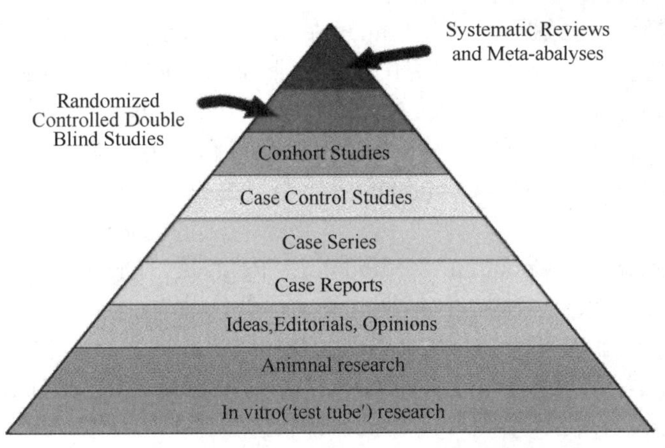

图 6-1-2　循证医学研究证据级别

第 2 节　循证医学研究证据来源

案例 6-2-1

某预防医学专业学生学到了《流行病学》课程中“流行病学与循证医学”一章，授课教师详细讲述了循证医学的起源、发展以及在当今医疗诊治中的重要作用。该生想初步了解这方面的文献资源。

问题：

该生如何去查找循证医学资源?在这些资源中，哪些是主要的?

分析：

国内外循证医学研究证据的来源比较广泛，主要有：循证医学研究证据专用数据库、临床实践标准和指南、卫生技术评估数据库、循证医学期刊、网络资源、常用书目和全文期刊文献数据库等。其中，Cochrane Library 和 Ovid EBM Reviews-EBMR 分别由国际 Cochrane 协作网和美国 OVID Technologies 建立，是主要的循证医学研究证据专用数据库。

国内外循证医学研究证据的来源比较广泛，不同来源的资源互有交叉和重复。以下介绍主要研究证据资源。

一、循证医学研究证据专用数据库

（一）Cochrane 图书馆（Cochrane Library，CL）

Cochrane Library 是国际 Cochrane 协作网的主要产品，是临床疗效研究证据的基本来源，也是目前临床疗效研究证据的最好来源。由英国牛津 Update Software 公司出版发行。该数据库根据临床医务工作者的职业特征，为他们提供高质量的系统评价。因此是循证医学重要的信息源，它包括 6 个子数据库。

1. Cochrane 系统评价数据库（Cochrane Database of Systematic Reviews，CDSR）　CDSR 收集了由 Cochrane 协作网 50 多个系统评价专业组在统一工作手册（Cochrane Reviews' Handbook）指导下对各种健康干预措施所做的系统评价，包括系统评价全文和研究方案计划书。该组织及其成员负责对这些系统评价进行及时更新和维护，以确保其内容准确，为临床实践提供科学、优质的指导。系统评价几乎涵盖临床医学各专业。这些系统评价具有高度的结构化和系统化，其证据的采纳和排除都是依据严格的质量标准来决定，减小偏倚，并随新的临床试验的出现不断补充、更新。

2. 疗效评价文摘数据库（Database of Abstracts of Reviews of Effectiveness，DARE）　DARE 的内容由设立于英国约克大学（University of York）的国家保健服务评价与传播中心（Centre for Reviews and Dissemination；CRD）提供，收录对 Cochrane 系统评价之外的其他高质量的系统评价所作的概括性摘要。其内容涉及诊断、预防、康复、普查和治疗等主题。

3. Cochrane 对照试验注册数据库（Cochrane Central Register of Controlled Trials，CENTRAL） CENTRAL是收集医疗卫生领域干预效果研究的随机对照试验（RCT）和对照临床试验（CCT）的书目数据库，收录了30多万条记录，其中包括从MEDLINE、EMBASE等大型数据库中检索到的对照试验和Cochrane协作网及其他组织从有关医学杂志、会议论文集和其他来源中收集到的临床对照试验报告，也包括中国中心提交的随机对照试验。Cochrane协作网只提供符合质量控制标准的随机对照试验或临床对照试验。

4. Cochrane 方法学数据库（Cochrane Methodology Register，CMR） CMR收录所有关于卫生保健和社会干预系统评价方法的研究资料，包括期刊论文、著作节选、会议文集、会议摘要以及正在进行的方法学研究报告。CMR记录来自于MEDLINE和EMBASE数据库检索和手工检索的文献，包括所有已发表的和Cochrane方法学系统评价相关的经验方法学研究报告，以及与保健干预系统评价相关的比较和描述性研究。CMR关注保健评估的导向和批评评价。

5. 卫生技术评估数据库（Health Technology Assessment Database；HTA） HTA由英国国家保健服务评价与传播中心（NHSCRD）与国际卫生技术评价机构网络（INAHTA）协作制作，收录的卫生技术评估多为有关卫生保健干预的医学、社会学、伦理学和经济学意义的研究，包括如疾病的预防、筛查、诊断、治疗和康复的药物、疫苗、器械设备、医疗方案、手术程序、后勤支持系统和行政管理组织等具体内容。HTA数据库包括许多不同类型的研究，包括系统评价和进行中的和已完成的基于试验、问卷和经济评估的研究。因此收录的内容可能会与DARE数据库中的系统评价以及NHS EED数据库中的经济评估有一定的重复。

6. 英国国家卫生服务部卫生经济评价数据库（The NHS Economic Evaluation Database；NHS EED） NHS EED由卫生部的英国国家保健服务研究与发展项目资助，由英国国家保健服务评价与传播中心制作，提供关于卫生保健干预措施的成本效益分析。

（二）Ovid EBM Reviews-EBMR

Ovid-EBMR系列数据库是一个由美国OVID Technologies制作与更新的付费数据库，包括ACP Journal Club数据库以及Cochrane Library中的CCTR（即CENTRAL）、CDSR、CMR、DARE、HTA和NHS EED六个数据库。因为与MEDLINE和OVFT同在OvidSP平台，便于相互建立链接，使用户可以方便地获取不同分级的研究证据，因此目前被认为是指导临床实践和研究的最好证据来源之一。CCTR、CDSR、CMR、DARE、HTA和NHS EED已于前述，此处仅介绍ACP Journal Club。

ACP Journal Club由ACP Journal Club和Evidence-Based Medicine两刊在2000年1月合并而成，合并后继续命名为ACP Journal Club，合并前的卷期仍保留在数据库中。关于两刊的介绍详见后述。

OVID检索界面功能强大，检索方便（检索方法参见第3章第5节）。其中CDSR、DARE和ACP Journal Club三个数据库可获取原文。用户可根据需要选择任一数据库或同时联合使用全部数据库检索循证医学的信息。

（三）单一循证医学研究证据数据库

临床试验数据库

（1）世界卫生组织国际临床实验注册平台 2007年5月，世界卫生组织国际临床实验注册平台（http://www.who.int/ictrp/zh/）正式运行，其功能主要是：①制定试验注册范围和注册内容的标准；②建立全球“临床试验注册中心网络”，加强全球协作；③制定试验结果报告的国际规范和标准；④帮助发展中国家开展试验注册；⑤为临床试验分配全球唯一注册号；⑥收集全球各试验注册中心的注册试验记录，建立一站式检索入口。该平台由临床试验注册机构协作网和检索入口两部分组成。

（2）ISRCTN registry ISRCTN registry（http://www.controlled-trials.com）是英国BioMedCentral出版社2000年开发的临床试验网站。由世界卫生组织国际临床试验注册平台和医学杂志编辑国际委员会提供指导。利用ISRCTN ID可免费检索相关数据库，获得正在进行的临床试验信息和接收临床试验信息；还可按照该网站的疾病主题浏览临床试验的研究信息。

（3）Clinical Trials　Clinical Trials（http://www.clinicaltrials.gov）是美国国立卫生研究院（National Institutes of Health，NIH）通过国立医学图书馆建立的提供临床研究信息的数据库。它收录了由 NIH、美国其他联邦机构和制药公司资助的 6000 多条临床试验信息。每条临床试验信息的内容包括：试验名称、试验主持单位、试验目的、试验内容、参加试验患者的标准、试验地点、试验是否继续招收患者、参加试验的联系方式、试验起始日期等。

（4）随机试验报告统一标准（Consolidated Standards of Reporting Trials，CONSORT；http://www.consort-statement.org）CONSORT 是 20 世纪 90 年代中期，由临床试验、统计学、流行病学专家和生物医学编辑组成的国际小组研发的循证医学标准，1999 年修订，2001 年公开出版，它已得到越来越多的医药卫生杂志、国际医学期刊编辑委员会（ICMEJ，温哥华小组）、科学编辑委员会（CSE）、世界医学编辑协会（WAME）等编辑组织的支持。该标准的主要目的是帮助作者提高两组平行随机对照试验报告的质量。其基本思想适用于指导临床科研设计，也适于审稿人与编辑识别描述不充分和结果可能有偏倚的试验，因此 CONSORT 可作为鉴别临床科学论文有效性与有用性的标尺。该文件包括一个有 22 个项目的核对表单（Checklist）和一个流程图（Flow Diagram）。各个项目下核对表单都简述基本要求，而流程图对随机试验各阶段进展运用图形予以表述。

（5）中国临床试验注册中心（Chinese Clinical Trial Registry，ChiCTR）中国临床试验注册中心（http://www.chictr.org.cn）位于四川大学华西医院，隶属于中国循证医学中心，是 Ottawa Statement Group 的成员单位，是一个非营利的学术机构。其注册程序和内容完全符合 WHO registration data set 和 ICMJE 的标准。中国临床试验注册中心负责中国的临床试验注册、公布研究设计信息、国际统一注册号接口、审核研究设计，以保障注册的临床试验的质量。网站首页可检索临床试验数据，也可按照国家、省（市）、疾病代码、试验实施单位、试验主办单位等 10 种方式浏览信息。

二、临床实践标准和指南

1. 美国国家指南交换中心（NGC）　详见本章第 3 节“循证医学研究证据检索”。

2. 英国卫生与临床优秀成果研究所指南　英国卫生与临床优秀成果研究所指南（National Institute for Health and Clinical Excellence，NICE；http://www.nice.org.uk）由英国国家临床示范研究所于 1999 年建立。属于英国国家卫生保健服务（系统）的一部分。该指南的范围有：卫生技术（药物、医疗仪器、诊断技术和程序）和临床情况的处理。可获得 1999 年至今的相关医学信息，它还对卫生技术评估的方法和程序进行了较为详细的介绍。

3. 苏格兰校际指南网站　苏格兰校际指南网站（The Scottish Intercollegiate Guidelines Network，SIGN；http://www.sign.ac.uk/guidelines）始建于 1993 年，主要关注癌症、心血管疾病和心理卫生领域等方面的问题。网站提供指南全文，栏目有：指南（按主题和索取号排列的指南）、指南选题提示或范围、当前指南项目组正在进行的工作、指南开发的方法学等。此外，该网站还链接指南制作的支持材料、简介及版权细节等内容。

4. 新西兰临床实践指南研究组　新西兰临床实践指南研究组（The New Zealand Guidelines Group，NZGG；http://www.nzgg.org.nz）于 1999 年在新西兰卫生委员会领导下建立，主要目的是为了制定和实施临床实践指南。该网站设有以下栏目：出版物、特别人群指南、证据源、用于实践的证据、消费者资源、新西兰循证健康公告等。该指南分为四种类型：基层医疗服务管理指南（Guidelines For Primary Care management）、病人转诊和管理指南（Guidelines For Patient Referral and Management）、第一专科评估准入标准指南（Guidelines For Access Criteria For First Specialist Assessment）和临床优先评估标准指南（Guidelines For Criteria For Clinical Priority Assesment）。另外，该网站还链接一系列与临床指南的开发和评价有关的网站，如：证据源、Cochrane 合作组织、严格评价根据、循证的方法和根据、指南的指南、临床指南等网站。

5. 中国临床指南文库 中国临床指南文库（China Guideline Clearinghouse，CGC；http://www.cgc-chinaebm.org）由中国医师协会循证医学专业委员会和中华医学杂志社共同发起建设，旨在收录中国医学期刊近5年内发表的临床实践指南，为临床工作者、管理机构和社会大众提供查询临床指南的平台。北京大学循证医学中心承担具体的技术工作。该网站引用的指南文献均来自CNKI《中国学术期刊网络出版总库》、维普的期刊资源整合服务平台或万方的数据知识服务平台，提供PDF版本文件的免费下载。网站提供简单检索、高级检索、指南浏览、指南索引等功能。该网站提供中国医师协会循证医学专业委员会、北京大学循证医学中心、NGC、G-I-N、NICE、SIGN、NZGG等网站的链接。

三、卫生技术评估数据库

1. 医疗卫生工作/技术评价文件（Health Services/Technology Assessment Text，HSTAT） HSTAT来源于美国卫生保健研究与质量管理处（Agency for Healthcare Research and Quality，AHRQ；http://www.ahrq.gov），从主页临床信息（Health Care Information）下选择Evidence-based Practice，通过临床分类选用有关癌症、补偿和替代医学、饮食补偿、耳鼻喉、心血管、精神卫生与精神作用物质滥用、卫生保健、财务与经济、信息技术等方面的循证报告全文。现美国国立医学图书馆已将AHRQ文件汇编成在线图书HSTAT。

2. 国际卫生技术评估机构网络（International Network of Agencies for Health Technology Assessment，INAHTA） 国际卫生技术评估机构网络（http://www.inahta.org）是一个非营利组织，成立于1993年，秘书处在瑞典，现在已经发展到来自32个国家的57个成员机构，包括北美洲，拉丁美洲，欧洲，非洲，亚洲，澳大利亚和新西兰。其主要功能是促进卫生技术评估机构之间的合作交流，促进信息的共享与比较，以防止不必要的重复性研究。

3. Health Technology Assessment on the Net（HTA on the Net） HTA on the Net（http://hta.uvic.ca）是一个在线的提供卫生技术评估远程教育课程的网站。网站提供13周的课程，其中Public Sections可以免费使用，而被限制的部分需要发送电子邮件提交申请，注册课程。此外网站还提供HTA术语、参考文献、HTA相关网址等内容。

4. 瑞典卫生保健技术评价理事会（The Swedish Council on Technology Assessment in Health Care，SBU） SBU成立于1987年，是一个独立的国家权威机构，也是世界上最古老的卫生技术评估组织之一。它的评估报告基于发表的系统评价文献，涵盖医疗，经济，道德和社会等方面，为瑞典制定卫生保健相关政策服务，并为卫生保健系统的医生、护士、个人提供决策依据。其主页（http://www.sbu.se/sv）为瑞典语，点击主页的in English即可切换到英文版界面（http://www.sbu.se/en）。通过REPORTS和PROJECTS可获得该机构的报告和项目信息；通过METHOD可以了解瑞典卫生技术评估的历史、证据的质量和分析的方法，并可免费下载SBU手册《Evaluation and synthesis of studies using qualitative》。

5. 新西兰卫生技术评估中心（New Zealand Health Technology Assessment，NZHTA） NZHTA是一家卫生技术评估组织，从1997年至2007年6月运营。目前其网站已经关闭，但它的出版物，包括NZHTA系统评价、NZHTA技术简介、NZHTA证据表、NZHTA卫生服务评价研究、NZHTA卫生服务研究、地平线扫描网络报告等，仍然可以从Otago，Christchurch大学的网站（http://www.otago.ac.nz/christchurch/research/nzhta）访问。

四、循证医学期刊

（一）国外循证医学期刊

1. Bandolier Bandolier（http://www.medicine.ox.ac.uk/bandolier）为英国牛津大学于1994年创办的期刊，月刊。网络版始于1995年，可免费获取全文。Bandolier使用循证医学技术，对原始试验论文的综述进行系统综述，为医学专业人员或患者提供有关疾病，特别是治疗方面的科学依据。资料来源于York疗效分析公报，以及近年来PubMed或Cochrane Library的系统综述、Meta分析、RCT、高质量的病例对照研究、队列研究等，为医学专业人员提供了治疗方面的科学依据。

2. ACP Journal Club ACP Journal Club（http://www.acpjc.org）由 ACP 和美国内科医师协会于 1991 年创办。它从 100 余种生物医学期刊中，按循证医学文献要求选择论著，对其进行摘要，并对该文献临床应用价值进行评论。以纸质版和网络版两种形式出版，网上可免费获取全文。使医疗卫生工作者掌握治疗、预防、诊断、病因、预后和卫生经济学等方面的重要进展。

3. EBM（Evidence-Based Medicine，EBM） EBM（http://ebm.bmjjournals.com）是较早介绍循证医学的权威医学期刊，2000 年由英国医学杂志（British Medical Journal，BMJ）和美国 ACP 联合主办，双月刊。为医疗卫生工作者在大量的国际性医学杂志中筛选和提供全科、外科、儿科、妇产科等学科方面的证据，在网上免费使用。

4. EBN EBN（http://ebn.bmjjournals.com）由英国皇家护士学院和 BMJ 联合主办，季刊，是一个提供与护理相关的最好研究和最新证据的高质量国际性杂志，可在互联网上在线查询。

5. Journal Club on the Web Journal Club on the Web（http://www.journalclub.org）由 Michael Jacobson 于 1995 年 11 月创办，是一个交互式医学“期刊俱乐部”，定期对最新医学文献进行概述和评论，并附有读者的评论。文献主要来源于 4 种刊物：New England Journal of Medcine、Annals of Internal Medicine、JAMA 和 Lancet。

（二）国内循证医学期刊

1. 中国循证医学杂志 中国循证医学杂志（http://www.cjebm.org.cn）由中国循证医学中心与四川大学华西医院承办，创刊于 2001 年 6 月，月刊。该刊设有述评、论著、方法学、循证病例讨论、医学信息学、发展与动态等栏目，其中论著包括病因学、诊断学、治疗学、评价系统、卫生技术评估等方面的内容。以国内临床医师、科研工作者、医学高校教师、卫生管理人员及患者为读者，是国内最早的有关循证医学的刊物。

2. 循证医学 循证医学（http://www.jebm.cn）由广东省循证医学科研中心、广东省人民医院和中山大学附属第三医院主办。创刊于 2001 年，双月刊。该刊主要介绍循证医学的理论、方法和相关知识，探讨符合国情的循证医学实践。刊物以临床实践指导行为原则，设置有快讯、述评、论著、循证评价、Cochrane 研究方案、证据的寻求与评价、临床指引与共识等栏目。以广大医药卫生技术人员和医疗、教学、科研管理工作者为读者对象，是获取国内临床实践指南的重要刊物。

3. 中国循证儿科杂志 中国循证儿科杂志（http://www.cjebp.net）由中华人民共和国教育部主管、复旦大学主办、复旦大学附属儿科医院承办的儿科专业学术技术类期刊，双月刊。该刊以儿科医疗、科研和管理工作者为主要读者对象，以刊载采用循证医学理念和方法进行儿科学研究的成果为主的期刊，同时也适当介绍当地循证医学方法学内容。

五、循证医学网络资源

（一）循证医学多元集成搜索引擎

1. SUMsearch 2 SUMsearch 2（http://sumsearch.org）是美国 Texas 大学卫生科学中心支持资助，该校临床信息学主任、内科副教授 Bob Badgett 负责开发维护并提供免费服务的非营利网站。为减少因利益冲突产生的偏倚，Sumsearch 2 主要从三个政府机构数据库检取医学证据，即美国的国家医学图书馆的 PubMed、NGC（National Guideline Clearing house）和英国政府机构的 DARE 数据库。为提高检索精准度，又采用了一些新的筛选软件，它所检出的证据，分为 Text（选自 New Engl J Med、JAMA、Lancet、Birt Med J、Ann Intern Med 等世界顶级杂志的文章）、Practice guidelines（选自 NGC 和 PubMed 的临床指南）、Systematic reviews（选自 DARE 的系统综述）、Original research（多为 PubMed 文献）。

2. TRIP Database（Turning Research into Practice，TRIP，变研究为临床数据库） TRIP Database（http://www.tripdatabase.com）始建于 1997 年，其目标是将网络循证医学资源整合检索。目前收录 60 多个经选择的资源库。它所涉及的信息源有期刊、临床指南、医学影像、系统综述、电子图书、病人信息档案等。主页提供基本检索、高级检索和 PICO 检索，如图 6-2-1 所示。普通用户不能使用高级检索功能。检索结果可按照相关度和出版时间排序；还可通过分类目录浏览资源。该库所选电子图书、医学影像等资源对临床医生非常实用，所选 MEDLINE 文献分类详细，便于用户选用。通过该网站，可同时检索 CDSR、NGC、DARE、HTA、NHS EED 等循证医学文摘库。

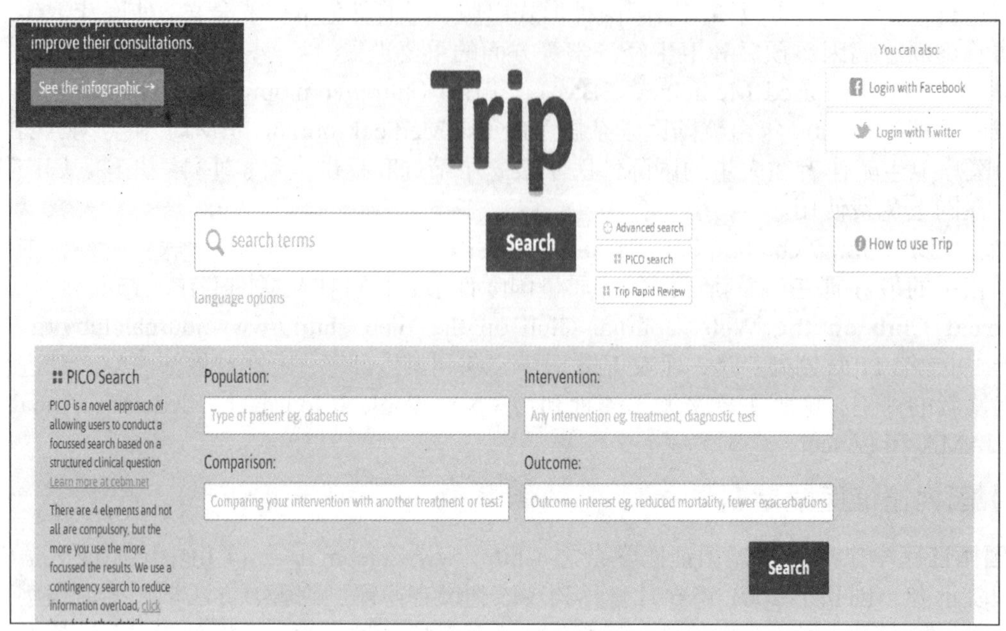

图 6-2-1　TRIP Database PICO 检索界面

（二）其他网络资源

1. CRD Database　CRD Database 由英国国家保健服务评价与传播中心（The Centre for Reviews and Dissemination，CRD；http://www.york.ac.uk/inst/crd）于 1994 年创建，是英国国家健康研究所（National Institute for Health Research，NIHR）和英国 York 大学的一部分。建立 CRD Database 的目的是以严格准确的综述形式提供卫生与社会服务中各种卫生保健措施与干预效果的研究信息。目前，CRD 的研究主要集中在癌症、儿童健康、口腔医学、心血管疾病等 23 个大类上。CRD 数据库包含 DARE、NHSEED 和 HTA 数据库。数据库主页提供检索功能，结果返回为在上述三个不同数据库中的检出数量。此外，CRD 还有同行评议、非同行评议论文，包括 CRD 报告、医疗卫生服务效果通告、效果问题、卫生技术评估报告等出版物。1996 年 CRD 出版了 CRD 指南，定期修订，用户可以通过 CRD 网站免费访问。

2. Clinical Evidence　Clinical Evidence（http://www.clinicalevidence.bmj.com）是全球最权威的循证医学数据库之一。主页提供英、中、日等 6 种语言版本，同时发行印刷版（临床证据手册）和网络版。Clinical Evidence 数据库收录 250 多种常见病、500 多个临床问题、近 3000 种有关疗效的证据，是临床医生循证决策必备的工具书。Clinical Evidence 网络版每月进行临床证据相关主题的更新，印刷版半年更新一次。

3. BMJ Clinical Evidence　BMJ Clinical Evidence（http://clinicalevidence.bmj.com/ceweb/index.jsp）由 BMJ Publishing Group 出版，提供权威的医学决策和病人保健资源，包括对 34 个大类、250 多种常见疾病的治疗措施是否有效的证据。该网站提供中文版。在中文版界面，通过“病症”链接可使用证据资源；界面提供检索功能，也可按照“科目分类”查找证据内容，或者通过“全部评论列表”，按 A-Z 顺序查找相关证据。

4. The Centre for Evidence-Based Medicine（CEBM）　CEBM（http://www.cebm.net）于 1995 年在牛津大学成立，其目的是发展、培训和促进循证医学保健工作。网站提供循证医学证据、期刊、培训课程、会议信息源和课件、论文的免费下载。

六、循证医学证据的其他资源

除上述资源外，中国生物医学文献数据库、中国学术期刊网络出版总库、万方数字化期刊、中文科技期刊数据库、MEDLINE/PubMed、EMBASE 等常用书目和全文数据库，都能检索到循证医学证据文献（详见第 2 章和第 3 章相关小节）。

综上所述，循证医学的研究证据资源非常广泛，本章只简要介绍了比较有代表性的资源，随着计算机和网络技术的发展以及循证医学研究的深入，循证医学资源也会更加丰富。

第 3 节　循证医学研究证据检索

临床医生用于查找证据的时间有限，如何快速并找到答案，思路很重要。证据查询只是手段，解决临床问题才是目的。思路明确以后，顺着思路完成相应步骤即可。通常循证医学研究证据检索分以下 5 个步骤：①明确临床问题及问题类型；②选择合适的数据库；③制定相应的检索策略；④判断检索结果是否达到目的；⑤证据应用和管理。下面以具体案例通过选定的检索工具分步说明如何进行查询、怎样贯彻查询思路。

案例 6-3-1

某男，67 岁，主因胸骨后压榨性疼痛 30min 入院。体检：T36℃，BP　80/50mmHg，面色苍白，四肢湿冷，心律规则，心音低钝；结合心电图和心肌酶检查结果，医生诊断为急性前壁心肌梗死。该患者采用溶栓或介入治疗哪种方法预后更好?

问题：

1. 如何获得明确的研究证据支持这种治疗方法?
2. 查询研究证据时如何选择检索词和制定正确的检索策略?

分析：

1. Cochrane Library 是国际上十分重要的研究证据库。它包括 6 个独立的子数据库。可通过一个统一的界面同时查询多个与循证医学证据密切相关的数据库，其中 CDSR 是系统评价数据库，系统评价是循证医学中最高质量的证据。通过 Cochrane Library 光盘可检索系统评价全文，通过网站可免费检索摘要。

2. 通过上述分析，明确检索目的是寻找急性心肌梗死的最佳治疗方案，目标文献类型为随机对照试验。①选择的检索词应包括：急性心肌梗死（acute myocardial infarction），介入治疗（percutaneous coronary intervention，PCI），溶栓治疗（thrombolysis therapy）等。②Cochrane Library 提供 Browse、Basic Search、Advanced Search 和 MeSH Search 四种检索方式。根据其检索特点将各检索词应用布尔逻辑运算符组合。

一、Cochrane Library 检索

（一）数据库概况

数据库简介详见本章第 2 节。目前从互联网检索 Cochrane Library 的途径有多种，其中，John Wiley & Sons 公司出版的网络版可以免费浏览系统评价的摘要，注册并付费的用户能查看系统评价全文；并提供检索链接、参考文献链接以及反馈等功能。以下主要介绍 John Wiley & Sons 公司出版的网络版 Cochrane Library 的检索方法。主页如图 6-3-1 所示。

（二）检索方法

Cochrane Library 提供 Brouse（浏览功能）和 Search（检索功能）。

1. Brouse（浏览功能）　除 CENTRAL 数据库（只提供检索功能）外，其他 5 个子数据库均可通过 A-Z 浏览方式查看内容。其中 CDSR 可通过 6 种方式浏览：按主题浏览（By Topic）、按新记录浏览（New Reviews）、按更新记录浏览（Updated Reviews）、按专业组浏览（A～Z: by Cochrane Review Group）、按首字母字顺浏览（A～Z: all Protocols and Reviews）和按 Cochrane 系统评价组主题浏览（Topics by Cochrane Review Group），如图 6-3-2 所示。

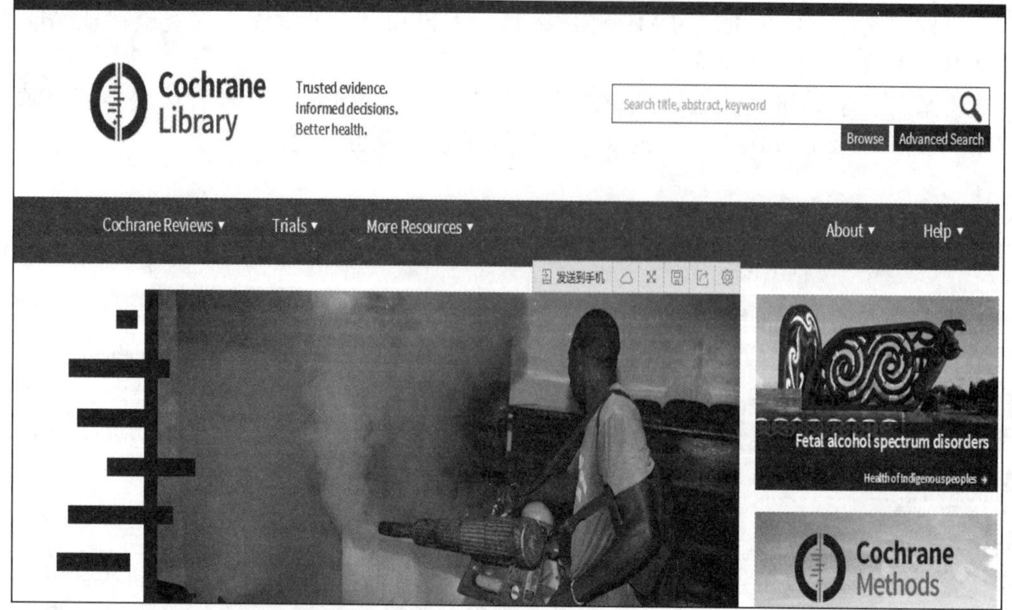

图 6-3-1 Cochrane Library 主页

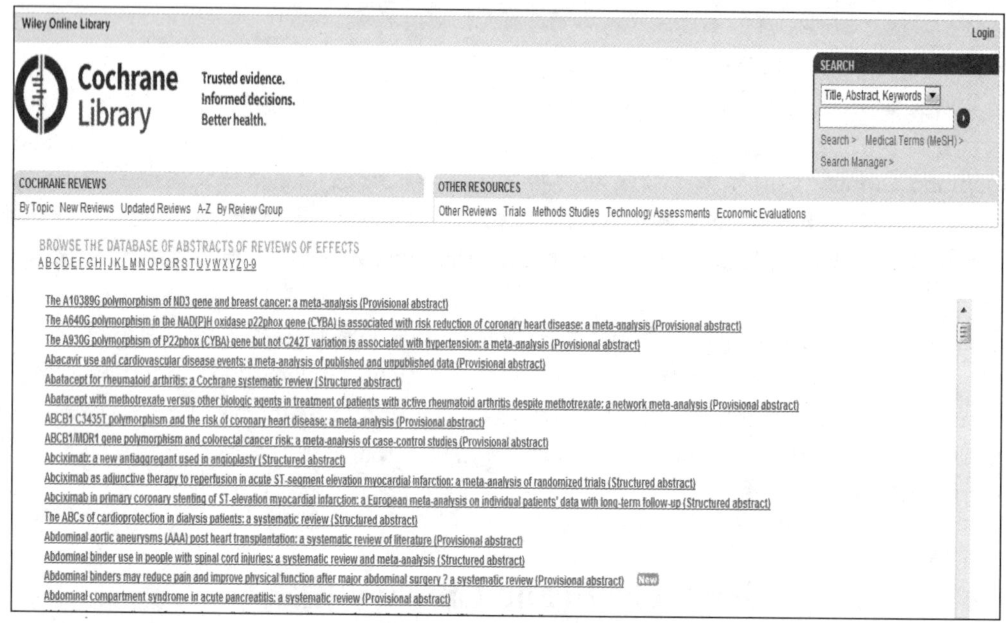

图 6-3-2 Cochrane Library 浏览界面

如选择按主题浏览（By Topic），可根据临床问题所属的专业选择有关的 Topic，按照字顺找到主题名称，点击鼠标就能知道是否有自己需要的 CDSR。如要通过浏览方式查找案例 6-3-1 的证据，可依次选择 By Topic→Heart & circulation→Myocardial ischemia/coronary disease→Drugs 就可找到符合要求的系统评价文献，如 “Ticlopidine versus oral anticoagulation for coronary stenting” 一文即是主题相关文献。

2. Search（检索功能） 检索系统提供基本检索（Basic Search）、高级检索（Advanced Search）、MeSH 辅助检索[Medical Terms（MeSH）]、检索管理（Search Manager）等方式。

（1）基本检索（Basic Search）：在检索词输入框中输入要查找的关键词，点击🔍即可对 Cochrane Library 所有子库的内容进行检索，结果显示各数据库检出的文献篇数，如图 6-3-3 所示。以本病案为例，在检索词输入框中输入 “acute myocardial infarction” 检索，即可获得有关 “急性心肌梗死” 方面的各种类型的循证医学文献。

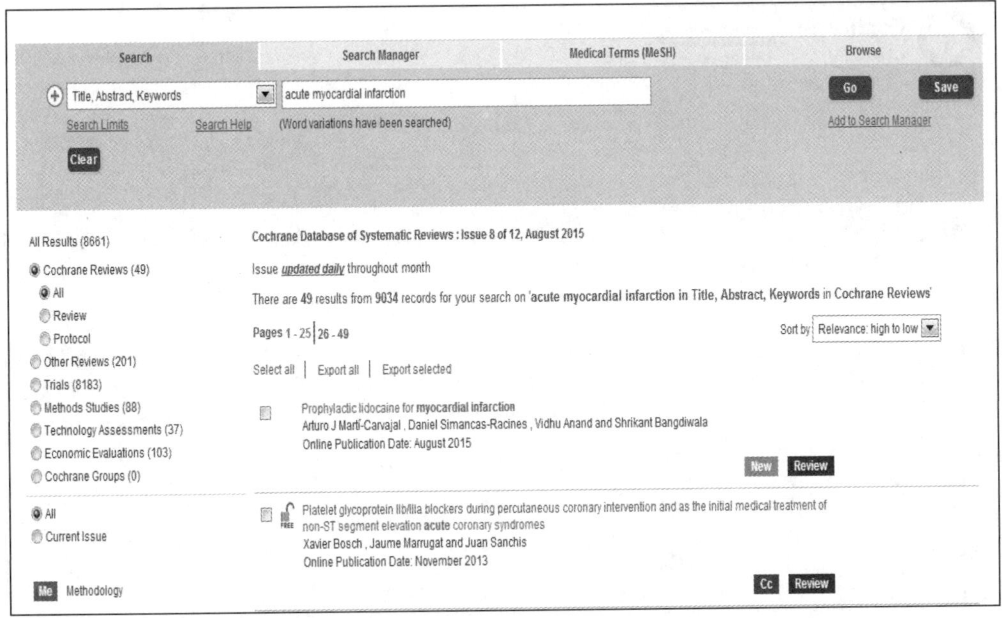

图 6-3-3　Cochrane Library 基本检索结果界面

（2）高级检索（Advanced Search）：在 Cochrane Library 主页，点击 Advanced Search 进入高级检索界面。高级检索界面的检索词输入框与基本检索类似，除可输入检索词并选择字段外，还可通过⊕增加多个检索词输入框进行检索，各字段之间可以进行布尔逻辑检索（AND、OR、NOT）、截词检索、用引号进行词组的强制检索。字段选项包括：Search All Text、Record Title、Author、Abstract、Keywords、Title、Abstract or Keywords、Tables、Publication Type、Source 或 DOI（Digital Object Identifier）等。同时，通过 Search Limits 可限定检索结果的范围（Product types）、状态（Status）和发表时间（Dates）。Product types 选项将检索限定在 Cochrane Library 的不同数据库内以及限定系统评价中的 Review 和 Protocol；Status 选项可以对记录的不同状态进行限定，如新记录（New）、新研究（New Research）、评论（Comments）、撤销的记录（Withdraw）、结论更新（Conclusions Changed）、最近出版的系统评价研究方案的局部的修正（Major Change）等。

案例 6-3-1 通过高级检索的检索过程为：①点击 Advanced Search 进入检索界面，如图 6-3-4 所示；②点击⊕增加 1 个检索词输入框，字段均选择 Title、Abstract or Keywords；③按题意第一个检索词输入框输入表达式 acute myocardial infarction，第二个输入（percutaneous coronary intervention）or（thrombolysis therapy）or therapy or treatment，布尔逻辑运算符选择 AND；④点击“Go”按钮执行检索。检索结果如图 6-3-5 所示。此时，可通过 Search limits 限定 Cochrane Reviews 或在检索结果中选择 Cochrane Reviews 的结果查看文献信息，本例结果为 37 篇。从最后获得的 37 篇证据文献中，对每篇文献仔细分析，得到符合题意的研究文章，再从全文数据库中获取文献全文，经过阅读、评价、整合，最终用于临床治疗。

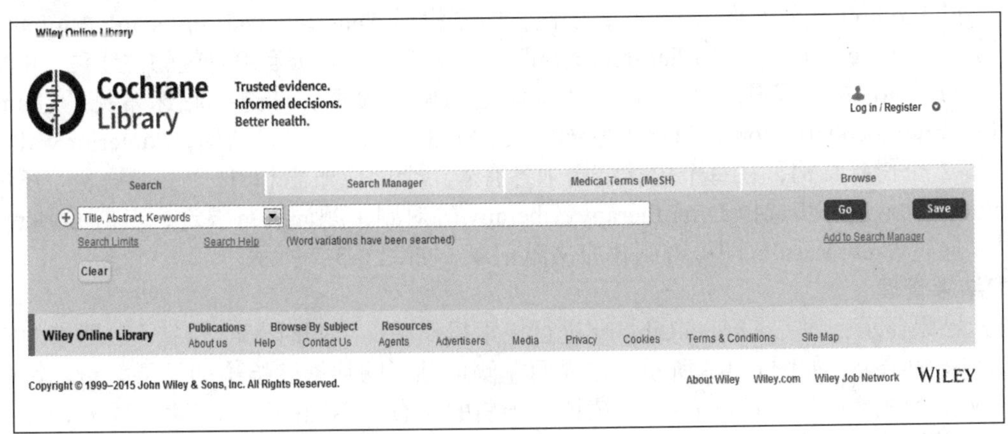

图 6-3-4　Cochrane Library 高级检索界面

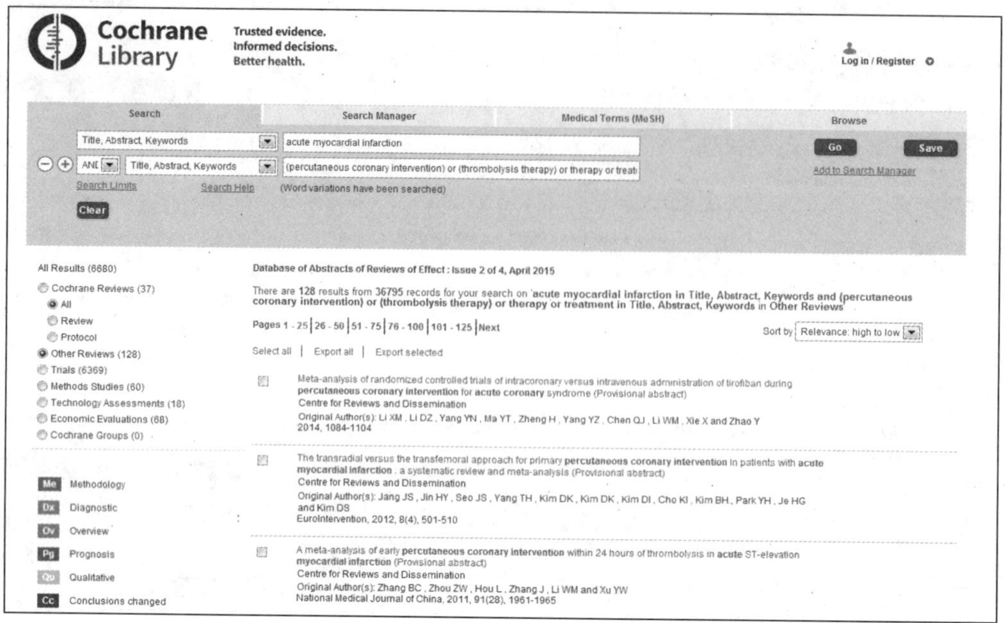

图 6-3-5 Cochrane Library 高级检索结果界面

（3）MeSH 检索[Medical Terms（MeSH）]：Cochrane Library 的 MeSH 词库来自美国国立医学图书馆的医学主题词表（MeSH）。MeSH 辅助检索位于高级检索界面，如图 6-3-6 所示。在 Enter MeSH term 后输入检索词，在随后的输入框中选择副主题词（Select subheadings/qualifiers），点击 Lookup 按钮，系统显示与检索词相对应的主题词和树状结构以及该检索词在 6 个子数据库和 Cochrane Groups 中得到的检索结果。进一步点击 View Results 可以查看详细结果。

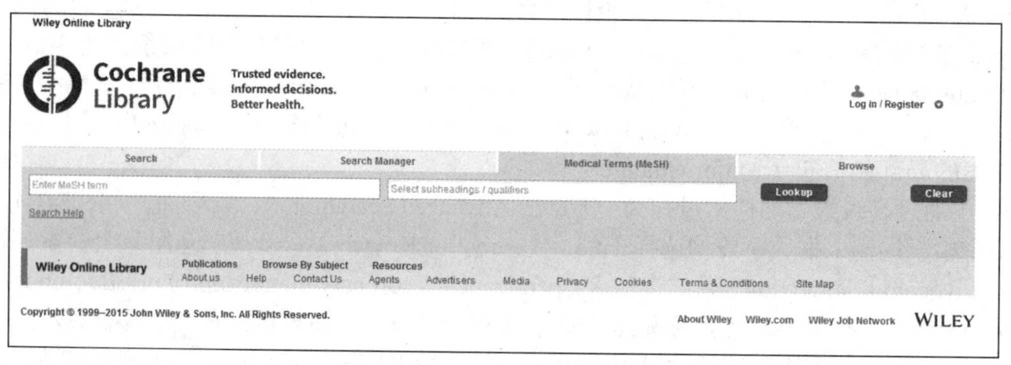

图 6-3-6 Cochrane Library MeSH 检索界面

利用“Medical Terms（MeSH）”检索案例 6-3-1，具体操作步骤为：在 Enter MeSH Term 框中输入“acute myocardial infarction”，点击 Lookup 按钮，即可找到“anterior wall myocardial infarction”（前壁心肌梗死）、“inferior wall myocardial infarction”（下壁心肌梗死）等相对应的主题词，可见，“acute myocardial infarction”概念范围过大，宜选择具体主题概念检索。如选择临床常见的“anterior wall myocardial infarction”，Definition 是对该主题词定义。MeSH trees 是树状结构，“anterior wall myocardial infarction”有 2 个树状结构，在每个树状结构中各有若干个上位概念和 1 个下位概念。还可在 Select subheadings/qualifiers 进一步选择 Drug therapy、therapy 等对副主题词进行限定，点击 Lookup 按钮，更新检索结果。通过 View Results 即可得到相应文献记录，如图 6-3-7 所示。

3. 检索结果管理

（1）检索结果显示：对 Cochrane Library 进行检索操作后，可同时获得多个子数据库的检索结果，默认显示 CDSR 的结果，如图 6-3-3 所示。在界面左侧可见不同数据库检出的结果数量。每篇系统评价都附有一个或多个图标，表示 Cochrane 系统评价当前的状态，不同的图标代表不同的含义：①Review 表示有完整的结果和讨论、数据分析和关于该篇 Review 的图表；②Protocol 表示系统评价的研究方案，

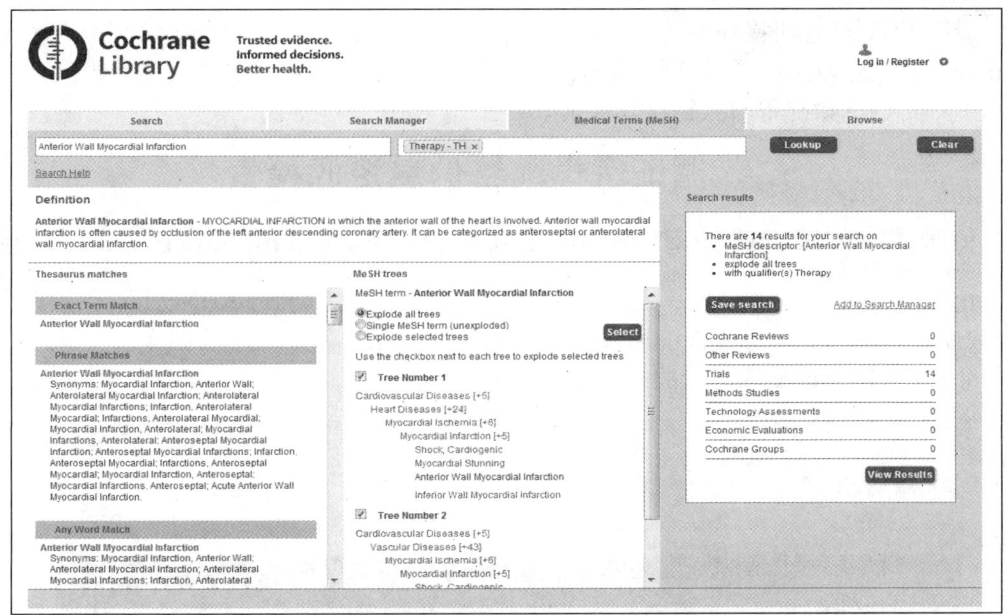

图 6-3-7 Cochrane Library MeSH 检索主题词查询界面

包括背景、原理说明和方法；③Cm(Comment)表示完整的 Review，并含有评论或批评；④Cc(Conclusions changed) 表示最近出版系统评价结论的重要变化；⑤Up (Update) 表示最新更新的版本；⑥Wd (Withdrawn) 表示被撤销的 Review 或 Protocol，通常是因为缺乏通用性或没有及时更新，撤销的理由会在该篇文章上详细说明；⑦Me (Methodology) 表示方法学评价；⑧Ns (New search) 表示对最近出版综述的最新的研究；⑨Dx (Diagnostic) 表示对诊断性试验精确性评估研究的完整系统综述；⑩Mc (Major change) 表示对最近出版的系统评价研究方案的局部修正。

点击某系统评价的题目，可阅读该系统评价的详细信息，如图 6-3-8 所示。单篇文献信息内容包括摘要以及图表、背景、参考文献、被引用情况等多种链接，但除摘要外，其他内容阅读需要付费。每篇系统评价都提供 PDF 和 HTML 两种格式。PDF 提供精简版 (Summary)、标准版 (Standard) 和完整版 (Full)，但只有 Summary 版可免费下载。

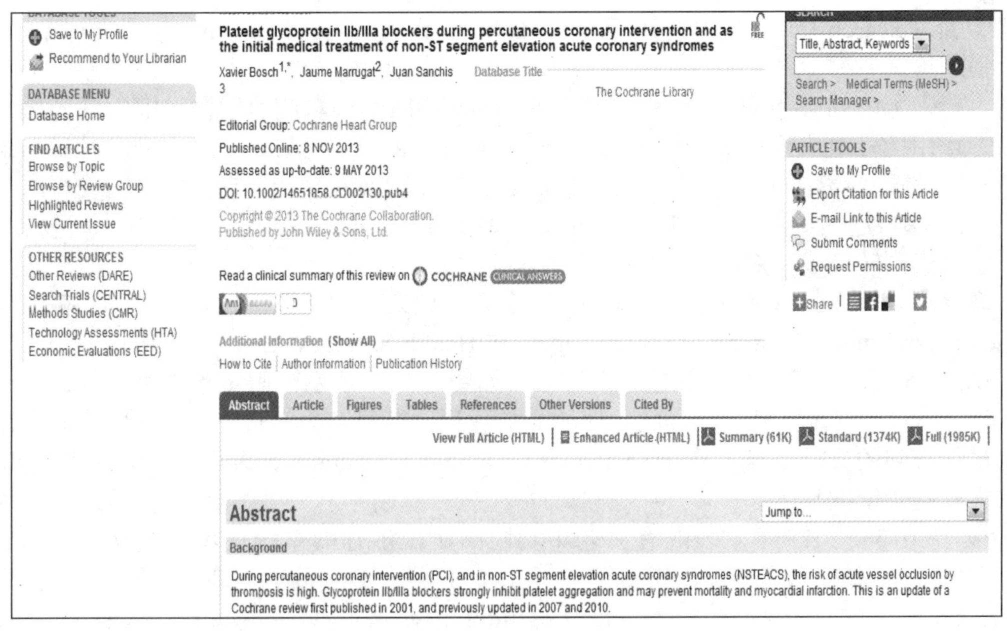

图 6-3-8 Cochrane Library 系统评价单篇文献浏览界面

(2)检索结果保存：勾选检索结果前的复选框□，点击 Export all 或 Export searched 保存检索结果。

保存前可选择针对不同计算机操作系统的 Export type（默认为 PC）和 File type（默认为 Citation Only 或选择 Citation And Abstract）。保存的文献为记事本（.TXT）格式。所有参考文献均提供到 PubMed 的链接或通过 SFX 或 CrossRef 等直接链接到原文。

二、循证医学网络信息资源检索

（一）美国国家临床实践指南（National Guideline Clearinghouse，NGC）检索

NGC（http://www.guideline.gov/）是由美国卫生健康研究与质量处（AHRQ）、美国医学会、美国卫生规划协会联合开发的一个综合性临床实践指南和相关文献的循证医学数据库。主页包括 Search、Browse、Compare 和 Resource 四部分功能，如图 6-3-9 所示。

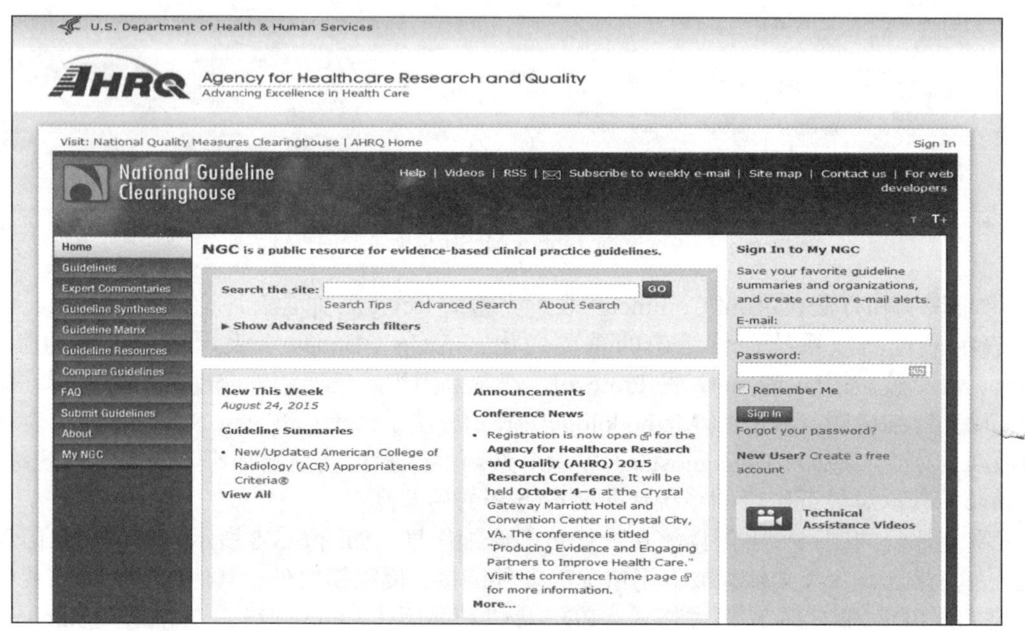

图 6-3-9 NGC 检索首页

1. 检索功能（Search） 在主页可执行 Basic Search 和 Advanced Search，系统支持布尔逻辑检索、截词检索及强制检索。

（1）基本检索（Basic Search）：在 NGC 主页 Search the site 右侧检索输入框内输入检索词即可执行基本检索。可用括号组成检索式，如（tumor or carcinoma）and kidney，系统将对 kidney tumor 和 kidney carcinoma 进行检索。NGC 还有检索概念自动匹配和转换的功能，它将检索词或短语与美国国立医学图书馆编制的“统一医学语言系统”（Unified Medical Language System，UMLS）进行主题概念的自动匹配，将检索词转换成相对应的 UMLS 中的医学词汇。

（2）高级检索（Advanced Search）：在高级检索界面检索词输入框中输入检索词，查询范围可以限定在 Disease or Condition、Treatment or Intervention 和 Health Services Administration3 个方面。另外高级检索界面提供了 15 类限定条件用以筛选检索结果，如图 6-3-10 所示。限定条件可多选，每选定一个条件，系统及时进行自动匹配，显示符合此条件的文献数目，直到将全部条件选定，最后显示在屏幕上下两端的就是最终查到的文献数目（Your selections will yield X results），再点击页面最下端 Show results 按钮，有关文献题录依次显示。

如欲检索“2013—2015 年发表的有关老年女性高血压治疗的系统评价”的文献。检索步骤是：首先在检索词输入框中输入“hypertension”；其次，选定“Disease or Condition”；最后，依次在 15 个限定主题条件中勾选“Age of Target”“Guideline Category”“Methods Used to Analyze the Evidence”“Publication Year”和“Sex of Target Population”5 个条件栏目中的有关限定条件。系统逐次执行查询指令，最终显示找到的系统评价文献，点击“Show results”按钮，文献题录即予以显示，如图 6-3-11 所示。

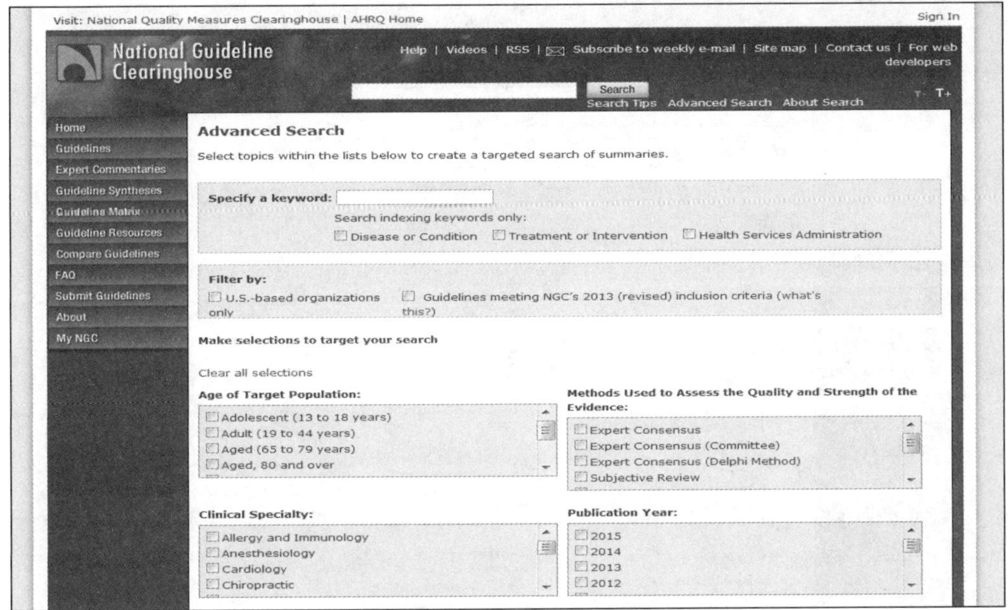

图 6-3-10　NGC 高级检索界面

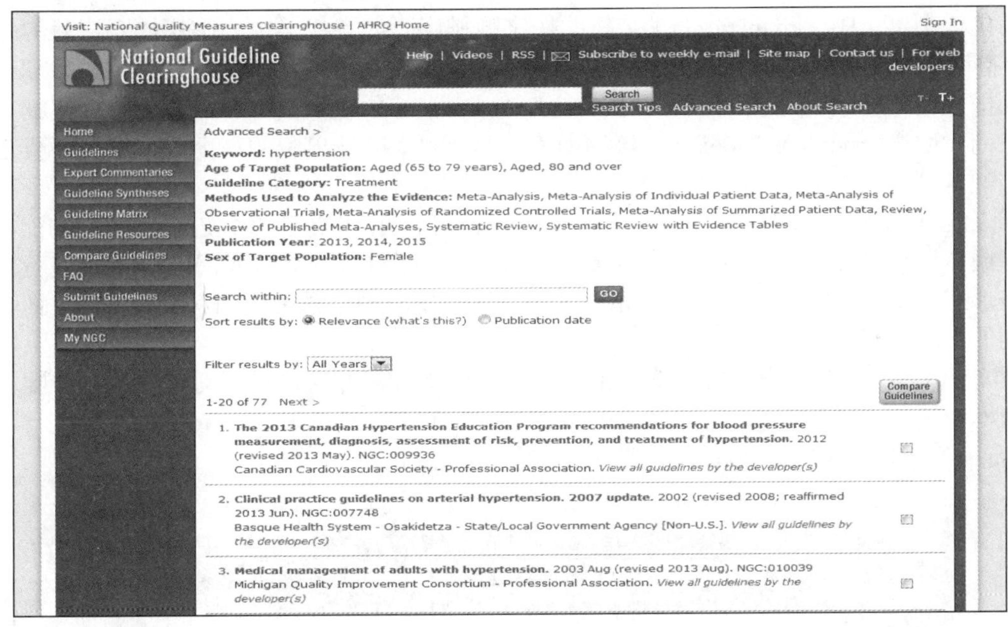

图 6-3-11　NGC 高级检索结果界面

2. 浏览功能（Browse）　可通过 By Topic、By Organization、Guidelines in Progress、Guideline Index、Guideline Archive 等方式浏览指南内容。

（1）按主题浏览（By Topic）：有 Disease/Condition、Treatment/Intervention 和 Health Services Administration 三个专题，如图 6-3-12 所示。根据需要点击专题名称，NGC 所收录该专题的指南依次全部显示。在某一专题页面对话框内还可输入限制性检索词进行二次检索。如欲浏览“心肌梗死的溶栓治疗”的指南证据文献，方法是在 Disease/Condition 栏目下点击 Diseases→Cardiovascular Diseases，该专题收录的 477 个指南题录全部显示（检索时间：2015 年 8 月 30 日），检索结果可按 Relevance 或按 publication date 两种方式排序。在 Search within 检索词输入框内输入检索表达式‘acute myocardial infarction’ and ‘thrombolytic therapy’。最后显示检索出的符合需要的指南文献。

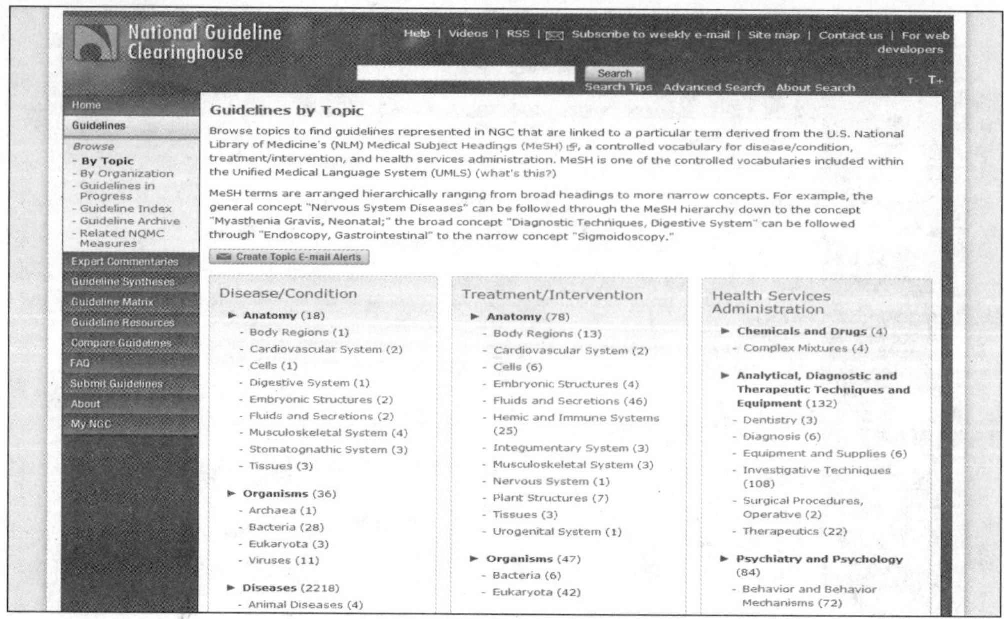

图 6-3-12　NGC By Topic 浏览界面

（2）按机构浏览（By Organization）：机构按字顺排序，如查找美国心脏病协会撰写的有关“高血压预防”的指南，查找顺序是：点击 Organization→American Heart Association（AHA）；在 Search within 检索词输入框内输入检索表达式 Hypertension and prevent，结果显示出符合需要的指南文献。

（3）指南索引（Guideline Index）：该指南索引是 NGC 网站出版的一个完整的摘要目录，按指南撰写机构字顺排列。

3. 指南比较（Compare Guidelines）　NGC 具有对多篇指南的各项参数进行比较的功能。进行相关内容的检索或浏览后，选择欲比较的指南（最多 3 篇），点击 Compare Guidelines 即可进行比较。比较结果以表格形式显示；比较的内容主要有指南的题目、出版时间、适用范围、疾病名称、临床特性及搜集证据使用的方法等三十余项。

如检索案例 6-3-1 中，“心肌梗死溶栓治疗”的指南文献，并对其进行对比，检索步骤如下：①在检索词输入框内输入表达式‘acute myocardial infarction’and ‘thrombolytic therapy’；②勾选 3 篇指南文献，点击 Compare Guidelines 按钮，显示比较结果，如图 6-3-13 所示。

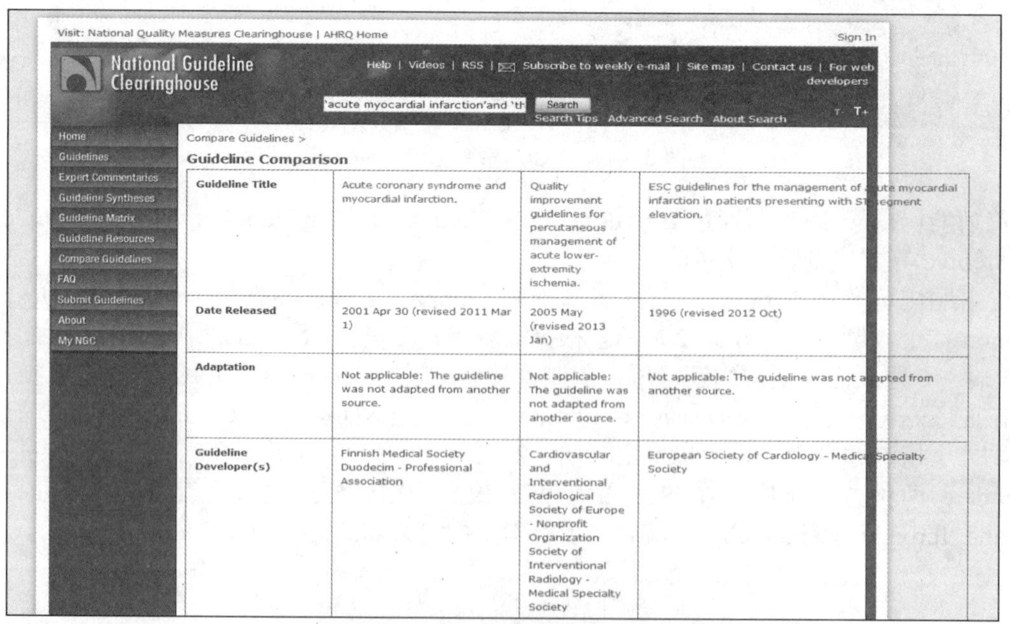

图 6-3-13　NGC 指南比较结果界面

4. Guideline Resource 通过 Guideline Resource 可链接词汇表、注释书目、专家评论等其他资源。

（二）SUMsearch 2 检索

SUMsearch 2 由美国德克萨斯大学卫生科学中心建立并维护， San antonio Cochrane 中心资助。它的优点是可帮助临床医生快速获得所需证据，以支持其临床实践。通过一个检索平台，可对多个数据库（MEDLINE、DARE、NGC 等）及重要医学期刊（JAMA、NEJM 等）的综述和述评文章进行检索。网站主页检索框下有 Focus、Age、Human only 和 Max # iterations 限定条件选项；它还提供了与其他数据库的链接，如图 6-3-14 所示。如欲查“2011~2015 年结肠癌治疗系统评价方面的文献”，首先，点击“DARE”显示 CRD Database 检索界面（数据库简介详见本章第 2 节），如图 6-3-15 所示。其次，按题意分别输入检索词“colon cancer”和“therapy”，逻辑运算符选择“AND”，Publication year 选择“2011~2015”，勾选 DARE，再点击“Search”，最后显示出符合检索条件的若干篇 DARE 文献。如图 6-3-16 所示。

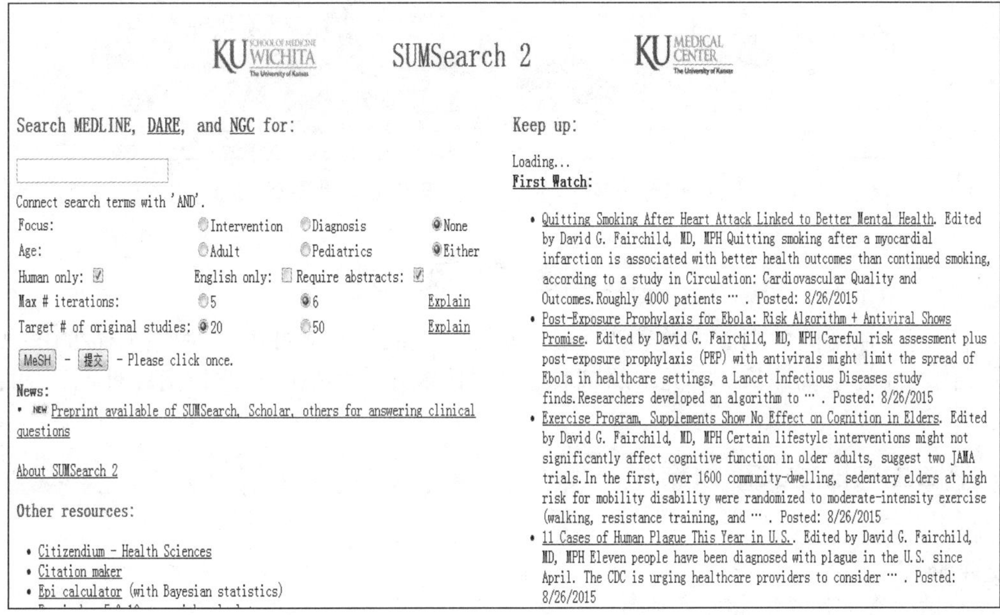

图 6-3-14 SUMsearch 2 主页

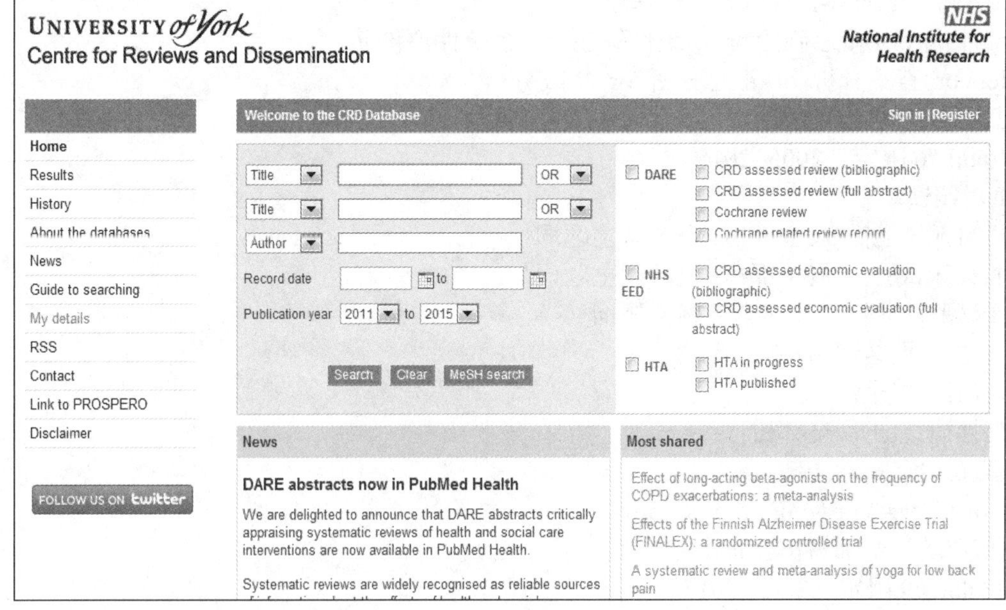

图 6-3-15 SUMsearch 2 DARE 检索界面

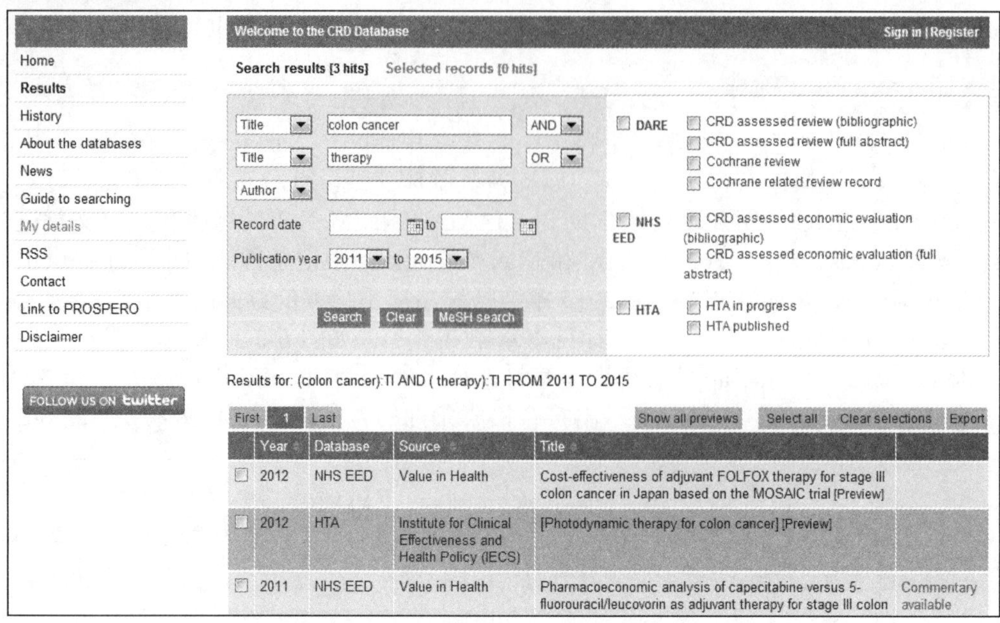

图 6-3-16 SUMsearch 2 DARE 检索结果界面

三、检 索 实 例

以糖尿病为例，在不同数据库中检索近 10 年来的循证医学研究证据（时间范围 2005~2015）。此处仅列举最具代表性的系统评价、随机对照试验、卫生技术评估和临床实践指南 4 种循证医学研究证据的检索方法。

（一）中国生物医学文献数据库

检索策略

1. 系统评价

#1 糖尿病[扩展全部树]/全部副主题词

#2 循证医学[扩展全部树]/全部副主题词

#3 循证医学 or 证据医学 or 实证医学

#4 系统评价 or 系统综述 or 系统性综述 or 系统性评价

#5 Meta or 荟萃分析 or 汇总分析 or 集成分析

#6 #2 or #3 or #4 or #5

#7 #1 and #6 限定：2005~2015

2. 随机对照试验

#1 随机对照试验[扩展全部树]/全部副主题词

#2 对照临床试验[扩展全部树]/全部副主题词

#3 临床试验[扩展全部树]/全部副主题词

#4 双盲法[扩展全部树]

#5 单盲法[扩展全部树]

#6 前瞻性研究[扩展全部树]

#7 三盲 or 盲法

#8 #1 or #2 or #3 or #4 or #5 or #6 or #7

#9 糖尿病[扩展全部树]/全部副主题词

#10 #8 and #9 限定：2005~2015

3. 卫生技术评估

#1 技术评估，生物医学[扩展全部树]/全部副主题词

#2 卫生保健质量，获取和评价[扩展全部树]

#3 卫生技术评估 or 医学技术评估 or 卫生技术评价 or 医学技术评价 or 技术评估 or 技术评价 or 卫生评估 or 卫生评价

#4 技术经济学 or 技术经济分析

#5 #1 or #2 or #3 or #4

#6 糖尿病[扩展全部树]/全部副主题词

#7 #5 and #6 限定：2005~2015

4. 临床实践指南

#1 方针政策[扩展全部树]/全部副主题词

#2 卫生计划方针[扩展全部树]

#3 指南 or 方针 or 政策 or 卫生计划

#4 #1 or #2 or #3

#5 糖尿病[扩展全部树]/全部副主题词

#6 #4 and #5 限定：2005~2015

（二）PubMed 数据库

检索策略

1. 系统评价 通过 clinical queries 检索，检索词输入框输入 diabetes mellitus；时间限定；2005~2015。

2. 随机对照试验

在基本检索界面：检索词输入框输入 diabetes mellitus，点击 Search。

在检索结果界面：文献类型限定 Clinical Trial、Randomized Controlled Trial、Controlled Clinical Trial；时间限定：2005~2015。

3. 卫生技术评估

在基本检索界面：检索词输入框输入 diabetes mellitus and Technology assessment 点击 Search。

在检索结果界面：限定时间：2005~2015。

4. 临床实践指南

在基本检索界面：检索词输入框输入 diabetes mellitus，点击 Search。

在检索结果界面：限定时间：2005~2015，文献类型限定 Practice Guideline。

（三）OVID 循证医学数据库

检索策略

1. 系统评价 在选择数据库界面选择数据库 EBM Reviews-Cochrane Database of Systematic Reviews 和 EBM Reviews - Database of Abstracts of Reviews of Effects

#1 Advanced Search 界面输入检索词 diabetes mellitus

#2 Basic Search 界面输入检索词 diabetes mellitus 勾选 Include Related Terms；时间限定：2005~2015

#3 #1 or #2

2. 随机对照试验 在选择数据库界面选择数据库 EBM Reviews-Cochrane Central Register of Controlled Trials

#1Advanced Search 界面输入检索词 diabetes mellitus 勾选 Map terms to subject heading 勾选扩展和全部副主题词；时间限定：2005~2015

#2Basic Search 界面输入检索词 diabetes mellitus 勾选 Include Related Terms；时间限定：2005~2015

#3 #1 or #2

3. 卫生技术评估 在选择数据库界面选择数据库 EBM Reviews-Health Technology Assessment

#1Advanced Search 界面输入检索词 diabetes mellitus 勾选 Map terms to subject heading 勾选扩展和全部副主题词；时间限定：2005~2015

#2Basic Search 界面输入检索词 diabetes mellitus 勾选 Include Related Terms；时间限定：2005~2015

#3 #1 or #2

4. 临床实践指南 在选择数据库界面选择数据库 All EBM Reviews - Cochrane DSR，ACP Journal Club，DARE，CCTR，CMR，HTA，and NHSEED，

#1Advanced Search 界面输入检索词 diabetes mellitus 勾选 Map terms to subject heading 勾选扩展和全部副主题词；时间限定：2005~2015

#2Basic Search 界面输入检索词 diabetes mellitus 勾选 Include Related Terms；时间限定：2005~2015

#3 #1 or #2

#4 文献类型限定 guideline

（四）Cochrane library

检索策略

Advanced Search 界面：输入 diabetes mellitus 字段限定在 Search All Text，即可检出不同数据库的数量。

（华北理工大学 李树民）

思 考 题

1. 何谓循证医学？循证医学实践的类别和步骤有哪些？
2. 循证医学研究证据有哪些类型？
3. 常用的循证医学专用数据库和循证医学期刊有哪些？
4. 列举常用的提供循证医学临床实践指南的网站名称。
5. 循证医学文献检索与普通文献检索有何不同？
6. Cochrane Library（网络版）的检索模式有哪几种？
7. 简述糖尿病肾病治疗的系统评价和临床实践指南证据的检索步骤。

图书馆信息资源利用

图书馆是有选择地对文献资源和网络信息资源进行系统的、专业化的收集、加工、整理、保藏或导航，并向读者提供各种文献信息服务的机构。它具有保存人类文化遗产、进行社会教育、传递科学情报、开发智力资源等社会职能与教育职能。

第1节 馆藏资源的获取

案例 7-1-1

2015年10月，中国中医科学院屠呦呦教授因发现了青蒿素，而获得诺贝尔生理学或医学奖，她成为首获科学类诺贝尔奖的中国人。青蒿素可以有效降低疟疾患者的死亡率，以青蒿素类药物为主的联合疗法已经成为世界卫生组织推荐的抗疟疾标准疗法。世界卫生组织认为，青蒿素联合疗法是目前治疗疟疾最有效的手段，也是抵抗疟疾耐药性效果最好的药物，中国作为抗疟药物青蒿素的发现方及最大生产方，在全球抗击疟疾进程中发挥了重要作用。

某中医院校药理组的一位老师想查找屠呦呦教授在实验的关键时候给了她启发的《肘后备急方》一书，同时也想了解目前青蒿素研究的现状，以开阔自己的研究视野。

问题：

1.查找《肘后备急方》一书。

2.查找“青蒿素”的相关文献。

分析：

1.通过本校书目检索系统可查到是否有该书馆藏纸本。通过超星移动图书馆的图书检索，不仅可查到本校是否有纸本馆藏，还可选择某些版本本地下载阅读或文献传递。

2.通过资源发现系统可一站式检索到相关文献并获取原文。

馆藏资源是图书馆通过各种方式获得并提供给读者利用的各类文献资源，可分为实体馆藏和虚拟馆藏。实体馆藏是图书馆拥有文献资源的物理实体，包括印刷文献（如图书、期刊等）、缩微文献、声像文献和光盘文献等。虚拟馆藏资源是指非图书馆文献实体，读者可以通过计算机系统和通讯设备利用的网络信息资源，如电子图书、电子期刊和网络数据库等。

一、馆藏目录查询

馆藏目录是查询图书馆文献收藏情况的工具。随着互联网应用的普及，基于 Web 的“联机公共查询目录”（Online Public Access Catalogue，OPAC）使读者可以通过互联网查询图书馆馆藏信息，了解图书馆所收藏的图书、期刊目录，以及所收藏的地点，当前的使用状态等。

（一）OPAC 功能

1. 查询馆藏信息 通过系统提供的检索途径查寻图书馆图书和期刊的目录及馆藏信息，包括馆藏的流通状态信息（如某本图书在馆、借出或被预约等状态）、已借出图书的应还日期、馆藏复本数、馆藏处理的状态信息（如订购中、在编处理中等）、期刊馆藏信息（如下一年是否有订购、最近到馆卷期、装订中的卷期、已经装订成册的卷期）等。

2. 查询读者辅助信息 注册读者可以查看自己借阅、续借、预约图书的记录信息，向图书馆推荐采购图书的记录等。

3. 流通功能 包括网上续借、预约和取消预约等。

4. 个性化信息服务 包括超期图书提醒、预约提醒、委托提醒等，使用 RSS（Really Simple Syndication，是在线共享内容的一种简易方式，也叫聚合内容）定制或定期通过邮件或者手机短信的形式将信息发布给注册读者。

5. 其他功能 OPAC 系统还提供图书流通、书评、评价情况的统计查询，方便读者了解阅读热点，读者也可以参与对图书进行评论。

（二）OPAC 检索方法

不同的 OPAC 系统提供的检索功能不完全相同，一般提供简单检索、多字段组合检索、高级检索、分类检索等功能。简单检索可以选择不同的检索字段对单个字段进行检索，如对题名字段检索，可以输入书名或部分书名进行检索。多字段组合检索提供多个字段，如题名、责任者、主题词、ISBN/ISSN、出版时间等的组合查询，字段之间是逻辑与的组配关系，一般用于精确查找某一本书刊。高级检索支持布尔逻辑组配，提供任一字段、词汇的组合查询，可以进行逻辑与、或、非等组配方式筛选结果，使目录查询更精确、更灵活。有的 OPAC 系统还提供分类浏览的功能，按照分类号逐级浏览，查找所属类目的馆藏资源，方便读者集中查找某一学科或者专题的文献。例如点击“R 医药、卫生”的子类目“R4 临床医学”，就可以查看图书馆收藏所有临床医学方面的图书。

案例 7-1-1 中，可利用 OPAC 系统提供的简单检索，在检索框中输入“肘后备急方”，对应题名字段检索。检索结果如图 7-1-1 所示。点击检索结果界面中的“详细信息”或“展开”可看到这本书的馆藏信息。

图 7-1-1 OPAC 检索结果界面

二、资源发现系统

（一）发现系统的定义

发现系统也称作统一资源发现系统，网络级发现服务等。学术界目前对资源发现系统没有明确的定义，按照其功能一般认为：资源发现系统致力于从出版商、大学、公开的网站收集学术文献信息，形成中心知识库，通过预索引的方式为用户提供快速、简单、易用、有效的资源发现与传递服务。

发现系统是信息资源整合系统发展到一定阶段的产物。它是以元数据集中索引为主要技术手段，对海量、异构的数字资源进行收集、聚合、索引，通过单一而强大的搜索引擎向用户提供统一检索和服务的系统。发现系统进行资源整合主要采用元数据集中索引的技术方式，通过抽取、映射和导入等手段对分布异构资源元数据或对象数据进行收集和聚合，并将这些数据按映射转化规则转换为标准的格式纳入到元数据标准体系中，形成一个预聚合的元数据联合索引库，安装在本地系统或者中心系统平台提供统一的检索和服务。发现系统具有以下特点。

1. 内容聚合　资源发现系统可以将不同来源、不同类型的数据库聚合到一个平台，内容包括图书馆自身的物理馆藏、数字馆藏、远程数据库、电子资源以及开放获取的资源等，通过建立一个大而全的集中式索引，为用户使用提供指南。内容聚合是资源发现系统与其他检索平台相区别的重要特点之一。

2. 整合检索　资源发现系统的检索操作简单、方便、易用，一般在统一界面上提供一个类似于搜索引擎的简单检索功能的单一的检索接口，通过这一接口只需在一个检索框中输入相应的检索式，即可实现对不同数据库的一站式检索。此外还提供高级检索功能，可用于构造复杂检索式，提高查准率。

3. 结果集展示　资源发现系统基于元数据建立索引，这些元数据都采用标准元数据形式，格式统一，结构清晰，因此检索速度很快。检索结果可以按照不同的算法进行相关性排序。还可以对检索结果进行不同版本、不同类型的聚类显示，并以有序化的格式输出，包括相关性排序和时间排序等。有些资源发现系统还对结果提供可视化展示方式，便于发现资源间的联系。

4. 一站式获取资源　发现系统为用户提供一站式获取服务，将检索结果集成了原文获取链接，用户可以随时点击链接至文献原文。文献获取方式包括图书馆书目检索系统（OPAC）、图书馆购买的全文数据库、图书馆购买的文摘和引文数据库、馆际互借与文献传递系统、图书馆参考咨询平台等。用户如果不能直接下载原文，也可以通过文献传递或联系咨询馆员获取全文，实现了集成化的一站式的资源获取模式。

（二）常用资源发现系统

资源发现系统自 2009 年问世以来，作为一种全新的学术信息发现工具引起全球图书馆的关注，许多数据库商们也纷纷推出了自己的资源发现系统。常用国外四种资源发现系统分别是，美国 Serials Solution 公司的 Summon 系统、以色列 Ex Libris 公司的 Primo 系统、美国 EBSCO 公司的 EBSCO Discovery Service（简称 EDS）系统，美国 OCLC 的 Worldcat Local（简称 WCL）系统，国内是超星公司开发的超星中文发现系统。各图书馆网站上发现系统的冠名也不相同，有的采用产品名称，有的用个性化的命名，如清华大学的“水木搜索”、北京大学的“未名学术搜索”、上海交通大学图书馆的 “思源探索”等。

案例 7-1-1 中，检索“青蒿素”的相关文献，可以通过学校的整合检索，在快速检索框中输入“青蒿素”，对应“全部”字段，点击中文搜索，检索结果界面如图 7-1-2 所示。结果显示，检索到的文献类型有视频、报纸、期刊、图书、学位论文、专利、会议论文。视频可以在线播放，其他文献可文献传递，邮箱接收。

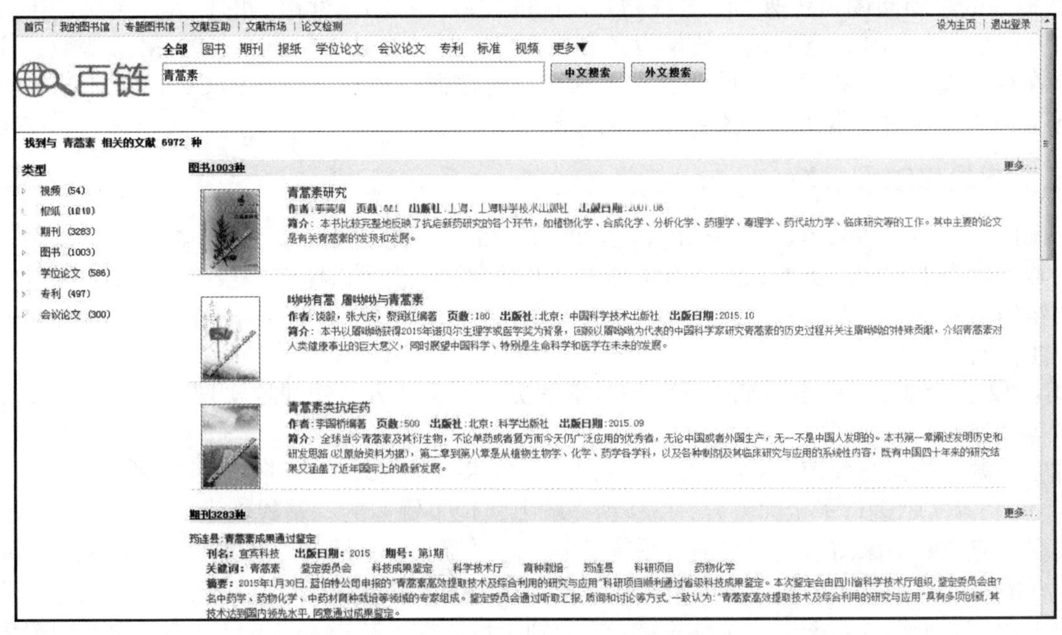

图 7-1-2　整合检索结果界面

三、移动图书馆

（一）移动图书馆定义

移动图书馆源自英文“Mobile Library”，原指大家熟悉的“汽车图书馆”或“流动图书馆”。随着信息技术的发展和移动设备的普及，移动图书馆逐渐从流动图书馆发展成为利用移动设备进行阅读和获取信息的一种新型服务方式。移动图书馆是指依托目前比较成熟的无线移动网络、互联网以及多媒体技术，使人们不受时间、地点和空间的限制，通过使用各种移动终端设备（如：手机、笔记本、E-Book、掌上电脑等）来方便灵活地进行图书馆信息的查询、浏览与获取的一种新型的图书馆信息服务。

（二）移动图书馆服务模式

根据不同的无线接入技术，移动图书馆信息服务有四种模式：基于短信的信息服务、基于 I-Mode 的信息服务、基于 WAP 网站的信息服务和基于 APP 客户端的信息服务。

1. 短信服务模式（short message service，SMS） 经过注册的用户可以享受图书馆的 SMS 服务。图书馆可以主动给读者发送新闻、讲座、预约到达、图书催还、过期罚款催缴等信息，用户也可以按照一定的指令查看馆藏、借阅情况、续借、图书馆工作时间、参考咨询等信息。

2. WAP 网站服务 WAP 是终端无线通讯协议（Wireless Application Protocol）的简称，是在数字移动电话、因特网或个人数码代理（personal digital assistant，PDA）、计算机之间进行通讯的开放式全球标准。WAP 方式不受时间、地点的限制，只要用户的终端设备上有 WAP 终端并安装好客户端软件，经过注册后，就能检索到图书馆的电子资源。图书馆建立的 WAP 网站除了为用户提供 OPAC 检索外，还提供电子书借阅、电子刊物阅读、特色资源检索、虚拟参考咨询、在线服务、在线阅读、留言反馈、日志功能等服务，还可提供个性化推送、阅览室定位帮助和指南信息等高级服务。WAP 网站服务模式是国内外移动图书馆所采用的主流服务模式。

3. 智能手机 APP 模式 APP 是 application 的简称，多指智能手机的第三方应用程序。是基于各种移动智能终端系统，集平台、资源、社交等为一体，以免费和离线方式供用户使用、注重用户体验等为特长的移动应用程序。这些智能手机除了可以通过传统的 WAP 方式上网查询外，还可以通过 Wi-Fi、3G 来访问网络。为此很多图书馆和机构都开发了专门的 APP 应用程序，供用户免费下载，向智能手机用户提供馆藏资源的检索功能，并向拥有有效证件的用户提供借阅信息查询、续借、预约等功能，用户也可通过 APP 查看图书馆的最新公告、讲座预告及各项服务帮助和指南。APP 服务模式是国内外移动图书馆的发展趋势。

4. 数据库的移动阅读和获取 随着移动互联网的发展，移动阅读市场的扩大，传统的出版商和数据库商也开始提供基于移动互联网的终端设备和数据库产品。如 EBSCOhost、PubMed 等数据库陆续推出了能够在移动设备上进行检索、收藏甚至下载全文的数据库产品，如 EBSCOhost Mobile、PubMed Mobile 等可以直接通过智能手机检索并下载全文。

（三）超星移动图书馆

目前国内很多移动图书馆提供 WAP 和 APP 两种接入方式，超星移动图书馆的平台，集成了图书馆常用的数据库和纸质图书资源，提供电子图书、电子期刊、视频讲座的手机终端浏览、推荐、订阅收藏及图书馆馆藏查询、个人借阅记录查询、续借等多种功能，可提供较完善的移动图书馆服务。超星移动图书馆主要有以下功能。

1. 馆藏目录查询 查询本馆纸质资源的基本情况，让读者方便快捷地实现对本馆资源的查询、预约、续借等操作。

2 .数字资源的检索与阅读 系统应用元数据整合技术对馆内外的中外文图书、期刊、报纸、学位论文、标准、专利等文献进行了全面整合，在移动终端上实现了资源的一站式搜索、导航和全文获取服务。目前，实现了与 700 多家图书馆馆藏书目系统、电子书系统、中文期刊、外文期刊、外文数据库系统集成，读者直接通过网上提交文献传递申请，可以实时查询申请处理情况，以在线文献传递方式获取文献传递网成员单位图书馆丰富的电子文献资源。考虑到手机阅读的特点，超星移动图书馆专门提供 3 万多本 e-pub 电子图书和 7800 多万篇报纸全文供手机用户阅读使用。

案例 7-1-1 中，利用超星移动图书馆的图书检索，在检索框中输入“肘后备急方”，进行搜索，然后利用书名字段进行筛选，得到书名为“肘后备急方”的书。点击书名得到这本书的详细信息，其中获取图书馆资源包含了原版阅读、图书馆文献传递、全国馆藏。

3. 个性化定制服务　超星移动图书馆集成 RSS 订阅功能，为用户提供个性化信息服务。包括电子书籍、报纸、杂志、视频、资讯等近 30 种频道分类，用户可以有针对性地阅读自己所需要的信息，提供多来源信息的个性化阅读体验。

第 2 节　图书馆信息服务

高校或科研型专业图书馆，是为了科研、教学、教育等工作提供文献信息、知识乃至决策的服务机构。常见的信息服务有以下类型。

一、文献借阅

文献借阅是图书馆最基本的服务功能。很多大学图书馆将藏书库与阅览室合二为一，采取开架管理，读者可以进入书库直接查找和阅览图书，借还书需要凭证到流通台办理手续。为保证流通，使更多的读者都能利用馆藏文献，读者需要熟知自己的借阅资格（借阅数量、期限等）及其他限制。为保证读者能够利用到馆藏文献，许多图书馆对某些文献（如重要的专业著作、新出版的图书）保留一本作为馆藏本，和辞典、百科全书、药典之类的工具书一样不外借。还有些图书馆收藏古籍、学位论文、会议资料和其他特种文献，有限制地提供阅览服务。由于期刊每卷每期汇集了多篇论文，具有利用率高、时效性强、复本数少等特点，图书馆一般都不外借，只提供馆内阅览和复印服务。

二、参考咨询与读者培训

参考咨询是读者在利用图书馆和电子资源的过程中遇到各种疑难问题时，由图书馆员利用各种参考工具、检索工具，为读者解答和解决问题的一种服务方式。常见的咨询方式有：馆内现场咨询、电话咨询、邮件咨询、实时在线咨询、图书馆主页的留言簿和常见问题解答（FAQ）等形式。近年来随着互联网的应用与普及，虚拟参考咨询得到了广泛的应用，并取得非常好的服务效果。虚拟参考咨询是图书馆提供的以网络为依托，以本馆馆藏和网上数字化信息资源为基础，通过邮件、实时交流等，为读者提供的不受时空限制的参考咨询服务，读者可以通过网络提出咨询问题，请求在线馆员给予解答。

读者培训是图书馆有计划、有目的地开展的，旨在提高用户的信息意识和检索技能，使其能充分利用图书馆及其信息资源的教育活动。大学图书馆主要有以介绍图书馆利用基本知识为主的新生入馆教育培训和以推广、宣传、利用某些资源为主的一系列培训活动。

三、科技查新

科技查新简称查新，是指查新机构根据查新委托人提供的有关科研资料，通过系统全面的文献检索，查证其课题、研究内容或科研成果，是否具有新颖性，并出具相关佐证文献资料的文献调研工作。查新是文献检索和情报调研相结合的情报研究工作，它以文献为基础，以文献检索和情报调研为手段，以检出结果为依据，并与课题查新点对比，对其新颖性做出结论并出具查新报告。通过查新能为科研立项，科技成果的鉴定、评估、验收、奖励，专利申请等提供客观依据；也能为科技人员进行研究开发提供快捷、可靠、丰富的信息。国内一些大学图书馆获得了有关机构的认定，成为有资质的查新机构，为读者提供科技查新检索服务。

四、馆际互借与文献传递

馆际互借是图书馆之间相互利用对方馆藏来满足本馆读者需求的一种资源共享服务。馆际互借一般针对图书，是一种返还式文献资源共享方式，是图书馆根据读者需求，将本馆没有收藏的图书，从其他收藏馆借阅过来提供读者使用的一种服务。文献传递是在馆际互借基础上发展起来的，是馆际互借的一种，是非返还式的文献资源共享方式。文献传递服务分为两种情况，一种是因为本馆资源不全，代读者向其他图书馆提出文献申请，获取文献全文；一种是为外馆读者提供本馆收藏文献原文的服务。读者申请文献传递时需要提供所需文献的篇名、作者、刊名、卷、期、起止页码等完整的题录信息。图书馆将查获到的文献原文根据读者要求通过传真、邮寄、电子邮件、网络工具等传递方式送达。

五、学科服务

学科服务是图书馆为适应新的信息环境，以用户的需求为中心而推出的贴近用户一线的新的服务模式，它打破了传统的按照文献的工作流程组织科技信息的方式，是按照科学研究的学科、专业、项目、课题等来获取、组织、检索、存储、传递与利用信息资源，从而使信息服务学科化、服务内容知识化。

目前，大学图书馆学科服务的主要内容有：对用户开展电子资源利用情况的调查，征求对口院系教师对文献资源的订购意见，联系院系与图书馆合作订购数据库，编写数据库使用指南，向用户发送信息通报，上门进行读者培训和资源介绍，咨询解答，建设电子资源导航，开辟网上学科博客，为院系用户提供专题文献信息、参与院系教师课题组的情报服务、知识服务和决策支持等方面的服务。

学科服务由图书馆学科馆员来推动，通过电话、邮件、研究室、课题组等方式，将图书馆信息服务延伸到用户之中。充分利用图书馆学科服务可以获得更具有针对性、个性化的服务。

六、查收查引

查收查引又称文献评价服务，一般是以机构或图书馆公认的权威数据库作为检索工具，检索个人、单位或团体等论文收录和被引用情况，并依据检索结果出具加盖公章证明。常用中文数据库有《中国生物医学数据库》(CBM)《中国科学引文数据库》(CSCD)《中国生物医学期刊引文数据库》(CMCI)；外文数据库有《科学引文索引》(SCI)《工程索引》(EI)等。

七、定题服务

定题服务是一种根据读者需求，定期地将符合读者需求的最新信息送给读者的一种服务模式。图书馆可根据读者的不同需求，充分利用馆藏资源、网络数据库资源，通过电子邮件或一站式网络服务系统，定期提供特定专题研究相关文献的题录、文摘、核心期刊目次及原文文献等信息，使读者及时掌握和了解专题的国内国际最新研究进展情况。同时，还可根据特殊需求协助建立制定课题的专题数据库，为读者及时检索、随时调用所需文献提供方便。

八、信息共享空间

信息共享空间(Information Commons，IC)，是一种经过特别设计的组织和服务的空间，提供一站式服务设施和协作学习环境。它整合网络、计算机软硬件设施，以及内容丰富的知识库资源，包括印刷型、数字化和多媒体等各种形式，在技能熟练的图书馆参考咨询员、计算机专家、多媒体工作者和指导教师的共同支持下，培育读者信息素养，促进读者学习、交流、协作和研究，是图书馆为适应新技术的需要，满足用户多种形式和内容的信息需要的动态交流服务模式。

第3节　信息资源共享

信息资源共享是文献信息机构按照互利互惠、互补余缺的原则，在一定范围内进行信息资源建设的协调与分享，主要通过资源协调采购、编制联合目录、集团订购数据库、馆际互借、文献传递等形式实现。

案例 7-3-1

据世界卫生组织国际癌症研究中心（International Agency for Research on Cancer，LARC）资料显示，2012 年全世界约有 136 万结直肠癌新发病例，居恶性肿瘤第三位；死亡率居恶性肿瘤第四位。我国虽属结直肠癌的低发区，但发病率呈逐年上升蓄势。某医学院的实习医生想通过专著《直肠癌临床图谱》系统了解有关结直肠癌 MRI 临床应用方面的知识，欲通过《中华结直肠疾病电子杂志》了解国内对结直肠癌的研究最新进展。

问题：

1. CALIS 提供哪些资源与服务？

2. 如何通过 CALIS 提供的资源与服务获得专著《直肠癌 MRI 临床图谱》和《中华结直肠疾病电子杂志》。

分析：

1. CALIS 的全称是中国高等教育文献保障系统，可以通过 CALIS 文献信息服务网络平台获取全国高校图书馆、国家科技图书馆文献中心、国家图书馆的相关文献，如：期刊论文、会议论文、学位论文、图书章节等。

CALIS 服务平台提供期刊导航、数据库导航、图书馆导航、e 得文献获取等咨询服务和学术搜索引擎（e 读）、书刊联合目录、外文期刊网等检索服务。

2. 通过 e 读学术搜索引擎服务可查到《中华结直肠疾病电子杂志》，所需的文献全文可通过文献传递得到。通过 e 得文献获取服务查到《直肠癌 MRI 临床图谱》，并通过馆际互借和收藏馆借到该书。

一、CALIS 资源与服务

CALIS（http：//www.calis.edu.cn/）的全称是中国高等教育文献保障系统（China Academic Library &Information System，简称 CALIS），CALIS 的宗旨是把国家的投资、现代的图书馆理念、先进的技术手段、高校丰富的文献资源和人力资源整合起来，建设以中国高等教育数字图书馆为核心的教育文献联合保障体系，实现信息资源共建、共知、共享，以发挥最大的社会效益和经济效益，为中国的高等教育服务。

通过 CALIS 文献信息服务网络平台可以获取全国高校图书馆、国家科技图书文献中心、国家图书馆的相关文献（期刊论文、会议论文、学位论文、图书章节等）。CALIS 服务平台按照服务内容可分为咨询服务和检索服务。咨询服务包括：期刊导航、数据库导航、图书馆导航、e 得（易得）文献获取、联合问答（e 问）、科技查新、收录引证、课题咨询等。检索服务包括：学术搜索引擎（e 读）、书刊联合目录、外文期刊网、中外文学位论文、电子教学参考书籍、高校特藏资源、百万电子图书等。

（一）e 读学术搜索引擎服务

e 读整合了全国 800 多家高校纸本资源和电子资源，揭示资源收藏与服务情况，通过一站式检索从海量资源中快速发现与获取有用的信息，包括联合目录、外文期刊网、学位论文、教学参考书、特色库、古籍等各类资源合计 9000 余万条数据，可集成馆藏 OPAC、电子资源全文阅读、章节试读、无缝链接 CALIS 馆际互借体系。

案例 7-3-1 中查找《中华结直肠疾病电子杂志》，在 e 读学术搜索引擎服务的快速检索框中输入“结直肠疾病”进行搜索，在结果界面有些文章的出处为《中华结直肠疾病电子杂志》，点击刊名结果如图 7-3-1 所示，期刊中每篇文献可全文文献传递。

（二）e 得文献获取服务

e 得是为读者提供“一个账号、全国获取”“可查可得、一查即得”一站式服务的原文文献获取服务门户。e 得门户集成了电子原文下载、文献传递、馆际借书、单篇订购、电子书租借等多种原文获取服务。结合专业馆员提供的代查代检服务，可在 CALIS 各类检索工具覆盖的文献资源之外，帮助读者在全国、乃至全世界范围查找并索取包含中外文的图书、期刊、学位论文、会议论文、专利标准等各种类型的电子或纸本资源全文。支撑 e 得全文服务的不仅有 800 多家 CALIS 高校成员馆，还有以国家图书馆、上海图书馆为代表的众多公共图书馆，中国科学院图书馆等资源共享项目，以及方正阿帕比、同方知网、维普资讯、万方数据等国内资源数据库商。

图 7-3-1 期刊检索结果界面

案例 7-3-1 中，查找《直肠癌 MRI 临床图谱》一书，通过 e 得文献获取服务中的 CALIS 联合目录查找。在 CALIS 联合目录简单检索框中输入“直肠癌 MRI 临床图谱”对应题名字段进行检索，检索结果如图 7-3-2 所示。点击馆藏对应的字母“Y”可看到该书的收藏单位，通过返还式馆际互借借到该书。

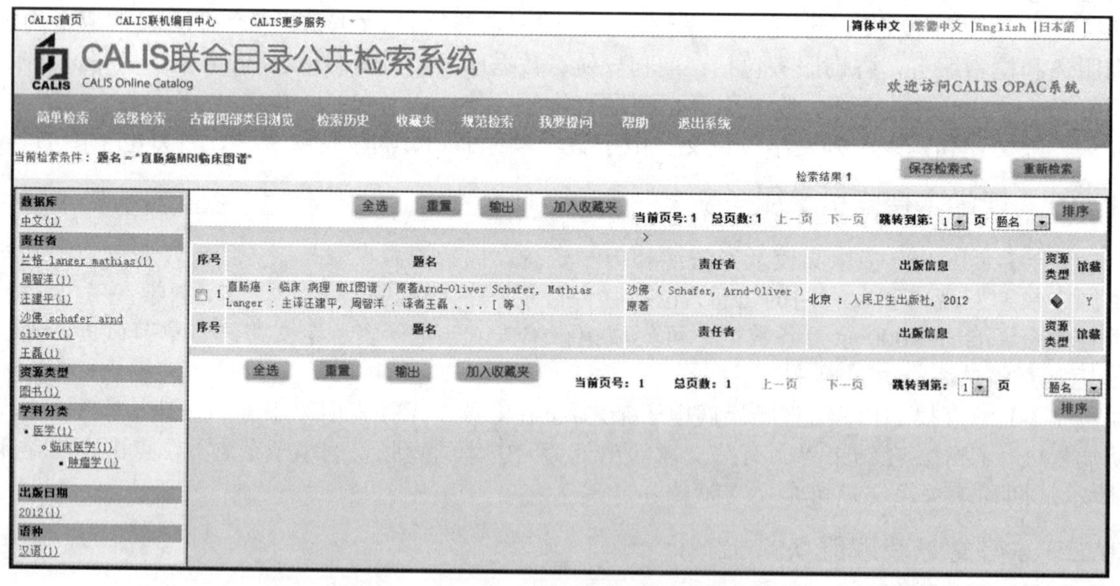

图 7-3-2 CALIS 联合目录检索结果界面

（三）外文期刊网服务

该外文期刊网包含 10 万多种纸本期刊和电子期刊，7000 多万篇文章检索信息，100 多个全文数据库、11 个文摘库的链接，196 个图书馆的馆藏纸本期刊信息，497 个图书馆购买的电子期刊信息。高校纸本期刊和电子期刊，为用户提供一站式期刊和文章检索及全文链接服务。

二、国家科技图书文献中心

国家科技图书文献中心（National Science and Technology Library，NSTL，http://www.nstl.gov.cn/index.html）是一个虚拟的科技文献信息服务机构，由中国科学院图书馆、工程技术图书馆、中国农业科学院图书馆、中国医学科学院图书馆组成，组建于 2000 年。根据国家科技发展需要，按照“统一采购、规范加工、联合上网、资源共享”的原则，采集、收藏和开发利用理、工、农、医各学科领域的科技文献资源，面向全国提供从文摘到全文以及专题信息全方位的服务。

NSTL 提供文献检索和原文请求两种服务，非注册用户可以免费进行文献检索，注册用户可以在文献检索的基础上请求文献原文。该系统收录的医学文献已经超过 100 万条，是通过互联网免费检索国内文献的最佳网站。

NSTL 的特点是:检索方便，可以采用中文检索词检索到各数据库的中外文献。时效快，通过电子邮件 2 天可以收到所需文献，如果申请加快，1 天就可以收到所需文献。此外，NSTL 还提供个性化定制服务、个人图书馆、预印本服务等服务。

第 4 节　医学电子图书

案例 7-4-1

中国科学院院士、著名肝胆外科专家吴孟超擅长肝胆疾病的各种外科手术治疗，尤其擅长肝癌、肝血管瘤等疾病的外科手术治疗，被誉为“中国肝胆外科之父”。他从事肝脏外科领域研究近五十年来，创立了肝脏外科的关键理论和技术体系，开辟了肝癌基础与临床研究的新领域，创建了世界上规模最大的肝脏疾病研究和诊疗中心，培养了大批高层次专业人才。其学术论文、专著颇丰，所获国内、国外、军队、地方等各级各类奖项及荣誉众多。

某医院肝胆外科一年轻医生想了解吴孟超的研究成果，特别是想认真阅读一下吴孟超的专著，帮助自己尽快进入专业角色，提高专业水平，从中找到自己今后专业发展的方向。

问题:

该医生所在医院有超星读秀数据库，如何利用读秀查找吴孟超的专著?

分析:

由于读秀通过与图书馆系统的挂接，实现图书馆各种图书（纸质和电子）资源在读秀平台上的整合，通过读秀可查询区域以及全国范围内所有读秀用户的馆藏记录，更为直观的揭示其他图书馆的收藏情况。检索获得结果后，读秀提供三种图书获取信息：馆藏纸本、试读、通过自动的文献传递服务获取电子版文献资源。因此，本案例可以通过读秀的图书频道进行检索。

一、电子图书概述

电子图书是指所有以电子数据的形式把文字、图像、声音、动画等多种形式的信息存贮在光、磁等非印刷纸质的载体中，并通过网络通信、计算机或终端等方式再现出来的一种电子信息资源。

（一）电子图书的特点

1. 容量巨大，节省藏书空间　电子图书存储一个汉字只需 2 个字节，1 个英文字母只需 1 个字节，能大大节省藏书空间，且价格低廉，有利于环境保护。

2. 图、文、声、像并茂　电子图书可以充分体现多媒体手段的作用，让图书更加生动，表现力强。

3. 使用方便，易于检索　电子图书借助于专门的软件，可实现电子图书的阅读。阅读时可以改变电子图书的外观，任意缩小、放大、并进行局部编辑。如果想引用书中的内容，复制方便。能简单而又快速地进行全文检索是电子图书的特长。通过检索途径的多样性，方便的查找相关的资料。

4. 便于传播，适合资源共享 电子图书能非常简单地制作电子复印本。即使是像 CD- ROM 那样采用压缩技术进行复制，CD- ROM 一张就能复制相当于纸张图书的好几千页。电子图书的保存成本也比纸张图书成本低得多。对于纸质图书，一本书在同一时间只能供一个人阅读，电子图书却可以毫不受损地同时供多个人阅读。被多次阅读后，纸质图书多少会受到物理性的损坏，而电子图书不管被阅读多少次都不会损坏。

（二）电子图书的类型

1. 按照载体形式划分 按照载体形式电子图书可分为基于网络的电子图书和离线型电子图书。

基于网络的电子图书存放于网络服务器，使用通用浏览器或专门阅读软件阅读，需要通过网络到提供电子图书的服务器上进行下载，借助安装在计算机上的电子图书软件进行阅读，部分网站上的电子图书也可以下载到终端设备上进行离线使用。

离线电子图书是指利用移动阅读设备下载或借阅后、不依赖于网络就可以阅读的电子图书。离线电子书必须基于移动终端设备而使用，常见的设备包括专用的电子图书阅读器、手机、平板电脑和 U 盘。电子图书阅读器是一种便携式、配合电子书离线阅读的数码产品，可以存储一定数量的电子书，随时随地进行阅读，国内外均有专门厂商的产品推出，例如亚马逊的 kindle 电子书阅读器、汉王科技的汉王电子书等。

2. 按照出版来源划分 按照出版来源电子图书可以划分为两大类：一类是出版社自行制作出版的电子图书数据库，同时出版印本图书和电子图书，拥有图书的印本和电子版的双重版权，独立发行，自行提供检索服务平台，其电子图书集成在出版社的网络平台上，能同时检索该出版社出版的丛书、专著、参考工具书等不同类型的图书，并且文中参考文献可以相互链接，如英国的牛津大学出版社、德国的 Sperngerr 公司等公司出版的电子图书。一类是数据集成商将将多个出版社的电子图书整合在同一个数据平台上为用户提供服务，这类电子图书品种多、数量大，覆盖多个学科领域，但由于所收录的电子图书并不专属于集成商，因此一本书可被多个同类数据库所收录。这类数据库涉及作者和出版社向集成商授权图书电子版权的问题，因此，有些数据库存在并发用户或打印、下载图书量的限制。如超星公司的读秀学术搜索就属于此类电子图书。

二、电子图书举例

（一）读秀学术搜索

读秀学术搜索是由北京世纪超星信息技术发展有限责任公司创建，由全文数据及元数据组成的超大型数据库，由海量全文数据及资源的基本信息组成，以拥有 330 万种中文图书、10 亿页全文资料、6700 多万种期刊元数据为基础，国家专利库、标准库以及 120 万的人物库，并且整合了图书馆内各种资源，为用户提供深入内容的章节和全文检索，部分文献的原文试读，将图书馆纸质图书、电子图书、期刊、报纸、学位论文、会议论文等各种学术资源整合于同一数据库中，统一检索，使读者在一个检索平台上获取所有学术信息。读秀学术搜索主页如图 7-4-1 所示。

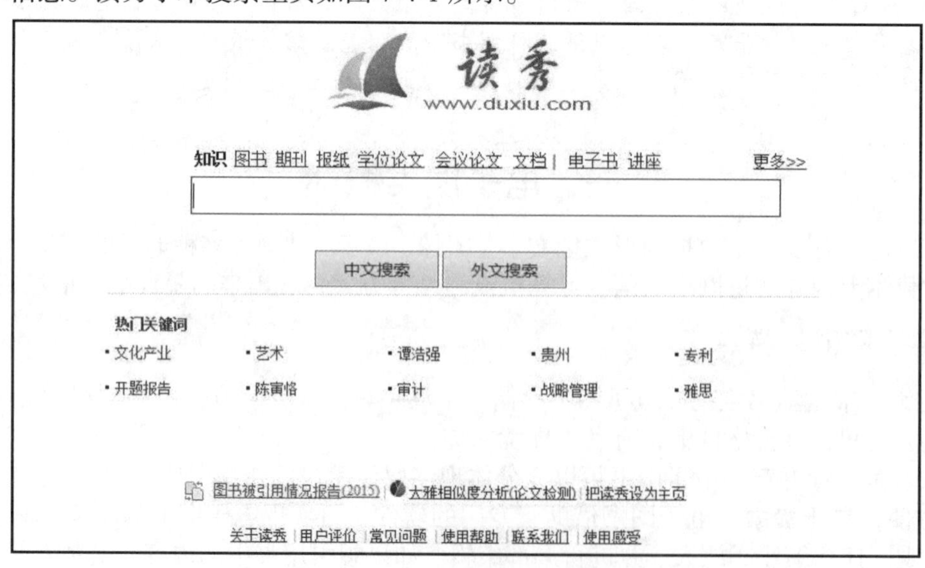

图 7-4-1 读秀学术搜索主页

读秀图书频道同时可以在同一平台检索纸本书、电子书。读者可以了解图书收藏情况，在图书馆拥有的纸本图书可以通过 OPAC 借阅，馆藏电子书可以在线下载全文；图书馆没有的电子书可以进行文献传递、读者互助获得部分篇章，也可以查看其他图书馆馆藏、推荐图书馆购买、按需印刷或者链接到网络书店等。

读秀图书检索有快速检索、高级检索、专业检索、分类导航四种检索方式。其中快速检索是读秀图书检索的默认方式；高级检索提供书名、作者、出版社、主题词、年代等详细信息，更加精确定位图书；专业检索使用逻辑运算符构建检索表达式，适合专业人士；分类导航是一种“自顶向下、逐步细化”的检索方法，适合检索目标不是很明确，浏览某主题分类的图书。

案例 7-4-1 中，检索吴孟超编写的专著，可利用读秀图书频道中的快速检索。检索框中输入“吴孟超”，对应作者字段，点击中文搜索。读秀学术搜索图书检索界面如图 7-4-2 所示。读秀学术搜索图书检索结果界面如图 7-4-3 所示。

图 7-4-2　读秀学术搜索图书检索界面

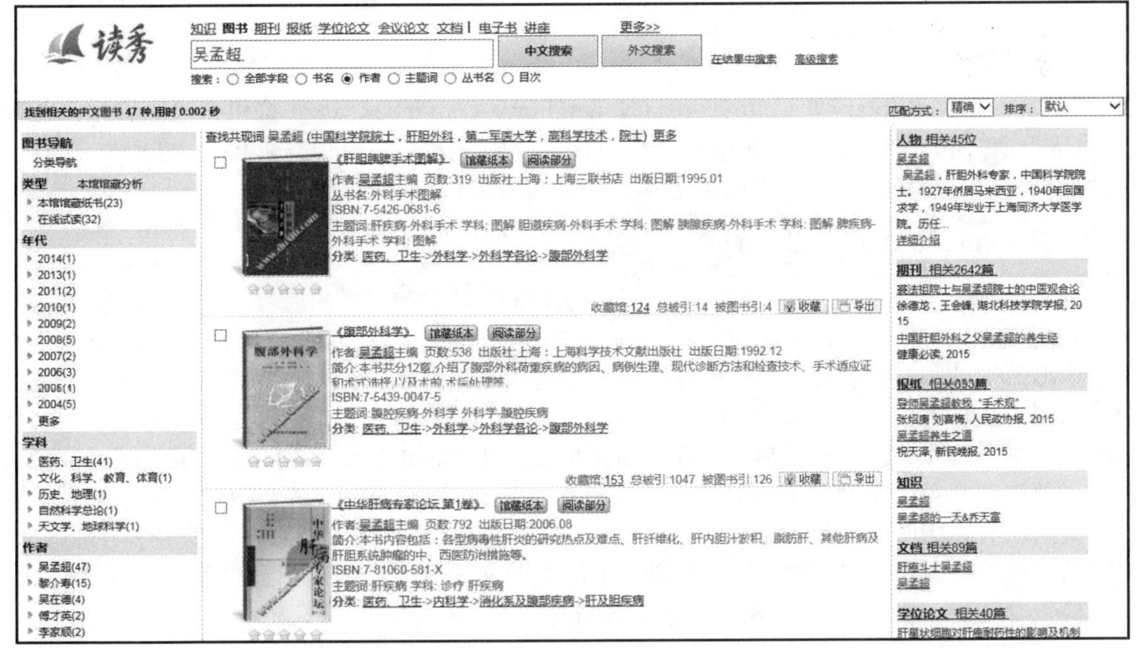

图 7-4-3　读秀学术搜索图书检索结果界面

（二）Springer-Ebook

Springer-Ebook（http：//springer. lib. tsinghua. edu. cn/books）是 New Springer 出版集团 2007 年推出的电子书项目，涵盖科技、医学和社会科学等多个学科，每年收录约 3000 种新出版的专业图书，通

过 Springer Link 平台提供服务，供读者在线阅读和使用。其电子书和印刷版图书同步出版；与 Springer 电子期刊等资源整合于 SpringerLink 平台，充分实现链接功能；提供到章节层面的 DOl，按章节呈现检索结果。

（三）LWW Doody 电子图书

LWW Doody 电子图书由 LWW Doody's All Reviewed Collection 甄选 LWW 出版社的 152 本电子书组成的合集（http://gateway-di.ovid.com/autologin.html），涉及的内容包括医学，护理和保健等领域。在这个合集里，每一本电子书都是由 Doody's Star Rating®排名的高品质书籍。LWW Doody's All Reviewed Collection 中有 16 本书被评定为最高级别的 5 星级，60 本书评定为 4 星级。

Doody Enterprises，Inc. 公司主要针对医学、护理以及有关的保健学书籍提供国际上领先的权威和专业质量评估。其 Doody's Star Rating®与来自问卷调查中的计分相关联，是由评论者在评定书目的过程中完成的（5 星级是最高的评定级别）。评分体系能确保每个评论尽可能的公正客观。

（四）McGraw-Hill 在线医学图书

McGraw-Hill 是一个教育、信息及金融服务机构。AccessMedicine，AccessSurgery 和 Harrison Practice 是麦格劳-希尔教育集团（McGraw-Hill Education）的在线医学产品。

AccessMedicine（http：//www. accessmedicine. com/features. aspx）包含了 40 多本由麦格劳-希尔公司出版的经典医学教科书，超过 20000 篇文章；提供了 USML（United States Medical License）在线测试、CASE FILE（实际病例教育）以及丰富翔实的药品信息和疾病的鉴别诊断。Textbooks 界面罗列出 AccessMedicine 的所有图书。检索方式分为简单检索和高级检索。

AccessSurgery（http：//www. accesssurgery. comlindex. aspx）包括了外科手术的权威教科书、教学录像（所有素材均来源于美国）以及在线测试（超过 1400 道测试题）和疾病的鉴别诊断，所有数据动态更新。Textbooks 界面列出所有图书检索方式和 AccessMedicine 类似。

Harrison Practice（http：//www. harrisonspractice. com/practice/ub）中的许多内容被美国研究生医学教育鉴定委员会列为核心课程。Harrison Practice 可以通过 Web，无线 Web 以及 PDA 等方式随时随地获取 700 多种常见病症和患者教育等相关信息，方便医务工作者快速做出诊断与治疗。

（五）EBSCO

EBSCO 是（原 NetLibrary）（http：//legacy. netlibrary. com/index. asp）提供来自数百个出版商的超过 4 万种高质量的电子图书，其中 80%电子图书面向大学读者，学科覆盖了科学、技术、医学、生命科学、计算机科学、经济、文学、历史、艺术、社会与行为科学、教育学等。

（六）Thieme E-Book Library

Thieme Publishing Group 是一家具有百年历史的国际性科学和医学出版社，是德国最大的医学出版社之一（http：//www. thieme. com/dyn/ ebooklibrary/index. php）。从 1886 年开始，Thieme 提供神经外科学、医学影像学、耳鼻咽喉科学、整形外科学、眼科学、听力学、听力与语言学、互补医学和化学等医学领域的图书、期刊。由 Thieme Publishing Group 所发行的 Thieme E-book Library 是一个内容持续增加的在线参考书资料库，目前拥有 Flexibook Color Atlases 和 Textbooks 系列，所收录优秀的基础科学和医学内容，共计四大类：解剖学、放射学、临床科学、基础科学。其 Color Atlas 系列图书学科涵盖医学院校开设的所有临床医学和科学课程，用简洁的内容表达复杂的学科内容，方便学生学习理解和记忆，书籍内附精美图片、文字介绍清楚，阐明主题，不但是图文并茂而且图文相互对照。提供浏览、简单检索和高级检索等功能，采用 PDF 格式，方便下载与打印。

（河北北方学院　刘卫平）

思　考　题

1. 什么是OPAC？它具有哪些功能？
2. 什么是资源发现系统？它具有什么特点？
3. 图书馆一般提供哪些信息服务？
4. 目前移动图书馆都能提供哪些服务？
5. 什么是资源共享？CALIS平台上有哪些服务功能？
6. 简述医学电子图书的类型。

第8章

网络免费学术资源

网络免费学术资源，是指在互联网上可以免费获得的具有学术价值的社会科学或自然科学领域的电子资源的总称。随着计算机网络技术的发展，这一类资源日益丰富，学术研究成果和学术经验借助网络免费的方式传播得更加快捷和广泛，在很大程度上改变了人们的工作、学习交流和科学研究的方式。同样，网络免费的生物医学信息资源在生物医学各领域，如医学教育、科研、医疗过程及专业交流方面也日益扮演着重要的角色。了解这类资源在网络上的分布、特点和获取的方法，能够帮助我们迅速了解学术研究的前沿，有效提高学习、工作和研究的效率。

第1节 概 述

案例 8-1-1

肥胖症（Obesity），是一种由多种因素引起的慢性代谢性疾病。以体内脂肪细胞的体积和细胞数增加，致体脂占体重的百分比异常增高，并在某些局部过多沉积脂肪为特点。肥胖与遗传有着密切关系。另一方面，现今社会食物种类繁多，大吃一顿几乎成为一种普遍的娱乐，同时“能吃是福”的传统观念及现代人社会压力增加、运动量减少的生活状态也是造成肥胖的主要原因。肥胖不仅给患者带来直接的身心危害，而且也是糖尿病、高血压等慢性病发病的重要危险因素。对其进行有效的预防和控制是非常必要的。某医科学大学的学生会决定组织同学到社区进行一次宣传活动。活动之前，需要准备宣传册、宣传画，内容包括：肥胖症的病因、症状、并发症、饮食建议、肥胖症的危害、预防与治疗相关知识、肥胖症外科治疗的最新研究进展等。

问题：

1. 从哪里可以方便、快捷地搜集到足够的、类型全面的学术资料，这些资料分布在哪些网站？有何特点？

2. 如何搜集？

分析：

本例为搜集用于社区宣传和病人教育的资料，形式需要形象、生动、内容需要浅显、易懂，又要新颖、权威，有一定的学术性。通过网络免费的学术信息检索可以快速地获得形式多样、内容全面的相关信息；但内容的真实性和权威性需要经过一定的评价和筛选。

网络学术资源是指以数字化形式记录的，以多媒体形式表达的，存储在网络计算机磁介质、光介质以及各类通信介质上的，并通过计算机网络通信方式进行传递和再现的、有学术价值的信息内容的集合。本节对网络学术资源检索的概念、其在网络上的分布及特点进行概述。

一、网络学术资源检索的概念

网络学术资源检索是指检索者通过网络检索软件，提出查询请求并获得网络学术资源的过程。检索软件是基于网络的分布式特点开发和应用的，即：数据分布式存储，大量的数据可以分散存储在不同的服务器上；用户分布式检索，任何地方的终端用户都可以访问存储数据；数据分布式处理，任何数据都可以在网上的任何地方进行处理。目前，很多的学术资源是由网站免费提供的，所以，除了网络连接费以外，检索者往往不需要支付任何资源的费用。

二、网络免费医学资源的分布

网络上的医学信息资源非常多，而免费资源则分布在以下资源中：

（一）商用电子资源（The Commercial Electronic Resources）

商用电子资源主要是指由数据开发商开发的、用于商业目的，并通过计算机网络通信方式发行并提供使用的文献型数据库、事实型数据库和数据型数据库。这一类资源既是用于商业目的，是要收费的，但大多数的开发商或运营商也提供了部分资源的免费查询和获取。上例中，可通过这一类资源查找到关于肥胖症的学术性较强的研究文献的摘要、定义及相关统计数据。

1. 文献型数据库（Literature Databases）　可以是文摘库、引文库等。如由传统数据库网络化而来的文摘库 DIALOG，PubMed、Ovid、中国生物医学文献数据库（CBM），提供文献计量和引文信息的 SCI，中国科学引文数据库 CSCD 等二次文献库。也可以是提供文献全文的一次文献库，国内的，如 CNKI 的中国学术期刊网络出版总库、中国博士论文全文数据库等，维普期刊资源整合服务平台，万方数据；国外的，如 Springer-Link、ProQuest Medical Library，EBSCO，Wiley 在线期刊等。数据库一般通过镜像站服务和网络包库服务两种模式提供使用。除 PubMed 外，二次文献数据库一般需付费使用。国内的全文库一般都提供免费检索，如需要下载全文，则需要注册或付费。需要加以说明的是专利文献，由于其法律上的特殊性，专利文献数据库不属于商用数据库，而是直接由各国专利机构和世界专利机构通过网络提供检索和全文下载。

2. 事实型数据库（Factual Databases）　网络中的事实型数据库主要提供百科知识、具体事实、基因序列、药物结构、医学图像、病理切片等信息。如：提供科研机构检索的万方“中国科研机构数据库”，提供植物药信息的“中国植物志”，提供生物学事实信息的 NCBI 下属的系列数据库如基因序列库（GeneBank）核酸序列库（Nucleotide Database）、蛋白结构库（Protein Structure）等。多数可免费使用。

3. 数据型的数据库（Numerical Databses）　数据型数据库主要提供各种统计数字、参考值、科学测量数据、科学观测数值等。如提供世界卫生统计数据的 Global Health Observatory（GHO），美国卫生部疾病预防和控制中心的 National Center for Health Statistics，中国国家卫计委的卫生“统计数据”。来自于国家或政府机构的统计数据一般都可免费查询。

（二）网络公开信息资源（Online Public Information Resourses）

在网络上公开的信息资源的总称，用户一般都可免费使用，有些需进行注册。案例 8-1-1 中，同学们可利用学术或医学专业搜索引擎找到提供肥胖症的相关网站进而获得有关学术资料，也可利用专业学会网站获得宣传、教育的资料。

1. 搜索引擎（Search Engine）　搜索引擎是网上具有检索功能的网页。其功能是接受用户的提问，通过采集网页信息，为查询者提供相关信息所在的网址。除了综合性的搜索引擎，网上不少学术搜索引擎和医学专业搜索引擎，能滤掉普通搜索结果中大量的垃圾信息，是快速查找学术信息不可或缺的网络工具。如 Google Scholar，是 Google 推出的免费学术搜索工具，可以帮助用户快速查找学术资料，包括来自学术著作出版商、专业性社团、预印本、各大学及其他学术组织的经同行评论的文章、论文、图书、摘要和技术报告等。医学搜索引擎 HONselect 可以搜索可信的医学网站、医学文献、临床实验、医学新闻及医学图像资源等。医学 OA 期刊搜索引擎 Freemedical Journals 提供开放存取的 4800 多种医学电子期刊的搜索。

2. 专业学术网站（Professional Academic Website）　一般由政府、教育机构、学术团体、国际组织、商业机构甚至个人等建立和维护，提供医学领域或医学某专业领域的学术和学术教育资源。由商业机构提供的网站，在提供产品信息的同时，也会提供相关领域的文献、视频和教育教学等资料。如生物帮（http://www.bio1000.com）以生物产品为中心，提供生物学产品技术、文献数据库、技术文档、教学视频、公开课、专业软件教程和软件下载的免费服务。在专业学术网站中，有些是综合性的医学网站，如美国国立卫生研究院的网站（NIH），美国国立医学图书馆（NLM）等，提供卫生信息和数据库、生物学伦理和生物技术资源、资助项目和医学新闻等医学综合信息。世界卫生组织（WHO）提供全球公共卫生资讯、政策、统计数据、出版物等的查询和下载。医脉通（http://www.medlive.cn）、医纬达（http://www.univadis.cn）

专门面向临床医生和医学生，提供医学资讯、学术进展、国内外会议的热点报道、专家访谈、视频、PPT、病例读片、期刊文献及各科室国内外临床指南（包括指南的解读和翻译）的免费下载。中国研学资源网（http：//www.yxres.com）提供各种专业视频教程、开放课程、学术论文等的下载。也有的是专科性的，如中国免疫学信息网（http：//www.immuneweb.com）主要为免疫学及生物医学研究人员提供北美著名大学免疫学专业研究生项目、德国慕尼黑大学基因中心提供的“细胞因子百科全书”的查阅和专业书籍下载、生命科学论坛、生物医学课程视频及课件的下载。Cochrane（http：//www.cochrane.org）则通过对各地随机化分组、有对照的临床试验的所有结果进行总结、保存和传播，为医学研究者和临床医生提供最新医学研究证据，推进循证医学思想和循证医学证据在全球的广泛传播。

3. 专业学/协会网站（Professional Society/ Association Websites） 医学各专业协会的网站一般由从事相关专业诊疗的医护人员、临床营养师、医学各领域著名专家学者、相关企业以及热心医疗卫生事业的各界人士参与。提供相关专业的宣传普及、疾病的防治、病人教育、新闻、会议、医疗咨询等信息和服务。有的内容偏重科普、政策、培训消息等，学术性不是很强。如中华糖尿病协会网站提供糖尿病相关知识的普及教育、科普及新闻视频、专家答疑等栏目服务。中华医学会网站提供学术活动、学术会议信息，麾下医学期刊信息，继续医学教育项目，医学科技项目的评价、评审信息，医学科学技术决策论证信息，培训资料和课件的下载等。也有学术性较强的，如美国放射学会（ACR，American College of Radiology）、美国医学遗传学与基因组学学会（ACMG，American College of Medical Genetics and Genomics）、美国胃肠病协会（http：//www.gastro.org）、美国牙科协会（http：//www.ada.org）等提供了医师培训资源、制作和发布临床指南等较专业的学术信息。

4. 电子出版物资源（Electronic Publication Resources） 包括电子图书、电子期刊、电子报纸等。往往一种出版物或一系列出版物成为一个网站，有些可以免费下载，有些必须是会员方可下载。

出版物网站可以由传统的出版商如 Elsevier，Springer 将一些经典的教材、著作和图谱制成电子书发行，如西氏内科学、格氏解剖学等。 电子期刊也是如此，大量传统期刊建立了自己的网站，在网上提供检索、阅览、下载、论文提交等服务，还有很多期刊由原来的订阅方式改为开放存取，提供用户免费阅读和下载，如 Science、New England Journal 等；还有一些是新创办的开放存取电子期刊，如 PLoS 系列期刊，由于获取方便、质量高而逐渐受到业界的关注。此外还有一类 EXE 格式的电子期刊，突破了 PDF 格式的静态局限，利用超媒体技术、把声音、文字、图像和视频融合在一起，形成图文并茂的期刊新形式，目前仅见于一些娱乐、时尚、家装的杂志，尚未见到这种格式的专业期刊。目前，网上的电子报纸也有不少，各大传统报纸都发行了自己的网络版，如 Science Daily，International Medicine World Report 等，国内亦有健康报，中国医学论坛报等。

5. 数字图书馆（Digital Library） 数字图书馆是借鉴传统实体图书馆的资源组织模式，借助计算机网络通讯等高新技术，以存取知识为目标，运用知识分类和精准检索手段，有效地对信息进行整序，从而向读者和用户提供比传统图书馆更为广泛、更为先进、更为方便、不受时空限制的服务。数字图书馆是传统图书馆在信息时代的发展，它不但包含了传统图书馆的功能，向社会公众提供相应的服务，还融合了其他信息资源（如博物馆、档案馆等）的一些功能，提供综合的公共信息访问服务。可以这样说，数字图书馆将成为未来社会的公共信息中心和枢纽。国际上有许多组织为此做出了贡献，国内也有不少单位积极参与到数字图书馆的建设中来。如中国国家数字图书馆、超星数字图书馆等。

（三）交互学习资源（Interactive Learning Resourses）

1. MOOC（慕课）**资源**（Massive Open Online Courses，大型开放网络课程） MOOC 可以理解为一种在线开放课程资源，也可以理解为一项知识全球化的开放运动和一种全新的在线教育模式。不同于传统的网络公开课或精品课，MOOC 有固定的开课和结课时间，需要学生定期上交作业和完成考试。完成了整门课程学习，学生可以拿到一张国际证书（部分课程不提供证书），证明自己的专业能力。2012 年，美国顶尖大学陆续设立网络学习平台，在网上提供免费开放的课程。随着 Coursera、Udacity、edX 三大课程平台的兴起，MOOC 理念在全球广泛传播，给更多的学生提供了系统学习的可能。这三大平台的课程全部针对高等教育，有自己的学习和管理系统，能够让学习者通过注册学习特定的课程，免费地获得系统的教育。目前国内已有众多高校加入这些平台，提供用户注册学习。中国学生可通过网易公开课进入 Coursera 官方中文学习社区，也可以通过超星慕课（http：//mooc.chaoxing.com）选择国内、外大学的慕课进行学习。

2. 论坛和博客（Forum & Blog）论坛是一种交互性强，内容丰富而及时的 Internet 电子信息服务系统，用户在 BBS 站点上可以获得各种信息服务、发布信息、进行讨论、聊天等。通过参与或浏览专业论坛，可以获得较新颖、前沿的学术信息。如丁香园，是目前国内规模最大的、最受专业人士喜爱的医学、药学、生命科学专业网站。其旗下的丁香园论坛（bbs.dxy.cn）为专业人员提供交互的讨论平台，栏目包括临床医学讨论区、药学讨论区、生命科学讨论区、实验技术讨论区、预防医学与卫生学讨论区、科研与学习交流区、考试交流区、检索求助区等。 医学教育网旗下的论坛（bbs.med66.com）栏目包括医师考试、执业药师考试、卫生资格考试、医学考研论坛、临床医学讨论区、中医讨论区、药学讨论区等。

博客（Blog，为 Web Log 的混成词），指以网络作为载体，简易迅速便捷地发布自己的心得，及时有效轻松地与他人进行交流，同时又具有丰富多彩的个性化特点的一种网页或网络日志。有的博客因其作者及内容的专业性，如专注于评论特定的课题或新闻，或专注于发布特定专业内容的文章和评论，往往蕴藏着新颖独到的见解、精妙的议论和思想观点，为我们提供了难得的、丰富的学术资源。

（四）移动学术资源（Mobile Academic Resourses）

得益于云端技术、智能设备的迅猛发展，越来越多的使用者习惯于各类移动服务以及通过移动设备获得学术资源。移动医疗，就是通过使用移动通信技术——例如 PDA、移动电话和卫星通信来提供医疗服务和信息，具体到移动互联网领域，则以基于安卓和 iOS 等移动终端系统的医疗健康类 App 应用为主。如，中国最大的医学网站丁香园已推出用药助手、丁香客、时间系列等移动医疗 APP 软件；医脉通推出的“临床指南”APP，定期更新来自各国各专业学会的临床指南与资讯；杏树林推出的“病历夹”APP，帮助医生用智能手机快速方便地记录、管理和查找病历资料，为医生建立一个安全存储病历资料的云空间。迈特思创公司推出的“循证智库”为医生随时提供临床医学证据。

另外，微信公众号是一种颇具中国特色的移动医疗咨询服务模式，微信公众号不仅开发成本远低于移动 APP，且依托微信数亿的用户，使其在推广方面更具有得天独厚的优势。 当前有不少医疗机构将自己的医疗资讯服务移植到微信上来，如中国临床肿瘤学会（CSCO）开发的系列公众号，提供了各临床肿瘤学科的专业资讯。微信公众号开发已成为移动医疗的一个重要发展方向。但目前多数这类软件主要还是用于预约就诊、复诊安排等方面，医生同行之间的交流、远程会诊、学术会议等多见于个人自发组织建立的公众号，少有专业维护。

传统的文献检索系统也相应地开发了移动终端检索平台，经典文献检索数据库如 PubMed 等早已推出相关的移动文献检索与阅读器，现在用户对文献检索的要求已从传统的检索上升到适合手机、平板电脑的阅读模式等的需求上。

三、网络学术资源的特点

案例 8-1-1 中，当我们把“肥胖症”作为关键词输入一个搜索引擎（如 Baidu）的检索词输入框，并点击“检索”按钮时，发现搜索到的网络信息非常丰富，并有如下特点：

1. 信息的多样性和新颖性　从表现形式上，有文本的、有图片的、也有视频的、音频的；从来源上，有政府部门、教育机构、研究机构、公司企业、社会社团或者个人发布的；从内容上看，有科学技术领域的研究信息，也有病人的保健常识；有严肃的学术主题，也有经验、新闻等。相对于传统的媒体或载体，网络信息具有较强的新颖性和及时性。很多重要的事件和学术研究成果会在网上及时地播报。

2. 信息的开放性和交互性　网络提供了一个开放自由的空间，一些学术团体和研究机构提供了大量免费资源；同时一些个人的见解、研究心得、观点也可以在网站、论坛或博客上发布，检索者不仅可以检索和浏览到相关信息的内容，也可以通过直接参与讨论发表意见或通过提问获得帮助。这些都为我们提供了大量的灰色文献和难得的第一手资料，但这种开放性和交互性也使得一些学术性不高、或伪学术信息在网上泛滥，因此在利用网络信息时必须加以评价和鉴别。

3. 信息使用的低成本性和传播范围的广泛性　网络学术信息大部分都是免费可得的，这种低使用成本，促进了网络学术信息的传播和利用，相对于传统的媒体或载体，受众更加广泛。

4. 信息组织的局部有序性和整体无序性 网络信息来源于不同的组织或个人，一般来说，每一个网站都遵循一定的规则和方式来组织、发布信息，即局部有序，但整个网络信息的组织和发布却缺乏统一的管理和标准，网页的出现、更迭和消亡随时发生，无法控制，因此信息检索的完整性、全面性和系统性难于保证。

第 2 节 学术搜索引擎

网络上的信息都由某一网站或网页提供，而网络上的网页不计其数，资源浩瀚纷杂，如何能快速、准确地找到案例 8-1-1 中关于肥胖症病人教育、知识宣传所需的有关资料所在的网址或网页？网络学术搜索引擎（Academic Search Engine）正是一种能够通过 Internet 接受用户的查询指令，并向用户提供符合其查询要求的学术信息资源网址的系统。

一、概 述

搜索引擎既是用于检索的软件又是提供查询、检索的网站。所以，搜索引擎也可称为 Internet 上具有检索功能的网页。自 1993 英国的 NEXON 公司开发出网络检索工具 AliWeb（Archie-Lide Index of the Web）以来，数以万计的网络搜索引擎涌现出来。随着信息技术和网络检索技术的迅速发展，自动分类、智能概念抽取、相关排序技术等已经在许多大型网络搜索引擎中得到应用，检索功能不断得到加强。而学术搜索引擎是其中比较特殊的一类。其特点是搜索的资源以学者、学术著作、期刊论文、国际会议、专利等学术信息为主而过滤掉广告、娱乐及一些垃圾信息。随着新一代搜索引擎的快速发展，学术搜索引擎开始向个性化、智能化、数据挖掘分析等特色方向发展。

二、学术搜索引擎的类型

（一）按检索内容划分

1. 综合性的学术搜索引擎 是综合学术信息检索系统，搜索时不受主题和数据类型的限制。此类搜索引擎的杰出代表是 Google Scholar。值得注意的是，搜索引擎并非搜索整个网络，而是只搜索那些与其建立了联系的网站。

2. 专业性的搜索引擎 是专业信息机构根据学科专业特点，经过人工筛选和评价，将网络资源进行整理编排的专业性信息检索工具。针对性较强，适用于专业人员查找专业信息，如 HONselect。

3. 专门性的搜索引擎 是针对性的为某一特定领域、某一特定人群或某一特定需求提供的一种学术信息搜索服务，可以说是搜索引擎的延伸和行业化应用细分。是相对于综合性搜索引擎的信息量大、查询不准确、深度不够等提出来的新的搜索引擎服务模式，其特点就是“专、精、深”，且具有行业色彩。比如，以图片找图片的搜索引擎 Tineye（http：//www.tineye.com）；中文字体搜索引擎找字体（http：//www.zhaozi.cn），在线期刊搜索引擎 OJOSE（http：//www.ojose.com）等。

（二）按组合方式划分

1. 独立搜索引擎 仅限在单个搜索引擎建立的数据库中进行信息查询，查询语言及规则必须符合该数据库的特定要求。

2. 元搜索引擎 也称集成化搜索引擎，通过统一的用户界面，同时调用多种独立搜索引擎，提供去重后的检索结果。其优点是搜索面广，检索信息量大。比较有名的学术元搜索引擎如 Bioinformatic Harverster，对人类、鼠类等的基因和蛋白资源进行搜索，Sciseek 调用多种搜索引擎对自然科学信息进行搜索。

三、学术搜索引擎的使用方法

学术搜索引擎的种类很多，搜索的范围和内容不尽相同，工作方式也有差异，但其基本原理是相同的，使我们在利用学术搜索引擎检索信息时可以遵循一些共同的原则和技巧。

1. 明确检索目的，选择合适的搜索引擎 搜索信息之前，首先应当明确自己的检索目的，弄清自己要得到的信息的类型，是学术研究资料，还是科普知识？是获取知识，还是要求某种产品或服务？根据需求的性质和学科范围来挑选合适的搜索引擎，是快速准确获得所需信息的先决条件。

2. 提炼检索词 即从自己的检索需求中找出代表检索内容的名词、术语。搜索引擎一般也接受句子检索，但效果不是太好，所以最好是词或词组。连词、介词、副词、疑问代词，如“and”“to”“how”“what”，或一些词意太泛的词如“web”“homepage”“relationship”等，中文对应的如“和”“如何”“什么”“网页”“关系”等，一般不作为检索词，搜索引擎在搜索时这些词都将被忽略。

3. 用好逻辑命令 当检索词多于一个时，就要用到逻辑运算符。搜索引擎基本上都支持逻辑运算，常用的是“+”号和“–”号，或与之相对应的布尔逻辑命令（Boolean）AND、OR 和 NOT。用好这些命令符号可以大幅提高我们的搜索准确性。

4. 使用高级检索功能 一般可进行检索词间关系的限定，如 all these words（AND）、any of these words（OR）、none of these words（NOT）、this exact word or phrase（精确匹配、固定短语）。

语种限定：即对检索到的信息进行语言的过滤。

位置限定：限定检索词出现在命中记录的位置，如标题、网页、文本、网址或链接中。

网站或域名限定：针对网站或特定的域名进行搜索。

类型限定：限定命中记录为某种格式，如在 Google 中就可以限定为 pdf、ps、dwf、kml、kmz、xls、ppt、doc、rtf、swf。

四、综合性的学术搜索引擎

（一）科学搜索引擎 SciSeek

1. 概述 SciSeek（http://www.sciseek.com），如图 8-2-1 所示，是一个专注于自然科学领域的学术搜索引擎。采取人工收集处理的方式，提供理工、农林、医学、化学、物理和环境等自然科学领域的网站、图像、视频、期刊文献、参考书、新闻等信息的搜索。信息主要来源于各大商用数据库、学术网站、维基百科等。

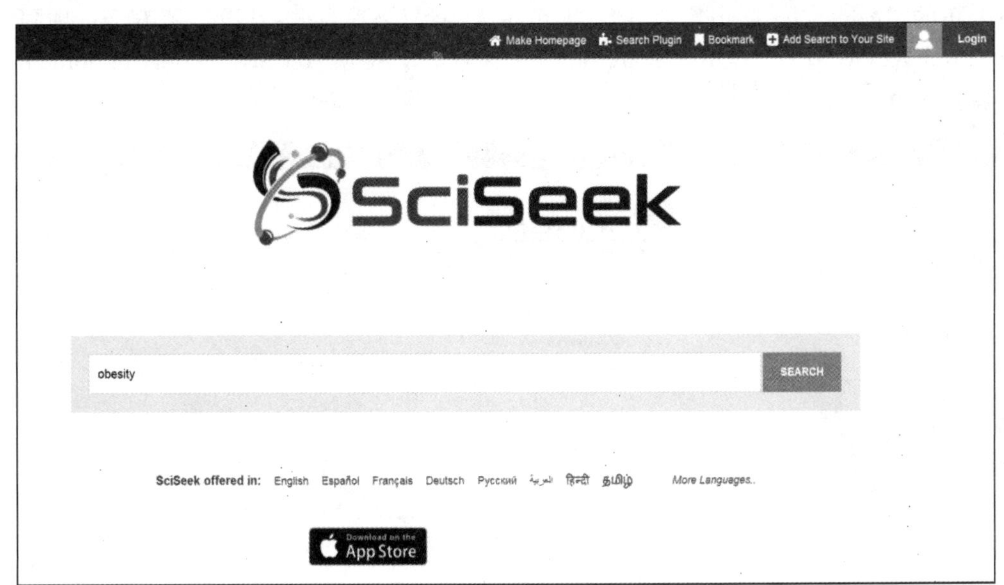

图 8-2-1 SciSeek 主页

2. 检索方法 SciSeek 提供基本检索和高级检索两种检索方法。

（1）基本检索：在主页的检索词输入框内直接输入检索词“obesity”，点击“检索”（Search）即可显示检索到的网站列表，信息主要来源于著名的数据库 Science Direct、CDC、Medline Plus、Spinger 和 NLM、维基百科及 Mayo Clinic、BMC 等权威网站，如图 8-2-2 所示。

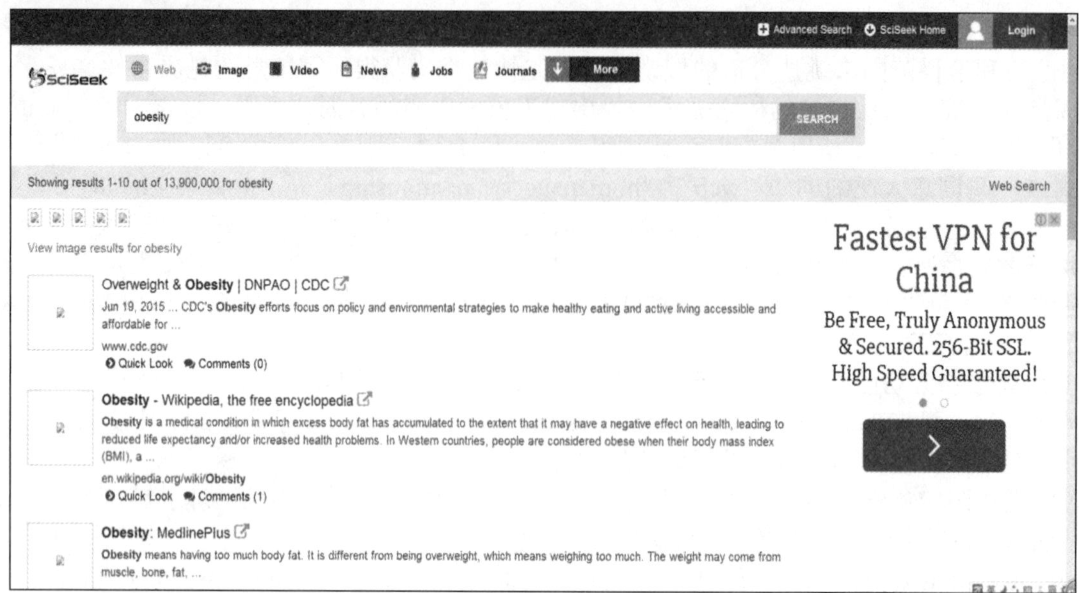

图 8-2-2 Sciseek 基本检索结果

当需要输入多个关键词进行检索时，系统遵循以下检索规则：

系统默认以空格隔开的关键词间为逻辑与关系。如要检索“肥胖症的手术治疗”，只需输入“obesity surgery”即可。

用“”表示固定短语检索。

支持“OR”检索。

另外，系统不区分英文字母的大、小写。

（2）SciSeek 高级检索（Advanced Search）：用户可进行特定条件限定检索。在检索结果的显示页面，点击右上角的“Advanced Search”功能，即可进入高级检索页面。其设置了五个选项限定内容，包括关键词（Search Keyword）、短语（Search for phrase）、只检索域（Search only in domain）、不包含词（Exclude the word）、不包含域（Exclude the domain）如图 8-2-3 所示。

Advanced Search
SciSeek Home
Login
SciSeek
Advanced Web Search
Use the options below to refine your search
Search Keyword
Search for phrase. For example: Ice Cream
Search only in domain For example: wikipedia.org
Exclude the word. For example: Chocolate
Exclude the domain For example: en.wikipedia.org
Search
Copyright © 2015 SciSeek All Rights Reserved

图 8-2-3 SciSeek 高级检索页面

关键词：检索包含所输入关键词的所有信息和网站。

短语：检索包含所输入短语的所有信息和网站，相当于固定短语检索。

只检索域：只返回来自特定域名的检索结果。

不包含词：返回不包括所输入词的检索结果。

不包含域：返回的结果不包括所输入的域的信息。

（二）Baidu 学术

1. 概述　Baidu 学术（http：//xueshu.baidu.com），如图 8-2-4 所示，是百度推出的一个涵盖中英文学术期刊文献、会议论文和学位论文等学术资源的搜索引擎。检索结果显示论文的基本信息、版本、摘要和关键词，以及被引用量，并提供相关文献、引用文献、全文下载的链接。使用百度学术搜索还可以对检索结果进行后限定，包括对时间、学科领域及是否来源于核心期刊进行筛选。还可以对文献的相关性、被引用频次以及发表时间等进行排序。

图 8-2-4　Baidu 学术主页

2. 索方法　Baidu 学术提供基本检索和高级检索两种检索方法

（1）基本检索：在检索词输入框中输入检索词，如，“肥胖症”，点击“百度一下”按钮，即可进行检索，检索结果如图 8-2-5 所示，检索结果按默认的相关度排列，并在页面左边提供过滤器及经过系统过滤器筛选的各类信息数量，点击可链接到相应的信息。右边显示每篇文献的被引用量及相关链接，点击则可链接到相应的信息。

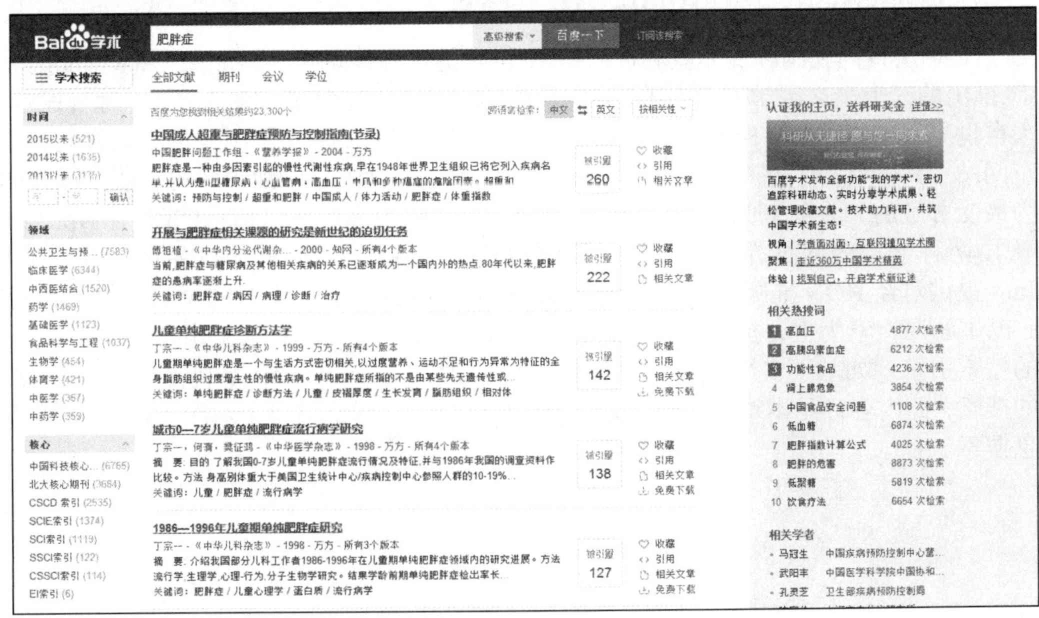

图 8-2-5　Baidu 学术搜索结果

当需要多个检索词组配检索或在特定字段检索时，系统默认以空格隔开的关键词之间为逻辑与关系。

（2）高级检索：点击检索词输入框右侧的“高级检索”，系统弹出高级检索菜单，提供“包含全部检索词”“包含精确检索词”“出现检索词的位置”“作者”“出版物”和“发表时间”的限定检索。如图 8-2-6 所示。

图 8-2-6　Baidu 学术高级搜索页面

（三）Google 学术（http：//scholar.google.com.hk）

Google 学术提供广泛搜索学术文献的简便方法。用户可搜索众多学科和资料来源，这些资源来自学术著作出版商、专业性社团、预印本、各大学及其他学术组织的经同行评论的文章、论文、图书、摘要和文章。 搜索结果进行排序，跟 Google Web 搜索一样，最有价值的参考信息会显示在页面顶部。Google 排名技术会考虑到每篇文章的完整文本、作者、刊登文章的出版物、文章被其他学术文献引用的频率等。结果提供标题、作者、简介及以相关引文、相关文献、收藏单位的链接。

五、医学搜索引擎

（一）MedcodeHunt、MedHunt、HONselect

1. 概述　是瑞士日内瓦国际性非盈利性组织 HON（健康在线基金会，http：//www.hon.ch），如图 8-2-7 所示，推出的三个全文医学搜索引擎。HON 由世界著名的医学家、信息学家、远程医疗专家、研究员以及来自世界卫生组织（WHO）、欧洲粒子物理研究所（CERN）等组织的专家发起，于 1996 年成立并发布网站。其宗旨为“在全球范围内，促进新技术在远程医疗保健领域的有效和可靠的使用”，目前已成为最受尊敬的、既为普通用户又为医学专业人员提供可靠的医学信息的门户网站之一。早期提供英语和法语两种语言的网页界面，现已可提供包括中文在内的 6 种语言界面。其经典搜索引擎 MedcodeHunt 提供对经 HON 准则认证的网站资源的搜索，MedHunt 提供对网页全文的关键词搜索，而 HONselect 以主题词检索为主，提供医学信息的精确检索。此外，HON 还推出了其他一系列针对不同信息需求的搜索引擎，如基于多媒体的搜索引擎 HON 媒体（HONmedia），涉及 2000 主题近 7000 幅医学图像的搜索，此内容详见本章第 3 节。又如罕见疾病搜索引擎，提供了对罕见疾病和罕见疾病用药的相关信息搜索。

@ HON　Health On the Net Foundation
Non Governmental Organization
Medical information you can trust!

| SPEECH: ON - More info? | FR - EN - DE - SP - CN - PL | HOME

Enter depending on your status

PATIENT / INDIVIDUAL　MEDICAL PROFESSIONAL　WEB PUBLISHER

The services offered by HON

HONcode

HONcode certification: Improving the quality of online health information

HONsearch

Search only reliable and trustworthy medical websites

HONtools

Use our free services to enhance and improve your online experience

HONtopics

Access a varied list of reliable medical/health topics

The Health On the Net Foundation (HON) promotes and guides the deployment of useful and reliable online health information, and its appropriate and efficient use. Created in 1995, HON is a non-profit, non-governmental organization, accredited to the Economic and Social Council of the United Nations. For twelve years, HON has focused on the essential question of the provision of health information to citizens, information that respects ethical standards. To cope with the unprecedented volume of healthcare information available on the Net, the HONcode of conduct offers a multi-stakeholder consensus on standards to protect citizens from misleading health information.

图 8-2-7　HON 健康在线基金会主页

2. 检索方法

（1）HONcodeHunt：从 HON 主页进入 Patient/individual 或 Medical Professional，在 HONsearch 图标下点击 More search engines，在 Classic search engines 中，选择 HONcodeHunt，在输入框中键入“obesity surgery”，检索到经 HONcode 认证的网站。结果显示页面提供了针对不同读者人群进行进一步限定检索的选项，包括：给专业人员的（For health professionals）、给患者的（For patients）、给女性的（For women）、给男性的（For men）、给老年人的（For seniors）、给新生儿的（For newborns）、给儿童的（For children）、给青少年的（For teens）的等。

（2）HONHunt：点击 More search engines，在 Classic search engines 中，选择 HONHunt，在输入框中键入“obesity surgery”，可对检索词进行限定，如搜索信息类型（医院、事件），网页所属国家或区域等，可搜索所有相关网页，如图 8-2-8，结果按相关度排序，经 Medcode 认证的网站则显示标志，每个网站还提供简短介绍和关键词。

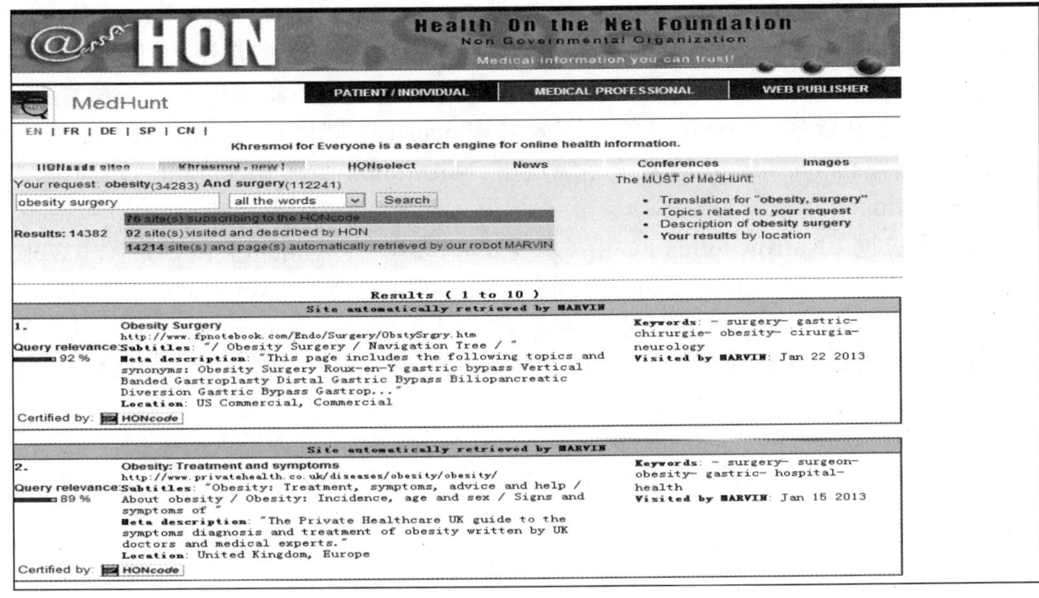

图 8-2-8　HONHunt 检索结果

（3）HONselect：是一个针对医药卫生领域的不同种类的网络信息资源的多语种搜索引擎，功能很强大。其特色是不仅允许用户查询美国国立医学图书馆（NLM）的医学主题词表 MeSH（Medical Subject Heading，MeSH）中 33 000 多个医学主题词的树状等级结构和释义，而且使用 MeSH 来组织网络信息资源，将五个分散的数据库整合在一起，提供整合的信息资源。其整合的数据库包括：医学主题词（MeSH terms）、权威学术文献（Authoritive scientific articles）、医学新闻（Healthcare news）、相关网站和多媒体资源（Web cites and multimedia）。

HONselect 提供常用主题词分类检索和医学术语检索两种途径，如图 8-2-9 所示。

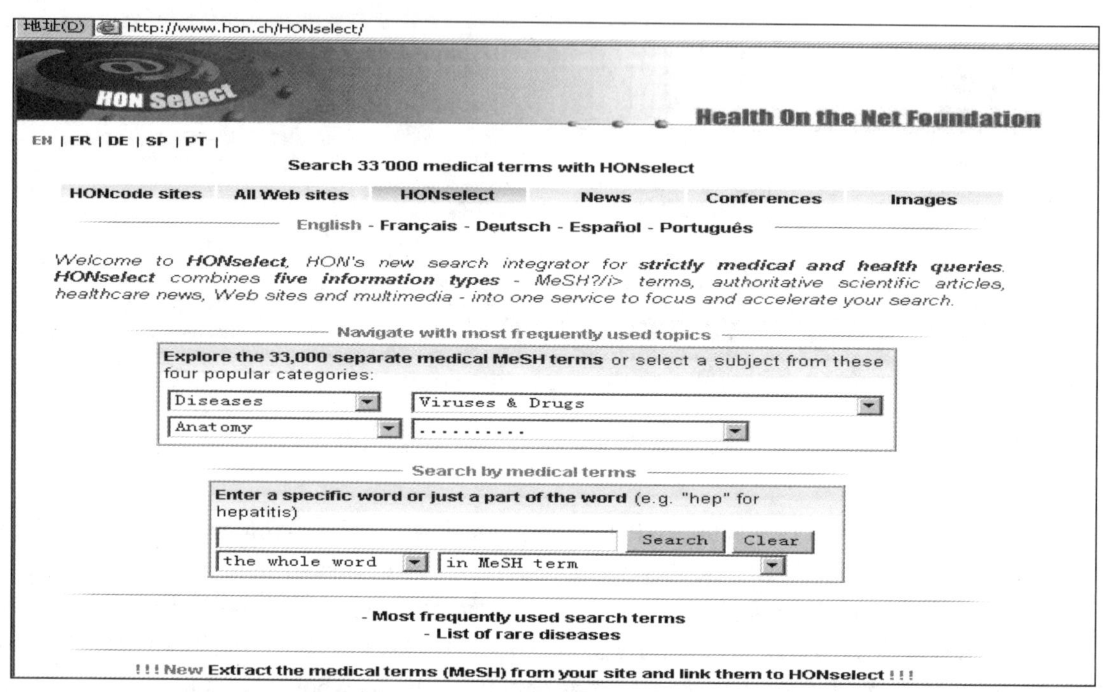

图 8-2-9　HONselect 主题词分类检索和医学术语检索

· 浏览主题词表（Explore the 33 000 separate MeSH terms）：点击该链接，可检索 33 000 个医学主题词的完整的树状结构表（MeSH）。其默认状态下“疾病”类主题词表是打开的，逐层点击即可浏览所有下位主题词及资源列表。

· 常用主题浏览检索（Navigate with most frequently used topics）：HONselect 将所有主题词整合在四个主要类目下，包括：疾病（Disease）、解剖学（Anatomy）、病毒与药物（Viruses & Drugs）、精神病学与心理学（Psychiatry and Psychology）。可通过下拉菜单选择常用的某一类主题，进而查看有关主题词的树状结构表，系统自动将其转换为相应的主题词进行检索并显示检索结果。本例中，查找肥胖症相关信息，在疾病（Disease）栏目下未发现 obesity，则可点击其他主题（all other topics）在相应学科分类树下找到 obesity 并检索（逐级点击 Nutritional and Metabolic Diseases—Nutrition Disorders—overnutrition—obesity-obesity）。检索结果（部分）如图 8-2-10 所示，包括主题词的定义（definition）、下位词（Narrow terms），相关参见（see also），肥胖相关网站资源（Web resources for “Obesity”），医学图像（Medical images），将要举行的医学会议（Medical Conferences/Events），临床实验（Clinical Trials）、肥胖所属的主题词等级结构表（Broader term（s）），以及 MEDLINE 收录的有关文献，点击进一步检索所需要副主题词，如“surgery”，则显示在 PubMed 中检索到的文献信息。

· 医学术语检索（Search by medical terms）：可在检索词输入框内输入检索词，如 obesity 点击“Search”，系统显示词表中与之相关的主题词，可进一步在词表中选择主题词“obesity”进行检索。结果显示（部分）如图 8-2-10。

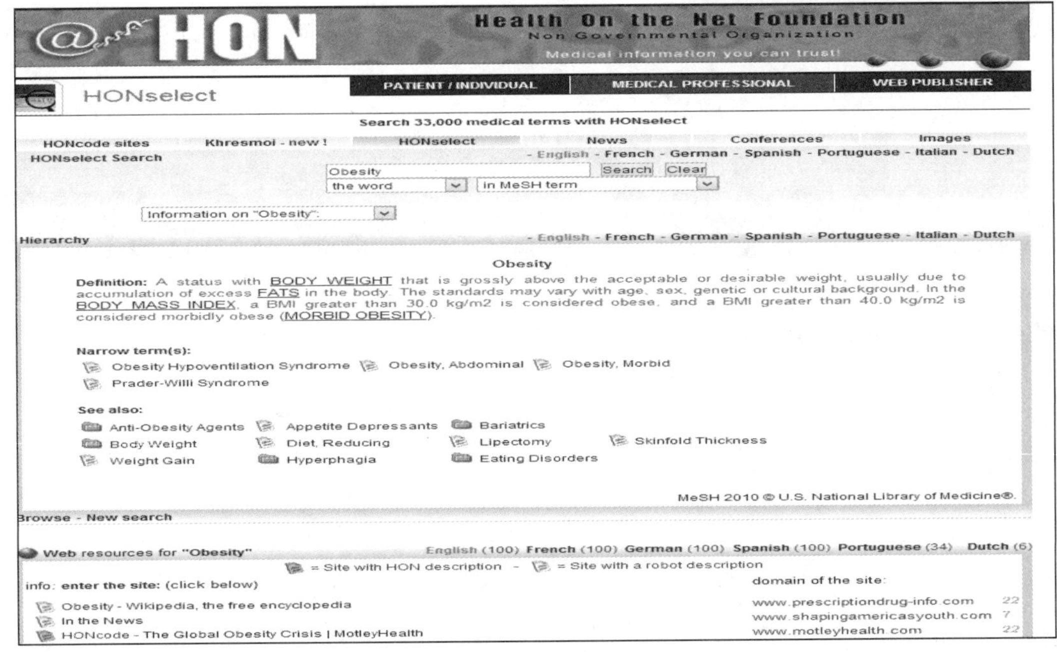

图 8-2-10　HONselect 检索结果

（二）MedicalMatrix

1. 概述　MedicalMatrix（http：//www.medmatrix.org），创建于 1994，因其资源质量高、分类明确、检索智能化较强、检索结果详细等特色颇受医学工作者青睐。Medical Matrix 的使用方法与其他搜索引擎的方法基本相同，提供分类目录检索和关键词检索两种检索方式，适合临床医师使用。在使用前必须先进行注册。

2. 检索方法

（1）分类目录检索：分类目录检索是它的主要特色。Medical Matrix 把信息分为专业（Specialities）、疾病（Diseases）、临床实践（Clinical Practice）、文献（Literature）、教育（Education）、健康和职业（Healthcare and Professionals）、医学计算机和 Internet 技术（Medical Computing，Internet and Technology）、市场（Marketplace）等八大类。大类下根据疾病和临床医学学科的特点分为 120 个小类（按字顺排列），每个小类下再划分为新闻（News）、全文和多媒体（Full Text/MultiMedia）、摘要（Abstracts）、教科书（Textbooks）、主要网址和主页（Major Sites/Home Pages）、实用指南（Practice Guidelines/FAQS）、影像学和病理切片（Images、Path/Clinical）、患者教育（Patient Education）、教育资源（Educational Materials）、继续医学教育（CME）等三级类目。MedMatrix 还在主页左栏提供特色链接，包括教科书、CME、Medline、新闻、期刊、病人教育等。如图 8-2-11 所示。

（2）关键词检索：可进行基本检索和高级检索。支持 NLM 的 MeSH 词表检索。支持逻辑运算，增加了资源类型的选择与限制，如文摘、病例报告、继续医学教育、教育资源等。该网站依据网站的权威性、可靠性、检索的便利性、信息的使用价值等对检索结果进行评价，分别给予 1～5 个★号标记，并对该信息进行简单介绍和评论。

（三）其他医学搜索引擎

1. Healthlinks（http：//www.healthlinks.net）　Healthlinks 为全球卫生保健消费者和医学研究人员提供医疗卫生相关的服务、产品、医学教育、医学出版物、医院信息、就业等信息的查询。主页提供关键词查询和由医学专家编辑的医学网络资源目录浏览。

2. Medscape（http：//www.medscape.com）　Medscape 是美国著名的专业医学搜索引擎网站，成立于 1994 年，由功能强大的通用搜索引擎 AltaVista 支持，可检索图像、声频、视频资料，至今共收藏了 30 个临床学科的文献、1 万多种药物和疾病的相关资料。Medscape 是互联网上免费提供临床医学全文文献和继续医学教育资源（CME）的重要网站，同时还可浏览每日医学新闻，免费获取 CME 各种资源，免费获取“Medpulse”，同时网上查找医学词典和回答用户咨询，提供根据疾病名称、所属学科和内容性质（会议报告、杂志文章的全文或摘要等）的英文按 26 个字母顺序进行分类检索（The Medscape Index）。

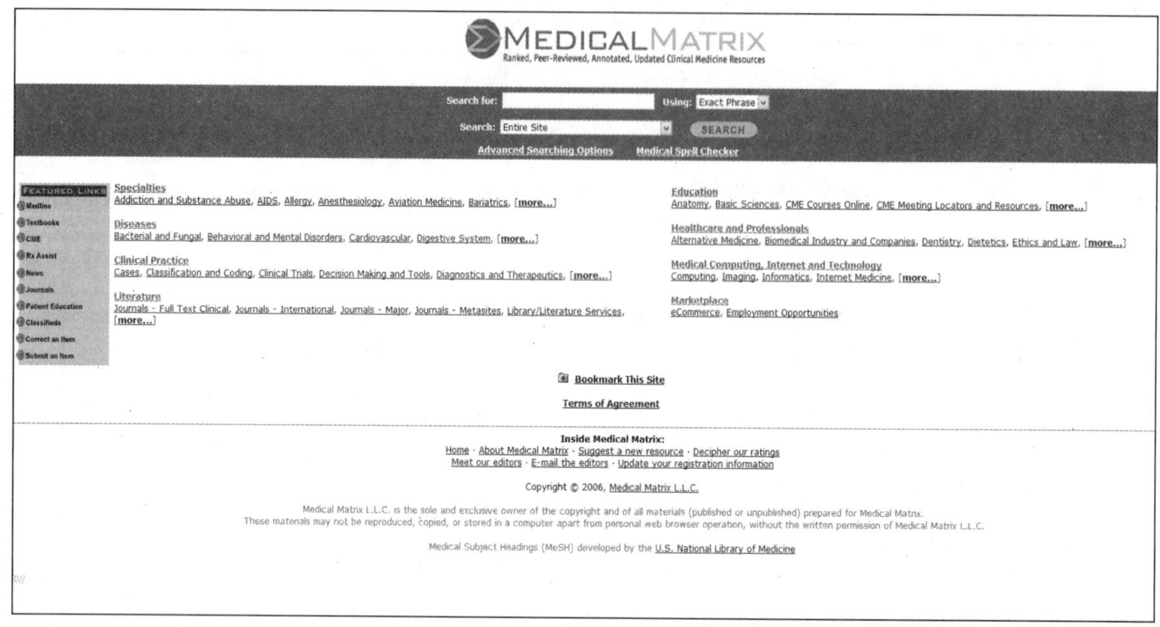

图 8-2-11　Medical Matrix 分类目录

3. MedExplorer（http：//www.medexplorer.com）　MedExplorer 创立于 1995 的医学信息资源搜索引擎。该引擎主要收录了美国和加拿大的医学资源，有少量其他国家和地区的资源。提供分类目录浏览和目录检索的功能。

Internet 上的医学搜索引擎还很多，在此仅撷取具代表性的几个网站加以介绍，随着 WWW 信息成指数增加，搜索引擎将向着智能化、精确化、交叉语言检索、多媒体检索、专业化等适应不同用户需求的方向不断发展。

第 3 节　网络免费学术资源获取与利用

互联网络上提供了大量的免费资源，其中不乏新颖、重要的学术研究成果，是收费学术资源的重要补充。由于这类资源分布广泛、类型各样、数量庞大、彼此交叉重复，使我们在找寻某个特定信息时，往往无所适从，不知从何开始。如何准确地获取特定类型的学术信息呢？一般的方法是：①通过综合性的学术搜索引擎；②通过医学专业搜索引擎；③直接访问专题网站。以下就几个特定的检索主题（期刊、图书、统计资料和图像资源）为例进行介绍。

一、开放存取期刊全文的获取

案例 8-3-1

有同学在浏览肥胖症的相关信息时，看到有新闻报道称传统的针灸疗法在治疗肥胖中也能发挥重要的作用。其机制主要是调整人体的代谢功能和内分泌功能。针灸减肥对 20～50 岁的中青年肥胖者效果较好。该新闻称，早在 2009 年其疗效研究的系统评价已由韩国学者率先发表在医学期刊 International Journal of Obesity 上。该同学不确定此条信息的真实性，希望能找到该文仔细阅读，并进一步获得更多的研究信息。

问题：

1. 可以通过哪些途径获取免费的期刊原文？如何获取？
2. 关于肥胖症有无相应的图书或教材？
3. 如何获得更多的统计和图像信息？

分析：

1. 检索的目的为获得免费的期刊全文，可通过学术搜索引擎找到期刊的连接，或直接进入有关期刊的网站查看是否为开放存取期刊，如能先通过 pubmed 等数据库查到该文发表的年卷期，则更加便捷。检索词为：acupuncture，obesity，Int J Obes（刊名缩写）。

2. 检索目的为获得有关图书或教材，可通过图书搜索引擎找到图书的线索，或直接进入电子图书馆。

3. 可以通过 WHO 的统计信息系统获得各成员国的卫生统计数据，也可进入各国的政府相关网站获得医疗卫生统计数据；图像和视频信息可通过搜索引擎的图像栏目来获得，或者进入专业网站获得相关图像或视频。

开放存取（Open Access，OA），发端于 20 世纪 70 年代的“学术期刊危机”（期刊出版垄断和价格持续上涨，学术的自由交流受到阻碍），兴起于 90 年代，是国际科技界、学术界、出版界、信息传播界为推动科研成果网络自由传播和利用而发起的运动。

开放存取也可以理解为一种学术信息共享的自由理念和出版机制。即作者发表研究成果和学术文章，不是用于获得金钱回报，而是传播、交流思想和研究成果；同时，开放存取又是基于订阅的传统出版模式以外的另一种出版形式，即一种“发表付费，阅读免费”的出版形式。通过新的数字技术和网络化通信，任何人都可以及时、免费、不受任何限制地通过网络获取各类文献，包括经过同行评议过的期刊文章、参考文献、技术报告、学位论文等全文信息，用于科研教育及其他活动。这种出版形式具有以下两个特征：①作者和版权人允许用户免费获取、拷贝或传播其数字化信息，其前提是尊重其版权。②完整的论著存储在至少一个稳定、可靠的网络服务器中，以确保免费阅读，不受约束地传播和长期的数据库式储存。OA 期刊，即基于 OA 出版模式的期刊，既可能是新创办的电子版期刊，也可能是由已有的传统期刊转变而来。开放获取期刊大都采用作者付费，读者免费获取方式。新创办的电子版期刊有不少是由同行评议的，其影响因子也在逐年升高。OA 期刊的出现，给我们的学习研究带来极大的便利。可通过以下方法来获得发表在这些期刊上的文献。

（一）通过商用或免费的期刊数据库查找文献的线索

中文期刊全文的数据库如中国学术期刊网（CJD）、中文科技期刊数据库（VIP）、万方数据资源系统-数字化期刊子系统（Wanfangdata）是目前国内较为著名的提供期刊免费检索及有偿全文下载的数据库网站，用户可通过它们查到相关文献的线索，如标题、作者、发表的年卷期、页码等信息，以便于在下一步的全文查找中有更详细的信息。

提供外文期刊全文的数据库有：Ovid，SpringertLink ScienceDirect ProQuest 以及 EBSCOhost 的 Academic Search Premier（ASP）等，这些数据库都能在查到文献的线索的同时提供 OA 期刊的连接。对于案例 8-2-1 问题 1，我们也可利用 PubMed 查找该文的线索，明确其所刊载的卷、期和页码，以便进入 OA 期刊的网站时，能够快速找到该文。

（二）通过综合性的学术搜索引擎或医学搜索引擎找到文献的链接

学术搜索引擎跟大多数的学术期刊数据库和期刊网站建立了链接关系，可以迅速搜索到来自期刊、图书等学术出版物上的论文、章节等学术信息，并过滤掉非学术类的信息，向查询者提供期刊的网址或文章的链接。如案例 8-3-1 问题 1，可以通过以下步骤查找：

（1）只要在 SciSeek、baidu 学术和 Google Scholar（详见本章第 2 节）的检索词输入框中输入期刊刊名缩写 Int J Obes，即可查到该刊的网址链接，点击进入期刊网站。

（2）在期刊网站主页，点击“存档”（Archive）栏目，可看到其“按期归档”（Archive by issue）下列出了该刊提供的各年卷期的列表，以及是否提供免费下载的标识。2009 年在免费的范围。如用户已知目标文献的卷期页码，可直接按顺序找到该文，如尚不知道卷期信息，则可利用网页右上角的检索框（提供基本检索和高级检索），输入检索词 acupuncture obesity，即可在本刊中查找到相关文献。如图 8-3-1 所示。

（3）点击标题可查看 html 格式的全文或在全文页面点击 PDF 格式下载。当然，用户也可在 SciSeek、baidu 学术和 Google Scholar 的检索词输入框中输入 Int J Obes obesity acupuncture 等多个检索词，直接查到该文的链接。

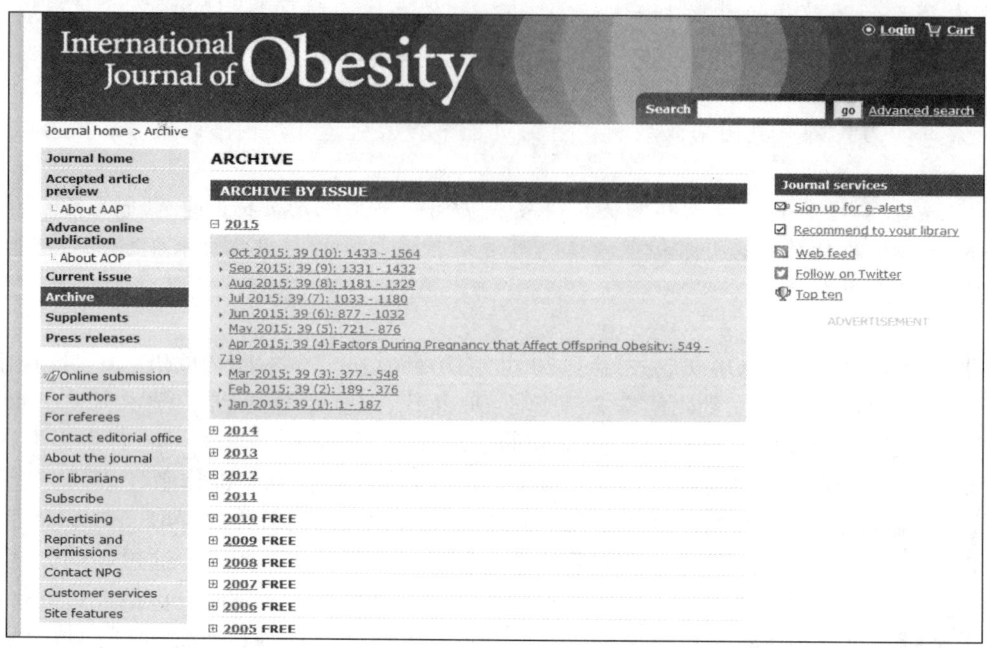

图 8-3-1 International Journal of Obesity 期刊

（三）通过专门性的 OA 期刊搜索引擎查找期刊的链接

1. Free Medical Journals（FMJ） Free Medical Journals（http：//www.freemedicaljournals.com），如图 8-3-2 所示，建立于 2000 年，提供免费的医学电子期刊网站链接服务。从开始的数百种期刊到目前的 4832 期刊，Freemedical Journals 不断见证着 OA 的活力，以及自由获取科学知识——这种出版的新标准对医学实践的重要影响。

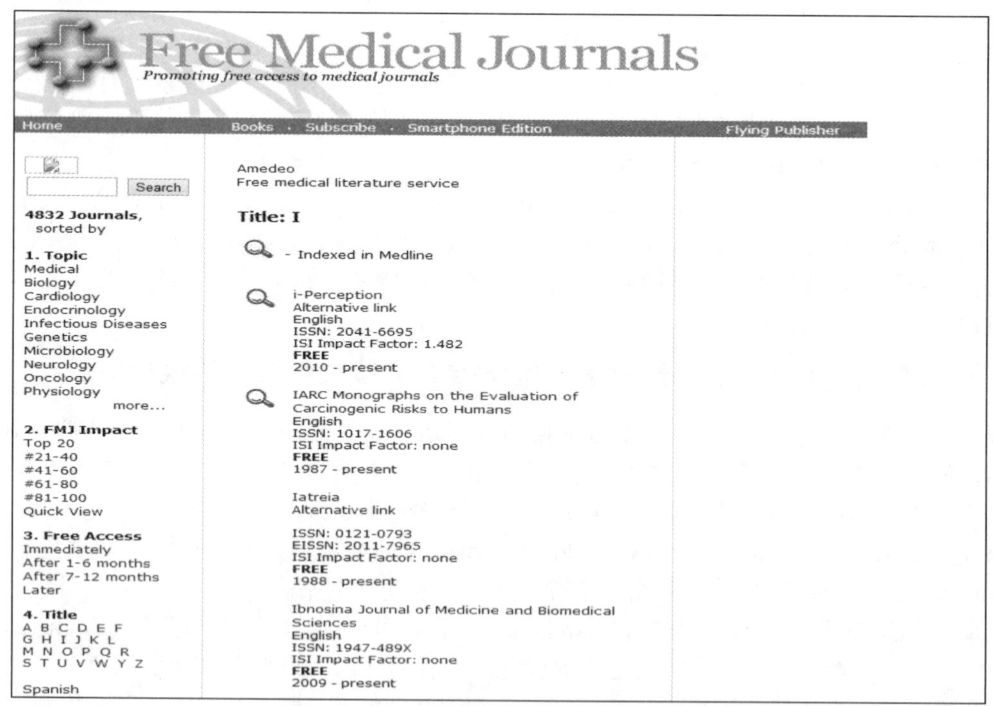

图 8-3-2 Free Medical Journals 主页

FMJ 提供了 5 个检索的入口：

（1）按主题检索期刊：FMJ 所有期刊归于 92 个主题，点击某个主题时，将显示该主题下的所有期刊，并按 ISI 影响因子高低排序。用户也可按需要选择按字顺排序。每种期刊提供刊名、语种、ISSN 号、ISI 影响因子、免费年限及免费时间等信息。

（2）按 FMJ 影响因子排名浏览期刊：分前 20 名、21～40 名、41～60 三栏查找。每种期刊除了提供上述信息外，还给出 FMJ 的影响因子。

（3）按提供免费的时间浏览期刊：分为“即刻”（immediately）“1～6 个月以后”“7～12 月以后”“更长时间之后”四栏查找。

（4）刊名首字母索引。

（5）法语、葡萄牙语和西班牙语免费期刊浏览。

在 8-3-1 问题 1 案例中，要找寻发表在 International journal of Obesity 上的关于肥胖与针灸的文章，只要在刊名首字母索引中点击字母 I，进入 I 开头的刊名列表，按字顺找到“International journal of Obesity”，点击刊名，即可进入期刊主页。

2. High Wire Press High Wire Press（http：//highwire.stanford.edu）是美国斯坦福大学图书馆的一个电子出版机构，建立于 1995 年，随着其下生物化学杂志（JBC Online）的发行，以及科学（Science），神经科学杂志（The Journal of Neuroscience）等一系列著名期刊的加盟，High Wire Press 很快成为全球最具影响力的提供期刊开放存取和其他免费全文的出版商，提供来自于独立的学术出版商、社团、协会和大学出版社的高质量的期刊、参考工具书和图书，以及会议录的检索和下载。同时 HighWire 也是一个为著者和编辑提供论文递交、 出版跟踪和同行评议的在线出版平台。

High Wire Press 提供的期刊涉及生物学、医学、社会学、人文科学、及其他自然科学领域。提供从 1953 年到现在，约 1700 种，超过 600 万篇全文的全文服务。

High Wire Press 主页提供基本检索功能和出版物浏览功能。出版物浏览可以按刊名（Title），出版商（Publisher）和期刊主题（Topic）浏览。如图 8-3-3 所示。

基本检索，在 High Wire Press 出版物范围内按关键词检索文献；点击“+expand for more search options and tools”则可进入高级检索（Advanced Search），进行特定字段的检索，并可限定检索年限、综述文献等，还可限定检索范围，可以仅在 High Wire Press 出版物中检索，也可同时检索 PubMed。进行免费注册后，还可选择在自己喜爱的期刊中进行检索。

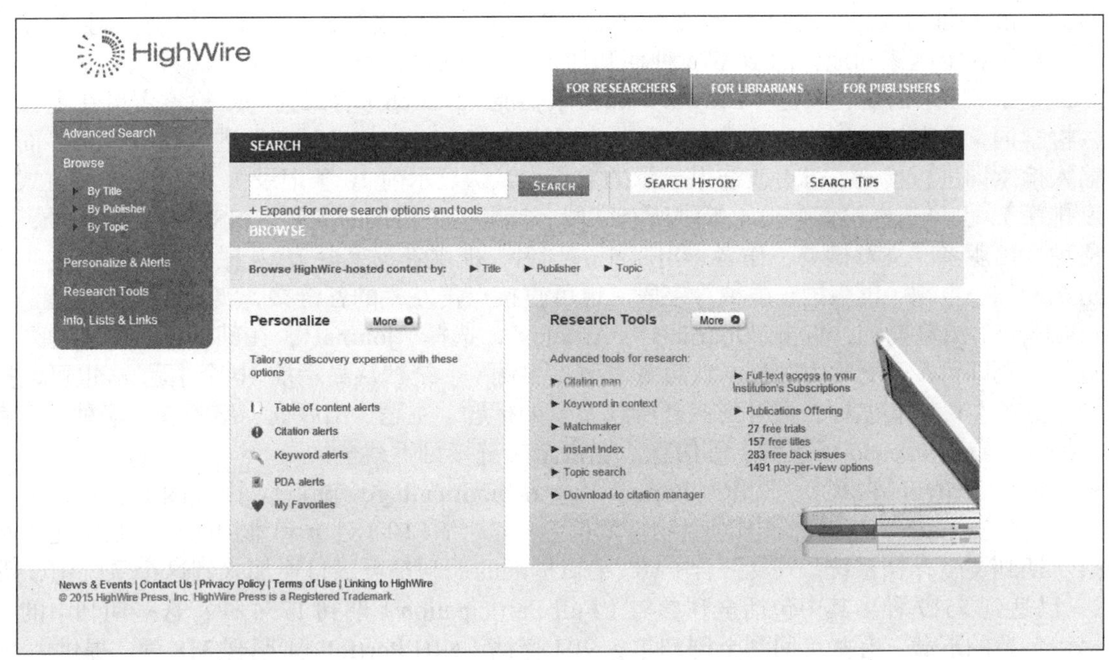

图 8-3-3 High Wire Press 主页

在案例 8-3-1 中，通过刊名首字母索引没有找到 International journal of Obesity 这种杂志，但仍然可以通过 SEARCH 功能，找到有关 acupuncture 与 obesity 的相关文献及免费全文，借以扩大阅读范围，如图 8-3-4 所示。

图 8-3-4 High Wire Press 检索结果

若在检索词输入框中输入 obesity 和 acupuncture 并选择“Include PubMed” 则可检索到来自于 PubMed 的发表 International journal of Obesity 的这篇文章，可以查看文摘，并获得全文的免费下载。

3. Directory of Open Access Journals（DOAJ） DOAJ（http：//www.doaj.org）由瑞典隆德大学图书馆（Lund University Libraries）创建于 2003 年，是一个综合开放的期刊导航网站。目的就是让用户能够“阅读、下载、拷贝发布、打印，研究或链接到这些期刊的全文”。

DOAJ 对准入期刊进行严格的质量控制，期刊均经同行评议或符合编辑质量控制。到 2015 年 10 月，已有来自 135 个国家和地区的 10 674 种期刊加入到 DOAJ 的行列。

DOAJ 主页将原来的期刊浏览（Browse）和检索功能（Search）合二为一。检索者可在主页的检索框中输入检索词，检索相关期刊和（或）文章。也可点击“Advanced Search”进入高级检索界面。在检索框中输入检索词进行检索，可更改结果显示的数量（默认显示前 10 条记录），结果的排序方式（默认按相关度排序），也可选择检索字段（提供所有字段、标题、关键词、主题、ISSN 号、DOI 号、期刊出版国、语种、出版者、文章摘要、作者、出版年、刊名、提供者等字段），左栏的过滤器可进一步将检索词限定在期刊、主题、出版国、语种等字段。也可直接点击左栏的各链接，实现其浏览功能。如，要按主题（subject）浏览期刊，点击‘Journals vs Articles’，选择‘journal’，在其下显示的主题列表中选择想浏览的主题即可，可更改主题显示数量查看更多主题（系统默认显示前 10 个主题）。也可以按刊名查找期刊，点击左栏期刊名称，可看到该刊所载文章的标题、主题、出版商、出版国、语种、作者、全文链接、摘要（点击 expand 可查看）等信息。点击全文链接可下载全文。

4. PubMed Central（PMC） PMC（http：//www.ncbi.nlm.nih.gov/pmc），由美国卫生研究院（NIH）下属的国立医学图书馆（NLM）和国家生物技术信息中心（NCBI）建立和维护的免费数字化生物医学和生命科学期刊文献存档系统。只要符合 PMC 编辑标准的期刊都可以自愿加入到这个系统中，到 2015 年 10 月，已达到 5517 种，其中包括全刊参与（Full Participation）期刊 1754 种，这些期刊中的每篇论文都可提供免费的下载，有些可回溯至创刊年；NIH 存档（NIH Portfolio）期刊 318 种，提供由 NIH 资助的论文全文免费下载；选择存档（Selective Deposit）期刊 3435 种，由出版商选择提供部分论文的免费下载。用户可以用 MeSH 词检索，也可进行特定字段检索，并且可以在 “Search History”界面进行提问表达式之间的逻辑运算，检索规则同 PubMed，这在全文数据库中是很难得的。同时系统提供刊名字顺表，用户可浏览也可以检索特定期刊，或检索发表在特定期刊上的文献。

5. BioMed Central（BMC） BioMed Central（http：//www.biomedcentral.com），是英国一家独立

科学技术和医学出版社，秉承“开放存取”才能有助于科学研究高效传播的理念，致力推动开放存取这种新的出版模式。BioMed Central 的 293 种期刊，包括其自身出版的、以 BMC 开头的 60 多种期刊，所有原创研究文章在发表之后立即可以在网上永久性免费访问。所有文章都经过严格的“公开同行评议”即要求评审人员在评论上签名，以保证质量。文章发表前的记录（包括提交的版本、评审人员的报告和作者的答复）也连同文章一并刊出。

同时 BioMed Central 也提供 Chemitry Central 出版的期刊论文和 Springer Open 期刊论文的下载。BMC、Chemitry Central 和 Springer Open 分别提供基本检索和高级检索，同时也分别提供期刊按刊名字顺浏览（Journals A～Z）和按学科主题分类浏览（Subject areas）查找。

6. 中国科技论文在线　中国科技论文在线（http：//www.paper.edu.cn）是经教育部批准，由教育部科技发展中心主办，针对科研人员普遍反映的论文发表困难，学术交流渠道窄，不利于科研成果快速、高效地转化为现实生产力而创建的科技论文网站。可提供国内优秀学者论文、在线发表论文、各种期刊论文的检索和下载。其主要栏目有：

“首发论文”，即采用“先发布，后评审”的方式，提供学术论文的发布和交流。此栏目包含了 44 个学科的预印本文献，可下载全文。

“优秀学者”，是为我国各领域的优秀学者建立的个人学术专栏，介绍其研究方向、主要学术成就、发表的学术论文等。

“自荐学者”，此栏目为年轻学者展示、交流其研究成果和学术论文提供了一个良好的平台。

“名家推荐”，各领域的专家为读者推荐的国内外精品论文，提供其完整题录信息以及摘要和全文的链接。

“科技期刊”，提供国内各大学学报论文的检索和全文下载。可按期刊学科分类、刊名字顺或关键词检索。

“热度世界”，提供研究热点、研究进展和新闻等信息。

“专题论文”，发布各领域学术会议信息、会议论文。

“博士论坛”，发布各年举办的博士论坛的信息，包括论坛主题、日程安排、论文展示等。

“OA 资源平台”，集合了国内外各学科领域 OA 期刊的海量论文资源和 OA 仓储信息，并提供学科、语种等多种浏览方式。本平台提供多种检索功能，可按照论文题目、期刊题目、作者姓名、作者单位、出版社等多种字段进行高级检索，或进行全文检索，方便科研工作者从海量资源中快速而准确定位所需论文。

“招聘信息”，为各高校、研究所提供发布招聘信息的平台。

在该网站上发布文献的电子印本必须先进行免费注册。

（四）通过期刊网站或数字图书馆

1. The Public Library of Science（PloS）　PloS（http：//www.plos.org），是一个由科学家和临床医生建立的非营利性组织，也是一个致力于推动全球范围的科学和医学文献免费获取的公共资源系统。其目标是创办国际一流水平的期刊并提供开放获取。自 2003 创建第一份期刊 PLoS Biology 至今，共出版了 7 种期刊，主题涉及生物学、医学、遗传学、病原学等，全部都是 OA 期刊，且均由同行严格评议，目前这些期刊的影响因子和学科影响力都在不断上升。在该网站主页下方列出了 7 种期刊的图标，点击可进入最近一期的浏览和检索界面。右上角为检索区，提供基本检索，若点击“Advanced Search”则可进入高级检索，进行多字段的布尔逻辑组配检索，并且可以选择检索的期刊范围（Filter by Journal）（全部 PLoS 期刊或是某本期刊中）、主题范畴（Filter by Subject Category）和文献类型（Filter by Article Type）。

2. 国家科技图书文献中心（National Science and Technology Library，NSTL）　NSTL（http：//www.nstl.gov.cn）可供检索的期刊包括：西文期刊 12 634 种，中文期刊 4350 种，日文期刊 1101 种，以及俄文期刊 378 种。同时，中心还提供美国《科学》、英国皇家学会会刊、会志以及材料科学等方面的 15 种网络版全文期刊的免费阅读及下载。

其他资源涉及中外文学位论文、学术会议、标准及专利。用户通过 http：//www.nstl.gov.cn 进入国家科技图书文献中心主页，检索方法见前述有关章节。非注册用户可进行检索，阅读文摘，注册用户则可在查阅文摘的基础上请求全文服务。

二、免费电子图书的获取

（一）通过综合类学术搜索引擎

google 学术（http：//scholar.google.com）在其检索框内直接输入一个主题或图书、章节名称，如输入“内科学”，检索结果显示的信息列表中，标有[BOOK]的即为提供全文的图书信息。

（二）通过图书搜索引擎

1. Google Books Google Books（http：//books.google.com）是 google 通过与全世界知名的图书馆以及 20 000 多个出版者和作者合作以将其收藏的和出版的图书包括在图书搜索中。

通过 Google books 搜索到的图书，若为不受版权保护的图书、出版商或作者授权的图书，读者可在线阅览，有些也可下载 PDF 的全文；若为受版权保护的图书，则提供购买或借阅的网址链接，读者也可直接向 Google Play Store 购买电子版图书。

检索功能有基本检索和高级检索，若要搜索指定书名或作者的图书，最快捷的方式就是利用其高级检索功能，在相应的字段输入要搜索内容即可。如果知道 ISBN 号，则可使用如下格式构造网址 http：//books.google.com/ISBM=00609303014（注：00609303014 处为实际所知的 ISBN 号）。

2. 读秀学术搜索 读秀学术搜索（http：//www.duxiu.com）由超星公司创办于 2000 年，是一个中文学术资源搜索引擎。可将图书馆纸质图书、电子图书、期刊、报纸、学位论文、会议论文等各种学术资源整合于同一数据库中，统一检索，使读者在读秀平台上获取所有学术信息。其特点是整合馆藏纸书、电子资源，可以进行深度、多面检索，读秀提供部分原文试读功能，包括：封面页、版权页、前言页、正文部分页，全面揭示图书内容；并提供阅读馆内电子全文、借阅馆内纸质图书、文献传递获取资料、馆际互借图书等功能。

（三）通过开放图书网站

1. Bookshelf Bookshelf（http：//www.ncbi.nlm.nih.gov/sites/entrez?db=books），是美国国家生物技术信息中心网络资源的重要组成部分，提供了超过 700 种生物学、医学和生命科学的教材、科技报告和其他学术文献电子图书的浏览检索和内容阅览。

2. Free books 4 doctors（FB4D） FB4D（http：//www.freebooks4doctors.com）由 Amedeo 公司建立，即创建免费期刊 Free Medical Journals 的同一家公司。提供了 364 种电子图书，主要是经典医学教材的免费阅读，部分可提供免费 PDF 格式下载和 MP3 下载。

主页提供 5 种图书检索途径，即图书主题（Topic）检索，FB4D 影响因子（FB4D Impact）排行榜检索，语种（Language）检索，出版年（Year）和星级（Stars）检索。

3. Bartleby.com Bartleby.com（http：//www.bartleby.com）由 Bartleby 出版公司创立于 1993 年，是一个提供免费图书在线阅览和下载的平台，包括莎士比亚全集、圣经、格氏人体解剖学、哈佛经典收藏作品等世界最有影响力的系列著作。其中，Henry Gray 的《人体解剖学》（Anatomy of the Human Body）第一版于 1918 年出版。经过 38 次修订、再版，广泛吸纳了生物学、医学的最新研究进展，已经远远超越了人体解剖学的传统概念，大大拓宽了解剖学的理论内涵和应用范畴。其内容之深广、编排之合理、插图之新颖都是其他解剖学书籍不可比拟的，是名副其实的世界名著、人体解剖学之最。Bartleby 版的格氏人体解剖学电子版提供主题索引、图文并茂，包含了 1247 幅高质量的解剖学图片。

（四）直接访问数字图书馆或电子图书网站

1. 中国国家数字图书馆 中国国家数字图书馆（http：//www.nlc.gov.cn）是国家总书库、国家书目中心、国家古籍保护中心、国家典籍博物馆。其馆藏宏富，品类齐全，全面入藏国内正式出版物，也入藏国内非正式出版物，如学位论文、博士后研究报告、图书馆学专业资料、年鉴资料，馆藏文献已达 3244.28 万册（件），居世界国家图书馆第五位，并以每年近百万册（件）的速度增长。外文书刊购藏始于 20 世纪 20 年代，123 种文字的外国文献资料约占馆藏的 40%，是国内最大的外文文献收藏馆，并大量入藏国际组织和政府出版物，是联合国资料的托存图书馆。随着信息载体的变化和电子网络服务的兴起，国家图书馆不仅收藏了丰富的缩微制品、音像制品，还拥有了大量数字资源。20 世纪 90 年代起开始跟踪研发数字图书馆。2001 年 11 月，经国务院批准，国家数字图书馆工程立项，由国家图书馆组织建设。目前，国家数字图书馆工程主要建设任务已完成，已逐步面向社会提供服务，网络公开访问资源包括：中国古代典籍、哈佛大学哈佛燕京图书馆善本特藏资源、东京大学东洋文化研究所汉籍全文影像数据库、中华古籍善本国际联合书目系统、宋人文集、数字善本、馆藏中文图书数字化资源库（该库包含图书 17 多万种，涉及各个学科，可以在线阅读）、民国图书、工具书在线（提供八个中文工具书数据库与七个西文数据库的在线导航与检索）。每个数据库提供分类浏览和检索功能。如在线阅读则需要注册。

2. 超星读书　超星读书（http：//book.chaoxing.com）于 2000 年 1 月，由北京世纪超星公司与广东中山图书馆合作开通，目前已成为一个由全国各大图书馆支持的庞大数字图书馆展示推广平台。内容涉及文史哲、医学、计算机、建筑、经济、金融、环保等几十个专业。通过与图书作者签订合约的方式提供 35 万授权作者的近 40 万册图书的阅览。实行免费浏览、会员制两种服务模式。免费读者可通过网页阅读、超星浏览器阅读及下载方式阅读部分。会员制则是通过购买超星阅读卡，注册为会员，则可在一年内将图书馆的书下载到本地计算机上进行离线阅读。提供两种检索途径：书名关键词检索，分类类目检索。

三、卫生统计资料的获取

卫生统计数据是医药卫生研究的重要结果也是医疗决策的重要依据，各国的卫生统计数据可通过国际组织如世界卫生组织的网站发布，也可通过各国的统计局或卫生部的网站发布。

（一）世界卫生组织全球卫生观察站

WHO 全球卫生观察站（Global Health Observatory，GHO）（http：//www.who.int/gho/en）是世界卫生组织向全球提供各种医学标准、疾病的监测数据、全球性卫生统计数据、流行病学数据的一个检索系统。如图 8-3-5 所示。

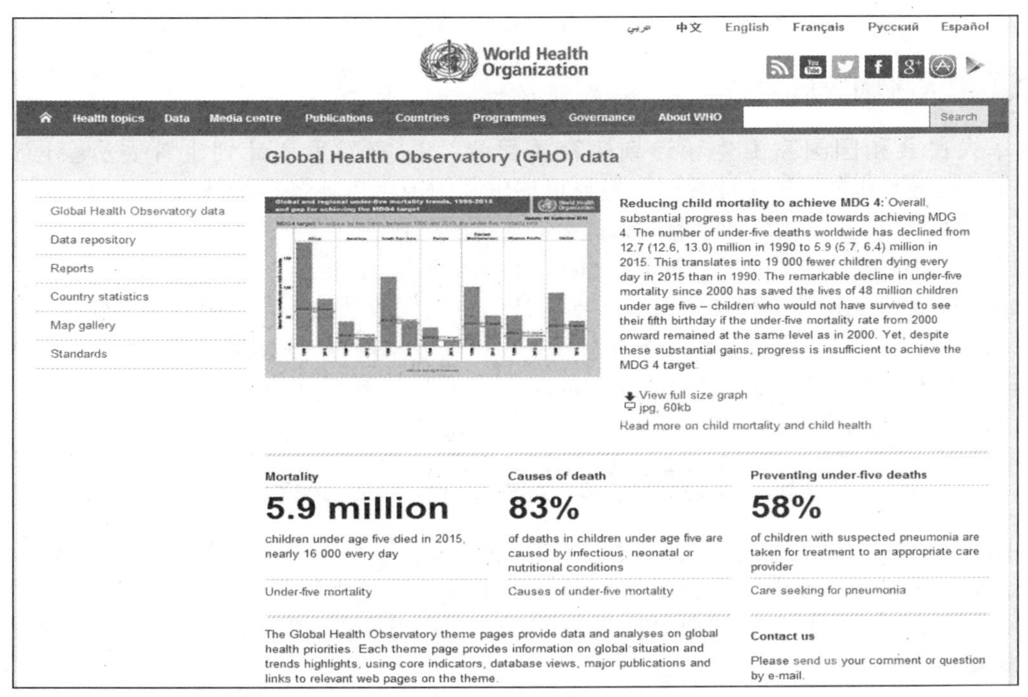

图 8-3-5　WHO 全球卫生观察站

通过 GHO 可获得以下统计数据和资料：疾病负担统计、死亡原因统计、世界卫生报告年度统计、卫生从业人员统计、人口统计、HIV/AIDS 信息与数据、精神病死亡率统计、免疫接种统计等统计数据，以及疾病负担计划、国际疾病分类法及 WHO 术语信息系统、全球酒精数据库、基因组与世界卫生等与卫生和卫生统计有关的信息资料。

页面下方列出了该系统下的 50 多个医疗相关数据库，涉及死亡率疾病负担等范围广泛的指标清单。可按主题、分类、指数、国家等进行选择，查询世界各地卫生相关统计数据和其成员国的国家统计数据和卫生概况。在案例 8-2-1 中，欲查找肥胖的相关统计资料，可按指数查到相关的统计表格，或直接在右上角输入 obesity，在网站内查找相关统计信息，如图 8-3-6 所示。

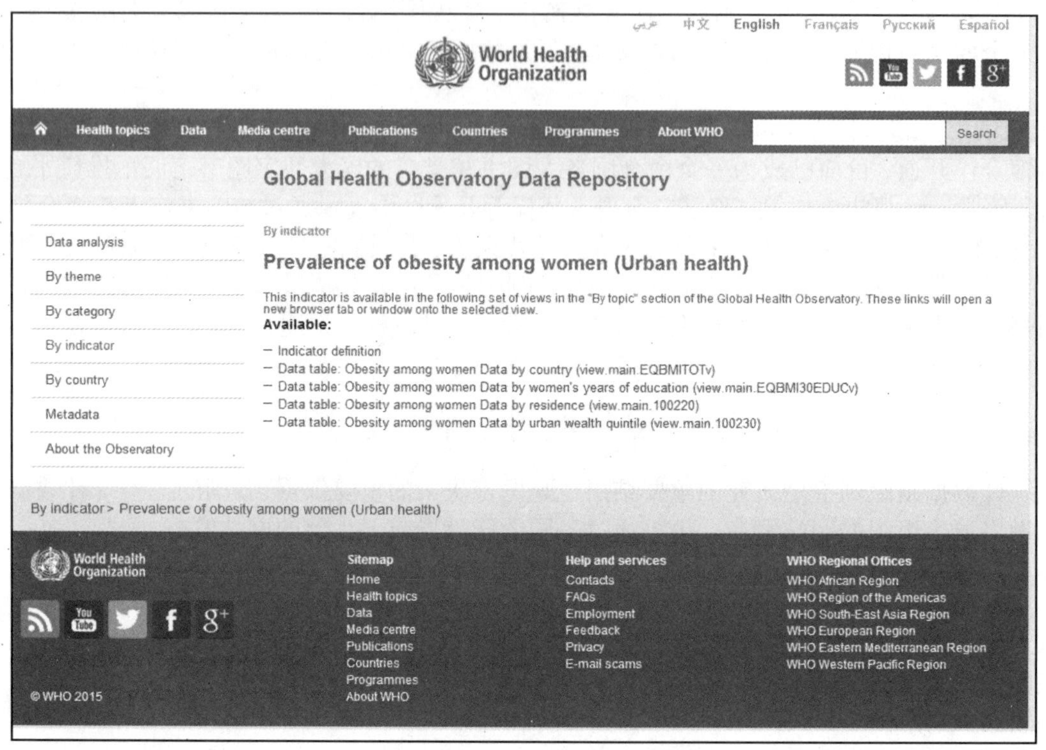

图 8-3-6 GHO 检索结果

（二）进入各国政府网站

1. 中华人民共和国国家卫生和计划生育委员会 国家卫生和计划生育委员会网站（http://www.nhfpc.gov.cn）其右侧“统计数据”栏目可提供我国卫生事业各项统计资料，以公报、月报、季报、年报、专题、统计提要及统计年鉴的形式公布。

2. 美国国家卫生统计中心（National Center for Health Statistics） 美国国家卫生统计中心（http://www.cdc.gov/nchs/）是发布全美国家卫生各项统计信息的权威网站。包括公众健康状况、医疗卫生保健系统、疾病监测、生物医学和卫生服务研究等各领域的数据信息，资源非常丰富。

3. 英国国家统计局（Office for National Statistics） 英国国家统计局（http://www.statistics.gov.uk）的“health & Care”栏目提供英国国家医疗卫生统计数据的查询。

四、免费生物医学图像、视频资源

网络上的医学图库资源主要有实体相片、计算机模拟图片、显微镜下图片、各种放射学图谱等。视频则有录像、动画等。按内容可分为解剖学、生理学、病理组织学、寄生虫学、外科手术、皮肤病皮损及眼底图谱等。这些资料可通过搜索引擎找到，通过专业搜索引擎及专业图库网站也可获得专业图像资源。

（一）利用搜索引擎的图像栏目

一般综合搜索引擎，如 Baidu、Yahoo 等，都有“图像”栏目，点击相应按钮可进行检索。大多数的图片搜索引擎都是根据输入的关键词来搜索图片的，近年来出现了一种新的图片识别搜索引擎，可以通过图片来搜索图片。如加拿大 Idée 公司研发的 http://tineye.com 就是一个典型的以图找图搜索引擎，通过输入本地硬盘上的图片或者输入图片网址，即可自动帮你搜索相似图片。其主要用途有：①发现图片的来源与相关信息；②研究追踪图片信息在互联网的传播；③找到高分辨率版本的图片；④找到图片的不同版本。百度推出其最新的搜索功能——“识图”（http：//shitu.baidu.com），也是基于图片识别技术，搜索出与上传图片相似的图片资源及信息内容。

（二）HON 媒体（HONmedia）

HON 媒体（http：//services.hon.ch/cgi-bin/HONmedia）是 HON 媒体搜索引擎，可搜索其通过人工编制方式建立的独立媒体库，该库包括了 6800 幅图片及视频，以及美国多所医学院校网站和网络媒体资源。

HONmedia 提供关键词检索和分类主题检索两种方法：

1. 关键词检索　可以通过关键词首字母索引检索，如：要检索“obesity”的图像资料，则可在索引中点击“O”，然后在打开的页面上选择“obesity”（后面的数字表示图像的数量），即可获得有关图像；也可在输入框内输入检索词“obesity”直接进行检索。命中图像资料显示出其所属的主题类别、图像标题、图像来源。图像可点击放大、打印或下载。如图 8-3-7 所示。

2. 分类主题检索　通过 HON 提供的主题分类三步骤进行检索。第一步（Step1）通过下拉菜单选择大类（分为解剖学、有机体、疾病、化学制剂和药品等十一大类；第二步（Step2），选择下位类；第三步（Step3），选择术语。

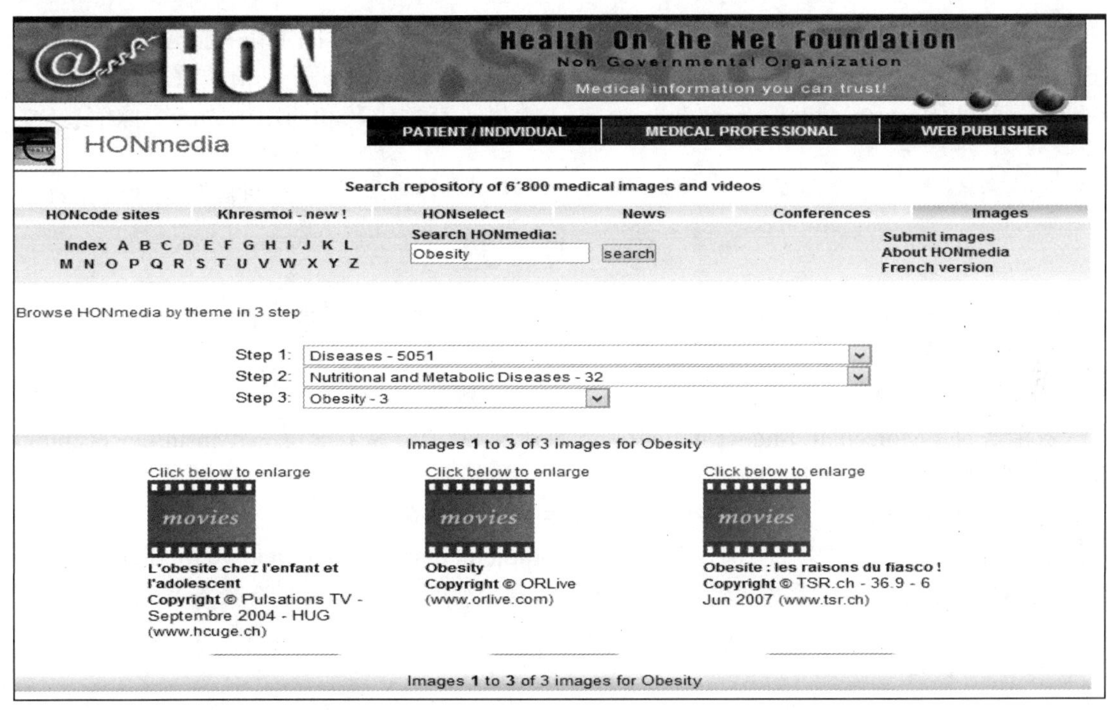

图 8-3-7　HONmedia 关键词检索及主题分类检索

（三）Nucleus

Nucleus（http：//catalog.nucleusinc.com），由 nucleus 公司于 1999 年创建并维护，提供 20 000 幅经医学专业人士制作、审核的医学各类图像及 3 维动画，图像清晰精美，标注详细。可用关键词检索，也可通过主页左栏提供的按人体各系统分类的导航进行检索。关键词检索提供图像类型的限定检索（插图、动画、图像素材、解剖模型图等），如图 8-3-8 所示。

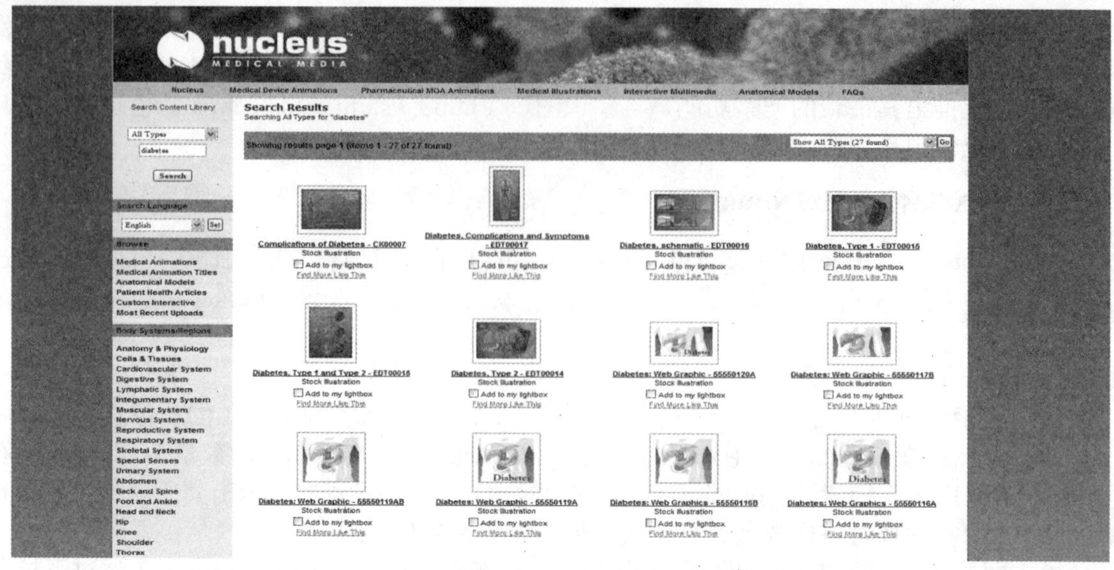

图 8-3-8 nucleus 关键词和人体系统分类导航

（四）中药图像数据库

由香港浸会大学（Hong Kong Baitst University）中医药学院与大学图书馆共同创办的中药材图像数据库（http：//library.hkbu.edu.hk/electronic/libdbs/mmd/index.html）及药用植物图像数据库（http：//library.hkbu.edu.hk/electronic/libdbs/mpd/index.html）提供了有关中药和药用植物的图像信息

（昆明医科大学 李红梅）

思 考 题

研究发现瘦素（Leptin，LP）是由脂肪组织分泌的一种激素，与肥胖有着密切联系。请利用网络检索，然后回答以下问题：

1. 瘦素（Leptin，LP）的定义、发现过程及发明人分别是什么？

2. 发表在期刊《Molecular Endocrinology》上的涉及“瘦素与胰岛素受体（Insulin Receptor）”研究论文，有哪些网站提供其免费全文的链接？

3. 提供关于肥胖（obisity）药物治疗的可信医学网站如何查找？

4. 利用 baidu 学术检索发表在 2012 年《BMC Complementary and Alternative Medicine》期刊上的关于针灸用于减肥的文献，其标题是什么？作者是谁？是否可以免费下载到全文？其被引用次数是多少次？

信息共享与知识产权

知识产权的保护是既要保障权利人的利益，又要促进知识传播与发展。其目的是平衡好这对矛盾。了解并自觉遵守知识产权的相关规定，是大学生信息素养的基本要求之一。掌握相关的规定，可以充分利用人类的知识成果，尊重他人的劳动，开创性的开展自己的工作。

第 1 节　知识产权概述

一、知识产权的概念与范围

产权是经济所有制关系的法律表现形式。包括财产的所有权、占有权、支配权、使用权、收益权和处置权。知识产权（intellectual property）是指对智力劳动成果所享有的占有、使用、处分和收益的权利等。它是一种无形的财产权。智力劳动成果是指从事智力劳动所创造取得的成果，如科学发明、技术成果，艺术创作成果、学术论著等。智力成果的法律表现形式主要为商标权、专利权、专有技术、著作权等。

知识产权保护对于推动人类社会的发展有着十分重要的意义。当今社会的进步和人类的幸福越来越取决于其在技术与文化领域取得新的成果，而知识产权制度鼓励和保护创新的宗旨对于人类发明创造活动的继续进行具有极其重要的作用。近年来很多新兴产业的发展都是受益于知识产权保护。

二、知识产权的特征

知识产权的主要特征有：①无形财产权：与有形财产权相比，知识产权的客体是智力成果，是一种无形的精神财富。权利人对于这类财产不发生有形控制的占有。这类财产不发生有形损耗的使用。②法定性：与有形财产不同，知识产权的权利来自法律的规定，包括知识产权的获得、内容、行使、保护和期限等均由各国通过制定相关知识产权的相关法律确定的。③专有性：知识产权为权利人所独占，权利人垄断这种专有权并受到严格保护，没有法律规定或权利人许可，任何人不得使用权利人的智力成果。对于同一项智力成果，不允许有两个或两个以上同一属性的知识产权并存。④地域性：知识产权是按照一国国家法律获得承认和保护的知识产权，只能在该国发生法律效力；如果要获得域外效力，可以通过签订双边互惠协定或国际公约。⑤时间性：为了平衡知识产权的专有权与社会公众不受限制的公共知识的权利，知识产权对其保护的客体具有一定的时间性，一旦超出法律规定的有效期限，这一权利就自动消失，知识成果就会转化为整个社会的共同财富，为全人类共同使用。⑥双重性：该权利既有某种人身权性质，例如：发表权、署名权、修改权等，又包含财产权的内容。

三、知识产权制度的国际化发展趋势

知识产权的无形性和易传播性，使得在本国产生的智力成果在国外不能取得当然的保护；另外同时由于现代传播和交流工具的快捷和方便，使智力成果十分容易超过国界而进入他国。如果不对这些智力成果进行有效的国际保护，势必会影响、阻碍国际贸易及科学技术和文化的正常交流与合作。1883 年世界各国就在巴黎缔结了《保护工业产权巴黎公约》，并于 1884 年正式生效。我国于 1985 年 3 月 19 日正式加入了该公约。此外，我国目前已加入的国际性公约还包括：《商标国际注册马利德里协定》《保护文学艺术作品伯尔尼公约》《世界版权公约》《专利合作条约》等。1986 年开始的关贸总协定乌拉圭回合谈判，将知识产权首次纳入议题，形成了《与贸易有关的知识产权协议》。世界贸易组织建立后，该协议成为世贸组织内最重要的协议之一，知识产权保护与经济、贸易的结合得到了紧密联系，标志着

知识产权制度国际化发展进入了一个崭新的阶段。

在国际上著作权是自动产生的。作品完成后，就可以根据有关规定获得有关国家的著作权法保护。工业产权不能自动产生，权利人必须向有关国家或者国际组织办理申请注册登记手续，取得有关国家工业产权主管机关颁发的证书，才能依该国法律规定获得保护。

第2节 著 作 权

案例 9-2-1

杨黎明系《别让职场中的"蝴蝶效应"伤了你》（原名：《办公室舆论的威力》）一文的作者。该作品于 2010 年 11 月 1 日首次公开发表于《广州日报》。2014 年，发现杭州高新区人才开发中心于 2010 年 11 月 15 日将该作品刊载于其经营的"高新人才网"（具体网址：http：//www.hhrc.com.cn/IndexAction.viewNews.actid=3719）。没有署作者姓名，而且还做了部分修改。

问题：

1. 杭州高新区人才开发中心是事业单位，有没有侵犯作者杨黎明的著作权？
2. 如果侵权，具体侵犯了作者哪些权利？
3. 如果侵权，侵权方应当怎样消除其影响，以保护作者的权利？

分析：

1. 侵权的主体包括自然人和法人。事业单位属于法人，不存在免于侵权的责任。
2. 我国著作权法规定，作者享有其对该作品的信息网络传播权、修改权、署名权、获酬权、保护作品完整权。
3. 我国著作权法规定，侵犯行为发生后，应当根据情况，承担停止侵害、消除影响、赔礼道歉、赔偿损失等责任。

一、著作权的概念

著作权又称版权（copyright），是作者对其创作的文学、艺术、科学技术等作品依法享有的某些特殊权利。我国调整著作权的法律法规有：《中华人民共和国著作权法》《中华人民共和国著作权法实施条例》《计算机软件保护条例》和《网络信息传播权保护条例》等。著作权是依法自动产生的，自作品创作完成的时间起，无论作品是否发表，作者无需履行任何手续即可成为著作权的主体。著作权的主体作者，可以是公民，也可以是法人或者其他组织。我国《著作权法》规定的著作权的客体为十类作品：①文字作品；②口述作品；③音乐、戏剧、曲艺、舞蹈、杂技艺术作品；④美术、建筑作品；⑤摄影作品；⑥电影作品和以类似摄制电影的方法创作的作品；⑦工程设计图、产品设计图、地图、示意图等图形作品和模型作品；⑧计算机软件；⑨法律、行政法规规定的其他作品。不受著作权法保护或不适用于著作权法的作品包括：依法禁止出版、传播的作品；法律、法规，国家机关的决议、决定、命令和其他具有立法、行政、司法性质的文件，及其官方正式译文；时事新闻；历法、通用数表、通用表格和公式。

二、著作权的内容和期限

著作权包括人身权和财产权。人身权又称精神权利，指作者享有与其作品有关的以人格利益为内容的主要权利。具体包括：①发表权，即决定作品是否公之于众的权利；②署名权，即表明作者身份，在作品上署名的权利；③修改权，即修改或者授权他人修改作品的权利；④保护作品完整权，即保护作品不受歪曲、篡改的权利。财产权又称经济权利，是指著作权人通过使用作品或者允许他人使用作品而获得报酬的权利。使用作品的方式包括：⑤复制权，即以印刷、复印、拓印、录音、录像、翻录、翻拍等方式将作品制作一份或者多份的权利；⑥发行权，即以出售或者赠与方式向公众提供作品的原件或者复制件的权利；⑦出租权，即有偿许可他人临时使用电影作品和以类似摄制电影的方法创作的作品、计算机软件的权利，计算机软件不是出租的主要标的的除外；⑧展览权，即公开陈列美术作品、摄影作品的原件或者复制件的权利；⑨表演权，即公开表演作品，以及用各种手段公开播送作品的表演的权利；⑩放映权，即通过放映机、幻灯机等技术设备公开再现美术、摄影、电影和以类似摄制电影的方法创作的作品等的权利；⑪广播权，即以无线方式公开广播或者传播作品，以有线传播或者转播的方式向公众传播广播的作品，以及通过扩音器或者其他传送符号、声音、图像的类似工具向公众传播广播的作品的权利；⑫信息网络传播权，即以有线或者无线方式向公众提供作品，使公众可以在其个人选定的时间和地点获得作品的权利；⑬摄制权，即以摄制电影或者以类似摄制电影的方法将作品固定在载体上的权利；⑭改编权，即改变作品，创作出具有独创性的新作品的权利；⑮翻译权，即将作品从一种语言文字转换成另一种语言文字的权利；⑯汇编权，即将作品或者作品的片段通过选择或者编排，汇集成新作品的权利；⑰应当由著作权人享有的其他权利。

此外，我国的著作权法还涉及了与著作权有关的权利，即邻接权。它是指作品的传播者在传播作品的过程中，对其付出的创造性劳动成果依法享有特定的专有权利的统称。包括：出版者对其出版的图书和报刊享有的权利，表演者对其表演享有的权利，录音录像制作者对其制作的录音录像制品享有的权利，广播电台、电视台对其制作的广播、电视节目享有的权利。

根据我国著作权法的有关规定，改编、翻译、注释、整理已有作品而产生的作品，其著作权由改编、翻译、注释、整理人享有，但行使著作权时不得侵犯原作品的著作权。两人以上合作创作的作品，著作权由合作作者共同享有。合作作品可以分割使用的，作者对各自创作的部分可以单独享有著作权，但行使著作权时不得侵犯合作作品整体的著作权。汇编若干作品、作品的片段或者不构成作品的数据或者其他材料，对其内容的选择或者编排体现独创性的作品，为汇编作品，其著作权由汇编人享有，但行使著作权时，不得侵犯原作品的著作权。电影作品和以类似摄制电影的方法创作的作品的著作权由制片者享有，但编剧、导演、摄影、作词、作曲等作者享有署名权，并有权按照与制片者签订的合同获得报酬。受委托创作的作品，著作权的归属由委托人和受托人通过合同约定。合同未作明确约定或者没有订立合同的，著作权属于受托人。

公民为完成法人或者其他组织工作任务所创作的作品是职务作品，著作权一般由作者享有，但法人或者其他组织有权在其业务范围内优先使用。作品完成两年内，未经单位同意，作者不得许可第三人以与单位使用的相同方式使用该作品。有下列情形之一的职务作品，作者享有署名权，著作权的其他权利由法人或者其他组织享有，法人或者其他组织可以给予作者奖励：①主要是利用法人或者其他组织的物质技术条件创作，并由法人或者其他组织承担责任的工程设计图、产品设计图、地图、计算机软件等职务作品；②法律、行政法规规定或者合同约定著作权由法人或者其他组织享有的职务作品。

计算机软件包括计算机程序及其有关文档。计算机程序是指为了得到某种结果而可以由计算机等具有信息处理能力的装置执行的代码化指令序列，或者可以被自动转化成代码化指令序列的符号化指令序列或者符号化语句序列。同一计算机程序的源程序和目标程序为同一作品。文档是指用来描述程序的内容、组成、设计、功能以及使用方法的文字资料和图表等，程序设计说明书、流程图、用户手册等。根据我国法律规定，软件著作权进行登记制度。

各国国家的著作权法对于不同类型的作品都规定了保护期。对于著作权的精神权利和经济权利有统一处理的，也有分开处理的。我国著作权法规定，作者的署名权、修改权、保护作品完整的保护期不受限制。公民的作品，其发表权、使用权和获得报酬权的保护期为作者终生及其死后五十年，截止于作者死亡后第五十年的 12 月 31 日；如果是合作作品，截止于最后死亡的作者死亡后第五十年的 12 月 31 日。法人或者其他组织的作品、版权（署名权除外）由法人或者其他组织享有的职务作品，其发表权、使用权和获得报酬权的保护期为五十年，截止于作品首次发表后第五十年的 12 月 31 日。但作品创作完成后五十年内未发表的，不再受著作权法保护。电影、电视、录像和摄影作品的发表权、使用权和获得报酬的保护期为五十年，截止于作品首次发表后第五十年的 12 月 31 日，但作品自创作完成后五十年内未发表的，不再受著作权法保护。

三、著作权的侵权行为

著作权侵权行为，是指未经著作权人或邻接权人许可，又无法律上的依据，擅自对著作权法保护的作品或制品等进行利用，或以其他非法手段行使著作权或邻接权的行为。根据我国著作权法的规定，著作权侵权的构成条件如下：①具有著作权或者邻接权被侵害的客观事实；②利用作品、复制品的行为具有违法性；③行为人主观上有过错。

我国著作权法对其具体侵权情形列举如下：①未经著作权人许可，发表其作品的；②未经合作作者许可，将与他人合作创作的作品当作自己单独创作的作品发表的；③没有参加创作，为谋取个人名利，在他人作品上署名的；④歪曲、篡改他人作品的；⑤剽窃他人作品的；⑥未经著作权人许可，以展览、摄制电影和以类似摄制电影的方法使用作品，或者以改编、翻译、注释等方式使用作品的（本法另有规定的除外）；⑦使用他人作品，应当支付报酬而未支付的；⑧未经电影作品和以类似摄制电影的方法创作的作品、计算机软件、录音录像制品的著作权人或者与著作权有关的权利人许可，出租其作品或者录音录像制品的（法令有规定的除外）；⑨未经出版者许可，使用其出版的图书、期刊的版式设计的；⑩未经表演者许可，从现场直播或者公开传送其现场表演，或者录制其表演的；⑪其他侵犯著作权以及与著作权有关的权益的行为。

四、著作权的合理使用

合理使用是指为了扩大作品的广泛传播，在著作权法规定的某些情况下使用作品时，可以不经著作权人许可，不向其支付报酬，但应当指明作者姓名、作品名称，并且不得侵犯著作权人依照著作权法享有的其他权利。我国著作权法规定的合理使用包括：①为个人学习、研究或者欣赏，使用他人已经发表的作品；②为介绍、评论某一作品或者说明某一问题，在作品中适当引用他人已经发表的作品；③为报道时事新闻，在报纸、期刊、广播电台、电视台等媒体中不可避免地再现或者引用已经发表的作品；④报纸、期刊、广播电台、电视台等媒体刊登或者播放其他报纸、期刊、广播电台、电视台等媒体已经发表的关于政治、经济、宗教问题的时事性文章，但作者声明不许刊登、播放的除外；⑤报纸、期刊、广播电台、电视台等媒体刊登或者播放在公众集会上发表的讲话，但作者声明不许刊登、播放的除外；⑥为学校课堂教学或者科学研究，翻译或者少量复制已经发表的作品，供教学或者科研人员使用，但不得出版发行；⑦国家机关为执行公务在合理范围内使用已经发表的作品；⑧图书馆、档案馆、纪念馆、博物馆、美术馆等为陈列或者保存版本的需要，复制本馆收藏的作品；⑨免费表演已经发表的作品，该表演未向公众收取费用，也未向表演者支付报酬；⑩对设置或者陈列在室外公共场所的艺术作品进行临摹、绘画、摄影、录像；⑪将中国公民、法人或者其他组织已经发表的以汉语言文字创作的作品翻译成少数民族语言文字作品在国内出版发行；⑫将已经发表的作品改成盲文出版。这些规定适用于对出版者、表演者、录音录像制作者、广播电台、电视台的权利的限制。

法定许可，指按照法律的规定，可以不经作者或其他著作权人同意而使用其已发表的作品。根据法定许可而使用他人作品时，应当按照规定，向作者或其他著作权人支付报酬，并应当注明作者姓名、作品名称和出处。我国著作权法规定的法定许可有以下几种情况：①为实施九年制义务教育和国家教育规划而编写出版教科书，除作者事先声明不许使用的外，可以不经著作权人许可，在教科书中汇编已经发表的作品片段或者短小的文字作品、音乐作品或者单幅的美术作品、摄影作品，但应当按照规定支付报酬，指明作者姓名、作品名称，并且不得侵犯著作权人依照著作权法享有的其他权利；②作品在报刊刊登后，除著作权人声明不得转载、摘编的外，其他报刊可以转载或者作为文摘、资料刊登；③录音制作者使用他人已经合法录制为录音制品的音乐作品制作录音制品，可以不经著作权人许可，但应当按照规定支付报酬；著作权人声明不许使用的不得使用；④广播电台、电视台播放他人已发表的作品；⑤广播电台、电视台播放已经出版的录音制品，可以不经著作权人许可，但应当支付报酬。当事人另有约定的除外。

本案例中，法院判令杭州高新区人才开发中心侵害了杨黎明享有的信息网络传播权、署名权和修改权。被告应在“杭州高新人才网”（www.hhrc.com.cn），上赔礼道歉。杭州高新区人才开发中心赔偿杨黎明经济损失（含合理费用）人民币 2500 元。

第3节　专　利　法

案例 9-3-1

原告江西珍视明药业有限公司系“包装盒（四味珍层冰硼滴眼液 13ML）”外观设计专利权人，专利号为 ZL201030049429.2，专利申请日为 2010 年 1 月 8 日，授权公告日为 2010 年 8 月 18 日。原告生产多款珍视明滴眼液产品，针对涉案产品邀请明星进行代言广告宣传等。被告柳少燕系个体工商户，核准成立于 2013 年 5 月 23 日，注册金额 15 万元，经营范围为中成药、中药饮片、化学药制剂、中医器械、保健食品等。被告在其经营的宁德市蕉城区蕉北瑞安堂药店销售的“珍视明滴眼液”，其包装盒与涉案专利近似。

问题：

1. 原告江西珍视明药业有限公司系“包装盒（四味珍层冰硼滴眼液 13ML）”外观设计专利权是否还在有效的专利保护期限内？

2. 外观设计专利的相似性，最终由谁来决定？

3. 如果属于侵权，被告应该如何处理其侵权产品？

分析：

1. 我国专利法规定，发明专利权的期限为二十年，实用新型专利权和外观设计专利权的期限为十年，均自申请日起计算。该案专利申请日为 2010 年 1 月 8 日。被告公司成立于 2013 年 5 月 23 日，发现其包装盒与涉案专利近似的时间在 2014 年初。

2. 外观设计专利的相似性，最终由法院来决定。该案中，法院认真对比了两个产品外观的信息后，认为，从整体视觉效果上看，被控侵权产品的外观设计主视图与涉案专利主视图构成近似；且被控侵权产品的后视图和主视图完全相同，被控侵权产品的后视图的整体视觉效果亦近似于涉案专利主视图。根据涉案专利及被控侵权产品的实物，一般消费者在产品正常使用时容易直接观察到的部位是涉案产品的主视图及后视图，被控侵权产品的外观设计与涉案专利的外观设计在视觉效果上相近似。且被控产品和涉案专利使用的产品均为滴眼液，属于相同产品。

3. 如果判定为侵权行为，被告应当停止销售其侵权产品，并销毁库存的侵权产品。

一、专利与专利权

专利（patent）在日常的理解中有三种不同的含义：专利、专利权、专利文献。专利即专利技术，是指取得专利权的发明创造；专利权指国家专利审批权力机关对提出专利申请的发明创造，经依法审查合格后，向专利申请人授予的、在规定时间内对该项发明创造享有的专利权。发明创造者一旦有了新的技术以后，可以采用不公开的形式，作为技术秘密保护，也可以采用申请专利的形式来保护。我国专利法明确规定，专利法的立法目的是为了保护发明创造专利权，鼓励发明创造，有利于发明创造的推广应用，促进科学技术进步和创新，适应社会主义现代化建设的需要。我国与专利有关的法律法规有：《中华人民共和国专利法》《专利法实施细则》《专利审查指南》《专利行政执法办法》和《专利代理管理办法》等。

专利文献主要有：专利申请说明书、专利说明书、实用新型说明书、工业品外观设计说明书、专利公报、专利索引等。专利文献中包含着大量专利的法律、技术、经济、工业等方面的信息。法律信息是有关构成专利技术的法律内容的信息：一项专利申请是否获得专利权，一件专利的权利范围、地域效力、时间效力、权利人等。技术信息是有关申请专利的发明创造技术内容的信息：某一技术领域内的新发明创造；某一特定技术的发展历史；某一技术关键的解决方案（如产品、设备、方法）；一项申请专利的发明创造所属技术领域、技术主题内容提要。经济信息，是与专利技术的经济市场及技术本身的价值有关的信息，包括：一项专利技术的经济市场范围；一项发明创造的技术价值等。工业信息是与工业企业拥有专利技术情况有关的信息：某工业企业的专利技术拥有量、研究动向等。专利文献是一种重要科学技术的资源。它是管理人员了解国内外技术发展现状，进行技术预测和作出科学决策的依据；是科研和工程技术人员进行课题研究，解决技术难题的重要参考资源。通过专利文献可以了解某项技术的专利状况，了解竞争对手的情况，决定引进某项专利或者开展新的专利研究，开发出适销对路的新产品。

二、专利的申请、审批和授予

在国际上，专利一般是指发明专利。我国专利法规定的专利有三种：发明专利、实用新型专利和外观设计专利。发明，是指对产品、方法或者其改进所提出的新的技术方案。发明必须是一种技术方案，是发明人将自然规律在特定技术领域进行运用和结合的结果，而不是自然规律本身，因而科学发现不属于发明范畴。发明分为产品发明、方法发明两种类型。产品发明是关于新产品或新物质的发明，这种产品或物质是自然界从未有过的，是人利用自然规律作用于特定事物的结果。方法发明是指为解决某特定技术问题而采用的手段和步骤的发明。实用新型是指对产品的形状、构造或者其结合所提出的适于实用的新的技术方案。实用新型专利只保护产品。该产品应当是经过工业方法制造的、占据一定空间的实体。其方法包括产品的制造方法、使用方法、通讯方法、处理方法、计算机程序以及将产品用于特定用途等。产品的形状是指产品所具有的、可以从外部观察到的确定的空间形状。产品的构造是指产品的各个组成部分的安排、组织和相互关系。外观设计又称为工业产品外观设计，是指对产品的形状、图案或者其结合以及色彩与形状、图案相结合所作出的富有美感并适于工业上应用的新设计。外观设计的载体必须是产品。形状是指对产品造型的设计，也就是指产品外部的点、线、面的移动、变化、组合而呈现的外表轮廓，即对产品的结构、外形等同时进行设计、制造的结果；图案是指由任何线条、文字、符号、色块的排列或组合而在产品的表面构成的图形。

授予专利权的发明和实用型应当具备新颖性、创造性和实用性。新颖性是指在申请日以前没有同样的发明创造在国内外出版物上公开发表过、在国内公开使用过或者以其他方式为公众所知，也没有同样的发明或者实用新型由他人向国家知识产权专利局提出过申请并记载在申请日以后公布的专利申请文件中。创造性是指同申请日以前已有的技术相比，该发明有突出的实质性特点和显著的进步，该实用新型有实质性特点和进步。在技术方案的构成上有实质性的差别，必须是通过创造性思维活动的结果，不能是现有技术通过简单的分析、归纳、推理就能够自然获得的结果。实用性是指该发明或者实用新型能够制造或者使用，并且能够产生积极效果。该技术能够在产业中制造或者使用。产业中的制造和使用是指具有可实施性及再现性。授予专利权的外观设计应当具备新颖性、实用性和富有美感。新颖性是指应当同申请日以前在国内外出版物上公开发表过或者国内公开使用过的外观设计不相同和不相近似。外观设计必须依附于特定的产品，因而不仅指形状、图案、色彩或其组合外观设计本身不相同，而且指采用设计方案的产品也不相同。实用性是指该外观设计必须适于工业应用。这要求外观设计本身以及作为载体的产品能够以工业的方法重复再现，即能够在工业上批量生产。富有美感是指该外观设计从视觉感知上的愉悦感受，与产品功能是否先进没有必然联系。

专利法不予保护的对象：①违反国家法律、社会公德，妨碍公共利益。②科学发现。它是指对自然界中客观存在的现象、变化过程及其特性和规律的揭示。这些被认识的物质、现象、过程、特性和规律不同于改造客观世界的技术方案，不是专利法意义上的发明创造。③智力活动的规则和方法。智力活动，是指人的思维运动，它源于人的思维，经过推理、分析和判断产生出抽象的结果，或者必须经过人的思维运动作为媒介才能间接地作用于自然产生结果，它仅是指导人们对信息进行思维、识别、判断和记忆的规则和方法，由于其没有采用技术手段或者利用自然法则，也未解决技术问题和产生技术效果，因而不构成技术方案。④疾病的诊断和治疗方法。将疾病的诊断和治疗方法排除在专利保护范围之外，是出于人道主义的考虑和社会伦理的原因，医生在诊断和治疗过程中应当有选择各种方法和条件的自由。另外，这类方法直接以有生命的人体或动物体为实施对象，理论上认为不属于产业，无法在产业上利用，不属于专利法意义上的发明创造。但是药品或医疗器械可以申请专利。⑤动物和植物品种。但是对于动物和植物品种的生产方法，可以依照授予专利权。⑥用原子核变换方法获得的物质。

申请发明或者实用新型专利的，应当提交发明专利请求书、摘要、摘要附图（适用时）、说明书、权利要求书、说明书附图。请求书应当写明发明或者实用新型的名称，发明人或者设计人的姓名，申请人姓名或者名称、地址，以及其他事项。申请外观设计专利的，应当提交：外观设计专利请求书、图片或者照片以及对该外观设计的简要说明。

在专利说明书中，有与本专利最相关的、对其发明创造的理解、检索和审查有用的现有技术的发展状况，有该发明或实用新型已解决的现有技术问题和存在的技术困难，引证反映这些背景技术的对比文献，客观地指出现有技术的缺点和不足。有与该发明或实用新型解决的技术问题以及解决该技术问题所采用的技术方案等。说明书应当对发明或者实用新型作出清楚、完整的说明，以所属技术领域的技术人员能够实现为准。权利要求书应当以说明书为依据，说明要求专利保护的范围。

申请外观设计专利的，应当提交请求书以及该外观设计的图片或者照片等文件，并且应当写明使用该外观设计的产品及其所属的类别。

我国受理专利申请的机构是国家知识产权局专利局或者设在地方的国家知识产权局专利局代办处。

发明专利的申请一般经过以下阶段：①初步审查。主要是专利局对专利申请文件进行形式审查。②早期公开。对初审合格的发明专利申请，自申请日起满 18 个月，将该申请予以公布。专利局可以根据申请人的请求早日公布其申请。③请求实质审查。申请人可以在提出申请的同时提出该请求，也可以在自申请日起满 3 年内随时提出。申请人无正当理由逾期不请求实质审查的，该申请即被视为撤回。专利局认为必要时，可以自行对发明专利申请进行实质审查。④实质审查。即对申请发明专利的新颖性、创造性和实用性条件进行实质审查。⑤授予专利权。发明专利申请经实质审查没有发现驳回理由的，专利局应当作出授予专利权的决定，发给发明专利证书，予以登记和公告。

实用新型和外观设计专利申请只进行初步审查，经过初步审查，专利局没有发现驳回理由的，应当作出授予专利权的决定，发给相应的专利证书。

三、专利权的期限、终止与无效

专利法一方面为了调动科技人员发明创造的积极性，保护发明创造人的利益，另一方面为了有利于技术推广应用，各国专利法都对不同的专利给予不同的保护期限。我国专利法规定，发明专利权的期限为二十年，实用新型专利权和外观设计专利权的期限为十年，均自申请日起计算。

专利权终止是指专利权因保护期届满或其他原因在保护期届满前失去法律效力。专利权终止的主要原因为：保护期届满、没有按期缴纳年费或者专利权人声明放弃。

专利权的无效是指对已授予的专利权，因不符合专利法的规定，由专利复审委员会宣告其不具有法律约束力。专利无效宣告的目的在于及时纠正专利授权中的失误，确保所授专利权的质量，保护其他发明创造人的利益。实行无效宣告有利于社会对专利授权行为进行监督，以保证专利的质量。我国专利法规定，自国务院专利行政部门公告授予专利权之日起，任何单位或者个人认为该专利权的授予不符合本法有关规定的，都可以请求专利复审委员会宣告该专利权无效。宣告专利权无效的理由：①授予专利权的发明创造不符合专利授权的实质性条件；②授予专利权的发明创造不是专利法意义上的发明、实用新型或外观设计或超出了专利授权的范围，或者违反国家法律、社会公德或者妨害社会公共利益的发明创造；③专利权人的专利申请文件不符合法律规定，撰写不当；④违反了专利申请应遵循的先申请原则、优先权原则或单一性原则。被宣告无效的专利权视为自始不存在。

四、专利侵权行为

专利侵权行为是指在专利权有效期内，行为人未经专利权人许可又无法律依据，以营利为目的实施他人专利的行为。专利侵权行为构成要件：①侵害的对象是有效的专利。②必须有侵害行为，即行为人在客观上实施了侵害他人专利的行为。③以生产经营为目的。非生产经营目的的实施，不构成侵权。④侵权行为的违法性，即行为人实施专利的行为未经专利权人的许可，又无法律依据。

专利侵权行为的形式有直接侵权行为和间接侵权行为。直接侵权行为：①制造发明、实用新型、外观设计专利产品的行为；②使用发明、实用新型专利产品的行为；③许诺销售发明、实用新型专利产品的行为；④销售发明、实用新型或外观设计专利产品的行为；⑤进口发明、实用新型、外观设计专利产品的行为；⑥使用专利方法以及使用、许诺销售、销售、进口依照该专利方法直接获得的产品的行为；⑦假冒他人专利的行为。间接侵权行为。这是指行为人本身的行为并不直接构成对专利权的侵害，但实施了诱导、怂恿、教唆、帮助他人侵害专利权的行为。常见的表现形式有：行为人销售专利产品的零部件、专门用于实施专利产品的模具或者用于实施专利方法的机械设备；行为人未经专利权人授权或者委托，擅自转让其专利技术的行为等。

根据我国专利法及其有关法律的规定，侵权行为人应当承担的法律责任包括民事责任、行政责任与刑事责任。行政责任是指专利管理部门有权责令侵权行为人停止侵权行为、责令改正、罚款等。民事责任包括：停止侵权、赔偿损失和消除影响。对于假冒他人专利，情节严重的，应对直接责任人员追究刑事责任。

五、专利权的限制

专利权的限制是指专利法规定的，允许第三人在某些特殊情况下可以不经专利权人许可而实施其专利，且其实施行为并不构成侵权的一种法律制度。根据我国专利法的规定，专利权的限制主要有：不视为侵犯专利权的行为、强制许可和国家计划许可。

不视为侵犯专利权的行为包括：①在先使用：在专利申请日以前已经制造相同产品或者已经作好制造、使用的必要准备，并且仅在原有范围内继续制造、使用的，不视为侵权。实施的发明创造，或者是行为人自行研究开发或者设计出来的，或者是通过合法的受让方式取得的。②专利权用尽：专利权人自己制造、进口或者许可他人制造、进口的专利产品或者依照专利方法直接获得的产品售出后，任何人使用、许诺销售或者销售该产品的，不再需要得到专利权人的许可或者授权，不构成侵权。就是说，专利权人只对专利产品的首次销售享有专有权。③临时过境：临时通过我国领域、领水或领空的外国的海陆空运输工具为其自身需要而使用在我国享有专利权的机械装置和零部件的，无须得到我国专利权人许可，不构成侵权。这里强调的是自身需要，如果在临时过境运输工具上载有仿制专利的产品，不在此合理使用范围之内。④非生产经营目的利用：为科学研究和实验目的，为教育、个人及其他非为生产经营目的使用专利技术的，可以不经专利权人的许可，不视为侵权行为。当然这种使用不能对专利权人的潜在的市场利益构成威胁。

强制许可是指国务院专利行政部门不经专利权人同意，通过行政程序授权他人实施发明或者实用新型专利的一种法律制度。①合理条件的强制许可：具备实施条件的单位以合理的条件请求发明或者实用新型专利权人许可实施其专利，而未能在合理长的时间内获得这种许可时，国务院专利行政部门根据该单位的申请，可以给予实施该发明专利或者实用新型专利的强制许可。②国家强制许可：在国家出现紧急状态或者非常情况时，或者为了公共利益的目的，国务院专利行政部门可以给予实施发明专利或者实用新型专利的强制许可。③依存专利强制许可：一项取得专利权的发明或者实用新型比在前已经取得专利权的发明或者实用新型具有显著经济意义的重大技术进步，而其实施又有赖于前一专利实施的，国务院专利行政部门根据后一专利的专利权人的申请，可以给予实施前一发明或者实用新型的强制许可。同时，前一专利权人有权在合理的条件下，取得使用后一专利中的发明或者实用新型的强制许可。

申请人向国务院专利行政部门提出实施发明或者实用新型专利的强制许可时，应当提出未能以合理条件与专利权人签订实施许可合同的证明。国务院专利行政部门作出的给予实施强制许可的决定，应当及时通知专利权人，并予以登记和公告。取得实施强制许可的单位或者个人所获得的实施权，是普通实施权，不享有独占的实施权；而且只能由强制许可实施人自己实施，不得再许可任何第三人实施。取得实施强制许可的单位或者个人应当向专利人支付合理的使用费。

国家计划许可：对国家利益或者公共利益具有重大意义的国有企事业单位的发明专利，经国务院有关主管部门和省级人民政府经国务院批准，可以决定在批准的范围内推广应用，允许指定的单位实施，由实施单位按照国家规定向专利权人支付使用费。

本案例中，法院最后判定，被告在未经权利人许可的情况下擅自销售与涉案专利近似的产品，侵犯了原告对涉案专利享有的外观设计专利权，依法应承担停止侵权的法律责任。立即停止销售其侵权产品，并销毁库存的侵权产品。

第 4 节 信息资源共享与知识产权保护

案例 9-4-1

原告陈某，于 1999 年 4 月出版了《当代中国刑法新视界》一书。1999 年 6 月出版了《刑法适用总论》。1987 年 6 月社出版了《正当防卫论》一书。被告中国 B 图书馆于 2000 年 1 月 17 日成立，企业性质为有限责任公司。该公司所设的“中国 B 图书馆”网站，以搜集、整理和发布他人作品为主。被告未经原告同意，在自己的网站上使用原告以上的三部作品。读者付费后就成为被告网站的会员，可以在该网站上阅读并下载网上作品。原告陈某主张被告 B 图书馆的侵权行为给其造成 40 万元的经济损失。

问题：

1. 图书馆是搜集、整理、收藏图书资料供人阅览参考的机构，向社会公众提供作品，对传播知识和促进社会文明进步。该案是否属于合理使用的范围？

2. 上述三部作品都已公开出版发行，被告将其收入 B 图书馆中，有利于这三部作品的再次开发利用，是否属于侵权？

3. 如果属于侵权，被告应当赔偿原告多少经济费用？

分析：

1. B 图书馆作为企业法人，将原告陈某的作品上载到国际互联网上。对作品使用的这种方式，扩大了作品传播的时间和空间，扩大了接触作品的人数，超出了作者允许社会公众接触其作品的范围。B 图书馆未经许可在网上使用陈某的作品，并且没有采取有效的手段保证陈某获得合理的报酬。这种行为妨碍了陈某依法对自己的作品行使著作权，是侵权行为。

2. 著作权中的“信息网络传播权”，即以有线或者无线的方式向公众提供作品，使公众可以在个人选定的时间、地点从信息网络上获得作品。陈某允许有关出版社以出版发行的方式将这三部作品固定在纸张上提供给公众。被告 B 图书馆未经陈某许可，将这三部作品列入“中国 B 图书馆”网站中，势必对陈某在网络空间行使这三部作品的著作权产生影响，侵犯陈某对自己作品享有的信息网络传播权。

3. 我国著作权法第四十八条第一款规定：“侵犯著作权或者与著作权有关的权利的，侵权人应当按照权利人的实际损失给予赔偿；实际损失难以计算的，可以按照侵权人的违法所得给予赔偿。赔偿数额还应当包括权利人为制止侵权行为所支付的合理开支。”第二款规定：“权利人的实际损失或者侵权人的违法所得不能确定的，由人民法院根据侵权行为的情节，判决给予五十万元以下的赔偿。”原告陈某主张被告 B 图书馆的侵权行为给其造成 40 万元的经济损失。但是，陈某没有举证证明自己的实际损失或者侵权人的违法所得相当于诉讼请求赔偿的数额。

一、信息资源共享与知识产权保护

信息资源共享的目的是促进信息的充分交流，尽量扩大社会公众对于知识的使用面，追求信息资源被充分利用，只有通过广泛的社会信息交流，人们才能便捷地获得自己所需要的信息，然后经过人的加工处理形成新的知识，社会的共同知识财富将越来越多，最终推动人类文明的发展。任何智力成果都离不开借鉴和使用前人已有的成果，创作者通过对已有信息资源的充分利用，吸取其精华来创造新的成果。

知识产权法授予权利人独享的权利，他人不经权利人许可不得随意使用。对知识产权保护的立法的原则是从国家社会整体利益出发，核心精神应该是公正、公平，知识产权的保护应当在知识产权人和公众社会利益中寻求平衡。知识产权的立法是从实际出发，科学合理地规定公民、法人和其他组织的权利与义务、国家机关的权力与责任等。既要确认和保护智力劳动者的合法利益，又要促进科学文化的广泛传播和发展，协调知识产权专有性与知识财富的社会性之间的矛盾。如果相关保护权利失当，或过泛或过苛，使私权过度扩张，就容易导致知识产权人权利滥用，容易导致公众用户侵权，使代表公众利益的公共传播机构在资源建设和服务方面受到限制。若对产权严格限制，缩减私人权利，则会打击产权人产生和传播知识的积极性，影响文献资源共享的来源，资源共享就成了无源之水、无本之木。因此，知识产权制度中的产权人在要求切实保护其所有的人身权，实现财产权的同时，也要规定权利人的社会义务，扩大非营业性的合理使用，让同行分享劳动成果，制约创作者的垄断权。

文献资源共享与知识产权保护，从表面上看两者似乎有矛盾，但从本质上看两者是一致的。两者的共同目的都是：推进科学文化事业的繁荣与发展，促进科学技术和社会的更大进步。知识产权法对作者的精神权利和经济权利进行了充分保护，以激发作者的创作热情，生产更加丰富的智力作品，为信息资源共享创造物质条件；由于知识产权只保护具有独创性的智力成果，不承认抄袭剽窃假冒作品的著作权客体，并对侵权行为依法进行制裁，因此能保证作品的创造性和新颖性，又可防止知识生产的重复，从而提高信息资源的质量；知识产权法也可以保护传播者的利益，保护广大群众参与社会文化生活，获取知识的权利，促进信息资源共享渠道的畅通和信息资源的蓬勃发展。

信息资源共享与知识产权两者也是有区别的。两者的内涵不同：信息资源共享是促进公众对知识成果的利用，知识产权保护则对著作和专利主体独占权的保护；共享与保护的对象不同：信息资源共享的对象是文献信息机构和公众；知识产权保护的对象是权利人；特征不同：信息资源具有共享性，知识产权保护具有排斥性；作用不同：信息资源共享的目的是使读者充分分享和利用知识成果提高谋生技能和人文素养，知识产权保护是使权利人的权利不受侵犯。总之，如果对著作权过分保护，就会对信息资源共享过度限制，产生消极的副作用。反之，如果对信息资源共享不加限制，又必然侵害著作权人的权利。因此，要解决共享性和排斥性的矛盾，必须全面地理解和执行知识产权法，才能促进信息资源共享活动更广泛更深入地开展起来。特别是知识产权法中规定了合理使用、法定许可使用的范围，对作者的专有权利加以适当限制，以利于作品的传播和利用。

二、信息资源共享涉及的知识产权问题

文献的采集中涉及知识产权问题。我国著作权法规定，图书馆等为陈列或者保存版本的需要，复制本馆收藏的作品，可以不经著作权人许可，不向其支付报酬。所谓“本馆收藏的作品”，不仅包括已发表的作品，还包括未发表的作品。从其“为陈列或保存”的目的看，这些作品应该是指孤本或珍贵资料，因而只有用复制才能陈列或保存，当然，也可用馆际交换，但不得复制销售，或借此赢利。在实际工作中，由于国内图书和期刊比较便宜，一般没有必要用复制来保存这类资料。但是，国外的书刊和电子出版物很贵，文献保存部门为了节约经费，容易产生复制问题。这就超出了我国著作权法有关合理使用的规定，也违背了我国已加入国际有关版权方面的公约。

文献的加工中涉及知识产权问题。图书馆汇编的资料是否侵权主要看其来源材料的性质。如果从大量的材料中收集简单的事实、数据而编制而成的目录、索引、指南、名录等作品，则不存在侵权的问题。如果选择已有作品或作品片断，编辑专题文献，对仍属于著作权保护期内的作品，则要事先征得原作者的同意。至于文摘的编写，则要看著作权人有无声明不得摘编。

文献的借阅中涉及知识产权问题。世界各国对此看法不一。德国、英国等欧洲国家设立了专门的机构，实行公共借阅权制度，即作者对其作品因被提供公共借阅而依法享有的一项使用费请求权。这样减少图书馆的借阅对文献市场传播的影响，有效地保护著作权人的利益。我国是发展中国家，在今后相当长一段时期内，公共出借权问题应该是不予考虑的。

文献的出租中涉及知识产权问题。世界上大多数国家或国际的版权法对录音录像制作者的出租权是予以保护的。我国著作权法定义的出租权，是指著作权人有偿许可他人使用影视作品、录像作品和计算机软件的权利，出租权的客体仅限于这三类，出租权是有明确的客体范围的，我国的出租权客体不包括图书、期刊等文字作品。即图书、期刊的出租并没有侵犯著作权人的出租权。但是也有国家，例如俄罗斯对于图书和期刊的出租权是保护的。在我国图书和期刊的出租是盈利性质的，而且影响到书刊的发行销售，对于作者和出版社的利益是有损害的，应当引起文献管理部门的足够重视。

文献的复制中涉及知识产权问题。复制涉及文献服务部门的有关对外复印问题。根据我国著作权法的规定，主要有：为个人学习、研究或者欣赏，使用他人已经发表的作品；为学校教学或者科学研究，少量复制已经发表的作品；国家机关为执行公务使用已经发表的作品等。

文献的翻译中涉及知识产权问题。翻译权是作者拥有的作品使用权之一 。信息部门接受读者委托

翻译作品时，一定要委托人填写有关委托单，了解委托者是否获得了该作品的翻译权、使用目的等情况后，在不侵犯作者权的情况下，方可代译。

未出版文献的使用涉及知识产权问题。文献中心收藏的未公开出版的文献主要有：内部刊物，内部技术报告，不公开出版的学位论文、会议资料，内部讲义、教材与辅导材料等多种类型。按照我国著作权法的规定，发表权是作者依法决定作品是否公之于众和以何种方式、何时公之于众的权利。文献部门如果未征得著作权人的许可，将某些未发表的文献提供借阅，不仅侵犯了作者的著作人身权，还有可能了侵犯作者的隐私权。如果文献部门要对这些作品进行使用，必须征得著作权人的许可，要同著作权人签订许可使用合同，明确本单位有向读者提供外借、阅览的权利，也就是等于征得了著作权人的许可。

当前，网络信息服务中，涉及知识产权的问题原则上是一样的。但是，通过网络提供的信息服务中，容易侵权的行为主要有：没有经过作者同意，数字化其作品；擅自扩大其购买的数据库的使用范围，包括：非 IP 使用、恶意下载、利用其数据库的内容自编数据库等；利用其购买的数据库提供有偿收费服务等。

本案例中，法院最后判决：自本判决生效之日起，被告 B 图书馆停止在其“中国 B 图书馆”网站上使用原告陈某的作品《当代中国刑法新视界》《刑法适用总论》《正当防卫论》。被告 B 图书馆赔偿原告陈某经济损失 8 万元。

（蚌埠医学院　方习国）

思 考 题

1. 简述知识产权的范围。
2. 知识产权的主要特征有哪些?
3. 我国著作权法规定的作品类型有哪些?
4. 著作人身权包括哪些内容?
5. 著作权的具体限制有哪些?
6. 专利的种类有哪些?
7. 发明专利的申请一般要经过哪些阶段?
8. 专利的侵权行为有哪些?
9. 简述文献资源共享与知识产权之间的关系。
10. 信息资源共享会涉及哪些知识产权问题?

医学信息管理与利用

通过制定检索策略获得原始信息后，系统地分析、筛选和鉴别这些信息，确定相关领域的重要学术资源和代表作，有助于将信息融入自己的知识体系，进而启发科研思路。使用文献管理软件建立个人文献数据库，可以高效地管理和便捷引用收集到的文献。

在收集管理文献的基础上，采用科学的方法研究文献素材，发现问题找到科研切入点，依据科研课题选择的基本原则，申报科研项目，撰写论文，包括医学综述、学术论文和学位论文。

在整个信息的生产、收集、加工、传递、分析和利用过程中，要注重信息利用的道德规范。包括合理合法地使用电子资源，遵守医学学术研究规范等，坚决杜绝伪造、篡改、剽窃等学术不端的行为。

第 1 节　检索策略制定与全文获取

一、检索策略制定

案例 10-1-1

有位医生在《医学综述》上看到韩冬发表的综述：川崎病治疗的研究进展。他希望进一步查找该课题的英文相关文献，为自己撰写论文做准备。

问题：

1. 检索目标是什么？
2. 该选择哪些数据库进行检索，如何确定检索词？
3. 影响查全率和查准率的因素有哪些？

分析：

1. 分析检索目标需把握课题内容特征及课题涉及的学科、概念、年限、文献类型、语种等内容。

2. 选择正确的数据库或检索系统，根据不同数据库的检索途径和规则，灵活运用。确定检索词时，要注意检索词的同义词、近义词、多义词、单复数等情况。

3. 影响查全率和查准率的因素要考虑到数据库或检索系统的性能。

（一）检索策略概述

检索策略是为实现检索目标而制定的全盘计划和方案，泛指分析检索课题、选择检索工具、设计检索式、调整检索式等多个方面，特指检索过程中的设计检索式的环节。检索策略制定是文献检索全过程的重要环节，是影响文献查全率和查准率的最关键的因素。完美的检索策略制定往往涉及多方面知识的灵活运用，需要熟练掌握各种检索技能，包括把握课题内容，明确检索目标；熟悉各类检索工具概况及检索方法；确定检索词，设计检索式；根据检索结果调整检索式等。

评价文献检索效果最常用的两个指标为查全率和查准率。查全率指用户从检索系统中检出的相关文献量与检索系统中相关文献总量的比率，即：查全率=检出相关文献量/系统中全部相关文献总量×100%；查准率指用户从检索系统中检出的相关文献量与检出的文献总量的比率，即：查准率=检出相关文献量/检出文献总量×100%。例如，用户从检索系统中检出文献量为 100 篇，其中相关文献 96 篇。事实上，系统中的相关文献量为 120 篇。那么，用户的查全率为：96/120×100%=80%，查准率为：96/100×100%=96%。

查全率和查准率之间关系密切，一般在检索过程中，提高检索结果查全率时会导致查准率降低，反之亦然。那么，在检索时要注意平衡两者之间的关系。

（二）检索步骤

1. 把握课题内容，明确检索目标 要全面分析理解课题，明确检索内容、检索目的，确定检索课题涉及的学科范围、文献类型、检索年限、文献语种等。就案例 10-1-1，该课题主要涉及儿科学，包含“川崎病”和“治疗”两个概念。检索年限可以暂时不进行限定，在调整检索策略时根据检索结果的情况进行重新限定。文献类型可选择期刊论文，课题要求查找国外文献，因此文献语种一般选为英文。

2. 选择检索工具 每种检索工具都有其自身的特点，有综合性数据库和专业性数据库之别，具体的数据库在专业覆盖范围、收录文献类型、文献语种等都存在差异。选择检索工具时，要考虑课题的要求和数据库的特点，选择合适的数据库或检索系统。生物医学类数据库常用的有中国生物医学文献数据库（CBM）、PubMed 等，综合性数据库有中国学术期刊网络出版总库、万方数据知识服务平台、中文科技期刊数据库、Web of Science 核心合集等。如果要获取外文文献的全文，还有 OVID、Elsevier ScienceDirect、EBSCO 等外文全文数据库。一个检索课题在不同数据库中应当采用不同的检索策略，比如 PubMed 提供主题词检索，而 Web of Science 核心合集只提供自由词检索。案例 10-1-1 中，外文数据库可选择专业的生物医学文献数据库 PubMed 和综合性数据库 Web of Science 核心合集。

3. 确定检索词，设计检索提问式 检索词可以是规范化的主题词或者自由词。主题词检索具有很大的优势，但是必须是提供主题词检索途径的数据库才可以优先考虑该检索途径。自由词检索时，是抽取课题中具有实质意义、表达课题主要内容、起关键作用的词或词组来进行检索，同时要兼顾到自由词的不同表达形式，如同义词、近义词、名词的单复数等，保证检索结果的查全。设计检索式时，要确定检索词之间的逻辑关系，运算先后关系等。

案例 10-1-1，在 PubMed 数据库中，考虑通过 MeSH Database 来检索，将川崎病（Kawasaki Disease）转换成黏膜皮肤淋巴结综合征（Mucocutaneous Lymph Node Syndrome）这个主题词，副主题词选 Drug therapy 和 Therapy 进行匹配。检索式为：Mucocutaneous Lymph Node Syndrome/drug therapy [Mesh] OR Mucocutaneous Lymph Node Syndrome/therapy[Mesh]。

Web of Science 核心合集中，只能进行自由词检索。由于川崎病也称黏膜皮肤淋巴结综合征，可以将两者都确定为检索词。故检索式可设计为（TI= Kawasaki Disease OR TI= Mucocutaneous Lymph Node Syndrome）AND TS=（Therapy OR Treat*）。自由词检索限在题名字段中，可提高检出文献的相关性和查准率。在没有规范化主题词表的数据库中，可以使用字段限定来调整检出文献的篇数和相关度。

4. 根据检索结果调整检索式 检索过程实际是不断调整完善检索策略的过程。比较完善的检索策略能兼顾查全率和查准率。需要检索者具有丰富的学科专业知识、掌握各类数据库的特点、熟练的数据库检索技术等能力，通过实例的反复演练积累，才能保证很好的检索效果。

二、学术资源整合检索

案例 10-1-2

检索有关质子泵抑制剂（proton pump inhibitors，PPIs）治疗缺铁性贫血（iron deficiency anemia）的文献，请同时选择 Ovid-EMBASE、ProQuest Health& Medicine Complete 和 EBSCO-Academic Search Premier 三个数据库进行检索。

问题：

1. 如何同时检索三个数据库的文献并分别确定每个数据库的检出篇数？
2. 如何合并检索结果，并按发表年份进行排序？
3. 如何将检索策略添加到个性化服务空间，创建新的检索集，并对检索集进行命名？

分析：

1. MetaLib/SFX 提供统一检索入口，可同时检索多个数据库，可分别显示各自数据库检索结果。
2. 利用整合检索结果，然后把检索结果按照年份排序。
3. 个性化服务空间仅为登录用户提供使用，在个性化空间里可以保存“我的数据库”“我的电子期刊”“检索历史”等。

医学专业相关信息资源包括电子图书、电子期刊、数据库、网络学术资源、馆藏纸本资源等，这些丰富的资源大多通过不同的检索平台供用户选择使用。用户在使用不同的检索平台时，需要灵活掌握每个平台的检索规则。面对如此多的信息资源平台，用户在进行选择和使用时一定会花费太多时间和精力，如果能够将不同平台的学术资源进行整合，那么用户使用学术资源就便捷了。

复旦大学图书馆于 2005 年引进的 Ex Libris（艾利贝斯有限公司）的 MetaLib/SFX 产品就是一个整合图书馆资源的专门软件。MetaLib/SFX 也称学术资源门户，通过对电子资源与传统资源最完整、最大限度的整合，使用户能在一个入口、一个检索界面，通过一次检索就可获得不同来源的相关信息的一站式服务。学术资源门户简化了检索界面、去除了复杂操作、节约了用户时间、提高了检索效率。

（一）MetaLib/SFX 介绍

1. MetaLib 管理图书馆各种信息资源，为用户提供统一的检索平台来访问图书馆的馆藏目录、数据库、电子图书、电子期刊等各种类型的资源，包括以下功能：①资源管理、导航，将资源按照图书馆的需要进行类型或学科的划分，比如把数据库资源划分为按学科分类浏览、按文献类型浏览、常用数据库集合、试用数据库集合等，这样方便用户及时发现自己所需要的资源；②跨库检索，MetaLib 最多可同时检索 10 个数据库，把不同来源的检索结果整合以统一的格式输出，也可分别显示各数据库检索结果；③个性化服务，MetaLib 为用户提供“我的空间”功能，用户可以在“我的空间”里管理电子书架、我的数据库、我的电子期刊、检索历史的保存及定题跟踪服务、使用偏好的设置等。

2. SFX 提供上下文敏感的链接服务，在检索到文献题录的基础上，帮助用户获取文献的全文或者提供获取文献的其他线索，包括以下功能：①资源链接功能，利用 SFX 针对文献提供获取其全文的最佳链接以及获取其他信息和服务的多方位链接，如链接到馆藏目录查看其纸本馆藏信息、链接到文献传递或馆际互借服务；②电子期刊管理、导航，设置和维护电子期刊文献的链接服务，把电子期刊资源按刊名、学科分类等建立电子期刊导航；③查找单篇文献，已知特定文献的题录信息，通过 SFX 全文链接服务界面，检索其全文、馆藏目录信息、文献传递等链接信息。

（二）MetaLib/SFX 使用

1. 多库整合检索 可以对单个数据库或者多个异构数据库在同一个平台上进行检索。检索时首先要选择数据库，MetaLib/SFX 给用户提供了多种查找特定数据库的方法，包括按数据库库名关键词检索特定数据库，按数据库库名字顺、常用数据库、试用数据库、所有数据库、快速检索集等方式浏览查找特定数据库。MetaLib/SFX 提供了两种检索方式，包括简单检索和高级检索。可直接输入单个检索词或检索式，检索语法接近网络搜索引擎 Google，多个检索词之间的空格默认为“AND”运算，加上双引号为按短语进行精确检索。检索历史显示历次检索过程的检索式，数小时后检索式会失效，若要长久保存检索式，可以将检索式添加至“我的空间”。案例 10-1-2 中首先选择三个数据库，具体操作如图 10-1-1 所示，每个数据库后面都有两个图标，点击图标ⓘ可获取数据库更多信息，点击图标⊕可将数据库收藏到“我的空间”中的“我的数据库”。

再选择高级检索，根据要求输入检索词“iron deficiency anemia”，并限定在题名字段；输入检索词“proton pump inhibitors”限定到任意字段，逻辑关系为逻辑“与”。具体操作及各数据库检索结果如图 10-1-2 所示。

图 10-1-1　多库整合检索中的数据库选择界面

图 10-1-2　检索结果界面

2. 资源链接功能　在检索结果输出界面，整合结果合并了所选数据库检出结果，点击整合结果，将显示来自不同数据库文献题录。每条题录后的图标⊕表示添加到“我的空间”中的“电子书架”，图标◎表示通过 SFX 获取资源链接服务。同时还可把检出结果按相关度、题名、作者、年份等排序，按主题、日期、期刊等归类。结合案例，合并检索结果，并按年份排序，就可浏览 2015 年的最新文献。

3. 个性化服务 仅为登录用户提供。登录之后，可以使用“我的空间”。在“我的空间”内，“电子书架”保存用户希望保留的文献信息；“我的数据库”保存用户喜爱的数据库，用户可以点击数据库名称后的图标，将数据库放入我的数据库的暂存架中。点击图标创建新的检索集，为新的检索集命名。通过点击暂存架中数据库名称后的图标将数据库移动到新建的检索集；“我的电子期刊”保存用户喜爱的电子期刊。可以从电子期刊导航界面进行添加；“检索历史”保存用户需要保留的检索式，可对检索式设定定期提醒以获取保留检索式的最新检索结果；“使用偏好”供用户对界面语言、每页检索结果数等设置默认值。案例 10-1-2 中，先将所使用的三个数据库添加到“我的数据库”，然后创建新的检索集，命名为“缺铁性贫血”。最后将这三个暂存架里的数据库移动到缺铁性贫血检索集中。如图 10-1-3 所示。

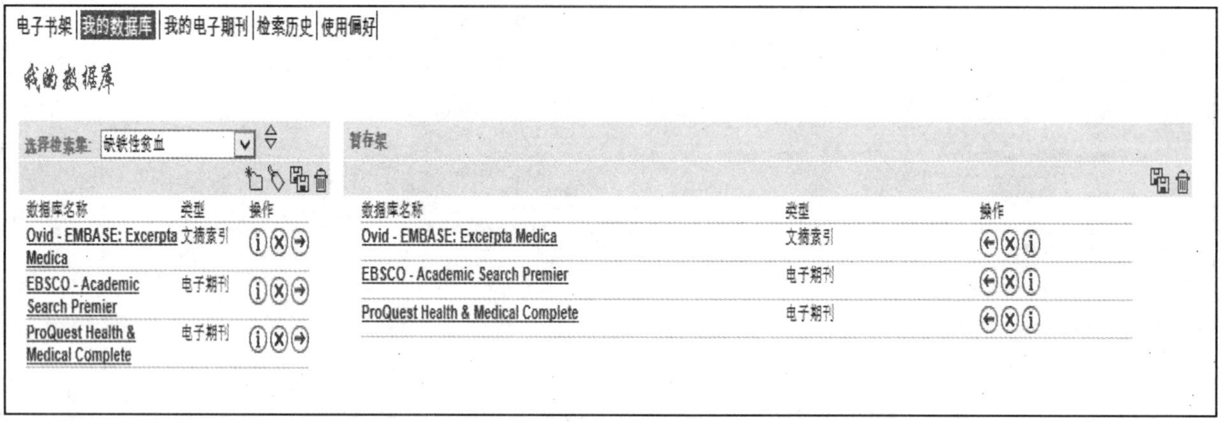

图 10-1-3 建立缺铁性贫血检索集

（三）MetaLib/SFX 使用注意事项

1. 在课题检索式比较简单、需要全面个性化服务、各数据库连接通畅的情况下选择学术资源门户整合检索系统。

2. 逻辑运算符为 AND，OR，NOT，为确保在多个数据库中顺利检索，最好大写；词组检索用“”；由于不同数据库截词符不同，没有统一的截词符，如必须使用，可优先使用“*”，跨库检索时如果因为使用*而导致个别数据库检索结果为 0，则应考虑是否是截词符的问题。

3. 当某些数据库检索结果为 0 时，可作如下分析：①数据库无法接入，如数据库并发用户数已满或数据库出故障；②运算符使用错误，如使用数据库无法识别的运算符或运算符的大小写使用不当；③截词符使用错误，如使用截词符“?”，在 PubMed 中检索结果为 0，因为该数据库不允许用“?”。

4. 检索时尽量把不需要的数据库去掉，可以提高检索效率。

三、全文获取

案例 10-1-3

已知一篇文献出处为 American journal of kidney diseases，2015，65（4）：583-591.

问题：

1. 如何查找复旦大学图书馆是否有该篇文献全文？
2. 如何确认是否订购该刊的印刷本？如果订购，如何查看订购起止年份？
3. “中国科学院上海生命科学信息中心”是否收藏该论文印刷本？

分析：

1. 学术资源门户 MetaLib/SFX 的 SFX 全文链接服务可根据单篇文献题录信息查找文献全文。
2. 印刷本馆藏可以查找馆藏目录。
3. 查找其他机构馆藏情况可以检索联合目录。

全文文献与文献的文摘、题录相比能更全面地反映作者研究思路、方法、成果等，获取全文文献是用户检索文献的最终目的。但面对如今复杂的网络信息环境，全文获取时还存在很多问题，需要综合考虑多种全文获取途径。就目前情况而言，以获取期刊文献全文为例，方法如下：

（一）直接在全文数据库中下载全文

该途径是一种最简单、快捷的方法，前提必须是被全文数据库收录。获取医学期刊文献全文，常用的中外文全文数据库有中国学术期刊网络出版总库、中文科技期刊全文数据库、万方数据学术期刊数据库、Elsevier ScienceDirect、EBSCO、Ovid、Proquest 等。常用的全文下载格式为 PDF 格式，有些数据库还有 HTML 格式或 CAJ 格式等。

（二）通过文摘数据库链接调出全文

在文摘数据库检索结果显示页面，可通过链接获取其他全文数据库中的全文。全文数据库必须具有访问权限。如在中国生物医学文献数据中通过文献题录后的图标链接到中文科技期刊全文数据库获取全文。如图 10-1-4 所示；在 Web of Science 核心合集数据库中通过文献题录后的图标或者文摘格式中的全文选项链接到外文全文数据库获取全文。如图 10-1-5 所示；在 PubMed 中除了可以免费的全文文献外，还可以通过 LinkOut 提供的全文链接和右上角的全文链接获取全文。如图 10-1-6 所示。

图 10-1-4　中国生物医学文献数据库中的全文链接

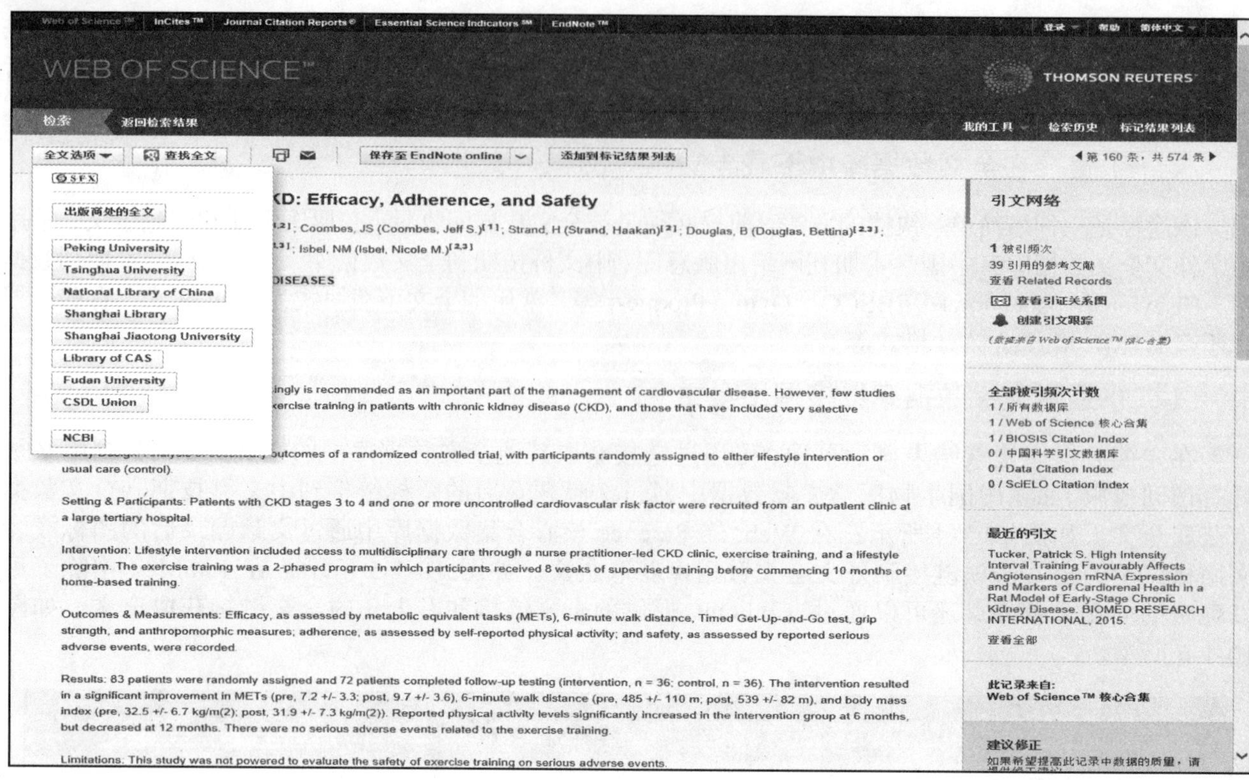

图 10-1-5 Web of Science 核心合集的全文选项

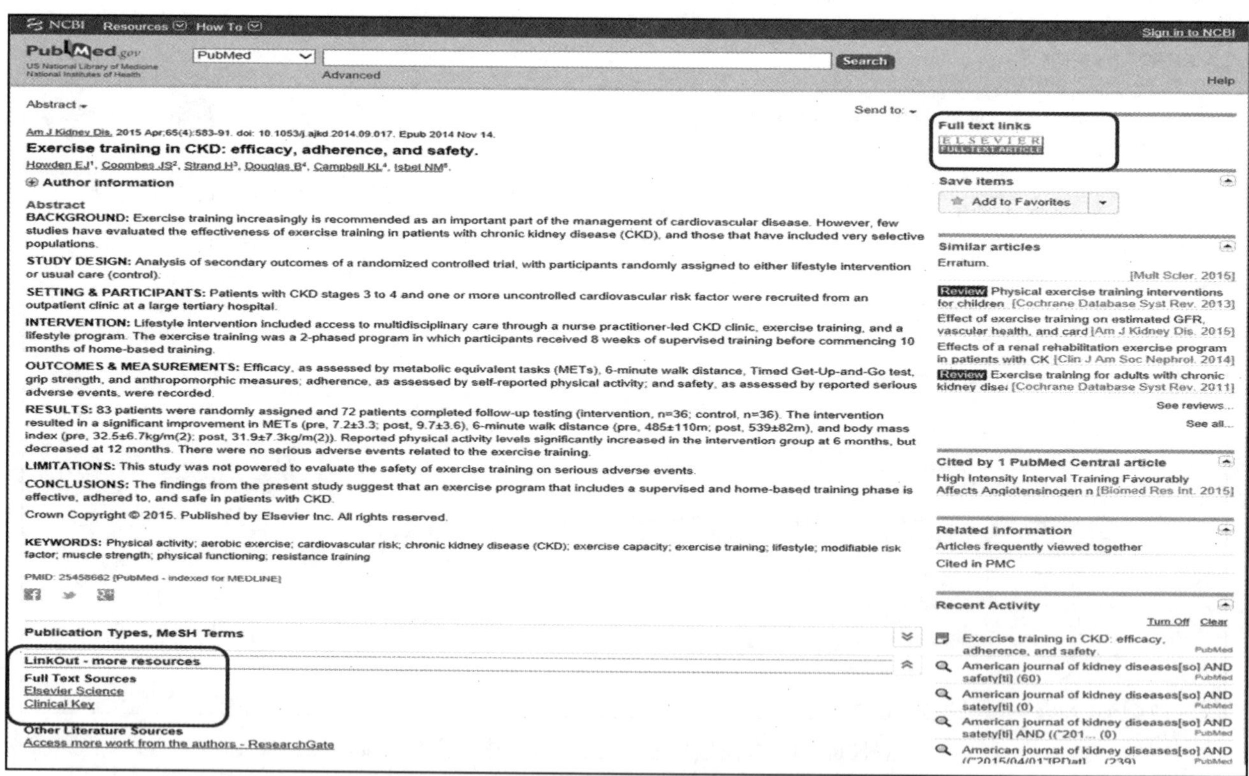

图 10-1-6 PubMed 的 Linkout 和全文链接

（三）学术资源门户

MetaLib/SFX 的 SFX 全文链接服务可以通过输入某一特定文献的题录信息，如篇名、刊名、年、卷、期等信息，直接获取文献的电子版全文或印刷本馆藏。查找案例 10-1-3 中文献在复旦大学图书馆是否有全文，可以在 SFX 查找单篇文献界面输入刊名、日期、卷、期、起始页、结束页，如图 10-1-7

所示。然后在后续的 ExLibris 界面点击全文对应的链接，可以链接到 Elsevier ScienceDirect 数据库获取文献全文。该篇文献题名为：Exercise Training in CKD：Efficacy，Adherence，and Safety。有 HTML 和 PDF 两种全文格式，如图 10-1-8 所示。

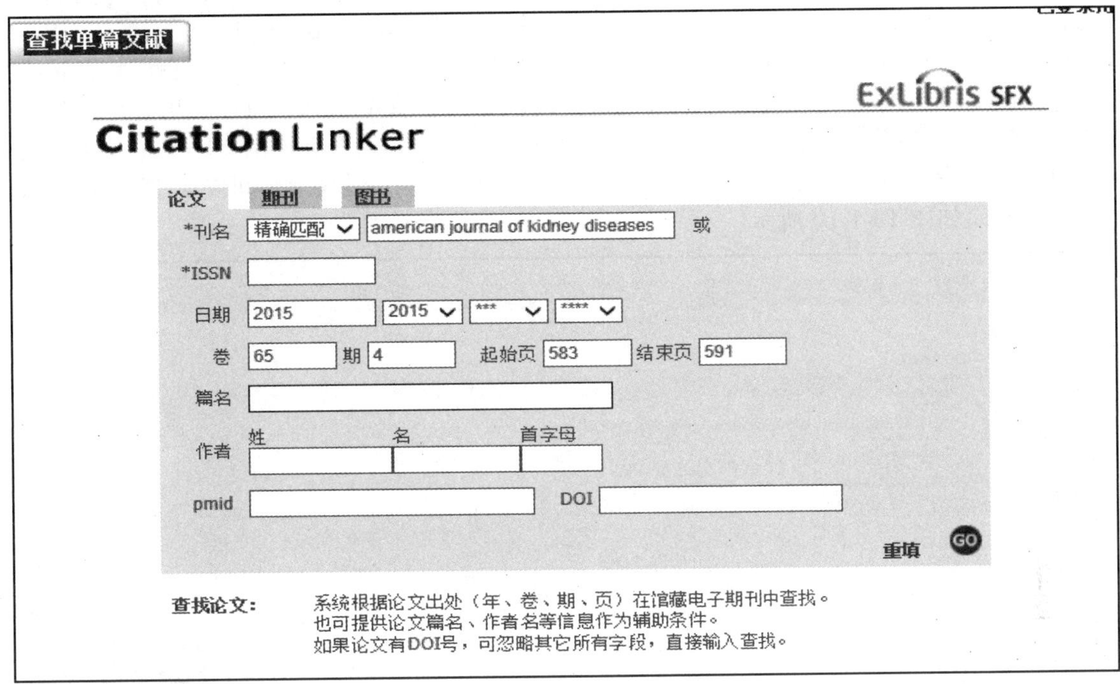

图 10-1-7　SFX 查找单篇文献界面

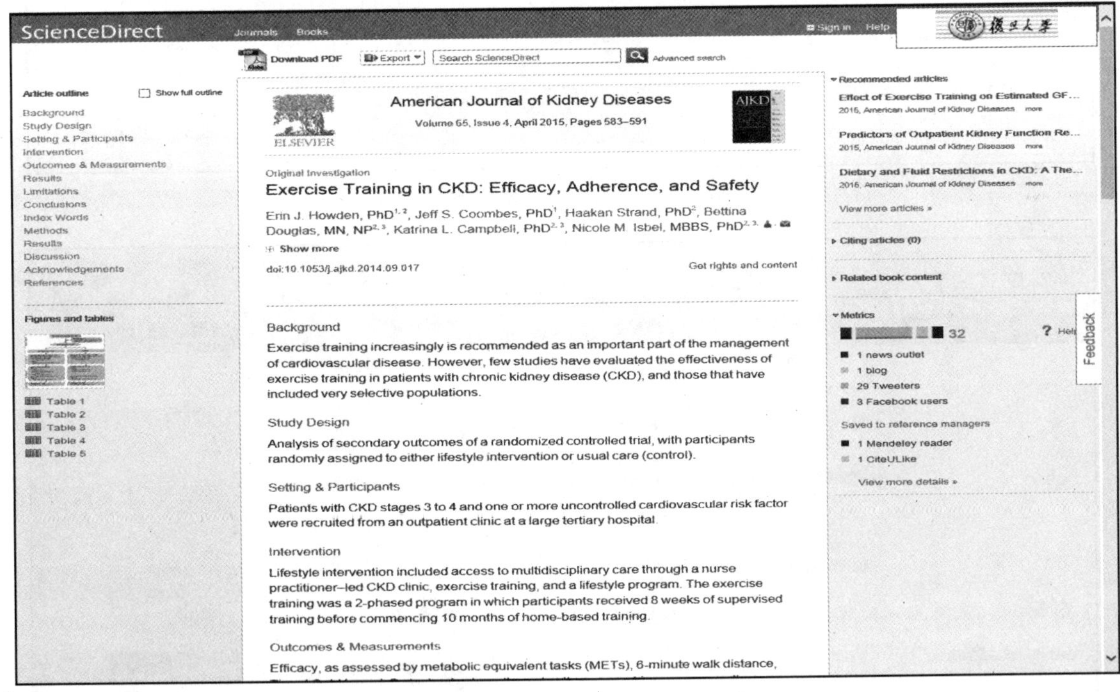

图 10-1-8　全文界面

（四）复旦大学中外文电子期刊导航

适合期刊快速定位，查看是否被收藏，如果收藏，可以获知期刊订购的年限范围、被哪些数据库收录、相关链接等信息。

（五）馆藏目录或联合目录

这是用来查询期刊印刷本收藏情况，也是期刊全文获取的重要途径。馆藏目录可以查看用户所在图书馆收藏情况，联合目录可以查看其他馆的收藏情况。国内常用的联合目录有全国期刊联合目录（http：//union.csdl.ac.cn/index.jsp）、CALIS 联合目录公共检索系统（http：//opac.calis.edu.cn/simpleSearch.do）等，可以供用户通过馆际互借来获取文献。案例 10-1-3 中查看复旦大学图书馆是否订购 American Journal of Kidney Diseases 印刷本，可以通过馆藏目录来查询，如图 10-1-9 所示，可以查出有订购且订购起止年份为 2002 年至今。查询"中国科学院上海生命科学信息中心"是否有该论文印刷本，可以通过全国期刊联合目录来查找，通过检索发现该单位收录了该刊的印刷本，但收录时间仅至 2004 年，所以没有该论文的印刷本，如图 10-1-10 所示。

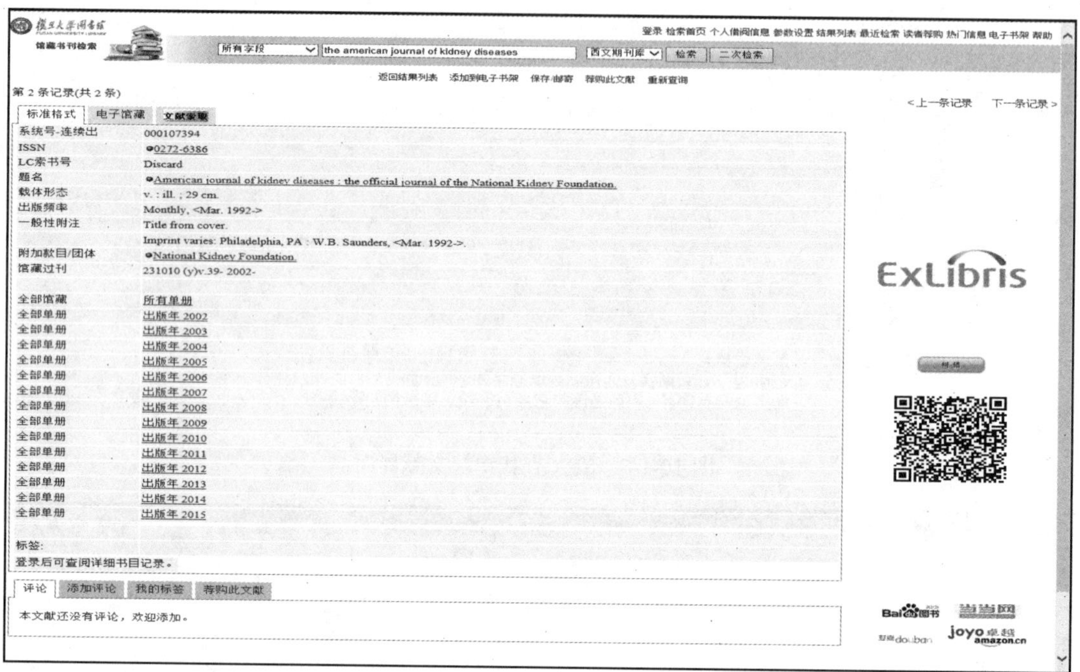

图 10-1-9 复旦大学图书馆馆藏目录

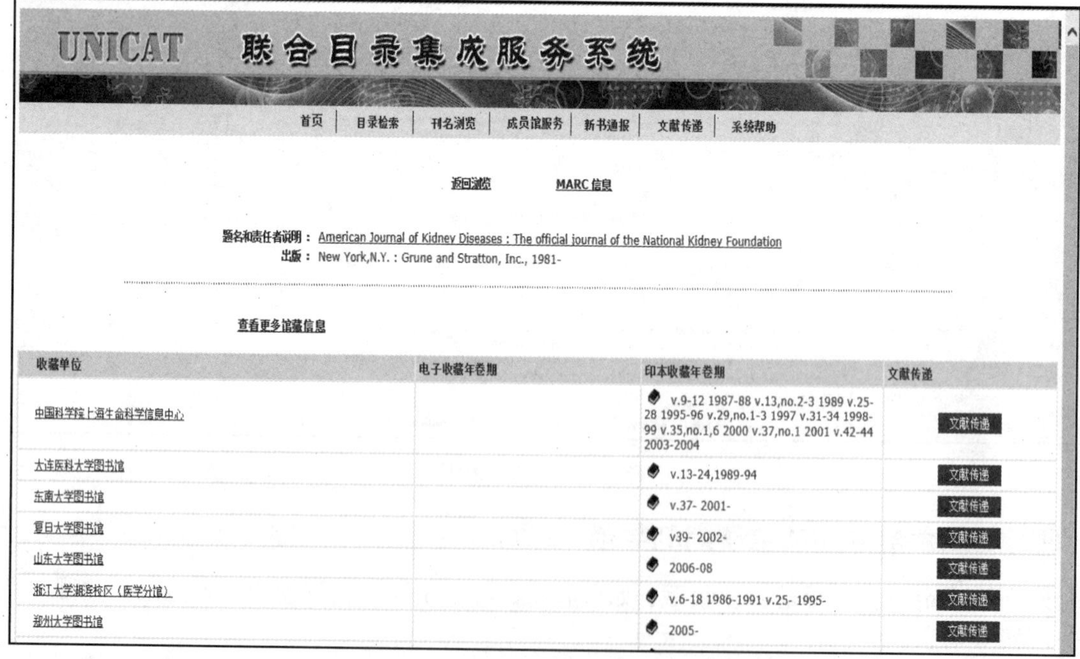

收藏单位	电子收藏年卷期	印本收藏年卷期	文献传递
中国科学院上海生命科学信息中心		v.9-12 1987-88 v.13,no.2-3 1989 v.25-28 1995-96 v.29,no.1-3 1997 v.31-34 1998-99 v.35,no.1,6 2000 v.37,no.1 2001 v.42-44 2003-2004	文献传递
大连医科大学图书馆		v.13-24,1989-94	文献传递
东南大学图书馆		v.37- 2001-	文献传递
复旦大学图书馆		v39- 2002-	文献传递
山东大学图书馆		2006-08	文献传递
浙江大学湖滨校区（医学分馆）		v.6-18 1986-1991 v.25- 1995-	文献传递
郑州大学图书馆		2005-	文献传递

图 10-1-10 全国期刊联合目录查询馆藏情况

（六）网上搜索引擎

利用搜索引擎免费获取全文。可以用通用搜索引擎 Google 网页搜索或 Google Scholar 学术搜索进行期刊论文网上免费全文的获取，也可以通过专业的搜索引擎如 Medscape（http：//www.medscape.com）进行期刊论文的全文检索。

（七）开放存取期刊资源

通过开放存取期刊获取全文也是方便有效的方法。互联网上的开放存取期刊网站有 Free Medical Journals（http：//www.freemedicaljournals.com）、DOAJ（Directory of Open Access Journals，http：//www.doaj.org）、HighWire Press（http：//highwire.stanford.edu）等。

（八）文献传递或向作者索取

文献传递是图书馆和一些信息服务机构为文献全文获取提供的服务。用户可以直接提供自己所需文献的题录，由图书馆或信息服务机构相关人员代为查找。有些数据库提供了作者的联系方式，用户还可以直接联系文献的作者向其索取文献的全文。如 PubMed 数据库，通常在检索结果中提供第一作者的工作单位及 Email。

面对众多的全文获取途径，用户在进行全文获取时要有足够的耐心，多尝试不同途径获取。从海量文献信息中获取某一特定文献的确不易，不能因为一种方法没有查到全文就断然放弃。从经济上考虑，用户在进行全文获取时要首先利用已购买资源或者免费资源，然后再考虑付费途径获取，如文献传递，一般图书馆或者信息服务机构提供的文献传递都要收取一些费用。

（复旦大学　符礼平）

第 2 节　医学信息分析与研究

案例 10-2-1

一位本科高年级的医学生，在神经系统疾病基础、临床医学的整合学习中，对该领域相关研究如“神经损伤的组织工程学治疗”进行信息浏览，希望了解该领域研究的背景和发展概况，检出文献几百篇，不知如何进行分析与研究。

问题：

1. 如何开展信息的分析与研究？
2. 如何筛选重要资源？
3. 该领域的研究沿革及主要研究框架体系是什么？
4. 如该领域主要的代表作如何确定？

分析：

1. 开展信息的分析与研究。在得到大量信息以后，接下来的问题往往就是系统地分析、筛选、鉴别信息、如何将信息融入自己的知识体系、如何进一步的研究进而启发科研思路。

2. 核心资源主要包括核心期刊、重要专业网站、专业重要数据库。筛选的方法可通过网络和手册来进行。

3. 了解领域的研究概况和体系可以从一些专著、文献综述开始，此类文献可以帮助我们了解课题相关领域的研究历史、背景、现状、进展；它与科研论文深入研究专业相关科研课题详细内容有所不同。

4. 课题相关代表作，通常包括首次发现的报道文献、专业领域高被引文献、核心著者和机构的重要文献。

一、信息分析与研究

（一）医学信息研究的需求

首先，对医学信息研究需求要有一个基本的认识，才能有的放矢的解决自己的问题。通常，医学信息研究的需求有多种多样如：

（1）科研背景信息研究（了解知识点、发展沿革、研究趋势）。

（2）科研方法借鉴信息研究（了解技术参数、实验方法）。

（3）科研论证研究（论证科研课题新颖性、实用性、可行性等）。

本章节案例应该是属于第一种医学信息研究的需求类型，通常在初涉科研领域、开始接触科研背景时需要了解的内容。

（二）医学信息研究的用途

（1）医学科研选题时的信息研究，可以确定课题研究的主攻方向：①国内外已有哪些相关研究以及研究水平如何；②目前的研究中尚有哪些问题有待解决；③国内外研究的动向和主攻点；

（2）科研过程中的信息研究，可以进行方法借鉴，完善课题，使课题更富有新意，趋于成熟合理。

（3）科研课题成果鉴定时的信息研究，主要用于不断充实新内容，借鉴成果表述方法，评价科研成果的新颖性、先进性、实用性。

（三）医学信息研究方法

信息分析与研究是信息检索利用一个较为高级的阶段，因为它是信息研究者的信息智能的集中体现，也是科学研究、开发创造的一个思维过程。

信息研究方法不下几十种，包括：Field study 领域研究；Interview 会谈；Observation 观察；Case study 案例研究；Writing research proposal/thesis 写作研究论文；Content analysis 内容分析；Bibliometrics 文献计量学法；Deconstructionism 解构研究；Data analysis 数据分析；Inferential statistics 推理统计；Statistical package；（SPSS/SAS）统计学；Evaluative research 评估研究；Comparative study 对比研究；Survey/questionnaire 问卷调查；Information system design 信息系统设计；Delphi studies 特尔斐法研究；literature review 文献研究等。

计算机网络信息分析系统发展迅速，用户可以利用科学评价指标体系进行信息分析研究，如 Thomson 科技信息集团建立的 ISI Essential Science Indicators（ESI 基本科学指标体系），是汇集和分析 ISI Web of Science（SCIE/SSCI）所收录的学术文献及其所引用参考文献的分析型数据库。通过 ESI，研究人员可以系统地、有针对性地分析国际科技文献，利用该资源找到影响决策分析的基础数据；了解在该领域中最具影响力的国家、机构、人员；及时了解各领域内高被引论文和近期热点研究；发现各个学科当前的研究前沿、隐含的突破性研究，以及不同学科发展的趋势等（图 10-2-1）。

除此以外，逻辑研究，包括对比、类比、相关推理、归纳、综合等，在信息研究应用也非常广泛，包括对某些新成就、新理论、新观点、新发明、新方法、新技术、新进展进行各派观点、各家之言、各种方法、各自成就专门介绍，通过对比研究，分辨各种观点、见解、方法、成果的优劣利弊，比较国际水平、国内水平和本单位水平，从而找出差距。通过类比分析，对不同类的事物（或要素）之间，比较某些相似性特点而推理得出结论。通过相关法则即：A 事物影响 B 事物，B 事物影响 C 事物，则 A 事物将通过 B 事物而影响 C 事物的相关性进行分析，如：阿司匹林的抗血凝、溶栓作用的发现到治疗子痫；鱼油对红细胞脆性、血液黏度的影响到可以治疗雷诺氏病；细胞核移植技术低等生物无性发育的应用到哺乳动物的无性细胞克隆产生多莉羊等。

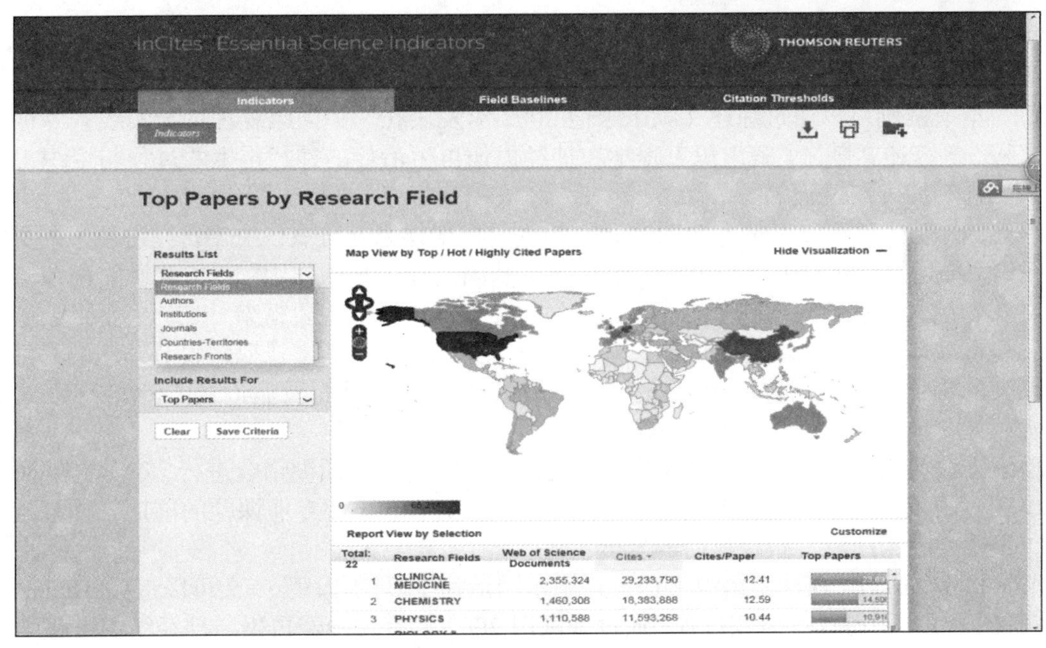

图 10-2-1　Essential Science Indicators 首页

二、筛选重要的学术资源

1. 核心期刊　主要是指专业学科范围内，刊载文献数量最多文献质量较好的重要期刊。核心期刊的确定方法有载文率法（布拉德福定律）是采用单位时间内，期刊刊载某学科的论文数量统计；引文法（加菲尔德定律）是按期刊被人引用的频率统计等。

核心期刊的特点：信息密度高、反映专业领域内较高水平。但要注意综合性期刊与专业性期刊结合、跨专业课题的多专业期刊结合、注意核心期刊的动态变化。

非信息专业人员选择核心期刊常用的方法，通常使用核心期刊手册或查询系统进行。常用医学文献核心期刊工具有：①《中国科技期刊引证报告》（CJCR）（中国科技信息研究所开发）；②《中文核心期刊要目总览》（北京大学图书馆与北京高校图书馆期刊工作研究会联合编辑出版）；③《期刊引证报告》（Journal Citation Report，JCR）（ISI 美国科学情报研究所编辑出版）。

本案例可通过以上工具确定一些神经科学方面和生物医学工程方面的核心期刊。如中国修复重建外科杂志[1002-1892]，中国临床神经外科杂志[1009-153X]，NATURE NEUROSCIENCE[1097-6256]等。

2. 重要网站的确定　主要要掌握一些重要专业网站包括专业协学会网站，比如本案例相关专业的重要网站有：美国神经病学学会（ANN，http//www.aan.com）等。

还有一些重要机构网站，如：美国卫生健康研究所（http：//www.nih.gov），政府网站：如：国家科技成果网（http：//www.nast.org.cn），国家自然科学基金网站（http：//www.nsfc.gov）。

3. 专业重要数据库　临床医学包括 OvidSP 中的循证医学数据库、PubMed 中的 Core Clinical Journal、Web of Knowledge 中的 Clinical Collection（CC）等。

有了这些核心资源，可以帮助我们进一步限定重要的文献资源、提高文献的质量，本章节案例，要了解学科的主要研究内容和背景，抓住核心资源是十分重要的。

信息资源的先进性鉴别主要与同类文献对比，如是否有新的理论、概念，根据文献产生的背景条件（如新技术条件等）来鉴别，根据手段、方法的先进性来鉴别，如在关键问题上有无创新和改进。

三、了解研究历史沿革及主要研究框架体系

首先要明确课题相关的问题，本节案例需要在浏览神经损伤组织工程学研究文献的基础上，充分关注再生医学、基础研究主要涉及的内容、研究热点、具有现实意义与先进的学科，如基因研究、再生医

学、生物材料学等有关的文献，进行专业学科背景信息研究。了解主要的研究沿革和最新的发展。

通过学术期刊文献库检索，可以筛选一些综述进行阅读，帮助我们系统地了解专业领域的主要发展历史、沿革。本节案例可以通过综述文献朱家恺 2002 年发表在《中国康复理论与实践》“神经再生与神经组织工程”等综述文献，了解组织工程学在神经损伤再生治疗的神经再生的过程与组织工程设计原理、构建人工神经的发展过程等。

通过综述的阅读，还可以了解专业课题研究的主要框架体系与分支、主要研究沿革、主要研究人员等。本节案例，如通过综述“视神经组织工程重建中基因治疗工具的作用”，了解目前视神经损伤研究采用非病毒及病毒载体感染视网膜节细胞，腺相关病毒载体转染等主要框架分支，主要研究热点采用重组的腺相关病毒载体。主要原理是通过这些基因载体工具的应用，能增强视网膜节细胞的存活，促进受损视神经轴突的再生。了解了各分支研究的主要研究人员，如，非病毒及病毒载体传染方面的 Thaler S，腺相关病毒载体转染研究方面的 Leaver SG 等。

不同检索方法与途径结合，系统检索要与引文检索和参考文献回溯结合进行，参考文献回溯以较少的文献引出较多的相关文献，了解相关领域的经典文献、著者；了解专业课题的前期工作基础；引文检索以经典、重要文献为线索，跟踪科研的发展轨迹。

本章节案例中，通过“视神经组织工程重建中基因治疗工具的作用”一文可以追溯 Thaler S，Leaver SG 等研究者的论文，了解详细研究过程；通过朱家恺 2002 年有关神经再生与神经组织工程学文献的引用文献检索（详见引文检索相关章节），得到了一批有关神经再生组织工程学研究的文献，包括王岚 2009 发表在《组织工程与重建外科杂志》的“人工神经血管化研究的进展”等文献的引用文献，进一步跟踪领域的研究发展。

四、确定相关领域的代表作

有了核心资源和重要的背景历史沿革的了解，还要进一步对资料进行筛选鉴别，确定课题代表作包括资源是否切合你课题要求？信息的新颖性如何？是否具有学术性？信息来源是否是核心资源（期刊、网站）？是否包含了你希望的著名著者？

核心著者评价标准可通过著者发文量、被引频次、刊载期刊权威度等来确定，筛选工具包括：CNKI（新版），万方，CBM 等数据库的“结果分组”功能及被引信息，中国引文数据库（CNKI）的作者 H 指数统计，Web of Science，Elsevier 等的“结果精练”及被引信息，课题研究的核心著者。

H 指数是指某著者在一定时间内，至少有 H 篇的被引频次不低于 H 次，即被引次数须大于等于论文发表数。如通过 Web of Science 查找得出 Prusiner SB 在 2000 年到 2010 年期间，有 126 篇论文的被引频次不低于 126 次。126 便是他在 2000 年到 2010 年期间的 H 指数。中国引文数据库中也有关于著者的 H 指数查询结果，其图表更为直观。

（复旦大学　李晓玲）

第 3 节　个人文献管理软件

案例 10-3-1

某同学在撰写论文前，查找和搜集了大量的相关文献。这些文献有的是中文的，有的是外文的。有的是全文，有的是题录。当他开始撰写论文时，发现在自己电脑上找这些文献；在文中和文后引用这些文献的工作比较繁琐，不仅要花费大量的时间和精力，而且容易出错。有人向他推荐使用个人文献管理软件，不仅可以节约时间，提高效率，而且降低了差错率。

问题：

1. 什么是个人文献管理软件？
2. 个人文献管理软件有哪些主要功能？
3. 目前有哪些个人文献管理软件？

分析：

1. 个人文献管理软件是供用户高效管理和便捷使用文献的软件。

2. 个人文献管理软件可以收集不同来源的文献，可对文献进行管理和分析，写作时可以自动生成参考文献列表。

3. 目前市面上的个人文献管理软件非常多，本节主要介绍 NoteExpress 和 EndNote Basic 这两种。

一、个人文献管理软件介绍

（一）个人文献管理软件

个人文献管理软件是可根据个人需要收集文献、高效管理和便捷引用文献的软件；也是一个管理文献、文字、规范写作的自动化软件。

（二）个人文献管理软件主要功能

1. 收集文献　能够获取不同来源的文献，支持数以百计的全球图书馆书目数据库和网络数据库，如中国学术期刊网络出版总库、中文科技期刊数据库、PubMed、Elsevier ScienceDirect、Web of Science、图书馆书目数据库等。

2. 管理文献　科学管理和组织大容量的参考文献，把文献按个人需要归类、进行查重去重、统计分析，对文献题录进行编辑和修改等。

3. 写作时即写即引　可在 Word 文档中方便引用参考文献，当修改文内引用时，文后参考文献的编排随之可自动增加、删除、调整顺序、修改，避免了繁琐的人工调整，并可减少人为出错。管理软件中一般内置丰富的引文格式模板与重要期刊的论文格式模板，使论文撰写更加规范和轻松。

（三）常用的个人文献管理软件

目前，国内外市场上已经推出的个人文献管理软件有很多，国外包括由美国科学信息研究所 ISI（Institute of Scientific Information）推出的 EndNote Basic、Reference Manager 和 Procite，由英国剑桥信息集团子公司推出的 RefWorks 等。国内包括北京爱琴海软件公司开发的 NoteExpress，北京金叶天翔科技有限公司的专业医学文献管理软件“医学文献王”等。本节主要介绍两种具有代表性的个人文献管理软件，分别是单机版的 NoteExpress 和 Web 版的 EndNote Basic。

二、NoteExpress

案例 10-3-2

某学生的论文课题是有关“胃炎的药物治疗”，在文献调研阶段，他选择 Web of Science 核心合集和中国学术期刊网络出版总库查找文献，并将检索结果导入 NoteExpress 中。写论文时用 NE 插件插入引用文献，产生参考文献列表。

问题：

1. 如何将收集的文献导入 NoteExpress?

2. 如何正确选择过滤器?

3. 写作时，如何使用 NoteExpress Microsoft Word 插件?

分析：

1. NoteExpress 文献导入主要有三种方法：在线检索、浏览器检索和手工录入。

2. 可参照 NoteExpress 过滤器管理器内对系统过滤器的要求。

3. 安装好 NoteExpress 软件后，Microsoft Word 内同时安装了 NE 插件，根据各个插件的功能选择使用。

NoteExpress（NE）在国内文献管理软件市场上独占鳌头。NE 目前版本有 NE 标准版和为各大高校、研究院、公共图书馆量身定做的高校版本、研究院/所版本以及公共图书馆版本。各版本最新版本都是 v3.1，到目前为止，国内几乎各大高校都有自己版本的 NE。

NE 集文献题录、文摘、全文于一体，节约了个人使用文献的时间，大幅度提高了个人研究效率，具有强大的文献管理与分析功能。具体包括文献归类、标识文献、查重及去重、添加附件、笔记、编辑、检索、文件夹统计分析等功能。写作时可便捷的生成参考文献，可随时对参考文献进行增、删、改，NE 内置 3000 种国内外常用学术期刊和学位论文的格式规范。NE 首创多国语言模板功能，从输出速度到占用内存，从功能创新到改进，NE 相对于国内外产品有明显优势。

（一）NE 下载和安装

在网站 http：//www.inoteexpress.com 上根据自己所在高校下载对应的版本。下载安装后，在 NE 主界面如图 10-3-1 所示，可对文献进行导入、管理、分析等一系列操作，同时在计算机的 Microsoft Word 里安装了论文写作插件，NE 支持 Microsoft Word2000 及以上版本。

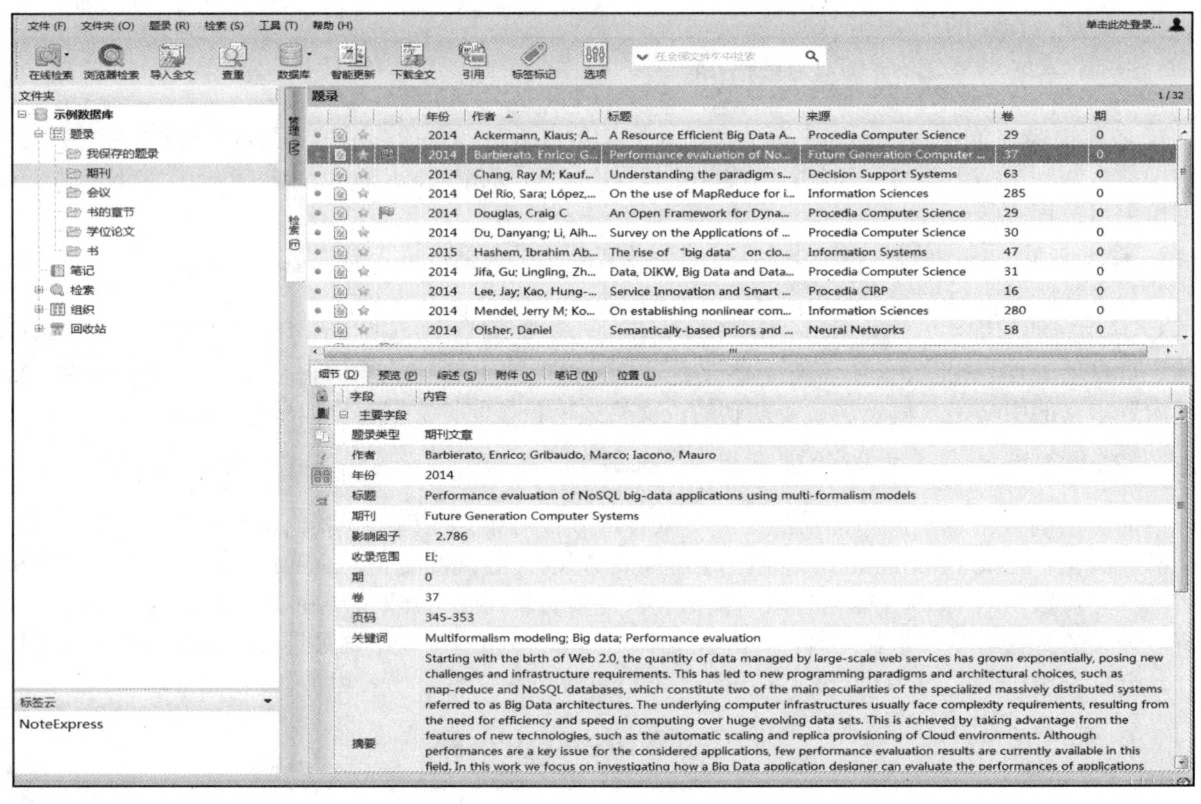

图 10-3-1 NE 主界面

1. 菜单栏 包括文件、文件夹、题录、检索、工具和帮助栏目，每个栏目下有子栏目，如文件菜单栏下包含新建数据库、常用数据库、关闭数据库、导入题录等子栏目，可以在进行具体操作时选择对应的子栏目。

2. 工具栏 显示菜单栏子栏目里常用的快捷操作的图标，如“浏览器检索”对应检索菜单下的“在浏览器中检索”子栏目，如图 10-3-2 所示。

图 10-3-2 NE 工具栏

3. 文件夹 以树形结构显示打开的数据库和各个数据库结构目录，点击目录前的加号或减号可展开或收起子目录。

4. 题录表头 可以根据个人需求选择显示的题录字段，让信息一目了然。点击表头题录字段（年份、作者、标题、来源等）可自动排序。如图 10-3-3 所示。

年份	作者	标题	来源	卷	期	页码
2014	Ackermann, Klaus; A...	A Resource Efficient Big Data A...	Procedia Computer Science	29	0	2360-2369
2014	Barbierato, Enrico; G...	Performance evaluation of No...	Future Generation Computer ...	37	0	345-353
2014	Chang, Ray M; Kauf...	Understanding the paradigm s...	Decision Support Systems	63	0	67-80

图 10-3-3 NE 题录表头

5. 题录相关信息 用来显示每一条题录的相关信息，包括细节、预览、综述、附件、笔记等。细节显示题录的详细内容；预览显示当前输出样式下该题录生成的参考文献索引样式；附件显示该题录关联的所有附件；笔记显示为该题录所做笔记的内容，可以根据需要进行修改编辑；位置显示该题录在题录文件夹的位置，见图 10-3-1。

（二）NE 文献导入方法

1. 在线检索导入 此方法为利用 NE 提供的检索界面进行检索，优点在于文献题录导入便捷，无需过滤器；缺点是检索界面过于简单，不适合复杂检索，并且检索过程花费时间较长。就案例 10-3-2 中的课题，如果选择在线检索 Web of Science 核心合集数据库，具体操作如下：

（1）建立数据库：从文件菜单里选择“新建数据库”，在新建一个空白数据库对话框里给出保存数据库文件的存放路径，并且给数据库命名为“胃炎”。那么在数据库及数据库结构目录栏中显示出与“示例数据库”平行的新数据库“胃炎”，如图 10-3-4 所示。有关胃炎的中外文文献都可以导入至“胃炎”数据库的题录文件夹中。

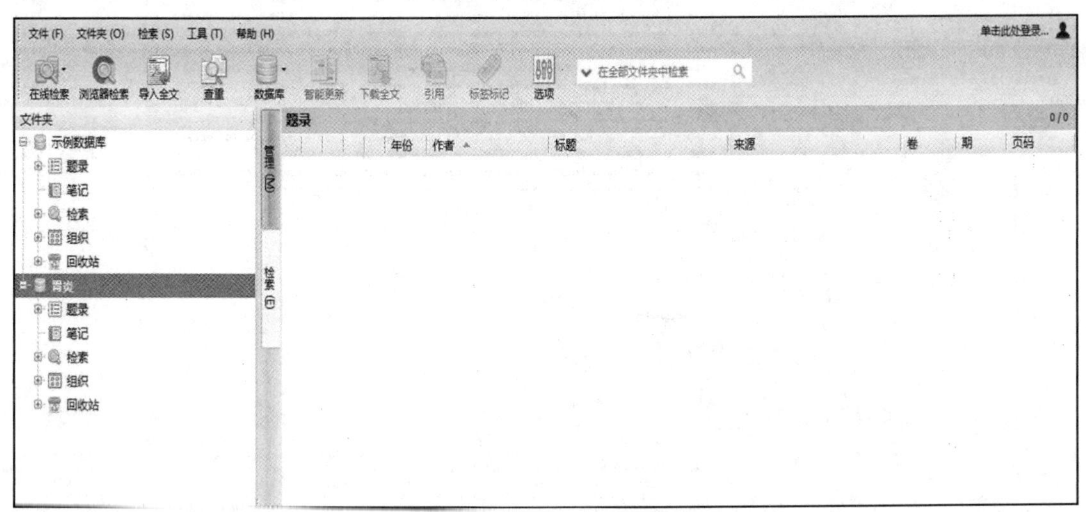

图 10-3-4 NE 新建数据库

（2）选择数据库：点击工具栏中第一个图标“在线检索”，在随后的请选择在线数据库对话框里输入数据库名称的全称或部分名称，以 Web of Science 核心合集为例，输入“Web”，即可找到对应的数据库。

（3）检索：在 NE 提供的检索界面输入检索词，检索完成后，可以通过“批量获取”或“勾选题录”两种方式选择所需题录。如图 10-3-5 所示。

（4）导入题录：在检出结果界面点击“保存勾选的题录”，前 50 条记录便会自动保存至胃炎下面的题录中。如图 10-3-6 所示。

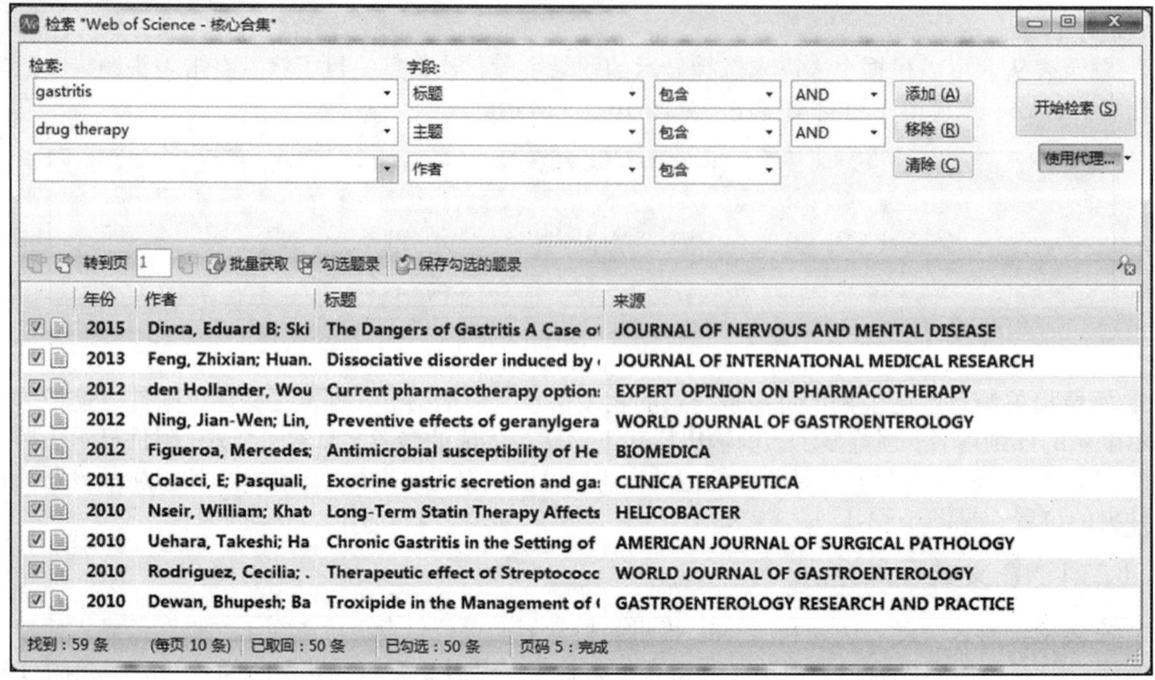

图 10-3-5　NE 在线检索界面

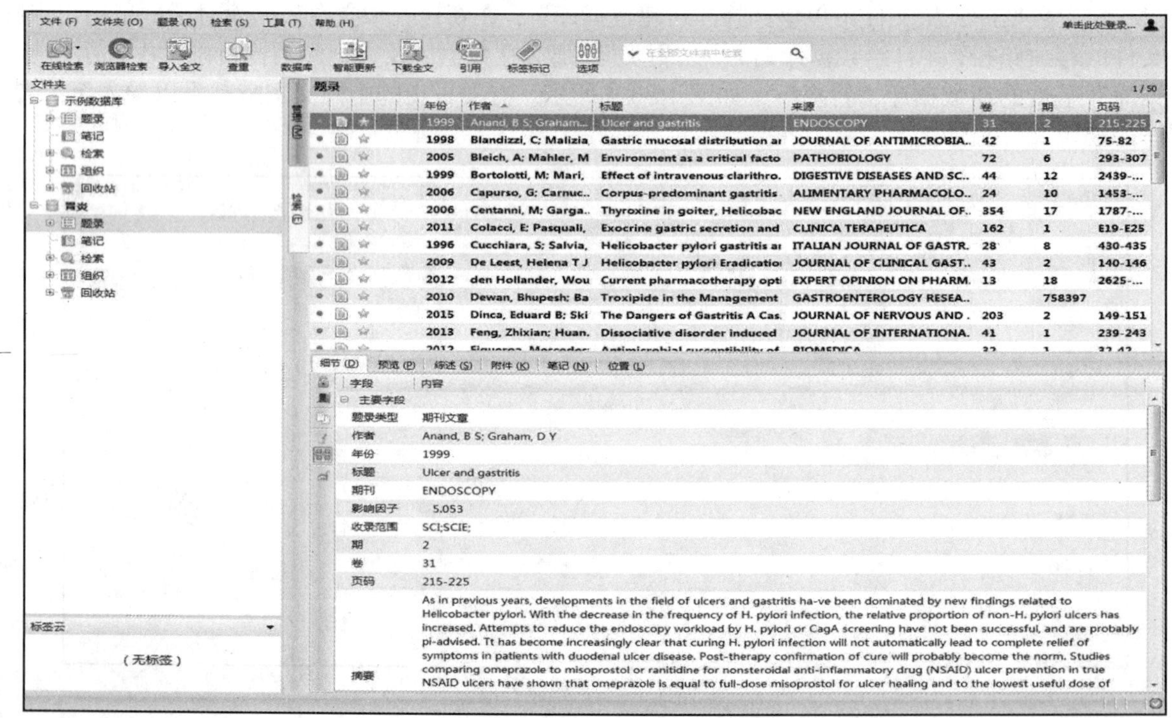

图 10-3-6　检索结果导入题录中

2. 浏览器检索导入　通过 NE 内置浏览器选择数据库进行检索，检索界面与原数据库相同。优点在于熟悉检索界面和检索规则，导入题录方便快捷。就案例 10-3-2 中的课题，选择中国学术期刊网络出版总库，具体操作如下：

（1）点击“浏览器检索”，在内置窗口中点击“知网期刊”。如图 10-3-7 所示。

（2）在中国学术期刊网络出版总库的检索界面中输入检索词，点击检索后获得检索结果。每篇论文标题后面有个导入的图标，点击这个图标即可将这篇文献导入到指定的文件夹中。如图 10-3-8 所示。

图 10-3-7　浏览器检索选择知网期刊数据库

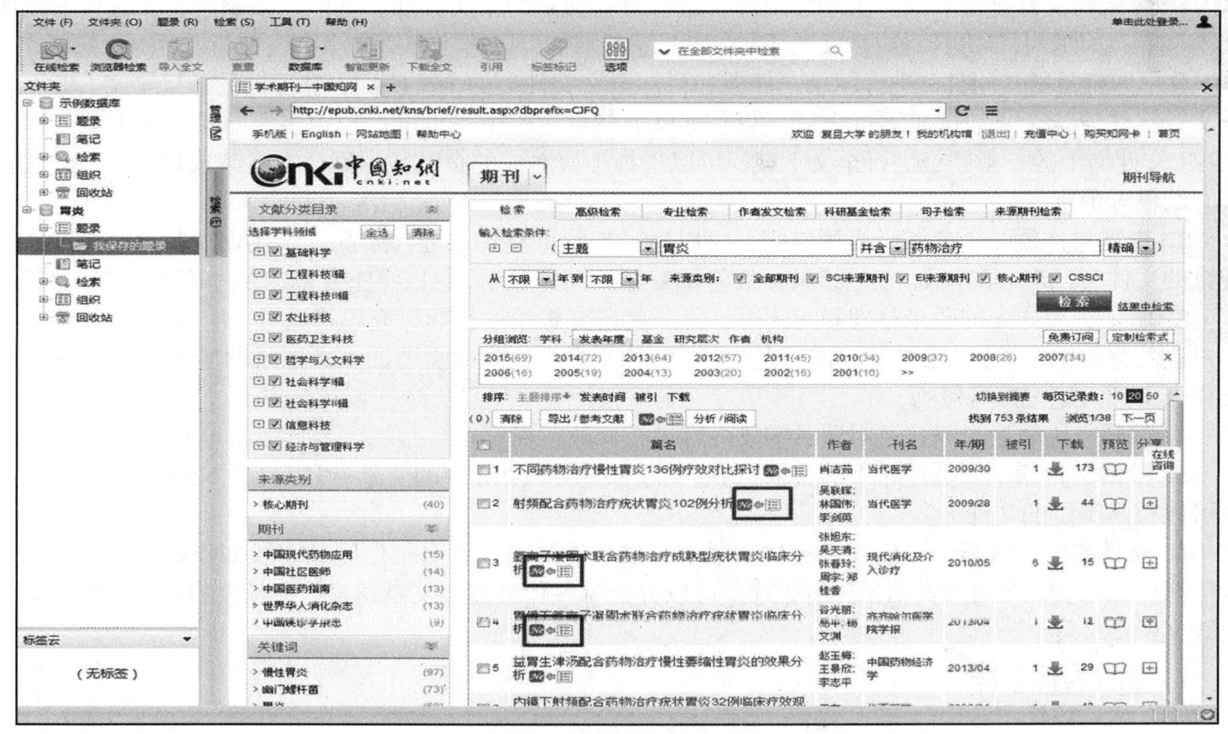

图 10-3-8　检索结果与文献导入

3. 手工录入　比较少用，需要用户自己根据题录字段，将文献内容对应输入。从 NE 题录菜单里选择“新建题录”，在新建题录界面进行具体字段内容的编辑，完成后可进行保存。如图 10-3-9 所示。

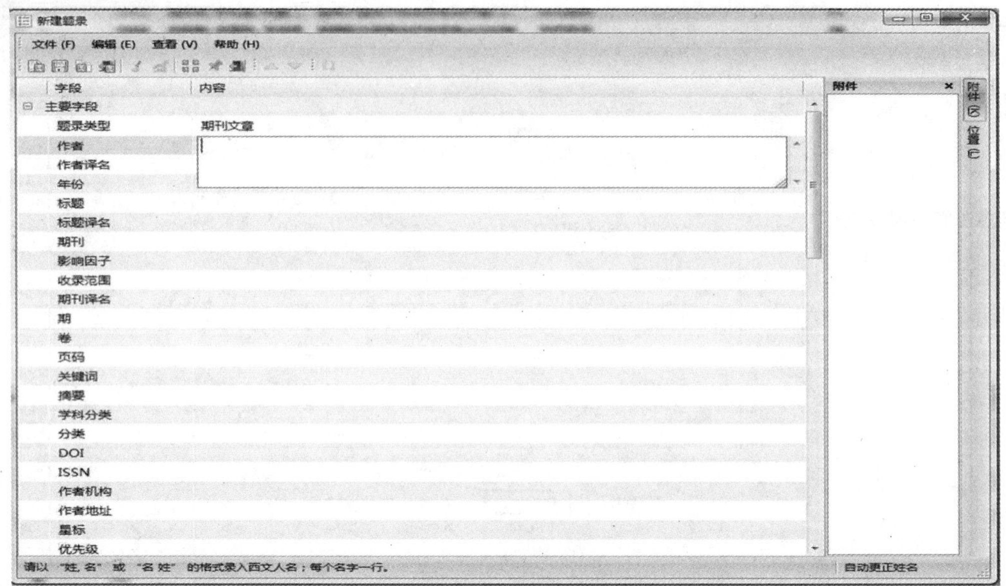

图 10-3-9　NE 新建题录

（三）NE 的文献管理和分析

NE 具有强大的文献管理和分析功能，以下具体介绍一些常用的功能。

1. 题录与文献全文关联　①添加附件：适合单篇文献的全文添加。选中一条题录，右键单击该题录，选择“添加附件”进行对应全文的添加。②批量链接：可以进行多篇文献全文的批量添加。选择“工具”菜单的批量链接附件，进行题录文件夹和目标全文文件夹的全文匹配，进行批量链接全文。③下载全文：在线连接全文数据库进行全文下载。可以下载单篇题录，也可以选中多条题录批量下载。如将 CNKI 文件夹中的一条题录进行全文下载，可以选择连接对应的全文数据库全文下载成功后，该题录将会有红色方形标记。

2. 查重与去重　重复题录占用空间，可以通过查找重复题录进行去重。查找重复题录时要选择待查重的文件夹，待查重字段。查重结果一般将重复题录高亮显示，可以将重复题录从所有文件夹中删除。

3. 笔记　对导入的题录整理和阅读时，将一些研究想法、新的研究思路通过 NE 自带的笔记功能给对应的题录记下笔记，所做笔记需要及时保存。如果在写文章时需要插入所记录的笔记，可通过 Word 插件点击插入笔记即可做到。

4. 编辑　编辑题录时，可对题录字段内容进行修改、保存。

5. 检索　检索个人数据库中的文献，这些文献都是导入 NE 中的文献，可以检索 NE 中所有数据库，也可以检索特定的文件夹。

6. 文件夹统计分析　可对文件夹内文献进行信息统计，统计时根据题录字段如作者、年份、出版社等将文献归类，可对归类结果进行排序。可以分析哪些作者发表文献最多，文献发表趋势、哪些机构发表文献最多等。

（四）NE 写作

Microsoft Word 常用插件如图 10-3-10 所示，具体功能如下：

图 10-3-10　Word 中的 NE 插件

1. 转到 NE　用于从 Word 界面切换至 NE 界面。

2. 插入引文　将 NE 中选中的文献题录直接插入到 Word 中光标停留处，生成当前输出样式的文中引文格式。

3. 插入笔记　将 NE 中选择的笔记插入到 Word 光标停留处。

4. 格式化　将插入的参考文献进行格式转换，NE 中内置 3000 种国内外期刊和学位论文的格式定义。

5. 编辑引文　可以对插入的引文进行修改、删除、更新题录以及调整题录顺序。

6. 检索　检索 NE 中所选数据库中的文献，选中文献题录进行引文插入。

7. 定位　引文定位和跳转功能。当光标位于 Word 正文引文处时，点击，会自动跳转到其对应的参考文献，反之亦然。

8. 查找　用于查找论文中多次引用同一篇引文的引文位置。

9. 设置　设置 Word 插件的常规功能、快捷键等。

10. 同步　对已插入到 Word 中的引文，如果有过任何修改，可进行同步更新。

三、EndNote Basic

EndNote Basic 是汤森路透（Thomson Reuters）公司推出的一款网络版文献管理软件，能够访问 Web of Science 的用户皆可使用。

（一）数据收集与文件附件

1. 注册、登录　使用 EndNote Basic 需要注册个人账号和密码。注册完后可以通过“EndNote”进行登录。

2. 数据收集　EndNote Basic 中收集文献题录的方法有在线检索、新建参考文献和导入参考文献三种方式。

（1）在线检索：首先选择在线数据库或文献库目录连接，从收藏夹中可以看到可供选择的对象都是外文数据库或文献库。以“胃炎的药物治疗”作为案例来检索。第 1 步，通过浏览选择 PubMed（NLM）数据库，如图 10-3-11 所示；第 2 步，输入检索词进行检索；第 3 步，勾选所需题录，新建组，进行命名。例如将勾选的文献保存至“gastritis-pubmed”中，如图 10-3-12 所示。

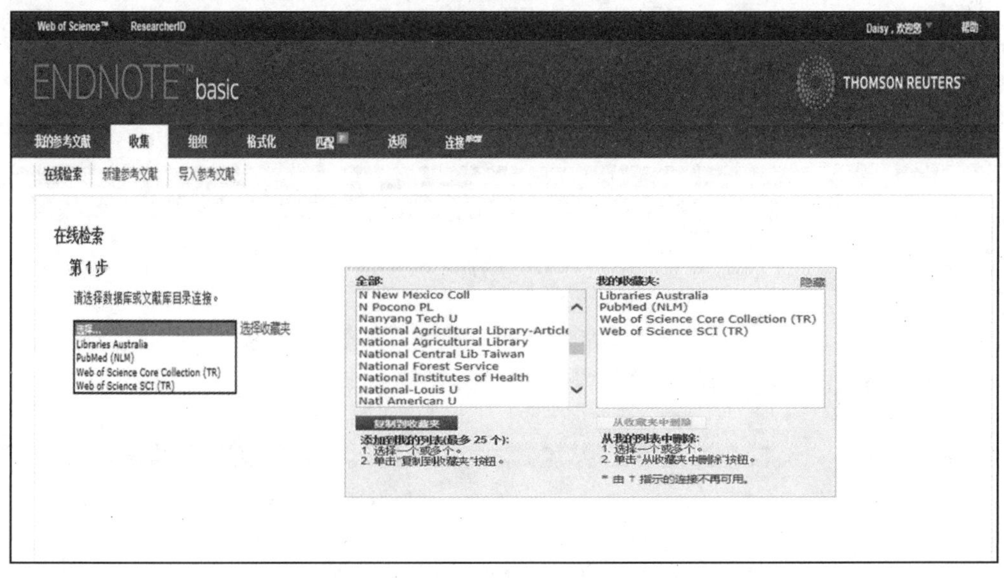

图 10-3-11　在线检索第 1 步选择数据库

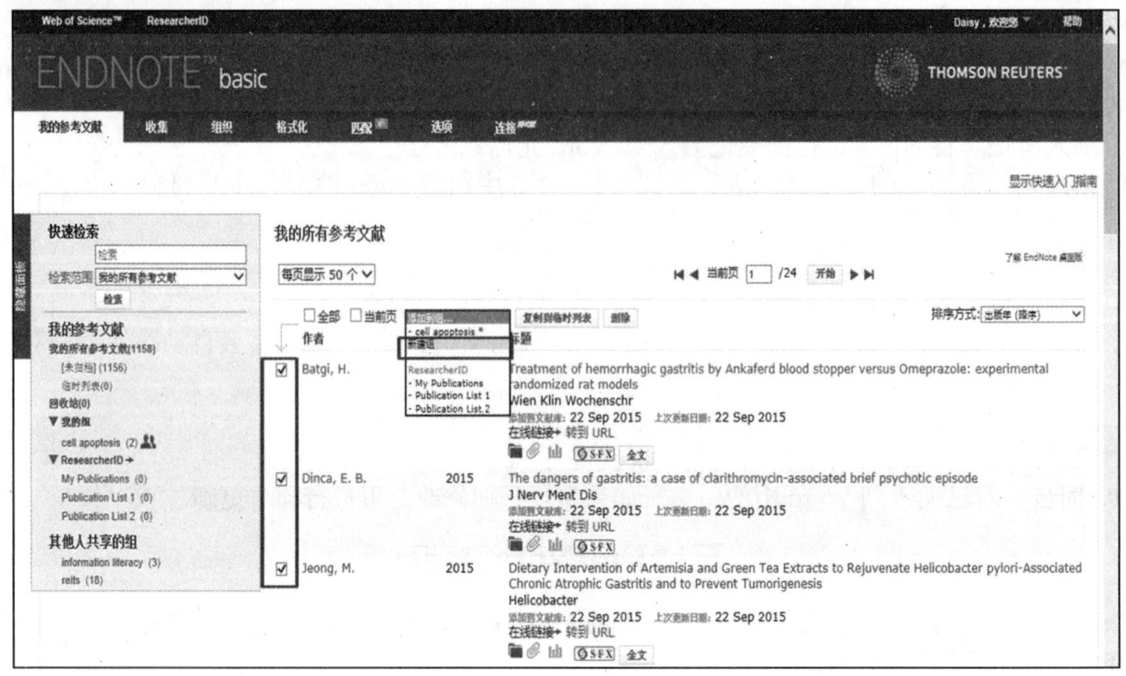

图 10-3-12 保存至文件组“gastritis-pubmed”

（2）新建参考文献：类似 NE 中的手工录入题录，录入文献题录相关信息，如作者、题名、年份、出处等。

（3）导入参考文献：在外部数据库检索后，将检索结果保存成特定的格式。导入 EndNote Basic 时，要选准过滤器。如从中国学术期刊网络出版总库检索出“胃炎的药物治疗”相关文献后，选择 EndNote 格式，点击“导出”，如图 10-3-13 所示。导入时，导入选项选择“EndNote Import”即可成功导入，如图 10-3-14 所示。

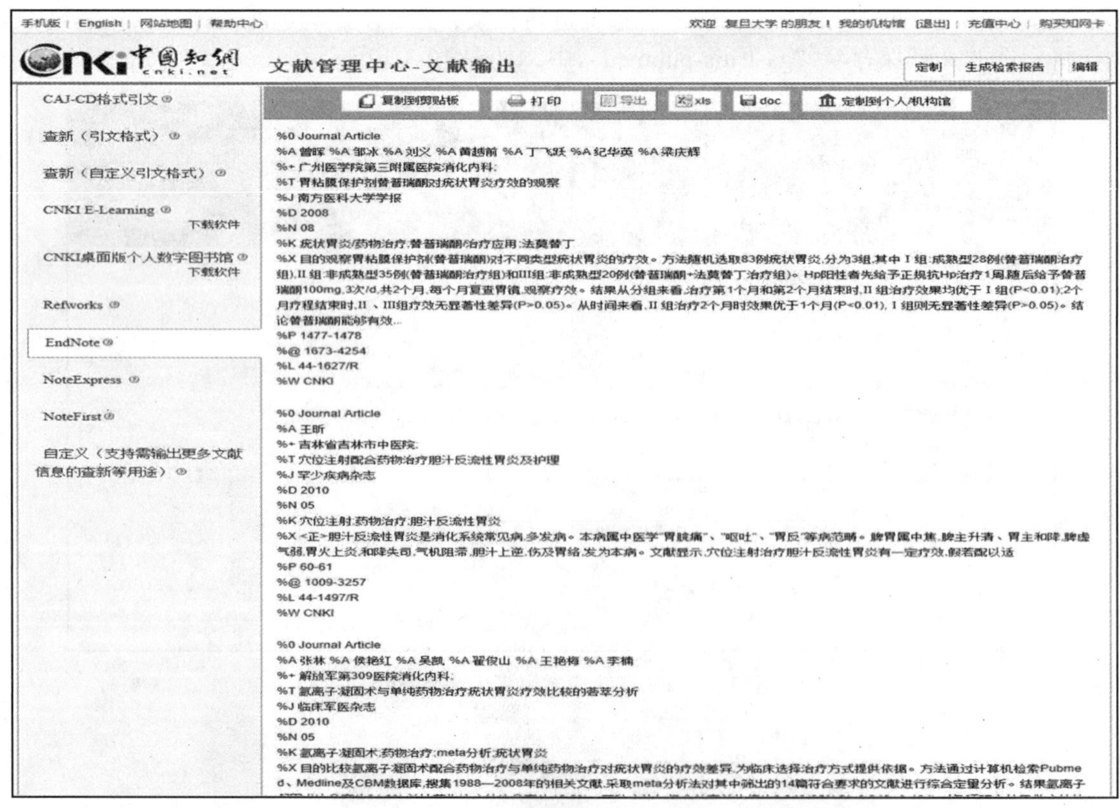

图 10-3-13 在 CNKI 中将检索结果以 EndNote 格式导出

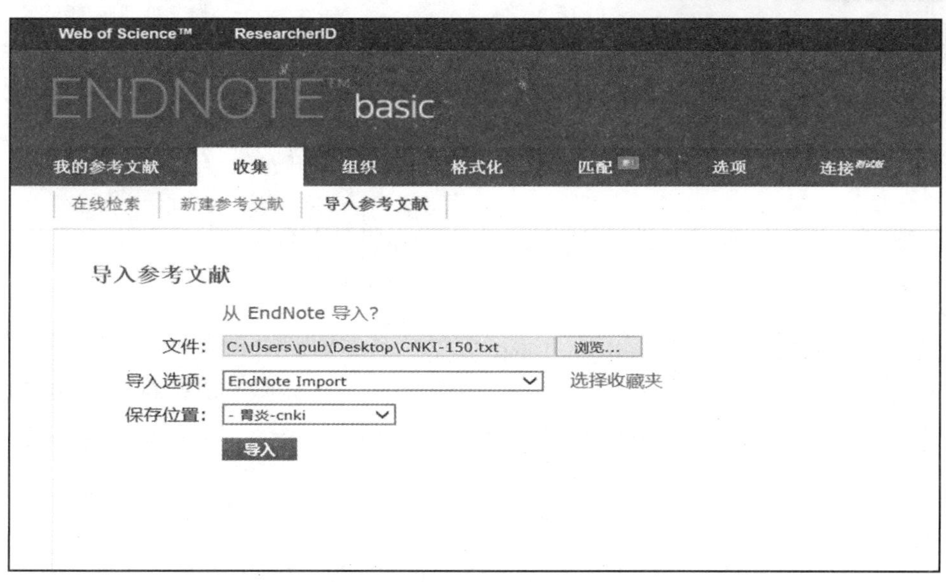

图 10-3-14 EndNote 的导入参考文献

3. 文件附件 每篇文献最多允许添加五个文件附件，文件格式支持 Doc、PDF、Excel 等。用户可以添加与该文献相关的全文，笔记等各种文件。这就意味着在任何可以登录 EndNote Basic 的电脑上，都能获取这些文件，包括全文。

（二）组织管理文献

EndNote Basic 可对所收集文献进行组织管理。

1. 管理我的组 显示各组的参考文献数量，设定共享管理，重新给组命名，删除组。

2. 其他人的组 如果设定共享管理，可以查看其他人收集的文献。

3. 查找重复项 可查重去重。

4. 附件管理 对于存储的附件可以浏览、删除和排序。

（三）格式化

EndNote Basic 可以帮助用户自动生成规范而符合出版要求的参考文献列表。

1. 书目 可将所需文献创建成一个参考文献列表，书目样式可选择所要投稿的期刊，选择 HTML、TXT 或 RTF 格式进行保存、发送到电子邮箱和预览并打印。

2. Cite While You Write 插件 下载安装软件后，在 Word 中写论文时，可以随时引用 EndNote Basic 中的参考文献。

3. 格式化论文 “格式化论文”是在没有 Cite While You Write 插件的情况下，用于设置论文的引文和书目的格式。“格式化论文”通过扫描 RTF 文档中是否有临时引文来进行格式化。

4. 导出参考文献 允许用户以某种导出样式将参考文献导出，通过发送电子邮件、保存或打印出来以备它用。

（四）匹配

帮助用户找出最适合投稿的期刊。用户只需提供一些信息，例如标题、摘要和参考文献，系统就可以找出最适合投稿的期刊。系统会提供 JCR 数据、关键的期刊信息以及出版商详情，帮助您比较各项选择并进行投稿。

（五）选项

用户可以更改登录邮箱地址、更改密码、修改个人信息、选择界面语种、下载安装软件等。

（六）EndNote Basic 写作

EndNote Basic 在 MS Word 中的插件如图 10-3-15 所示，具体功能简介如下：

图 10-3-15　EndNote 在 MS Word 中的插件

1. Insert Citations　可以在 EndNote Basic 中查找引文并插入。

2. Go to EndNote Online　切换至 EndNote Basic 界面。

3. Edit Citation（s）编辑插入 Word 中的引文，可进行修改、删除、更换排序等操作。

4. Style　选择内置论文格式对插入的引文格式化。

（复旦大学　符礼平）

第 4 节　信息利用与表达

案例 10-4-1

复旦大学药学院国家自然科学基金课题“蜂毒肽对心脏离子跨膜转运的影响”立项启示。

问题：

1. 如何分析文献素材。
2. 如何进行科研选题。
3. 如何进行科研项目的申报。

分析：

1. 分析文献素材。对专业课题相关领域的研究，有系统的了解，包括专业领域的主要研究成果、研究深度和广度、主要代表作、主要研究人员和机构等。在此基础上采用科学的方法，如归纳、综合、类比、调研、统计等，对文献素材进行研究，得出结果，并能够发现问题，找到科研的切入点。

2. 进行科研选题。科研课题选择要遵循科学的原则，如社会的需求、科学性、创造性、可能性、经济性等原则。

3. 科研项目申报。科研项目申报依据科研课题选择的基本原则，进行科学的申报。可以参照国家科学基金申请的一些指南进行。

一、分析文献素材

分析文献素材，首先要进行文献的阅读。文献的阅读可以先选择阅读与课题有关的综述性文献，综述性文献有助于了解学科专业研究的全貌，了解课题的来龙去脉、框架分支，了解自己所选的研究课题所处的位置。在了解了专业研究背景和全貌的基础上，再阅读与课题有关的学术论文，掌握和了解课题相关研究的详细内容、材料与方法、得出的结果、引用的原理、理论基础等。

本课题信息调研采用文献调研法（详见医学信息研究与管理相关章节），初期检索文献素材显示：

国内外在 80 年代主要研究离体动物和整体动物研究蜂毒肽对心脏的作用，90 年代文献显示蜂毒肽对细胞膜的作用，主要引起细胞功能改变，并可影响多种离子的跨膜转运，离子通道的研究多数在肾脏和神经组织中进行。

经信息综合归纳，得出结论国内外在 90 年代初期对蜂毒肽的研究，主要偏重心肌的生化机制以及肾脏和神经组织中细胞膜离子转运影响方面。

发现问题：蜂毒肽对心脏细胞跨膜离子转运的研究缺乏系统性。

二、科研课题的选择

科研课题的来源有多种多样，比如课题可以来源于社会生产和现实生活中；交叉学科和边缘学科领域；自然界及社会中有价值的新现象、新发现、新启示；科学理论的实际应用等。但不管何种来源的科研课题选择，都要遵循科学的原则。

科研选题有五大基本原则：

1. 需要性原则　科学研究既要满足社会生产、经济和其他方面的需要，用于应用基础研究和开发研究；另一方面也要满足科学自身发展的需要，进行基础理论性研究课题，一般不具备直接经济效益，但是具有科学的学术价值。本课题在实验动物模型基础上开展生物毒素对哺乳动物的作用，对生物毒素药用开发有着重要的应用意义。要满足国家及社会的需求，需要借鉴国家鼓励资助研究的方向，多阅读访问政府有关基金资助的指南、科研项目申报的指南。本课题在当时的国家科学基金研究指南（2003年）中，可以观察到国家对药物开发的基础和应用基础科学问题等研究，尤其是天然来源新型生物活性物质的发现及其结构与功能展开的研究予以鼓励。

2. 科学性原则　研究课题必须有科学理论依据，以保证科研方向的正确。确定课题科学性，需要大量借鉴国内外已有的研究文献，包括专著、综述、科研论文等。特别是综述文献，可以概览学科发展的来龙去脉、框架体系、研究热点。本节案例浏览了大量国外已有蜂毒肽药用机制研究的文献，课题选择就有充分的理论依据。

3. 创造性原则　科研课题要求有先进性、新颖性。在现有科学发展的基础上，有所创造，有所发现，有所发明。本节案例在参考了国内外大量蜂毒肽研究的基础上，找到了课题的切入点，即蜂毒肽在心脏细胞离子跨膜转运的影响，而非国外心肌细胞的生化研究、或肾脏、神经组织的电生理研究，具有独树一帜、研究创新的特点。

4. 可能性原则　研究课题要具备一定的主观和客观条件，本节案例考虑到国内实验条件的适应性，开展蜂毒肽对心脏细胞跨膜转运影响的研究具备可能性。

5. 经济性原则　本节案例基础理论的研究对应用开发有着重要意义，电生理研究投资少，意义大，符合经济性原则。

三、科 技 查 新

案例 10-4-2

学生参加研究小组，初步接触科研课题背景分析，希望进一步了解科研选题过程中，如何确定科研课题的新颖性，即进行查新工作。

问题：

1. 什么是科技查新？
2. 科技查新有哪些类型？

分析：

1. 科技查新是通过文献检索，运用综合分析、对比的方法，为科技项目提供可靠科学依据的信息调研工作。在科研开题和鉴定工作中起着重要的作用，通常要有专门的权威机构进行科学的认证。
2. 在我国，科技查新主要分为两种类型，即科研项目立项查新和科研成果鉴定查新。

（一）科技查新的概念

科技查新是通过文献检索，运用综合分析、对比的方法，为科技项目的新颖性评价提供可靠科学依据的信息调研工作。

（二）科技查新与专家鉴定的区别

通过科技查新与专家鉴定结合，可以提供科研新颖性评价，防止低水平重复，确保科研质量。查新工作与专家鉴定科研成果是不同的。从人员组成上来看，查新人员由信息咨询人员组成；而专家鉴定科研成果，由医学专业专家权威组成。从工作范围来看，查新人员主要提供信息依据，作科研课题和成果的新颖性评价，而专家鉴定则除了进行新颖性评价，还要进行科学性、实用性及科研水平评价。

（三）科技查新与检索服务有什么区别？

检索服务主要帮助用户检出文献，主要是准确而全面的检索出用户需要的文献。科技查新则除了查出文献，还要进行信息分析，根据信息调研的情况写出查新报告。

（四）科技查新的类型

在我们国家，科技查新主要分为两种，科研项目立项查新和科研成果鉴定查新。

1. 科技项目立项查新 是在科研立项以前进行，主要的作用包括：①确定国内外是否有人进行过该项研究；②国内外相关研究的进展；③提供新颖性资料依据。

2. 科技项目成果鉴定查新 是在科研项目完成时进行，主要作用是：①提供成果创新点依据；②提供成果质量评价依据；③保证科研成果鉴定的质量。

（五）查新机构

（1）科技部（原国家科委）于 1990、1994 和 1997 年在全国范围内共授权了 38 家一级查新单位（也称国家级查新单位）。

（2）2000 年 12 月，科学技术部发布了《科技查新机构管理办法》和《科技查新规范》（2001 年 1 月 1 日起施行），进而规范了查新机构的行为，保证了查新的公正性、准确性和独立性，使科技查新工作步入了法制化轨道。

（3）2003 年，教育部重新认定教育部部级科技查新工作站。详细情况可以参加教育部科技查新服务平台：http：//www.chaxin.edu.cn。

（六）进行具备权威性、科学性的科技查新

1. 查新委托 作为查新委托人即用户应有义务、有权力、合法规范地进行查新委托。根据教育部查新政策与法规文件规定：

（1）查新委托人应当据实、完整地向查新机构提供下列查新所必需的资料：①查新项目的科学技术资料；②技术性能指标数据；③查新机构认为查新所必需的其他资料。

（2）查新委托人应当尽可能提供下列查新所需要的资料：①参考检索词，包括中英文对照的查新关键词（含规范词、同义词、缩写词、相关词）、分类号、专利号、化学物质登记号等，关键词应当从查新项目所在专业的文献常用词中选择；②国内外同类科学技术和相关科学技术的背景材料；③参考文献，列出与查新项目密切相关的国内外文献（含著者、题目、刊名、年、卷、期、页），以供查新员在检索时参考。

（3）查新委托人所提交的资料应当真实可靠，能够满足完成查新事务的需要。查新委托人提供的资料和有关证明有虚假内容，所产生的一切后果由其承担法律责任。

2. 科技查新的程序 科技查新的程序应遵循我国科技查新的一系列政策和法规进行，以下仅列出部分重要内容，以帮助学生了解相关的工作情况。详细内容请参见教育部科技查新的文件。

（1）查新委托：委托人自我判断待查新项目是否属于查新范围，并根据待查新项目的专业、科学技术特点、查新目的、查新要求以及需要查证其新颖性的科学技术内容，自主选择查新机构，向查新机构提交在处理查新事务时所必需的科学技术资料和有关材料。领取查新委托表。

（2）查新受理：查新人员接受委托申请，签订合同。

（3）检索准备：查新人员选择检索工具，进行文献检索。

（4）查新人员阅读、对比、分析资料（原文）：查找时，以机检为主、手检为辅；除利用检索工具书和数据库外，必要时还需补充查找与查新项目内容相关的现刊，以防漏检。此外，还应当注意利用相关工具书如手册、年鉴等。查新人员在得出最终检索结果之前，有时会出现查到的文献极少甚至根本没有查到文献，或者查到的文献太多的情况。还需要对每次检索结果进行检验和调整，以扩检或者缩检。

（5）完成查新报告：查新员按照下述步骤完成查新报告：①根据检索结果和阅读的需要，索取文献原文；②对索取得到的文献，根据查新项目的科学技术要点，分为密切相关文献和一般相关文献，并将相关文献与查新项目的科学技术要点进行比较，确定查新项目的新颖性，草拟查新报告；③聘请查新咨询专家，必要时根据查新项目的所属专业和科学技术特点，以及其他实际情况，选聘若干名同行专家担任查新咨询专家。查新人员撰写查新咨询报告书，主要提供课题新颖性结论，客观反映文献事实，不作

主观评价“如填补国内外空白”等。

（6）审查查新咨询报告书：审核员根据科技查新规范、相关文献与查新项目的科学技术要点的比较结果，对查新程序和查新报告进行审核。

（7）递交、出具查新咨询报告书并存档。

用户在递交正式查新请求之前，应运用所掌握的覆盖全、收录广的重要医学资源包括：MEDLINE、EMBASE、 SciFinder、Web of Science、中国学术期刊网络出版总库、万方数据知识服务平台、中文科技期刊数据库、中国生物医学文献数据库、中国医药信息网、国家科技成果网、中国专利信息网、中华人民共和国知识产权网、国家标准咨询网、中华人民共和国科技部、中华人民共和国卫生部、中华人民共和国教育部、国家高技术研究发展计划、国家自然科学基金委员会、美国国立医学图书馆（NLM）、美国卫生健康研究院（NIH）、美国生物技术信息中心（NCBI）等网络医药信息资源，对期刊文献、专利文献、学位论文、标准、政府报告文件等文献，制定全面、准确的检索策略进行检索，并运用信息调研的一系列方法，先行进行课题研究的新颖性评价。在此基础上，选择我国科技部、教育部授权的科技查新机构，进行规范的科技查新委托、受理、检索、评估、审核、得出查新结论，才能够完成一个具有权威性、科学性的查新工作。

四、医 学 写 作

案例 10-4-3

即将毕业的医学高年级学生开始尝试开展学术论文的写作，初步进行课题研究学术思想的表达。

问题：

1. 医学学术论文有哪些种类？
2. 医学学术论文有哪些基本要求？
3. 医学学术论文的基本结构是怎样的？

分析：

1. 医学学术论文的种类按不同的研究性质和专业可分成不同种类。
2. 医学学术论文的基本要求要体现科学研究的基本要求。
3. 医学学术论文的基本结构、格式规范则要遵循国际、国家、期刊惯例和标准。

（一）医学学术论文写作

1. 医学学术论文的种类

（1）按研究性质不同可分为：

1）理论型研究论文：主要涉及实验，重在分析和论证问题，通过逻辑推理和假说来完成。

2）观测型研究论文：医学临床研究多为观测性研究，以客观、真实的观察为依据，对观察结果进行描述和对比分析。

3）实验型学术论文：实验性研究是在排除其他因素影响的条件下，推论干预措施的因果效应。在实验性研究中，如果观察对象是人，则称为临床试验。

（2）按学科专业性质不同可分为，如：①基础医学研究论文；②预防医学研究论文；③临床医学研究论文；④医学管理研究论文。

（3）按论文的体裁不同可分为：①研究论文（论著、研究报告、实验研究）；②研究简报（短篇报道）；③经验总结（诊治经验、技术交流）；④病例分析（病例报告、疑难病例分析）；⑤疗效观察等。

2. 医学学术论文的基本要求

（1）科学性：主要体现在：论点客观公允，论据充分可靠，论证严谨周密，有较强的逻辑性。临床医学文献还有特定的科学基本要求，根据循证医学的临床文献评判提纲（Guidance focuses on the critical appraisal for reviews of clinical effectiveness）提示：医学临床文献要具备以下特点：研究目的应明确、文献应彻查、研究列入的标准应清楚地描述和正确应用、研究质量评估应采用盲法或独立评价、原始信息的调研不应有遗漏、研究应可以重复再现、研究结论应具有强有力的证据、评估应有机遇作用、推荐的意见应牢固地基于所体现的证据质量。

（2）学术性：对研究的客观现象和外部特征进行描述同时，站在一定的理论高度，揭示科研内在本质和变化的规律，通常要有一定量的引文即参考文献。

（3）创新性：创新性是学术论文的基本特征。是世界各国衡量科研工作水平的重要标准，是决定论文质量高低的主要标准之一，也是反映它自身价值的标志。

（4）规范性：医学学术论文要求写法格式规范、叙述严谨、逻辑清晰、文理通顺、描述准确、简明。

3. 医学学术论文的一般格式

（1）国际标准温哥华格式：是 1979 年由生物医学期刊编辑在温哥华创建的生物医学期刊投稿统一要求（Uniform Requirements for Manuscripts Submitted to Biomedical Journals）。2011 年最新版本刊登在医学期刊编辑委员会（International Committee of Medical Journal Editors）网站上（http://www.icmje.org）。

（2）国内国家标准：1988 年 1 月 1 日起实施的国家标准《GB7713-87 科学技术报告、学位论文和学术论文的编写格式》对科技论文的撰写和编排格式作了规定。现有国家标准关于参考文献著录的有 GB7714-2015《文后参考文献著录规则》。

（3）遵循所要投稿的期刊对于论文的格式要求：期刊每年的第一期，刊出该刊论文及参考文献的格式要求。期刊通常在网上公布投稿须知，如：JAMA 的 Information for Authors/Reviewers，我国的《中华内科杂志》的投稿须知等。投稿须知英文写法有：Instruction for Authors，Guide to Contributors，Guide for Authors of papers，Advice to Contributors 等，在网页上要注意点选。

4. 医学学术论文的结构 医学学术论文一般分为三个部分：前置部分、主体部分、附录部分。

（1）前置部分：包括题名（title）、著者（author ship）、摘要（English abstracts）、关键词（keywords）、中国图书馆分类法分类号（Chinese Library Classification）。

1）题名（标题、题目或篇名）：题名是前置部分中最重要的部分，它既要详尽地反映学术研究的对象、手段、方法与达到的程度，同时要简明扼要、确切醒目。题名太长令人费解，太短又会遗漏信息。信息网络化的时代要考虑便于进行电子检索，满足查全和查准。

2）著者署名：主要列出著者姓名、单位地址、最高学术职称（有些期刊要求）、个人简历。

3）摘要：医学学术论文的摘要一般为结构式摘要，包括：①研究目的：说明研究的背景和目的；②研究方法：说明研究的过程，研究对象和实验动物的选择，观察和分析的方法；③研究结果：介绍研究的发现、获得的数据、资料，发明的新技术、新方法、统计学的意义；④研究结论：在结果分析基础上所得出的观点或看法，强调新的、重要的研究。见图 10-4-1。

·2924·　中华医学杂志 2015 年 9 月 22 日第 95 卷第 36 期　Natl Med J China, September 22, 2015, Vol. 95, No. 36

·临床研究·

环境因素对慢性阻塞性肺疾病候鸟人群的影响

闫鹏　林容　贾艳红　刘鹏飞　肖坤　刘丹　关伟　谭红研　解立新

【摘要】 **目的**　探讨环境因素对慢性阻塞性肺疾病（慢阻肺）候鸟人群的影响。**方法**　收集 2012 年 9 月至 2014 年 5 月解放军总医院海南分院及三亚市人民医院就诊的北京地区稳定期候鸟慢阻肺患者 82 例；10 月至次年 4 月（表述为冬季），在三亚对入组患者分别行慢阻肺评价试验评分（CAT）、改良呼吸困难分级评分（mMRC），每 2 个月随访 1 次；5 月至 9 月（表述为夏季）待候鸟慢阻肺患者返回北京地区后，对稳定期候鸟慢阻肺患者再次行 CAT 评分、mMRC 评分，每 2 个月随访 1 次，比较候鸟慢阻肺患者改变生活环境后自身评分的变化。观察期间若患者出现急性加重或因急性加重住院治疗，则做相应的记录，在患者进入稳定期 1 个月后再次评分。同时在全国城市空气质量发布平台每天记录空气质量指数（AQI），并记录当地气温及相对湿度。**结果**　候鸟慢阻肺患者在三亚的 CAT 总评分显著低于北京[（20.0±8.0）比（26.4±7.1）分，$P<0.001$]；在三亚的 mMRC 总评分显著低于北京[（1.9±0.8）比（2.9±0.9）分，$P=0.001$]，根据最新指南，用 mMRC 评价候鸟慢阻肺患者，其分级由 D 降至 C，CAT 评分的变化未引起分级变化。三亚冬季与北京夏季的平均气温差异无统计学意义[（23.1±4.2）比（24.3±2.3）℃，$P=0.674$]；三亚冬季的 AQI 显著低于北京夏季[（49.4±8.9）比（113.1±14.2）$\mu g/m^3$，$P<0.001$]；三亚冬季的相对湿度显著高于北京夏季[（90.6±4.9）% 比（58.0±10.0）%，$P=0.001$]。**结论**　候鸟慢阻肺患者在空气质量更好、相对湿度更高的地区，其生活质量和活动耐量明显提高。

【关键词】　肺疾病，慢性阻塞性；　环境污染；　迁徙；　评分

图 10-4-1　医学论文摘要

4）关键词：列出 3～8 个，可参考 MeSH 词表或中国生物医学文献数据库电子词表。有些较新的概念、尚未有 Mesh 词与其匹配的关键词可采用当前使用的语言。示例：蜂毒对乳头肌的作用，著者列出关键词有：蜂毒；乳头肌；收缩。经本文著者修改后关键词：蜂毒；乳头肌；心肌收缩，著者及编辑部都予以接受。

5）分类号：可以通过以下方法查找：

A. 中国图书馆图书分类法（中图法），各图书馆网站都会列出，广域网也有简表可查询，目前已有 2014 年最新版。

B. CBM 中国生物医学文献数据库，可以通过关键词或主题概念确定相关专业中图法分类号。如查找生殖免疫学所属分类，可通过分类名输入进行。

（2）主体部分：包括前言（introduction）、材料和方法（material & methods）、临床文献可以用临床资料（clinical material）或对象和方法（subjects & methods）、结果（results）、讨论（discussion）、结论（conclusion）、参考文献（references）。

1）前言：内容包括：总体上介绍研究背景，密切相关的参考信息（不要写成小综述），逐渐缩小到立题依据，研究或观察的基本原理，再集中到本文研究目的。文字精练，篇幅不宜过长，一般 200 字左右，文中使用的语言要统一，文例：P Haggarty. Effect of B vitamins and Genetics on Success of In-vitro Fertilisation：Respective Cohort Study. Lancet 2006；367：1513-19

该文前言的写法：总体背景：欧洲试管怀孕治疗，试管怀孕和双胞胎的影响因素需要进一步研究，立题背景：低维生素 B 状况与早期怀孕失败、高浓度的叶酸与双胞胎高发有关，研究目的：研究维生素 B 在体内水平，涉及维生素 B 代谢的相关基因变异等。

2）材料和方法：内容包括参与和选择的对象（患者或实验动物，包括对照组）；指明年龄、性别、和其他对象的重要特征等；技术信息包括仪器设备，应说明所用仪器的型号，制造的国别和厂家等详细的参数等；材料的来源、制备、选择标准，药品和试剂包括普通名、系统名、剂量、服用规则等；研究方法表述要精确、采用方法的理由，数据查找、选择、提取、综合的方法；实验程序、操作要点 包括获得结果的过程；统计学方法要详细说明统计学的术语、缩写、符号、统计学软件，并能使其他研究人员能依据原始数据再现报告的结果。临床疗效观察或临床病例分析论文可用对象和方法，涉及新的内容时，应详细而便于同行重复、借鉴。常规方法或重复前人的方法则可略或注明文献出处即可。

3）结果：主要表述的内容有：①针对研究的问题，合理地选择文本、表格（具体数值及对比表达）和图（发展趋势的动态表达）；②按照逻辑顺序，逐一列出结果，如图 10-4-2 所示；③结果表格和图的文字及标点符号：英文写作时，单位和计量之间要空格，句号、逗号后面空一格。百分比和数字之间不空格（如 in50%，而不是 in50 %）等；④关于计量单位问题：要以国际单位制（即 SI 单位制）1960 年国际计量大会制定为标准，参照《中华人民共和国计量法》《关于在我国统一实行法定计量单位的命令》、强制性国家标准 GB3100-3102-93《量和单位》法定计量单位为标准。

	History of infertility*		Outcome of current IVF cycle*							
	Previous pregnancy		Viable pregnancy†		Livebirth		Twin vs singleton		Miscarriage	
	Odds ratio (95% CI)	p	Odds ratio (95% CI)	p	Odds ratio (95% CI)	p	Odds ratio (95% CI)	p	Odds ratio (95% CI)	p
MTHFR 677 (TT vs CC)	1·48 (0·81–2·72)	0·199	0·77 (0·38–1·58)	0·474	0·98 (0·47–2·09)	0·973	2·29 (0·46–11·48)	0·318	0·52 (0·06–4·89)	0·543
MTHFR 1289 (CC vs AA)	0·42 (0·21–0·81)	0·008	0·37 (0·16–0·87)	0·015	0·24 (0·08–0·71)	0·003	CS	CS	3·37 (0·41–27·85)	0·284
MTR 2756 (GG vs AA)	2·08 (0·81–5·33)	0·123	1·43 (0·52–3·97)	0·494	1·13 (0·36–3·55)	0·836	0·83 (0·07–9·28)	0·879	CS	CS
MTRR 66 (GG vs AA)	1·01 (0·60–1·68)	0·980	0·75 (0·43–1·32)	0·320	0·67 (0·37–1·22)	0·191	1·48 (0·45–4·79)	0·515	2·15 (0·48–9·57)	0·300
TCN2 776 (GG vs CC)	0·73 (0·43–1·24)	0·238	0·60 (0·33–1·09)	0·089	0·59 (0·31–1·13)	0·106	1·32 (0·37–4·72)	0·672	1·41 (0·30–6·65)	0·664
CBS 68-bp insertion (++ vs --)	0·87 (0·14–5·50)	0·881	0·53 (0·05–5·08)	0·560	0·65 (0·07–6·29)	0·701	CS	CS	CS	CS

*Odds ratios (homozygous mutant vs homozygous wildtype) calculated with adjustment for age, number of IVF attempts, number of embryos transferred, primary diagnosis of infertility, and whether embryos fertilised by ICSI or IVF. †Based on detection of fetal heartbeat. CS=complete separation of data—ie, zero counts for mutant homozygous genotype for one of binary outcomes precludes calculation of odds ratio. Significance based on Hosmer-Lemeshow likelihood ratio test.

Table 4: B-vitamin-related genotype, history of infertility, and outcome of fertility treatment

图 10-4-2 “Effect of B vitamins and genetics on success of in-vitro fertilisation：rospective cohort study *Lancet* 2006；367：1513–19”一文中的表格

4）讨论：结合基础理论和前人成果，应用国际国内最新的学说、理论、见解对该课题进行分析，特别要强调领域中最新的和重要的研究。同时，将本次研究与其他相关研究进行比较，表明本次研究的局限，提示未来研究和临床实践的方向。联系研究目的，得出有数据支持的研究结论。

不同种类文献的讨论具有不同特点，如观测型论文，讨论部分以概括、归纳观测为主；实验型论文，讨论部分要在体现创造性发现与独到见解基础上，探讨机制、解释这些发现；理论型论文，讨论部分要充分表达学术思想和创造性观点。

5）结论：结论要根据研究结果和讨论所作出的论断，内容包括本次研究解决了什么问题，总结发现了什么规律，对以往的相关研究进行了那些修正、补充、发展、证实或否定 。

（3）参考文献：学术论文要列出论文中引用或参考他人的思想或工作（观点、原理、方法、结果）时，一定要在文中注明出处，在文后的参考文献表中列出相关文献来。使论文具有真实、广泛的科学依据。引用的方法有不同的制式，如顺序编码制、著者出版年制等。

1）参考文献引用规范：文献要较为新颖，经典文献选取要少而精，只列出著者亲自阅读的，直接引用的，具有新颖性、真实性、代表性的文献。

2）参考文献著录：参考的标准包括：

A. 生物医学期刊投稿统一要求［Uniform Requirements for Manuscripts Submitted to Biomedical Journals］，其著录规范例（选摘）：

参考期刊文献（Article in journal）：Halpern SD，Ubel PA，Caplan AL. Solid-organ transplantation in HIV-infected patients. N Engl J Med. 2002 Jul 25；347（4）：284-7..（说明：著者著录姓在前、名在后，六个著者以上用 et.al. 省略，美国国立医学图书馆数据库现在列出所有著者.文献标题. 期刊名（国际标准缩写），年，卷：起-止页.）。

参考图书章节（Chapter in a book）：Meltzer PS，Kallioniemi A，Trent JM. Chromosome alterations in human solid tumors. In：Vogelstein B，Kinzler KW，editors. The genetic basis of human cancer. New York：McGraw-Hill；2002. p. 93-113.（说明：章节著者.章节名. 见：图书主编.图书名.出版地：出版社；出版年.页.）。

参考会议文献（Conference paper）：Christensen S，Oppacher F. Ananalysis of Koza's computational effort statistic for genetic programming.In：Foster JA，Lutton E，Miller J，Ryan C，Tettamanzi AG，editors.Genetic programming. EuroGP 2002：Proceedings of the 5th European Conference on Genetic Programming；2002Apr3-5；Kinsdale，Ireland.Berlin：Springer；2002.p.182-91.（说明：著者. 文献标题. 会议汇编名. 会议名. 会议日期；会议地点. 会议汇编出版社；出版年份. 文献所在页.）。

参考学位论文（Dissertation）：Borkowski MM. Infant sleep and feeding：a telephone survey of Hispanic Americans[dissertation]. Mount Pleasant（MI）：Central Michigan University；2002. 说明：著者. 论文标题. 学校所在地（州名缩写）：学校名；归档年份.

B. 我国国家标准文后参考文献著录规则（GB7714-2015）著录规范例：

参考中文期刊文献

袁训来，陈哲，肖书海，等. 蓝田生物群：一个认识多细胞生物起源和早期演化的新窗口[J].科学通报，2012，55（34）：3219

参考中文图书章节

周易外传：卷 5 [M]//王夫之.船山全书：第六册，长沙：岳麓书社 2011；1109

C. 按所投稿期刊要求的格式处理：可以参考期刊网上主页的投稿指南，刊出该刊论文及参考文献的格式要求。

（二）学位论文

1980 年，五届十三次会议通过《中华人民共和国学位条例》，1981 年我国国务院又颁布了《中华人民共和国学位条例暂行实施办法》，我国正式实施学位制度。其中包括对硕士学位论文的要求是：在本门学科上掌握坚实的基础理论和系统的专业知识；并对所研究的课题应当有新的见解，体现具有从事科学研究工作或担负专门技术工作的能力。

学位论文分为三大部分：论文、附录、综述

1. 论文结构包括 ①封面：统一印制；②题名页；③目次、摘要；④关键词；⑤前言：篇幅比学术论文的前言长；⑥材料、方法、结果、讨论；⑦致谢；⑧参考文献；⑨附录部分：论文中未放入的数据、图表、照片、术语说明；⑩综述部分：硕士研究生需专附一篇综述附在论文之后。

2. 答辩报告 需作 15～30min 口头报告，主要思路：为什么要选择这个研究课题？前人进行过哪些研究？解决了哪些问题？还存在什么问题？主攻方向是什么？研究中主要依据什么理论？采用什么方法？获得什么结果？创新之处何在？存在什么问题？有何新打算？

3. 通过与存档 经答辩委员会举行会议，进行讨论，以不记名投票方式，全体委员三分之二以上通过。经过学院（系）学位评定委员会审议，上报校学位评定委员会通过，可授予硕士学位。硕士学位论文通过学校图书馆递交存档。

（三）医学综述写作

案例 10-4-4

某医学生在查阅了在一定时期内发表的相当数量的有关子宫内膜异位症病因学方面的文献资料后，指导老师要求学生撰写综合性描述的文章，一方面可以回顾专业领域的研究沿革，另一面也为了解学科背景打好基础。

问题：

1. 此类文献属何种文献，有何特点和用途？
2. 此类文献如何着手写作？

分析：

1. 此类文献为综述文献，即在查阅了一段时期内某一专题的大量文献资料的基础上，提炼主要观点、资料、数据等信息，进行归纳整理、分析研究，作出综合性描述或评论的文章。
2. 综述的写作可遵循选题、文献调研、分析研究、制定纲要、撰写全文、引用文献等步骤进行。

1. 综述的属性及定义 医学综述（Medical Review）具有以下作用和特点：能够对医学科研或临床的研究过程进行全面系统的回顾，并报道反映医学专业课题的科研现状、科研发展趋势。

综述内容比较丰富、涉及面较广、揭示文献信息的程度较深。综述与学术论文有一些区别：综述可以了解相关专业课题领域的研究历史、背景、现状、进展，正文格式灵活、多样；科研论文则是深入描述科研的详细内容，包括材料与方法、结果、结论、原理等，正文写作有一定规范格式。

撰写综述可以帮助人们了解专业科研领域的发展；为从事科研项目积累文献资料；为科研项目的开题做好背景了解的准备；培养文献的研究能力。

2. 撰写综述的步骤 撰写综述一般可以有以下步骤：

（1）选题：综述选题范围可以根据自己的能力和对专业熟悉程度自由选题。初次撰写文献综述，特别是初学者所选课题不宜太宽泛，查阅文献的数量相对较少，撰写时易于归纳整理。题目选得过大，如“糖尿病治疗的研究”，查阅文献花费的时间太多，归纳整理困难，最后写出的综述不是大题小做就是文不对题。但题目选得过小，如“干扰素 α-2β 治疗肾综合征出血热”，内容过于专指，难以达到综述全面分析综合科研情况的目的，所以选题也要恰如其分。

综述选题调整可以在广泛搜集相关专业资料基础上，试查本领域经典综述，观察本领域研究的总体框架、来龙去脉，分析文献的量、研究的深度和广度，确立综述课题。

本节案例课题初步设定为子宫内膜异位症病因学的研究发展。首先在广泛搜集有关子宫内膜异位症的病原学相关文献的（包括专著、综述文献）基础上，详细阅读综述文献，了解该课题领域的总体框架为：

子宫内膜异位症

- 分子生物学病因学
  - 细胞因子、趋化因子等

化学诱导方面 TCDD 等

- 遗传学方面

癌基因等

根据科研选题的需求，如能反映具有分子生物学技术应用及具现实意义的文献，则可将选题定位在该疾病的分子生物学研究和化学物质诱导等方面。

（2）搜集资料。

（3）筛选、鉴别、归纳、整理资料：见第 10 章医学信息研究与管理相关章节内容。

（4）拟订综述大纲：划分前言、主体、总结等部分。列出主体部分每个层次标题，直到自然段。如下：

“一、细胞因子与子宫内膜异位症；二、趋化因子与子宫内膜异位症；三、化学物质与子宫内膜异位症”。安插材料：用简短的词语在各个层次标题与段落之下，并注明材料出处。

（5）撰写全文：见后述正文结构。

（6）认真审校综述：包括专业和文字的审校，初写综述的学生可以请专家校审。

（7）修改定稿：内容和主题的修改，包括对综述撰写的目的、意义是否明确，选题是否恰当，信息是否全面、周密等方面再进行检验、核查，并进行必要的修改。修改包括各方面，如材料的修改，对材料进行增、删、换，突出新颖性，抓住研究热点，丰富综述的内容；结构的修改，主要是使综述的主题突出、层次分明、均衡衔接，同时也使篇幅符合规定要求；语言和文字的修改，文章的语言和文字要求语句准确、精练。

3. 综述的结构 综述的结构是将原始观点进行综合，将科研成果以最佳书面形式进行表达，通过运用科学的研究方法，包括演绎、归纳、分析、综合，从点到面，从局部到整体，从事实到本质联系，多视角、全方位地整合信息，从点、线、面、地、时、人各方面形成一个观点体系。综述一般分为以下几个部分：

（1）前置部分：一般同学术论文。但综述的题名要准确、切题、精炼，如：少突胶质细胞瘤分子遗传学研究进展。（比较学术论文题名：少突细胞微阵列表达过氧化物酶活性增生受体族的转录因子，该题名就比较详尽、具体、深入课题实质），本节案例题名可定为“子宫内膜异位症的分子生物学病因研究发展”。

（2）正文包括前言、主体和总结：前言，主要内容包括撰写综述的目的、问题的缘由、主要内容、现实意义、资料来源，从总体到背景，列出密切相关的参考信息，逐渐缩小至专题背景，包括研究或观察的基本原理，再集中到本文综述范围及意义。主体部分写法见后述。总结（summary），当综述篇幅大，内容比较多的情况下，需采用 100～200 字的总结，概括主要内容、结论，指出存在分歧和有待解决的问题。

（3）参考文献：格式规范同学术论文。

4. 综述的写法 综述的主体有以下写作方法：

（1）分支列举法：即把所述主题中包括的几件事物分别列举，加以说明，在此基础上还可进行分析比较，对某些新成就、新理论、新观点、新发明、新方法、新技术、新进展进行各派观点、各家之言、各种方法、各自成就专门介绍，即“国际国内横览”写法。如本节案例：子宫内膜异位症分子生物学及化学诱导研究进展综述，可以列举：细胞因子的基本概念、来源、特点、作用机制、研究进展；血管内皮生长因子 VEGF 的临床发现、实验室研究、作用原理、研究进展；趋化因子与子宫内膜异位症。化学物质 TCDD 与子宫内膜异位症，由于具有现实意义，可就其来源，研究的理由、背景、作用机制做详细介绍。这种写法也称横式写法，适合于时间跨度短的成就性综述，通过横向对比，既可以分辨各种观点、见解、方法、成果的优劣利弊，又可以看出国际水平、国内水平和本单位水平，从而找出差距。

（2）阶段递进法：按事物发展的不同历史阶段，阐述其发展和变化，在此基础上进行综述，此类写法比较适合于综述一国或多国某一项技术的发生过程，发展道路和发展趋势。这种写法也称纵式写法。如有关药物开发的研究可按药物开发的科研逻辑过程，包括首次发明、实验动物研究、临床研究、药物评价四个程序进行。

（3）综合法：在同一篇综述中同时采用分支列举和阶段递进法，适用于大篇幅的综述。主体部分内容的也有模版可依，如参考专业经典综述文献的框架；有关疾病研究可按教科书框架；有关基础学说如细胞研究可按形态学、组织学、分子生物学等细胞特征研究框架等，本案例可按各生物因子的特征、来源、作用原理等分子生物学研究体系展开。

（复旦大学　李晓玲）

第 5 节　信息利用道德规范

一、信 息 伦 理

信息伦理是指在信息的生产、收集、加工、传递、分析和利用过程中所涉及的道德准则。广义的信息伦理范围涉及新闻伦理、媒体伦理、计算机伦理、网络伦理；狭义的信息伦理主要指网络伦理、信息及知识管理伦理。理解信息及其使用涉及的经济、法律和社会问题，合理合法地获取和利用信息也是信息素养的基本要求之一。在此主要介绍电子文献资源合理使用和互联网上知识共享协议。

（一）电子资源的合理、合法使用

案例 10-5-1

某同学需参考 1980 年以来有关课题研究的期刊全文，通过代理服务器连接到国际专线，访问某国外全文数据库主站，查出了近千篇论文。因需赶去上课，他就使用软件自动下载这近千篇论文全文，打算上完一天的课程后，回到寝室再慢慢浏览全文，筛选符合需要的文献。结果该校的代理服务器为此支付了万余元的国际通讯费用。

问题：

1. 该同学使用电子资源的方式是否合理，为什么？
2. 根据《电子资源管理办法》中的规定，该同学有哪些违规行为？
3. 该同学的行为会带来什么不良影响？需承担什么责任？

分析：

1. 该同学使用电子资源的方式是不合理的。合理使用的基本原则之一是“按需获取”，他在下载全文前没有对检出文献是否符合需要加以判断，不加筛选地大批量下载，不必要地占用了网络资源，增加了额外的通讯费支出，属明显的不合理下载行为。

2. 他的违规行为包括：①超过正常阅读速度，连续、系统、批量下载全文。②使用软件、工具批量下载电子资源。

3. 他的行为造成该数据库商封锁该校的访问权限，所有师生都无法访问该数据库。数据库商委托律师向该校图书馆提出法律质询，律师、图书馆人员、院系老师同时到场，监督其删除下载的全部近千篇全文。图书馆禁止其入馆和借阅权限半年，并在图书馆网站上通报批评。直至事件处理完毕，其他师生才能正常使用该数据库。

在电子资源订购合同中，各数据库商均对合理、合法使用电子资源拟定了相应条款，是用户必须遵守的具有法律效应的规则，也是保障所有用户畅通地访问数据库的必要措施。

各数据库商对电子资源“滥用”的界定标准并不一致，但“非营利用途”“授权范围内使用”“按需获取”是合理利用电子资源的基本原则，有悖于这些原则的行为即为违规行为，一般包括：①超过正常阅读速度，连续、系统、批量地进行下载。如：1h 内下载超过百篇以上全文；②使用软件、工具批量下载电子资源；③未经许可，私设代理服务器供非合法用户使用订购的电子资源；④以营利为目的，将获得的电子资源提供给非合法用户；⑤将校园网账号提供给非合法用户使用等。

数据库商的服务器一旦监测到违规行为，会立即封锁该 IP 地址所属机构的数据库访问权限，并联系该机构要求查清事实，按相应条款、法规处理完毕后，再开放该机构的访问权限。因此，个人的电子资源“滥用”行为会影响整个机构用户的正常使用，每个用户都应合理使用电子资源，维护良好的电子资源访问环境。

为防范电子资源的“滥用”，各图书馆都制订了《电子资源管理办法》，并在图书馆网站的“数据库”栏目全文公布。各图书馆对违规滥用电子资源的处理一般由图书馆会同校信息中心、院系进行调查。调查属实后，违规者需向图书馆提交书面陈述、检查和保证，并在图书馆及院系有关人员的监督下删除恶意下载的文献。图书馆网站将公示违规者姓名、单位、违规使用的事实，进行通报批评，同时在一段时间内禁止其入馆及借阅权限。若因违规行为造成经济损失或法律纠纷，需由违规者个人承担，并视情节轻重，给予其相应的行政处分、经济处罚。

（二）知识共享协议（互联网创作共用协议）

知识共享协议（Creative Commons，CC），又称“创作共用协议”。是由莱斯格倡导的一系列弹性著作权授权方式的名称，主要用于作品在互联网环境中传播时创作者的权利保护，并成立了同名的“知识共享（Creative Commons）”非营利组织。

该协议是互联网上的作品引用公约，包含“创作”与“共用”两层含义。

“创作”的含义是指互联网上，创作者有权利要求自己的作品在被使用时保留所附加的各种权利。“保留部分权利”已经成为一种更有利于创作的趋势。

“共用”的含义是指在尊重创作者所选择的权利要求的基础上使用信息。这种“共用”是“分享”，而不是随意剥夺变成“公有”。

作者可以按照知识共享协议选择不同的授权条款，根据不同国家的著作权法制定的版权协议，版权持有人可以指定署名（by）、相同方式共享（by-sa）、禁止演绎（by-nd）、非商业性使用（by-nc）这些条件中的一个或多个，经组合简化后形成以下六种核心协议：

协议	图例标识
署名（by）	
署名—相同方式共享（by-sa）	
署名—禁止演绎（by-nd）	
署名—非商业性使用（by-nc）	
署名—非商业性使用—相同方式共享（by-nc-sa）	
署名—非商业性使用—禁止演绎（by-nc-nd）	

在使用互联网上作品时，应尊重原创者的权利诉求；在互联网上发布自己的作品时也应当注意保护自己的权利，标注相应的共享协议。

二、学 术 规 范

案例 10-5-2

美国塔夫茨大学汤光文主持的“儿童植物类胡萝卜素维生素A当量研究”项目，于2008年在中国衡南县江口镇中心小学实施试验。其中1组25名儿童于6月2日随午餐每人食用了60克“黄金大米”米饭。课题组曾召开学生家长和监护人知情通报会，但未说明试验将使用转基因的“黄金大米”。通报会现场仅发放了知情同意书的最后一页以供签字，而该页内容未提及受试者食用的是“转基因水稻”、“黄金大米”。

问题：

1. 该项目试验存在什么有违学术规范的行为，违反了学术规范中的什么基本准则和内容？
2. 该行为会受到什么样的惩戒？

分析：

1. 该项目试验在与学生家长签署知情同意书时，只提供了最后一页文本，没有提供完整的知情同意书，且在该页中未提及受试者食用的是“黄金大米”，属“转基因水稻”，刻意隐瞒了使用“黄金大米”的事实。这一行为违反了学术规范中“尊重”这一基本准则。学术规范中要求研究者应尊重被试者的选择权、知情权和隐私权，这种无视被试者的选择权、知情权，违背了科学伦理要求把对被试者带来的影响和被试者意愿置于研究目标之上的道德准则。

2. 该项目中方的相关研究人员受到了降级、撤职等不同的处分。塔夫茨大学宣布美国的负责人汤光文两年内不得从事人体研究，并需在此段时间内重新接受人体研究的相关规定与条约的培训。

（一）学术规范的含义与基本准则

学术规范是指学术共同体根据学术发展规律参与制定的有关各方共同遵守而有利于学术积累和创新，切实承担学术责任的各种准则和要求，是整个学术共同体在长期学术活动中的经验总结和概括。

学术规范包括学术研究方法规范和学术道德规范两个维度。当前学术界提倡的学术道德基本准则包括诚信、公正、公开、尊重、严谨、责任 6 个方面，这是人类普适伦理价值取向在科学研究领域的运用和发展。

（二）学术规范的重要性

学术规范是科学精神的具体表现。带着强烈的社会责任感，以实证为依据追求真理，以包容、尊重的胸怀，在质疑和批判中超越、创新，追求科学研究新高度，这是每一位科学研究者应具备的精神品质。学术规范就是从科学研究的每一具体环节上，用一系列方法规范和道德约束，来保证科学研究的圣洁，符合普遍的道德规范，也是科学精神的体现。因此，遵守学术规范，才能恪守科学精神，保证研究的科学性和严谨性。

学术规范是推进思想独立的准则。独立思想是人类进步、突破藩篱的力量源泉，而剽窃等学术不端行为是独立研究和独立思考的大敌，这是无法带来新发展和新突破的。因此，只有规范地借鉴已有成果，才能使前人的研究成为后人前进的阶梯，成为独立思考的源泉，才能在科学研究中取得新的突破。

学术规范是对开拓创新的激励。学术规范使科学研究在公认的准则下展开，维持了正常的学术秩序，也是对研究者付出劳动的尊重，获得成果的肯定，真正具备科学精神的，有能力的研究者会获得应有的声誉和影响力，这也是对科研人员不断创新突破的激励，使研究者有更大的动力，寻求更大的突破。因此学术规范也保证了科研人员的研究积极性。

哈佛大学在《哈佛学习生活指南》中明确指出，“独立思想是美国学界的最高价值。用最严肃的态度反对把他人的著作或者观点化为己有—即剽窃。”“当你在准备任何类型的学术论文—包括口头发言稿、平时作业、考试论文等时，你必须明确地指出：你的文章中有哪些观点是从别人的著作或任何形式的文字材料上移入或借鉴而来的。”作为大学生，应强化学术规范意识，这既是学术之本，为人准则，也是社会品质、创新的基石。

（三）学术规范在我国的建设进程

我国高校和科研机构在 20 世纪末开始重视学术规范制度的编制。1998 年，南京大学编制了《科学研究行为规范及管理办法（试行）》；1999 年，《历史研究》等 7 家权威学术期刊联合发表《关于遵守学术规范的联合声明》；2001 年 12 月，中科院发布了《中国科学院院士科学道德自律准则》；2002 年 3 月，北京大学制订了《北京大学教师学术道德规范》；2004 年 6 月教育部社会科学委员会通过了《高等学校哲学社会科学研究学术规范（试行）》；2005 年 1 月，复旦大学发布了《复旦大学学术规范及违规处理办法》；2007 年 1 月，中国科协常委会审议通过了《科技工作者科学道德规范（试行）》；2012 年教育部发布了《学位论文作假行为处理办法》……这一系列的规章制度，使学术规范不再只停留于道德自律层面，而是从规章制度上加以了描述和细化，增强了可执行性，使学术行为规范走向了制度化。

（四）医学学术研究规范的主要内容

不同学科专业的研究，涉及的研究对象不同，研究方法不同，因此在研究的各阶段应遵循的学术规范细则也有所不同。医学学术规范不仅包含通用的学术研究的形式规范和内容规范，还包含了医学伦理道德规范。医学研究大致分为4个阶段，研究者在各阶段都应恪守学术规范。

1. 调研选题阶段

（1）课题的选择：医学研究课题的选择应遵循伦理性、必需性、科学性、可行性和创新性原则。医学是对人体和疾病的研究，因此，在医学学术规范中伦理性显得格外重要。选题时应充分考虑研究方法和结果是否会有悖于社会伦理与道德观念，是否会引发潜在的社会伦理问题。"克隆人"研究在多国受阻，就是社会对"克隆人"可能在伦理层面带来的危害存在忧虑。

（2）文献的调研：应注意相关性、前沿性、全面性和可靠性。文献研读中需要注意原始研究文献的阅读，研究中所需参考的研究数据和事实可靠性的考证。

2. 设计申报阶段

（1）研究的设计：研究设计首先应严格地以医学事实和理论为依据，对研究中可能出现的生理、病理、疗效、副作用等各种现象及其相互联系做出合理预判，以便尽可能使预测符合未来状况。在研究过程设计中，一定要重视道德决策，确保"手段"与"目标"的一致性。医学研究的目标是治病救人，但在研究中为实现这一目标所使用的具体手段，有时并不合乎道德，研究者在设计研究方法和过程时，应特别警惕这种"手段"与"目标"背离的情况，仔细斟酌研究过程中每个环节是否存在潜在道德问题，杜绝这一现象。符合伦理道德规范应贯穿在整个研究设计中。

（2）课题的申报：研究设计完成，进行课题申报时，对个人学历学位信息、获奖证书、推荐人评语等应如实填报，前期研究成果和相关研究信息应属实。申报时还应根据伦理审查要求，填写课题实验设计是否符合伦理要求。如图10-5-1所示，是涉及动物实验的课题在申报审核中，由伦理审查员填写的审核内容。

3. 审查情况（该项由伦理审查人员填写）

内容	审查意见		
1）本项目对人类健康或生命科学等的意义	有意义	无意义	未描述
2）本项目进行动物实验是否必要	有必要	无必要	未描述
3）实验设计是否合理	合理	不合理	未描述
4）实验操作描述是否清楚	清楚	不清楚	未描述
5）实验动物质量是否符合实验要求	符合	不符合	未描述
6）实验动物使用数量是否合理	合理	不合理	未描述
7）麻醉、止痛或镇静方法是否可靠	可靠	不可靠	未描述
8）其他			

图10-5-1 项目申报表中"伦理审查情况"部分

3. 数据获取阶段

（1）人体试验：应尊重被试者的选择权、知情权和隐私权。研究者应把对被试者带来的影响和被试者意愿置于研究目标之上，部分人体研究须获得"医学伦理委员会"等机构认可方可实施，否则一经查证将受到相应处罚。

（2）动物实验：应以人道主义为先，遵循保护原则、福利原则和伦理原则。严格审查实验的必要性，尽可能控制实验动物数量、以低等级替代高等级动物、用组织细胞替代整体动物、用人工合成与计算机模拟等替代动物实验，尽可能使动物免于不必要的伤害与折磨，善待动物，敬畏生命。必要时，动物实验方案须经"实验动物管理委员会"等机构批准后方可施行。

（3）收集医学实验与临床数据：须遵循客观性、全面性和典型性的原则。客观性即以科学的态度，实事求是地、客观地搜集研究对象的真实数据；全面性指多方面、多角度地观察研究对象，把握其多方面的属性，力求事实与数据全面系统。

（4）数据分析和事实的整理：应客观、公正、科学地再现数据原貌，使用SAS、SPSS等各种分析软件提高统计分析的质量与效果，不得随意改动、修正，甚至编造数据，对于尚存质疑的数据，可以利用后续实验、观察加以进一步检验，确认其可信度后再决定是否予以采用。数据和事实的获取规范，是整个研究的重中之重，必须以道德规范为先，以科学精神为重，否则不仅有违道德伦理，更是在没有科学意义地浪费，最终只会得不偿失。

4. 成果形成阶段　根据数据和资料的研究结果，提出有待进一步检验的假说，或经验证的学术观点、理论学说的阶段属成果形成阶段。任何现象的过程和本质规律有一个逐步展现和完善的过程，在揭开庐山真面目的过程中，因研究数据资料的不足，研究者不得不依靠现有资料去推测本质规律，这种推论有待进一步检验，只能称为“假说”。绝大多数医学理论学说在被证明前，都以假说的形式出现过，假说的重要性不言而喻。在假说的检验中应防止出现“验证偏见”的倾向，过于主观地去寻找证实自己假说的证据，应充分认识反例在检验假说中的重要性，要全面客观考证正例与反例，得出客观科学的结论。对于经验证后提炼形成学术观点和理论学的过程中，应遵循以下规范：

（1）支撑观点的实证材料应系统、完整、客观，不得按主观意愿随意删减、篡改、捏造数据与事实。

（2）尊重他人研究成果，严格界定本人成果与他人成果的界限，合理、规范地引用他人成果。清朝学者陈澧在论述“引书规范”的重要性时指出：“前人之文，当明引不当暗袭……明引而不暗袭，则足见其心术之笃实，又足征其见闻之渊博……明引则有两善，暗袭则两善皆失也。”引用规范主要包括：①所有的专门性研究，都应依据已有文献对相同或相关方面的研究成果、研究状况作出概略性的说明介绍，以界定本人研究与他人研究的界限；②对已有文献任何形式的引用，都必须注明出处；③引用原则上使用原始文献，不间接引用，实在无法考证原文的应标明“转引自”；④引用原则上使用最新版本；⑤引用以必要、适当为限，所引部分不能构成引用人作品的主要部分或者实质部分。引用不得改变或歪曲被引内容的原貌、原义；⑥引用标注应完整、准确地显示被引作品的相关信息；⑦引用网络资源必须注意其“动态性”，标注网址和访问时间。

（3）客观、公正评价本人及他人的学术观点，不得贬低他人，夸大自己研究成果的价值和效应。

违反学术规范的作假行为不仅会葬送研究者自身的学术声誉、研究生涯，更有可能会让社会付出惨痛的代价。因此，研究者只有重视学术规范，视学术道德底线如生命，恪守科学精神，才能避免走弯路，付出不必要的代价，让科学研究给社会带来福音。

三、学 术 不 端

案例 10-5-3

一位学生在写学位论文时，对一些文献进行了原句引用，并在该语句后标注了参考文献。对另外一些文献的观点未直接使用原句，而是重新组织语句后写进了论文，且没有在参考文献中标出。在第五章论证部分，共计 0.9 万字的篇幅中，引用文字达 0.7 万字。

问题：

1. 该学生哪些行为存在学术不端的问题？
2. 为什么这些行为属于学术不端？

分析：

1. 该学生只对直接引用的原句在正文中标注了参考文献，而对另一些重新组织语句的观点引用，没有标注参考文献，属于引用他人观点而未标明来源，有违学术规范。而第五章论证部分引用比例占该章节的 80%，超出了“适量引用”的范围。这两种行为都属于学术不端。

2. 引用不论是否使用原句，只要观点、论据或数据等来源于他人的研究文献，均需作为参考文献标明出处，否则即属于剽窃。引用仅限于对他人成果借鉴、比照、概括，因此引用文字应“适量”，篇幅不应构成本人作品的主体内容。这篇论文的第五章引用文字占 80%，已不是作者本人的论证了，主要是别人的论证，因此属引用不当。因此这两种行为属于学术不端。

关于学术不端的定义国内外有多种描述，根据 2007 年 1 月通过的《科技工作者科学道德规范（试行）》中的定义，学术不端行为是指在科学研究和学术活动中的各种造假、抄袭、剽窃和其他违背科学共同体惯例的行为。专业技术职务的评聘、研究项目的申请和实施、论文署名和成果发表、荣誉获取和分配、科技评价和奖励、科研成果宣传等科学活动也包括在此范畴内。国际科技界将严重违反基本科学诚信的行为称为学术不端行为。

1. 学术不端行为界定时，主要依据以下特征来判断 ①违反了科学界通用的道德准则或严重背离研究领域的行为规范；②是故意的、明知故犯的行为；③不端行为不包括诚实的错误或观点的分歧。

国际上一般把伪造、篡改、剽窃作为学术不端行为最主要的表现形式，此外，采用不正当手段干扰他人研究活动、获得不应得的资助或荣誉等也属于学术不端的行为。

（1）伪造：是指在研究过程中记录或报告无中生有的数据或实验结果，伪造研究材料与方法等；在学术活动中捏造个人信息、研究成果、虚假陈述等行为。

（2）篡改：是指在研究过程中操纵实验材料、设备或实验步骤，更改或省略部分数据或结果等，使研究不能真实反映实际情况的行为。

（3）剽窃：是指不标明来源地使用他人的作品内容，包括观点、数据、结论等，将他人作品的部分或全部内容窃为己有，直接或略加修改后加以发表，或是引用他人的部分超过“适当引用”限度，构成自己作品的主要或实质部分的行为。对于“适当引用”量的范围，一般规定为引用部分不超过本人作品的十分之一到五分之一。

（4）其他：包括在专业技术职务的评聘、研究项目的申请和实施、论文署名和成果发表、荣誉获取和分配、科技评价和奖励等活动中，采用造假、虚报、私自或不实署名、僭越等不正当手段影响公正评判，获取相关职务、资助或荣誉等行为。

2. 论文相似性检测 在规范学术行为中，经常需要判断的“适当引用”一条，在执行时很难对相关文献一一进行人工比照，因此，国内外多个机构先后开发研制了几款文献相似性检测系统，实现了文献相似性的自动检测。目前国内较常用的有万方数据知识服务平台的“论文相似性检测服务”，中国知网的“学术不端文献检测系统”，维普资讯的“维普论文检测系统”，可用于抄袭、伪造、一稿多投、篡改、不正当署名、一个成果多篇发表等多种学术不端行为的检测。作为研究者，也可用此类软件检测自己作品与他人作品的相似性，防范“不当引用”的发生。此处以中国知网的“学术不端文献检测系统”为例，介绍其使用方法。

（1）系统登录：中国知网“学术不端文献检测系统 5.0”主页的网址为 http：//check.cnki.net/vip，在用户登录区输入用户名、密码和验证码登录系统，如图 10-5-2 所示。

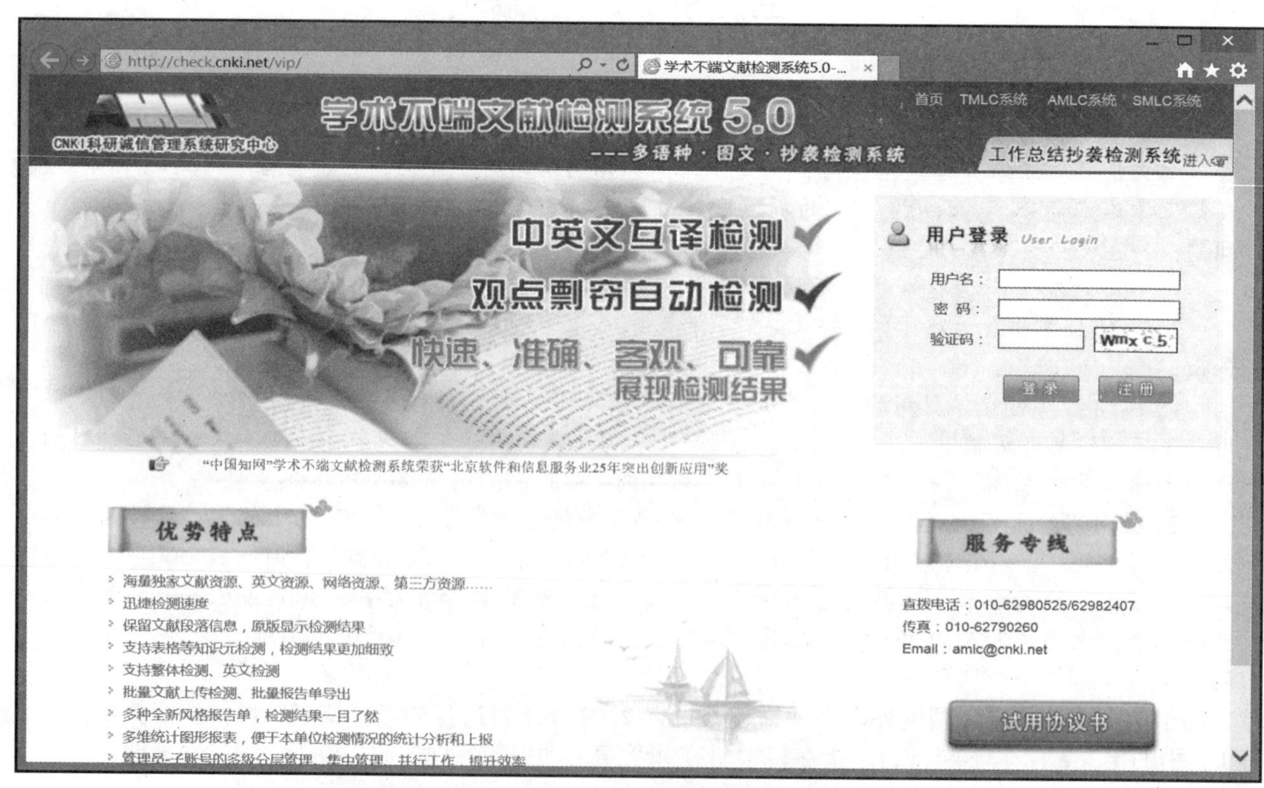

图 10-5-2 中国知网“学术不端检测系统 5.0”登录界面

（2）论文上传：在论文上传界面按要求填写表单，包括待测文献的题目、作者等信息，上传待测文献全文时，最好使用 Word 格式，以免出现无法识别的情况。

（3）下载检测报告：检测完成后，点击“下载检测报告”链接，可将检测报告下载到本地电脑。

（4）检测报告内容：报告生成本次检测的报告单号，检测日期与时间，检测文献篇名，检测的数据范围和时间范围、文字复制比、跨语言检测结果等信息。在文字复制比中，会分别列出总复制比、除去引用文献的复制比、除去本人已发表文献的复制比，单篇最大文献复制比，以及这些项目对应的字数。对于重合字数会特别列出前部重合字数比、后部重合字数比，便于分析前言和结论部分的复制情况。在最后的原文内容部分，报告会用红色文字表示复制部分，黄色文字表示引用部分，具体细节一目了然，如图 10-5-3 所示。

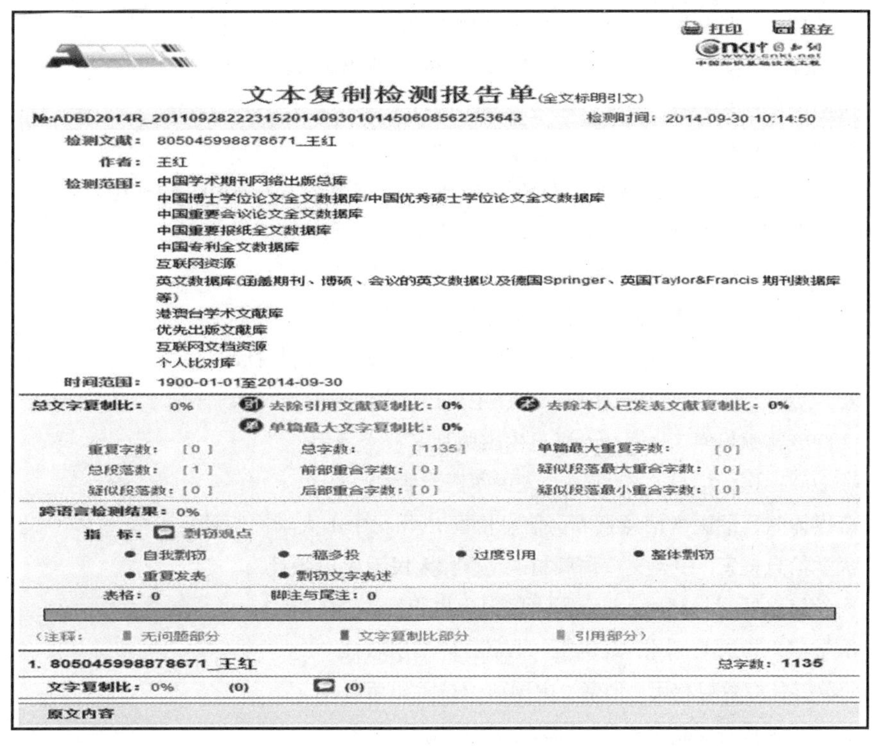
打印　保存

文本复制检测报告单(全文标明引文)

№:ADBD2014R_2011092822231520140930101450608562253643　检测时间：2014-09-30 10:14:50

检测文献：805045998878671_王红

作者：王红

检测范围：中国学术期刊网络出版总库
中国博士学位论文全文数据库/中国优秀硕士学位论文全文数据库
中国重要会议论文全文数据库
中国重要报纸全文数据库
中国专利全文数据库
互联网资源
英文数据库(涵盖期刊、博硕、会议的英文数据以及德国Springer、英国Taylor&Francis 期刊数据库等)
港澳台学术文献库
优先出版文献库
互联网文档资源
个人比对库

时间范围：1900-01-01至2014-09-30

总文字复制比：0%　去除引用文献复制比：0%　去除本人已发表文献复制比：0%
单篇最大文字复制比：0%

重复字数：[0]　总字数：[1135]　单篇最大重复字数：[0]
总段落数：[1]　前部重合字数：[0]　疑似段落最大重合字数：[0]
疑似段落数：[0]　后部重合字数：[0]　疑似段落最小重合字数：[0]

跨语言检测结果：0%

指　标：剽窃观点
自我剽窃　一稿多投　过度引用　整体剽窃
重复发表　剽窃文字表述

表格：0　脚注与尾注：0

（注释：无问题部分　文字复制比部分　引用部分）

1. 805045998878671_王红　总字数：1135

文字复制比：0%　(0)　(0)

原文内容

图 10-5-3　中国知网“学术不端检测系统”文本复制情况检测报告

（复旦大学　王宇芳）

思　考　题

1. 提高检索结果的查全率和查准率分别有哪些途径？
2. Metalib 整合检索时，若有数据库检索结果为 0，应当如何分析？
3. 全文获取最经济的途径有哪些？
4. 医学信息研究有哪些常用的方法？
5. 常用的核心期刊确定工具有哪些？
6. 个人文献管理软件有哪些主要功能？
7. NoteExpress 和 EndNote Basic 相比有哪些异同？
8. 科研选题要遵循哪些基本原则？
9. 科技查新工作的主要程序有哪些？
10. 常用的医学期刊文献有哪些参考投稿规范？
11. 哪些行为属于违规使用电子资源的行为？
12. 互联网上知识共享协议包含哪些核心协议？
13. 学术规范包含哪些基本准则？请简述其重要性。
14. 界定学术不端行为时主要依据哪些特征？其主要表现形式有哪些？
15. 学生在完成课程论文、报告等作业时，是否需要标注引用的参考文献，为什么？

主要参考文献

毕玉侠. 2015. 药学信息检索与利用. 第 3 版. 北京：中国医药科技出版社.

陈界，杨嘉，董建成，等. 2004. 医学信息检索与利用. 北京：中国科学技术出版社.

陈丽君. 2015. 美国近四年来最佳免费参考网站评价及启示.许昌学院学报，34（2）：79～83.

代涛. 2010. 医学信息检索与利用. 北京：人民卫生出版社.

戴起勋，赵玉涛.2004. 科技创新与论文写作. 北京：机械工业出版社.

董建成. 2009. 医学信息检索教程. 南京：东南大学出版社.

方平. 2005. 医学文献信息检索. 北京：人民卫生出版社.

方习国. 1998. 略述图书馆工作中容易产生的著作权问题，图书馆杂志，（4）：7～10.

高岚. 2005. 网络医学信息资源检索. 北京：化学工业出版社.

高巍. 2011. 大学生知识产权实用教程.知识产权出版社.

郭继军. 2004. 医学文献检索. 第 2 版. 北京：人民卫生出版社.

郭继军. 2013. 医学文献检索与论文写作. 第 4 版. 北京：人民卫生出版社.

郭继军.2008. 医学文献检索. 第 3 版. 北京：人民卫生出版社.

胡家荣，王炜. 2009. 文献检索. 北京：人民卫生出版社.

胡家荣，张亚莉. 2007. 医药信息素养.北京：人民军医出版社.

黄晴珊. 2014. 全媒体时代的医学信息素养与信息检索.广州：中山大学出版社.

黄晓鹂. 2010. 医学信息检索. 中英文双语教材. 北京：人民卫生出版社.

黄晓鹂. 2010. 医学信息检索与利用. 北京：人民卫生出版社.

黄晓鹂. 2012. 医学信息检索与利用. 案例版. 北京：科学出版社.

黄晓鹂.2003. 医学信息检索与利用. 北京：中国科学技术出版社.

李健康，夏旭. 2005. 现代医学信息检索. 深圳：海天出版社.

李明德. 2007. 知识产权法. 北京：社会科学文献出版社.

李晓玲，符礼平. 2014. 医学信息检索与利用. 第 5 版. 上海：复旦大学出版社.

李晓玲，夏知平. 2008. 医学信息检索与利用.第 4 版.上海：复旦大学出版社.

李修杰. 2009. 医学文献检索. 天津：天津科学技术出版社.

李幼平. 2010. 循证医学. 第 2 版. 北京：高等教育出版社.

李玉玲，黄薇薇，张子骥，等. 2008. Cochrane Library 与循证医学实践. 医学与社会，21（2）：10～12.

连慧平，谢娟，付苓. 2010. 网络环境下多媒体信息检索探究. 软件导刊，9（4）：134～137.

刘二稳. 2007. 信息检索.第 2 版. 北京：北京邮电大学出版社.

刘薇薇，王虹菲. 2009. 医学信息检索. 天津：天津大学出版社.

刘助柏，梁辰. 2002. 知识创新学. 北京：机械工业出版社.

罗爱静，于双成. 2015. 医学文献信息检索.第 3 版. 北京：人民卫生出版社.

罗爱静. 2005. 医学文献信息检索. 北京：人民卫生出版社.

罗爱静. 2010. 医学文献信息检索. 第 2 版. 北京：人民卫生出版社.

聂绍平.2008. 医学信息搜索的途径与方法. 北京：人民卫生出版社.

欧亮. 2011. 信息检索可视化研究综述.情报探索，（3）：83～87.

彭奇志. 2006. 信息检索与利用教程. 北京：中国轻工业出版社.

曲保丽，张士靖. 2004. 医学信息检索与利用. 香港：中国科学文化出版社.

上海在读研究生学术行为规范研究课题组编. 2014. 研究生学术行为规范读本.上海：复旦大学出版社.

石聿根. 2004. 文献资源共享中的著作权问题研究，现代情报，（9）：146～148.
孙凤梅. 2010. 医学文献检索. 北京：北京大学医学出版社.
孙济庆，葛巧珍，曾媛，等. 2006. 现代信息检索教程.上海：华东理工大学出版社.
汤亚非. 2007. 文献资源共享与知识产权保护关系辨析，现代情报，（6）：49～51.
汪晶. 2002. 网上医学信息检索技巧与医学相关网站介绍. 北京：北京医科大学出版社.
王德炳. 2006. 中国医学教育管理体制和学制学位改革研究. 北京：北京大学医学出版社.
王吉耀. 2006. 循证医学与临床实践. 第2版. 北京：科学出版社.
王家良. 2010. 循证医学. 第2版. 北京：人民卫生出版社.
王庭槐. 2008. 医学信息资源检索与利用. 北京：高等教育出版社.
夏知平. 2004. 医学信息检索与利用. 第3版. 上海：复旦大学出版社.
谢志耘. 2010. 医学文献检索. 北京：北京大学医学出版社.
薛平安，孙凤梅. 2005. 文献信息检索. 北京：中国科学技术出版社.
杨克虎. 2009. 生物医学信息检索与利用. 北京：人民卫生出版社.
杨克虎. 2014. 卫生信息检索与利用. 第2版. 北京：人民卫生出版社.
姚新华.1999. 知识产权法教学案例. 北京：中国政法大学出版社.
叶继元. 2005. 学术规范通论. 上海：华东师范大学出版社.
叶艺林. 2009. 文献信息检索教程. 成都：西南交通大学出版社.
尤金. 加菲尔德，2005. 引文索引法的理论及应用. 侯汉清译. 北京：北京图书馆出版社.
于淑霞. 2009. EBSCOhost数据库信息检索可视化服务研究.科技情报开发与经济，19（26）：77～83.
曾晓牧，孙平，王梦丽，等.2006. 北京地区高校信息素质能力指标体系研究. 大学图书馆学报，24（3）：64～67.
张白影. 2005. 文献信息检索通用教程. 广州：广东高等教育出版社.
张进. 2008. 信息检索可视化的主流路径. 图书情报知识，（5）：24～27.
张士靖. 2010. 医学信息素养研究与实践. 武汉：湖北科学技术出版社.
张洋.2010. 网络信息资源开发与利用. 北京：科学出版社.
赵文龙. 2004. 医学文献检索. 北京：科学出版社.
赵岩碧. 2005. 信息检索原理与方法教程. 北京：化学工业出版社.
赵玉虹. 2007. 医学文献检索. 北京：人民卫生出版社.
郑木明，林新宏，耿庆山等. 2005. 循证医学，临床医学的新模式. 循证医学，5（5）303～307.
周群.2006. 论可视化信息检索系统研究. 情报杂志，（7）：94～96.
周文荣.2001. 信息资源检索与利用. 北京：化学工业出版社.
周晓政. 2006. 医药信息检索与利用. 2006. 南京：南京大学出版社.
朱克勤，陈天伦. 2012. 网络环境下图书馆版权管理中存在的问题与对策.科技情报开发与经济，22（10）：6～8.
Muir Gray，唐金陵. 2004. 循证医疗卫生决策. 北京：北京大学医学出版社.

附　　录

《中国图书馆分类法》简表

A 马克思主义、列宁主义、毛泽东思想、邓小平理论
B 哲学、宗教
C 社会科学总论
D 政治、法律
E 军事
F 经济
G 文化、科学、教育、体育
H 语言、文字
I 文学
J 艺术
K 历史、地理
N 自然科学总论
O 数理科学和化学
P 天文学、地球科学
Q 生物科学
R 医药、卫生
S 农业科学
T 工业技术
U 交通运输
V 航空、航天
X 环境科学、安全科学
Z 综合性图书

A　马克思主义、列宁主义、毛泽东思想、邓小平理论
A1　马克思、恩格斯著作
A2　列宁著作
A3　斯大林著作
A4　毛泽东著作
A49　邓小平著作
A5　马克思、恩格斯、列宁、斯大林、毛泽东、邓小平著作汇编
A7　马克思、恩格斯、列宁、斯大林、毛泽东、邓小平生平和传记
A8　马克思主义、列宁主义、毛泽东思想、邓小平理论的学习和研究

B　哲学、宗教
B0　哲学理论
B1　世界哲学
B2　中国哲学
B3　亚洲哲学
B4　非洲哲学
B5　欧洲哲学
B6　大洋洲哲学
B7　美洲哲学
B80 思维科学
B81 逻辑学（论理学）
B82 伦理学（道德学）
B83 美学
B84 心理学
B9　宗教

C　社会科学总论
C0　社会科学理论与方法论
C1　社会科学概况、现状、进展
C2　社会科学机构、团体、会议
C3　社会科学研究方法
C4　社会科学教育与普及
C5　社会科学丛书、文集、连续性出版物
C6　社会科学参考工具书
[C7] 社会科学文献检索工具书
C79 非书资料、视听资料
C8　统计学
C91 社会学
C92　人口学
C93 管理学
[C94] 系统科学
C95 民族学、文化人类学
C96　人才学
C97 劳动科学

D　政治、法律
D0　政治学、政治理论
D1　中国共产党
D33/37 各国共产党
D4　工人、农民、青年、妇女运动与组织
D5　世界政治
D6　中国政治
D73/77 各国政治
D8　外交、国际关系
D9　法律

E　军事
E0　军事理论
E1　世界军事
E2　中国军事
E3/7 各国军事
E8　战略学、战役学、战术学
E9　军事技术
E99 军事地形学、军事地理学

F　经济
F0　经济学
F1　世界各国经济概况、经济史、经济地理
F2　经济管理
F3　农业经济
F4　工业经济
F49　信息产业经济
F5　交通运输经济
F6　邮电通信经济
F7　贸易经济
F8　财政、金融

G　文化、科学、教育、体育
G0　文化理论
G1　世界各国文化与文化事业
G2　信息与知识传播
G3　科学、科学研究
G4　教育
G8　体育

H　语言、文字
H0　语言学
H1　汉语
H2　中国少数民族语言

H3　常用外国语
H4　汉藏语系
H5　阿尔泰语系（突厥-蒙古-通古斯语系）
H61 南亚语系（澳斯特罗-亚细亚语系）
H62 南印语系（达罗毗荼语系、德拉维达语系）
H63 南岛语系（马来亚-波利尼西亚语系）
H64 东北亚诸语言
H65 高加索语系（伊比利亚-高加索语系）
H66 乌拉尔语系（芬兰-乌戈尔语系）
H67 闪-含语系（阿非罗-亚细亚语系）
H7　印欧语系
H81 非洲诸语言
H83 美洲诸语言
H84 大洋洲诸语言
H9 国际辅助语

I　文学
I0　文学理论
I1　世界文学
I2　中国文学
I3/7 各国文学

J　艺术
J0　艺术理论
J1　世界各国艺术概况
J19　专题艺术与现代边缘艺术
J2　绘画
J29　书法、篆刻
J3　雕塑
J4　摄影艺术
J5　工艺美术
[J59] 建筑艺术
J6　音乐
J7　舞蹈
J8　戏剧、曲艺、杂技艺术
J9　电影、电视艺术

K　历史、地理
K0　史学理论
K1　世界史
K2　中国史
K3　亚洲史
K4　非洲史
K5　欧洲史
K6　大洋洲史
K7　美洲史
K81 传记
K85 文物考古
K89 风俗习惯
K9　地理

N　自然科学总论
N0　自然科学理论与方法论
N1　自然科学概况、现状、进展
N2　自然科学机构、团体、会议
N3　自然科学研究方法
N4　自然科学教育与普及
N5　自然科学丛书、文集、连续性出版物
N6　自然科学参考工具书
[N7] 自然科学文献检索工具
N79 非书资料、视听资料
N8　自然科学调查、考察
N91 自然科学研究、自然历史
N93　非线性科学
N94 系统科学
[N99] 情报学、情报工作

O　数理科学和化学
O1　数学
O3　力学
O4　物理学
O6　化学
O7　晶体学

P　天文学、地球科学
P1　天文学
P2　测绘学
P3　地球物理学
P4　大气科学（气象学）
P5　地质学
P7　海洋学
P9　自然地理学

Q　生物科学
Q1　普通生物学
Q2　细胞生物学
Q3　遗传学
Q4　生理学
Q5　生物化学
Q6　生物物理学
Q7　分子生物学
Q81 生物工程学（生物技术）
[Q89] 环境生物学
Q91 古生物学
Q93 微生物学
Q94 植物学
Q95 动物学
Q96 昆虫学
Q98 人类学

R　医药、卫生
R1　预防医学、卫生学
R2　中国医学
R3　基础医学
R4　临床医学
R5　内科学
R6　外科学
R71　妇产科学
R72 儿科学
R73　肿瘤学
R74 神经病学与精神病学
R75　皮肤病学与性病学
R76 耳鼻咽喉科学
R77　眼科学
R78 口腔科学
R79 外国民族医学
R8　特种医学
R9　药学

S　农业科学
S1　农业基础科学
S2　农业工程
S3　农学（农艺学）
S4　植物保护
S5　农作物
S6　园艺
S7　林业
S8　畜牧、动物医学、狩猎、蚕、蜂
S9　水产、渔业

T　工业技术
TB　一般工业技术
TD　矿业工程
TE　石油、天然气工业
TF　冶金工业
TG　金属学与金属工艺
TH　机械、仪表工业
TJ　武器工业
TK　能源与动力工程
TL　原子能技术
TM　电工技术
TN　无线电电子学、电信技术
TP　自动化技术、计算机技术
TQ　化学工业
TS　轻工业、手工业、生活服务业
TU　建筑科学
TV　水利工程

U　交通运输
U1　综合运输
U2　铁路运输
U4　公路运输
U6　水路运输
[U8] 航空运输

V　航空、航天
V1　航空、航天技术的研究与探索
V2　航空
V4　航天（宇宙航行）
[V7] 航空、航天医学

X　环境科学、安全科学
X1　环境科学基础理论
X2　社会与环境
X3　环境保护管理
X4　灾害及其防治
X5　环境污染及其防治
X7　行业污染、废物处理与综合利用
X8　环境质量评价与环境监测
X9　安全科学

Z　综合性图书
Z1　丛书
Z2　百科全书、类书
Z3　辞典
Z4　论文集、全集、选集、杂著
Z5　年鉴、年刊
Z6　期刊、连续性出版物
Z8　图书目录、文摘、索引

主题词及副主题词等级表

MeSH 树状结构表主要类目

MeSH Tree Structures

A. Anatomy 解剖

A01 Body Regions 身体各部位

A02 Musculoskeletal System 肌肉骨骼系统

A03 Digestive System 消化系统

A04 Respiratory System 呼吸系统

A05 Urogenital System 泌尿生殖系统

A06 Endocrine System 内分泌系统

A07 Cardiovascular System 心血管系统

A08 Nervous System 神经系统

A09 Sense Organs 感觉器官

A10 Tissues 组织

A11 Cells 细胞

A12 Fluids and Secretions 体液和分泌物

A13 Animal Structures 动物结构

A14 Stomatognathic System 口颌系统

A15 Hemic and Immune Systems 血液和免疫系统

A16 Embryonic Structures 胚胎结构

A17 Integumentary System 皮肤系统

A18 Plant Structure 植物结构

A19 Fungal Structure 真菌结构

A20 Bacterial Structure 细菌结构

A21 Viral Structure 病毒结构

B. Organisms 生物体

B01 Eukaryota 真核生物

B02 Archaea 古（原）生物

B03 Bacteria 细菌

B04 Viruses 病毒

B05 Organism Forms 生物型

C. Diseases 疾病

C01 Bacterial Infections and Mycoses 细菌感染和真菌病

C02 Virus Diseases 病毒疾病

C03 Parasitic Diseases 寄生虫病

C04 Neoplasms 肿瘤

C05 Musculoskeletal Diseases 肌肉骨骼系统疾病

C06 Digestive System Diseases 消化系统疾病

C07 Stomatognathic Diseases 口颌疾病

C08 Respiratory Tract Diseases 呼吸道疾病

C09 Otorhinolaryngologic Diseases 耳鼻喉疾病

C10 Nervous System Diseases 神经系统疾病

C11 Eye Diseases 眼疾病

C12 Male Urogenital Diseases 男（雄）性泌尿生殖系统疾病

C13 Female Urogenital Diseases and Pregnancy Complications

女（雌）性生殖系统疾病和妊娠并发症

C14 Cardiovascular Diseases 心血管系统疾病

C15 Hemic and Lymphatic Diseases 血液和淋巴系统疾病

C16 Congenital, Hereditary, and Neonatal Diseases and Abnormalities

先天性，遗传性，新生儿疾病和畸形

C17 Skin and Connective Tissue Diseases 皮肤和结缔组织疾病

C18 Nutritional and Metabolic Diseases 营养和代谢性疾病

C19 Endocrine System Diseases 内分泌系统疾病

C20 Immune System Diseases 免疫系统疾病

C21 Disorders of Environmental Origin 环境引起疾病

C22 Animal Diseases 动物疾病

C23 Pathological Conditions, Signs and Symptoms 病理状态，体征和症状

C24 Occupational Diseases 职业病

C25 Substance-Related Disorders 物质性障碍

C26 Wounds and Injuries 创伤和损伤

D. Chemicals and Drugs 化学品和药物

D01 Inorganic Chemicals 无机化合物

D02 Organic Chemicals 有机化合物

D03 Heterocyclic Compounds 杂环化合物

D04 Polycyclic Compounds 多环碳氢化合物

D05 Macromolecular Substances 大分子物质

D06 Hormones, Hormone Substitutes, and Hormone Antagonists

激素类，激素代用品和激素拮抗剂

D08 Enzymes and Coenzymes 酶和辅酶

D09 Carbohydrates 碳水化合物

D10 Lipids 脂类

D12 Amino Acids, Peptides, and Proteins 氨基酸，肽，蛋白

D13 Nucleic Acids, Nucleotides, and Nucleosides 核

酸，核苷类和核苷酸类

D20 Complex Mixtures 复合混合物

D23 Biological Factors 生物因子

D25 Biomedical and Dental Materials 生物医学和牙科材料

D26 Pharmaceutical Preparations 药用制剂

D27 Chemical Actions and Uses 化学作用和用途

E. Analytical，Diagnostic and Therapeutic Techniques and Equipment 分析，诊断，治疗技术和设备

E01 Diagnosis 诊断

E02 Therapeutics 治疗

E03 Anesthesia and Analgesia 麻醉和镇痛

E04 Surgical Procedures，Operative 外科操作，手术

E05 Investigative Techniques 包埋技术

E06 Dentistry 牙科

E07 Equipment and Supplies 设备和供应

F. Psychiatry and Psychology 精神病学和心理学

F01 Behavior and Behavior Mechanisms 行为和行为机制

F02 Psychological Phenomena and Processes 心理现象和过程

F03 Mental Disorders 精神疾病

F04 Behavioral Disciplines and Activities 行为训练和活动

G. Phenomena and Processes 现象与进程

G01 Physical Phenomena 物理现象

G02 Chemical Phenomena 化学现象

G03 Metabolic Phenomena 代谢现象

G04 Cell Physiological Phenomena 细胞生理现象

G05 Genetic Phenomena 遗传现象

G06 Microbiological Phenomena 微生物现象

G07 Physiological Phenomena 生理现象

G08 Reproductive and Urinary Physiological Phenomena 生殖与泌尿系统生理现象

G09 Circulatory and Respiratory Physiological Phenomena 循环与呼吸系统生理现象

G10 Digestive System and Oral Physiological Phenomena 消化与口腔系统生理现象

G11 Musculoskeletal and Neural Physiological Phenomena 运动与神经系统生理现象

G12 Immune System Phenomena 免疫系统现象

G13 Integumentary System Physiological Phenomena 皮肤系统生理现象

G14 Ocular Physiological Phenomena 眼科生理现象

G15 Plant Physiological Phenomena 植物生理现象

G16 Biological Phenomena 生物现象

G17 Mathematical Concepts 数学概念

H. Disciplines and Occupations 学科与职业

H01 Natural Science Disciplines 自然科学学科

H02 Health Occupations 卫生事业

I. Anthropology，Education，Sociology and Social Phenomena 人类学，教育，社会学和社会现象

I01 Social Sciences 社会科学

I02 Education 教育

I03 Human Activities 人类活动

J Technology，Industry，Agriculture 工艺学，工业，农业

J01 Technology，Industry，and Agricultur e 工艺学，工业和农业

J02 Food and Beverages 食物和饮料

K. Humanities 人文科学

K01 Humanities

L. Information Science 信息科学

L01 Information Science 信息科学

M. Named Groups 命名团体

M01 Persons 人群

N. Health Care 卫生保健

N01 Population Characteristics 人口特征

N02 Health Care Facilities，Manpower，and Services 卫生保健设施，人力和服务

N03 Health Care Economics and Organizations 卫生保健经济和组织

N04 Health Services Administration 卫生服务行政管理

N05 Health Care Quality，Access，and Evaluation 卫生保健质量，实施，评估

N06 Environment and Public Health 环境与公共卫生

V. Publication Characteristics 出版物特征

V01 Publication Components 出版物构成

V02 Publication Formats 出版物格式

V03 Study Characteristics 研究类型

V04 Support of Research 研究支持

Z. Geographicals 地理

Z01 Geographic Locations 地理位置

MeSH 副主题词等级表

Topical Subheading Hierarchies

analysis 分析

blood 血液

cerebrospinal fluid 脑脊髓液

isolation & purification 分离和提纯

urine 尿

anatomy & histology 解剖学和组织学

blood supply 血液供给

cytology 细胞学

pathology 病理学
ultrastructure 超微结构
embryology 胚胎学
abnormalities 畸形
innervation 神经支配
chemistry 化学
agonists 激动剂
analogs & derivatives 类似物和衍生物
antagonists & inhibitors 拮抗剂和抑制剂
chemical synthesis 化学合成
diagnosis 诊断
pathology 病理学
radiography 放射摄影术
radionuclide imaging 放射性核素显像
ultrasonography 超声检查
etiology 病因学
chemically induced 化学诱导
complications 并发症
secondary 继发性
congenital 先天性
embryology 胚胎学
genetics 遗传性
immunology 免疫学
microbiology 微生物学
virology 病毒学
parasitology 寄生虫学
transmission 传播
organization & administration 组织与管理
economics 经济学
legislation & jurisprudence 立法和法学
manpower 人力
standards 标准
supply & distribution 供应和分配
trends 发展趋势
utilization 利用
pharmacology 药理学
administration & dosage 投药和剂量
adverse effects 副作用
poisoning 中毒
toxicity 毒性
agonists 激动剂
antagonists & inhibitors 拮抗剂和抑制剂
contraindications 禁忌证
diagnostic use 诊断应用
pharmacokinetics 药代动力性
physiology 生理学
genetics 遗传性
growth & development 生长和发育
immunology 免疫学
metabolism 代谢
biosynthesis 生物合成
blood 血液
cerebrospinal fluid 脑脊髓液
deficiency 缺乏
enzymology 酶学
pharmacokinetics 药代动力性
urine 尿
physiopathology 病理生理学
secretion 分泌
statistics & numerical data 统计学和数值数据
epidemiology 流行病学
ethnology 人种学
mortality 死亡率
supply & distribution 供应和分配
utilization 利用
therapeutic use 质量应用
administration & dosage 投药和计量
adverse effects 副作用
contraindications 禁忌证
poisoning 中毒
therapy 治疗
diet therapy 膳食疗法
drug therapy 药物疗法
nursing 护理
prevention & control 预防和控制
radiotherapy 放射疗法
rehabilitation 康复
surgery 外科学
transplantation 移植
classification 分类
drug effects 药物作用
education 教育
ethics 伦理学
history 历史
injuries 损伤
instrumentation 仪器和设备
methods 方法
pathogenicity 致病力
psychology 心理学
radiation effects 辐射效应
veterinary 兽医学

常用名词中英文对照表

A

Apabi 阅读器　Apabi reader
案例研究　case study

B

百分位　percentiles
保存历史/创建跟踪　save history/create alert
报刊资源库　newspaper source，NS
报纸　newspaper
被引半衰期　cited half-life
被引标题　cited title
被引卷　cited volume
被引年份　cited years
被引期　cited issue
被引文献检索　cited reference search
被引页码　cited pages
被引著者　cited author、
被引著作　cited work
编者　editor
标题　title
标准　standard
标准字段格式　standard field format
并发心肌炎　myocarditis
病例报告　case report
病人转诊和管理指南　guidelines for patient referral and management
补充材料　supplements
布尔逻辑　Boolean logic

C

CNKI 数字化学习研究　CNKI e-learning
Cochrane 对照试验注册数据库　Cochrane central register of controlled trials，CENTRAL
Cochrane 方法学数据库　Cochrane methodology database，CMD
Cochrane 统一工作手册　Cochrane reviews' handbook
Cochrane 系统评价数据库　Cochrane database of systematic reviews
Cochrane 协作网　Cochrane collaboration，CC
材料和方法　material and methods
参考文献　references
查全率　recall ratio
查准率　precision ratio
抄本　transcript
出版年　year of publication
出版日期　date published 或 publication dates
出版物　publication
出版物类型　content type
出版物名称　publication name
出版物种类　publication type
创建新账户　create a new account
创建引文报告　create citation report
创建引文跟踪　create citation alert
丛书　book series
存盘　Save as File

D

打开保存的检索历史　open saved history
打印　print
单引文匹配器　single citation matcher
导出　export
导出文献题录　export citation
德温特创新索引数据库　Derwent innovation index，DII
地区商业报纸　regional business news，RBN
第一专科评估准入标准　guidelines for accesscriteria for first special is tassessment
电子版优先出版　epub ahead of print
电子参考书　eReferences
电子出版物资源　electronic publication resources
调研者或合作者姓名全称转换表　full investigator collaborator translation table
调研者或合作者姓名索引表　investigator collaborator index

动物学记录 zoological record，ZR
短信服务模式 short message service，SMSE
对比研究 comparative study
多媒体数据库 multimedia database
多媒体资源 multimedia
多中心研究 multicenter Study
多字段限定检索 multi-field search

E

EMBASE 数据库 experpta medica Database
Emtree 术语匹配 map to preferred terminology
ESI 基本科学指标 ISI essential science indicators
ESI 学科阈值 ESI thresholds

F

方正 author publisher artery buyer internet，Apabi
分析检索结果 analyze results
分支学科 subdiscipline
副主题词 subheadings 或 qualifier

G

概念代码 concept codes
高被引论文 highly cited paper
高被引论文阈值 highly cited thresholds
高等教育信息素养能力标准 information literacy competency standards for higher education
高级检索 advanced search
个人数码代理 personal digital assistant，PDA
个人已保存检索策略 my saved searches
关键词 keyword
馆藏联机目录 online public access catalog，OPAC
国际标准化组织 international organization for standardization，ISO
国际标准连续出版物号 international standard serial number，ISSN
国际标准书号 international standard book number，ISBN
国际护理索引 international nursing index
国际科学引文数据库 database of international science citation，DISC
国际农业与生物科学中心数据库 center for agriculture and bioscience international
国际图书馆协会与机构联合会 international federation of library associations and institutions，IFLA
国际专利分类 international patent classification，IPC
国家标准化管理委员会网 standardization administration of the People's Republic of China，SAPR
国家科技图书文献中心 national science and fechnology library，NSTL
国家生物技术信息中心 national center for biotechnology information，NCBI

H

HTML 格式全文 HTML full text（when available）
化学反应数据库 current chemical reactions，CCR
化学物质毒性数据库 registry of toxic effects of chemical substances，RTECS
化学物质索引 index chemicus，IC
会议 conference
会议论文引文索引 conference proceedings citation index，CPCI
会议文献 conference literature
荟萃分析（Meta 分析） meta-analysis
获取访问权限 get access

J

基本检索 basic search
基本科学指标 essential science indicators
基层医疗服务管理指南 guidelines for primary care management
基金资助机构 funding agencies
基于内容的信息检索技术 content-based retrieval，CBR
疾病副主题词 disease subheading
疾病检索 disease search
记录 record
技术标准 technical standard
加拿大临床实践指南数据库 CMA infobase clinical practice guidelines
加权检索 restrict to MeSH major topic
剪贴板 clipboard
检索历史 search history
检索模式 search modes
检索细节 search details
检索选项 search options
健康网络基金会 health on the net foundation，HON

交互学习资源 interactive learning resourses
教师参考中心 teacher reference center，TRC
教育相关的论文 ERIC documents
教育资源信息中心 educational resorrce information center，ERIC
截词 truncation
解构研究 deconstructionism
精炼检索结果 refine results
聚合内容 really simple syndication，RSS

K

开放存取 open access，OA
刊名转换表 journals translation table
科学会议录引文索引 conference proceedings citation index-science，CPCI-S
科学技术会议录索引 index to scientific & technical proceedings，ISTP
科学图书引文数据库 book citation index—science，BKCI-S
科学引文索引 sciences citation index，SCI
科学引文索引扩展版 science citation index expanded，SCI-Expanded
可视人计划 the visible human project
可引用论文量 citable items
宽泛检索 extensive search
款目词 entry terms
扩展项 explode

L

来源文献 source article
类风湿性关节炎 rheumatiod arthritis
立即指数 immediacy index
疗效评价文摘数据库 database of abstracts of reviews of effectiveness，DARE
临床查询 clinical queries
临床对照试验 clinical controlled trials，CCT
临床试验 clinical trial
临床优先评估指南 guidelines for criteria for clinical priorityassesment
临床资料 clinical material
领域研究 field study
漏检率 omission ratio
论文影响力 article influence score

M

MeSH 主题词转换表 MeSH translation table
美国国防部高级研究计划署 Defense Advanced Research Projects Agency，DARPA
美国国家科学基金会 National Science Foundation，United States NSF
美国国家医学图书馆 National Library of Medicine
美国国家宇航局 National Aeronautics and Space Administration，NASA
美国国家指南交换中心 National Guideline Clearinghouse，NGC
美国国立卫生研究院 National Institutes of Health，NIH
美国国立医学图书馆 National Library of Medicine，NLM
美国科技信息研究所 Institute of Scientific Information，ISI
美国联机计算机图书馆中心 Online Computer Library Center，OCLC
美国图书馆协会 American Library Association，ALA
美国网络学位论文数字图书馆 networked digital library of theses and dissertations，NDLTD
美国医生数据咨询库 physician data query，PDQ
美国医学索引 index medicus
美国专利商标局 United States Patent and Trademark Office，USPTO
免费全文 free article
慕课资源 massive open online courses，MOOC

N

内容预览 look inside

P

PMC 免费全文 free PMC article
ProQuest 博硕士论文数据库 ProQuest digital dissertations & theses，PQDT
PubMed 论坛 PubMed commons
批量引文匹配器 batch citation matcher
篇均被引次数 citation rates

评估研究 evaluative research

Q

期刊类别 journal categories
期刊名 journal name
期刊文献 journal articles
期刊引证报告 journal citation reports
去除自引的影响因子 journal impact factor without self cites
全文的文献 full text
全文数据库 full text database

R

热点论文 hot paper
热点论文阈值 hot paper thresholds
人物图片 photos of people
入藏号 accession number
入库时间 entry date
入库时间限制 timespan

S

Springer 科学与商业媒体集团 Springer Science+Business Media
商管财经全文数据库 business source premier, BSP
商用电子资源 the commercial electronic resources
设置电子邮件提示 email alerts
设置扩展条件 search modes and expanders
社会科学引文索引 social sciences citation index, SSCI
社会科学与人文科学会议录索引 index to social science & humanities proceedings, ISSHP
社会科学与人文科学会议录引文索引 conference proceedings citation index-social science & humanities, CPCI-SSH
社会科学与人文科学图书引文数据库 book citation index—social science & humanities, BKCI-SSH
生物分类注释 taxa notes
生物物种 species
生物学文摘 BIOSIS previews, BP
生物学引文索引 BIOSIS citation index, BCI
实践指南 Practice Guideline
食品与科技文摘 food science and technology abstract
世界卫生组织国际癌症研究中心 international agency for research on cancer, LARC
世界知识产权数字图书馆国际专利数据库 WIPO intellectual property digital libraty, IPDL
世界知识产权组织 World Intellectual Property Organization, WIPO
事实数据库 fact database
视觉搜索 visual search
试读样本文章 samples
书目数据库 bibliographic database
输出记录 output records
树状结构表 tree
树状结构号 tree numbers
数据库类资源 database resources
数据型的数据库 numerical databses
数据选项 option
数据指标 indicators
数值数据库 numeric database
数字图书馆 digital library
数字图书馆创始计划 digital library initiative, DLI
搜索引擎 search engine
苏格兰校际指南网站 the scottish intercollegiate guidelines network, SIGN
随机对照试验 randomized controlled Trial, RCT
索引 indexes

T

汤姆森路透科技信息集团 thomson reuters
讨论 discussion
特尔斐法研究 Delphi studies
特征因子 eigenfactor
题录 citation
题录检索 find citation
题名 title
题目 title only
同被引 co-citation
同时在文章全文范围内搜索 Also search within the full text of the articles
投药方式 routes of drug administration
图书馆信息科学与技术文摘 library, information science & technology abstracts, LISTA
图文摘要 graphical abstract
图像检索 images

团体作者　group author
推理统计　inferential statistics

W

外部链接　linkout
网络公开信息资源　online public information resources
卫生技术评估数据库　health technology assessment database，HTA
文本可获得性　text availability
文档　file
文件夹　folder
文件夹视图　folder view
文献计量学法　bibliometrics
文献记录　content items
文献类型　document type
文献数据库　literature database
文献型数据库　literature databases
文献选择技术评审委员会　Literature Selection Technical Review Committee，LSTRC
问卷调查　survey/questionnaire
五年影响因子　5 year journal impact factor

X

系统评价　systematic reviews
先于印刷版的在线浏览　online first
限定检索　limits
相关度　relevance
相似文献　similar articles
新西兰临床实践指南研究组　The New Zeal- and Guidelines Group，NZGG
信息共享空间 information commons，IC
信息可视化　information visualization
信息系统设计　information system design
序列分析　sequence analysis
叙词　descriptors
叙词检索　thesaurus search
选择数据库　choose databases
学科　discipline
学科基准值　field baselines
学科集合被引半衰期　aggregated cited half- life
学科集合立即指数　aggregated immediacy index
学科集合引用半衰期　aggregated citing half- life
学科集合影响因子　aggregated impact factor
学科排名　field rankings
学术（同行评审）期刊　scholarly（peer reviewed）journals
学术搜索引擎　academic search engine
学位论文　dissertation
循证医疗卫生决策　evidence-based decision making in heath care
循证医学　evidence-based medicine，EBM
循证医学信息资源　evidence-based medicine resources

Y

牙科文献索引　index to dental literature
研究方案　protocol
研究亮点　research highlights
研究前沿　research fronts
研究型图书馆协会　association of college & research libraries，ACRL
药物副主题词　drug subheading
药物检索　drug search
页面设置　page options
一体化医学语言系统　unified medical language system
医生指南-会议资源中心　doctor's guide：congress resource center，CRC
医学教育信息资源　medical education resources
医学索引　index medicus，IM
医学文献分析及检索系统　medical literature analysisi and retrieval system，MEDLARS
医学主题词表　medical subject headings，MeSH
医学综述　medical review
移动图书馆 mobile library
移动学术资源　mobile academic resourses
以问题为中心的学习　problem-based learning，PBL
艺术与人文科学引文索引　art & humanities citation index，AHCI
引文　citation
引文格式　citation format
引文检索　cited reference search
引文耦合　bibliographic coupling
引文匹配器　citation matcher
引用半衰期　citing half-life
引用文献　citing paper
引用著者　citing author
英国　Cochrane 中心 UK Cochrane Center
英国国家卫生保健服务评价与传播中心　Center for Reviews Dissemination，NHS CRD
英国国家卫生服务部卫生经济评价数据库　The

NHS Economic Evaluation Database，NHS EED
影响因子　impact factor
优生流产　eugenic abortion
语种　language
运用相关词语　apply related words

Z

增补关键词　keywords plus
增强组织信息　organization-enhanced
摘要　abstract
政府文献　government document
中国高等教育文献保障系统　China academic library & information system，CALIS
中国国家知识产权局　State Intellectual Property Office，SIPO
中国科技论文与引文数据库　Chinese science and technology paper citation database，CSTPCD
中国科学引文数据库　Chinese science citation database，CSCD
中国生物医学文献服务系统　sinoMed
中国图书馆分类法　Chinese library classification，CLC
中国学术期刊网络出版总库　China academic journal network publishing catabase，CAJD
中国医学学术会议论文数据库　China medical academic conference，CMCA
中国引文数据库　Chinese citation database，CCD
中国优秀博士学位论文全文数据库　China doctoral dissertations full-text database，CDFD
中国优秀硕士学位论文全文数据库　China master's theses full-text database，CMFD
中国知识产权网　China intellectual property net，CNIPR
中国知识基础设施工程　China national knowledge infrastructure，CNKI
中国知网　China national knowledge infrastructure，CNKI
中文社会科学引文索引　Chinese social sciences citation index，CSSCI
中值影响因子　median impact factor
终端无线通讯协议　wireless application protocol，WAP
主概念项　major concept
主题　subjects
主题词，叙词　subject headings，Descriptor
主题词参见　see also
主题词数据库　MeSH database
主题浏览　browse by Subject
主要概念　major concepts
主要主题词　MeSH major topic
著者　author
专家评审　peer-reviewed
专利　Patent
专利文献　patent document
专业信息素养　subject/discipline-specific information literacy
专业学/协会网站　professional society/ association websites
专业学术网站　professional academic website
子集　subset
字段　field
字段限定　field limits
字段限定检索　search fields
自定义格式　customized field format
自动词语匹配　automatic term mapping，ATM
自动文献传递　autoalert，SDI
自然科学图片　natural science photos
自引　self-citation
综合信息素养　generic information literacy
综合性商业资源数据库　business source premier，BSP
综合性学术期刊数据库　academic search premier，ASP
综合学科全文数据库　academic search premier，ASP
综合指南比较　compare guidelines syntheses
综述　review
总结　summary
总引用次数　total cites
最近日期　date newest
作者标识符　author identifiers
作者索引表　author index
作者姓名全称转换表　full author translation table
作者甄别　author finder

常用网址

1. Annual Reviews（http：//www.annualreviews.org）
2. BioMedCentral（http：//www.biomedcentral.com）
3. CALIS 联合目录公共检索系统（http：//opac.calis.edu.cn/simpleSearch.do）
4. CNKI 标准数据库（http：//www.cnki.net）
5. DOAJ（http：//www.doaj.org）
6. EMBASE（http：//info.embase.com/helpfiles）
7. Emerald（http：//www.emeraldinsight.com）
8. Free Medical Journals（http：//www.freemedicaljournals.com）
9. FreeBooks4Doctors（http：//www.freebooks4doctors.com）
10. HighWire press（http：//highwire.stanford.edu）
11. HON（http：//www.hon.ch）
12. ISO 国际标准化组织（http：//www.iso.org）
13. MedExplorer（http：//www.medexplorer.com）
14. Medscape（http：//www.medscape.com）
15. Medical Matrix（http：//www.medmatrix.org）
16. Nature（http：//www.nature.com）
17. NE 软件下载网站（http：//www.reflib.org/download_chs.htm）
18. NSTL 外文会议数据库（http：//www.nstl.gov.cn）
19. OCLC FirstSearch 会议论文数据库（http：//www.oclc.org/firstsearch）
20. OvidSP 检索服务平台（http：//ovidsp.ovid.com）
21. OVID 数据库（http：//gateway-di.ovid.com/autologin.html）
22. PLOS（http：//www.PLoS.org）
23. Procite（http：//procite.com/pchome.asp）
24. ProQuest 博硕士论文库（http：//pqdtopen.proquest.com）
25. Reference Manager（http：//refman.com/rmhome.asp）
26. Science（http：//www.sciencemag.org/magazine）
27. ScienceDirect（http：// www.sciencedirect.com）
28. SpringerLink 全球网站（http：//www.springerlink.com）
29. SpringerLink 中国网站（http：//springerlink.lib.tsinghua.edu.cn）
30. THOMSON REUTERS（http：//science.thomsonreuters.com）
31. Wiley Online Library（http：//onlinelibrary.wiley.com）
32. 爱读爱看网（http：//www.idoican.com.cn）
33. 超星数字图书馆（http：//www.ssreader.com）
34. 读秀学术搜索（http：//www.duxiu.com）
35. 国际科学引文数据库（http：//disc.nstl.gov.cn）
36. 国际医学期刊编辑委员会（http：//www.icmje.org）
37. 国家科技成果网（http：//www.nast.org.cn）
38. 国家科技图书文献中心（http：//www.nstl.gov.cn）
39. 国家自然科学基金委员会（http：//www.nsfc.gov.cn）
40. 会议论文引文索引（http：//www.isiknowledge.com）
41. 健康网络基金会（http：//www.hon.ch/med.html）
42. 教育部科技查新网站（http：//kjcx.cug.edu.cn）
43. 美国网络学位论文数字图书馆（http：//docs.ndltd.org/dspace）
44. 美国国立卫生研究院（http：//www.nih.gov）
45. 美国专利商标局专利数据库（http：//patft.uspto.gov）
46. 欧洲专利局 esp@cenet 专利数据库（http：//ep.espacenet.com）
47. 全国期刊联合目录（http：//union.csdl.ac.cn/index.jsp）
48. 世界数字图书馆（http：//www.wdl.org）
49. 世界知识产权数字图书馆国际专利数据库（http：//ipdl.wipo.int）
50. 首席医学网（http//conference.9med.net）
51. 万方数据知识服务平台（http：//g.wanfangdata.com.cn）
52. 万方数据知识服务平台-中外标准数据库（http：//c.g.wanfangdata.com.cn/Standard.aspx）
53. 维普期刊资源整合服务平台（http：//lib.cqvip.com）
54. 文献分析软件 HistCite（http：//www.histcite.com）
55. 学术会议网医学会议（http：//www.medical. theconferencewebsite.com）
56. 医生指南-会议资源中心（http：//www.docguide.com）
57. 医学会议在线（http：//www.medig.com.cn）
58. 中国国家标准化管理委员会网（http：//www.sac.gov.cn）
59. 中国国家图书馆 · 中国国家数字图书馆（http：//www.nlc.gov.cn）
60. 中国科学文献服务系统（http：//sciencechina.cn）
61. 中国科学引文数据库（http：//sciencechina.cn/search_sou.jsp）
62. 中国生物医学文献服务系统（http：//sinomed.imicams.ac.cn/index.jsp）
63. 中国图书馆分类法（http：//clc.nlc.gov.cn/ztfdsb.jsp）

64. 中国学术会议论文数据库（http：//www.wanfangdata.com.cn）
65. 中国学位论文全文库（http：//www.wanfangdata.com.cn）
66. 中国引文数据库（http：//ref.cnki.net）
67. 中国博士学位论文全文数据库（http：//www.cnki.net）
68. 中国优秀硕士学位论文全文数据库（http：//www.cnki.net）
69. 中国知识产权网-中外专利数据库服务平台（http：//search.cnipr.com）
70. 中国知网（http：//www.cnki.net）
71. 中国重要会议论文全文数据库（http：//www.cnki.net）
72. 中华人民共和国国家知识产权局（http：//www.sipo.gov.cn）
73. 专利权-百度百科（http：//baike.baidu.com/view/ 47808.htm#1）